しなやかな著作権制度に向けて
—— コンテンツと著作権法の役割 ——

中山信弘・金子敏哉 編

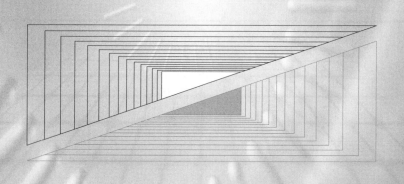

信山社
SHINZANSHA

しなやかな著作権制度に向けて

中 山 信 弘

　明治大学知的財産法政策研究所では、科学研究費基盤研究費（A）（一般）を受けて、「コンテンツの創作・流通・利用主体の利害と著作権法の役割」と題する研究を、平成23年から5年にわたって続けてきた。本書はその成果の一端であり、著作権法の現代的意義を探ろうとする試みである。本書が混迷する斯界に少しでも貢献できれば幸いである。

　デジタル技術・ネットワーク技術の大発展により、世の中が大きく変わるであろうことは一般に認識されているところであるが、この大変化が社会に何をもたらすのか、という点については共通認識がない。しかしながら、現在進行しているデジタル革命・ネット革命は、おそらく後世、産業革命を凌駕する大きな変革として認識されるであろうと思われるが、この大きな変化は、産業や社会の形態を大きく変え、そして人々の意識も大きく変わり、それに伴って産業や文化を規整している情報財を扱っている知的財産制度にも大きな変化を与えざるをえないであろう。なかんずく著作権制度に与える影響は大きいと推測される。しかしながら、この大変革の中にいる人にとっては、この大変革の意味が十分には理解されない場合が多く、著作権法のマイナーなチェンジで対応できると考えている人も多いようである。確かに、実体的規定の改正には全会一致を必要としているベルヌ条約の軛もあり、著作権制度の抜本的リフォームは極めて難しい作業ではあるが、今ここで立ち止まって著作権制度の変質を考えてみる必要があろう。

　現在の著作権法の骨格ができ上がった時代にはデジタル技術はなく、放送のような例外はあるものの[1]、多くの著作物は本やレコードといった有体物である媒体に固定されて取引されていた。情報と媒体とが分離しにくい以上、媒体の所有権で事実上、著作物の保護がなされている側面があった。つまり本を買

---

(1) 放送は媒体から分離された情報だけが流通するために侵害に弱く、放送それ自体は取引の対象である商品とはなり難く、放送は、NHKのように視聴料を強制的に徴収するか、あるいは民放のようにコマーシャルで賄うか、いずれかのビジネス・モデルになる。ただ、視聴をコントロールできる技術が発展すると、放送それ自体も商品となり得る。

う人は、法的には本という紙の所有権を買っているのであるが、実質は本の内容である著作物を読むことを期待してその紙を買っている。ただ著作権法は本を読むという行為を規制してはいないので、紙の所有者は本を自由に読むことができたが、本という紙を離れて情報が流通することがなかったため、第三者はその紙の譲渡か貸与を受けなければその本を読むことができず、紙の所有権と当該著作物とは不即不離の関係にあった。情報と媒体がそのような状態にあれば、通常の流通がなされている限り、その著作物の利用に関しては、基本的には問題は少なかった。そして侵害の中心は、本やレコードの海賊版のような有体物を伴ったものであり、その場合も、海賊版の本やレコードといった所有物（媒体）を押さえれば足りた。

　しかしデジタル時代になると、著作物（情報）は有体物である媒体を離れ、情報それ自体がネットを通じて流通するようになった。そのような裸のデジタル情報は極めて容易にコピー（複製）されてしまうので、それを防ぐ技術が発展するとともに、法的にも違法コピーを防ぐために民事刑事の双方にわたって著作権が強化されてきた。

　デジタル情報の特色として、複製・加工・修正が極めて容易であるという点をあげることができ、それに伴って情報の創作・流通・利用の形態が一変した。それ故に侵害も極めて容易になり、それがネットで瞬く間に世界に拡散されるようになり、一度侵害されるとその削除は事実上困難であり、その被害は甚大なものとなるようになってきた。これは著作権の問題だけではなく、例えば他人を誹謗するような人格権侵害文書が一度ネットに流れると、その削除は事実上、非常に難しいものとなり、取り返しがつかないものとなる。

　デジタル技術・ネット技術の出現により、著作権の世界におけるフィールドとプレイヤーに革命的な変化が見られるようになった。特に名も無き一般の人が著作権のフィールドに大挙して参入するようになり、その結果、あたかも草野球をしている大多数のプレイヤーは大リーグのルールでプレーをしている感があり、この落差こそが現在の著作権制度の大きな問題であろう。

　今日のコンピュータの発展は凄まじく、子供までが持っているスマートフォンは一昔前の大型コンピュータに匹敵する能力があり、今では誰もがコンピュータをポケットの中に持って歩いているようなものである。そのコンピュータで、著作権法的には様々な行為が可能となる。著作権法的観点から、そこで何が行われているか、あるいは近い将来何が行われるようになるのか、それは著

作権法ができた時代には想像もできなかった世界であろう。そのような環境の下で、一方では侵害が極めて容易になり、また一度侵害されると取り返しがつかない甚大な損害となることから、著作権の強化を求める動きが強まり、公衆送信権が創設され、そして刑事罰の強化等の幾つかの改正がなされた。また仮にTPP（環太平洋戦略的経済連携協定）が成立すると、更に著作権の強化が図られることになるが、この著作権強化は国際的な流れといえよう。

　他方では、デジタル技術の発展により誰でもが容易に著作物の創作が可能となっており、いわゆる素人であっても容易に著作物の創作が可能となり、かつそれを世界に発信できるようになった。つまりデジタル時代となり、著作権法のプレイヤーの数が激増し、それにより著作物の量が爆発的に増大し、世界には著作物が溢れている。一般の市井の人がこれほど著作物の創作・流通に関与できる時代はかつてなかった。しかし特に才能に恵まれている訳でもない一般の人が創作を行うに当たっては、他人の著作物の利用、リミックス、マッシュアップ、オマージュ等を行って自己表現する場合が増えてきたが、それらは翻案権侵害になる場合が多いが、それらを一律に排除することは、文化の発展にとっても好ましくないのみならず、表現の自由という観点からも大きな問題である。コミックマーケットでは、他人の著作物を利用して、自己表現をする例が多いと思われ、現にコミックマーケットから著名の漫画家も輩出しており、それらの形式的には著作権侵害と思われる行為が黙認されることにより、漫画文化は守られている一面もある。つまり形式的には著作権侵害となる場合が激増し、今では一億総侵害者ともいえる状況となっている。また従来でも素人による創作行為はあったが、それを発信できるような場はなかった。出版やレコードのリリースにはかなりの投資を必要とするために、ごく一部の才能のある人だけがなし得た。それがネットの発展により、著作者は自己の作品を極めて容易に世界中に発信できるようになってきた。発信は可能となってきたものの、素人による作品の多くは商業的使用に供されるものではない。おそらくその著作者は、無料でもいいから他人に読んでもらいたい、聞いてもらいたい、見てもらいたいと願って発信していると思われるが、そのような非商業的著作物にも著作権が成立しているので、著作権が邪魔になって利用されないという事態も生じている。つまり著作権法と実態のミスマッチが生じて市場の失敗が生じている側面があるものの、現行著作権法では、その側面には目をつぶっている。

このような状況を背景に、情報の共有こそが情報の豊富化をもたらし、文化の発展に繋がるという著作権法とは反対の思想が地球規模で擡頭し、なかんずくネットの世界における情報の自由利用の要求が強まってきた。一方ではフェアユース規定の導入論が盛んになり（本書上野達弘「権利制限の一般規定 —— 受け皿規定の意義と課題」、張睿暎「権利制限の一般規定の導入と運用 —— 韓国の経験から」、田中辰雄「フェアユースの是非 —— クリエイターの意見」参照）、他方ではCC (Creative Commons)(2)のように、無償での情報の利用が世界的な広がりをみせている。ネットにおける百科事典であるウィキペディアは無償での知識の提供者によって成立しており、世界中の人が無償で利用でき、市販の百科事典を駆逐しつつある。無償で提供されているフリーソフトウエアも同様である。これらにおいては、種々のスキームはあるものの、情報は無償で提供され、全ての人が自由に利用でき、いわば無償の経済とでもいえる世界である。つまり現行著作権法は、非商業的な著作物の扱いについては何も語らず、全ての著作物はその創作と同時に同一の権利を与えられている。そのために実体としては二階建てになってはいるものの、法的には単一の制度となっており、法と実体の乖離が甚だしい状態になっている。

　上記のような流れの中で、著作権の世界では、著作権を強化しようとする動きも強いが、それに反対する動き、特にネットでの自由を要求する動きも強く、両者がせめぎ合いをしている状態であり、今後、当分そのような混迷の時代が続くであろう。著作権を強化すればするほど、著作権法の目的である文化の発展（著作権法1条）に寄与するという単純なものではない。その反面、当面は著作権法無しの世界は考えられないであろう。おそらく解は一つではなく、その着地点は未だ見えないものの、法と実務の双方からの努力と模索が続くであろう。

　何とか時代の要請に応えるべく近年では毎年のようにデジタル対応の著作権法改正が行われてはいるが、著作権制度は法によってのみ維持されているわけ

---

(2) クリエイティブ・コモンズとは、スタンフォード大学(当時、今はハーバード大学)のローレンス・レッシグ教授の提唱になる国際的非営利組織とそのプロジェクトの総称であり、インターネット時代のための新しい著作権ルールの普及を目指している。ネットに載せる自己の著作物に無償のライセンスを許諾するためのツールであり、ライセンスに決められた一定の表示をすることにより、受け手はそのライセンス条件の範囲内で複製等ができる、というシステムであり、世界的規模で広がっている。

ではない。契約を初めとする商慣行も重要な意味合いをもってくる。無数の著作物につき、権利者と利用者を上手く結びつけるシステムがないと、利用は進まない（市場の失敗）。仮に権利者が無償で提供しようと思っても、そのシステムがないと、著作権が邪魔をして利用が進まない。前述の CC 等はその弊害を解決しようとする試みである。そこで民間による集中管理システムが重要性を増し、現に音楽の制度では比較的上手く処理されている。しかしアウトサイダー、特に権利者不明の孤児著作物の扱いを巡り、拡大集中許諾制度も有力な手段であり、北欧やイギリスで採用されている（今村哲也論文「拡大集中許諾制度導入の是非」参照）。実体規定の変更は全会一致というベルヌ条約の軛もあり、著作権法の徹底的なリフォームは難しいという状況にあるので、今後は法律と相まって、実務上は契約や商慣行が進展するものと思われる（本書前田健「著作権法の設計 ── 円滑な取引秩序形成の観点から」、潮海久雄「大量デジタル情報の利活用におけるフェアユース規定の役割の拡大 ── 著作権法（個別制限規定）の没落と自生的規範の勃興」参照）。

　このような混迷の中で、本書が少しでも斯界に裨益できれば幸いである。

　本書の表紙と裏表紙の装丁には、著名な漫画家である押切蓮介氏にお願いをして描いて頂いた。本書のような学術書の表紙としては異例ともいえるかもしれないが、押切氏は、金子論文（本書について）にも述べられているように、「ハイスコアガール」事件で被疑者とされた苦い経験をお持ちの方で、著作権についてのひとかたならぬ思いを描いて頂いたものである。ここに押切氏には心から熱い感謝の思いを申し上げたい。

　また本書の出版までには、信山社の今井守氏には、遅れがちな原稿を辛抱強く待って頂き、多大なご尽力を頂いたことに謝意を申し上げたい。

2017 年 2 月

目　次

しなやかな著作権制度に向けて …… 中 山 信 弘 (ⅲ)

◇ **本書について** …………………………………… 金 子 敏 哉 …*3*
 Ⅰ　科研費による研究プロジェクト（*3*）
 Ⅱ　本書の概要（*4*）

 ◆ 第Ⅰ部 ◆　　権利の内容・制限と利用許諾

◆ 第1章 ◆ ─────────────────

ぼくのかんがえたさいきょうのちょさくけんせいど
 ──新しい方式主義の構想──
 ……………………………………………… 田 中 辰 雄 …*21*

 Ⅰ　序 ── 問題意識（*21*）
 Ⅱ　基 本 認 識（*22*）
 Ⅲ　方式主義による著作権取引所の構想（*34*）
 Ⅳ　必要性、実現可能性、他の制度との関係（*44*）
 Ⅴ　結語に代えて ── デフォルト変更の意味（*63*）

◆ 第2章 ◆ ─────────────────

著作権法の設計
 ──円滑な取引秩序形成の視点から──
 ……………………………………………… 前 田　　 健 …*81*

 Ⅰ　は じ め に（*81*）

ix

目　次

  Ⅱ　著作権法の基本設計（*84*）
  Ⅲ　著作権の権利制限規定の設計（*94*）
  Ⅳ　著作物利用円滑化のための選択肢（*114*）
  Ⅴ　著作権の取引と刑事罰（*135*）
  Ⅵ　お わ り に（*139*）

◆第3章◆

権利制限の一般規定
　──受け皿規定の意義と課題──
　　　………………………………………………… 上 野 達 弘 …*141*

  Ⅰ　は じ め に（*141*）
  Ⅱ　従来の議論（*141*）
  Ⅲ　考慮要素を明示した受け皿規定としての一般規定（*150*）
  Ⅳ　お わ り に（*182*）

◆第4章◆

大量デジタル情報の利活用におけるフェアユース規定の
役割の拡大
　──著作権法（個別制限規定）の没落と自生的規範の勃興──
　　　………………………………………………… 潮 海 久 雄 …*183*

  Ⅰ　は じ め に（*183*）
  Ⅱ　具 体 例（*186*）
  Ⅲ　著作権制度への影響（*230*）
  Ⅳ　結　語（*249*）

目　次

◆ 第 5 章 ◆

権利制限の一般規定の導入と運用
　——韓国の経験から——
　………………………………………………… 張　　睿 暎 …255

　Ⅰ　は じ め に（255）
　Ⅱ　公正利用の導入をめぐる議論（257）
　Ⅲ　「公正利用（35 条の 3）」立法までの歩み（265）
　Ⅳ　公正利用規定導入 4 年後の裁判例（272）
　Ⅴ　権利制限の一般規定の導入と運用——韓国の経験からの示唆
　　　（280）

◆ 第 6 章 ◆

イギリスにおける公益の抗弁について
　——権利制限の一般規定を目指す我が国に与える示唆——
　………………………………………………… 渕　　麻依子 …287

　Ⅰ　は じ め に（287）
　Ⅱ　イギリス著作権法における権利制限規定の構造（289）
　Ⅲ　公益の抗弁について（291）
　Ⅳ　公益の抗弁の発展（294）
　Ⅴ　公益の抗弁の現在 —— Ashdown 判決後の判決（302）
　Ⅵ　むすびにかえて —— 公益の抗弁から得られるもの（306）

◆ 第 7 章 ◆

拡大集中許諾制度導入論の是非 …………… 今 村 哲 也 …309

　Ⅰ　は じ め に（309）
　Ⅱ　著作物の利用許諾をめぐる新たな状況（310）

xi

目　次

　　Ⅲ　ECL の基本的内容（*313*）
　　Ⅳ　イギリスにおける ECL の導入（*315*）
　　Ⅴ　ECL の導入論の意義（*319*）
　　Ⅵ　ECL をめぐる論点（*323*）
　　Ⅶ　結論：ECL ──「著作権法の憂鬱」に対する処方薬の１つとして（*332*）

◆ 第 8 章 ◆

引用規定の解釈のあり方とパロディについて
　　………………………………………………… 横 山 久 芳 …*337*

　　Ⅰ　は じ め に（*337*）
　　Ⅱ　従来の議論の整理（*338*）
　　Ⅲ　適法引用の要件の検討（*343*）
　　Ⅳ　パロディについての検討（*361*）
　　Ⅴ　最　後　に（*371*）

◆ 第 9 章 ◆

同一性保持権侵害の要件としての「著作物の改変」
　──改変を認識できれば「改変」にあたらない説──
　　………………………………………………… 金 子 敏 哉 …*375*

　　Ⅰ　は じ め に（*375*）
　　Ⅱ　「著作物の改変」をめぐる従来の議論と本稿の基本的な立場（*380*）
　　Ⅲ　諸論点の検討と「著作物の改変」の判断基準（*393*）
　　Ⅳ　本稿の解釈論の意義と課題（*417*）
　　Ⅴ　お わ り に（*435*）

目　次

◆ 第 10 章 ◆

建築作品の保存
　──所有者による通知の義務・作者による取戻の権利──
　……………………………………………………… 澤田悠紀 …*437*

　Ⅰ　問題提起（*437*）
　Ⅱ　フランス（*438*）
　Ⅲ　ドイツ（*446*）
　Ⅳ　諸外国の立法（*451*）
　Ⅴ　おわりに（*459*）

◆　第Ⅱ部　◆　　著作権法における実証と理論

◆ 第 11 章 ◆

アジアにおける海賊版マンガから正規版への移行過程と
残る諸問題
　──台湾とタイの事例を中心に──
　……………………………………………… 藤本由香里 …*463*

　Ⅰ　はじめに（*463*）
　Ⅱ　1980 年代末までのアジアの状況と日本の出版社の対応（*464*）
　Ⅲ　台湾における海賊版から正規版への移行過程（*469*）
　Ⅳ　タイにおける海賊版から正規版への移行過程（*487*）
　Ⅴ　なお残る問題（*499*）

◆ 第 12 章 ◆

いわゆる「著作権教育」の観察と分析から得られる
著作権制度の現状と課題について ……………… 小島　立 …*517*

xiii

目　次

　　Ⅰ　はじめに（517）
　　Ⅱ　「著作権教育」が求められている背景事情について（519）
　　Ⅲ　「著作権教育」の現状について（525）
　　Ⅳ　現在の「著作権教育」に見られる特徴の観察から得られること
　　　　（534）
　　Ⅴ　「著作権教育」を行う上での基本的視座はいかにあるべきか？
　　　　（540）
　　Ⅵ　「著作権教育」の「難しさ」（553）
　　Ⅶ　結語（556）

◆第13章◆ ─────────────────────────

フェアユースの是非──クリエイターの意見──
　………………………………………………田中辰雄…557

　　Ⅰ　問題意識──クリエイターとフェアユース（557）
　　Ⅱ　調査対象者の抽出とそのプロフィール（562）
　　Ⅲ　フェアユース導入の賛否（565）
　　Ⅳ　審議会とクリエイターの意見のずれの原因（582）
　　Ⅴ　結論（592）

◆第14章◆ ─────────────────────────

マンガ・アニメ・ゲームの人物表現における
類似判定に関する調査報告………………………白田秀彰…595

　　1　調査の目的（595）
　　〈PartⅠ〉2013年調査（598）
　　2　調査の目的（598）／3　調査の手法（598）／4　調査結果
　　（605）／5　結論（615）
　　〈PartⅡ〉2014年調査（616）

6 調査の目的（616）／7 調査の手法（617）／8 調査結果（619）／9 結論と2015年度調査計画（630）

〈Part Ⅲ〉2015年調査（選抜）（631）

10 調査の目的（631）／11 調査の手法（631）／12 調査結果（633）／13 結論（640）

〈Part Ⅳ〉2015年調査（641）

14 調査の目的（641）／15 調査の手法（641）／16 類似性に関する基準（645）／17 調査結果（650）／18 結論（660）

◆第15章◆

マンガ・アニメ・ゲームにおけるキャラクターの
本質的特徴について……………………………………白田秀彰…663

Ⅰ　はじめに（663）
Ⅱ　キャラクターの法的位置づけ（663）
Ⅲ　キャラの本質的特徴（669）
Ⅳ　キャラを独立して保護可能か（678）
Ⅴ　結論（682）

◆第16章◆

模倣の社会的意義を見極める方法を考える……寺本振透…683

Ⅰ　オマージュ？ パロディ？ あるいは凡庸な模倣？（683）
Ⅱ　技術分野のプラクティスと非技術分野の雰囲気の違い（685）
Ⅲ　模倣に対して否定的な態度が引き起こす社会的な負担（687）
Ⅳ　模倣の社会的意義を見極めるために、何を観察するか？（693）
Ⅴ　私(たち)は、まだ、何も、わかってはいない。（697）

第 17 章

著作権法におけるルールとスタンダード・再論
　　──フェアユース規定の導入に向けて──
　　　　　　　　　　　　　　　　　　　　　島並　良 …703

 Ⅰ　はじめに（*703*）
 Ⅱ　スタンダードの特徴（*704*）
 Ⅲ　フェアユース規定の利点（*706*）
 Ⅳ　フェアユース規定の欠点（*710*）
 Ⅴ　おわりに（*715*）

● 執筆者紹介 ●
(執筆順)

金子 敏哉（かねこ としや）
1980 年生まれ。2002 年東京大学法学部卒業，2009 年東京大学大学院法学政治学研究科博士課程修了。明治大学法学部専任講師を経て，2014 年より明治大学法学部准教授（現在に至る）。東京大学博士（法学）。
〈主要著作〉「知的財産権の準共有（特許権を中心に）」日本工業所有権法学会年報 34 号（2011 年），「特許権侵害による損害の 2 つの主な捉え方――売上減少による逸失利益と実施料相当額の関係」小泉直樹＝田村善之編『中山信弘先生古稀記念論文集はばたき――21 世紀の知的財産法』（弘文堂，2015 年），「著作権侵害と刑事罰：現状と課題」法とコンピュータ 31 号（2013 年）。

田中 辰雄（たなか たつお）
1957 年生まれ。1988 年東京大学大学院経済学研究科単位取得退学。現在，慶應義塾大学経済学部准教授。
〈主要著作〉『モジュール化の終焉』（NTT 出版，2009 年），『ソーシャルゲームのビジネスモデル』（共著，勁草書房，2015 年），『ネット炎上の研究』（共著，勁草書房，2016 年）。

前田 健（まえだ たけし）
1979 年生まれ。2002 年東京大学理学部卒業，2004 年東京大学大学院理学系研究科修士課程修了，2007 年東京大学法科大学院修了。司法修習生，東京大学大学院法学政治学研究科助教を経て，2011 年より，神戸大学大学院法学研究科准教授（現在に至る）。東京大学 修士（理学），東京大学 法務博士（専門職）。
〈主要著作〉『特許法における明細書による開示の役割』（商事法務，2012 年），「著作権の間接侵害論と私的な利用に関する権利制限の意義についての考察」知的財産法政策学研究 40 号（2012 年）177 頁，「著作権法の憲法適合的解釈に向けて――ハイスコアガール事件が突き付ける課題とその克服」ジュリスト 1478 号（2015 年）46 頁（木下昌彦氏との共著）。

上野 達弘（うえの たつひろ）
1971 年生まれ。1994 年京都大学法学部卒業，1999 年京都大学大学院法学研究科博士後期課程単位取得退学。成城大学法学部専任講師，立教大学法学部准教授・教授を経て，2013 年より早稲田大学法学学術院教授（現在に至る）。
〈主要著作〉『著作権法入門（第 2 版）』（共著，有斐閣，2016 年），『特許法入門』（共著，有斐閣，2014 年），「著作物の改変と著作者人格権をめぐる一考察――ドイツ著作権法における『利益衡量』からの示唆（1）（2・完）」民商法雑誌 120 巻 4＝5 号・6 号（1999 年）。

潮海 久雄（しおみ ひさお）
1991 年東京大学法学部卒業，1999 年東京大学大学院法学政治学研究科博士課程修了。香川大学法学部助教授を経て，2008 年より筑波大学大学院ビジネス科学研究科教授（現在に至る）。東京大学博士（法学）。
〈主要著作〉『職務著作制度の基礎理論』（東京大学出版会，2005 年），「標準必須特許の権利行使――競争法からの基礎づけ」小泉直樹＝田村善之編『はばたき――21 世紀の知的財産法 中山信弘先生古稀記念論文集』（弘文堂，2015 年）410-439 頁，「遺伝子関連発明と特許制度」ジュリスト 1405 号（2010 年）111-120 頁。

張 睿暎（チャン イェヨン）
韓国延世大学法学部卒業，早稲田大学法学研究科博士後期課程修了。東京都市大学メディア情報学部専任講師，同准教授を経て，獨協大学法学部准教授（現在に至る）。早稲田大学 博士（法学）。
〈主要著作〉「デジタルコンテンツの流通促進に向けた制度設計――英国・韓国のデジタル著作権取引所（DCE）構想からの示唆」著作権研究 42 号（2016 年）117-160 頁，「著作権侵害サイトへのアクセスブロッキングの課題と展望」日本知財学会 12 巻 2 号（2015 年）16-23 頁，『クラウド時代の著作権法――激動する世界の状況』（共著，勁草書房，2013 年）99-134 頁。

〈執筆者紹介〉

渕 麻依子（ふち まいこ）
　1975年生まれ。1999年東京大学法学部卒業，東京大学大学院法学政治学研究科博士課程単位取得退学。一般財団法人知的財産研究所研究員，東京大学GCOE特任研究員などを経て，明治大学知的財産法政策研究所客員研究員／神戸大学大学院法学研究科博士課程後期課程（現在に至る）。
　〈主要著作〉「知的財産権は合衆国憲法第5修正にいう『財産（property）』か？──トレードシークレットに関するRuckelshaus v. Monsanto (1986) を素材に」同志社法学68巻2号（2016年），「ファッション・デザインの法的保護についての一考察──アメリカ法の議論を手がかりに」小泉直樹＝田村善之編『はばたき──21世紀の知的財産法 中山信弘先生古稀記念論文集』（弘文堂，2015年），『財産権（property）としての知的財産権──情報取引契約についての議論の前提として』[財団法人知的財産研究所・産業財産権研究推進事業報告書]（2007年）。

今村 哲也（いまむら てつや）
　1976年生まれ。1999年早稲田大学法学部卒業，2009年早稲田大学大学院法学研究科博士後期課程研究指導修了。明治大学情報コミュニケーション学部専任講師を経て，2010年明治大学情報コミュニケーション学部准教授（現在に至る）。早稲田大学 博士（法学）。
　〈主要著作〉「孤児著作物制度に関する展望」上野達弘＝西口元編『出版をめぐる法的課題──その理論と実務』（日本評論社，2015年），「我が国における著作権者不明等の場合の裁定制度の現状とその課題について」日本知財学会誌11巻1号（2014年），「近時のイギリスにおける著作権法改革の動向からの示唆──2011年のハーグリーヴス・レヴューにおける論点を中心に」著作権研究38号（2013年）。

横山 久芳（よこやま ひさよし）
　1975年生まれ。1997年東京大学法学部卒業，1999年3月東京大学大学院法学政治学研究科修士課程修了。東京大学法学部助手，学習院大学法学部助教授，同准教授を経て，2009年より学習院大学法学部教授。東京大学 修士（法学）。
　〈主要著作〉「編集著作物概念の現代的意義──「創作性」の判断構造の検討を中心として」著作権研究30号（2004年）139頁，「翻案権侵害の判断構造」野村豊弘＝牧野利秋編『現代社会と著作権法（斉藤博先生退職記念）』（弘文堂，2008年）281頁，「著作権の制限とフェアユースについて」パテント62巻6号（2009年）48頁。

澤田 悠紀（さわだ ゆうき）
　東京大学法学部卒業，東京芸術大学大学院修了，ハーバード・ロースクール修了，東京大学大学院法学政治学研究科博士課程単位取得退学。千葉大学法経学部非常勤講師を経て，明治大学知的財産法政策研究所客員研究員，学習院大学法学部非常勤講師（現在に至る）。Harvard Law School, LL.M.。
　〈主要著作〉「著作物の原作品の破壊・一部復元による著作者人格権侵害──ノグチ・ルーム事件」ジュリスト1324号（2006年）128-131頁，「庭園・建築物と著作者人格権」著作権法研究40号（2014年）197-213頁，「神仏と芸術のあいだ──駒込大観音の礼拝と鑑賞」小泉直樹＝田村善之編『はばたき──21世紀の知的財産法 中山信弘先生古稀記念論文集』（弘文堂，2015年）731-742頁。

藤本 由香里（ふじもと ゆかり）
　1959年生まれ。1983年東京大学教養学部卒業。筑摩書房で編集者として働く傍ら評論活動を行い，明治学院大学・早稲田大学・法政大学等の非常勤講師を務める。筑摩書房第4編集室長を経て，2008年，明治大学国際日本学部准教授となる。2014年より同大学教授（現在に至る）。2015年からコロンビア大学，2016年から，ニューヨーク大学，シンガポール国立大学の客員研究員。
　〈主要著作〉『私の居場所はどこにあるの？』（学陽書房／朝日文庫，1997年／2008年），『少女まんが魂』（白泉社，1999年）など。主な論文に「少女マンガの源流としての高橋真琴」『マンガ研究』vol.11，日本マンガ学会，2007年）など。もともとの専門は少女マンガだが，最近ではマンガ市場の国際比較などを積極的に行っている。

小島 立（こじま りゅう）
　1976年生まれ。2000年東京大学法学部卒業。2003年ハーバード・ロースクール法学修士課程（LL.M.）修了。2000年から2005年まで東京大学大学院法学政治学研究科助手。2005年より九州大学大学院法学研究院助教授，2007年より同准教授（現在に至る）。
　〈主要著作〉「知的成果物の多様性と知的財産法」小泉直樹＝田村善之編『はばたき──21世紀の知的

〈執筆者紹介〉

財産法 中山信弘先生古稀記念論文集』(弘文堂, 2015 年) 36-55 頁,「知的財産とファイナンスについての基礎的考察」民商法雑誌 149 巻 4・5 号 (2014 年) 416-459 頁,「ファッションと法についての基礎的考察」髙林龍=三村量一=竹中俊子編集代表『現代知的財産法講座 3 知的財産法の国際的交錯』(日本評論社, 2012 年) 1-32 頁。

白田　秀彰 (しらた ひであき)

1968 年生まれ。1992 年一橋大学法学部卒業, 1997 年一橋大学大学院法学研究科博士課程修了。法政大学社会学部講師, 同助教授を経て, 2007 年より同准教授 (現在に至る)。一橋大学 博士 (法学)。
〈主要著作〉『コピーライトの史的展開』(信山社, 1998 年),『インターネットの法と慣習』(ソフトバンク新書, 2006 年),「情報時代の憲法」東浩紀編『開かれる国家』(角川インターネット講座, 2015 年)。

寺本　振透 (てらもと しんとう)

1963 年生まれ。1985 年東京大学法学部 (第一類) 卒業, 1987 年司法研修所修了。西村眞田法律事務所 (現・西村あさひ法律事務所) 等を経て, 2010 年より九州大学大学院法学研究院教授 (現在に至る)。
〈主要著作〉"How Industrial Policy Affects the Nurturing of Innovation", in Jürgen Basedow & Toshiyuki Kono (eds), Special Economic Zones: Experiments in Local Deregulation, Mohr Siebeck 2016. (scheduled to be published), "Japanese Perspectives on Trademark Transactions: Is expansive trademark practice prevail over the conservative stoicism?", in Calboli, I. & De Werra, J. (eds), The Law and Practice of Trademark Transactions, Edward Elgar Pub, pp.511-536, 2016, "Intermediaries, trust and efficiency of communication — A social network perspective", (coauthored with Jurcys, P.) in Fenwick, M., Uytsel, S.V. & Wrbka, S. (eds.), Networked Governance, Transnational Business and The Law, Springer, pp.99-126, 2014.

島並　良 (しまなみ りょう)

1969 年生まれ。1994 年東京大学法学部卒業, 1996 年東京大学大学院法学政治学研究科修士課程修了。東京大学大学院法学政治学研究科助手, 神戸大学大学院法学研究科助教授を経て, 2007 年より同教授。2016 年より神戸大学大学院科学技術イノベーション研究科教授 (兼務)。東京大学 修士 (法学)。
〈主要著作〉Ryo Shimanami ed., THE FUTURE OF THE PATENT SYSTEM (Edward Elgar, 2012 年),『特許法入門』(共著, 有斐閣, 2014 年),『著作権法入門 (第 2 版)』(共著, 有斐閣, 2016 年)。

xix

しなやかな著作権制度に向けて
―― コンテンツと著作権法の役割 ――

本書について

金子敏哉

I　科研費による研究プロジェクト

　本書(『しなやかな著作権制度に向けて —— コンテンツと著作権法の役割』)は、科学研究費補助金(基盤研究 A、2011〜2015 年度)による研究プロジェクト「コンテンツの創作・流通・利用主体の利害と著作権法の役割」(研究代表者：中山信弘明治大学特任教授(当時)、課題番号 23243017)による研究成果のまとめとして企画されたものである。

　この科研費(本科研費)による研究プロジェクト(本プロジェクト)は、冒頭論文(中山信弘「しなやかな著作権制度に向けて」)等[1]に示されているように、従来の著作権制度が創作・流通・利用に関わるフィールドとプレイヤーの変化に十分に対応しきれていないとの問題意識(この問題状況を研究代表者は「著作権法の憂鬱」[2]と表現している)を出発点としたものである。

　本プロジェクトは、著作権法学と計量経済学、漫画文化論の研究者(本書の各論文の執筆者[3]の他、大野幸夫・蘆立順美)、法曹実務家(福井健策・野口裕子・三村量一・桶田大輔)をメンバーとして、明治大学知的財産法政策研究所を拠点として、コンテンツの創作・流通・利用主体を巡る実態の把握を行うとともに、著作権制度の役割とあり方についての議論を行った。

　本プロジェクトの実施期間中にも著作権制度を巡る状況は刻々と変化していった。ネット上の巨大なプラットフォーマーの台頭、アメリカにおけるフェアユースや欧州における孤児著作物や拡大集中許諾を巡る議論の展開等[4]がその例である。日本国内においても、権利制限の一般規定(日本版フェアユース)を

---

[1] 経済学の視点からのこのような状況の分析については第 1 章(田中論文①)を参照。
[2] 中山信弘「著作権法の憂鬱」パテント 66 巻 1 号(2013 年)106 頁以下、中山信弘『著作権法(第 2 版)』(有斐閣、2014 年)3 頁以下を参照。
[3] なお本書の執筆者のうち、張睿暎准教授は本科研費の研究分担者・連携研究者ではなかったが、本書の企画に際して、韓国における著作権取引所・フェアユースの動向について特に協力をお願いし、論文の執筆を頂いた。
[4] 米国・欧州における著作権をめぐる議論動向については第 4 章(潮海論文)を参照。また特にイギリスにおける拡大集中許諾制度につき第 7 章(今村論文)を参照。

本書について

巡る議論と平成 24 年改正、TPP（環太平洋パートナーシップ協定）への対応（保護期間の延長、法定損害賠償、非親告罪化）、ハイスコアガール事件[5]等が挙げられる。これらの状況の変化は、本書の各論文の問題意識にも反映されている。

II 本書の概要

1 本書について

著作物の創作・利用に関わる環境は、従来の著作権法が前提としていた状況とは大きく異なり、現行著作権法の規定は、著作物に関わる多種多様な利害を適切に調整するためには硬直的に過ぎるものとなっている。本書は、このような多種多様なプレイヤーの利害とフィールドの変化に「しなやかに」対応可能な著作権制度のあり方を検討するものである。

本書に収録された各論文は、以上の基本的な問題意識をもとに、各執筆者が具体的な主題を設定して執筆されたものである。その執筆過程においては、研究会での中間報告やメーリングリストによる草稿の共有を通じて、各論文の内容について意見交換を重ねた[6]。また 2015 年 3 月には、第 1 章（田中論文①）、

---

[5] アーケードゲームを題材とした漫画作品（押切蓮介「ハイスコアガール」）内でのゲームの画面・キャラクターの利用がゲームに係る著作権の侵害にあたるとして、ゲームの著作権者による刑事告訴がされ、2014 年 8 月に漫画の作者・出版社に対する家宅捜索が行われた事件である。

このハイスコアガール事件を契機として、同事件のように著作権侵害の成否が明らかとは言えない事件における強制捜査・公訴の提起等による表現活動への委縮に対する懸念から、本プロジェクトのメンバーを中心に研究者・実務家による共同声明（「ハイスコアガール事件について ── 著作権と刑事手続に関する声明 ── 」）を公表する（2014 年 12 月 22 日）とともに、また同事件を契機としたシンポジウム「著作権・表現の自由・刑事罰」（2015 年 3 月 24 日）を明治大学知的財産法政策研究所において開催している（議事録等は http://www.kisc.meiji.ac.jp/~ip/archive.html に掲載）。

なお 2015 年 8 月に、出版社・ゲーム会社の間での和解が成立し、両者が提起した民事訴訟が取り下げられ、刑事事件についても告訴の取消により不起訴となり、「ハイスコアガール」の連載も再開し、当該事件自体は円満な形で解決した。しかし刑事罰を巡る問題（特に著作権・著作者人格権侵害行為が広く処罰対象とされている点）はなお存続している。本書中の第 2 章（前田論文）、第 9 章（金子論文）はこれら刑事罰に関する問題意識をも背景としたものである。

[6] これらの意見交換を踏まえて、本書の各論文では、部分的ながら本書中の他の論文への参照が行われている。ただしこの参照は、編集スケジュールのために、草稿段階の論文や研究会での構想案等をもとにしたものであり、参照先の確定原稿に対応したものと

第3章（上野論文）、第9章（金子論文）に関する公開シンポジウム（「しなやかな著作権制度に向けて」）を開催している[7]。

2　各論文の要旨

以下は、本書に収録された各論文の要旨である。各要旨は各論文の執筆者自身により作成されたものである。

第Ⅰ部　権利の内容・制限と利用許諾

第1章　田中辰雄「ぼくのかんがえたさいきょうのちょさくけんせいど──新しい方式主義の構想」

一般に制度というものはいったん出来上がるとあとは漸進的な改良が重ねることになる。著作権制度もそうであり、これまでの法的秩序との整合性をとろうとすれば改良は漸進的にしか進まない。しかし、急激な状況の変化があるとそのような漸進的な対応では間に合わず、より根本的な改正が必要になる。著作権制度もデジタル化とネットワークの普及で創作と創作物の利用のあり方に大きく変化し、現行の制度との不整合が目立つようになってきた。ここで漸進的改良ではなく、白紙から著作権制度を考え直すとすればどのような設計が考えられるか。本稿では、仮にすべての過去のいきさつを忘れ、白紙から理想の著作権制度を考えるとどうなるかを考察する。結論として提案するのは新しい方式主義である。著作権取引所を設けて登録された著作物にだけ許諾権をあたえ、それ以外の作品は報酬請求権化する。この改革の狙いは、デジタル化とネットワーク化で誰もが創作者になる時代にあって、創作物の利用しやすさを飛躍的にあげることにある。

第2章　前田健「著作権法の設計──円滑な取引秩序形成の視点から」

当論文は、著作物の利用をより円滑に進めるために、著作権法が採用してきた仕組みを明らかにし、取引環境の変化を踏まえてそれをどう変化させるべきかを論じる。

著作権法は、権利の対象行為を個別的に指定し、利用には事前の個別の許諾が必要との原則を採用する。一方で、この前提とされてきた取引環境は、支分権該当行為の社会的意味の変質、軽微な著作物利用が伴う機会の増加、著作物

　　なっていない可能性がある点、ご留意願いたい。
(7)　議事録は明治大学知的財産法政策研究所のサイト上に本書の刊行にあわせて掲載する予定である。

本書について

の流通・課金形態の多様化、権利者・利用者集団の増加・多様化に伴い、崩されてきている。対処には、権利制限規定を見直し自由使用の領域を拡充し、著作物の利用の許諾にかかる市場の失敗を解決する集中許諾、法定許諾、強制許諾などの手段を適宜に選択していく必要がある。

当論文は、権利制限規定の正当化根拠及びその望ましい立法形式について、ルール・スタンダード論も踏まえつつ議論する。さらに、拡大集中許諾等の集中許諾、法定許諾、強制許諾などの利害得失を論じ、権利者のオプト・アウトという発想の有用性を指摘する。また、刑事罰の対象は取引秩序を脅かす行為に限定するべきことを示唆する。

第3章　上野達弘「権利制限の一般規定 ── 受け皿規定の意義と課題」

わが国著作権法に、著作権制限の一般規定を設けるべきかどうか。この問題は最近の著作権法学における最大の立法的課題として、10年程前から現在もなお盛んな議論が展開されている。ただ、そこでは「日本版フェアユース」という言葉や権利制限の一般規定に関する理解が相違するために、建設的な議論やコンセンサスの形成が妨げられてきたように思われる。

本論文は、考慮要素を明示した受け皿規定という観点から日本法に適合した著作権制限の一般規定を模索する筆者の考えをまとめたものである。

第4章　潮海久雄「大量デジタル情報の利活用におけるフェアユース規定の
　　　　役割の拡大 ── 著作権法(個別制限規定)の没落と自生的規範の勃興」

大量のデジタル情報を利用する場面で、なぜ、著作権法からはずれたさまざまな自生的規範(opt-out、情報契約など)が発達する一方で、著作権法の制度(特に個別制限規定)が軽視されるのか。電子図書館(Google Booksと拡大集中制度)、著作権の侵害主体、クラウド、プログラム(SSO)の保護、Google news、私的複製などの諸課題において、アメリカのフェアユース規定が、どのように適用され発展・機能し、デジタル経済においていかなる役割を果たしているかを考察した。これと対比して、個別制限規定、強制利用許諾＋報酬請求制度、集中管理団体などの著作権法の制度がどのように、なぜ機能不全をおこしているかを検討した。

フェアユース規定は、取引費用の節減だけでなく、機能著作物・事実著作物を著作権法で保護したことの弊害を緩和する役割、著作物の将来の市場を拡大する役割、また、電子図書館などの公共財の民間企業による提供を支援する役割を担っている。また、将来、情報契約や自生的規範の公正さを担保する役割

も期待される。

第5章　張睿暎「権利制限の一般規定の導入と運用 ── 韓国の経験から」

当論文は、TPP 合意内容と類似するレベルの知財保護義務を規定する韓米 FTA の合意内容を履行するための 2011 年著作権法改正で、権利制限の一般規定としての公正利用（第 35 条の 3）規定を導入した韓国の経験を紹介し、日本における今後の議論に資するためのものである。

当論文ではまず、韓国における包括的公正利用条項（権利制限の一般規定）導入をめぐる過去の議論、公正利用規定の立法までの歩み、「公正利用ガイドライン」の策定を紹介し、公正利用規定の施行 4 年後の裁判例から見えてきた運用上の課題として、既存の個別制限規定と権利制限の一般規定とのすみ分け問題を述べる。日本における今後の議論においては、権利制限の一般規定の導入の是非だけでなく、一般規定を導入する場合の規定ぶりや既存の個別制限規定との関係、さらには、著作権侵害であるか否かが不明なグレーゾーンを減らすためのガイドライン等の活用なども検討されるべきであろう。

第6章　渕麻依子「イギリスにおける公益の抗弁について ── 権利制限の一般規定を目指す我が国に与える示唆」

この論文は、イギリスの著作権法における公益の抗弁（public interest defense）を取り上げるものである。イギリスの権利制限規定といえば、しばしばフェア・ディーリングの規定が紹介されるが、本稿では、より柔軟に「公益」を理由とする第三者による未公表の著作物の公表を著作権侵害としないとする公益の抗弁について、その法律上の位置付けや裁判例の展開、学説の状況を紹介している。公益の抗弁はイギリスにおいてもいまだ不確定要素の多いものである。しかしながら、しなやかな著作権法を目指す我が国において、公益の抗弁は、従来型の個別の権利制限規定でもなく、アメリカ型のフェア・ユースでもない、新たな権利制限規定という可能性も示唆するものではないか。こうしたねらいからイギリスの議論を紹介するものである。

第7章　今村哲也「拡大集中許諾の導入論の是非」

本論文では，近時注目を浴びている拡大集中許諾制度（ECL）について論じている。現代の著作物の利用許諾をめぐる新たな問題状況について整理し，拡大集中許諾制度が注目を集めているに至った背景事情と同制度の基本的内容について説明する。また，ECL は伝統的に北欧諸国で採用されてきたが，近時，イギリスにおいて同制度が新たに導入されたので，その動向についても触れてい

る。更に，ECL を導入することの意義について論じたうえで，ECL 契約の拡張効果の法的根拠，同制度がワンサイズ・フィッツ・オールの解決策ではないことなど，同制度の導入をめぐる幾つかの主要な問題点について，批判的な検討を行っている。以上の考察を前提として，同制度を導入することの是非について，それを是とする結論を述べつつ，その理由を述べている。

第8章　横山久芳「引用規定の解釈のあり方とパロディについて」

　当論文は、引用規定の目的を、著作物に係る表現活動を促進し、情報の質的多様化を図るものと捉えた上で、かかる目的に即して適法引用の成立要件を検討し、引用規定の解釈がどうあるべきかを論じようとするものである。また、当論文は、パロディが批評的引用に類似した性格を有することに着目し、パロディに引用規定を類推適用するための要件についても検討する。これらの検討を通じて、著作権の保護と引用による表現の自由とのバランスをいかに実現するべきかを明らかにすることが当論文の最終的な目的となる。

第9章　金子敏哉「同一性保持権侵害の要件としての『著作物の改変』——改変を認識できれば『改変』にあたらない説」

　当論文は、同一性保持権侵害の要件としての「著作物の改変」を、改変された表現の提供・提示により「改変をされていないとの誤認」を惹起する行為と解すべきことを主張するものである。この解釈によれば、改変に接する者が改変の事実と内容を正しく認識できる場合（例えば私的改変や著名な作品のパロディ）には「著作物の改変」に該当しないものとして、他の事情の如何を問わず同一性保持権の侵害を否定すべきこととなる。

　当論文は、従来の通説の下での諸論点（私的改変、パロディ、著作権（制限規定）と同一性保持権の関係等）の検討を通じて、以上の解釈の内容・意義とその判断基準を示し、同一性保持権の保護法益と著作物の改変を巡る自由領域を明らかにしようとするものである。

第10章　澤田悠紀「建築作品の保存 —— 所有者による通知の義務・作者による取戻の権利」

　本論文は、建築の著作物の現作品（建築作品）の扱いにつき、その所有者と著作者との権利の調整について検討するものである。具体的には、建築作品の所有者の趣味嗜好に基づく改変が許されるかという従来の論点につき、新たに、所有者が改変あるいは破壊を行う際にはその旨を著作者に適切な時間的余裕をもって通知し複製等の機会を与えること、また、通知を受けた著作者は所有者

に対し建築作品の材料費を上回らない価格にて取り戻しを求めることを可能とすること、これらを軸に、所有者と著作者との利益を調整する手法について、特に海外の例を挙げて検討するものである。

　第Ⅱ部　著作権法における実証と理論
　第11章　藤本由香里「アジアにおける海賊版マンガから正規版への移行過程と残る諸問題──台湾とタイの事例を中心に」

　日本のマンガ・アニメなどのコンテンツは現在、世界中で人気であり、海外版権の利益は出版社にとっても重要なものとなっている。しかし、ここでまず押さえておかなくてはならない重要な事実は、通常考えられているイメージとは違って、「海外からの日本マンガの正規版権獲得の流れは、海賊版（非正規版）を出していたアジアの出版社の側から起こったのであり、けっして日本側が海賊版をとがめだてたり、積極的に正規版への移行を促した結果ではない」ということである。具体的には、1991年の台湾の著作権法改正による現地出版社からの強い要請が、日本が海外版権許諾に大きく舵を切る直接的なきっかけであり、その背景には、"スペシャル301条項"に代表されるアメリカからの圧力があった。①なぜ、日本側はそれまで海外版権に対して積極的ではなかったのか。②アジアにおける紙媒体での海賊版マンガから正規版への移行は具体的にどのようにして行われたのか。③そこでは著作権の規定や各種の法・条約の規定はどのような役割をはたしたのか。④正規版への移行の後でなお残る、電子海賊版等の問題の現状。本論文では、以上の4点について、主に、当時の日本の出版社の版権担当者、かかわった版権エージェント、現地の海賊版および正規版出版社の三者への取材を通してその過程を明らかにしていく。

　第12章　小島立「いわゆる「著作権教育」の観察と分析から得られる著作権制度の現状と課題について」

　本稿は、いわゆる「著作権教育」の観察と分析から得られる著作権制度の現状と課題について検討する。「著作権教育」という言葉で指し示す対象は、主に初中等教育段階における著作権についての教育活動や啓蒙普及活動であり、本稿の考察の中心は、そこで用いられている教材やパンフレット等において、著作権法や著作権制度についてどのような「語られ方」がなされているのか、ということの観察と分析を通して、現在の著作権制度を理解する上での手がかりを得ることである。

　現在の「著作権教育」を分析するとともに、それをどのように改善するべき

本書について

なのかということを論じるためには、本稿の筆者が著作権制度をどのように理解しているのかということについても明らかにすることが望ましい。従って、本稿は、現在の「著作権教育」に関する検討とともに、本稿の筆者の現段階における著作権制度に対する理解を併せて示すことを目指すものでもある。

第13章　田中辰雄「フェアユースの是非 ── クリエイターの意見」

　フェアユースの導入に個々のクリエイターが反対か賛成かを調べた。方法はクリエイター2500人に対するアンケート調査である。フェアユースは概念が難しいので、フェアユース的な利用方法を例示し、それに賛成か反対かどうかを尋ねた。その結果、驚くべきことに7割程度の人がフェアユース的な利用方法に賛成であることがわかった。これはクリエイターがプロでもアマでも、また企業所属でもフリーでも、また分野が音楽でも映像でも変わらない頑健な結果である。審議会等の議論では権利者団体がフェアユースの導入に強く反対しており、クリエイターの態度とは大きなずれがあることになる。このずれが生じた原因としては、審議会での議論の立て方がそもそもフェアユースの趣旨に沿っていないことが原因と考えられる。

第14章　白田秀彰「マンガ・アニメ・ゲームの人物表現における類似判定に関する調査報告」

　マンガ・アニメ・ゲームにおいては、様式的に描かれている人物表現が重要な要素となっていることが一般的に認識されている。一方、その様式を理解しないものにはその人物表現は特徴を欠いて画一的に見えるとも評価される。この様式化された人物表現についての「似ている」「似ていない」の判定に一般性があるのか否か、「似ている」と判定される場合にどのような要素に基づいているのか、といった基本的な部分についての調査を行った。

　この調査の結果を踏まえ、さらにコミックマーケット88に出展された作品のうち、とりわけ二次的著作物が多いと思われる種類から、無作為抽出した400作品の同人誌を調査し、それらが実際に著作権侵害といいうるのか評価した。これによって、コミックマーケット全体での侵害の推定を試みた。

　本論はその報告書である。

第15章　白田秀彰「マンガ・アニメ・ゲームにおけるキャラクターの本質的特徴について」

　一般に、キャラクターは、著作権法によって保護されていると考えられているようだ。また、キャラクタービジネスが成立しており、そこでは当然のよう

にキャラクターの利用許諾契約が運用されている。一方、法学界ではキャラクターの保護について否定的であり、一時期キャラクターに著作権法による保護を容認してきた裁判所も、現在では否定的な解釈を採用している。

本論は、キャラクターの中でも、マンガ・アニメ・ゲーム分野に多く見られる人物キャラクターに対象を絞り、人物キャラクターそのもの、あるいは人物キャラクターによって提示される物語作品そのものにおける「思想または感情の創作的表現を直接感得させる本質的特徴」について考察することを目的とする。

第16章　寺本振透「模倣の社会的意義を見極める方法を考える」

本稿は、表現の模倣に対する否定的な態度が種々の社会的な摩擦、ひいては模倣の不足という負の効果をもたらし得ることを指摘する。さらに、そのような摩擦が緩和される過程も、社会の中でしばしば見いだされることを指摘する。そのうえで、模倣に関わる法制度を議論したり設計したりするための準備として、模倣をきっかけとする社会的な摩擦の発生と、その緩和の過程を観察して、何が摩擦を緩和させるのかを知ることに意味があるのではないかと問いかける。そして、そのような観察の場と手法について、一つの具体的な提案を示す。

第17章　島並良「著作権法におけるルールとスタンダード・再論——フェアユース規定の導入に向けて」

本稿は、ルール／スタンダード論による分析を基礎として、フェアユース規定の導入の最大の意味は、適用範囲の開放性にあることを指摘する。そしてフェアユース規定の導入には、イノベーションの促進や市場の失敗の治癒という利点があるのに対して、導入の欠点として指摘されてきた諸点(保護水準の低下、主張立証負担の増加、予測可能性の低下)は必ずしも説得的ではないとして、公正な著作物の利用を認めるフェアユース規定を導入すべきであるとしている。

3　収録論文の概観

本書に収録された各論文は、「しなやかな著作権制度」への志向という基本的な問題意識を共通にしながらも、そのテーマ・アプローチは様々である。以下では、本書における各論文の概要とその位置付け・他の論文との関係について、筆者(金子)の理解のもとで概観する。

(1)　第1部「権利の内容・制限と利用許諾」

本書の第1部「権利の内容・制限と利用許諾」では、著作権・著作者人格権

本書について

の内容と制限[8]、利用許諾に関する制度設計を検討し、解釈論・立法論上の提言を示すものである。

〔著作権制度の原則の変更 —— 第1章〕

第1章（田中論文①）は、経済学の視点から、著作権制度のあるべき理念形として、登録をしない限り著作権が報酬請求権化するとの制度設計を提案する。今後の創作・利用を社会のあり方についての広い視野にたって、著作権法の原則を変更する大胆な提案であるが、排他権による事前許諾を原則とする現行制度の限界を指摘し、オプト・アウト方式による取引コストの低減という視点は他の論文（第2章（前田論文）、第4章（潮海論文））とも共通するものである。

〔権利制限・利用許諾等の横断的な検討 —— 第2章・第4章〕

第2章（前田論文）は、従来の著作権制度の特徴と問題点を示すとともに、権利制限・利用許諾に関する様々な制度設計の選択肢（権利制限の一般規定、個別制限規定、裁定制度、集中管理、権利濫用法理や刑事罰の運用も含めて）について横断的に、ルール・スタンダード論等の観点から理論的な分析を行うものである。これら各制度の適切な組み合わせが重要との指摘は、第一部の各論文に共通する基本的な視点となっている。

また第4章（潮海論文）では、特にデジタル環境下の著作物の大量利用について、欧米におけるこれらの制度の具体的な運用について、侵害主体を巡る裁判例、権利者・媒介者による自生的規範の形成への影響の点も含めて詳しく検討されている。

〔権利制限の一般規定・フェアユース —— 第3章から第6章・第17章〕

第3章（上野論文）では、権利制限の一般規定を巡る理解の相違[9]が議論の混乱を招いたことを踏まえて、考慮要素を明示した受け皿規定としての一般規定の内容とその意義を明らかにするものである。

---

[8] なお個別制限規定については、本書中の第2章（前田論文）による各権利制限規定の類型化、第8章（横山論文）による引用規定（32条）の検討の他、私的複製（30条）につき2013年の著作権法学会のシンポジウム（著作権研究40号（2015年）20頁以下。本科研費のメンバーからは横山教授、島並教授、蘆立教授、潮海教授が登壇）、教育目的での利用（35条）につき2015年11月・12月に明治大学知的財産法政策研究所で開催したシンポジウム（「教育機関における著作物の複製等に関する著作権処理の現状と課題①②」）での議論も参照。

[9] 本書に収録された論文間においても、フェアユースを巡る理解の相違が存在する。特に第13章（田中第2論文）との相違について後掲注(16)参照。

また第 4 章（潮海論文）では、前述した各制度の運用状況の分析から、従来の個別制限規定・補償金制度・集中管理等により事前に細かな利用・取引のあり方を規制する手法の機能不全を指摘し、フェアユース導入の意義を明らかにしている。

この両論文はいずれも権利制限の一般規定・フェアユースの導入の意義[10]を論ずるものであるが、その視点は若干異なっている。両論文とも導入の意義を著作権制限の範囲が広がることととらえていない点では共通するが、第 3 章（上野論文）は柔軟性とともに考慮要素の可視化による明確性の確保を意義として挙げるのに対して、第 4 章（潮海論文）では媒介者・創作者間の自主的規範の形成の促進（またそれに伴う市場の拡大等）、および行き過ぎた著作権保護や自主的規範に対する公正さの担保が挙げられている。

また第 17 章（島並論文）は、フェアユース規定の特質はその適用範囲の開放性にあると理解し、フェアユース規定の導入の利点としてイノベーションの促進と市場の失敗の治癒の二点を挙げている。

なお韓国著作権法では、米韓 FTA を契機として 2011 年の改正により権利制限の一般規定（35 条の 3（公正利用））が導入された。第 5 章（張論文）では、韓国におけるこの導入の経緯とその後の運用状況についての考察が行われている。特に一般規定と個別規定の適切な使い分け（第 2 章（前田論文）、第 3 章（上野論文）、第 4 章（潮海論文）も参照）の観点からは、韓国における公正利用規定のガイドラインの策定、改正後の裁判例の判断内容が注目される。

第 6 章（渕論文）では、日本法における個別制限規定と米国法のフェアユースの「中間的な」権利制限のあり方のひとつとして、イギリス法における公益の抗弁（public interest defence）についての考察が行われている。この抗弁は、従来の判例法において未公表著作物の無断出版につき公表がもたらす公益を理由に守秘義務違反・著作権侵害が否定されるべき場合に関するものとして運用されている模様である[11]。

[10] 第 2 章（前田論文）では、現代においてはよりスタンダート性の高い制限規定の創設が望ましいとして、詳細な個別規定、柔軟性の高い個別規定、受け皿としての一般規定の三層構造が理想的であることを指摘している。また第 8 章（横山論文）では、一般条項の意義に関して、新たな利用形態につき後追いで個別制限規定の立法により対応していくことの限界を指摘している。第 13 章（田中論文②）では、フェアユースの意義を市場の失敗への対応ととらえる立場から、契約による対応で十分であるとの権利者団体の意見に対して批判的な検討を行っている。

本書について

〔拡大集中許諾と集中管理団体の役割 —— 第 7 章〕

　第 7 章（今村論文）では、拡大集中許諾（ECL）制度につき英国における展開、ECL に対する批判等を踏まえたうえで、ECL の限界や課題を示しながらも、ライセンススキームの発達を促進する制度設計の一つとして ECL の導入を是とする立場を示している。

　集中許諾については、第 1 章（田中論文①）・第 2 章（前田論文）・第 4 章（潮海論文）においても検討がされている。特に第 4 章（潮海論文）と第 7 章（今村論文）では、フェアユースと集中許諾制度に対する評価、自主的な規範の形成において利用者（媒介者）と権利者（集中管理団体）のいずれにより期待するか[12]等の点で対称的な立場が示されている。

〔引用とパロディ —— 第 8 章〕

　第 8 章（横山論文）は、引用規定（32 条）を一般条項的に拡張解釈する考え方[13]に反対し、32 条の立法趣旨を表現の質的な多様化の促進ととらえる立場から要件論（特に引用要件）を検討するとともに、パロディ[14]についても可能な範囲で引用規定を類推適用すべきことを主張する。引用規定の立法趣旨と各要件の意義と考慮要素[15]を明確化しつつ、他方で同様の趣旨が妥当する場合（パロディ）

---

[11] 第 2 章（前田論文）による権利制限規定の整理（同論文中の表 1 参照）でいえば、英国法における公益の抗弁は、適用状況が特定された、柔軟性の高い個別権利制限の一例と位置付けられよう。

[12] 例えば第 4 章（潮海論文）における市場の拡大・デジタル図書館等の公共財の提供における媒介者の役割への期待と、第 7 章（今村論文）における巨大なプラットフォームに対する対抗軸としての集中管理団体への期待を参照。また第 13 章（田中論文②）では、意識調査に基づきクリエイターの 7 割が「フェアユース」（但しその内容については後掲注(16)参照）の導入に賛成していることを指摘している。

[13] 知財高判平成 22 年 10 月 13 日判時 2092 号 136 頁〔美術鑑定書控訴審〕等。同判決の引用規定の拡大解釈に対しては、第 3 章（上野論文）・第 4 章（潮海論文）においても（権利制限の一般規定を導入した場合以上に）侵害判断を不明確なものとしているとの評価がされている。

[14] なおパロディを巡る同一性保持権の解釈については、第 8 章（横山論文）は 20 条 2 項 4 号「やむを得ない」の解釈による対応を主張しているのに対して、第 9 章（金子論文）ではそもそもパロディと認識されれば「著作物の改変」に該当しないとの解釈が示されている。たパロディを含む二次創作作品一般の類似性判断については、第 14 章（白田論文）、第 15 章（白田論文②）を参照。

[15] 同論文では、引用要件を行為の目的の正当性、公正慣行要件・正当範囲要件を行為の態様の相当性を問う要件として位置づけている。また同論文において、明瞭区別性と主

への類推適用をより説得的に展開するものであり、明確化による「しなやかさ」を志向するアプローチの一つといえよう。

〔同一性保持権 —— 第9章・第10章〕

第9章（金子論文）・第10章（澤田論文）では、著作者人格権の中でも特に問題となる同一性保持権に関して検討されている。いずれの論文も、「著作物の改変」に関する通説的な理解に挑戦するものであるが、そのアプローチ・視点は異なる。

第9章（金子論文）は、「著作物の改変」を改変された表現の提供・提示により「改変をされていないとの誤認」を惹起する行為と解すべきことを主張し、改変内容を正しく認識できる場合（私的改変、パロディ・二次創作、翻訳、抜粋引用等）には「著作物の改変」に該当しないとして侵害を一律に否定すべきことを主張する。同一性保持権の保護法益を明らかにし、「著作物の改変」の要件の判断枠組みを明確に提示することで、明確さによる自由領域の確保等を志向する論文である。

第10章（澤田論文）は、建築の著作物の原作品の完全な破壊が「著作物の改変」に該当しないとする通説の理解に対して、諸外国の状況等を踏まえ、改変と破壊を一元的に同一性保持権の侵害ととらえつつ、通知の義務・取戻の権利により所有者と著作者の間の適切な衡量を行うべきとの考え方が示唆されている。

(2) 第2部 著作権法における実証と理論

第2部（著作権法における実証と理論）では、著作権法をめぐる検討の際に基礎となるべき、実証研究、理論的な分析手法に関する本科研費の成果に関する論文を掲載している。

〔海賊版から正規版への移行過程 —— 第11章〕

第11章（藤本論文）は日本マンガのタイ・ベトナム・台湾等における海賊版から正規版への移行過程について、現地調査やインタビュー等に基づき、米国の通商政策を背景とする条約・法制の影響もふまえつつ、現地出版社・日本の出版社の対応を分析し、今後の課題（電子海賊版、許諾のスピード等）について検

従関係の二要素は引用要件の判断基準とされているが、特に主従関係の判断について引用の目的を問う要件として純化すべきであり、利用の具体的な態様を問うべきではないこと等も指摘されている。

本書について

討するものである。正規品への移行が、海賊版事業者から権利者への働きかけを契機としたものである等の指摘は、著作権制度の役割と、侵害者・権利者による戦略的対応の両面を検討するものとして興味深い。

〔著作権教育の観察と分析——第12章〕

第12章（小島論文）は、著作権制度の現状と課題についての初中等教育段階における著作権教育の観察と分析を行うとともに、分析の視点として著作権制度の現状と課題（著作権法の存在理由、権利者団体の役割、文化的多様性への配慮等）についての問題意識が幅広く示されている論考である。より良い著作権教育のあり方という視点から、著作権制度の機能や正当化根拠をどのように考え、それをわかりやすく伝えることの重要性が示されている。

〔権利制限の拡大に対するクリエイターの意識——第13章〕

第13章（田中論文②）では、WEBを通じた意識調査とその分析を通じて、クリエイター自身はフェアユースの導入に積極的である（約7割が賛成）ことを示し、審議会等での権利者団体のフェアユース導入に対する反対意見との相違を指摘し、その要因について分析している。

同論文の調査・分析については留意すべき点（例えば同論文の「フェアユース」の理解・説明が、第3章（上野論文）等の権利制限の一般規定の理解とは異なる点等[16]）もあるが、それでもなお、権利制限規定の拡大に対して個々人のクリエイターが肯定的な立場を示しているとの調査結果と、その背景としてクリエイターが権利者であるとともに他人の著作物を利用する側として市場の失敗を実感する立場であるとの指摘は注目される。

---

[16] 第13章（田中論文②）のアンケート調査の説明文では、回答者の分かりやすさの観点から、フェアユース導入の意義について、具体的な利用例（「アマチュアバンドが市販曲を演奏してYouTubeなどで公開する」行為等）を挙げ、これらの行為が「著作者の許諾なしにできるようになる可能性が高い」と述べられている。

しかし、同論文内で補足されているとおり、その利用例には現行法の制限規定で既に一部対応しているものや、一般規定が導入されたとしてもなお侵害となる可能性が高いものを含んでおり、このような説明は法的には不正確なものである。またこれらの利用例については、集中許諾等による対応が望ましいとの権利者団体側からの反論も想定される。ただそれでもなお、クリエイターが権利制限規定の拡大に対して肯定的な立場を示しているとの点では、有意義な調査といえよう。

なお第1章（田中論文①）、第13章（田中論文②）では、フェアユースという用語を、個別規定も含む権利制限が認められる場合一般を指すものとして用いている場面がある。

〔キャラクターの類似性を巡る実態調査と法的保護のあり方 —— 第14章・第15章〕

　第14章（白田論文①）は、本科研費により行われたキャラクター・二次創作同人誌の類似性調査の報告書である。この調査では、キャラクターの類似性に関する一般的評価傾向の調査を行い、この調査を基礎とし、二次創作同人誌における類似性判断の実態調査を行った。この調査結果として、同論文では、コミックマーケットに出展される二次創作同人誌の大半が著作権を侵害しているとの評価は誤りであるとの調査結果が示されている。

　この調査結果を踏まえて、第15章（白田論文②）では、キャラクターの著作権法上の保護のあり方についての考察が行われている。マンガ・アニメ・ゲームにおける人物表現としてのキャラクターが「ありふれた表現」に極めて接近しつつあること等も指摘し、結論としては、キャラクターそのものに保護が及ぶとの考え方ではなく、最判平成9年7月17日民集51巻6号2714頁〔ポパイネクタイ上告審〕と同様物語作品を前提とした、あるいは一体とした限りでの保護を適切とする立場が示されている。

〔模倣行為の社会的な意義の分析枠組みの提示 —— 第16章〕

　著作権制度、及びこれを巡る解釈論・立法論は、ある種の模倣を禁止／許容することが、社会にとって望ましい帰結をもたらすとの考え方に基づいている。しかし禁止・許容の対象となる模倣行為の社会的な意義が、主張者自身の主観的な認識を超えて、客観的な証拠・分析枠組みをもって十分に示されていることは少ない。第16章（寺本論文）は、模倣の社会的意義を、模倣がもたらす社会的な摩擦とその解消に着目して分析する枠組みと観察の場の候補を示すとともに、法律が模倣をどう扱うかを論じる前に、まずは事実を観察して記述するという作業を行う必要性を（本書中の解釈論・立法論の主張者に対しても）指摘している。

〔ルール・スタンダード論による分析 —— 第17章〕

　第17章（島並論文）では、ルール・スタンダード論による分析を基礎に、規範形成や創作・利用に係る時系列に着目してフェアユース規定の意義について検討がされている。この点については、第2章（前田論文）による分析もあわせて参照されたい。

(3)　しなやかな著作権制度に向けて

　以上のように、本書に収録された各論文の内容は様々であり、見解が異なる

本書について

点も多い。
　しかしながら、現在の著作権制度が万全のものではなく、多種多様なプレイヤーの利害とフィールドの変化に「しなやかに」対応可能な著作権制度が望ましいとの問題意識、そのためには適切な制度設計の組み合わせ（権利制限の個別規定と一般規定、集中管理等の許諾システム）が重要であるとともに、著作権制度の存在理由と機能についての実証的・理論的な考察が必要であるとの視点は、本書の論文の多くに共通する視点である。
　本書の検討内容が、今後の著作権制度の検討にとって有益なものとなれば幸いである。

　本書は、JSPS科研費（課題番号23243017）による研究成果である。

◆ 第Ⅰ部 ◆

権利の内容・制限と利用許諾

第1章 ぼくのかんがえたさいきょうのちょさくけんせいど
―― 新しい方式主義の構想 ――

田中辰雄

時は来た。
突如海原の上に新大陸レムリアが現れた。
レムリア帝国王の顧問のあなたに国造りの命運がまかされる。
さあ、ここに理想の著作権制度をつくるのだ！

レムリア帝国年代記　第1巻第3章より

I　序 ―― 問題意識

　本稿は、理想の著作権制度の一案を提示する。理想の著作権制度と述べると、そんなだいそれたことをなぜと思う人がいるかもしれない。確かにドンキホーテよろしく壮大な話である。それでもこのような案を考えるのにはそれなりに理由がある。

　著作権制度のあり方を考える議論では、どうしても現行の著作権制度を前提に、それを改善するという形で議論されることが多い。現実には法改正はそのようにしかできないからで、確かに政策提案としてはそうならざるをえないだろう。実務家や法学者の方々が地道な改善作業を積み重ねておられるのはそのためであり、その価値は十分に承知している。現実は地道な改善の上にある。歴史は飛躍しない。同じように法制度も飛躍しない。

　しかし、改善提案の積み重ねでは他の現行制度を前提にすることになるので、変化はどうしても漸進的となり、思い切った変革はできなくなる。もし時代が大きく変化し、客観的な前提条件が大きく異なったとすると、このような漸進的な改革では対応できず、迷路に入り込む恐れがある。ならば、現行制度をま

---

(1) 本研究は科学研究費基盤研究A「コンテンツの創作・流通・利用主体の利害と著作権法の役割」課題番号23243017の一環として行われた。コメントを下さった基盤研究の研究会の参加者の方々に感謝をささげたい。特に中山信弘氏、金子敏哉氏、小島立氏、には具体的な指摘をいただいた。さらに前田健氏と福井健策氏、そして張睿暎氏にはシンポジウムの場で貴重なコメントをいただいた。この場を借りて御礼を申し上げる。

『しなやかな著作権制度に向けて』（信山社、2017年3月）

◇第Ⅰ部◇　権利の内容・制限と利用許諾

ったく忘れ、白紙の状態から理想の制度を考えてみることにも価値があるだろう。少なくとも現在の著作権をめぐる議論に一定の光を当てることはできるはずである。このような問題意識のもと、無謀を覚悟の上で理想の著作権制度を考えてみる。

　筆者は経済学者であるのでここで行うのは経済学的側面からのアプローチ、すなわち財産権的側面からのアプローチである[2]。法律の門外漢が法制度に口を出すのはいかにも出すぎた真似である。しかし、法律の門外漢だからこそ見えるものもあるだろう。

　結論として提案するのは、方式主義にもとづく著作権取引所の提案である。取引所に登録した著作物には現行法と同じ許諾権を認めるが、登録をしない場合は報酬請求権だけ認め、利用自体は自由にする。取引所に登録の際、権利者は利用の条件を自由に設定できるので、今よりはるかに柔軟な利用方法が可能になる。著作権取引所は報酬請求権の時の決済機能も備えるので取引費用は格段に低下する。この制度の狙いは、著作物の利用を飛躍的に促進させる点にある。

Ⅱ　基本認識

1　デジタル化とネットワーク化の含意

　最初に構想のための基本認識を明らかにしておく。序で述べたとおり、本稿には著作権をめぐる客観的な前提条件が大きく変わっているという認識があ

---

[2] 著作権が自然権か財産権かには長い論争がありここではその論争には立ち入らない。ただし、法哲学的論争は置くとして、純粋に実証的にみると財産権的側面が優勢に見える。1）著作権のはじまりがそもそも18世紀の出版社の収益すなわち経済的利益の確保の権利であったこと（白田（1998））、2）著作権の財産権的側面を認めない国は存在しないのに対し、自然権的側面は米国のようにほとんど認めない国が存在し、かつそれで社会は問題なくやっていけていること、3）子どもに対し著作権教育という系統だった教育をわざわざ行わなければならないこと（自然権とされる生命・自由・健康・財産に関する権利、たとえば思想の自由や拷問苦役からの自由、私有財産の尊重などは、子供達は教育せずとも知っている）。これらの事実は、著作権は自然権というより財産権であることを示唆する。ただし、財産権と自然権の二つの側面は程度問題であり自然権的側面もゼロではないので、本稿でも人格権にも一定の配慮を払う。具体的には本稿は「登録しないと報酬請求権化」を提言するが、報酬請求権化したあとでも人格権による差し止めは可能としておく。

◆第1章◆　ぼくのかんがえたさいきょうのちょさくけんせいど［田中辰雄］

る。それは誰もが指摘するデジタル化とネットワーク化が生み出した変化であるが、この変化を本稿でどう理解するかを述べておく。この変化がすでに自明と感じられる読者は、Ⅲ節に飛ばしていただいて結構である。

　もともと著作物は情報財なので、限界費用がゼロでいくらでも複製が可能であり、だれとでも共有可能な財である。この場合、財が既に存在しているなら社会的な最適価格はゼロになる。すなわち誰でも自由に利用できるのが最適であり、著作権制度は不要となる。この点で著作物には公共財的な性質を持つ[3]。しかし、価格がゼロでは創作者が収入を得られないので著作物を創造する誘因が乏しく、著作物は過少供給となる。すなわち市場は失敗する。そこで一定の排他的な利用権すなわち独占権を創作者に与え、創作の誘因を確保しようとした制度が著作権である。

　この制度は、情報財である著作物をいわば物財と同じように扱い、市場取引の上に乗せようとしたいわば"擬制"である。情報をモノのように扱うのにはそもそも無理があるが、これまでこの擬制がそれなりに機能にしてきたのは、著作物が媒体であるモノに体化していたことが大きい。活字表現物は紙の本に、音楽はレコード・CDなどに、静止画は写真フィルムや本に、動画は映画フィルムやDVDに体化していた。つまり、著作物のやりとりのためには必ず何らかの物理的な媒体の取引が必要で、これがモノとしての取引と見なしやすくしていた。

　媒体を流通にのせて広告するにはコストがかかるので、企業の力が必要になる。企業にそのコストを出してもらえるのはごく一握りのクリエイターだけなので、クリエイターは必然的にプロに限定される。アマチュアは出版社への持ち込みや賞への応募などで売り込みを図り、出版社やレコード会社などの企業に採用されれば作品が媒体に体化されて市場に供給されるが、採用されない限りは市場にデビューする道が無い。

　この状況は図2-1に要約される。人々はプロのクリエイターと消費者に厳然

---

(3) 正確には公共財は1) 非競合性（限界費用ゼロでいくらでも生産可能）。2) 排除不可能性（特定個人の利用を排除できない）の二つの特性を持っている財を言う。情報財（著作物）は1) の非競合性は必ず持っているが、2) の排除不可能性は制度設計次第である。実際、著作権制度は著作物が排除可能になるように人為的に作った制度と考えられる。制度設計がどうあっても情報財から1) の非競合性は失われないので、情報財の本質的な特徴は非競合性の方にある。本論も非競合性すなわち限界費用ゼロでいくらでも複製可能すなわち共有可能であることに注目して議論を展開していく。

◇第Ⅰ部◇　権利の内容・制限と利用許諾

図2-1　従来の著作物の流れ

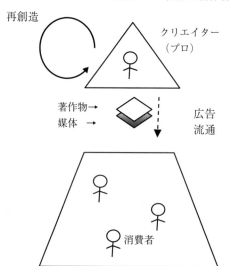

著作物は媒体に体化し、広告費をかけて流通される。クリエイターと消費者は厳然と分かたれ、創作を行うのはプロのクリエイターだけである。創造には既存の作品を使う再創造が必要だが、この時の権利処理はプロ同士の取引として行われる。

と分けられる。クリエイターは作品を作り、企業はこれを媒体に焼き付けて、流通にのせ、広告をうってコストの回収を図る。創作には過去の創作物を利用する創造のサイクルが必要だが、創作者がプロしかいない場合は、この時の著作権処理はプロ同士の取引として、契約ベースで処理できる。プロ同士であれば金額が大きいうえに契約事務を代理の者にまかせることもできて、契約にともなう取引費用は障害にならないからである。左側の円形の矢印は著作物が再創造されるサイクルを表す。著作権制度という擬制がここまで機能してきたのは、この形で創造のサイクルと企業の投資回収がまわっていたからである。

　しかし、デジタル化とネットワークの普及は状況を変えた。変化の起点は著作物と媒体の分離である。著作物はデジタル化されると媒体を選ばず劣化なしにコピーされ、ネットワークの上を自由に流れ始める。情報財の本来の性質である「限界費用ゼロで複製可能」という特徴が如実に発揮されるようになる。その帰結は誰でも知っているようにまずは違法コピーの蔓延であり、多くの企業を悩ませることになった。

　しかし、これだけなら著作権制度にとって本質的な変化ではない。違法コピーを取り締まればよいだけで、それはなりふりかわず本気になれば不可能では

24

◆第1章◆　ぼくのかんがえたさいきょうのちょさくけんせいど［田中辰雄］

図2-2　現在現れつつある新しい著作物の流れ

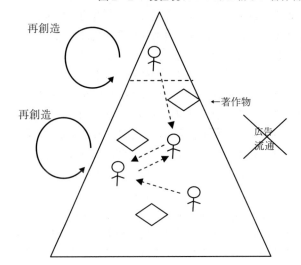

デジタル化で著作物は媒体から切り離され、ネットワークの上で限界費用ゼロでコピーされ、流通していく。その結果、誰もがアマチュア創作者になる。
創造には既存の作品を使うこと必要なので、アマチュア創作者の間では無許諾利用が常態になる。
私的コピーを使って広告宣伝するなど柔軟な著作権利用が出てくる。

ないからである。違反者を残らず強権的に逮捕してもよいし、DRM（Digital Right Management）をフルに使ってもよい。すべてクラウド化してコンテンツはサーバに置くだけにする手もある。利用者の反発を無視してよければ対策はないわけではない。違法コピーの蔓延だけなら新手の超高性能コピーマシンが登場しただけのことであり、著作権制度の前提条件は特に変化してはいない

　前提条件の変化はそこではなく、別のところにある。それは媒体と著作物が切り離されたことで、著作物の創作・流通・広告の費用が飛躍的に下がり、国民のほとんどがなんらかの創作活動に従事するようになった点である。すなわち大量のアマチュアの創作者の出現である。図2-2はそのイメージ図である。

　我々はデジタル化のおかげで誰もが創造活動を行い、ネットワーク化のおかげでそれをどこにでも流通させることができる。ここでの創造とはなにもプロ並みの品質の作品のことではなく、コラ画像や、MAD動画、Youtubeなどへの作品アップ、ブログ記事やSNSへの書き込み、個人撮影の写真・動画などを含んでいる。プロの作品から見れば他愛もないものでも創作には違いなく、また我々は実際にそれを自分でやったり、鑑賞したりして日々楽しんでいる。さらに重要なのは、このような創作活動のすそ野の拡大は、クリエイターのインキュベーターの役割を果たし、優れたプロが生まれてくる土壌をつくっている

◇第Ⅰ部◇　権利の内容・制限と利用許諾

ことである。例としてはコミケとボーカロイドを考えればよいだろう。デジタル化とネットワーク化の最大の成果は、創作・流通・広告の費用が激減してクリエイターのすそ野が飛躍的に広がり、国民の誰もが創造活動に参加しお互いにそれを利用し楽しむようになってきた点にある。

　この結果、著作権制度の視点から見てさまざまの問題点が生じてきた。具体例は田村（2014）、野口（2010）、本書では第2章前田論文等で指摘されている。問題は多岐にわたるが本稿ではこれら問題点のうち次の2点が重要と考える。第一に、創作活動のための既存作品の利用、すなわち創造のサイクルが一部のプロから社会全体に拡大させる必要が生じたが、これを契約ベースで行うことが難しい。アマチュアにとって取引費用が高すぎてほとんど引き合わないからである。かくしてネット上の創作活動は萎縮するか、あえて行うとすれば著作権法違反を覚悟して他者の作品の利用を強行することになる。また、アマチュアの作品は権利処理されないため、ネット上には二度と利用されない膨大な孤児著作がたまりはじめ、これが創造のサイクルからはずれてしまう。要するに大量のアマチュアにとって創造のサイクルをまわすことができない。

　第二に、無許諾利用いわゆる私的コピーの広告効果が大きくなり、現状の著作権制度との不整合が出てきた。無許諾利用には、正規品の売上を減らすというマイナス効果があるが、同時に一種の広告となって需要のすそ野を拡大するプラス効果がある。創作者がプロの場合はすでに売り上げが見込めるので、売上減少のマイナスの方が大きいという理屈に説得力があったが、アマチュアの場合、売上はゼロからのスタートになるのでマイナス面は無い。アマチュアにとって広告効果を考えたら無許諾でも使ってもらった方がよい場面が出てくる。しかし著作権は許諾が原則なのでこの要求にうまく対処できない

　以下、この2点、創造のサイクルと広告効果について掘り下げて説明する。

2　創造のサイクル

　創作は既存作品を利用して行われることが多い。たとえばバスケットボールの漫画を描くとして、シュートのシーンを描こうと思えば、実際のシュートしている写真を見ながら描く必要がある。これは模写（トレス）と呼ばれ、写真の著作権を侵害している恐れがある。しかし、これを違法として禁止すると、マンガ家は自分でバスケットボールのコートに行って写真を撮るということになり、あまりに非現実的である[4]。プロの漫画家の場合は、スポーツ雑誌などと

◆第1章◆ ぼくのかんがえたさいきょうのちょさくけんせいど［田中辰雄］

契約して許可を取り合法的に写真を利用することもできる。しかし、アマチュアにはそのような契約は取引費用が高すぎて引き合わない。もし著作権法を厳格適用して写真からの模写を一切禁止すると多くのアマチュアのスポーツ漫画家は描けなくなり、世の中にあるスポーツ漫画が減ってしまうだろう。それは創作活動にマイナスなばかりでなく、スポーツ界にとってもスポーツマンガが減ればそのスポーツのファン層が減ることになり失うものが大きい。しかし、現状の著作権法では無許諾での模写は違法とせざるをえない。

同様の事例はいくらでもある。写真サイトに写真をアップしている個人が可愛がっている犬がジャンプして口をあけた写真の姿が愛らしいので、この口にフランスパンをくわえさせたいと思っても、自分でパンの写真をとらなければならないとしたら、面倒で止めてしまうだろう。海外旅行の動画を編集して音楽BGMとあわせて紀行ビデオを作りたいと思ったとしても、このときBGMをつけるには許諾が必要となれば編集あるいは公開を止めてしまうかもしれない。少しでも創作活動をしようとすれば同様の事例にすぐにぶつかる。このようなとき、写真・BGMの使用許可をとればよいではないかと言うかもしれないが、アマチュアにとっては取引費用が高すぎて現実的ではない。実際には、創作活動を止めるか、あるいは違法を覚悟で無許諾でやってしまうかである。

アマチュア活動の意義を過小評価するべきではない。アマチュア活動は国民全体が創作活動にいそしむことを意味し、それ自体文化として大きな価値がある。誰もが創作者になれる時代と言うのは、人類社会が新たなステージに向かう段階として文明史的な意義すら見出しうる（この点は結語で再度触れる機会がある）。

また、アマチュア活動には創作活動のすそ野を広げ、優れたプロを生み出す土壌になると言う意義がある。これはコミケの成功でよく知られるようになった[5]。長らく著作権法上のグレー扱いだったコミケは、作家のインキュベーシ

---

(4) 漫画における模写（トレス）問題は、漫画評論家の竹熊氏が詳しく論じている。IT media News「「漫画トレースもお互い様だが……」 竹熊健太郎氏が語る、現場と著作権法のズレ」IT media News 2008/4/16、http://www.itmedia.co.jp/news/articles/0804/16/news075.html。

隣に置いた絵を真似て書く模写は良いが、紙を重ねて写し取るトレスは許されないという区別が無意味という点については、次を参照。竹熊健太郎、2005/10/21「許される模倣・許されない模倣」http://takekuma.cocolog-nifty.com/blog/2005/10/post_94e4.html

◇第Ⅰ部◇　権利の内容・制限と利用許諾

ョンとして、あるいはクールジャパンを支える基礎体力の一つとして広く認知されており、TPPの非親告罪導入の際には、コミケを守ることが国を挙げての課題になったほどである。今後はデジタル化とネットワーク化が進展にともなって、コミケ型の現象はマンガ以外に広がっていくだろう。

　アマチュアによる創作が増えたことのもう一つの帰結として、著作権者がわからない孤児作品が非常な勢いで増えているという問題もある。ネット上をあるけば、誰がつくったかわからない創作物に出会うことが実に多い。ある人が描いた絵を他の人がダウンロードした時点で作者は不詳となり、それが再創造に使われ、あるいはそのままコピーされて拡散していく。結果としてネットにあるアマチュアの作った作品はそのほとんどが孤児作品になってしまう。孤児作品の許諾は取りようがなく、作品は誰に利用されることもなく面白い作品でも無駄に消えていくことになる。

　このようにアマチュアによる創作活動が広がると、創造のサイクルのためにも孤児作品を出さないためにも著作権の適用を緩め、無許諾での利用を認めた方がよいのではないかという気持ちになってくる。しかし、では無許諾利用を認めるかとなると、認めてしまえば著作権者の権利が侵害されるとして反対が起こる。現状は無許諾利用を違法としたまま現実には無許諾利用が蔓延し、一見すると黙認されているようでありながらときおり猛烈な違反者叩きがおこなわれるというきわめて不健全な状態になっている。

　たとえばツイッターやウェブでは画像をはりつけることがよくあるが、無許諾なものが少なくない。ネット上ではチャットなどの際にそれに合った画像（マンガのヒトこま等）を貼って盛り上げる事があるが、これも違法である。ツイッターのアイコンに使われるアニメ画像もほとんどが無許諾である。

---

(5)　コミケはデジタル化以前から存在しているではないかとの疑問がでるかもしれない。確かにコミケはアナログ時代から存在しているが、例外的にアナログ時代でも創造・流通・広告がきわめて低コストでできる状況にあった。まず漫画は紙とインクだけで描けるのでそもそも創作自体が低コストである。次に一か所にファンが集まって即売することで、流通コストを下げ、口コミによって十分な広告効果を達成した。別の言い方をすると、流通と広告のコストをコミケ来場者が全国から集まってくる時間と旅費という形で費用分担していたとも解釈できる。いずれにせよ、コミケはデジタル化とネットワーク化が進む以前に創作・流通・広告コストを劇的に下げることができたのであり、この点で先行例である。今後デジタル化とネットワーク化が進展するにつれて、コミケ的な展開がマンガ以外に拡大していくと予想できる。

◆第1章◆　ぼくのかんがえたさいきょうのちょさくけんせいど［田中辰雄］

YouTubeなどでのMAD画像、Pixivでの二次創作画像も無許諾である。このようにネット上には無許諾での利用があふれている。これらの利用を無許諾利用として非難し、一掃することが一国の創作活動の促進に役立つとは思えない。実際、これらの無許諾利用を訴える権利者はめったにおらず、暗黙に認められているかのようにもみえる。

　しかし、無許諾利用を正面から容認するかといえばそうでもない。ときおり無許諾利用を非難する大合唱が起こり、違反者叩きが行われることがある。たとえば、五輪エンブレム問題では、人の作品を素材に使ったことが非難の嵐を生み、これがとどめとなってエンブレムは撤回された。確かに人の作品を無許諾で使うのは著作権法違反である。しかし同じような違反行為はネット上にあふれており、そちらは放置されたままである。人は、やったのがアマではなくプロのデザイナーだからだと言うかもしれない。しかし、そのときのプロとアマの違いにどれくらい意味があるだろうか。著作権法にはアマは良いがプロはいけないとは一言も書いていないのである。

　無許諾利用への批判の合唱がたかまると、蔓延とは逆に萎縮効果を生むこともある。たとえば、映画・テレビ・漫画等の感想を書くときにその画面等を貼るのは引用でみとめられている。しかし、facebookなどで映画を見た等の日記の際に映画の画像が貼られている例は少ない。君子危うきに近寄らずよろしく、危ないものは貼らないようにしているのが一因と考えられる。

　このような混乱状態が生じたのは、人々が著作権法に無知だから、あるいはモラルを欠いているからではない。著作権制度が、すべての国民すなわち大量のアマチュアが創作活動を行うという時代の変化に適応していないからである。国民すべての創作活動の潜在力を生かすために無許諾利用をもう少し進めた方がよいように思える。しかし、無許諾利用を無制限に認めると著作権者の利益は侵されかねず、著作権者の利益も守らねばらない。両方の要望をいかした制度設計ができないものか。

3　広告効果 ── すそ野の拡大

　広告は著作物を人々が享受する際に決定的に重要である。どんなに良い作品でも人に知られなければ、享受のしようが無いからである。（流通も広告と同じく重要だが説明の簡単化のために以下では広告のみについて説明する）

　広告の重要性はそれにいかにコストがかかっているかからでもわかる。たと

◇第Ⅰ部◇　権利の内容・制限と利用許諾

えば映画にはポストプロダクションコストという言葉があり、映画自体の制作費に匹敵するくらいの費用を広告宣伝にかけることがある。ゲームでも同様であり、最近のソーシャルゲームでは広告宣伝費がゲームの開発費をすでにうわまわっている。音楽にいたっては、録音費用は微々たるもので、費用の大半は営業販促を含む広告活動の費用である。著作権法では広告宣伝費はあまり話題になることはないが、実際のコンテンツビジネスは宣伝戦である。そして、巨額な広告費用を回収しようとすれば、売上を奪う私的コピーは許しがたい存在であり、当然、認めるわけにはいかない。

　ところがデジタル化とネットワーク化の進展で新しい状況が生まれる。それはまったく逆に私的コピーを広告目的に使う道である。私的コピーを暗黙に認めておくと、作品がコピーされて広まっていき、全く費用をかけずに人々に知られることになる。いわば私的コピーによる無料の広告効果によって、作品あるいは作家の知名度があがり、そこから次のビジネスにつなげられる。

　実際に私的コピーがその当該作品の売上を増やす証拠がいくつか上がっている。個別作品単位で見た時、その作品の違法ダウンロード数が増えると、その作品の正規品の売り上げが減らない、あるいは逆に増えるという実証例がある[6]。また、仮に当該作品では売り上げが減っても、作家の知名度が上がれば、その次の作品の売上が増えることが期待できる。ゆえに、当初は著作権を行使せず、無料で作品を提供して宣伝広告を行い、知名度があがって人気が出てきたら著作権を行使して収益を上げるという戦略が考えられる。たとえばドラえもんは2014年にアメリカ売りこみの際、一時的にライセンス料をフリーにして知名度を上げる戦略をとった[7]。

　このように意図的に著作権を緩めて広告効果を先行させるという戦略は特にアマチュア作家に適している。すでに確立したプロの作家の場合、一定の売上が予想できるため、私的コピーが売上を減らしてしまうマイナス効果を警戒せざるをえないし、すでに有名ならばこれ以上知名度を上げる必要も無い。しかし、アマチュア作家は事情が異なる。まだ売上自体が出ていないので、売上を減らすマイナス効果は考えなくてよく、無料でよいから自分の作品をとにかく

---

(6) たとえば田中（2011）はアニメについて、Oberholzer and Strumplf（2007）は音楽についてそれぞれ違法ダウンロードが被害を与えていないことと報告している。

(7) 日本経済新聞、2014/7/23、「ドラえもん、米で版権「ノーギャラ」知名度を優先」
　　http://www.nikkei.com/article/DGXNASDZ23058_T20C14A7TJ1000/

◈ 第 1 章 ◈　ぼくのかんがえたさいきょうのちょさくけんせいど［田中辰雄］

使ってもらい、人々に知ってもらうのが先である。作者名の表記と内容を改変しないという条件つきで（つまり人格権さえ維持されれば）、許諾権は行使しないと思う人はいるだろう。しかし、著作権法は無方式で許諾権を発生させるため、デフォルトでは無許諾利用は違法とされてしまう。ゆえに著作権行使を意図的に控えて宣伝を先行させるという戦略は取りにくい。

　このように述べると、そのアマチュア作家が勝手に著作権フリーと宣言すれば済むと言うかもしれない。しかし、それでは効果が無い。無名の作家は誰にも知られていないので、彼の著作権フリーの宣言も誰にも知られることはないからである。宣言をしても誰もその人を見つけることがない。探そうともしない。先のドラえもんの事例はドラえもんが有名だったからニュースになったのであり、アマチュアの一個人がフリー宣言しても何の変化も起こらない。

　デフォルトが変更され、アマチュア作家の作品のほとんどが無許諾で利用できるとなれば、人々は無数のアマチュア作家達の作品を探索し、使えるものがないかどうか探しだすだろう。気にいった作品が転載されていき、そのなかから人気作が現れる。そうなってこそ、この戦略は意味を持つのであり、そのためには、デフォルトの変更すなわち著作権制度を変更する必要がある。

　広告のために私的コピーを（意図はしていなかったが）使った商業作品の事例は他にもあって、漫画・アニメの海外市場での海賊版がそうである。海外での日本の漫画アニメは海賊版があって有名になり、市場がたちあがった。まったく無名の状態からこれだけの市場立ち上げを行うとすればかなりの広告宣伝費が必要である。市場が立ち上がった後、正規版に移行することができれば、無許諾利用をうまく利用した成功モデルになる。本書第 11 章藤本論文が紹介するタイの海賊版漫画の事例はその成功例のひとつと見なせる。

　ここで、著作権を緩めるという行為には消費者の効用を一挙に増やすという巨大な利益があることにも注意を喚起しておく。私的コピーは作品が無料でユーザに享受されることで、これから受ける消費者の便益は巨大である。冒頭に限界費用ゼロの情報財の最適価格はゼロであり、無料でいくらでも供給されることがベストであると述べたが、それが図らずも実現される。そのような均衡が自発的に実現され、ビジネスモデルとして成り立つなら社会的にも最適である。

　私的コピーを戦略的に使うビジネスモデルは、より一般にはフリーミアムと呼ばれるビジネスモデルの一種である[8]。フリーミアムとは、基本無料でユー

ザを増やし、獲得した多くのユーザの中から一部の熱心なユーザに課金するというビジネスモデルである。ニコニコ動画、お料理サイトのクックパッド、ソーシャルゲーム、LINE などデジタル世界では事例は多い。著作物関係では無料で作品をテレビで流して多くのユーザに見てもらい、一部のマニア層向けに高額 DVD を売る深夜アニメのビジネスモデルがこれに相当する。音楽の世界でも楽曲ファイル自体はほとんど無料で配りライブで稼ぐという例が出てきた。フリーミアムの条件は限界費用ゼロということと製品差別化ができるということで、ほとんどの著作物はこの条件にあてはまる。したがって、著作権をあえて行使せずに無料で利用させて多くの利用者をあつめ、その中から収益をあげるという方法はこれからも出てくるだろう。フリーミアムは決してマイナーな戦略ではなくメジャーな戦略である。著作権制度はそのような戦略がとれるような柔軟なものであることが望ましい。

4　新しい制度の要件

　このようにデジタル化とネットワーク化のため、創作活動が国民全体に拡大したことが、著作権制度のさまざまな問題を引き起こした。現在の著作権制度はプロのための法律であり、国民の誰もが創作者である時代に対応していない。これと同様の見解は、他にも多くの識者によって指摘されている。

　たとえば中山 (2007) は大著『著作権法』のなかで、業法的だった著作権法が誰もが関わる普遍的な法になり、それにもかかわらず著作権法の原則が 19 世紀的な物権的な構成になっていることが問題で、これが「著作権法の憂鬱」を生んだとしている。また野口 (2010) は、より率直に著作権法はもともと専門家のための業界の法であったのが、突然国民誰もが関わるお茶の間の法になってしまったと述べ、数十億のお金をかけて制作される商業作品と、ウエブ上で個人が趣味で作る作品を、同列に法律で扱おうとすること自体が間違っているとしている。田村 (2014) は、デジタル化とネットワーク化を著作権制度に起こった第三の波という呼び、これに対処するにはデフォルトの変更を含む大きな制度変化が必要だとしている。本書第 7 章今村論文でも、専門家ユーザの規範とエンドユーザの規範をわけて論じるべきとの視点が表明されている。

　以上を踏まえて、理想の著作権制度が満たすべき要件を整理する。デジタル化とネットワーク化によって、創作・流通・広告のコストが飛躍的に下がった

---

(8)　フリーミアムについては田中・山口 (2015) の「はじめに」を参照。

◆ 第1章 ◆　ぼくのかんがえたさいきょうのちょさくけんせいど［田中辰雄］

というのが基本的な条件の変化である。その結果、多数の国民がアマチュア作家として創作活動に加わるようになった。著作権制度は、この新しい条件の潜在力を生かす方向で設計されねばならない。具体的には次の3つの条件を満たす必要がある。

(1) 再創造サイクルの支援
　創作にあたって他者の作品を利用しやすくする。現状ではすべて許諾をとらなければならないので、ネット上の素材は利用しにくい。特にアマチュア創作者は他者の作品は合法利用できない。実際には無許諾で再創造に利用しても権利者が問題視しない事例が多いので、それを明示的に利用可能にする。またネット上の作品（特にアマチュア創作者の作品）は孤児になりやすい。これを利用できるようにする。
(2) 著作権の保護水準を意図的に緩められる柔軟性
　無許諾利用には利用者のすそ野を拡大するという広告効果がある。著作権行使を戦略的に緩めて、この広告効果を利用できるような制度にする。

さらにこのうえで、最後に次の要件が加わる。

(3) 著作権者の誘因擁護
　創作活動を行っている人々の創作意欲をくじいてはならない。

　要するに創作の誘因を損なわない限りできるだけ著作物は自由に利用できた方がよいというのがここでの基本方針である。自由な利用とは、創作のサイクル（孤児作品の利用を含む）と私的コピーの戦略利用のことをさしている。創作の誘因を大きく損なわない限り、これら自由な利用を進めるべきである[9]。
　このような複数の要件を満たすためには、著作権が一律では対応できない。まず、権利の種類を許諾権と報酬請求権に分け、どちらにするかは創作者側が選ぶとする。この区別を明示的にするために著作権取引所を設け、そこに登録することで始めて許諾権が認められるとする。すなわち方式主義であ

---

[9] ここで「大きく損なわない限り」として形容詞「大きく」をつけているのは、創作の誘因を維持する利益と自由な利用利益の比較考量で決めるべきだからである。創作誘因の減少が微小で、自由な利用の利益が大きければ、自由な利益の方向へ舵を切った方が社会的には望ましい。

◇第Ⅰ部◇　権利の内容・制限と利用許諾

り、登録しない場合のデフォルトは報酬請求権として孤児著作物を出さないようにする。以下、詳しく説明する。

なお、ここで述べるアイデアもまったくのオリジナルというわけではなく、先行例がある。Lessig（2001, p251）は5年ごとに登録を更新し、更新しないとパブリックドメインになる仕組みを構想しており、田村（2009）は将来の著作権制度としてデフォルトを変更し、登録しないと許諾権を得られない仕組みを考えてはどうかと述べる。野口（2010）もデジタル時代にふさわしいのは方式主義ではないかとしている。これらはいずれも本稿の着想に近く、以下述べる制度はこれらの着想を言わば筆者流に定式化したものである。

Ⅲ　方式主義による著作権取引所の構想

1　新しい制度の概要

著作権取引所を提案する。著作物を創作して取引所に登録する者を権利者と呼び、著作物を利用する者を利用者と呼ぶ（権利者を創作者と呼ばないのは利用者も創作目的で利用することが多々あるためである）。権利者にはクリエイター個人だけでなく、出版社やレコード会社、映画会社等の法人も含む。利用者は取

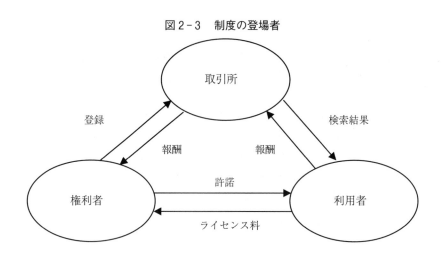

図2-3　制度の登場者

◆第1章◆ ぼくのかんがえたさいきょうのちょさくけんせいど［田中辰雄］

引所で作品の検索を行い、作品が許諾権で守られている時は従来通り権利者と交渉してライセンスを受けて利用し、報酬請求権の場合は、報酬を取引所に払えば権利者との交渉なしで作品を利用できる。以下、詳しく説明する。

(1) 権 利 者

まず権利者の行うことを述べる。

(1) 取引所に作品を送り、登録する。そのとき許諾権か報酬請求権かを選ぶ
　　　登録のとき登録料が、更新の時には更新料がかかる
(2) 報酬請求権を選んだときは報酬スキームを選択（デフォルトも用意→市場水準）
(3) 登録しないと自動的に報酬請求権になる（更新しない場合も報酬請求権になる）
　　　#未登録時の報酬は取引所の既定による（ただし非営利だと無料に設定する）

作品は3通りに分かれることになる。図2-4を参照されたい。権利者は自分の作品を取引所に登録するか登録しないかをまず選び、登録した場合は、許諾権か報酬請求権を選ぶことになる。登録しない場合でも報酬請求権はある。ただし登録しない場合は、報酬スキームがデフォルトのかなり安い価格になり、また非営利の時に無償となる点が登録した時と異なる。

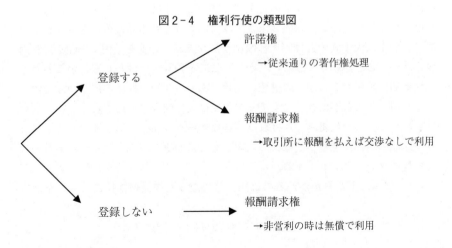

図2-4　権利行使の類型図

35

◇第Ⅰ部◇　権利の内容・制限と利用許諾

　実際には、(1)で出版社・映画会社・レコード会社など企業の商業作品はほとんどが登録され、許諾権を選択するだろう。許諾権を選択すれば既存の著作権と同じ権利なので、従来とまったく同じように権利処理できる。つまり権利者は利用したい者との直接交渉で条件を決められる。この点に関して変更はなく、登録の手間はかかるがそれ以上の不利はない。つまり既存のステークホルダーの利益は侵さない。

　次に(2)で登録して報酬請求権を選ぶのはほとんどがアマチュア（とプロの一部）と想定する。報酬請求権を選んだ時、報酬スキームは権利者が決められる。報酬の金額は応相談があってもよいが、まったくバラバラでは取引費用がかかるので、報酬スキームのデフォルトをいくつか決めておく。デフォルトは平均値あるいは最頻値を用いて決めればよく、たとえば１曲いくらとか等の形で示される。権利者には定期的にメール等で誰がどれくらい利用したかの明細と報酬金額が届き、報酬は口座に振り込まれる。報酬請求権なので（「金額は応相談」を除くと）交渉は不要で、取引は著作権取引所が仲立ちして自動的に進む。権利者は交渉にはあたらないので、取引の雑事には関わらずに済む[10]。デフォルトの中には「非営利なら無料」、あるいは「すべて無料」もあるとしておく。クリエイティブ・コモンズで使われる４類型のような条件設定があってもよい。無償利用のときは利用した人の記録だけがメールで権利者に配信されてくることになる。要するに取引所は著作権クリアランスセンターの役割もはたす。

　報酬請求権を選んだ場合には極端に不釣り合いな取引が生じうる。同じ音楽を用いるのでも、アマチュアの自主製作映画と大手映画プロダクションの商業映画では相場が異なる。報酬請求権ではこのような利用側の差が考慮されないので、例えば大手映画会社の大作映画がアマチュアの曲を千円でBGMに利用するということが起こりうる。しかし、この不釣り合いはむしろ良いこととして積極的に評価するのがこの構想の趣旨である。映画会社は千円という安値で曲を利用することができ、アマチュア作家は大作映画に採用されたという名声を手にする。この仕組みが無ければできなかった成功への道が開けることになり、才能の発掘が進む。彼はこの名声をもとに報酬を引き上げるか、あるいは許諾権にグレードアップするだろう。

　(1)で登録に更新料がかかるのは無価値になった作品の維持にコストをかけ

---

[10]　オプションとして、本人が交渉可を望むならそれを入れてもよい。

◆第1章◆　ぼくのかんがえたさいきょうのちょさくけんせいど［田中辰雄］

るのは社会的に無駄だからである。アメリカににあったかつての登録制度では更新料がかかるために更新しない人が多く、著作物の価値がどれくらい維持されるかの目安になっていた。それを似た仕組みである。なお、更新せずに登録から外れても全く保護されなくなるわけではない。(3)にあるように登録されなくても営利利用されて供託金が溜まれば報酬請求権はあるからである。

　(3)の未登録の場合の報酬請求権とは、受取人未定のまま積み立てられる供託金への請求権のことである。登録していなくても、自分の作品が利用されてその供託金が積み上がっていれば、それを後から請求（登録）して受け取ることができる。利用側からみると未登録作品でも報酬さえ払えば利用できるので孤児作品問題は原理的に発生しなくなる。

　未登録時の報酬は取引所が設定するが、この時の報酬は「非営利の時は無料」になるように設定する（たとえば「売り上げの k％か一定額 A 円のうち小さい方」とする）。こうしておくと未登録の作品は、非営利の利用であれば無許諾で利用できる。大半のアマチュア作家は作品を登録しないと思われるので、ネット上にある多くの作品は、利用者がアマチュアであるときは無許諾無償で利用できることになる。これは現在、アマチュアの間で違法を承知で無許諾無償利用が広く行われているという現状の追認である。

　なお、報酬請求権化し、あるいは無償利用を許した場合でも、人格権に基づく差し止め請求は可能とする。この点は第三節で触れる。

(2) 利 用 者

利用者の行う作業を整理する。

(4) 取引所の登録記録をサーチする
    （高いサーチ技術を前提）
(5) 見つかったとき→許諾権なら権利者に許諾を求める（ここからは従来と同じ）。
    報酬請求権なら報酬を取引所に払って利用
(6) 見つからなかった時→既定の供託金を取引所に払い利用する（非営利ならゼロでよい）
    作品を取引所に送る。サーチしたという記録は保存される。

(4)で利用者は、利用したい作品を取引所に照会してサーチする。このときのサーチは、作品名、作者名だけでなく、作品の一部あるいは作品そのものの

◇第Ⅰ部◇　権利の内容・制限と利用許諾

ドラッグでもよい。このサーチが有効に機能することはこの制度の技術的前提の一つである。現在、サーチ技術は驚異的な進歩をとげており、作品のさまざまの特徴を自動的に取り出してインデックス化している。その技術進歩の成果をフルに利用する。著作権取引所のアプリを立ち上げ、所定の画面に作品ファイルをドラッグすると結果が返ってくる形をイメージする。あるいは作品をメール添付で送ると結果が返ってくるというやり方でもよい。

　(5)で作品が取引所に見つかった場合、許諾権なら権利者と交渉に入る。この場合は通常と同じである。報酬請求権だった場合、報酬スキームに従って料金を払い、利用することになる。支払は取引所経由なのでなんらかのネット決済で行えばよく、クリック一回で支払いを終える簡便さを実現する。支払を行うと支払証明書が送られてきてそこに支払いのコード番号が書いてあり、このコード番号が手続きを取ったことの証拠になる。

　(6)で見つからなかった場合は、非営利の場合はそのまま利用できる。営利の場合は既定の供託金を払い、支払証明書をもらってうえで利用する。このとき、どの作品に対して支払いが行われたかがわかるように取引所は作品を記録として残しておく。繰り返し述べるように、アマチュア作家の大半の作品は未登録になるので、ほとんどのアマチュアの作品は非営利での利用なら無許諾でできるようになる。

(3) 取 引 所

取引所はこの制度の要である。取引所の行うことをまとめる。

(7) 登録記録を管理、高い技術のサーチサービスを提供
(8) 登録した作品が報酬請求権の場合、報酬のデフォルトを決め、決済を仲介する
(9) 登録されていなかった場合、委託された報酬を保管、作品を登録する。
(10) 未登録の作品の権利者から「それは私のものだ」と請求があったとき、本人確認の審査のうえで報酬を支払う

　(7)で、取引所は権利者から送られてきた作品からインデックスをつくり、作品を検索するサーチサービスを提供する。このサーチはこの著作権取引所制度の技術の核である。タイトル名、作者名は当然として、作品のドラッグでも検索できるようにインデックスをつくる。静止画ならその色のパターンや線の配置、中に描かれた人物の顔認証などがインデックスになる。音楽なら出だしと

◆第1章◆　ぼくのかんがえたさいきょうのちょさくけんせいど［田中辰雄］

さわりのメロディーライン、ボーカル声の質などをインデックス化する。映画などの大きな作品では、プロモーションビデオなどでの印象的な部分や、スチール写真、などさまざまの角度からインデックスを作る必要がある。検索技術はいまでも進歩しつづけており、これらの要請に応えることができるだろう。

　(8)で検索が行われる。作品が見つかり、それが許諾権の場合は、取引所はその旨を表示するだけでよい。その後は権利者と利用者の直接交渉に任される。作品が報酬請求権の場合は、その報酬スキームを提示する。支払いはネット通販の購入と同じ程度の手続き、すなわちクリックだけで行われる。利用者が報酬を支払うと取引所は支払証明書と支払コードを利用者に送る。同時にこの報酬を少額の手数料を差し引いたうえで権利者に送金する。決済は取引所を介して行われ、(権利者が特に望まない限り)直接の取引は行われない。後々のトラブル処理のため、支払があったことを記録として残す

　取引所の仕事としてデフォルトの報酬スキームを決める仕事がある。報酬スキームがあまりにバラバラであると取引費用が発生するので、いくつかの標準スキームを決めておく。たとえば千円、売上のk％か千円のうち低い方、非営利は無料とかである。

　(9)で、検索された作品が登録されていなかった場合、その旨を表示し、利用者が非営利ならそのまま利用してもらう。営利の場合は、一定の供託金を払ってもらい、供託金支払証明書を発行する。同時にどの作品が利用されて支払が行われたかを記録する。取引所は、未登録作品のインデックスをつくって検索可能にし、権利者が現れることに備える。

　自分がその作品の権利者だと名乗る人が現れた時、取引所はその人が真に権利者かどうか審査したうえで、積み上げた供託金を（審査費用を差し引いたうえで）支払う。ゆえに登録していない権利者は、ある日気が付いたら報酬がたまっていたということがありうることになる。自分の未登録作品が利用されて収益を生んでいるかどうかは、作品をドラッグすれば検索できるようにしておく。

　未登録作品の場合、結局権利者が現れないことが多いだろう。したがって、未登録作品への供託金は受取人未定のまま積み上がっていく。ある程度積み上がった段階で、この資金は著作権取引所の運営費用に使うことにする。

　以上が仕組みである。複雑そうに見えるかもしれないが、利用者側がやることは簡単である。利用者がアマチュアの場合、ほとんどのケースで

◇第Ⅰ部◇　権利の内容・制限と利用許諾

作品を見つける　→　ドラッグ　→　あった　→　金額見て使うかどうか決める
　　　　　　　　　　　　　　　無かった→　使う

という作業になる。ネット上の大半の作品はおそらく未登録になるので非営利なら無償でそのまま利用できる。登録されていても商業作品以外は報酬請求権になっているものが多く、その場合はクリック支払だけで利用できる。この制度では著作物の利用がきわめて簡単化されており、利用の利便性が大幅に向上する。

2　方式主義による著作権取引所の利点

　この制度が導入されたとして、利用実態はどうなるか。利用方法は著作物が商業作品かアマチュア作品化によって変わってくる。これを図示してみたのが図2-5である。この図で縦軸はその作品の市場価値（売れたときの期待収益）である。横軸には左から作品を市場価値の多い順にならべておく。商業作品は左端に集まり、アマチュア作品は右の長いすそ野に分布することになる。

　この方式主義による取引所制度が導入されると権利者はどう反応するか。まず、市場価値の高い商業作品はほとんどが許諾権を選ぶだろう。図のaの領域がこれにあたる。一方で、ほとんどのアマチュアのクリエイターは登録をせず、これが図のcの領域である。アマチュア作品のうち市場価値が高く、売れそう

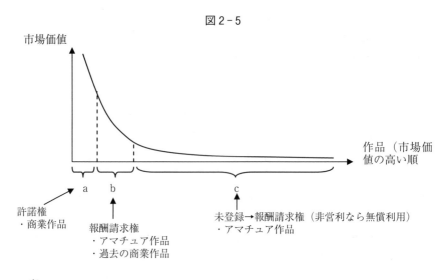

図2-5

◆第1章◆　ぼくのかんがえたさいきょうのちょさくけんせいど［田中辰雄］

だと思ったものは登録されて報酬請求権を選ぶと考えられる。これが図のbの領域である。こうして著作物は大きく3通りに分けられることになる。

　ここでこの著作権取引所の利点を3つあげる。デフォルト変更による利用の促進、著作権の柔軟な行使、報酬とチャンスの3つである。

　第一は、デフォルトの変更による利用の促進である。この取引制度の最大の特徴は、cの領域で取引所に登録していない場合には報酬請求権になり、さらに非営利なら無償で利用できることである。登録作品でもアマチュア作品は大半が、さらに商業作品でも昔の作品は報酬請求権を選択することが予想される。図のbの領域がこれにあたる。これによってネット上の著作物を使った再創造のサイクルが進むことが期待できる。なぜならこれまでは取引費用が障害になって利用できなかったbとcの領域の作品がすべて無許諾で利用できるようになるからである。未登録作品も利用できるので孤児作品の問題は原理的に発生しない。

　その代わり、登録してない場合、自分の作品がだまって人に使われてしまうことになる。これに抵抗を感じる人もいるかもしれない。しかし、自分も黙って人の作品を使うことができるので、メリットデメリットは相半ばする。この制度の趣旨はデフォルトを「相互に無許諾で利用できる」ことにしておき、それを禁止したい人は手を挙げて登録するという点にある。自分の作品がどんな風に使われるか選べないのは嫌だと言う人は、登録すれば許諾権にできる。著作物の利用を制限したい側に労をとってもらい、なにも労をかけないと許諾なしに利用できるようにする。デフォルトを禁止ではなく、利用に変更するのがこの制度の趣旨である。

　このような制度設計を行うことの背景には、著作物はできるだけ広く利用されてこそ価値があると言う哲学がある。冒頭に述べたように、情報財は本来、誰にでも価格ゼロで使われることが社会的に最適である。ただ、それでは報酬が得られず、創作の誘因が働かないので、やむを得ない擬制として禁止権（許諾権）としての著作権が設定された。これを逆に言えば、創作の誘因を妨げない限りは利用を禁止せず、だれでも利用できるようにした方がよい。「登録しないと報酬請求権になる」というデフォルトの変更はこのためである。このデフォルト変更で創作の誘因が大きく失われるとは思えず、むしろ、再創造のために人の作品を使うことが容易になり、創作活動は今より活発になるだろう。なお、デフォルト変更の是非については最後の節でもう一度歴史的視点から検

◇第Ⅰ部◇　権利の内容・制限と利用許諾

討する。

　この制度の第二の利点は、著作権の柔軟な運用が可能になることである[11]。

　まず、世の中には著作権行使にそもそも関心のない人がいる。報酬を求めるでもなく、単に創作して発表することが楽しい、感想をもらえばさらにうれしいというような人たちである。そのような人は領域ｃで未登録にするだろう。その人の作品は多くの人に利用され、さらに他の人の創作の糧となる。多くの人に楽しまれればその作品は有名になり、結果としてその人の名も売れていくだろう。仮に他の人がその作品を使って収益をあげたなら、あとから請求して報酬を得ることもできる。

　また、芸術家肌の作家の場合、報酬には特にこだわらないが自分の作品に強い愛着があり、意に沿わない使われ方を絶対に避けたいというケースが考えられる。その場合は登録して許諾権を選べばよい。報酬を求めないなら、「許諾権―ただし非営利なら無償」という条件を書き込んでおく手もある。無償でもよいので多くの人に見てほしいが、意に沿わない使われ方は避けたいので使うなら問い合わせてほしいというケースは、プロアマ問わず一定数いるだろう。その場合は、許諾権＋無償という組み合わせがよい選択肢である。

　名を売りたい人の場合は、領域ｂで登録して報酬請求権にして「非営利なら無償」を選択するのが効果的である。登録すれば取引所で検索すれば作者がすぐにわかるので、作品に作者のクレジットをつけてくれるからである。ある程度有名になったら、ｂのままで無償を有償に切り替えていけば収益をあげられ、さらに名が売れてきたら領域ａすなわち許諾権に切り替えて交渉でライセンス料を決めていけばよい。

　商業作品の作家の場合も、宣伝のためにいくつかの作品について、あるいは作品の一部については報酬請求権化し、非営利なら無償にする場合が出てくるだろう。現時点でも映画やゲームでは宣伝のためのPV（promotion video）は事実上無償で配布されており、これが公式化され、もっと大規模化・一般化すると思えばよい。

　また、商業作品の場合、発売から一定期間が経過し、人気が無くなった段階

---

[11] 以下述べる柔軟な利用の動機づけは人々がクリエイティブ・コモンズを選ぶ理由でもある。なお、林（2006）は自身の考案したｄマークを人が採用する動機について、ここで述べたことと同じような事例をあげている。

◆ 第1章 ◆　ぼくのかんがえたさいきょうのちょさくけんせいど［田中辰雄］

で許諾権を報酬請求権に切り替える戦略が考えられる。つまり領域 a から b への移動である。著作物は発売直後には人気があって売れるが、時の経過とともに人気は低下していくのが通例である。だとすると発売当初はライセンス料で高く売り、人気が無くなってきたら報酬請求権にして低い価格で売ることが合理的である。安い価格でも作品の種類が多ければ総計すればそれなりの安定収入になるだろう。時に昔の作品が復活することがあり、そのためのマーケティングツールになるという利点もある。報酬請求権化して放置しておくとある日どういうわけかある作品からの報酬が増え、人気があることがわかるからである。

　取引所制度の第三の利点は、報酬の増加とチャンスの拡大である。この著作権取引所が実現した場合、権利者の報酬は増えるだろう。これは従来、取引費用のために市場取引ができなかった領域 b と c の部分で取引が可能になり、報酬が支払われた上での利用が行われるからである。

　まず、アマあるいはセミプロの収入が増えるはずである。商業出版社と契約してライセンス収入を得るほどのプロではないが、多少人気のあるアマチュアあるいはセミプロの人は、領域 b で報酬請求権を選ぶことで収入の道が開ける。領域 c で未登録の人も、営利団体に自分の作品が利用されれば報酬を得ることができる。

　プロも報酬を増やせる。前述したように、作品の公開後、一定期間経過後に報酬請求権にすれば細く長く収益をあげられるからである。すでに述べたように一般的に言って作品は公開して一定期間経過すると次第に人気がなくなり、それにあわせて作品の提供形態も変わっていく。たとえば映画なら、劇場公開→DVD 販売→DVD レンタル→有料 TV →無料 TV という順である。許諾権の範囲ならここまでで終わりであるが、この先を報酬請求権に切り替えておけばさらに細く長く収入をあげることができる。特に時間による価値の低下が著しい著作物では、この戦略の意義が大きい。たとえば新聞や雑誌は現状では発行直後しか収益を上げられず、その後はデータベース利用料などごく限られた収益に留まる。過去の雑誌や新聞記事の著作権を報酬請求権化し、お金を払えば使ってよいとすれば、それらを組みあわせて使う人が現れるだろう。現在は過去の記事はほとんど死蔵されており、収益を生んでいない。

　また、アマの作品を安い料金で使うことで費用を削減できる利点もある。報

◇第Ⅰ部◇　権利の内容・制限と利用許諾

酬請求権の場合は交渉なしにその報酬額で利用できるため、(買いたたき等モラル上の問題はあるが)アマの作品を安く使って制作コストを下げ、利益を増やすことができる[12]。

この最後の点はチャンスの拡大という点で重要である。アマの作品が商業作品に使われれば、アマにとってはプロデビューへの第一歩となる。たとえばアマチュアの作曲家はたくさんおり、彼らの曲はほとんどが誰にも利用されずに消えていく。もし商業作品に利用されて評判になれば、その作曲家は成功のチャンスをつかめる。これまでもアマチュアバンドの曲が目利きの人に見つけられ、交渉の末にプロ作品に使われるということがないわけではなかった。取引所があるとそのようなことが起きる頻度が上がることが期待できる。

Ⅳ　必要性、実現可能性、他の制度との関係

制度の概略はⅡ節に述べたとおりである。この制度の柱は方式主義であり、言い換えるとⅰ)著作権取引所への登録と、ⅱ)登録しないと報酬請求権にする、の2点である。現行制度を大きく変えることになるのでさまざまの論点がありうる。以下ではまず、この制度の必要性、実現可能性について論じ、そのうえで著作権の他の制度との関連を述べる

1　制度変更の必要性

まず、ここに述べた制度にさまざまの利点があるとしても、それだけで制度変更すべき理由としては不十分である。制度変更にはコストが伴うので、制度変更以外の方法でできないかどうかの検討をする必要がある。疑問に答える形でこれを検討する。

(1) 権利者個々人が自主的に宣言すればよいのではないか？

ここまで報酬請求権化は、権利者と利用者双方にメリットのある制度であると述べてきた。それなら、個々の権利者自らが自主的に報酬請求権化(あるいは無償化)を宣言すればよいのではないかと思う人がいるかもしれない。確かに双方に利益があるなら市場取引がそれを実現するのが経済学の教えるところ

---

[12]　逆に言うとプロは、アマの安い作品に市場を奪われてしまうので収入が減る面がある。この面は無いわけではないが、特に人気のあるトッププロについては代替性が乏しいので、影響は限定的だろう。

◆第1章◆　ぼくのかんがえたさいきょうのちょさくけんせいど［田中辰雄］

である。たとえば本書第13章で述べるようにフェアユース導入提案に対する反論は、フェアユースでできることは民間の取引でできるというものであった。

しかし同じ章で論じたように市場はしばしば失敗することも経済学の教えるところである。そして、ここで述べた案は市場にまかせては実現できない。つまり個々人の自主的な宣言では実現できず、市場は失敗する。理由は一人の個人だけが報酬請求権化を宣言してもメリットはほとんどないからである。

ある人Ａが、自分の作品を報酬請求権化し、さらに非営利なら無償と宣言したとしよう。まず再創造サイクルについて述べると、利益を得るのはＡの作品を使って創作する他の人であって、宣言したＡではない。他の多くの人が宣言しないかぎり、Ａにはメリットが無い。個人の利益最大化としては、むしろ自分以外の人がすべて作品提供を宣言し、自分だけが宣言しないのがベストである。ゲーム論の言葉で言えば囚人のジレンマ状態に陥っており、個人の力ではそこから脱出するのは困難である。

また広告効果については、すでに述べたように一人で宣言しても他の人が気づいてくれない。多くの人が宣言すれば、アマチュア作品は報酬請求権か無償で利用できるという認識が一般化して、アマの作品を探す人が現れうる。が、そうでない状況では誰もアマの作品を探さない。ネットを歩いていてたまたま気にいった作品に出合っても、その人が無償宣言をした人かどうかを調べたりはしない。ほとんどの人が宣言していないのなら調べるだけ無駄だからである。かくして無償宣言にメリットが無くなる。メリットがないことはだれもやらないので結局、誰も宣言しないことが均衡になる。ここには複数均衡問題がある。「アマ全員が無償宣言し、他のすべての人がアマの作品を探す」均衡と、「アマ全員が無償宣言せず、他のすべての人がアマの作品を探さない」均衡である。ある均衡から別の均衡に移行するには自然には不可能で、大きなショックあるいは強制力が必要である[13]。

クリエイティブ・コモンズの広がりがいま一つであるのもこの２点が理由である。著作権行使に関心が無く、問われれば自分の作品を再創造に使ってもら

---

[13] ただ囚人のジレンマと違って複数均衡の場合は、嗜好が特異的な例外的個人は自主的に他の均衡に向かうこともある。今回の事例でいえば、無名の音楽家の中には、名前を売るために自身の楽曲をWinMXやWinnyなどのファイル共有ソフトに自ら"放流"する人がいたようである。彼らの言によれば放流すると確かに自分の音楽サイトを訪れる人が増えたという。

◇第Ⅰ部◇　権利の内容・制限と利用許諾

ってもかまわないという人はそれなりにいるはずである。が、そのような人でもわざわざコモンズのマークをつけることはなかなかしない。田村（2010）の言うとおり、著作権行使に関心が無い人はクリエイティブ・コモンズにも関心が無いのであり、それゆえひろがりには限界があり、コモンズマークを付けるのはその高い思想に共鳴した一部の人にとどまることになる。同じような自主的な宣言の例は、ｄマーク（林紘一郎（1999））、自由利用マーク（文化庁、2003年）[14]などこれまでにもいくつか出たが、いずれも普及していない。囚人のジレンマを打ち破り、あるいは複数均衡の他の均衡に移行するためには制度による強制力を使う必要がある。

(2) 民間の自主的制度としてできるのではないか？

制度の強制力が必要だとしても、それを政府に頼る必要はないので、民間の努力で組織をつくればよいのではないかという異論が出るかもしれない。この異論には一理ある。実際、それに近い著作権管理の組織は世の中にすでにあるからである。

日本のJASRACがその良い事例である　JASRACは楽曲の権利者から著作権管理を信託される。カラオケ、コンサート演奏、店舗演奏、公衆送信等に関しては信託した権利者は報酬請求権だけを持ち、許諾権を持たない。JASRACは報酬の徴収とそして分配まで行う点で本稿の著作権取引所に良く似ている。JASRACは音楽の著作権処理を容易にして、カラオケ市場をはじめとして新市場の立ち上げを助け、音楽産業と文化に大きく貢献した。

YouTubeにも似た機能がある。YouTubeに自分の楽曲を無許諾でアップされた権利者には二つの選択肢がある。ひとつは削除することで、もうひとつは放置してCM収入を得ることである。後者の場合、楽曲は放置され報酬だけを受け取り、また広告効果を持つことになる。したがって、報酬請求権化して広告効果を期待するという著作権の柔軟な行使が結果としては一部実現していることになる。

このように民間で先行する事例は確かにある。しかし、このような民間の自主的制度に任せるべきではない理由が少なくとも3つある。

第一に、著作物の中でこのような管理団体ができているのは音楽だけである。

---

[14]　自由利用マークについてはhttp://www.bunka.go.jp/jiyuriyo/

◆第1章◆　ぼくのかんがえたさいきょうのちょさくけんせいど［田中辰雄］

音楽は曲の長さが決まっていて管理しやすく、かつ、テレビ放送でのBGM利用、ライブハウスなど演奏での利用、カラオケでの利用等の収益を生む利用シーンがわかっており利用料が徴収しやすかった。このような有利な条件がそろっていない他の著作物（動画、静止画、文章、ゲーム等）については有力な権利管理団体ができていない[15]。民間に任していると音楽以外には団体は立ちあがりそうにない。

　第二に、これら民間の団体は公的利益を代表しない。著作権制度は本来、国民の財産であり、国民全体の利益すなわち公益を最大化するべきである。しかし、民間団体は権利者の団体である以上、権利者の利益だけを代表する。したがって、社会全体としては望ましい利用方法でも、権利者の利益に資さなければ実現されない。

　たとえば、非営利の個人ウエブで楽曲の一部をBGMで流し、歌詞の一部を載せること、あるいは街の喫茶店で楽曲を流すことは、音楽文化の隆盛のためにはむしろ望ましく、無料で認めてもよいようにも思える。実際、楽曲の権利者の中にはそのような意見の人もいるだろう。しかし、権利者収入の増加に結び付かないこれらの行為をJASRACが認めることはない。たとえJASRACの理事がかつてのジャズ喫茶の文化を懐かしみ、それが失われたことを嘆かわしいと個人的に思っていたとしても、団体としては喫茶店の無償利用を認めるわけにはいかない。権利者団体は権利者の利益を代表するのであるから当然の意志決定であるが、結果として国民全体の利益からは乖離することになる。

　第三に、これらの民間団体は独占であるので、独占の弊害が現れる。独占の弊害は著作物の利用者に対して現れるが、実は権利者に対しても現れうる。利用者への弊害は自明なので、ここでは権利者自身にあたえる弊害を指摘しておく。

　楽曲の権利者の中には、JASRACの提示する利用条件に不満な人がいるはずである。しかし、事実上権利者団体がJASRACしかないため、示された利用条件を承諾するか、拒否して収益をあきらめるかの二択しかない。たとえばボーカロイドの時は、当初、作曲者達はJASRACの条件を嫌って信託をせず、収益をあきらめざるをえなかった[16]。JASRACはまだ権利者団体なのでましな方で

---

[15] 音楽なら、テレビ局、ライブハウス、カラオケボックスを抑えればかなりの収益を確保できる。しかし、たとえば静止画が収益を生む利用シーンはあまりに多様であり、これを徴収する機関を民間でつくるのは困難である。

47

◇第Ⅰ部◇　権利の内容・制限と利用許諾

あり[17]、権利者の団体ではない YouTube になると条件はずっと過酷になる。YouTube がアメリカで始めた月額 9.9 ドルの定額制の音楽配信サービス YouTubeRed で権利者側に示された条件は、収益配分が権利者側 55％と通常の音楽配信の比率 7 割程度より低く、楽曲を提供しない場合は YouTube から従来の無料の PV を削除されるなど、権利者側に不利な条件であった。それでも YouTube に楽曲が無いと世の中に存在しないと同じになるため、権利者側はこれを受けざるを得ない。このように権利の管理を民間団体にまかせると、独占の弊害が現れるのは避けがたい。

　以上 3 つの理由、すなわち、音楽以外には団体ができにくいこと、権利者団体は公益を代表しないこと、民間団体は独占になってしまうので独占の弊害が避けがたいこと、を考えると著作権取引所は公的な制度として実現すべきである。ただし、実際の徴収や手続きは民間の管理者団体の方が効率的なことが多いので、互いに協力するのがベストであろう。この点は後に触れる。

(3)「著作権取引所」だけでよく、「デフォルトは報酬請求権」は不要ではないか？

　この制度の骨子は「著作権取引所への登録」＋「デフォルトは報酬請求権」の組み合わせである。このうち抵抗が大きいのは、「デフォルトは報酬請求権」のほうであろう。登録すれば柔軟な権利設定を選択でき取引所で決済可能という提案にはそれほど抵抗はないだろうが、登録をしなければ報酬請求権になり非営利なら無償で利用できるというのは、今より著作権の保護水準が弱くなる事を意味する。ゆえに反発が出てもおかしくない。そこで、登録＆取引所だけ導入し、デフォルト水準の引き下げは止めてはどうかという意見が出るかもしれない。

---

[16]　当初は JASRAC は曲に関するすべての権利を信託する全信託しか認めなかったため、信託すると rimix など二次利用もできなくなった。ボーカロイドは作曲者同士の二次利用が盛んで同人的なカルチャーだったため、これを嫌って JASRAC に信託しない人が多かった。その代償としていくら人気が出てもカラオケで流れない、あるいは流れても作者には一銭も入らなかった。

[17]　2010 年になって、JASRAC はカラオケと演奏だけの部分信託を認め、二次利用等は従来通りでよいことになって、ようやくボーカロイド作家に収入の道が開かれた。JASRAC は独占ではあるが権利者の団体なので、相当程度に多くの権利者が声をあげればそれを反映する。

◆第1章◆　ぼくのかんがえたさいきょうのちょさくけんせいど［田中辰雄］

　しかし、デフォルトを報酬請求権にすることはこの制度改革にとって決定的に重要である。なぜなら、デフォルトが許諾権のままでは取引所に登録する誘因があまりにないからである。この点はすでに何度か述べたが、重要な論点なので再度強調しておく。

　実は趣旨は異なるものの著作物の登録制度は日本にもある。しかしほとんど利用されていない。民間レベルでも登録制度に近いものが何度か検討され試行されたこともあるが、普及しなかった。韓国では2007年よりデジタル著作権取引所という一種の登録制度ができたが登録しているのはすでに集中管理者団体がまとめてあった著作物で、個人の登録はごく限定的のようである（張（2016））。これは現状では何もしなくても最強の権利である許諾権が自動的に手に入るため、登録するメリットがほとんどないからである。

　むろん登録することのメリットはゼロではなく取引費用の低下というメリットがある。すなわち登録することで利用者に探しだしてもらいやすくなり、取引所を経由することで決済が円滑になるメリットである。しかし、アマチュアの場合、自分の作品が収益を生む可能性はきわめて低い。画像を1枚描いたとして、これにお金を出して使いたいという人が出る確率は100分の1、千分の1のオーダーであろう。期待収入は5円とか10円となり、わざわざ登録することはひきあわない。図2-5でいえば右側のロングテイルの部分の市場価値はあまりに低く、取引費用が下がってもメリットにならない。取引費用の低下がメリットになるのは少額のライセンス取引を大量に行う時で、カラオケ利用や配信利用などのビジネスユースが典型である[18]。韓国の著作権取引所で登録しているのは主として既存の権利管理団体であり、個人の登録は少ないのはこのためと考えられる[19]。既存の権利管理団体に登録された著作物は、権利団体の管理下にある時点ですでに取引費用が十分下がっており、権利処理すべき著作物ではない。権利処理すべきは既存の権利団体に補足されていない大量の個人の著作物であり、これは取引費用をいくら下げても大半は登録されないだろう。

[18]　大作映画のように金額の大きな著作物にも向かない。金額大きいと取引費用は相対的に小さくなるので取引費用を下げるメリットは低く、逆に金額の大きな著作物はさまざまな利用方法が可能でありライセンス契約が複雑になるためである。このような場合は権利者と利用者が相対で直接交渉した方が効率的であり、著作権取引所は権利者の連絡先を示すだけにしたほうがよい。

[19]　登録する権利者側は音楽等の権利管理団体で、利用側は音楽配信事業者・図書館などだという（張（2016））。

◇第Ⅰ部◇　権利の内容・制限と利用許諾

すでに述べたように囚人のジレンマと複数均衡によって新しい均衡には容易に移行しない。一人の個人にとっては、再創造のサイクルのメリットは自分には来ないので、登録して宣言するメリットはない。広告効果も一人が宣言してもそれを聞く人がいないので効果はない。かくして大半の作品は登録されず、許諾権のままにとどまることになる。結果として著作権取引所は、クリエィティブ・コモンズと同じく、ごく一部の人だけが登録して報酬請求権化あるいは無償利用を宣言する制度になってしまう。「デフォルトは報酬請求権」を外して「著作権取引所」だけ導入した場合、著作権取引所はこのような著作権フリー素材（報酬請求権だけ無許諾利用できる素材）へのリンクを張った小さなサイトが一つ増えるだけに終わるだろう（ただし、実践的にはこの道を辿っていくのが解かもしれない。この点は補論で再度検討する）。

2　実現可能性

ここで述べた著作権制度に実現可能性はあるだろうか。実現可能かどうかは、技術的に可能か／法制度として実施できるか／経済的に機能するかなど様々な観点から検討できる。ここでは観点別の検討には入らずに、似たような制度が部分的にすでにあることを示すことで実現可能であることを示したい。つまり、ひな型になる制度や基礎技術がすでにあることを示してみる。

・著作権取引所

著作権を管理して取引を支援する公的機関の例は韓国と英国にある。張（2016）によれば、韓国では2007年からデジタル著作権取引所（Digital Copyright Exchange）を運営しており、2014年時点で利用件数は4915件、権利処理された著作物は4億5百万に達するという。英国では著作権ハブという計画が2011年から始められ、2015年にはウエブのプラグインでウエブ上の写真を右クリックすると著作権情報が表示されて、その場でライセンス料を支払えるという仕組みが公開されている。まだ実装はされておらず登録者数などは不明であるが、簡便さと言う点では本稿の構想に近い。この二つの取引所はデータベースを整備し、オンラインでワンストップ処理ができるようにして著作権処理の取引費用を下げるのが目的である。現行の無方式主義の枠内での取引所なので本稿の趣旨とは異なるが、検索や決済の機能は似ておりその点ではひな型と見なせる。すなわち、著作権取引所は機能的には実現可能なシステムである。

◆第1章◆　ぼくのかんがえたさいきょうのちょさくけんせいど［田中辰雄］

・方式主義：原理的可能性

　この著作権取引所の制度では、著作権は無方式主義ではなく方式主義となる。すなわち登録をしなければ報酬請求権だけとなり、許諾権を得られない。これは異例に思えるかもしれないが、アメリカでは似た登録制度が1989年まで存在した。アメリカでは著作物の現物を納付して著作権を登録する制度があり、登録していないと裁判が起こせなかった。1989年といえばつい最近であり、それまでは方式主義でアメリカの著作権制度は運営されてきた。この事実は方式主義が原理的に実現可能な制度であることを示している。つまり方式主義は歴史的にすでに実施された制度であり、実行不可能な制度ではない[20]。

・方式主義：ベルヌ条約との整合性

　ベルヌ条約は無方式主義をとっており、方式主義を採用するとこの条約との整合性が問題になる。アメリカが方式主義を止めたのはベルヌ条約と整合性をとるためであった。本稿は白紙の状態から理想の著作権制度を考えるので、ベルヌ条約を前提とする必要はない。しかし、条約は国内法ではなく一国では変えられないので全く無視するのは無責任というものであろう。そこでここで条約との整合性の問題を検討しておく。

　一番簡単な案はベルヌ条約を修正することである。ただ、ベルヌ条約の無方式主義を修正するには加盟国すべての合意が必要とされ現実的には難しいと思われる（菱沼（2006））。もうひとつの案は、ベルヌ条約のもとでも国内の著作物についてだけなら方式主義を取れるという解釈を取ることである。ベルヌ条約で明示的に無方式主義をとるべきとしているのは外国の著作物についてなので（第5条2項）、国内の著作物についてだけ方式主義をとり、外国の著作物には無方式主義をとればベルヌ条約上は問題ないという解釈は可能である[21]。それ

---

[20] なお、アメリカは方式主義を捨てた後も登録制度は維持している。これは侵害前に登録しておけば法定賠償金や裁判費用を相手に請求することができるなど有利な点があるからで、大手の商業作品はほとんど登録され、登録件数は現在でも年間50万〜60万に達すると言われる（デジタルコンテンツ協会（2007））。

[21] たとえばアメリカは今でも国内著作物については訴訟を起こすには登録が必要である。一方外国の著作物については無方式主義にのっとり訴訟に登録は必要ない（菱沼（2006）、p129）。したがって、アメリカは外国の著作物にだけ無方式主義を適用し、国内著作物には極めて弱いながらも方式主義を維持していることになる。ベルヌ条約上これが許されるなら、国内著作物についてだけ方式主義を取ることは可能という解釈が可能になる。無論、法解釈の問題なので異論はありうる。

◇第Ⅰ部◇　権利の内容・制限と利用許諾

でもだめなら、さらなる妥協案としては、著作物の公表後一定期間は現行法どおりの無方式主義とし、それを超えると方式主義にするという案も考えられる。一種の更新登録制度で、田村（2009）はこの案に近い案を示唆している。

・権利者による権利の制限
権利者自身が著作権行使を制限する制度としては、何度も述べるようにクリエイティブ・コモンズという先行例がある。レッシグ教授の提案によるこの制度は、自分の作品を創造のサイクルに役立ててほしい人がそれを宣言する制度である。日本の赤松健氏による同人マークもその例である。同人マークはTPPで著作権が非親告罪化されることになったとき、コミケ等の同人文化を守るために、マンガ作家が自分の作品を二次創作に使ってもよいという宣言をするためのマークとして考案された。このように権利者自身が権利制限をする制度はすでに試みられている。日本でもっとも初期に提案された林紘一郎（1999）のdマークもその一例である。

・サーチ技術
　検索技術は現時点でも文章検索、画像検索、そして音楽検索はすでにその基礎はできている。文章検索ではコピペ論文を判定するチェックソフトがあり、画像検索はグーグルの画像検索でその威力がわかる。画像に関しては「二次元画像詳細検索」がかなりの精度を発揮している[22]。音楽はYouTubeへのアップの際に自動チェックに使われているし、一般に使えるアプリもある[23]。動画がまだ整備されていないがこれも時間の問題であろう。サーチ技術は日進月歩であり、技術進歩に期待を寄せる。

・取引所の決済代行
　この著作権取引所は報酬請求権に関しては決済を代行し支払い証明を出す。このような決済代行まで行う取引所に近い存在はすでにあり、すでに何度も出た日本のJASRACがそうである。JASRACは報酬額の設定と徴収をまとめて代行しており、取引コストを大幅に下げた。YouTubeのCM収入の受け取りも一種の決済代行と見なせる。最近赤松健氏が始めたマンガ図書館Zは、対象

---

[22] 二次元画像詳細検索。http://www.ascii2d.net/
[23] アプリの中ではShazamが有名である。流れている音楽にスマフォのマイクを向けると曲名を検索して教えてくれる。

◆第1章◆　ぼくのかんがえたさいきょうのちょさくけんせいど［田中辰雄］

が絶版漫画だけであるが、これも決済込み取引所のひな型と見なせる。マンガZでは一般の人が絶版漫画をアップすると、表紙だけが表示され、権利者が公開ボタンを押すと公開されて広告収入が権利者の手に入る。赤松氏自身が述べるようにこれはYouTubeのマンガ版である。最後に英国の著作権ハブも権利データベースであると同時にオンラインで取引を済ますことを想定しており、決済機能を持っている（張（2016））。

　これらの例が示すように登録と決済を行うシステムはすでに部分的には存在しており十分に実現可能である。なお、実務を効率的に行うのは民間組織のほうなので、登録と権利選択は公的機関が行うとしても、決済実務は民間の権利団体に委託したほうがよいこともあるだろう。音楽の例でいえば、著作権取引所で報酬スキームを選ぶ時、JASRACに信託という選択肢があればよい。JASRACの徴収能力と分配のやり方に満足している権利者はJASRACを選ぶだろう。権利の登録と選択は公的な著作権取引所で行うが、報酬の徴収は実務に秀でる民間が行うという分業は相互補完的たりうる。

・報酬スキームの現実性
　報酬請求権になった場合、報酬スキームについては何通りかデフォルトを用意し、これで大半の報酬支払がカバーできるようしておくと述べた。未登録作品についてはデフォルトの報酬スキームひとつだけである。このようなデフォルトの報酬スキームをつくる事が可能かという疑問があるかもしれない。これに対しては、この取引所制度で扱う報酬請求権は額が少ないのでそのようなデフォルト作りは可能だと答えたい。

　大きな資本を投下した商業作品の場合、動く金額が大きいためその著作権処理は複雑である。著作権は多くの支分権に分かれており、条件もさまざまにつけられる。大作映画や人気ドラマの場合の著作権処理は複雑にならざるを得ないのであり、これをなんらかの集中管理センターが代理して担うことはあまりに不効率である。金額の大きい商業作品の場合はこれまでどおり許諾権にして、当事者同士の契約ベースで行うのがはるかに効率的で、この著作権取引所の制度ではそうなる事を想定している。

　著作権取引所が決済を代行するのは報酬請求権だけで、そのときは動く金額ははるかに少なくなる。大半はアマチュアの作品であり、この場合報酬スキームは単純でよい。極論すれば一律千円でもよい。英国の著作権ハブでは著作物

53

◇第Ⅰ部◇　権利の内容・制限と利用許諾

ひとつあたり1ポンド程度（180円）での取引を期待していると言われる（張(2016)）。デフォルトの数種類の報酬スキームで満足できない人は、自分で報酬スキームを書いてもよいが、あまり複雑だと利用者から敬遠されて使ってもらえなくなる。時間の経過とともに、おのずと幾通りかに収まっていくだろう。

　これまでデジタル時代に対応した著作権の機械的集中処理システムがいくつか提案されたが稼働してない一つの理由は、すべての著作物を平等に扱っていたからである[24]。大規模な商業作品を電子的に集中処理しようとすると条件が複雑すぎて失敗する。金額の大きい現役の商業作品は登録だけしてあとは取引条件までは踏み込まず、これまでどおり当事者間の交渉にまかせればよい。集中処理が有効なのはアマチュアの作品あるいは盛りを過ぎてあまり売れなくなった商業作品で単価の低い作品に限られる。本著作権制度の決済機能はその部分、図2-5でいえば領域bのところだけを狙っており、そのような作品であれば報酬スキームのデフォルトを用意する事はできるだろう。

・著作権取引所の肥大化

　著作権取引所に登録される著作物が肥大化し、管理費用が爆発しないかという疑問を持つ人もいるかもしれない。この問題については、更新料が解決策になる。一定の年月、たとえば5年を経過したあとの更新時に更新料を払わないと、登録を取り消すのである。登録を取り消すと未登録扱いとなる。更新料は一種のシステム維持費用であるが、システムの肥大化を防ぎ、無償利用できる未登録作品を増やすという機能も果たしている。レッシグが唱えた5年ごとに更新する必要のある方式主義と同じ仕組みである（Lessig (2001), p251）。

　アメリカが方式主義をとっていた時代、更新料があるために更新しない著作物がかなりあり、これがパブリックドメインを増やしていた。このとき更新料はパブリックドメインと増やすだけでなく、登録される著作物が一方的に増えて事務手続き上の困難が生じるのを防いでいたと考えられる。この著作権取引

---

[24]　コピーマート（北川善太郎、コピーマート研究会(2003)）は現行の著作権制度をそのままにして、著作権決済の代行を電子的に実現しようというアイデアである。しかし数十億かけた大作映画と個人がウエブに挙げた落書き1枚を同じように扱わざるをえない点に無理があった（現行の著作権法上はそのように扱わないといけない）。本稿が提案する著作権取引所は、商業作品は従来の契約ベースにして取引所決済の外側に追い出し、また個人の作品の大半を未登録にすることでやはり取引所の決済の負荷を減らして、システムを簡素化している。

◆第1章◆　ぼくのかんがえたさいきょうのちょさくけんせいど［田中辰雄］

所でも同じ仕組みを考える。

・未登録作品の供託金を払った上での利用
　この制度では未登録作品を商業的に利用したい時は供託金を払えば簡単に利用できることになる。このような制度はまだ存在しない[25]。ただ、権利者不明の作品は一定の金額を供託して利用を可能にするという1点だけに限れば似た制度が無いわけではない。

　孤児作品の裁定制度がそれであり、発表から時間が立ち過ぎ、相当に努力して探してもなお著作権者が見つからないなら、一定の補償金を払えばその著作物を利用できる。私的録音録画補償金制度におけるクレーム基金にも似た側面があり、権利者団体のアウトサイダーが現れて報酬を要求した時の支払をあらかじめ積み立てている。これらはいずれも権利者不明の場合に供託金を払って利用を許す制度と解釈できる

　ただし、この二つはいずれも現行の許諾権の下での制度なので、条件が厳しくここで提案する制度とは非常に距離がある。たとえば、孤児作品の裁定制度は、相当に努力しても権利者が見つからなかったという時の「相当の努力」の判定が非常に厳しく、認められるのは年間数十件しかないという状態である[26]。これに対し本稿で提案する新制度のもとでは、供託金を払って利用される未登録作品の数はおそらく年間数万から数百万のオーダーになると予想され、質的に別の物になる。

　しかし、着想として報酬の受取人が不明の場合、供託金として積み立てておいて利用を許すという点では同じであり、このような解決法はありえない方法ではない。実際、北欧ですでに実施されている拡大集中許諾制度は孤児作品問題をこの方向で解決しようという制度である（本書第7章今村論文参照）。

---

[25] 名和（2006）によれば、2005年のアメリカ議会図書館が行った孤児著作物対策についてのパブリックコメントの中で、クリエイティブ・コモンズ事務局が似た制度を提案したようである。その案とは、刊行後25年たったら登録をしない限り孤児著作物と見なし、デフォルトの著作権料を払えばだれでも利用できるようにする案で、この25年を0年にすれば本稿で提案する制度になる。

[26] 今村哲也、2013、「権利者不明著作物の利用方法等について ── 国際的な動向と我が国の裁定制度の実績を踏まえて」http://www.marumo.ne.jp/junk/culture_copyright_law_and_basic/2013_11_01_04th/08_doc06.pdf

◇第Ⅰ部◇　権利の内容・制限と利用許諾

3　補足説明

前節ではこの取引所制度の実現可能性について見てきた。この第三節では、残されたいくつかの論点について順不同で説明する。主として著作権法上の他の話題との関係である。

(1) 報酬請求権のエンフォースメント

報酬請求権の場合、報酬を支払わせる仕組みが必要である。許諾権の場合は利用を差し止めることができるので、無視して無許諾利用していると、差し止めを食らって販売ができなくなって投下資本が回収できなくなり、被害甚大である。それゆえ利用者には事前に許諾を取ろうという誘因がある。しかし、報酬請求権の場合、無視しておいて指摘された場合にその金額を後から払えばよいとなれば、とりあえず無視することが合理的である。つまり、報酬請求権の設定だけでは報酬を支払う経済的誘因がない。

そこで、報酬の不払いにはペナルティを与える。報酬請求権が設定してある作品を、報酬を払わずに使っていた場合には、懲罰的な重加算を行う。重犯すると倍加し、営利利用ではさらに重くなるとする。無視しづけると最高で通例の10倍等の加算をすれば抑止力になるだろう。支払い要請をしても無視し続ける悪質なケースでは刑事罰適用も用意する。

(2) 報酬請求権と許諾権の切り替えについて

許諾権と報酬請求権は途中で戦略的に切り替えることができると述べた。ただし、当然のことながら遡及はしない。報酬請求権を許諾権に切り替えた場合、すでに報酬請求権として支払いを済ませて利用を開始した人の利用差し止めを行うことはできない。

また、権利の切り替えをあまり頻繁に行うと、利用者の混乱が生じるので、切り替えタイミングにはルールを設ける。たとえば、権利設定を変更した後は一定期間変更できないとか、あるいは変更タイミングが年に何回かあらかじめ決まっているとかである。

(3) 人格権との関係

人格権に基づく差し止めは報酬請求権のもとでも可能とする。人の作品を自

◆第1章◆　ぼくのかんがえたさいきょうのちょさくけんせいど［田中辰雄］

分のものと偽る「盗作」、ならびに作品内容を変えてしまってその作品と称する「改変」は、報酬請求権のもとでも人格権に基づいて差し止めができる。すなわち、現在の著作権法の氏名表示権、同一性保持権による差し止めはそのまま維持する。無論、創造のサイクルによる再創造は差し止めできない。改変と再創造の区別は、手をくわえられたことが観賞する人にわかれば再創造であり、手をくわえられたことがわからず、元の作品と誤認されるならば改変である。すなわち改変かどうかは本書第9章金子論文の定義を採用する。

　なお、盗作でも改変でもない通常の利用でも、作品の品位・価値を著しく貶める場合は、人格権に抵触するとして差し止めを認める。具体的にはエロや暴力などへの利用、いかがわしい場面での利用などである（アダルトサイトや風俗店での利用等）。この場合、差し止めだけでなく、罰金や刑罰も適用可能とする。ただし、作品の品位・価値を著しく貶めているかどうかは本人の意に反するかどうかではなく、裁判所が客観的に判断する。

　このように作品を貶めれば差し止めという規定を設けるのは、報酬請求権の場合は権利者に許諾なく利用されるため、権利者側に人格権的な不安が大きいためである。たとえばフェアユースのような無許諾利用に反対するクリエイターにその理由を尋ねると、違法コピー蔓延への不安とともに不本意な使われ方をされることへの不安が大きい（本書第13章田中論文図7参照）。このような不安はもっともなので、それへの対処法を用意する必要があり、それがこの規定である。エロや暴力など作品の品位・価値を著しく貶めるものについてのみ差し止め請求を認め、従わない場合は罰金・刑罰も科す。

　ここで、品位・価値を著しく貶めたかどうかを本人の意に反するかどうかではなく裁判所が客観的に判断するとしたのは、本人の意という主観に任せると違反かどうか予想ができなくなり、報酬請求権の意味がなくなるからである。報酬請求権なので報酬を払って人の作品Aを無許諾で利用して新たな作品Bをつくったとする。その作品Bの完成後に、Aの作者が作品を見て「自分の意に合わない」という理由で公開を差し止められるとすると安心して創作ができず、報酬請求権の意味が無くなる。差し止めに値するほど品位・価値を著しく貶めたかどうかは裁判所が客観的に判断し、裁判の判例として積み重ねていく。

(4) フェアユース（あるいは権利制限）との関係

　フェアユース（あるいは権利制限）を支える論理は市場の失敗で、その中には

◇第Ⅰ部◇　権利の内容・制限と利用許諾

取引費用が高いという項目が入る。この著作権取引所ができると報酬請求権の著作物が増え、また同時に決済も行うので取引費用が大幅に下がる。ゆえにその点だけみればフェアユースの必要性は低下する。たとえば、この著作権取引所が成立すると、ネット上の未登録の作品は非営利なら無許諾で利用できるようになる。これらの未登録作品は取引費用が高すぎて契約ベースでの利用が困難で、現行法のもとで利用するとすればフェアユースが必要になる[27]。それがこの著作権取引制度では利用できることになるので、その点だけで見ればフェアユースは不要になる。

では、この制度のもとではフェアユースが必要なくなるかと言えばそうではない。なぜなら、フェアユースが想定する市場の失敗は取引費用だけでなく、外部性、公共性、共有地の悲劇、変容的利用など他にもあるからである。別の言い方をすると、フェアユースは許諾権で守られた著作物、あるいは報酬請求権で有償とされた著作物でさえ、一定の条件のもとで無許諾・無償で利用できるという制度であり、これはこの取引所制度の守備範囲外である。

たとえば、学校教育現場での書籍の一部コピーはフェアユースで認められるが、本稿の取引所では書籍の大半は許諾権になるので認められない。コミケ等での二次創作はフェアユースがあれば変容的利用として認められる可能性があるが、フェアユースが無いと商業漫画は許諾権なのでこの取引所制度では認められない。フェアユースの射程とこの方式主義による著作権取引所制度の射程はこのようにずれている。フェアユースの真骨頂は、許諾権で守られた商業作品であっても、一定の条件のもとではそれを覆して無許諾利用を認める点にあり、これはこの取引所制度の射程範囲外である。したがって、フェアユースはこの制度のもとでも必要である。

なお、フェアユースと言えばアメリカの一般規定型の権利制限をさすが、一般規定がよいか個別列挙型の制限がよいかは別途議論を要する。ここでは深入りしないが本稿の基本原則は、創作の誘因をさまたげないかぎり著作物は出来るだけ広く使われた方が望ましいものである。この原則に従うなら個別列挙型と一般規定型を両方持つことがよいだろう。一般規定でまずフェアユースに値するか議論し、ある程度判例と実例がたまって社会としての判断が確定したら立法を行って個別列挙に"昇格"するというやり方が考えられる。すなわち、本

---

[27]　あるいは孤児著作物の裁定制度を利用するかである。

◆第1章◆　ぼくのかんがえたさいきょうのちょさくけんせいど［田中辰雄］

書第3章の上野論文の受け皿規定としての一般規定が望ましい。

(5) 著作権保護期間について

　この新しい著作権制度のもとでの著作権保護期間については、全く相反する二つの立論が可能である。保護期間が孤児著作物対策のためであると考えるなら、この方式主義による著作権取引所ができれば保護期間は無限でよい。なぜならこの著作権取引所の制度のもとでは、未登録なら報酬請求権になるので、孤児著作物は無くなるからである。孤児著作物問題が消滅するのだから、保護期間を区切ってパブリックドメイン化する必要はなくなる。Landes and Posner (2003) は、更新料を払うことを条件に無限に更新可能な方式主義を提唱したが、それに近い形になる。

　一方、保護期間が、遠い未来の報酬は誘因として無意味なので設けられているとすると、保護期間はもっと短くてよい。新しい制度の基本的な考え方は、創作の誘因を妨げない限り著作物は出来るだけ広く使われた方がよいというものである。50年先の著作物の現在価値はあまりに低く、ほとんど誘因になりえないことが多くの実証研究で示されている。(たとえば、田中・林 (2008))。遠い未来の保護が誘因にならないなら、保護期間はもっと短くてよい。

　二つの相反する立論は、著作権保護期間を設定する理由が孤児著作物対策なのか、誘因としての無効化におくかの違いである。どちらの立場も可能である。ではどちらをとるかであるが、このように相反する立論がある場合、そもそもの着想の基本に立ち返って判断するのが妥当である。この制度の基本的な考え方は何度も述べるように、創作の誘因を妨げない限り著作物は出来るだけ使われた方がよいという点にある。孤児著作物の問題は重要ではあるがその一例にとどまる。一例よりも基本方針の方を優先すべきとすれば採用するべき立場は後者の誘因として無効という視点である。すなわち、現在の長い保護期間は創作の誘因に役立っていない。それゆえ著作権保護期間は短くすべきである。

　たとえば、著作権保護期間は作者の死後20年とし、そのうち許諾権で守れるのは最初の5年で、残りの15年は強制的に報酬請求権とする。20年としたのは保護期間の根拠として遺族の生活保障をあげることがあり、それを考えた期間である。20年あれば子供がいても成人する。また、遺族の生活保障なら報酬があればよいので基本は報酬請求権とする。ただし、作者の死後、許諾権であったものを直ちに報酬請求権にすると混乱が予想されるので移行期間を設け

◇第Ⅰ部◇　権利の内容・制限と利用許諾

て、これが5年である。なお、人格権に基づく差し止めは20年にわたって有効である。

(6) 登録コストの削減

　この制度の欠点はいくつか指摘できるが、最大の欠点は取引所に登録することにコストがかかることである。これまで無登録で最強の権利である許諾権が手に入っていたのに、登録をしないと報酬請求権で、しかも非営利利用では無償になる。従来通りの権利を維持するには登録しなければならないため、その手間と金銭面のコストが発生する。

　対策はいろいろ考えられる。登録の手間はデジタル技術のおかげでかなり削減できる。自身の名前、メルアド、住所、ID（マイナンバーなど）、口座番号など必要事項を一旦登記録した後は、作品のドラッグだけで登録できるようにできるだろう。登録料金は、個人については一定の分量までは無料にするなどの支援策をとることが考えられる。例えば静止画なら年に50枚とか100枚までは無料で登録できるとしておけば、ほとんどの人はこれはと思う作品なら無料で登録できるだろう。

(7) 著作権取引所の運営費用

　取引所の運営費用は、ⅰ) 登録料、更新料、ⅱ) 決済時の手数料、ⅲ) 未登録作品への供託金、の3つある。このうち決済時の手数料は、JASRACのような管理団体があってそちらがまとめてやったほうが効率的なら、その管理団体に移り、取引所の収入はゼロになる。それ以外の大多数のケースでは手数料収入を得ることができる。更新料はわずかでもよいが、ゼロにはしない。この3つで取引所の運営費用が賄えるかどうかはやってみないとわからないが、基本は独立採算をめざすものとする。更新料がかかるのでアマチュア作家の登録著作物の上昇率は次第に頭打ちになり、システム維持コストが指数関数的に増えるような事態は避けられるだろう。

　収入源のうち、ⅲ) は意外と大きいかもしれない。未登録作品への供託金は権利者不明のまま積み立てられる。結局権利者が現れないことが多いため、一方的に増えていくことになる。個々の支払額はわずかでも、手数料とちがって報酬まるまる全額なので、それなりの金額になりうる。権利者が名乗り出ない場合、供託金は未登録作品の創作者がパブリックドメインに寄付したと解釈で

◆第1章◆　ぼくのかんがえたさいきょうのちょさくけんせいど［田中辰雄］

きるので、国民全体の利益のために使うことが望ましい。著作権取引所の運営費用にするのが妥当だろう。

(8) 著作権教育の変更

　著作権教育の在り方も変える必要がある。従来の著作権教育は、無許諾利用はいけないと教えることばかりに熱心であった。教育のトーンは、「人のものを黙って使うのは泥棒と同じ」「利用する時は必ず許諾をとること」という点に力点がある。現状の著作権はデフォルトが許諾権なのでそのような教育になったのであろうが、デフォルトが報酬請求権になれば教育の在り方も変わることになる。

　新しい制度の基本的な考え方は創作の誘因を妨げない限り、作品はできるだけ皆に使われた方がよいというものである。著作権教育は、まず著作物は、本来は皆で利用した方がよいが、それでは創作者が報われないので著作権制度があるという趣旨を教えることからスタートすべきである。また、先人の作品を利用してこそ新たな創作ができるということも教える必要がある。

　教え方としては、たとえば、自分の作った作品が人に真似された時、真似されて嫌だなと思うこともできるが、真似されて嬉しいと思うこともできると教える。そこで皆はどう思うかを子供たちに問う。嫌だと思うのは人に取られたように感じるからだろう。嬉しいと思うのは人の役に立ち名誉と感じるからだろう。ではどういうルールがあればよいか。真似されたら嫌という人が真似されて嬉しいと変わるにはどうすればよいか。○○さんの作品を参考にしましたと書いてあればよいのか、事前に真似していいかと聞いてOKと言われたらよいのか、報酬を払えばよいのか。

　このように考えさせた後で、現状の制度を説明していくのがよい教育と考える。作者が許諾権としているなら許可をもらいなさい、報酬請求権とあるなら報酬を払いなさい、非営利利用は無償なら感謝しながら使ってもよいですよ、と教えるのである。現在の著作権教育は無許諾利用が悪ということを頭ごなしに説くばかりであり、保護と利用のバランスを考えさせるようになっていない。報酬請求権化の説明もないし、創造のサイクルの説明もない。著作物の無許諾利用をほとんど物財の窃盗と同じ扱いで論じている。

　この新制度では著作権の保護水準を自分で設定できるので、自分が創作して著作権者になったとき、どのように設定するのがよいのかを自分で決められる

◇第Ⅰ部◇　権利の内容・制限と利用許諾

ようにするのも教育の重要な目的になる。許諾権を選んでもよいが、あえて登録せず無許諾で利用してもらうようにもできることを教えておく。その場合、あなたは自分の作品をパブリックドメインに提供することになり、それはそれなりに立派で価値のある行為だということも教えるようにするとよいだろう。

(9) 親告罪か非親告罪か

　この制度の基本方針は、権利者が柔軟に著作権設定を行うことを旨とするので、この趣旨から考えれば親告罪がよい。親告罪であると権利者が権利を行使するかどうか選べるので、著作権保護水準の連続的な調整が可能になるからである。

　この新制度では許諾権と報酬請求権の2段階は選ぶことができるが、現実は2段階ではなくもっと連続的である。許諾権にしてあるけどある特定事例については差し止めない、報酬請求権にしてあるけどその事例は報酬を請求しない、というように権利行使を控えると、保護水準は連続的に変化する[28]。親告罪は、権利者があえて権利を行使せずおめこぼしをすることで、権利の保護水準を連続的に変化させることを可能にする制度と見なせる。

　コミケでの二次創作における出版社の立場はこれであり、許諾権は堅持し、二次創作を公に認めたわけではないが、同人作家を訴えることは控えることで創造のサイクルを維持してきた。コミケの隆盛は出版社がこのような著作権について柔軟なスタンスをとったことが大きく貢献した。個々の権利者が連続的に保護水準を調整できるのは、著作権が親告罪になっているからであり、新しい制度でも親告罪を基本とすることが望ましい。

　ただし、逆に言うと、許諾権を現状よりもっと強く行使したいという人もいるはずであり、その場合は自ら非親告罪を望むこともあるだろう。営利でデッドコピーを売り、警告にも従わず、さらに重犯を繰り返すような事例に直面して憤り、非親告罪化したいと思う人もいるかもしれない。そこで取引所に登録する際、権利者が当該作品について事実上非親告罪化できるオプションを用意することも考えられる。

---

[28]　このようなお目こぼし型の利用形態は寛容的利用（tolerated use）（Tim (2008)）と呼ばれることがある。田村（2014）も言うように、寛容的利用は法的は脆弱でこれに依存するのは危険であるが、これがあるために著作物の有用で合理的な利用が可能であったという面は否定しがたい。

◆第1章◆　ぼくのかんがえたさいきょうのちょさくけんせいど［田中辰雄］

⑽ **制度悪用への対策**

　この著作権取引所の悪用事例を考える。悪用として問題なのはなりすまし詐欺である。二つの事例が考えられる。a)他人の著作物を勝手に登録して報酬を得る、b)未登録作品の権利者を偽って供託金を受け取る。

　このうち a)の他人の著作物を勝手に登録するのは、登録時の検索・照会である程度防ぐことができる。なり済ましのターゲットになる作品はそれなりに人気のある作家のものであり、だとすればその作家もその作家のファンもその作品を取引所で検索していると考えられるからである。真の作家が取引所のデータベースを使えばたちどころに発覚するし、その作品を利用しようとしてデータベースを検索したファンのユーザなら、表示される権利者が当人ではないことにすぐに気づく。したがって通報制度が機能する。最後に、このなりすましは、模倣でも二次創作でもさらに海賊版ですらない完全な"窃盗"で、文化の振興にとって一片の情状酌量の余地はないので、厳罰に処すればよい。一罰百戒で抑止力をつくりだすことができる。

　二番目の b)の、未登録作品の権利者になりすます方は防ぎにくい。未登録作品の権利者は無名であることが多いので名乗り出た人が真に作者かどうかの審査は難しい上に、審査を通ってしまうと、そのあとは不正が発覚しにくいからである。真の権利者が出てくればわかるが、出てこないことも多い。その場合はなりすました人のやったもの勝ちとなる。対策としては厳罰を課するしかないが、発覚することが少ないので、効果は薄いかもしれない。ただし、未登録作品の中で供託金がたまるのはごく一部なので、どの作品に供託金がたまったかを第三者が知ることは難しく、このなりすましは実際にはあまり起こらないかもしれない[29]。また未登録作品の供託金は、すべて合算した総額が大きくても個々の作品単位では少額と思われるので、なりすましで悪用されても被害総額は少ないだろう。

V　結語に代えて ── デフォルト変更の意味

　本稿で述べた著作権取引所は方式主義の導入であり、さらに報酬請求権部分については決済代行も行う。著作物の利用は今よりもずっと楽になり、多くの

---

[29] どの作品に供託金が集まっているかは公表しないとする。つまり取引所で「供託金が溜まっている未登録作品トップ10を見ることができる」というようにはしない。これはなり済まし詐欺を少しでも防ぐためである。

◇第Ⅰ部◇　権利の内容・制限と利用許諾

人が他の人の創作物を観賞・再創造含めて使うことができるようになる。著作権の運用は弾力的になって観賞者の便益も増えるし、アマチュア創作者の収入のチャンスも増える。

　良いことばかり述べたが無論批判もあるだろう。予想される最大の批判は、登録しないと報酬請求権になるというデフォルト変更、つまり方式主義の是非であろう。これまでは自分の作品が許諾なく使われることは無かった。しかし、新制度のもとでは登録しないと許諾なしに使われてしまうことになり、これに抵抗を覚える人がいても不思議ではない。フェイスブックにあがった写真のうち、肖像権のある人物写真は別として風景や出来事の写真はあちこちに無許諾で使われる。Pixivに描いた絵が知らないうちに他の人のホームページの背景に使われる。登録しないでいると自分の作品が人に使われてしまうというのは、これまでとは異質な事態であり、素朴に違和感を持つ人がいてもおかしくない。

　そもそも無許諾で人の作品を使うというのは人のモラルとしてあってはいけない事であり、この制度は根本的に間違っていると思う人もいるだろう。著作権法云々以前にそのような制度はあり得ないという反発も予想される。はたしてデフォルトが報酬請求権というルールは人のモラルに反するのだろうか。社会のあり方としてありえない制度なのだろうか。最後にこの点について考察してみよう。

許諾権が唯一のモラルではない

　人の作品を使う時には許諾をとるというのは著作権教育の基本であり、モラルとして当たり前のように思えるかもしれない。しかし、著作権法の事を忘れて虚心坦懐に考えてみると決して当たり前のモラルではない。まったく逆に、許諾を気にせず皆で使うことを推奨するモラルも同じように可能だからである。

　議論を著作権教育からはじめてみよう。たとえば小学校で子供Aが面白い構図の絵を描いた。別の子供Bがその構図を真似て似た絵を描きはじめ、Aの構図を使ってうまい絵が描けそうだと皆で言って、喜んでいるとする。ここで子供Aが子供Bに僕の真似は止めろと言った時、先生はどういう指導をするべきだろうか。

ひとつは言うまでもなく、似た絵を描いた子供Bを諭すことである。

◆第1章◆　ぼくのかんがえたさいきょうのちょさくけんせいど［田中辰雄］

「真似はいけませんよ。真似する前に相手に尋ねなさい。相手が止めろと言っているのだからこの絵を描くのはやめなさい」

　この先生の説くモラルは「人の嫌がることはしない」という普遍的な原理である。著作権法的にも（おそらく）正しいが、何も著作権法を持ち出す必要はない。人の嫌がることはしないというのは誰にもわかるモラルであり、それを持ち出せばとりあえず人は納得する。では人のモラルとしてこれしかないのかというとそんなことはない。逆に真似は止めろと言った子供Aを諭すこともできる。

「あなたの絵が素晴らしかったから真似したのですよ。誇らしいじゃないですか相手は喜んでいるのだから許してあげなさい。あなたも誰かの良い絵を真似したいことがあるでしょう？」

　この後者の諭しかたが意味不明、あるいはまったくのおとぎ話に思えるとすれば、それは現行の著作権法にあまりに頭が慣れてしまったからである。著作権法のことを全く知らない人、たとえば途上国の農村の子供の母親に尋ねれば、後者の諭しかたにも一定の支持が集まるだろう。

　後者を支えるモラルは、「相手が喜ぶことをしなさい、そしてそれを自分も喜びなさい」というこれもまた普遍的な原理である。自分が作りだしたものが人を喜ばすならそれは嬉しいことであり、それを不快に思うのは人間として曲がっている。この場合、子供Aが先に構図を考えたことは皆が認めており、A君は賞賛される。A君の作品が失われるわけでも、名誉が奪われるわけでもない(30)。人に真似されるような優れたものを提供できたことは喜ぶべきことであって、怒るべきことではない。少なくともそのように喜ぶモラルは十分に成立する。真似する側についても、良いものを真似るというのは当たり前であり、けして悪いことでも恥ずかしいことでもない。真似てさらに改良を加え、それがまた他の人に真似されていけばどんどん良くなっていく。真似る側のモラルとして一言付け加えるなら、真似た相手のA君にありがとうと言いなさいということであろう。

---
(30) 人が作った作品を自分がつくったと偽ることは許されない。剽窃を正当化するモラルはありそうもないからで、その意味で人格権に基づく差し止めには普遍性がある。この著作権取引所の制度でも人格権に基づく差し止めは報酬請求権のもとでも可能となっている。

◇第Ⅰ部◇　権利の内容・制限と利用許諾

　考えてみれば子供たちの日常はそのような生活である。ある子供がカブトムシのうまい取り方を見つければ皆がそれを真似る。ある子供が縄跳びの面白い跳び方を考案すれば皆それを真似てやりはじめる。最初にそれを考えた子供は賞賛され、人気者になる。子供たちの世界に限らず、知的財産にはそういう側面があり著作権法など知財関連法ができる以前の世界はそれでやってきた。つまり、人のモラルの問題としてなら、後者の論し方すなわち無許諾利用を許すというのはありえない話ではなく、十分に可能な立場である。それが許諾権という形で禁止されたのは、創作活動が市場の経済活動の一部になってプロあるいは出版社等の企業が登場し、彼らの生活を守り、創作の誘因を作り出す必要が生じたからである[31]。ただ、それならプロの個人なり企業が手をあげて申請するものだけを許諾権で守ればよい。こう考えればデフォルトの変更はモラルとしてあるいは社会としてけっしてあり得ない話ではない。

　小学校の例は、子供ということで例として不適切と感じる人もいるかもしれないので、この新制度に即した大人の例を考えよう。この新制度ができると未登録の作品は安い報酬で無許諾で使えることになる。すると、未登録の作品だけを使ったつくった作品が次々と出てくる。たとえばpixivなどで貼られている未登録のキャラクター画像を勝手に作ったソーシャルゲームを考えよう。簡単なソーシャルゲームはゲームシステムとキャラ画像があれば作れるので、これは実際十分に起こりうる。このとき、使われた未登録画像の作者達はどう思うだろうか。

　未登録作品とはいわば登録されずに放置されていた作品である。放置しておいた作品でも勝手に使うのはけしからんと思うことはむろんあるだろう。しかし、どのみち利用されずにお蔵になっていた画像がゲームの素材としてよみがえり、場合によっては収入にもなることを喜ぶこともできる。また、自分もまた人の素材を使って創作活動ができることを喜ぶこともできる。怒る人と喜ぶ人が相当程度いるなら、どちらをデフォルトに取るかは社会としての選択問題である。後者のように喜ぶことをデフォルトとし、前者のようにけしからんと思う時には労をとって登録してもらう制度設計もありえる。デフォルトが報酬請求権になるという制度が、モラルや社会としてのあり方としてありえないわけではない。

---

[31] 歴史的にも著作権は出版社が競合者を排除するための権利として出発している（白田（1998））。

◆第1章◆　ぼくのかんがえたさいきょうのちょさくけんせいど［田中辰雄］

　ここまで、デフォルトが報酬請求権になることが人のモラルとして、社会のあり方としてありうる選択肢の一つであると述べてきた。しかし、この主張を受け入れたとしても、言えるのは社会の取る選択肢としてあり得るというだけで、そちらをあえて選ぶ理由にはならないという疑問はまだ出るだろう。確かに、なぜ今、デフォルトをそちらに変更するのかには積極的な説明は別途必要である。制度変更にはコストがかかるうえに、この制度では無許諾で使われたくないという人は登録しなければならないので、クリエイターに登録という余計な事務負担を強いることは間違いない。アマチュア作家の大半は登録しないと思われるので、大半の人の作品は無許諾で使われてしまうことになるのも事実である。これを正当化する積極的な理由が必要である。

　本稿では、その理由はデジタル化とネットワーク化によって創作・流通・広告のコストが劇的に下がり、国民がすべて創作活動に参加するようになったからだと述べてきた。この画期的変化の成果を生かすためには、創造のサイクルを国民全体で回転させ、広告で利用者のすそ野を拡大することが望ましく、そのためには方式主義が適しているというのが、本稿でデフォルト変更を主張する理由である。

　しかし、この理由にも疑問が出るかもしれない。考えられる一つの疑問は、ここで述べた理由はあまりに技術的であり、ひょっとして一時的なものにとどまるのではないかという疑問である。デジタル化もネットワーク化も技術進歩の結果である。しかし、逆に言えばたかが技術の変化である。技術変化は予想がつかず今後どのような技術変化がおこるかわからない。近い将来にまた技術変化が起こって前提条件ががらりと変わり、ここで述べた議論がすべてあてはまらなくなることはないのか。ここ20年の間にデジタル化とネットワーク化が進んだのは確かだが、それもたかが20年である。著作権制度の歴史は18世紀にはじまり、200年を超える長い歴史に耐えてきた人類の知恵である。それをわずか20年の出来事に合わせて変えてしまうというのは早計ではないのか。

　この疑問への一つの解答を述べておこう。ここであげたデフォルトの変更には単なる技術条件の変化にとどまらない人類史的な意義をあげることができる。近代化500年の歴史を背景に、著作権のデフォルト変更の必要性を導く議論がありうることを紹介して本稿の結語としたい。

◇第Ⅰ部◇　権利の内容・制限と利用許諾

図2-6

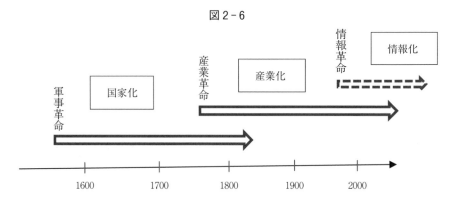

近代化の歴史の中でのデフォルト変更

　近代化の歴史はさまざまに整理されるが、ここでは情報化の含意に注目した公文（1994）の歴史認識にそって整理する[32]。中世が終わり、近代が始まるのは16世紀ごろとされる[33]。それ以降今日にいたる500年を区切る時代区分としては18世紀末の産業革命以前と以降で区分することが多い。図2-6はこの歴史区分を整理したものである。

　近代の始まりには軍事革命があった[34]。軍事革命とは、鉄砲と大砲の発明によって、戦争が中世の騎士が騎馬で戦う形から兵士による集団戦に移ったことを言う。中世を終わらせた大きな原因はこの軍事革命により、城壁に守られた中世の城と都市の安全保障能力が無意味化したことが大きい。騎士が騎馬と槍・弓で戦っている限りは城壁を落とすことは困難で、中世では諸侯の勢力範囲は取ったり取られたりであまり変化しない。しかし、大砲が城壁を壊し、そこへ鉄砲を持った兵士が突入すれば制圧は完了する。戦争は苛烈化して諸侯のつぶし合いが起こり、勝利したものが負けたものをしたがえて大きな国家が形成されるようになる。やがて絶対王政が生まれ、さらに国民国家がつくられて

---

[32] 情報（あるいは知識）に着目して、社会はあたらしい時代に入ったという歴史認識を表明する例は多い。日本で言えば堺屋（1985）、公文（1994）、外国でいえばトフラー（1982）が代表的である。論者によってニュアンスは異なるが、情報の持つ価値が飛躍的に高まり、産業化とは質的に異なる一種の情報社会が訪れるという点は共通している。

[33] 歴史家は中世と近代の間に「近世」と呼ぶ時期を置くことも多いが、本稿では煩雑を避けるためまとめて近代と呼んでおく。

[34] 軍事革命についてはたとえばParker（1995）参照。

◆第1章◆ ぼくのかんがえたさいきょうのちょさくけんせいど ［田中辰雄］

いく。こうして16世紀から18世紀末までの時代は軍事力を使った国家化の時代と考えられる。この時代、軍事力は悪と考えられておらず、軍事力を行使して相手を屈服させることは賞賛されることであり、人々あるいは為政者の価値観の中核をなしている。

　国家化の時代が200年続いたあと、18世紀末に産業革命が起こり、産業化が始動する。産業化とは継続的な技術革新と投資によって生産性を持続的に上昇させることである。自然資源を掘り、工場を建て、機械設備を設置し、労働者を使って大量生産を行う経済体制が世界に広がっていく。この体制に最も適した経済システムとして市場経済システムが普及し、その前提条件として所有権の概念が普遍化される[35]。労働力をはじめとしてあらゆる価値あるものが誰かの所有物となって市場で取引されるようになる。継続的な生産性の向上により、経済的な豊かさが実現され、人々の価値観も経済的豊かさを追求する方向へ変化する。産業化の時代は200年つづき20世紀末となる

　そして今日、情報革命が起きたと見ることができる。公文（1994）をはじめとする情報化論者にしたがえば、情報革命とは経済的な価値より情報的な価値の方が優位にたつことである。情報的な価値とは情報のやり取りに伴って生じる面白さや楽しさ、あるいは社会的尊敬などをさす。たとえば、facebookに旅行記の写真を貼り、友人から感想をもらうことはそれだけで楽しいものである。Linuxのソフトウエアを開発する人は、皆で使ったもらうことに意義を見出している。ウエブ上に自分の作品や文章を貼って情報発信する人の数は数百万に達しており、それを見て楽しむ人も同じくらい多い。我々はモノを消費するより、スマホとPCの画面を見てさまざまな情報をいじることにますます多くの時間を費やすようになってきた。これらの活動は経済的な豊かさを第一に求めて行うのではなく、知恵・経験・作品等情報のやりとりを通じて喜びを得ようという点で共通している。広い意味での文化活動と言い換えてもよい。最近登場した人間類型や社会活動の例として、オタク、LOHAS、マイルドヤンキー、

---

[35] 所有権（より正確には私的所有権）が市場経済あるいは資本主義経済の基礎をつくったことについてはノース（1989）を参照。所有権の普遍化は、あらゆる価値あるもの（すなわち財）の商品化を意味する。マルクスはこの現象を労働すら商品するとしてネガティブにとらえて私有ではなく共有（国有）を主張したが、ノースは逆に私的な所有権という制度の良い面を力説する。ソ連も中国も事実上個人の所有権を認めて経済発展を実現しており、産業化に適した制度が共有ではなく所有権であることを疑う人はもはやいない。第一節で述べたように著作権とはこの（私的）所有権に倣った制度である。

◇第Ⅰ部◇　権利の内容・制限と利用許諾

ファブラボ、フェアトレード等いろいろのものがあるが、いずれも経済的豊かさに最高の価値を置いておらず、広い意味での情報のやりとりを重視する傾向が強いという点が共通している。

　ここまで近代化の歴史が国家化→産業化→情報化の３段階で整理してきた。ここで一つの段階にあっては、その時代の主要な力の特性が最大限使い尽くされていることに注意しよう。軍事力の特性は威嚇で強制的に人を屈服させる点で、国家化の時代にあってはこの軍事力は容赦なく行使された。中世以来の宗教的権威すなわち教会が軍事力の使用を抑制しようとしたこともあるが、それも1648年のウエストファリア条約で神聖ローマ帝国が解体されるとともに終わりをつげ、以降、王たちはなんのためらいもなく軍事力を行使するようになる。今日から見れば野蛮な話であるが、軍事力の特性の徹底利用があったからこそ主権国家が生まれ、度量衡の統一・法制度の整備等が行われて法秩序と一国市場が成立し、次の時代の扉が開くことになる。

　産業化の時代にあっては、産業化の特性が徹底的に追及される。産業化の特性は継続的な投資と技術革新で生産性をあげ、人類史上かつてない豊かな社会を実現することにある。産業化への批判は資本主義批判として何度も登場し、機械打ちこわしのラッダイト運動や工業化を忌避する農本主義[36]、あるいはマルクスの共産主義など産業化に背を向けた試みを生んだが、いずれも一時的な抵抗にとどまった。産業化の特性をもっとよく体化したのは投資と技術革新で世界を作り変えていく企業活動にあり、これが大勢としては肯定され、我々は人類史上初めて餓え・疾病といった生存の恐怖から解放された豊かな社会を得ることになる。

　同じように考えれば、情報社会でも情報の持つ特性が徹底的に生かされる方向に向かうと考えることができる。情報という財がもつ特性とは1)共有可能であること（限界費用ゼロで生産できること）。2)情報の利用が新たな情報を生むこと（創造のサイクル）の２点である。情報財、たとえば知恵・知識は誰とでも分かち合うことができ、かつ先人の知恵・知識をもとにして新たな知恵・知識を生みだすことができる。これは前の二つの時代には無かった大きな特徴である。国家化の時代に価値の源であった領土はゼロサムなので相手から奪う以

---

[36]　代表例はアメリカのジェファーソン流民主主義であるが、似たような農本主義は日本などにもみられた。

◆第1章◆ ぼくのかんがえたさいきょうのちょさくけんせいど［田中辰雄］

外に入手方法が無かった。産業化の時代に価値の源であるモノは生産によって増やすことができたがモノ自体は占有するしかなく、奪い合いになることもあった。しかし、情報はいったん生産（創作）すれば誰とでも共有することができる。そこに争いの要素はない。さらに領土から領土が、あるいはモノからモノが生まれることはなかったが、情報では情報から情報を生み出すことが出来る。このことの素晴らしさは、情報を知恵・知識と読みかえれば自明であり、情報のもつ優れた特性として皆が認めるところであろう。

　近代化500年の歴史に従えば、これから200年以上にわたって続く情報化社会ではこの情報の特性を最大限生かす方向に歴史は進むと考えられる。だとすれば著作物はできるだけ共有可能にしたほうがよく、ならば著作権のデフォルトを報酬請求権化することは歴史の要請に合致している。許諾権で利用を禁止するのは創作の誘因を確保するためにどうしても必要な時だけにかぎり、あとはできるだけ自由に利用してもらったほうがよい。本稿でデフォルトを変更して方式主義を提案する背景には、このような歴史認識がある。

　この認識はいわゆる情報社会論としてしばしば行われてきた一部の議論と真逆であることに注意されたい。情報社会では情報が重要になるという認識から出発しても、それゆえにこそ情報の所有権すなわち知的財産権の保護を強化すべしという議論も可能だからである。そのようないわば知財保護強化の論説は多い。しかし、情報が大事だから所有権で利用を制限しようというのはモノの議論に引きずられており、情報の持つ優れた特性を無視した議論である。情報に所有権といういわば禁止権を設定するのは、情報化という未来の現象に対して産業化という過去の論理をあてはまることであり、時代を大きく取り違えている。

　一国の政策論的に言えば、本稿の認識が正しければいずれどこかの国がデフォルトを報酬請求権にするような変革をなしとげ、そこが世界とリードすることになるだろう。国家化の時代に軍事力をためらうことなく使ったルイ14世はフランスを当時の強国にのしあげた。産業化の時代に「The business of America is business（アメリカのなすべきことはビジネスである）[37]」と言い切り、

---

[37] この言葉は、1920年代のアメリカの第30代大統領クーリッジの言葉とされる。当時はまだ国家化の残滓として帝国主義が生き残っており、国家の課題は広大な領土を確保して国の栄光を世界に示す事とされていた。そのなかにあってビジネス（商売）に徹することを国の最大の仕事と言い切ったのは異例であった。

◇第Ⅰ部◇　権利の内容・制限と利用許諾

大統領自身が産業化を大きく肯定したアメリカは産業化の時代をリードするにいたった。これにならえば情報社会でも情報の共有を大きく肯定する国が時代をリードするという予想をたてることができる。それは国ではなく企業かもしれない。すでに何度か出たGoogleのYouTubeは音楽に関しては事実上、世界規模で報酬請求権化を実現しつつあり、実力をもって疑似的な著作権取引所を作る勢いである。Google Booksもオプトアウトで世界中の本のなかの知識を共有化しよう試みであり、同じ方向性にある。Googleは、独占問題はあるものの向かっている方向は正しく、一企業がいわば新しい著作権制度を設計しつつあるという解釈が可能である。

　ここで日本を振り返ってみると、日本は世界に通じるコンテンツを持つ国の一つであり、さらにコミケやボーカロイドなどアマチュア達の創作のサイクルがうまくまわっている世界でも珍しい国でもある。世界の中の立ち位置としては先陣を切って著作権の報酬請求権化、ひいては情報の共有化へ向かってもよい位置にいると見ることができる。一人の日本人としては、一企業に著作権制度の設計をさせるのではなく、日本自身が制度設計をすることを願いたいものである。

〈参考文献〉

Landes, William M., and Richard A. Posner, 2003, The Economic Structure of Intellectual Property Law, Harvard University Press
Lessig, Lawrence, 2001, Future of Ideas, Random House
Oberholzer, F. and K. Strumpf, 2007, "The Effect of File Sharing on Record Sales- An Empirical Analysis," Journal of Political Economy 115(1) pp. 1-42
Parker, Geoffrey, 1996, The Military Revolution: Military Innovation and the Rise of the West, 1500-1800. Cambridge University Press, 1996
Tim Wu, 2008, "Tolerated Use," Columbia Journal of Law and Arts 617.
北川善太郎監修・コピーマート研究会編『インターネットにおける著作権取引市場コピーマート』(新世社、2003年)
公文俊平『情報文明論』(NTT出版、1994年)
堺屋太一『知価革命──工業社会が終わる知価社会が始まる』(PHP研究所、1985年)
白田秀彰『コピーライトの史的展開』(信山社、1998年)
同「日本の著作権法のリフォーム論──デジタル化時代・インターネット時代の「構造的課題」の克服に向けて」知的財産法政策学研究44号(北海道大学)(2014年)
田中辰雄「ネット上の著作権保護強化は必要か──アニメ動画配信を事例として」RIETI

◆ 第 1 章 ◆　ぼくのかんがえたさいきょうのちょさくけんせいど ［田中辰雄］

Discussion Paper Series 11-J-010（2010 年）、http://www.rieti.go.jp/jp/publications/dp/11j010.pdf
田中辰雄＝林紘一郎編著『著作権保護期間 —— 延長は文化を振興するか？』（勁草書房、2008年）
田中辰雄・山口真一『ソーシャルゲームのビジネスモデル：フリーミアムの経済分析』（勁草書房、2015 年）
同『ネット炎上の研究』（勁草書房、2016 年）
田村善之「デジタル時代の著作権制度」知的財産法政策学研究 23 号（北海道大学）（2009 年）
同「日本版フェアユース導入の意義と限界」知的財産法政策学研究 32 号（北海道大学）（2010年）1-44 頁
張睿暎「デジタルコンテンツの流通促進に向けた制度設計 —— 韓国・英国のデジタル著作権取引所（DCE）構想および欧米の動向からの示唆」著作権研究 42 号（有斐閣、2016 年）
デジタルコンテンツ協会「ネットワークにおけるデジタルコンテンツ取引流通フレームワークに関する調査研究 —— UGM サービスに資する『権利表明の可視化』提案」（デジタルコンテンツ協会）（2007 年）
トフラー、アルビン、徳岡孝夫（訳）『第三の波』（中央公論新社、1982 年）
中泉卓也「著作権保護期間の最適化」林紘一郎編著『著作権の法と経済学』（勁草書房、2004年）
中山信弘『著作権法』（有斐閣、2007 年）
名和小太郎「孤児になった著作物」情報管理 48 巻 12 号（2006 年）838-840 頁
野口祐子『デジタル化時代の著作権』（ちくま書房、2010 年）
ノース、ダグラス・C、滝澤弘和ほか（訳）『文明史の経済学 —— 財産権・国家・イデオロギー』（春秋社、1989 年）
林紘一郎「著作権、自己登録制度、研究者コミュニティ」日本知財学会誌 3 巻 1 号（2006 年）15-24 頁
菱沼剛「国際規範としての無方式主義が及ぶ範囲」知的財産法政策学研究 12 号（2006 年）115-139 頁

補論：構想実現への道

　本稿はいっさいの現行の制度を忘れ、白紙の状態から理想の著作権制度を記述することを目的としており、実際にこれを政策として実現する道は検討していない。しかし、本稿は公表後に思いのほか関心を呼び、実際に政策として実現できるのかを問われることも出てきた。筆者としては光栄なことであり、そこで補論として現行制度を前提としたうえでの実現への道についても検討しておく。

◇第Ⅰ部◇　権利の内容・制限と利用許諾

　このままの形ですぐに実現するのは困難なので、少しずつ進めるほかはない。案として3つの方法考える。第一に、作品の公表後一定期間たったらこの制度を適用するという案が考えられる[38]。公表後すぐは従来通り無方式で許諾権としておき、たとえば5年とか年月がたったら「登録しないと報酬請求権」に切り替えるという制度設計である。一般に作品というものは公表直後は作者にこだわりがあって無許諾利用に抵抗があるだろうが、時間がたつと関心は急激に下がっていく。したがって、時間がたったあとならアマチュアクリエイターの合意は得やすいだろう。一定期間というときの期間は最初は長めに、たとえば10年とか取っておき、制度の利点が認識されれば次第に短くしていけばよい。なお、「一定期間たった後は登録しないと報酬請求権になる」と言うのは、孤児作品対策として提案されることがあり、けして非常識な案ではない。ただ、アマチュア作品の場合には公開時点がいつであるかの確定が難しいという技術的な問題が残るので、なんらかの工夫が必要になる。

　第二の案として、この制度の対象を全著作物とせず、一部の著作物に限定して始めるという案も考えられる。例えばウエブ上の画像だけについてこの制度をあてはめ、ウエブ上の画像については「登録しないと報酬請求権」とする案が考えられる。こうするとウエブ上の画像についてだけは著作権取引所への登録が進み、未登録作品は報酬請求権化して皆で利用可能になる。これが成功すればその成功を背景にして、対象をウェブ以外あるいは画像以外に順次拡大していけばよい。

　第三の方法は、「未登録なら報酬請求権」を当面は諦めて、「著作権取引所」だけ先行させる案である。未登録なら報酬請求権というデフォルトの変更は抵抗が大きいので、著作権取引所を先行して成功させ、それで方式主義への流れをつくりだす。本文中のⅢ-1の(3)ではデフォルトの変更無しで著作権取引所だけをつくると登録の誘因が無いので失敗するだろうと述べたが、必ず失敗すると決まったわけではない。政策を総動員して誘因をつくりだし、なんとか普及のための閾値すなわちクリティカルマスを超えることを狙う。

　この3つのうち実行に移しやすいのは第三の取引所の先行案であろう。著作権取引所は著作権法の改正無しに設立でき、また取引所のひな型が韓国と英国

---

(38)　この時間差をつけるというアイデアは金子敏哉氏の提案によるものである。この場を借りてお礼を申し上げる

◆第1章◆　ぼくのかんがえたさいきょうのちょさくけんせいど［田中辰雄］

にすでにあるからである。そこでこの第三案について詳しく検討する。

　「未登録なら報酬請求権」というデフォルト変更無しで取引所を創った場合、最大の課題は登録の誘因をどう作り出すかである。未登録でも最強の権利である許諾権が手に入ってしまうのになぜ登録するのか。すでに述べたように創造のサイクルは囚人のジレンマで誘因にならない。広告効果は多くの人が利用しないと意味が無い。取引所の利点として検索・決済の効率化が上げられるが、これも多くの人が利用してくれないと便益が出ない。以上が誘因不足の問題点であった。

　ただ、逆に言うと広告効果と検索・決済の利益は多くの人が利用しさえすれば出てくるので、普及のための最低利用人数、すなわちクリティカルマスを超えれば自然に伸びていくことが期待できる。言い換えると複数均衡の一方の均衡から他方の均衡へ移行するには、政策を動員して一時的にせよクリティカルマスまで移行させてしまえばよい

　図2-7はこの移行過程を考察するために用意した図である。図2-7(a)は前の図2-5と同じように、縦軸が市場価値vで横軸は作品を市場価値の順に左から並べたものである。曲線vはこの市場価値を表し、左端には商業作品が、中ほどから右端まではアマチュア作品がならんでいる。図のa,b,cは、図2-5と同じく新制度ができたときの作品の分類で、aは登録して許諾権を選ぶ商業作品、bは登録して報酬請求権を選ぶアマチュア作品、cは未登録を選ぶであろうアマチュア作品である。デフォルトが報酬請求権であれば、市場価値の高い作品はみな登録するので領域a,bの作品が登録する。では、デフォルトが報酬請求権を入れずに著作権取引所だけが導入されたとする。このとき、誰が登録するだろうか。

　登録した時のメリットは、検索と決済にしやすさである。すなわち、登録した時に前よりも「見つけてもらえる事が増え、決済もしやすくなって報酬が得られる見込みすなわち確率pが増える」ことである。この確率の増加分を⊿pとしておく。⊿pは作品の知名度の関数である。商業作品はすでに十分有名であり、ビジネスに慣れた会社がクリエイターの代理となって取引してくれるので、登録したからといって、見つけてもらえる確率が増えることはない。すなわち⊿pは低い。逆にアマチュア作品は元が無名なので、見つけてもらえる確率が増える恩恵は大きく⊿pは大きくなる。ゆえに⊿pはこの図で右上がりの曲線となり、図2-7(a)には点線でこれが描いてある。

75

◇第Ⅰ部◇　権利の内容・制限と利用許諾

図2-7(a)

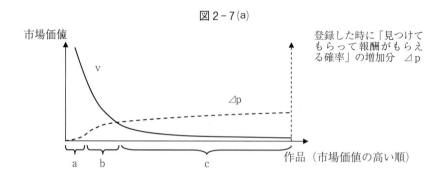

図2-7(b)

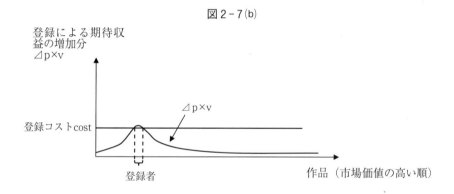

　登録したときの最終的な便益は、その作品の市場価値 v と確率増加分 $\triangle p$ の積になる。これを描いたのが図2-7(b)で、積 $\triangle p \times v$ の値は山型になると予想される。登録コスト cost を一定とすると、図のようにコストが便益を上回った一部のアマチュア作品だけが登録されることになるだろう。山の左側の商業作品はどうせ作品は知られており、契約も決済も通常業務のひとつなのでわざわざ取引所を利用する必要もなく、登録しても得るところはない。山の右側のアマチュア作品は、検索と決済のメリットはあるが、そもそも作品が売れることはほとんどなく売れても額が低いため、登録してもメリットを感じない。両者がちょうどバランスした中間に位置するアマチュア作品が登録されることになる。それは領域 b の報酬請求権を選ぶであろうアマチュア作品になるだろう。この部分が小さく、場合によっては存在しないだろうというのが本文で述

◆ 第1章 ◆　ぼくのかんがえたさいきょうのちょさくけんせいど［田中辰雄］

べた危惧であった。

　しかし、見つけてくれる確率の増加分Δpは、登録者数の関数であり、登録者数が増えれば上昇する。たくさんの人が取引所に登録していれば取引所を使って作品を探そうという人が増えるので、見つけてもらえる確率Δpも上がってくるからである。すなわち登録者数が増えると図2-7(a)のΔpの曲線は上方にシフトする。登録者数とΔpには正のフィードバックがあるのでどこかに閾値すなわちクリティカルマスがあり、登録者数をこのクリティカルマスを超えるまで増やす事ができれば、あとは登録者が自動的に増え、領域bの大半の作品が登録するという新しい均衡に移行できるかもしれない。

　もし領域bの作品の大半が取引所で取引されるようになるとデフォルト変更への道が開ける。領域bの作品が報酬請求権化して世の多くの人々に利用され、そしてそれなりの報酬を得ていることが知られるようになったとする。すると、領域cの未登録の人もそれと同じ待遇でよいと思うようになるだろう。自分の作品を後生大事に許諾権で守る必要はなく、それより使ってもらった方が名前も売れるし報酬にもなり、そちらのほうがよいという意見が多数意見になると予想されるからである。こうすると世論のなかでデフォルト変更の準備が整ったことになる。

　このシナリオにとって大事なのは、クリティカルマスを超えるまで登録者数を増やす事である。そのためには政策を総動員する必要がある。まず、取引所は報酬請求権のオプションを用意しなければならず、さらに簡易な決済機能まで持っていなければならない。取引所が単に著作権のデータベースで誰が権利者かわかるようにするだけで、許諾権登録しかできないのであれば確実に失敗する。領域bの人は許諾権として登録してもメリットがほとんどないからである。次に検索と決済を極力簡単化して使いやすくすることも大切である。ウエブ上に作品がある場合、作品をドラッグするあるいは右クリックすると検索メニュー出て検索ができ、報酬請求権の場合は決済ボタンまで現れるようになることが望ましい。イギリスの著作権ハブのひな型モデルはそれに近い形と言われる（張（2016））。さらに、登録料をゼロにする手もある。取引所の収入源は登録の更新料と決済時の手数料だけとし、最初の登録料を無料にするのである。張（2016, 注62）によれば中国の山東省で登録を無料にしたところ登録が急増したとされ、効果はあるようである。商業作品については登録した場合の誘因を付与する手もある。たとえばアメリカのように法定賠償請求や弁護士使用請求

◇第Ⅰ部◇　権利の内容・制限と利用許諾

を認めるなどのインセンティブをつけてもよいかもしれない。さらに韓国の著作権取引所のように既存の権利の集中処理機関がまとめて登録すれば登録は一挙に進むだろう。

箇条書にまとめておく。

(1) 報酬請求のオプションを用意する。決済までのワンストップ化
(2) 検索と決済は極力簡単に
(3) 登録料を無料に
(4) 登録すると訴訟時に有利になる誘因づけ
(5) 集中処理機関の一括申請

このうち特に重要なのは(1)である。著作権取引所が想定するのが許諾権だけではほとんど普及しないだろう。領域ｂにいる作家はそもそも許諾権のスキームに載らないからこそ領域ｂにいるのである。つまりこの領域に居るのは許諾契約書を結ぶなどというビジネス取引に不慣れであるし、そんなことをやるほどの金額でもないアマチュアの人たちである。具体的には同人マンガ作家、pixiv 絵師、ユーチューバー、ニコニコ動画作家、インディーズ音楽アーティスト、「小説家になろう」作家予備軍のような人たちである。彼らに対して取引所が一件ごとに利用申請を伝え、許諾契約書を交わして許諾を促すのは現実的ではない。商業的に大きな金額の利用ならそれでもよいだろうが、その時はそのクリエイターはすでに領域ａに近づいており、許諾権でやればよい。領域ｂにいる大半のアマチュア作家の取引金額は小さく、許諾権による契約はそぐわない。ちなみにイギリスの著作権ハブでは多くの著作物が１ポンド（180円）で利用されるようになることを期待しているという（張（2016））。これだけ額が小さいなら報酬請求権のほうがずっと効率的である。一定の金額を払えばだれでも利用でき、非営利の利用等一定の条件のなら無償利用もできるとしておく。するとほっておくと作品が利用されて報酬が溜まっていき、名前が売れていく。ある程度有名になって商業的に行けそうだとなれば許諾権に切り替えればよい。このほうがよほど使い勝手がよく、登録者が増えるだろう。許諾権しか設定しない取引所は想定する利用者を見誤っている[39]。

---

[39] なお、韓国の著作権取引所は、検索機能とオンライン許諾が主たる機能であり、想定するのは許諾権に基づく取引のみである。英国の著作権ハブは、少額で多数のデジタル著作物の取引の支援を狙っているため、事実上、報酬請求権的な仕組みが入っている。

◆第1章◆　ぼくのかんがえたさいきょうのちょさくけんせいど［田中辰雄］

　ついで(2)も重要である。少額で多数の取引が行われることもあって、使い勝手は良くなければならない。イギリスの著作権ハブはブラウザのプラグインのソフトで右クリックで権利処理ができることを目指しており、これと同等の簡便さが望まれる。日本の場合、行政機関の提供するオンライン利用はセキュリティに気を使いすぎてなかなか進まないという難点があるので、元データの管理は政府が行うとしても、登録や利用のアプリは民間にやらせたほうがよいだろう。報酬請求権で取引される金額は小さいのでセキュリティに過敏になる必要はない。なお、イギリスの著作権ハブは資金的にも実際に実施しているスタッフも民間である。

　このように政策手段を総動員してなんとか登録作品数を増やし、クリティカルマスを超えることができるかどうかに賭けることになる。やってみなければわからないが、すでに韓国と英国にひな型はある。本稿の著作権取引所は現時点では夢物語に聞こえるだろうが、一つ一つ段階を踏んでいけばたどり着く道はあるだろう。

　本稿の趣旨の上から言えば英国型が望ましい。

第2章 著作権法の設計
―― 円滑な取引秩序形成の視点から ――

前田 健

I はじめに

近年の情報通信技術をはじめとする科学技術の急速な進展の中、著作権法の抜本的再構成、著作権法リフォームを唱える声は、益々強くなってきている[1][2]。1970年に現行著作権法が制定されてからはいうに及ばず、ごく最近に限っても著作権法を取り巻く環境の変化は目覚ましい[3]。このような技術の進歩によっ

---

(1) 田村善之「日本の著作権法のリフォーム論 ―― デジタル化時代・インターネット時代の「構造的課題」の克服に向けて」知的財産法政策学研究44号（2014年）25頁。田村は、印刷技術の普及により著作権法が誕生し（第一の波）、20世紀後半以降に録音、録画、複写等の複製技術が相次いで私的領域にも普及するようになり（第二の波）、インターネット時代の到来により第三の波が到来していると分析している。（同66-72頁）。

(2) 我が国における著作権リフォームに関する議論については、初期の文献として、「著作権リフォーム ―― コンテンツの創造・保護・活用の好循環の実現に向けて ―― 報告書」（平成20年3月、財団法人デジタルコンテンツ協会）（以下、「著作権リフォーム報告書」という）、茶園成樹「著作権制度のリフォームについて」知財研フォーラム75号2頁(2008年)、椙山敬士「現行著作権法の主要課題と「著作権リフォーム」論」コピライト568号2頁（2008年）がある。これらは、米国における著作権リフォームを巡る議論に触発されてのものと思われる。代表的な文献として、William W. Fisher III, Promises to Keep (2004); Lawrence Lessig, REMIX (2008); Jessica Litman, Digital Copyright (2000); Neil Weinstock Netanel, Copyright's Paradox (2008); Pamela Samuelson et al., *The Copyright Principles Project: Directions for Reform*, 25 Berkeley Tech. L.J. 1175 (2010) (以下、Samuelson et al., *CPP Report* として言及。邦訳として、石新智規＝橋本有加訳「著作権の原則プロジェクト：リフォームの方向性」『コンテンツに係る知的創造サイクルの好循環に資する法的環境整備に関する調査研究 ―― コンテンツをめぐる法的環境のこの10年とこれから ―― 報告書」〔平成23年3月、デジタルコンテンツ協会〕57頁); Pamela Samuelson, Leary Lecture, Preliminary Thoughts on Copyright Reform, Utah L. Rev. 551 (2007) Jessica Litman, Real Copyright Reform, 96 Iowa L. Rev. 1 (2010)（邦訳として、Jessica Litman、比良友佳理(訳)「真の著作権リフォーム(1)」知的財産法政策学研究38号179頁〔2012年〕、「同(2)」知的財産法政策学研究39号〔2012年〕）（以下、Litman「著作権リフォーム」として言及）。

(3) まず、複写技術について、現在のコピー機（PPC複写機）の普及が始まるのは1970年

『しなやかな著作権制度に向けて』（信山社、2017年3月）

◇第Ⅰ部◇　権利の内容・制限と利用許諾

て、旧来の著作権法が暗黙のうちに前提としてきた環境が崩されており、著作権法はそのパラダイムの見直しを迫られているといえるのかもしれない[4]。

　著作権法の全面的リフォームの必要性はさておくとしても、著作権法の改正を要するテーマが眼前に山積しているという事実は否定できないだろう。平成27年度に立法の課題とされたテーマだけを見ても、①教育の情報化に向けた著作物の利用の円滑化、②視聴覚障害者の著作物利用策の促進（マラケシュ条約対応）、③著作物等のアーカイブ化の促進、④デジタル・ネットワークの発達に対応した権利制限規定や円滑なライセンシング体制等の検討・整備など、著作物の利用の円滑化にかかるテーマが多数あることがわかる[5]。我々は、これらの政策的課題に対応するために、権利制限規定の見直し、法定許諾、強制許諾の見直し、集中許諾制度などのライセンス円滑化体制の見直しなど、適切な政策手段を選択する現実の必要に迫られている。

　しかし、残念ながら我々は、これらの問題に対する解答を与えてくれる方法論を持ち合わせているとはいえない。たとえば、教育現場でICT活用教育を促進するために、遠隔地から授業の過程における著作物の送信を円滑に行えるようにするために[6]、授業の過程において著作物を異時で公衆送信することを

　　代後半以降である。（「事業所におけるOA機器普及状況調査をふりかえって」中央調査報 (508)、4581-4584、(2000) (http://www.crs.or.jp/backno/old/No508/5081.htm) によれば、1975年ころには「書類を複数作成するにはカーボン紙を利用し、情報を客先に伝えるツールはただ１つ電話、検算には算盤が利用されていた」とのことであり、オフィスにおけるPPC複写機の普及率は、1983年で39.8％であり1998年で63.7％である。）録音技術は、MDの出現が1992年であり、音質の劣化なく音楽を自由に複写し交換できる環境の出現は21世紀を待たなければならない。録画技術はより遅れる。インターネットの普及はwindows95の発売の1995年以降と思われるが、ブロードバンド化が進み大量の情報流通が可能な環境の到来は21世紀に入って以降のことである。近年ではさらにモノのインターネット化 (IoT) など新しい概念が登場し、技術の展開はとどまるところを知らない。

(4)　もっとも、山下和茂「著作権行政をめぐる最新の動向について」コピライト583号2頁 (2009年) のように、近年の技術変化は、著作権法のパラダイム変換を要求するようなものではないとの見方も存在する。

(5)　文化審議会著作権分科会法制・基本問題小委員会　平成27年度　第１回（2015年6月23日）資料3「第15期　文化審議会　著作権分科会　法制・基本問題小委員会における当面の検討課題について（案）」より。また、上記④の課題に関して、「新たな時代のニーズに的確に対応した制度等の整備に関するワーキングチーム」が法制・基本問題小委員会に設置されている。

適法にするという政策を実現しようとしたとしよう。このとき、新たに権利制限規定を設けるべきか、設けるとして補償金を要するのか、要するとして補償金について集中管理制度を構築すべきか、するとしてどのように構築すべきか、そもそも権利制限ではなく集中許諾制度の整備を行うべきなのか、あるいは、いわゆるライセンス優先型の権利制限規定（後述）が望ましいのか。我々は、これらの問いに答える前提としての、論点整理の共通認識すら持ち合わせてはいないのである。

　もちろん、我々は座視するのみでなく、答えを得ようとすでに数多くの試みを始めている[7]。本稿は、その中にあって、著作権法を設計する際にありうる制度の選択肢を示すとともに、それらを選択する基準を示すことを試みるものである。本稿で取り上げる各制度そのものについてはそれを紹介し個別に論ずる多数の論稿がすでに存在するが、本稿の特徴は、それらが円滑な著作権取引秩序を形成するための選択肢として存在しているという視点により、整理を試みていることにあるといえるだろう。

　本稿では、まずIIにおいて、著作権法の基本設計を明らかにすることを試みる。著作権法が採用している支分権主義、事前許諾の原則について概観したうえで、取引環境の変化によりその暗黙の前提が崩れてきていること、したがって、著作権法に見直しの必要性が生じてきていることを概観する。特に重要な点として、経済的利用を伴わない著作物の形式的利用に権利が及ぶ場合が増えていること、事前許諾の原則を貫徹すると著作物の利用が著しく滞るリスクが増したこと、著作物の流通形態や課金形態の多様化が進んでいることなどについて議論する。そのうえで、IIIにおいて、権利制限規定は、従来は個別的に生じた上記の原則に基づく不都合を是正する役割を担ってきたが、取引環境の変化によって、それが必要な場面が広範になってきていることを指摘する。権利制限の役割をいくつかの類型に分け、どのような場合に権利制限が必要とされるのかの実体面を考察する。そのうえで、いわゆるルール・スタンダード論を参照して、それをどのような形式で立法するのが望ましいのかにも言及する。

---

(6) 以下の例は、文化審議会著作権分科会法制・基本問題小委員会　平成27年度　第4回及び第5回における議論を参考にしたものである。同第4回資料1「第4回法制・基本問題小委員会における教育の情報化の推進に関する論点（案）」を参照。

(7) そのすべてを紹介することはできないが、本論文中に引用した文献はすべてそのような取り組みの一つであるといえる。

◇第Ⅰ部◇　権利の内容・制限と利用許諾

　そして、Ⅳにおいては、自由使用を許す権利制限には取引費用ゆえに許諾が進まない問題を解決する機能があるところ、問題を解決するには自由使用以外の多様な選択肢があることを示す。具体的に、集中許諾、法定許諾、強制許諾について検討し、それぞれの利害得失について考察を加える。また、制度選択に当たっては、権利者及び利用者に一定の行為の履践を行うインセンティブを課す仕組みを積極的に導入することで、取引費用の削減を図るという手段があることも明らかにする。さらに、Ⅴにおいて著作権侵害に対して刑事罰を科すことの意義について考察する。必ずしも事前に許諾を得ずに著作物を利用することが常態化しうる新しい秩序の下においては、すべての著作権侵害に刑罰を科すことは相当ではないことを指摘する。最後に、Ⅵにおいて議論を総括し、本稿が明らかにしたことをまとめる。

Ⅱ　著作権法の基本設計

1　著作権法の基本的仕組み
(1)　権利の対象行為の個別的指定

　著作権法のもとでは、著作権者は著作物を排他的に支配できるのが原則といえるが、著作物を使用する行為のうち、著作権者が専有できる行為はそのごく一部にすぎない。著作権者が専有する以外の著作物を使用する行為は、他の者も自由に行うことができる。日本の著作権法では、著作権者は、財産権としての著作権として、複製権、演奏権、公衆送信権、譲渡権などの支分権を有しており、これらの個別的な行為を排他的に専有することができる。一方、これらの行為以外の著作物を使用する行為は、著作権の対象とはならず、また、30条以下に多数置かれた権利制限規定に列挙された行為も著作権の対象とはならない。

　支分権該当行為は、大きく分けて複製、公衆への提示、公衆への提供の3つに分類することができる[8]。それらの行為が持つ意義は、さしあたり次のように説明できる。すなわち、複製とは、著作物を有形的に再製することであり、著作物を化体する有体物を新たに生み出す行為がその典型である。伝統的には、著作物は書物などのパッケージメディアとして流通するのが通常であり、

---

(8)　上野達弘「著作権法における侵害要件の再構成(1)」知的財産法政策学研究41号(2013年)48頁。

◆第 2 章 ◆ 著作権法の設計［前田　健］

それを新たに生み出す行為は、著作権者の利益にかかわる最も中核的な行為ともいえる。したがって、歴史的に著作権法は複製権を中心に構築されてきていて[9]、この状況をして、複製権中心主義と呼ぶ論者もいる[10]。公衆への提示に関する権利は、上演権、演奏権、上映権、公衆送信権などがこれに含まれる。これらの行為は、パッケージメディアによらずに著作物を消費者のもとに届ける行為と位置付けることができる（ただし、重大な例外を含む[11]）。また、公衆への提供は、パッケージメディアを流通させる行為を著作権者に専有させるものであると理解することができる[12]。

　それでは、上記のような意味を持つこれらの行為のみが著作権者の専有に置かれるとされた理由はどこにあるといえるのだろうか。そもそも、財産権としての著作権を付与することの目的は、創作のインセンティブを確保することであるというのが、帰結主義的視点からの著作権法の説明である[13]。著作権者に著作物の経済的利用を独占させ、著作物から創作のインセンティブ確保に十分な利潤を得させるというのが知的財産法の基本的発想である。たとえば、複製行為が著作権により専有の対象とされているのは著作物の経済的価値を利用する行為の典型だからであると説明できるだろう

---

(9) 中山信弘『著作権法（第 2 版）』（有斐閣、2014 年）247 頁は、技術の発展とともに新たな著作権法システムへの移行がありうるとしつつ、copyright という言葉が示すように、歴史的には複製権が最も重要であった旨を指摘している。

(10) 批判的な文脈でこのことに言及するものとして、田村・前掲注(1)64-72 頁。また、アメリカ著作権法についてこれを指摘するものとして、Litman, Digital Copyright, *supra* note (1), 177-178 参照。

(11) 公衆送信権については微妙である。放送及び有線放送はそのような行為と位置付けて問題はないと思われる。一方で、自動公衆送信については、インターネットでブラウズするだけのような状況を想定すればそのような位置づけが可能だが、ファイルをダウンロードして手元に置く事態を考えると、むしろパッケージメディアを手元に届ける行為である。このような意味で日本の著作権法は、その実質的位置づけが一様でない行為が同一の権利に混在しているといういびつな状況にあることには注意を要する。

(12) ただし、頒布権の対象となる映画は最終的に上映という形で費消されることを伝統的には想定されていたものである。したがって、頒布権については、パッケージメディアを流通させる行為というよりは、公衆へ提示するための道具を流通させる行為と位置付けられることになる。

(13) スティーブン・シャベル、田中亘・飯田高（訳）『法と経済学』（日本経済新聞社、2010 年）157-165 頁、William M. Landes, Richard A. Posner, The Economic Structure of Intellectual Property Law (2003) など。

◇第Ⅰ部◇　権利の内容・制限と利用許諾

　このことを前提に突き詰めていくと、すべての著作物を経済的に利用する行為を著作権者の専有に置くという設計を考えることも可能である。しかし、著作権法では、著作物の経済的価値を利用する行為一般を権利者が専有できるという設計は現実にはとられていない。支分権該当行為以外にも著作物を経済的に利用する行為は様々に想定できるが、それらを一般的に権利の対象とする方策は取られていないのである。一方、同じ創作法でも、特許法は「業としての特許発明の実施」と、およそ発明を経済的に利用する行為を一般的に特許権者の専有に置くという規定の仕方をしている（特許法69条、2条3項参照）[14]。

　しかしながら、上述の特許法と著作権法の差異は、特許権が著作権と比べてより強力な保護を権利者に与えることを必ずしも意味するものではない。たとえば、著作権法では、購入した書籍を読書する行為は、支分権の対象となっていないので著作権の侵害には当たらないが、特許法でも、購入した特許製品を業として使用する行為は、業としての特許発明の実施にあたるが、消尽法理により特許権の侵害にはあたらないのである[15]。このように、（少なくともこの点においては、）特許法と著作権法で法の設計の仕方が異なるだけで、実質的な規律内容に違いがあるわけではないのである。

　以上の分析によれば、著作権法は、規制内容を実現する手段として、支分権主義及び個別的な権利制限規定により、権利の対象行為を個別的に指定するという選択肢を選んだことに特徴があるといえる。著作権法は、予めの利益衡量の結果として、著作物を経済的に利用する行為のうち一定のもののみを権利の対象に個別的に指定しているということに、法設計上の一つの特徴があるといえるだろう。

---

[14]　特許法2条3項各号は、実施の定義を置くが、方法の発明についてはそれを使用することなど比較的簡素な定義である。そして、2条3項にいう「使用」は、発明の目的を達するような方法で用いることを指すという規範的な解釈が一般的である（中山信弘『特許法（第2版）』（弘文堂、2012年）315頁、高林龍『標準特許法（第5版）』（有斐閣、2013年）96頁参照）。大阪地判平成18年7月20日判時1968号164頁も参照。また、「生産」について規範的な判断を下した近時の裁判例として、知財高判平成27年11月12日判時2287号91頁〔生海苔異物分離除去装置における生海苔の共回り防止装置〕がある。

[15]　最判平成19年11月8日民集61巻8号2989頁参照。

(2) 事前許諾の原則と取引の代替としての権利制限

　著作権法のもう一つの特徴は、特許法など他の知的財産法と同じく、著作物の利用を望むものは、事前に権利者から個別に許諾を得る必要があるとされている点である。著作権法 63 条はこの原則の表れの一つといえ、この原則は著作法において広く前提とされている。著作権法のもとでは、先に利用を始めて後から許諾を得るということは原則できないし、著作権者が現れるまでの間は暫定的に利用を続けるということも原則できない。社会慣習などにより黙示的に利用が許されるという事態も、黙示の許諾など契約法の原則を超えては、許容されないのが原則である[16]。

　しかし、現行の著作権法の下でも、事前許諾の原則には重大な例外が設けられている。それが無償又は有償の権利制限規定の存在である。著作権法 30 条以下の「著作権の制限」は、自由使用または法定許諾[17]のいずれかに整理することができ、利用者は法律により利用権限を得て、事前の許諾なく著作物を利用することができることになる。

　もっとも、無償の権利制限規定は、ある特定の態様における著作物の利用が、著作権者の専有におかれるものなのか、パブリックドメインにおかれ誰でも自由にできるものなのかを振り分ける役割であるという見方をすることができる場合もある。このように権利制限規定を位置付ける場合、支分権から初めから除く場合と実質的な違いはない[18]。

　他方で、権利制限規定の中には、いったん権利者に割り振られた特定の態様における著作物の利用について他人に利用を許諾するという、取引を代替する役割も担っていると理解した方が適切なものもある。前者との違いはフレーミングの違いに過ぎない部分もあるが、取引当事者の思考枠組みとしてこの区別

---

[16] もっとも、この点に関しては、後述の「寛容的利用」の存在を忘れてはならない（Ⅲ 2(2)②）。公式には認知されないが、事実上侵害責任を問われることのない一定の範囲の利用が存在すると指摘されている（Tim Wu, *Tolerated Use*, 31 Colum. J. L. & Arts 617 (2008)）。

[17] 国際著作権条約上の概念整理においては、「自由使用（Free Use）」とは、特定の場合に、許諾を得ることなくかつ無料で、著作物を利用することができる制度。」であり、「法定許諾（Statutory License）」とは、「特定の場合に、権利者への事前の通報を行うことなく、著作権使用料を支払うことによって、法律が許諾を与えることで、著作物を利用することができる制度。」と整理されている（http://www.mext.go.jp/b_menu/shingi/bunka/gijiroku/014/05070101/003_1.htm 参照）。

[18] 訴訟になった時の証明責任の違いはあるかもしれない。

◇第Ⅰ部◇　権利の内容・制限と利用許諾

は有益な場合もあるだろう。このように位置付けたときの権利制限規定は、無償又は有償の、法律により与えられる利用許諾と見ることができるのである。

2　取引環境の変化と暗黙の前提の崩壊

しかし、近年のデジタル化・ネットワーク化の進行に伴う著作権の取引環境の変化は、この従来の枠組みの前提を揺るがしているといえる[19]。具体的には、下記の3点を指摘することができる。

(1) 支分権該当行為の意味の変質

第一に、取引環境の変化は、支分権該当行為の意味の変質をもたらしている[20]。従来の著作権法の基本的構造では、支分権該当行為として、一連の取引の流れの中における著作物を経済的に利用する行為のうち、ごく一部のみを対象としてきた。これにより、たとえば「複製」すべてに網をかけることに不都合が生じる場合には、それに必要な微修正を個別に加えることで、当事者間の利害のバランスが保たれていた。

しかし、まず、支分権該当行為の中に、そもそも著作物を経済的に利用するとは評価できない行為が増えていることが指摘できる。たとえば、複製は、従来はパッケージメディアを再製することであり、流通の枢要な前段階行為であった。しかし、現在では著作物の複製は、コンピューター上で技術的な処理の過程で起こる複製など著作物自体の経済的な利用を伴わない行為に付随する場合も多い。また、著作物を単に享受するという従来では支分権の対象にならない行為に複製が付随するという事態も珍しくない。情報通信技術の発展・コンピューターの普及等によって新たに立法時には予想しえなかった事態が生じ、支分権該当行為が有していた社会的意味が変動したと言えよう。

---

[19] 田中辰雄「ぼくのかんがえたさいきょうのちょさくけんせいど──新しい方式主義の構想」本書所収第1章。(以下、本書田中第一論文として言及)も類似の問題意識を提示している。

[20] 主にフェア・ユース導入論などにおいて、従来の権利制限規定では侵害となってしまうが、実質的には侵害とすべきでない事態が多発している実情が指摘されている。代表的なものとして、上野達弘「著作権法における権利制限規定の再検討──日本版フェア・ユースの可能性」コピライト560号(2007年)2頁。また、潮海久雄「サーチエンジンにおける著作権侵害主体・フェアユースの法理の変容」筑波法政46号(2009年)24頁は、デジタル通信では著作物の利用の実態が多様化し、いたるところで複製・送信が行われていると指摘している。

◆ 第2章 ◆ 著作権法の設計［前田　健］

次に、著作物の軽微な経済的利用を伴う活動が増加したことも指摘できる。従来も、表現活動、言論活動を行う際に他人の著作物の経済的利用がわずかながらおきてしまうことはあり、そのため、引用（32条）、授業の過程における使用（35条）、時事の事件の報道のための利用（41条）などの権利制限規定が置かれてきた。また、個人が行う表現活動は、私的使用の例外（30条）、22条以下における「公衆」要件の存在により、個別の権利制限規定を置く必要はなかった。しかし、インターネット上での表現が増え、まさに「万人が出版者になる時代」[21]となり、立法当初に比較して表現の多様性は増大した[22]。このため、他人の著作物に対して支分権該当行為を行ってしまう機会は飛躍的に増大したのである。

最後に、著作物を享受するプラットフォームが多様化し、可能な著作物の流通の形態と課金の形態が多様化したことがあげられる。1970年当時にあっては、言語の著作物を享受する手段は書籍を購入しそれを読むことであり、音楽の著作物を享受する手段は購入したレコードをかけることというように、単調なルートしか存在しなかった。最初にお金を払ってそれを「購入」すれば、その後の行為は自由にできるという形で均衡が成立していた。しかし、現代では、たとえば書物一つをとっても、紙媒体、電子媒体が多様に存在し、それぞれは場合によっては、一種「別の」存在としてとらえられることになる。たとえば、紙の本を買えばそれを電車の中で読もうが家で読もうが支分権該当行為を伴わず自由にできるが、家で読むために買った本を電車の中で読むため電子化して持ち運ぶことは、支分権該当行為を伴い、別途、許諾をとらないと（課金しないと）できないことかもしれない。従来は、無制限にできた購入した著作物の享受は、便利さを享受するためにそれを現代的な形態で行おうとすると、著作権侵害の可能性を考慮しなければならなくなった。権利者から見れば、従来は売り渡して終わりだったものが、多様な課金形態の可能性を広げている。

(2) 権利者の態度の多様化

第二に、権利者の著作権行使に対する態度の多様化が指摘できる[23]。上述の

---

(21)　中山信弘『マルチメディアと著作権』（岩波書店、1996年）95頁。
(22)　伝統的な言論の発表方法は、文章による出版それのみとも言えたであろう。しかし、現在では、ネット上で文章による発信はもちろん、絵画、漫画、写真、音楽、動画などを適宜組み合わせ、多様な表現形式による自己発信が可能になっている。

◇第Ⅰ部◇　権利の内容・制限と利用許諾

通り、支分権該当行為の意味の変質により、著作権者の許諾を得なければ行うことのできない行為の数は飛躍的に増大した。そのため、伝統的な作家、芸術家などの「プロ」が有する権利に限っても、権利行使への関心の程度は多様化している。誤解を恐れず具体例をあげれば、かつては著作権の行使をする相手も「プロ」であってその機会も限られていた。しかし、たとえば、出版社は、小説の出版、映画化などには熱心に権利行使をしようとするが、ネット上での軽微な利用、新たなビジネスモデルにおける利用には熱心に対応しようとはしないし、それらの利用のための集中許諾制度を整備するインセンティブも持たない傾向があるように思われる。このことに加え、「プロ」ではない一般人が著作権者となる機会及びその著作物を利用する機会も増大していることが拍車をかけている。

　権利行使に無関心な権利者の増大は、いわゆる「孤児著作物」（権利者不明著作物）の問題を悪化させている[24]。このような変化は、事前許諾の原則の前提とされていた状況の変化であると位置づけることができよう。

(3) 複雑怪奇な規定

　第三に、著作権法が複雑かつ直観に反する規定群となってしまっていることがあげられる[25]。少なくとも、そのような感想を抱かせる原因となる、次のよ

---

[23] 田村・前掲注(1)72頁以下は、権利行使に無関心な権利者の著作物が占める割合が飛躍的に増大していると指摘している。

[24] 菱沼剛『孤児著作物問題の研究──既存規範の動態的な分析と新規範の確立に向けての可能性』（成文堂、2011年）10-12頁は、孤児著作物（権利者不明著作物）の発生の原因として、権利者の身元・所在を困難にする事情（無方式主義・時間による権利者状況が変化すること・権利帰属情報の情報源が不足していること）に加えて、情報技術の進歩による、著作物の増大、一般人による著作物利用行為の増大を指摘している。

[25] アメリカの著作権法についてではあるが、Litman「著作権リフォーム」知的財産法政策学研究39号（2012年）22頁は、著作権法には専門家にしか区別できない無意味な違いにあふれており、反直感的であることを指摘する。Litmanはこの状況を皮肉たっぷりに「著作権法を専門とする法律家は、現行の制度のもつ密教的な部分が大好きである。実質上意味のない違いをうまく区別することができるようになって初めて、神聖なる著作権法専門家の仲間入りをすることができるのである。Copyright lawyers have great affection for the arcane bits of the current system. Knowing how to navigate distinctions that make no apparent sense proves our membership in a priestly class of copyright-knowers.」（原文34頁）と表現している。Litmanはその原因を、著作権についてのロビイストとの交渉が難航する著作権法の立法プロセスに求めている（同・38号

うな事実は指摘できるだろう。

　著作権法の規定は、一般規定型の規定は少なく、個別規定型の規定が多数を占めている。たとえば、著作権の対象となる行為は、支分権により個別に指定され（21条─28条）、各行為の内容についても詳細に定義が置かれている（2条1項7号の2、9号の5、15号-19号など）。特許法において、「実施」とされるのみでその定義も簡素であり、かつ、その意義が規範的に解釈される文化がある[26]のと比較すると対照的である。また、30条以下の権利制限規定は多くが長文で極めて詳細に要件が定められている。

　それでも、立法当初は、支分権該当行為は、著作物を経済的に利用する行為と対応しており、権利制限規定も当時の技術的環境からは何を意図した規定か理解するのは難しいことではなかったのかもしれない。しかし、取引環境の変化により規定が実質的に持つ意味が変遷し、しかも、それを修正するために数多くの改正が施された結果として、著作権法は専門家にとってさえ極めて分かりにくいものとなってしまった。

3　総括──見直しの必要性

　著作権法は、著作物を使用する行為のうち一部のみを、個別的に著作権者に専有させている。ある行為を著作権者に専有させるかどうかは、その行為が著作物の経済的利用行為であり、かつ、著作物の通常の流通形態や課金形態に照らして、著作権者に支配させるのにふさわしい点であるかということに基づき決められてきたといえる。このようにして認められた支分権を基本に、上記の基本的観点からずれる部分は権利制限で微修正を加え、また、利用者に利用を許したいときには、事前に当事者が合意を行うことを要求しつつ、個別に権利制限規定を置くことで取引を代替させる場合もある、という枠組みにより設計されているということができよう。

　しかし、すでにみたように、この枠組みの前提となっていた事実に変化が生じてきている。

　第一に、支分権該当行為が有する意味が変化し、著作物を経済的に利用しない行為も支分権の対象となる事態が増加している。著作権のそもそもの意義に

　〔2012年〕181頁以下、同39号〔2012年〕22頁以下参照）。日本の著作権法も立法プロセスに同じ問題を抱えていることが指摘されている（田村・前掲注(1)）。

[26]　前掲注(14)参照。

◇第Ⅰ部◇　権利の内容・制限と利用許諾

照らせば、著作物を経済的に利用しない行為を著作権者に専有させることを正当化することはできない。この事態の直接的かつ抜本的な解決方法として第一に考えられるのは、統一的な著作物の経済的利用権を設けることであり、著作権の権利の内容を、その正当化根拠を直接に反映させる形の改正を行うことである[27]。特許法における「実施」のような統一的な「利用」概念をもって法律を再構成することも検討されてしかるべきである。一方で、これは理論的には魅力的だが、権利の不当な拡大につながるという誤解を払拭することは相当の困難が予測されることや現場への混乱を与えることを懸念すれば、立法論としても適切でないという批判はありうるであろう。だとすると、よりマイルドな解決策としては、複製、上演、演奏などの各支分権該当行為の大枠は維持しつつ対処することになるだろう[28]。もっとも簡単なのは、著作物の経済的価値を利用していない行為は、著作物の法定の利用行為には該当しないとの解釈論を採用することである[29]。ただ、「複製」などの概念を形式的に解釈する慣行が確立しているように思われる著作権法にあっては、今さらそのような解釈論を導入するのは難しいかもしれない[30]。そうであれば、権利制限規定の新設により、

---

[27]　Litman「著作権リフォーム」知的財産法政策学研究39号（2012年）36頁以下参照。同論文は、統一的な著作物の商業利用権（Unitary Commercial Exploitation Right）について検討している。本稿でいう経済的な利用とLitmanのいう商業利用とは別の概念ではあるが、統一的な利用権を検討している点では共通する。

[28]　一方で、現行の支分権規定に全く手を入れる必要がないとまでは思われない。見通しの良いものに整理するために、複製、公衆への提示、公衆への提供という枠組みに従って、既存の支分権を整理すること（具体的には公衆送信権の整理、上演、演奏、口述、展示などの整理統合、頒布権と譲渡権・貸与権の関係の整理）は行った方がよいように思う。

[29]　ベルヌ条約8条以下では、複製、上演、演奏、放送、公の伝達、朗読、上映、翻訳、翻案、映画化といった行為を許諾する排他的権利を著作権者に付与しなければならないとされている。一方で、第9条(2)はいわゆるスリー・ステップ・テストを定め、特別の場合に、著作物の通常の利用を妨げず、著作者の正当な利益を不当に害しない時には、著作物の複製を認める権能を留保できる。経済的利用の伴わない複製をそもそも複製権の対象から外すことは、これにより許容されるように思われる。TRIPs協定13条も参照すれば、すべての支分権につきそのような扱いが可能であり、ひいては、統一的な経済的利用権を設けることも条約適合性はクリアできると考えられる。

[30]　前述のように（前掲注(14)）、特許法においては「実施」の概念を規範的に解釈する文化が存在するが、著作権法ではそうではないように思われる。確かに、著作権法においても例えば、「複製」の概念をより規範的に解釈すべきだとの主張はみられ、（中山・前掲注(9)250頁）理論的にはこのような立場を採用することに障害はないと考えられる。

そのような行為が一般的に著作権の対象から外れるような措置を講ずることが望ましいと考えられる。47条の5以下の権利制限規定の新設は、この事態への対処の一例といえようが、それではまだ事態の抜本的解決には到底届かないと言えよう。

次に、著作物の流通形態や課金形態が多様化したことによっても、支分権該当行為の持つ意味が変質してきているといえる。従来は、著作物の経済的な利用行為のうち、たとえば複製のみを専有させ、読書行為は専有させないということにさしたる異論がなかったものが、なぜこの行為は著作権者に専有させ、なぜこの行為は利用者の自由におくのかということの合理性の基礎に変化が生じているといえる。これについても、支分権として何を設けるかということをゼロベースで再検討することが抜本的な解決策ともいえようが、現状を尊重するなら、権利制限規定の見直しという形で解決されることが望まれることになる。

さらに、これらの問題を解決したとしても、著作物を利用するには、事前に権利者から許諾を得ることを原則とし、特別な場合にのみ権利制限規定を置くことで取引を代替させるという枠組みについても見直しをせざるを得ない変化が生じてきている。これは、著作権は絶対的な排他権だという原則をより柔軟に解する必要性が増しているのだと表現することもできよう。権利者の態度の多様化、著作物の軽微な利用を伴う活動の増加・多様化により、著作物の取引環境は変化し、著作物の取引費用は相対的に増加の一途をたどっている。従来は、個別に権利制限（自由使用）を認めることでこれに対処してきたが、より多くの、そして多様な例外を、積極的に認める必要性が増していると言えよう。当事者間が合理的かつ取引費用ゼロであれば望むはずの合意を成立させ利用の円滑化を図るためには、権利者と利用者間の取引費用を大幅に下げる制度を用意する必要がある。その選択肢は、①無償の権利制限（自由使用）はもちろん、②有償の権利制限（法定許諾、強制許諾）、③自発的集中許諾、拡大集中許諾その他の集中許諾制度の整備など、多様なものがある。これらの手段は、条約の存在によりフリーハンドで政策設計できるとまではいえないものの[31]、柔軟に検

一方で、たとえば、電子計算機における著作物の利用に伴う複製についての例外（47条の8）が設けられたのは、著作物の経済的利用を伴わない一時的蓄積は複製とは解釈しないという立場は取らず、いったんは複製にあたると解釈したうえで権利制限規定を設けるという立場を現行法が取っているからだとも解される（中山・前掲注(9)251頁）。

◇第Ⅰ部◇　権利の内容・制限と利用許諾

討の対象とすることが可能だし望まれると言えよう[32]。また、権利行使に無関心な権利者の問題を解決するため、権利者に取引費用の低下に協力するインセンティブを与える仕組みの整備も選択肢に入ってくる[33]。権利濫用法理などによる救済制限、オプト・アウト型の強制許諾（拡大集中許諾、裁定など）、登録制度、ライセンス優先型の権利制限規定の創設なども、検討の視野に入れる必要があるだろう。

　このような見直しは、望ましい著作権法を設計するための試みである。そして、それと同時に、これらの作業を通じて、複雑怪奇な規定群の著作権法は見通しの良いものへと変わっていき、自ずと関係者にとってわかりやすい規定へと変わっていくことが期待される。なぜなら、背景にある理念が明確であり体系的に整備された法律は、必然的にわかりやすいものとなるはずだからである。

Ⅲ　著作権の権利制限規定の設計

1　権利制限の必要性とその類型

　現在の支分権主義をさしあたり前提にしたときに、いかなるときに著作権の権利制限規定は設けられるべきであろうか。近時のフェア・ユース導入論に際しては、権利制限の立法形式に焦点が当たることが多いが、そもそもどのようなときに著作権を制限することが望ましいのかという議論を抜きにしてこれを語ることはできない。本節ではまず1において権利制限を設けることが望ましいのはいかなる場合かについて論じ、それを前提に2において権利制限の立法

---

[31]　ベルヌ条約では、著作権は排他権であることを原則としている（たとえば、第9条(1)は、複製を許諾する排他的権利を享有すると規定する。）。また、保護について無方式主義が定められている（第5条(2)）。これらの原則に修正を加え、自由使用、法定許諾、強制許諾を認めること、あるいは方式の履行を一定の場合に要求することは、すべて著作権の制限となると考えられる。したがって、スリー・ステップ・テスト（ベルヌ条約9条(2)、TRIPs協定13条など）をクリアできる範囲で、制度設計をしなければならない。

[32]　上野達弘「著作権法における権利の在り方──制度論のメニュー」コピライト650号（2015年）2頁は、著作権法上の権利にも様々な在り方があるとし、報酬請求権化は過渡的な「排他権のやむを得ない擬制」ではなく、排他権にこだわる必要性はないことを指摘している。差止請求可能な排他権型（Ⅰ型）以外にも、金銭支払請求のみ可能なⅡ型、オプトアウト可能なⅢ型といった権利の構成もあることを指摘する。

[33]　田村・前掲注(1)132頁以下は、保護を欲する者に何らかの手続を履践することを要求する「オプト・イン」方式への移行を提案している。詳細は本稿Ⅳ3を参照。

94

形式の在り方を論ずる。

　以下で検討するように、本論文は、権利制限（Ⅲでは、著作権者に報酬請求権等が一切発生しない「自由使用」のみを念頭に置く）を置くことが望ましい場合として、以下の3つの場合を指摘できると考えている。すなわち、①経済的利用がないことによる権利制限、②取引費用のため成立しない利用許諾を代替するものとしての権利制限、③「消尽」としての権利制限である。③は（整理の仕方によっては①も）②の中の特殊な一類型と位置付けることもでき、一般的には、権利制限は、取引費用のため著作物の取引が進まない問題を解決する手段の一つであるということができる。以下、詳述する。

(1) 経済的利用がないことによる権利制限[34]

　形式的には支分権該当行為に該当するが、実質的には著作物の経済的価値の利用がない場合、著作権者の排他的支配の対象から除外すべきと考えられる。著作権の帰結主義的観点からの正当化根拠からすれば、経済的に著作物を利用する行為ではない行為は、それを専有させても著作権者の創作のインセンティブにつながらないので、著作権者に専有させるべき理由がないといえる。このような行為の少なくとも一部は現行規定の解釈においても支分権該当行為にあたらないと解釈する余地もあるが、著作権法の形式的解釈が優勢で、かつ、支分権該当行為の社会的意味が変質する中、この類型の権利制限規定の必要性は増大していえるといえるだろう。

　このような趣旨の権利制限として典型的なものが、平成22年度に文化審議会著作権分科会の報告書において、権利制限の一般規定の対象とすることが適当であるとされた、C類型の利用に対する権利制限といえる[35]。C類型の利用とは、「著作物の表現を享受しない利用」であり、「著作物の種類及び用途並びにその利用の目的及び態様に照らして、当該著作物の表現を知覚することを通じてこれを享受するための利用とは評価されない利用」である。著作物とは、

---

[34] なお、前田健「著作権の間接侵害論と私的な利用に関する権利制限の意義についての考察」知的財産法政策学研究40号（2012年）193頁以下では、権利制限を2つに分類している。その中で、2類型に分ける前に、利用行為に形式的に該当しても実際には利用と関係ない行為についてする権利制限という類型に言及している（195頁）が、本論文の言う第一番目の類型はこれと対応する概念である。

[35] 文化審議会著作権分科会「文化審議会著作権分科会　報告書　平成23年1月」（2011年）49頁。

◇第Ⅰ部◇　権利の内容・制限と利用許諾

その表現を知覚することを通じてこれを享受することが主たる機能であり[36]、そこに経済的価値の中核があるといえる。したがって「著作物の表現を享受しない利用」は、著作物の経済的な利用を伴わない利用行為を、一般的に、著作権の対象から除外することを企図した権利制限であると理解することができよう[37]。

　C類型の利用に対応する一般的権利制限は結局立法されなかった。しかし、現行法においても、ここに正当化根拠があると考えられる権利制限規定は多数存在する。47条の5（送信の障害の防止等のための複製）、47条の6（送信可能化された情報の送信元識別符号の検索等のための複製等）のうちの結果の提供以外の部分、47条の7（情報解析のための複製等）及び47条の8（電子計算機における著作物の利用に伴う複製）、47条の9（情報通信技術を利用した情報提供の準備に必要な情報処理のための利用）は、いずれもその例であると位置づけられる[38]。これら

---

[36] 著作物とはそもそも何かということについて、確立した理解が共通認識として存在するわけではないかもしれない。ただ、横山久芳「翻案権侵害の判断基準の検討」コピライト609号（2012年）8頁は、著作物の機能は、その表現に表れた著作者の創作性を受け手に伝達することにあり、著作物というものは、その受け手がその創作性を感得し、鑑賞の対象となり得るような性格を備えていなければならない旨述べており、その趣旨は、本文において筆者が述べることと共通するものと思われる。

[37] この点に関し、前掲注(35)平成23年報告書は、「著作権法は、基本的には表現の享受行為と複製等の行為とが密接不可分の関係にあるとの前提に立って権利の及ぶ範囲を想定していたものと考えられるところ、デジタル化・ネットワーク化の進展に伴い、その前提に変容が生じたことにより、著作権法が当初想定していたよりも広い範囲で権利が及びうる状態にある」と評している。

[38] 前掲注(35)平成23年報告書49頁は、47条の5～8について、こうした観点から説明できる部分もあると考えられるとする。文化審議会著作権分科会「文化審議会著作権分科会　報告書　平成21年1月」（2009年）（以下、「平成21年報告書」という）100頁においては、47条の5の対象となる行為に権利制限をみとるべき理由の一つとして、「著作物等の提示や提供自体を目的としていない点を指摘している。また、関連して「著作物等自体を享受することを目的としない」としないものについては権利を及ぼさないこととする必要性について言及している（平成21年報告書101頁）。池村聡『著作権法コンメンタール別冊平成21年改正解説』（勁草書房、2010年）76-77頁も参照。また、47条の6について、平成21年報告書60頁は、正当化根拠として「著作物の提示や提供自体を目的としているものではなく、たいていの場合、著作権者の著作物利用市場と衝突するものではなく、著作権者の利益に悪影響を及ぼさないことが通常である」ことを指摘する。47条の7について、データベースに関する例外が設けられているのは、「既存のビジネスの中で研究開発に必要なデータベース等が有償で提供されているような場合、その他、著作物の性質や利用態様等に応じて著作権者等の利益を害すると考えられ

の権利制限規定において適法とされる著作物の「利用」行為それ自体は、著作物を財として享受するものではないと評価することができ、その行為自体を禁止できないことによって失われる著作権者にとって守られるべき利益は存在しないと評価できるのである。

なお、米国のフェア・ユースにおいても[39]、この類型について適用したと考えられるものが多くある。盗作検出サービスで学生の論文をデータベースに蓄積すること[40]、画像検索エンジンにおける検索のために複製すること[41]、一定の範囲のリバースエンジニアリング[42]、書籍検索サービスのために書籍を複製する

るような場合」があるからである（平成21年報告書89頁、池村・前掲119頁参照。）。逆に言えば、それ以外の場合は、著作物の経済的利用を害さない。47条の8は、平成18年文化審議会著作権分科会報告書において、複製権の重要な趣旨の一つが「利用者にとって著作物等の実質的な価値は視聴等により生じるものであるが、一方で視聴等の行為を排他的権利の対象とすることは現実的ではないことなどから、半永続的に反復継続される視聴等の行為の元栓として、複製行為に関して対価回収機会を設ける」ことにあるとの観点が示されたことを踏まえ、実質的に当該蓄積を「複製物」として利用したと評価するには及ばない程度であれば、そのような蓄積行為を複製権の対象としないことが適切との考えに基づき創設されたものである（平成21年報告書96頁、池村・前掲122-124頁）。47条の8は、経済的利用を全く伴わないか、適法な経済的利用に付随・包含されるような利用には権利を及ぼさないとする権利制限規定といえよう。47条の9は、前掲注(35)平成23年報告書におけるC類型を踏まえた規定である（池村聡・壱貫田剛史『著作権法コンメンタール別冊平成24年改正解説』（勁草書房、2013年）153頁。）。なお、30条の4もC類型を踏まえた規定であるが（池村＝壱貫田・前掲119-120頁）、ごく軽微とはいえ著作物の経済的利用が伴うといえなくもなく、そのため、条文の位置もこの場所になったと考えられる。

[39] 米国のフェア・ユースに関する判例の調査については、奥邨弘司「フェア・ユース再考——平成24年改正を理解するために」コピライト629号（2013年）53頁及び山本隆司・奥邨弘司『フェア・ユースの考え方』（太田出版、2010年）を参考にした。

[40] A. V. v. iParadigms, LLC, 562 F. 3d 630 (4th Cir. Va. 2009).

[41] Perfect 10, Inc. v. Amazon. com, Inc., 508 F.3d 1146, 1168 (9th Cir. 2007)、Kelly v. Arriba Soft Corp., 336 F.3d 811 (9th Cir. 2003) においては、検索結果のサムネイル表示がフェア・ユースにあたると判断された。裁判所は直接判断していないが、おそらく、その前段階である検索そのもののために複製することも適法と考えるのだろうと思われる。サムネイル表示は、軽微とはいえ著作物の経済的利用が伴うものである。それすら適法と判断していることからすれば、経済的利用の伴わないと考えられる検索そのもののための複製は、当然適法となるように思われる。

[42] Sega Enters. v. Accolade, Inc., 977 F.2d 1510 (9th Cir. Cal. 1992), Sony Computer Entertainment, Inc. v. Connectix Corp., 203 F.3d 596 (9th Cir. Cal. 2000).

こと[43]、全文検索を可能にするために図書館が書籍を複製すること[44]がフェア・ユースと判断されている。これらの行為は（検索・リバースエンジニアリングなどは著作物の財としての享受を最終的な目的としていると解する余地もあるが）、少なくとも適法とされた行為自体は著作物を財として享受するものではないと評価できよう。

(2) 利用許諾を代替するものとしての権利制限[45]

(1)の類型は、支分権主義を形式的に貫徹する不都合を修正しているに過ぎないともいえる。実質的な意味で著作権に権利制限をかけるべき最大の理由は、無償で当事者の意思によらない利用許諾を与えるべき場合があるからである。著作物の利用については、事前の交渉によって権利者から許諾を得てから利用すべきなのが原則であるが、それを期待するのが適切でない場合には、法律によって無償の利用許諾を強制的に設定することが適当な場合があると考えられる。このように、市場に任せては取引費用の問題のために利用許諾がすすまないときに、それを強制的に代替させることが、一般的に、権利制限が設けられるべき場合であるといえる。

この議論をさらに敷衍しよう。この点についてはすでに数多くの議論が蓄積されているが、その代表例として「市場の失敗としてのフェア・ユース」の概念を提唱したGordonの議論を挙げることができる。それによると、フェア・ユースの法理が適用されるのは、次の3つが成立する場合であり、(i) 被告が、求める著作物の利用を、市場を通じて適切に購入できない場合、(ii) その利用についてのコントロールを被告に移転させることが公共の利益に資する場合、(iii) 利用の継続を許したときに、著作権者のインセンティブが重大に害されない場合である[46]。ある著作物の利用が問題となったとき、その利用により利用

---

[43] Authors Guild, Inc. v. Google Inc., 954 F. Supp. 2d 282 (S.D.N.Y. 2013). この判決の判断は、2015年10月16日に連邦第二巡回区控訴裁判所の判断により維持された。

[44] Authors Guild, Inc. v. HathiTrust, 755 F.3d 87 (2d Cir. N.Y. 2014).

[45] 前田・前掲注(34)にいう第一類型の権利制限とは、概ねこれに対応する。

[46] Wendy J. Gordon, *Fair Use as Market Failure: A structural and Economic Analysis of the Betamax Case and its Predecessors*, 82 Colum. L. Rev. 1600 (1982) at 1601. また、Gordonは、フェア・ユース適用のための三段階テストとして、①市場を信頼できない理由が表れているか、②被告への移転は価値を最大化するか。これは、被告の社会的貢献と原告の損害を比較して決定される。③フェア・ユースの付与は、重大な損害を与える

者を含めたその他の関係者が総計でたとえば 20 の利益を得て、それにより著作権者が 10 の利益を失うとき、その利用は行われることが望ましい。取引費用がゼロの世界の場合、10〜20 の間の対価が利用者らから著作権者に支払われ、その利用が行われる。しかし、契約の成立に双方で 10 より大きい取引費用が必要だとすると、この利用は社会的に望ましいにもかかわらず、それは行われない。権利制限は、このようなときに、より少ない取引費用で利用許諾を成立させる効果を有するのである。

　Gordon の理論は、その基本的な洞察は広く受け入れられていると思われるが、いくつかの留保ないし説明が必要であろう。

　まず、Gordon のいう(iii)として、権利制限を設けて自由使用を認めるためには、それにより著作権者の市場へのダメージが小さく、創作のインセンティブに対する悪影響が大きくないことが必要である。前述の(1)類型の権利制限は、このダメージがゼロといえる場合に、他の点を考慮するまでもなく権利制限を認めるべきものであると位置づけることができる。創作のインセンティブとアクセス（利用）とはトレードオフの関係にあり、どちらを優先すべきか難しい判断を迫られる場合も少なくない。しかし、著作権者へのダメージが大きい場合には、市場の失敗の問題は、法定許諾などの他の手段によって解決されることが検討されるべきといえるだろう。著作権者への影響が小さくないため自由使用を認めることには躊躇される場合でも、(i)(ii)の必要性は肯定できる場合、後述の様々な著作物利用円滑化策を整備することが考えられる。

　また、(ii)については、その利用を認めることが、権利者の負担を考慮してもなお社会厚生を増大させることと言い換えることができる。このようなときには、本来であれば自由市場を通じてそのような利用は許諾されるはずであるが、取引費用が高い時にはそれが実現されない。(i)も併せて求められるのはそのためである。注意すべきは、(i)はあくまで、利用に関する合意が市場を通じては適切に成立しない点が正当化根拠となるということである。単に利用者が申し込みを行いさえすれば利用許諾が得られる状況が存在すれば十分なわけではない[47]。特にその利用に公益性がある、すなわち利用者以外の者に対して（薄く）

　か。を提唱している（*Id.* at 1626)。

(47) 村井麻衣子「フェア・ユースの市場の失敗理論をめぐって」著作権研究 35 号（2008 年）は、175 頁は、「市場の失敗」という言葉が取引費用の障害により出会うことのできない権利者と利用者というイメージを呼び起こすことに問題があるとして、市場の失

◇第Ⅰ部◇　権利の内容・制限と利用許諾

幅広く便益が生じるような正の外部性がある場合、二当事者間で交渉そのものは容易な状態になることが実現されただけでは、適切な価格で適切な量の許諾が行われることは見込みがたい。実際、権利制限規定のいくつかは、そのような公益性が認められるものについて認められている。31条（図書館等における複製等、図書館の公共的機能）、32条（引用、表現の自由）、35条（教育機関における複製等、教育の公共的機能）、37条、37条の2（障害者等のための複製等、障害者支援の公共的機能）などの具体例を挙げることができる。47条の6において検索結果の表示が適法とされたのも、著作権者へのダメージが極めて軽微なことに加え、情報の所在を知らせることの公益性が加味されているといえるだろう。

そして、公益性がないが、市場の失敗がみられる場合においても、権利制限規定が設けられるべき場合も当然あると考えられる。著作物の利用を主たる目的としない他の行為や適法な著作物の利用に付随する軽微な著作物の利用は、軽微であるがゆえに相対的に取引費用が大変に高く、市場の失敗を解決することは難しいことも多い[48]。そしてそのような軽微な利用が近年増加していると

を2つのカテゴリーに分けることを、Gordon 自身が提案していることを指摘している（Wendy J. Gordon, *Excuse and Justification in the Law of Fair Use: Commodification and Market Perspectives*, in The Commodification of Information 149, N. Elkin-Koren & N. W. Netanel, eds., Kluwer Law International（2002）, Wendy J. Gordon, *Market Failure and Intellectual Property: A Response to Professor Lunney*," 82 Boston University Law Review 1031（2002）.）。また、著作権制度における権利制限規定に関する調査研究会「著作権制度における権利制限規定に関する調査研究報告書（三菱UFJリサーチ＆コンサルティンググループ、2009年）32-35頁〔村井麻衣子〕においても、Gordon の理論に対する修正が紹介されている。同32頁のあげる Loren の議論（Lydia Pallas Loren, *Redefining the Market Failure Approach to Fair Use in an Era of Copyright Permission System*, 5 J. Intell. Prop. L. 1（1997））においては、教育・研究目的などの正の外部性が存在する場合における市場の失敗の存在する場合においては、許諾システムの整備によっては失敗が治癒されないことが指摘されている。

(48)　前掲注(35)平成23年報告書は、権利制限の一般規定を設けることが適当な類型として、前記のC類型のほか、A（著作物の付随的利用）「その著作物の利用を主たる目的としない他の行為に伴い付随的に生ずる当該著作物の利用であり、かつ、その利用が質的又は量的に社会通念上軽微であると評価できるもの」及びB（適法利用の過程における著作物の利用）「適法な著作物の利用を達成しようとする過程において合理的に必要と認められる当該著作物の利用であり、かつ、その利用が質的又は量的に社会通念上軽微であると評価できるもの」を掲げている。ただ、実際にこれに基づき立法化されたのは、A類型については30条の2、B類型については30条の3だが、少なくとも前者については表現の自由という公益的な正当化理由も併せ持っていることには注意が必要であ

の先の指摘に照らせば、権利制限規定による解決が適当なものも当然にあると考えられる。一方で、公益性のない場合には、権利制限規定を設けなくても、集中管理団体の創設や強制許諾の整備等により取引費用を低下させることで解決できる場合も少なくない。特に近年の技術の進歩はライセンス体制整備に関する取引費用を激減させたという側面も有することを考えれば、どの政策手段が最適なのかには慎重な検討を要するだろう[49]。

以上の考察から、たとえば、次のようなケースにおいては自由使用を認めるべきということができるだろう。まず、情報の所在検索サービス、情報の大量分析・解析により得られる知見を提供するサービスを提供することを考えた場合[50]、提供する知見の準備段階における、情報の収集・解析は、当該情報にかかる著作物の経済的利用とは評価できず、一般的に権利制限の対象とすることが正当化できる。一方で、その結果たる知見を提示する際に伴う著作物の利用は、程度は様々であるが経済的な利用であるといわざるを得ない。このときにたとえば、情報の所在の提示や分析・解析結果参照の便宜を図ることを目的として

る。

[49] Tom W. Bell, *Fair Use vs. Fared Use: the Impact of Automated Rights Management on Copyright's Fair Use Doctrine*, 76 N. C. L. Rev 557 (1997) は、権利管理技術の発達によって、著作権者は利用者からお金を取れる範囲が劇的に広がったことにより、従来のフェアユースの適用領域が狭くなったことを指摘する。公益がかかわらない場合（広く薄く外部性が存在する場合ではないとき）は、取引を支援する仕組みを作ることで、取引費用の問題を解決しやすい。American Geophysical Union v. Texaco, 60 F. 3d 913 (2d Cir. 1995)においては、CCC (copyright clearance center) による集中許諾の仕組みが整備されていたことを理由に、企業の図書館における研究目的の科学技術論文の複製は、フェア・ユースにあたらないとされた（同判決の分析については、村井麻衣子「著作権市場の生成と fair use ── Texaco 判決を端緒として(一)」知的財産法政策学研究 6 号 (2005) 155 頁、同「(二・完)」知的財産法政策学研究 7 号 (2005 年) 139 頁を参照。）。ただし、集中許諾の仕組みが整備されていたことは直ちには、市場の失敗が解決されていることを意味しない。特に Texaco 事件の場合は、研究目的なので公益性があることは否めないので、企業と著作権者の交渉では、研究成果のスピルオーバーがあるときにそれらを内部化できていない点で、市場の失敗が生ずる可能性は否定できないのである。一方で、企業の研究開発の場合、研究成果の便益は特許権などを通じて当該企業にほぼ内部化できており、また、CCC が公益的観点も加味しつつ価格設定を適切に行っているなら、市場の失敗は解決されているという余地も十分にあったと思われる。

[50] このようなニーズの存在については、文化審議会著作権分科会法制・基本問題小委員会新たな時代のニーズに的確に対応した制度等の整備に関するワーキングチーム第 2 回資料 1、資料 2、および第 3 回資料 1 を参照。

◇第Ⅰ部◇　権利の内容・制限と利用許諾

いる場合には、利用は軽微でありかつ公益性も認められるとして、権利制限の対象とすることが正当化される場合があるだろう。また、パロディなど他人の著作物を自己の作品の構成要素として利用する行為について権利制限を認めることも、著作権者に与える経済的なダメージは大きくないうえ、表現の自由といった公益性が認められることを根拠に正当化可能であると考えられる。そして、著作物の取引の際に、その内容の参照を可能にするために著作物の利用をすることも正当化する余地がある（すでに一部30条の3、47条の2で可能となっている）。なぜなら、利用の程度が軽微であるうえ、著作権者自身が取引の促進によってむしろ利益を得る側面もあり、取引費用の削減に大いに貢献すると考えられるからである。

(3)「消尽」としての権利制限[51]

最後に、取引を総体として見た時に、その著作物の利用についての対価を著作権者はすでに得ており、その利用については許諾済みとみなせる場合に、自由使用が認められるべき場合があると考えられる。そもそも、単なる著作物の享受が支分権の対象となっていない（これは特許法において発明の使用が権利の対象となっており、購入済みの特許製品の使用は消尽法理により処理されることと対照的である）のは、この観点から説明できる。30条（私的使用のための複製）、38条（営利を目的としない上演）、46条（公開の美術の著作物等の利用）の意義は、この観点から説明できる部分も多い。

この類型の権利制限の意義については、次のように説明できる。たとえば、音楽CDの販売を考えた場合、理論的には、権利者（音楽会社とする）から小売店への販売時に対価を徴収するのみならず、小売店から利用者への販売時にもライセンスを払い、さらに、利用者が利用するときにおいても、1回の視聴ごとにライセンス料を払ったり、プラットフォームの移転時にライセンス料を払ったりというビジネスモデルを考えることができる。しかし、実際には小売店から利用者への譲渡は26条2第2項により権利行使できないし、利用者における利用も、それが支分権該当行為にあたらない（「公衆」の解釈）、30条1項、38条1項の適用によって権利行使することはできない。このような権利制限規定が設けられる理由は、著作物利用の対価は、最初の譲渡時に一括して回収する

---

[51]　前田・前掲注(34)197頁にいう第二類型の権利制限とはこれに対応する。

◆ 第2章 ◆ 著作権法の設計［前田　健］

ことがもっとも効率が良いからである[52]。そのような効率よい取引を行うことを可能にするために権利制限規定等により後続の行為が非侵害となるような手当が設けられるのである。これは、前述の Gordon の述べるフェア・ユースの根拠に即していえば、対価回収の機会はあったので著作権者のダメージはなく(iii)、効率的な取引が推進されることになるので公共の利益に資するといえ(ii)、一括回収システムを契約法の枠組みで実現させるのは取引費用の点から難しいので、権利制限を設ける必要性が肯定されるのである(i)[53]。この観点から言えば、この(3)の類型も(2)のサブカテゴリーの1つにすぎないが、現代においては独立して取り上げる重要性を有しているものと考えている。

　対価の一括回収が望ましいのか、個別課金が望ましいのかは、個々の利用者に対して、その利用に応じた価格差別を実行することが望ましいのかという問題の裏返しである[54]。価格差別とは、同一の財又はサービスについて、異なる

[52] 最判平成14年4月25日民集56巻4号808頁〔中古ゲームソフト事件〕は、消尽の趣旨について、消尽が認められる根拠について、「一般に、商品を譲渡する場合には、譲渡人は目的物について有する権利を譲受人に移転し、譲受人は譲渡人が有していた権利を取得するものであり、著作物又はその複製物が譲渡の目的物として市場での流通に置かれる場合にも、譲受人が当該目的物につき自由に再譲渡をすることができる権利を取得することを前提として、取引行為が行われるものであって、仮に、著作物又はその複製物について譲渡を行う都度著作権者の許諾を要するということになれば、市場における商品の自由な流通が阻害され、著作物又はその複製物の円滑な流通が妨げられて、かえって著作権者自身の利益を害することになるおそれがあり、ひいては「著作者等の権利の保護を図り、もって文化の発展に寄与する」（著作権法一条）という著作権法の目的にも反することになり、……他方、著作権者は、著作物又はその複製物を自ら譲渡するに当たって譲渡代金を取得し、又はその利用を許諾するに当たって使用料を取得することができるのであるから、その代償を確保する機会は保障されているものということができ、著作権者又は許諾を受けた者から譲渡された著作物又はその複製物について、著作権者等が二重に利得を得ることを認める必要性は存在しないからである。」と述べている。この趣旨は、本文で述べるところとほぼ一致するといえるだろう。本論文は、私的使用目的の複製、営利を目的としない上演等などが正当化される根拠の少なくとも一部に、この消尽の趣旨と同じものが妥当すると考えている。

[53] たとえば、本文中の音楽CDの例で、仮にすべての行為に著作権者が著作権を行使できるとしたときに、なお、著作権者が対価を最初の譲渡時に一括して回収することが効率的だと考えたとしても、後続の利用者等に権利を行使しない保証を契約の枠組みで実現しようとすることには多大な取引費用がかかって難しいか不可能であると考えられる。一方で、権利管理技術の発展も考えると、現代では、実はそのようなことも不可能ではないとの立論も成り立ちうる。Bell, *supra* note (49) を参照。

[54] この点については、前田・前掲注(34)198以下で論じた。

103

◇第Ⅰ部◇　権利の内容・制限と利用許諾

消費者に異なる価格を課すことであり[55]、これがどの程度実行可能かは権利制限規定の設計に依存している。たとえば、私的複製がどの範囲で許されるかは、紙媒体・電子媒体での書籍利用に別途の課金が必要なのかなど、異なる利用形態で利用する者に対し価格差別を実行できるかの問題とであると表現することもできる[56]。理論的には、高く課金するグループと安く課金するグループを適切に分離でき、その結果、流通する著作物の量が増えるなら、価格差別を許容した方が望ましく、①高い価格を払ってもいいグループの方が市場が大きい、②グループの間の利潤の差が大きい、③価格の上昇による需要量の減少が緩やかならば、価格差別を実行することにより流通は増えるとされている[57]。従前は、取引の形態が単調であったゆえに、どの流通形態を選択すべきかを正面から議論する必要性は薄かったが、技術の発展により多様な流通の形態を選択することが可能になったことによって、どのような流通形態が望ましいかを議論すべき必要性は増しているものといえよう。

　企業内などにおける軽微な著作物の利用を権利制限の対象と考えるべきか、フォーマット変換・メディア変換・自動翻訳サービスなどにおいてその結果物たる著作物を提示・提供することをどの程度権利制限の対象と考えるべきか、図書館における複製等をどの程度権利制限で処理するか、などにどう対処するかにはこの観点が重要となろう。たとえば、もし、正規に購入した書籍を企業内で少数複製すること、適法に入手済みの動画などをフォーマット変換・メディア変換すること・公衆に無償で提示・提供されている著作物・正規に購入されている著作物を翻訳・変形することは、どこかですでに対価を支払済み（あるいは放棄済み）と評価でき再度の課金を許さない方が望ましいと考えられるのであれば、これらを権利制限の対象とすることが考えられよう。一方で逆に、

---

[55]　価格差別論については、William W. Fisher III, *When Should We Permit Differential Pricing of Information?*, 55 UCLA Law Review 1（2007）を参照。また、文化審議会著作権分科会国際小委員会（平成27年度第2回）資料3-2「価格差別論と権利制限の意義」（前田健）を参照されたい。

[56]　知財高判平成26年10月22日判時2246号92頁は、いわゆる書籍の自炊に対して30条1項は適用されず、それを代行する業者は著作権侵害責任を負うと判断した。この判断により、書籍を販売する権利者は、電子書籍と紙書籍とについて、紙書籍販売により一括課金したとは解されず、それぞれの利用に対し別途に課金することが原則となったといえる。

[57]　Fisher, *supra* note（55）.

たとえば、図書館における複製などについて、無償ではなく別途の課金を可能にした方が書籍の流通をより促進し権利者の利益にも資するということも十分に考えうる。もっとも、そうだとしても、自由使用を認めないことで終わらせるのではなく、法定許諾、強制許諾を組み合わせることで取引費用の節減を図る方策が必要との見解も当然あり得よう。

2 ルール・スタンダードと個別・一般規定
(1) 権利制限規定設計の変数

1の議論を受けて、権利制限規定の設計方法として、どのような規定ぶりとするのが望ましいのかについて検討する。特に、近年のフェア・ユース導入論に関連して、個別規定と一般規定のどちらが望ましいのか、という立論がなされることが多い[58]。この点につき、本論文の立場から検討を加える。

権利制限規定の立法の仕方には、個別規定と一般規定という区別があるとされる。しかし、「個別」規定か「一般」規定かの区別は、権利制限規定の設計における数ある変数のうち、どの部分に着目してそれを述べているのか、必ずしも明らかでない場合も少なくない[59]。そこで、まず分析の視点を明確にしたい。

① 適用状況の特定と利害調整規範の特定

日本の権利制限規定は、いずれも、著作物の利用の目的（引用、私的使用目的）あるいは対象となる支分権を限定的に特定し、それが適用される状況を特定している。そこでどのような利害の対立（引用であれば、著作権と表現の自由）が問

---

[58] この点につき、島並良「権利制限の立法形式」著作権研究35号（2008年）90頁は、本論文でも依拠するいわゆるルール・スタンダード論に照らして、著作権の権利制限の立法形式につき、包括的に論じた論稿である。上野・前掲注(20)、横山久芳「著作権の制限とフェアユースについて」パテント62巻6号（2009年）48頁、島並良「権利制限の一般規定」『知的財産権侵害訴訟の今日的課題 村林隆一先生傘寿記念』（青林書院、2011年）482頁も基本的に、個別規定と一般規定とを対比して、その当否について論ずるものと思われる。

[59] 上野・前掲注(20)21頁では、我が国には個別規定しかないとされており、一般規定として米国のフェア・ユースのような条項が想定されている。このとき、個別規定というのは、私的使用目的、引用などのように適用状況が特定されているかそうでないのか、ということに主に着目しているように思われる。横山・前掲注(58)も同様である。一方、島並・前掲注(58)「一般規定」485頁は、個別規定とはルールであり、一般規定とはスタンダードであるとしている。たとえば、著作権法32条1項において許される引用の範囲は、「引用の目的上正当な範囲」であるが、これは島並の整理では一般規定的であり、上野・横山の整理では、適用状況は特定されている以上個別規定的なのだと思われる。

◇第Ⅰ部◇　権利の内容・制限と利用許諾

題になるのかは、ある程度特定されている。一方で、米国のフェア・ユース[60]は、適用されるべき状況、著作権と対抗する利益が特定されていない[61]。権利制限規定を設計するに際しては、適用状況（どのような利害が対立している状況なのか）をどの程度特定して立法するのかという点が、まず変数となるといえる。

　また、適用状況が特定されているとしても、そこで問題となる利害を調整する規範の特定の程度という変数もある。我が国の著作権法では、報道、批評、研究その他の目的で公表した著作物を利用できる（32条1項）。また、授業の過程における使用を供することを目的として、著作物を複製できる（35条1項）しかし、これらが、具体的にどのような場合に認められるかは、32条1項においては、「公表された著作物」「引用」でなければならないと具体的に特定する部分もある一方、「目的上正当な範囲内」「公正な慣行に合致する」しか特定せず運用に委ねられている部分も大きい。また、35条1項では、利用できる主体、可能な支分権該当行為（複製）について具体的に特定されているものの、許される範囲は、「必要と認められる限度」「著作権者の利益を不当に害する」こととならない範囲と、同じく運用に委ねられている部分が大きい。一方で、著作権法は、送信可能化された情報の検索及び検索結果の提供のために一定の著作物の利用ができるとしているが、その許される範囲については、利用できる主体、

---

(60)　第107条　排他的権利の制限：フェア・ユース

　　　第106条および第106A条の規定にかかわらず、批評、解説、ニュース報道、教授（教室における使用のために複数のコピーを作成する行為を含む）、研究または調査等を目的とする著作権のある著作物のフェア・ユース（コピーまたはレコードへの複製その他第106条に定める手段による使用を含む）は、著作権の侵害とならない。著作物の使用がフェア・ユースとなるか否かを判断する場合に考慮すべき要素は、以下のものを含む。

　　(1) 使用の目的および性質（使用が商業性を有するかまたは非営利的教育目的かを含む）。
　　(2) 著作権のある著作物の性質。
　　(3) 著作権のある著作物全体との関連における使用された部分の量および実質性。
　　(4) 著作権のある著作物の潜在的市場または価値に対する使用の影響。

　　上記のすべての要素を考慮してフェア・ユースが認定された場合、著作物が未発行であるという事実自体は、かかる認定を妨げない。

(61)　米国著作権法の条文を見ると、文言上は、実は日本の著作法32条1項の引用規定程度には適用状況が特定されているとの解釈も不可能ではないように見える。しかし、実際にはあらゆる場面において適用の可能性があるよう運用されている。奥邨・前掲注(39)、山本・奥邨・前掲注(39)参照。

表1：権利制限規定の抽象度のバリエーション

	適用状況の特定	利害調整規範の特定
米国型フェア・ユース 一般規定？	特定なし 著作権 VS それ以外の利益一般	「公正 Fair」な使用 （考慮要素は明示）
英国型フェア・ディーリング 一般規定？柔軟性の高い個別規定？	研究・私的学習目的 研究批評目的など 著作権 VS 教育の公共的意義など	「公正 Fair」利用
32条1項 個別規定（抽象度高）	報道、批評、研究その他 著作権 VS 表現の自由など	具体的部分（「公表された著作物」など）と抽象的な部分（「正当な範囲」など）
47条の6 個別規定（具体度高）	情報の検索 著作権者の創作誘因に影響ゼロ 著作権 VS 情報所在を明らかにする公共的意義	極めて具体的

検索の内容・態様、できる支分権該当行為などを予め条文に具体的に規定することにより定められている（47条の6）。このように、利害調整規範が、条文においてどの程度具体的に予め定められているかという点にバリエーションがありうるのである。

　この点、参考になるのが、英国著作権法において定められているフェア・ディーリングと呼ばれる一連の規定である[62]。英国著作権法では、29条、30条、32条において、「研究」「私的学習」「批判」「評論」「時事報道」「授業」と適用状況は特定するが、利害調整規範を「公正利用 Fair Dealing」とするのみで特定していない[63]。フェア・ディーリングは、適用状況が特定されている点におい

---

[62] フェア・ディーリングについては、前掲注(47)権利制限規定報告書74頁以下が詳しい。
[63] 第29条(1)非商業目的のための研究を目的とする文芸、演劇、音楽又は美術の著作物の公正利用は、その著作物のいずれの著作権をも侵害しない。ただし、十分な出所明示を伴うことを条件とする。
(2)研究又は私的学習を目的とする発行された版の印刷配列の公正利用は、その配列のいずれの著作権をも侵害しない。
第30条(1)当該著作物若しくは他の著作物又は著作物の実演の批評又は評論を目的とする著作物の公正利用は、十分な出所明示を伴うこと及びその著作物が公衆に提供されて

◇第Ⅰ部◇　権利の内容・制限と利用許諾

ては個別規定的だが、利害調整規範が特定されていない点において一般規定的といえる。

② ルール／スタンダード

適用状況や利害調整規範が、法律に詳細に書かれていないということは、実際に適用される規範が立法によって当事者の行動の事前に定められているのではなく、司法等により事後的に定められるということである。この区別が、いわゆるルールとスタンダードの区別である[64]。ルールとスタンダードどちらがよいのかというのは、法内容が明らかになる時点の問題であり、規定がどれだけきめ細かなものか（具体的事案にあてはめた時に、望ましい結論が導かれるか。過剰規制・過少規制がないか）という問題とは区別される問題である（simple vs complex）[65]。通常は、スタンダードはきめ細かであることが期待され、ルールはそうでないことの弊害が強調されることも多いが、それは論理必然ではない。スタンダードの方が望ましいといったときに、それが法内容を事後に決定することが望ましいからなのか、きめ細かであるから望ましいからなのか、いずれに由来するかに注意する必要がある。

ルールとスタンダードには、上の表に示すようなメリット・デメリットがあるとされている。ルールとは事前の法内容形成であり、スタンダードとは事後の法内容形成であるから、事前に法内容を形成する方がよりコストが低くて済むときはその方が望ましいし、事後に法内容を形成することの方がコストが低

いることを条件として、その著作物のいずれの著作権をも侵害しない。
(2)時事の報道を目的とする著作物（写真を除く。）の公正利用は、（第3項に従って）十分な出所明示を伴うことを条件として、その著作物のいずれの著作権をも侵害しない。32条(2A)公衆に提供されている文芸、演劇、音楽又は美術の著作物の著作権は、次に掲げる4つの条件が満たされる場合には、その著作物が授業又は授業の準備の過程において複製されることにより侵害されない。(a)複製が、著作物の公正利用であること。(b)複製が、授業を行う者又は受ける者により行われること。(c)複製が、被写手段を用いて行われないこと。(d)複製が、十分な出所明示を伴うこと。
（和訳はCRICのサイトによる。http://www.cric.or.jp/db/world/england.html）

[64]　Louis Kaplow, *Rules Versus Standards: An Economic Analysis*, 42 Duke L. J. 557 (1992).

[65]　*Id.* at 586. Kaplowは、法がきめ細やかcomplexなのか、そうでないsimpleのかの区別とルールとスタンダードの区別を混同してはならないことを強調する。スタンダードは裁判所が事後的にきめ細やかな妥当な判断をすることが通常期待されるが、ルールでも同じものを事前に制定することは理論上は可能であり、両者の概念は区別しなければならない。

◆第2章◆ 著作権法の設計［前田　健］

表2：ルールとスタンダードの比較[66]

ルール	スタンダード
事前に立法等が決める。	事後に司法等が決める。
過剰・過少規制の危険 　高いことが多い。 事前の情報収集に限界があることもある。	過剰・過少規制の危険 　低いことが多い。 事後の方が情報収集が容易なこともある。当事者間で規範形成が促進されることもある[67]。
法内容取得のコストは低い傾向 　（明確性は高い傾向）	法内容取得のコストは高い傾向 　（明確性は低い傾向）
立法コスト：高　執行コスト：低 　適用頻度高いと優位	立法コスト：低　執行コスト：高 　適用頻度低いと優位

い時にはスタンダードが望ましい。また、スタンダードは法内容を当事者が取得するのにコストが高い傾向があり、すなわち、明確性・予測可能性が劣る傾向があることが指摘されている。以上から、一般に同種事案に対する適用頻度が低い時にはスタンダードが望ましいとも言われている[68]。

　一方、法のきめ細かさとルール・スタンダードは論理必然の関係にはないが、関連することが多いのもまた事実である。ルールは、事前に妥当な法内容を得るための情報が限られている場合には、過剰・過少規制の危険性が高いのは事実であるように思われる。もし、過剰・過少規制が看過しがたい事態にあり、スタンダードとして司法によって事後に規範形成する方がより妥当な結論を得やすいのだとしたら、それはスタンダードの方が望ましいことになる。また、財産権の取引において、事前には財産権の外延が不明確な方が、すなわち、財産権の外延がスタンダードとして定められていた方が、当事者間の合意を促進する場合があることが指摘されている[69]。この知見を前提にすると、規範がス

---

[66]　Kaplow, *supra* note (64)をもとに筆者が作成。
[67]　後掲注(69)参照。
[68]　*Id.* at 577.
[69]　Jason Scott Johnston, *Bargaining Under Rules Versus Standards*, 11 J. L. Econ. & Org. 256 (1995). この論文では、「明確な権利」(definite entitlement)のスキーム（事前にある一定の方法でルールに基づいて当事者の一方に権利を割り当てるもの）と「不確実な権利」(contingent entitlement)のスキーム（権利の割り当ては、事後的に司法により、当該活動の価値と外部不経済とを比較衡量した結論に依存するというもの）とを比較し、

◇第Ⅰ部◇　権利の内容・制限と利用許諾

タンダードとして立法されていた方が当事者間の合意形成を促進し、裁判外で、事後的な規範形成が図られることが期待できる場合もあることになる。

(2) 分　析
① スタンダード型の規定が望ましい理由

　以上を踏まえると、著作権の権利制限規定の設計としてどのような形式が望ましいのか。現行著作権法の権利制限規定については、社会の変化が激しく法改正がそれに対応できていない、技術変化が激しい時代の要請で毎年のように権利制限規定の改正が迫られるとの指摘もなされている[70]。そして、おそらくこの結果として、従来の権利制限規定では侵害となってしまうが、実質的には侵害とすべきでないものが常に存在するという事態が生じている[71]。筆者の見るところ、現代の権利制限規定には、(i)利益状況からすれば実質的に著作権侵害とすべきではない行為が数多く著作権侵害となっている場面、(ii)同一の利害関係にあると思われる事案において侵害と非侵害の区別が単に歴史的経路に依存している場面、が多いように思われる。そうだとすると、権利制限規定の設計に関しては、この過剰・過少規制の問題に適切に対処できる設計が望ましいことになる。また、(iii)権利制限規定が特定の技術のみを念頭に置いて設計され、利害調整の実質が条文の文言に反映されていないと、技術開発に関する当事者の行動のインセンティブをゆがめるおそれも看過できないと考えられる[72]。これらが事実だとすれば、我が国の権利制限規定は、よりきめ細かな規定に変更すべき要請が高いと言えよう。

　一方、このきめ細かな新たな権利制限規定を、ルールとスタンダードどちらで設計するのが望ましいのかといえば、現在の我が国の著作権の権利制限規定

　　「不確実な権利」のもとにおいて当事者は、「確実な権利」のもとにおいては信憑性のない、同意なしに不経済を及ぼすという威嚇を信憑性のあるものとすることができるので、このような信憑性ある威嚇が、効率的な事後的な合意を速やかに実現させる可能性があることを指摘している。
(70)　中山・前掲注(9)397-398頁がこの旨指摘する。
(71)　前掲注(20)参照。
(72)　文化審議会著作権分科会　法制・基本問題小委員会「新たな時代のニーズに的確に対応した制度等の整備に関するワーキングチーム」(第3回)　参考資料2「新たな時代のニーズに的確に対応した制度等の整備に関するワーキングチーム(第2回)における議論の概要」4頁参照 (http://www.bunka.go.jp/seisaku/bunkashingikai/chosakuken/needs_working_team/h27_03/pdf/sanko_2.pdf)。

はルールに偏りすぎており、よりスタンダード性を増すことが望まれるように思われる。なぜなら、現代では、(a)技術の進歩は早く、利用態様の多様性は増大している。したがって、事前にきめの細かいルールを設計することは困難である。あるいはできたとしても、すぐに陳腐化して過剰・過少規制の問題が生じるようになる。また、(b)スタンダードの問題である不明確性も大きなデメリットにはならない。現代ではきめの細かい規定を設計しようとすると、極めて複雑かつ難解な条文となり、いずれにしろ専門家の助けを借りなければ理解困難である[73]。さらに、過剰・過少規制が大量にあるときには、ルール型規定の下でも、実体的正義を重んじる裁判所がどのような反応をするのか予測できない事態は生じる[74]。そして、利用態様が多様かつ変化が速いということは、新たな事案が次々に生起するということであり、(c)厳密な意味での同種事案に対する法の適用頻度は必ずしも高くない。スタンダードの方が優位であって、事前にルールを定めておくことは必ずしも効率的ではないといえる。

　ただし、米国のようなフェア・ユース規定にすべてを任せることが望ましいかといえばそうとは言えない。まず、厳密な意味での同種事案は一般的には少ないといえるが、中には同種事案が頻発する場合もあるので、それについては具体的な利害調整規範を設けた方がよい場合もある。その意味においては、現状既に存在する個別規定をことさらに削除する必要はない。一方で、同種事案が少ない場合においても、他者の著作物を利用した創作、情報検索サービス、

[73] 中山・前掲注(9)398頁は、47条の6について、専門家ですら一読しただけでは理解できないと指摘する。

[74] 上野・前掲注(20)19頁以下は、権利侵害の結論を肯定することがどうしても不都合である場合に、裁判例が様々な解釈論を展開してきたことを指摘する。ルール的な規定であっても、不都合な帰結がもたらされる場合には、裁判所が事後的に規範を形成する事態が生ずるということである（たとえば、要約引用に関する東京地判平成10年10月30日判時1674号132頁〔血液型と性格〕事件においては、43条1号に明文でできないと定められている著作物の利用について、柔軟な解釈論によりそれを適法とする結論をとった。）。現状について、「著作権法を形式的に適用すれば権利侵害になってしまうように読めるけれども、実際に訴訟になれば権利侵害が否定されるだろうから大丈夫だというような状態、つまりどのような法律構成が採用されるかは明らかでないけれども、とにかく何らかの法律構成によって権利侵害が否定されるだろう、というような状態」（上野・前掲注(20)22頁より引用）が多く存在するとの指摘もある。そうだとすると、一見ルールで事前に規範が明示されているように見えても、実態は考慮要素が全く明示されずに事後的に規範が形成されているといえる。であれば、むしろ考慮要素が明示されたスタンダード型の条文を設けた方が、より予測可能性は高まるといえる。

◇第Ⅰ部◇　権利の内容・制限と利用許諾

企業内の複製など、いかなる利益と利益が対立しているのかという上位のレベルにおいては共通性を有する事案が多数存在している場合も少なくない。そのような上位概念的レベルにおいては、適用頻度は低いとはいえ、むしろ適用頻度は高いともいえる場合もある。そのような場合には、利害調整規範をルールとして設計することは望ましくないとしても、予測可能性を確保するために、適用状況を事前に特定し、考慮すべき対立利益を明記することは十分に可能であり、英国のフェア・ディーリングのような「柔軟性の高い個別規定」というのが望ましいと考えられる。さらに、これでも拾いきれない典型的でない適用状況に対処するため、受け皿規定として米国型のフェア・ユース規定を持つことの有用性を指摘できると考える[75]。

　このように現代においてはよりスタンダード性の高い権利制限規定の創設が望まれ、詳細な個別規定、柔軟性の高い個別規定、受け皿としての一般条項という三層構造をとることが理想的であるように思われる。中でも、現状の個別規定では詳細に過ぎて規制漏れが生じるため、スタンダード性の高い利害調整規範を新たに設けるべき要請が高いものとして、さしあたり次の2類型を指摘できるように思われる。一つ目は、①著作物の経済的利用がないことに基づく権利制限である。現在は、47条の5～47条の9などにおいてルール的な規定として権利制限が置かれている。平成21年、平成24年の法改正においてこの類型には対処を重ねてきているが、いまだにこれらではカバーできていない事案は多く、過剰・過少規制の問題は解消しきれていない。事前のルールに基づく解決には限界が見えているように思われ、また、ビジネス上の要請も極めて高い分野である。2つ目は、②他人の著作物を利用した表現活動に関する権利制限規定である。現状でも、30条の2、32条、41条、46条など、それに関する規定は、比較的スタンダード性の強い規定として存在している。ただ、それでもなお多様化した現代の表現形態や著作物の利用形態とそぐわない部分が多いように思われ、規定間相互の関係も不明確であると感じられる。現行法の柔軟な解釈論を採用することでも対処が可能な部分もあるが[76]、抜本的な解決には、

---

[75] 「受け皿」としてのフェア・ユースについては、上野達弘「権利制限の一般規定──受け皿規定の意義と課題」・本書第3章所収による。上野・前掲注(20)23頁は、「受け皿規定」ないし「小さな一般条項」と呼ばれており、多数の個別規定によってカヴァーできない行為ではあるが、個別規定が定めている行為と同等のものについて拾う規定として機能すると指摘する。

② スタンダード型の権利制限規定と寛容的利用

立法に手を入れざるを得ないであろう。

以上に関して、いわゆる「寛容的利用」との関係についてコメントしておきたい。「寛容的利用」とは、形式的には侵害にあたるが、それにもかかわらず権利者及び社会によって寛容されてきた利用のことである[77]。寛容的利用は、過剰・過少規制の多い著作権法を墨守することの弊害を緩和する役割を果たしていることが指摘されている[78]。スタンダード型の権利制限規定が導入されれば、従来は「黒」であるのに寛容されてきたという領域が少なくとも「グレー」に代わり、不安定であった均衡が制度に裏付けられたもの変化することになる[79]。

一方で、先に指摘したように、スタンダード型の規定を置くと、著作物の利用についての当事者間の合意形成が一定程度促進される場合がある。これは、「不確実な権利」のもと当事者は自らの権利が脅かされるとのおそれから、速やかな合意形成に向かう場合があるということである[80]。これは逆に言うと、寛容的利用は、ある種、著作権者が全権を握ったうえで「お目こぼし」として許されているものであるものが、権利制限規定の改正によりそれが「グレー」に変わると、権利者としてもいままでのように「寛容」ではいられなくなる可能性があるということも意味する。

---

[76] 32条1項について筆者らのすでになした試みとして、木下昌彦・前田健「著作権法の憲法適合的解釈に向けて——ハイスコアガール事件が突き付ける課題とその克服」ジュリスト1478号（2015年）46頁がある。

[77] Tim Wu, *supra* note (16)。

[78] 田村・前掲注(1)76頁以下は、たとえば企業内複製を禁止する著作権の条文をそのまま墨守しなければならないとすると、日本経済が経済先進国から脱落することになりかねないとしつつ、実際にはこのような侵害行為が訴訟に至ることがないため、問題が避けられていることを指摘する。福井健策『「ネットの自由」vs.著作権』（光文社、2012年）47頁は、パロディ・二次創作が許される領域に関して、これを「暗黙の領域」と呼んでいる。

[79] 田村・前掲注(1)79-80頁は、寛容的利用は制度的裏付けがない脆弱なものに過ぎないと指摘する。また、アメリカにはいわゆるフェア・ユース規定があるが、フェア・ユースと寛容的利用の差は曖昧であり、寛容的利用というのはフェア・ユースの法理が大規模に適用されている状況であるとみることも可能であることを示唆している（Wu, *supra* note (16) at 620)。ただ、Wuも指摘するように、寛容的利用は、裁判においてフェア・ユースであると判断されるかは実際にはわからない。

[80] 前掲注(69)参照。

◇第Ⅰ部◇　権利の内容・制限と利用許諾

　ただ、筆者の考えでは、寛容的利用はあくまで例外的に不都合を是正する現象であって、過度にこれに頼ることは危険である。したがって、寛容的利用の慣行を継続するために、許されるべき行為が厳密には「侵害」である状態を放置するのは適切であるとは思われない。ここでの示唆は、そのようなときに適切なルールを事前に立法することが困難だとしても、スタンダード型の権利制限規定を作れば、権利者は自らの権利が侵食されることを恐れて、対等に契約に応じたり、あるいは、権利処理のためのスキームを用意するインセンティブが生じる場合もあるということである。立法過程において利用者側の方が影響力が弱いとすると、ルール型の立法では利用者の利害が適切に反映されないおそれがあるので[81]、スタンダード型の規定を作り、権利者にペナルティ・デフォルトとしての権利制限を見せることで、適切な規範形成を行わせることが有益な場合もあると思われる。

Ⅳ　著作物利用円滑化のための選択肢

1　選択の視点

　以上、権利制限（自由使用）について検討してきた。自由使用を認めることは、取引費用の問題による著作物の取引が進まない時に、それを解決する最も強力な方法であるが、一方でそれは著作権者から対価収受の機会を奪い去るものである。もちろん、前述の「消尽」として権利制限のように、取引の上流において対価収受の機会が確保されている場合は別であり、そもそも経済的利用がない場合の権利制限でも同様である。しかし、そうでないときには、著作権者が対価を得る機会を失うことは事実である。

　著作物の経済的な利用があり別に対価収受の機会もない場合、取引費用を適切に低減する別の手段があり適切な価格を設定することができるなら、著作権者に対価を収受させることに越したことはない。したがって、著作権者に排他権を行使させることが適切でない場合でも、自由使用以外のアプローチも検討されてしかるべきであるといえる[82]。

---

[81]　著作権法の立法過程における「少数者バイアス」の問題については、田村・前掲注(1) 30-35頁が詳細に検討するが、田村はユーザーの拡散された利益が政策形成過程に反映されにくいことを指摘する。

[82]　上野達弘「国際社会における日本の著作権法──クリエイタ指向アプローチの可能性」コピライト613号（2012年）2頁は、日本の権利制限規定がオール・オア・ナッシング

◆第2章◆ 著作権法の設計［前田　健］

　具体的に考えられる代替手段としては、集中許諾、法定許諾、強制許諾の3つの仕組みが挙げられる[83]。集中許諾は、権利の集中管理機関が許諾の付与する仕組みであり、多くの場合はあらかじめ定められた使用規定に基づく許諾の申し込みについて、集中管理機関はこれを拒否することができない。法定許諾・強制許諾は、ともに法の定めにより利用権限が与えられるものであるが、法定許諾は、法で定められれば自動的に権限が発生する[84]のに対し、強制許諾は、公的機関に対する何らかのアクションを経て初めて利用権限が得られる[85]。

　これらの仕組みを比較検討するにあたっては、視点を設定することが必要である。すなわち、これらの仕組みを設ける目的として取引費用の削減があることに照らせば、それらがどのような意味での当事者間の取引費用を削減するものであるかを整理する必要がある。取引費用は、権利者を探し出して交渉の相手を発見することが困難なことに起因することもあれば、相手方当事者との交渉が利得の構造上妥結しにくいことに起因することもあるし、その両方による場合もある。これらの設計によって、どのように取引費用が削減されるかを把握する必要がある。そのうえで、解決したい課題の問題状況に沿った対処法を選択すべきことになる。

　ここで重要となるのは、その仕組みによって、利用の対価は適切に決定されるのかどうかである。対価が低くなりすぎることも高くなりすぎることも、創作者のインセンティブを減殺せずに利用を円滑化するという制度の目的にとって、致命的となりうる。適切な対価というのは、合理的な当事者が取引費用ゼロのもと交渉して定まる価格だといえるので、対価の妥当性の問題は取引費用

　　となっていることの異様性を指摘し、一定の条件の下で、著作権を制限する代わりに補償金請求権を与えることによって、保護と利用の調整を図るという方向性が考えられることを指摘している。

[83]　なお、本論文は、既存の著作権法の枠組みを前提に議論しているが、それからより自由に理想を論じるものが、本書田中第一論文と位置付けられる。

[84]　法定許諾（Statutory License）は、「特定の場合に、権利者への事前の通報を行うことなく、著作権使用料を支払うことによって、法律が許諾を与えることで、著作物を利用することができる制度。」と定義される（http://www.mext.go.jp/b_menu/shingi/bunka/gijiroku/014/05070101/003_1.htm）。

[85]　強制許諾（Compulsory License）は、「特定の場合に、事前に権限ある機関又は著作権団体に申請し、当該機関・団体が許諾を与えることで、著作物を利用することができる制度。」と定義される（http://www.mext.go.jp/b_menu/shingi/bunka/gijiroku/014/05070101/003_1.htm）。

◇第Ⅰ部◇　権利の内容・制限と利用許諾

の問題の一形態とも位置づけられる。この点、法と経済学における、プロパティ・ルールとライアビリティ・ルールについての伝統的な議論においては、当事者が取引費用低く価格を決定できるならプロパティ・ルールが望ましく、裁判所が必要な情報を適切に収集することが可能ならライアビリティ・ルールが望ましいとされてきた[86]。Ⅳにおいては、各種のライアビリティ・ルール間の優劣を比較するが、その中での対価の決定方法の優劣を評価する必要があると思われる。対価の決定権限が裁判所・行政庁・権利管理団体・利用者のいずれにあるのか、それらの情報収集体制はどうなっているのかなどを考慮して、適切な価格設定の仕組みが構築されているかに注意を払う必要がある。同じ態様の利用でも、権利者の属性（権利行使にどれほど熱心か）には多様性があるので、その点を適切な対価決定にどう盛り込むかも重要であろう。

　もっとも、近年では取引費用が低い状況でライアビリティ・ルールのもとでも当事者間の取引が促進される可能性が指摘されている[87]。したがって、各方法で決定された対価が当事者間の個別合意によりさらに変更される可能性も考慮に入れる必要があり、当事者間の交渉を促進するのかどうかという観点こそ重要で、対価自体の妥当性の評価が決定的ではない場面もあることには注意が必要であろう。

---

[86]　Guido Calabresi and A. Douglas Melamed, *Property Rules, Liability Rules, and Inalienability: One View of the Cathedral*, 85 Harv. L. Rev. 1089（1972）. Louis Kaplow & Steven Shavell, Property Rules versus Liability Rules: An Economic Analysis, 109 Harv. L. Rev. 713（1996）また、Wu, *supra* note（16）at 624 は、プロパティ・ルールの一番の長所は、価格決定のメカニズムにあり、健全な市場での交渉は、政府や権利管理団体が決定する価格より、正確なものであることが期待されると指摘している。

[87]　田村善之「著作物の利用行為に対する規制手段の選択──続・日本の著作権法のリフォーム論」著作権研究42号（2016年）30-33頁はこの旨の指摘をし、近年のプロパティ・ルール vs ライアビリティ・ルールの議論の状況を詳細に紹介している。この指摘は、Mark A. Lemley, *Contracting Around Liability Rules*（February 7, 2012）. Stanford Law and Economics Olin Working Paper No. 415. Available at SSRN: http://ssrn.com/abstract=1910284（Last revised: January 3, 2015）の、プロパティ・ルールが当事者の交渉を促進するとは限らず、非効率なライアビリティ・ルールの回避のために交渉が促進される場合もあるとの指摘に基づくものである。

◆第2章◆ 著作権法の設計〔前田　健〕

2　集中管理・法定許諾・強制許諾[88]
(1) 集中管理・拡大集中許諾

　著作権の集中管理とは、著作権の管理を専門業務とする特定の団体（「集中管理団体」と呼ぶ）が多数の権利者から権利の委託を受け、その団体が著作権者に代わって、著作権を行使する制度である[89]。集中管理には、権利者が自発的に集中管理団体に権利を委託する「自発的集中許諾」（Voluntary Collective License）と、「拡大集中許諾」（Enlarged Collective License：ECL）がある。

① 自発的集中許諾

　自発的集中許諾は、一定の分野では大きく活用されている。集中管理団体として、日本では、日本音楽著作権協会（JASRAC）が著名であり、アメリカでは、文献複写に関する CCC（著作権クリアランスセンター）、音楽に関して ASCAP（米国作曲家作詞家出版者協会）、BMI（Broadcast Music, Inc.）などが著名である。自発的集中許諾は、利用者が申し込めば、使用規定に則ってほぼ自動的に許諾がなされるので、強力な取引費用削減手段となる。ただし、自発的な権利の委託がスムーズに行われない場合には役に立たないという欠点を有している。

　集中許諾の利用料規定については、我が国においては、集中管理団体が利用者（の団体）の意見を聞いて（義務ではない）定め、文化庁長官に届け出ることとされている（著作権等管理事業者法13条）。当事者間の疑似的な交渉に委ねつつ、行政がそれを緩やかにチェックする仕組みが指向されていると言えよう。確かに、定型的な利用については、権利者集団・利用者集団のそれぞれについて内部で利害が一致しやすいので、疑似的な交渉が行われれば市場メカニズムが働くことを期待しうる。したがって、利用者との協議が義務である指定管理事業者の場合においては、妥当な利用料が設定される余地があると評価する余地があろう[90]。しかし、そのような義務のない指定管理事業者以外の場合や、

---

[88]　諸外国において利用円滑化の選択肢としてどのようなものが存在するかについては、平成24年度文化庁委託事業『諸外国における著作物等の利用円滑化方策に関する調査研究報告書』（情報通信総合研究所、2013年）が参考になる。

[89]　島並良・上野達弘・横山久芳『著作権法入門』（有斐閣、2009年）235頁〔横山久芳〕。

[90]　指定著作権等管理事業者においては、利用者代表と使用料規定に関する協議に応ずる義務があり（著作権等管理字事業者法23条2項）、利用者の意見が使用料規定に反映される仕組みが一定程度担保されている（同法23条4項に協議開始命令、24条に使用料規定についての裁定が定められ、文化庁長官が使用料規定に介入できる仕組みが存在する。）。これと比較すると、通常の場合は、妥当な利用料が設定されやすいとは言えない

◇第Ⅰ部◇　権利の内容・制限と利用許諾

非定型的な利用の場合については、妥当な利用料規定の設定を期待することは難しいといえる。また、拡大集中許諾で指摘されているように、公益性のある利用については、行政による積極的な関与がないと、対価が高額になりがちであるという問題も指摘できるだろう[91]。

② 拡大集中許諾

　拡大集中許諾とは、法の規定に基づき、著作物の利用者と相当数の著作権者から権利の委託を受けている集中管理団体との間の著作物利用許諾契約の効果を、権利を委託していない著作権者にまで拡張することを認める制度である[92]。拡大集中許諾は、自発的集中許諾の抱える、自発的な権利の委託がスムーズに行われないという問題を解決する点が大きな魅力である。拡大集中許諾は、自発的集中許諾をベースに、後述の強制許諾を組み合わせた制度であるともいえる。スムーズな権利の委託が困難だが、定型的利用の多い分野では有効性が期待できるだろう。

　拡大集中許諾は日本では採用されていないが、ヨーロッパのいくつかの国において採用されていて、世界的にも注目を浴びている。北欧で採用されている拡大集中許諾制度においては、①集中管理団体が権利者を代表するにふさわしいかをチェックする仕組みがある[93]、②利用者と集中管理団体との間の自主的な交渉により契約を締結する（自主交渉原則）[94]、③当該契約が対象とする著作物の利用形態・種類が制度の対象[95]であることを要件に、効果が発生する。英

との指摘もできよう。

[91] 本書田中第一論文においても、公的利益を代表しない民間団体が利用条件を決定することの問題点を指摘している。

[92] 小嶋崇弘「拡大集中許諾制度」コピライト649号（2015年）17頁、鈴木雄一「孤児著作物問題の解決策としての拡大集中許諾──米国著作権局の最近の提案を巡って」Nextcom21号（2015年）14頁、前掲注(88)報告書77-106頁〔小嶋崇弘〕参照。

[93] 小嶋・前掲注(92)18頁によれば、北欧諸国の集中管理団体は「相当数」の権利者から委託をされていることが求められるとする。代表適格性が複数の団体に認められるかは、認める国（フィンランド、ノルウェー）と認めない国（デンマーク、スウェーデン）がある。また、スウェーデンを除く国では、政府による認可が必要である。

[94] 小嶋・前掲注(92)18頁。

[95] 小嶋・前掲注(92)18頁では、教育活動における複製、企業内複製、図書館・アーカイブ・博物館による複製等などごその対象になっているとされている。なお、英国でも拡大集中許諾制度が導入されたが（まだ運用実績はないが）、制度上は対象の限定がない（小嶋・前掲注(92)20頁）。

118

国において導入された拡大集中許諾は、対象となる著作物の種類や利用形態を限定していないが、予め拡大集中許諾スキーム（ライセンス条件などが定められている）について許可を受けた団体のみが、拡大集中許諾を運用することができる[96]。北欧、英国の制度で、一部の場合においては、権利者のオプト・アウトが可能な場合もある。

　拡大集中許諾制度は、権利者不明著作物問題の解決策として期待されている[97]。一度に大量の著作物について権利処理ができること、利用条件・利用料額の決定に、集中管理団体と利用者との（疑似的な）交渉を取り込み市場原理を最大限活用している点が、権利者不明著作物問題の解決策として、法定許諾・裁定（強制許諾）と比較したときの特徴といえる。しかし、(a)当該団体と利用者が、関連する利益のすべてを内部化できていない場合（公益性がある場合）には、公的機関の関与がない限り、適切な利用料額が定まらないおそれがある[98]。また、(b)当該団体の非構成員（権利を委託していない者）の数が構成員（権利を委託した者）の数と比較して無視できないほど大きい場合には、利用料の過剰徴収が発生する危険がある[99]。すなわち、通常の拡大集中許諾の場合、構成員と非構成員の両方に対して、同じ額の利用料を徴収し分配することになるが、平均的には、構成員の方が非構成員より著作物に対して高い評価を下していると思われ、自発的集中許諾のときと同額を（すなわち構成員の評価額に合わせた

---

[96] 英国の仕組みについては、作花文雄「マス・デジタル化時代における著作物の公正利用のための制度整備――拡大集中許諾制度の展開・「Orphan Works」問題への対応動向〔前編〕」コピライト650号（2015年）50頁が詳しい。権利管理団体が基本的に取引条件を決めるので、北欧のような自主交渉原則とは異なり、むしろ我が国の集中管理団体の運用に似るといえるように思われる。

[97] 小嶋・前掲注(92)20頁によれば、英国はまさに権利者不明著作物の解決策として拡大中注許諾制度を導入した。米国も、2011年の報告書「大量デジタル化における法的問題」(Legal Issues in Mass Digitization: A Preliminary Analysis and Discussion Document) においては、孤児著作物問題の解決策として、拡大集中許諾に興味を示していた（前掲注(88)報告書122頁〔前田健〕参照）。鈴木・前掲注(92)14頁、玉井克哉「行政処分と事務管理現児著作物問題の二つの解決策」Nextcom21号（2015年）4頁参照。

[98] 小嶋・前掲注(92)21頁もこの旨を指摘している。

[99] 小嶋・前掲注(92)22頁は、権利者に分配されない使用料の額が相当な額となる問題について指摘し、使用料の支払先として集中管理団体が適当ではないとしている。前掲注(78)報告書95頁〔小嶋崇弘〕によると、フィンランドの集中管理団体が2005年に写真複製、テレビ放送等の利用に関して徴収された年間2400万ユーロの使用料のうち、非構成員に分配された額は5000～1万ユーロに過ぎないとされる。

◇第Ⅰ部◇　権利の内容・制限と利用許諾

額を）すべての利用から徴収すると過大な利用料が徴収されることになる[100]。したがって、利用料の適切な減額が行われる必要があるが[101]、少なくとも今の欧州の仕組みではそのような措置は取られていない。この点の問題が大きい時には、利用円滑化策として意味をなさないことになる[102]。

　拡大集中許諾に問題があるとしても、あらゆる場合に拡大集中許諾に有用性がないわけではない。上記で述べたことに照らせば、権利者の大部分がすでに集中管理団体に所属している（非構成員が相対的にマイナーである）あるいは過大徴収に対する対処策を用意している、公益的な利用に対しては当事者間の交渉に単純に任せるのではなく利用料を適切に抑える仕組みを導入する、などの条件を満たせば、定型的な利用については拡大集中許諾は有効な手段になり得ると思われる[103]。

---

[100] Randal C. Picker, *Private Digital Libraries and Orphan Works*, 27 Berkeley Tech. L. J. 1259 (2012), 1283. この点、前掲注(88)報告書92頁〔小嶋崇弘〕によると、北欧のECLにおいては、非構成員への使用料の分配等の待遇における平等原則が取られている。積極的に権利行使の意思があるがたまたま構成員ではなかったような権利者については、構成員と変わらない使用料の分配を受けるべきといえ、北欧の平等原則は、そのような運用をなされる限りにおいては、本文に言う過大徴収の問題と正面から衝突するわけではない。

[101] たとえば、自発的集中許諾の時の利用料を100xとし、構成員が50、非構成員が50、非構成員のうちのちに権利行使する者が10であるとし、残りの40は権利行使しないとする。このとき、100xの利用料を徴収すると過大となるので、60xの利用料を徴収し、権利行使の意思のある権利者にxずつ分配するといった工夫が必要である。

[102] アメリカ政府はそのように指摘する（米国著作権局の2015年報告書（「孤児著作物と大量デジタル化」: Orphan Works and Mass Digitization (2015)）50頁）。また、オーストラリア政府は、現れる見込みのない権利者の分も含めて事前の利用料支払をさせ、利用料額が合理的なものに定まらないおそれがあることに問題があると指摘する（Copyright and the Digital Economy（ALRC Report 122）| ALRC (2013) at 296-297）。

[103] 前掲注(102)報告書82頁以下は、拡大集中許諾を、非営利の教育研究目的の大量デジタル化プログラムのために、試験的に導入することを提言している。具体的には、言語の著作物、絵画・画像の著作物、写真の著作物を対象に導入することを提言している。言語の著作物に関してはGoogle Books訴訟の経験を念頭に置いているようである。また、絵画・画像に関しては、書籍中の挿絵や図表などの二次利用を促進することを考えているようである。また、写真については写真の二次利用の促進が念頭に置かれているようである。

(2) 法 定 許 諾
① 法定許諾の種類と特徴

　法定許諾とは、法律の定めにより許諾が与えられることで著作物を利用することができる制度であり、利用者には著作権利用料支払いの義務が発生する。

　法定許諾の最も基本的な形態は、各権利者に利用料請求権が発生するタイプである。典型的な例は、著作権法33条の定める教科用図書等への掲載である。33条の場合、利用料支払い義務と著作者への通知義務が定められている。もし、これが利用の前提条件だとすると、取引費用としては相手方の探索と許諾交渉のコストのうち、前者のみを削減する制度だと理解されることになり、相手方の発見が難しいことに問題があるケースでは、取引費用の問題の解決策としてはあまり有効ではないことになる。しかし、法定許諾一般がそうであるように、33条において、それらは利用権限が発生するための前提条件ではないと考えられるので[104]、利用者にとっての取引費用は自由使用の場合と同様にすべてが削減されていることになる。むしろ、権利者は積極的に所在を明らかにする義務を事実上負わされていることになるといえる。したがって、集中管理を伴わない法定許諾においては、権利者の財産的利益保護と取引費用の削減の両立は、制度上は、権利者への権利行使に向けた努力義務を課す代わりに達成されているといえる。

　次に考えられる法定許諾の形態は、各権利者に利用料請求権が発生するが、それは集中管理団体を通じてのみ行使できるとするものである。商業レコードの二次使用料請求権は指定団体を通じてのみ行使することができるとされているので、著作隣接権の内容にそもそも放送権・有線放送権が含まれていないので厳密には法定許諾ではないが、実質的にはこの一類型とみることもできる（95条、97条）。私的録音録画補償金（30条2項、104条の2以下）は、集中管理団体を通じてのみ補償金請求権を行使できるので、この類型の法定許諾と位置付けることができるだろう。利用料請求権の徴収を一括管理することで、法定許諾が実は権利者の財産的利益の保護と取引費用の削減の両立に貢献できないという問題を、解決するといえる。

　なお、著作権侵害とされる場合であっても、差止請求権の行使が権利濫用とされ損害賠償請求権のみが認められることがある。このような救済制限も、当

---

[104]　加戸守行『著作権法逐条講義（六訂新版）』（著作権情報センター、2013年）273頁。

◇第Ⅰ部◇　権利の内容・制限と利用許諾

事者の主観的態様が考慮されている点（及び刑事罰[105]）を除けば、事実上法定許諾と同様の効果を有する面がある。これについては、(3)で議論する。

② 利用料について

これらの法定許諾の採用の可否を考えるにあたっては、そこで定められる利用料が、取引費用ゼロの世界で当事者が合意すると考えられる額にどれほど近いものに定められるのかが重要である。もし、利用料が不適切なことに伴うコストが、法定許諾が両当事者間の交渉を代替することにより得られる便益より大きいならば、問題の解決は別の手段により図ることが望ましいことになる。

この点、33条のような教科書への掲載、97条のような商業レコードの放送といった定型的な利用の場合は、適切な利用料決定が比較的容易だといえる。このような類型の場合、行政機関が一律に適切な料金を決めるタイプ[106]の場合でも、必要な情報を収集することは難くないと思われる。集中管理団体が利用者と交渉することにより決定するタイプでも、権利者の利害が一様であれば団体は適切に権利者の利益を代表でき、利用者側の代表者も利用者の利益を代表しやすい点が、適切な利用料決定にプラスに働くといえる[107]。

一方、私的録音録画補償金のような仕組みの場合、関連する著作権等の集中管理団体が指定管理団体の会員となっており[108]、それらの団体の意見を聞いて集めた補償金の分配を行う仕組みが整えられている[109]。また、徴収する補償金の額は、指定管理団体が、機器や記録媒体の製造業者等の意見を代表する団体

---

[105] 救済制限ではなお侵害であるとはされるので、刑事罰を課せられるリスクは残る。しかしながら、差止請求が権利濫用となるような侵害行為については可罰的な違法性がないものとも考えられる。

[106] 教科用図書等への掲載については、補償金の額は文化庁長官が定める（33条2項）。

[107] 商業用レコードの二次使用料は、指定団体と放送事業者等（の団体）との協議によって定められるとされている（95条10項、97条4項）。この額は、文化庁長官に届出られなければならない（著作権法施行令49条の2）。この届出を通じて行政指導による是正も期待されているといえるだろう。

[108] たとえば、私的録音補償金管理協会（SARAH）の会員は、一般社団法人日本音楽著作権協会（JASRAC）、公益社団法人日本芸能実演家団体協議会（芸団協）、一般社団法人日本レコード協会（RIAJ）である。

[109] SARAHの私的録音補償金分配規定（平成23年6月30日文化庁長官届出、平成24年6月19日理事会変更承認）の9条においては、権利者団体から分配に関する細則を提出させることとし、10条においては、分配資料の作成・提出を命ずることができるとされている。

に意見を聴いた上で定め、文化庁長官が、文化審議会に諮問をした上で認可を与えることとされている（104条の6）。補償金の額は、実際には、機器や記録媒体の価格の何パーセントという形で決められている[110]。徴収された補償金の分配については関係者から意見を聞く仕組みが整えられており、疑似市場メカニズムが働く余地があるものの、徴収される補償金の額については、利用者の意見を吸い上げる仕組みはなく、利用者の利用形態を反映して決める仕組みもない。この点において、補償金の額が適切に設定される制度的な保証は存在しない。また、私的録音録画補償金にあっては、指定管理団体は、団体の非構成員の権利も自己の名で行使できるので（104条の2第2項）、拡大集中許諾と同様に、権利者不明の場合も含めて利用料を徴収することになる[111]点において、過剰徴収の問題を抱えている。これらからすると、利用料額を適切な額に担保する仕組みは十分ではないと言わざるを得ないであろう[112]。

(3) 強制許諾（裁定による利用）

　強制許諾は、法律の定めにより当然に利用許諾が与えられるのではなく、一定の場合に、事前に権限ある機関に申請して当該機関が許諾を与えることで、著作物を利用することができるようになる制度である。法定許諾の場合は、法律により直ちに利用権限が発生するが、強制許諾においては利用料の支払いが前提となるよう設計できる点で、より権利者の負担がマイルドな選択肢といえるだろう。また、個別の事案に対して裁定を行うので、非定型的な利用に比較的対応しやすいというメリットもある。一方で、強制許諾を受ける手続のコストがあるので、これが個別的・自発的許諾を受けるためのコストより十分に安くないと、取引費用削減の仕組みとしての効果はなくなってしまう。

　我が国においては権利者不明著作物問題対策として[113]、著作権者不明等の場

---

[110]　SARAHの私的録音補償金規程（平成12年12月18日文化庁長官認可）の第2条によれば、(1)特定機器の場合、当該特定機器の基準価格に2％を乗じて得た額が基本であり、(2)特定記録媒体の場合は、当該特定記録媒体の基準価格に3％を乗じて得た額である。

[111]　95条7項、8項では、権利者から申し込みがあった場合にのみ、権利が指定団体の自己の名で行使される（加戸・前掲注(104)602-603頁、692頁参照）。

[112]　中山・前掲注(9)304頁は、本文のような文脈においてではないが、この制度は正確な個別課金制度が実現するまでの間の過渡的な制度であると評している。

[113]　なお、カナダ、英国（英国は2014年に拡大集中許諾とともに導入）でも孤児著作物対策として強制許諾制度が導入されている（作花文雄「マス・デジタル化時代における著

◇第Ⅰ部◇　権利の内容・制限と利用許諾

合における裁定による著作物の利用が導入されている（67条）。裁定を受けるためには、「相当な努力を払ってもその著作権者と連絡することができない」こと[114]が要件である。通常使用料相当額の補償金（額は文化庁長官が定める）を、供託することも必要である。

　裁定においては、許諾を受けるために一定の手続を履践する必要がある。権利者不明著作物であるときは、権利者を自ら発見するよりは裁定手続の方がコストが低いのは明らかなので、一定の取引費用削減の効果は見込まれるものの、手続の重さによっては十分な取引費用削減効果を期待できないおそれも残る。裁定がでるまでのタイムラグが問題となりうるが、裁定までの間の法定許諾制度を作ることで解決している（67条の2）。従前は裁定を得るために履践しなければならない手続が重すぎることが指摘されていたが、ある程度の軽減は図られてきている[115]。現在は権利者によるオプト・アウトは認められていないので、さらに利用者の手続負担を軽くする代わりに、権利者のオプト・アウトを可能にすることも選択肢に入るかもしれない。

　利用料の決定は通常使用料相当額を行政が定めるものである。欧州の拡大集中許諾と比較した場合、拡大集中許諾では利用料額は団体と利用者の交渉により定めるのに対し、こちらは行政が定める。当事者の交渉は利用料決定を市場原理に任せる点にメリットがあるが、行政機関は、それだと公益的な利用の場合に額が高くなりすぎる問題や権利行使に関心がない者の利用料が高くなりすぎる問題に対処できる点にメリットがある。また、個別の事案に対して裁定を行うので、非定型的利用に対応しやすいというメリットがある。ただ、現在の

　　作物の公正利用のための制度整備──拡大集中許諾制度の展開・「Orphan Works」問題への対応動向〔後編〕」コピライト651号（2015年）24頁参照）。

[114]　67条1項、著作権法施行令7条の7、「裁定の手引き──権利者が不明な著作物等の利用について」（文化庁長官官房著作権課、平成26年8月）参照。権利者情報（著作権者と連絡するために必要な情報）を取得するために①〜③のすべての措置をとるなどしたにもかかわらず、著作権者と連絡することができなかつた場合がそれにあたる。①権利者の名簿類の閲覧又はネット検索サービスによる情報の検索、②著作権等管理事業者などに対し照会、③新聞・CRICのウェブサイトへの掲載などにより、権利者情報の提供を求める。

[115]　すでに平成26年に「相当な努力」の内容を緩和するため告示の改正が行われ、さらに平成28年2月15日に、一度裁定を受けた著作物等をより利用しやすくするため権利者捜索の要件が緩和されている（http://www.bunka.go.jp/seisaku/chosakuken/pdf/kan-wa.pdf参照）。

日本法の場合、利用料が「通常使用料相当額」[116]とされていて特段利用料を抑える仕組みは担保されていないうえ、事前にすべての利用について支払う必要がある点において、拡大集中許諾と同様に、過大な利用料徴収という問題を抱える仕組みとなってしまっているといえよう。特に、事前の利用料の支払いについては見直す余地があると考える。

3　当事者の取引費用節減へのインセンティブ
(1) 権利の上に眠るものは保護に値せず？[117]

　ここまで様々な利用円滑化策について検討してきた。そこでは、法によっていかに取引費用を軽減するかという視点が基本であって、権利者や利用者による取引費用を節減する体制の自発的な整備について強調してきたわけではない。しかし、著作権の取引をより円滑化するためには、権利者・利用者が取引費用節減の自主的な努力をするよう、法によりそのようなインセンティブを与えることが検討されるべきである。特に、「権利の上に眠るものは保護に値せず」という法格言が存在するように、権利者の側にも、一定の努力を果たさない限り保護を与えない、という視点は検討されてしかるべきである。

　この点、田村は、「オプト・アウトからオプト・イン」として、著作権の保護のデフォルト・ルールを、保護を不要とする者が離脱する原則から保護を欲する者に何らかの手続を履践することに転換することを提案する[118]。相対的に権利者の方が取引費用低く交渉やその組織化ができそうなときには、そのような仕組みを課すのも一案である。すでに指摘したように、権利者と利用態様の多様化が進んだ結果、権利者の努力が不足している状況は増加していると思われる。もちろん、権利行使に十分な努力をしている権利者が侵害者を発見できない問題があるのも確かである。海賊版対策の文脈ではその問題は深刻であろう。一方で、別の局面では権利者の努力が足りないことが問題な場面もあるのであり、両問題は矛盾なく同時に存在している。権利者に取引費用を減らす方

---

[116]　加戸・前掲注(104)468頁によれば、「平均的な相場による」とされている。平均的な相場は、権利行使をしている権利者について成立した交渉の結果である利用料となるので、権利者不明著作物の著作権者が著作権の価値を平均的にはより低く見積もっているはずであることを考えると、過大な利用料ということになる。前掲注(100)も参照。

[117]　本書田中第一論文もこの視点を強調する。

[118]　田村・前掲注(1)132-135頁。これは、Wu, *supra* note (16)が寛容的利用の解決について、「オプト・イン」システムの導入を提案したことを参考にするものと思われる。

◇第Ⅰ部◇　権利の内容・制限と利用許諾

策をとらせるインセンティブを課すことは、一定の場合には、必要であると考えられる。

　権利者（及び利用者）に、取引費用節減のインセンティブを与える具体的な方策としては、登録制度の創設[119]、いわゆる notice and take down[120]、救済の制限、拡大集中許諾（オプト・アウトしない限りスキームに組み込まれる）、ライセンス優先型権利制限規定などが考えられる[121]。また、前述のように、法で集中管理の仕組みを用意せずに法定許諾を設けることも、権利者に報酬請求権の自主的な集中管理などの努力を促す意味がある。

　注意すべきは、上述の各制度が無方式主義と緊張関係を有している点である。しかし、「方式主義」に有用性が認められるのであれば、条約には反しない範囲で、その再評価を行うこと自体は排除されるべきではない[122]。以下では、日本法にとって現実的であると思われる選択肢の一部について、ごく簡単に触れることとする。

---

[119]　本書田中第一論文はまさにこの考えを採用するものである。なお、著作権の登録制度は、米国、韓国などで導入されている。米国著作権法408条～412条参照。米国では、著作権登録にインセンティブが与えられており、米国人の著作物においては登録が訴訟要件であり（411条）、すべての著作物について、法定損害賠償請求権の行使（504条(c)）、弁護士費用賠償請求権（505条）の行使の要件である。

[120]　プロバイダ責任制限法（特定電気通信役務提供者の損害賠償責任の制限及び発信者情報の開示に関する法律）第3条によれば、プロバイダは、他人の著作権が侵害されているときにおいて、送信を防止する措置を講ずることが技術的に可能な場合であって、著作権侵害について悪意又は有過失であるときした損害賠償の責めを負わない。すなわち、権利者からの権利行使行動があって初めて対処すれば、通常は、それまでの間には一種の無償の利用許諾がなされているとの同じと考えてもよいのである。これは、民法709条の原則によってもそうであり、一般に無過失であるといえる場合には、権利者からの権利行使があるまでは、一種の利用許諾が与えられているのと同じ状態となる。

[121]　Wu *supra* note (16) at 620 はアメリカ法について、Notice and take down、後述の孤児著作物の法案、Google Books 訴訟（オプトアウト可能な拡大集中許諾に相当）に言及する。田村・前掲注(1)135頁以下は、具体的には、50年の保護期間を超える著作権の更新登録制度に言及する。

[122]　このような立場を前面に行われたシンポジウムとして「Reform (aliz) ing Copyright for the Internet Age?」（2013年4月、Berkeley Center for Law & Technology 主催）の存在は興味深い。資料は、下記のウェブサイトにて入手可能である。https://www.law.berkeley.edu/centers/bclt/past-events/2013-conferences/april013-copyright-formalities/audio-slides/

(2) 救済制限（権利濫用法理）の役割
① 救済制限の意義

　知的財産権においては、権利侵害があったときには、差止及び損害賠償請求のいずれの救済も認められるのが原則である。しかし、近年、「差止請求権の制限」として、一定の場合には、救済として損害賠償請求のみが認められ、差止は認められないとする議論が活発に行われている[123]。裁判例においても、特許権について、知財高決平26年5月16日判時2224号146頁〔サムソン・アップル〕のように、FRAND宣言された標準必須特許について、FRAND条件によるライセンスを受ける意思を有する者に対しては、差止請求権の行使は権利の濫用（民法1条3項）にあたり許されないとしたものがある。また、著作権についても、那覇地判平成20年9月24日判時2042号95頁〔写真で見る首里城〕のように、写真集に掲載された写真につき著作権の侵害を認めながらも、当該写真は最終ページに9点の写真のうちの1つにすぎず、写真集の全体に掲載した写真の点数延べ177点の極小さい割合を占めているにすぎないことと、写真掲載の経緯なども考慮して、差止請求は権利濫用であって許されないとしたものもある。

　差止請求権の民法1条3項の権利濫用法理に基づく制限は、金銭の支払いに

---

[123] 議論の端緒は、米国の特許権に基づく差止請求を一定の場合にのみ限定したeBay判決（eBay Inc. v. MercExchange, L. L. C., 547 U. S. 388 (U. S. 2006)）である。特許権を中心に、我が国でも、主にパテント・トロールやFRAND宣言された特許権を念頭に、差止請求権が議論された。主な文献として、平嶋竜太「差止請求権の制限：理論的可能性についての考察」日本工業所有権学会年報33号（2009年）53頁、平嶋竜太「標準技術に必須な特許権の行使における差止請求権の制限可能性——理論的帰結と実務的課題への対応可能性」知財研フォーラム90号（2012年）27頁、竹田稔「差止請求権の制限」ジュリスト1458号（2013年）41頁、根本尚徳「特許権侵害に基づく差止請求権の立法による制限の可否——民法学の立場から」ジュリスト1458号（2013年）48頁、田村善之「特許権侵害訴訟における差止請求権の制限に関する一考察」川濱昇=泉水文雄=土佐和生=泉克幸=池田千鶴編『競争法の理論と課題——独占禁止法・知的財産法の最前線 根岸哲先生古稀祝賀』（有斐閣、2013年）699頁が挙げられる。著作権についても、米国の動向や特許法の議論を受け、議論が深まっている。たとえば、奥邨弘司「米国における著作権侵害と差止命令—最近の裁判例に見るeBay事件合衆国最高裁判決の影響」コピライト610号（2012年）24頁、中山一郎「米国における著作権侵害に対する差止め——特許権との比較を通じて」論究ジュリスト10号（2014年）182頁、愛知靖之「出版物に対する差止請求の制限」上野達弘=西口元編『出版をめぐる法的課題その理論と実務』（日本評論社、2015年）参照。

◇第Ⅰ部◇　権利の内容・制限と利用許諾

よって侵害行為の継続を可能にするものといえるので、ある種の法定許諾を成立させるのと類似の効果を発揮する。差止請求の制限が認められる要件は、学説・裁判例ともに、権利者と侵害者の客観的な利益衡量、及び、侵害者の主観的態様を考慮して判断するという立場が有力である[124]。侵害者の主観的態様が考慮されるのは、あくまで事前に許諾を受けることを期待しえなかった侵害者に対して、例外的に利用を継続する途を認めることにある[125]。すなわち、事前取引の成立に一定の努力を払った者のみを保護するためだと考えられる。一方、文献では権利者の側の主観的態様を考慮すべきという指摘は見られないが、裁判例では、サムソン・アップル事件においては特許権者側の交渉態度が、首里城事件でも著作権者の交渉態度が、考慮されていたとみることもできよう。権利者についても、事前取引の成立に努力を払ったか否かが、差止請求権を行使の可否の判断の考慮要素とされるべきだとの見解も当然あり得よう。このように考えれば、差止請求権の制限の可否は、客観的な利益衡量とともに、権利者及び侵害者（利用者）が、事前取引の成立についてどれだけの努力を払っていたかを考慮して判断されるべきといえよう。

以上、差止請求権の制限は、交渉態度をその考慮要素とすることによって、当事者に事前交渉成立への努力のインセンティブを与える仕組みとして活用することが可能である[126]。これは、差止制限と単純な法定許諾の大きな違いの一

[124] 本文で紹介した2件の裁判例では、アップル・サムソン事件においては、FRAND条件によるライセンスを受ける意思を有するかという侵害者側の主観的態様を考慮し、首里城事件では、写真集の発行に至った経緯において侵害者の主観的態様を考慮している。学説においては、田村・前掲注(123)712頁が主観的態様を考慮すべきことを述べている。民法学説においても、宇奈月温泉事件（大判昭和10年10月5日民集14巻1965頁）がそうであったように、客観的要件とともに主観的要件を考慮する立場が有力ではないかと思われる（吉田克己「公共の福祉・権利濫用・公序良俗」内田貴＝大村敦志編『民法の争点』（有斐閣、2007年）49頁、谷口知平・石田喜久夫『新版 注釈民法(1)総則(1)（改訂版)』（有斐閣、2002年）159頁〔安永正昭〕）。一方で、「被告の主観的態様」を殊更に強調し、独自の判断要素として重視することは、それほど意義のあるものとは思えないとする見解もある（愛知・前掲注(123)282頁）。

[125] 田村・前掲注(123)712頁は、一定の責めに帰すべき事情がある侵害者に対しては、事後取引の抑止という観点に基づいた差止請求権の制限の恩恵を認めるべきではないと思われると指摘する。

[126] Lemley supra note (87) at 110-は、米国において、e-bay判決以降、訴訟において和解する率が他の特許権者より高くなっていることを指摘する。e-bay判決の示した4要素において、特許権者の交渉態度の悪さも考慮要素になっているのだとすると、この現象

◆第2章◆ 著作権法の設計［前田　健］

つである。一方で、差止請求権の制限は、あくまで個別の具体的事情に鑑みて適用されるものであるので、一般的に利用の円滑化の問題の解決策として用いることは想定されておらず、現在の日本法においては、民法1条3項の解釈としてごく限定的な場合に活用することが基本とならざるを得ない。しかし、この法理を活用すべき場合がある程度定型的に見込まれるのであれば、それを判例法理[127]として又は立法することにより[128]、積極的に採用することも選択肢となると考えられる。このような選択の現実にありうる例として、以下に述べるアメリカにおいて権利者不明著作物問題の解決策として議論されている救済制限を挙げることができる。

② 米国の孤児著作物法案

アメリカの孤児著作物法案は、2006年の著作権局の報告書[129]において提案され、2008年に法案として提出された[130]が成立には至らず、2015年の著作権局の報告書において再び導入が勧告されているものである[131]。2015年報告の提案の基本的骨子は、The Shawn Bentley Orphan Works Act of 2008 を基本にしつつ、そこにわずかな修正を加えたものである。同提案は、①事前に権利者の所在について、適格な調査を善意で行ったこと、②利用通知を著作権局に送ったこと、③可能な限り著作権者の氏名表示を行ったこと、④権利者不明著作物との表示をしたこと、⑤最初の訴答で抗弁が利用可能であると主張したこと、⑥最初のディスカバリーの開示の間にその基礎を示していることを要件として、損害賠

は本論文の示した考察で説明しうることになる。

[127] 前述のアップル・サムソン事件の控訴審は、原審の判断に比べると、定型的・画一的な基準で権利濫用にあたるかを判断していると指摘されており（たとえば、鈴木將文「標準必須特許の権利行使をめぐる法的問題」RIETI ディスカッションペーパー 15-J-061（2015年）25-26頁参照。）、特許において定型的に救済制限法理が採用された例といえるかもしれない。

[128] そのような提案をなしたものとして、島並良「知的財産権侵害の差止に代わる金銭的救済」『知的財産法の新しい流れ　片山英二先生還暦記念論文集』（青林書院、2010年）678頁。

[129] Report on Orphan Works（2006）（http://copyright.gov/orphan/orphan-report-full.pdf）

[130] 上院（The Shawn Bently Orphan Works Act of 2008, S. 2913）及び下院（The Orphan Works Act Of 2008, H. R. 5889）にそれぞれ独立に提出された。概要については、さしあたり前掲注(88)報告書 134-137頁〔前田健〕参照。

[131] 前掲注(102)報告書 50-71頁。

◇第Ⅰ部◇　権利の内容・制限と利用許諾

償請求権を「合理的な補償」に限定し、差止請求権も将来に向かってのみに限定するというものである。「合理的な補償」とは、合理的ライセンス料にほぼ相当するものであり、法定損害賠償などはいかなる場合でも受けることができない。また、差止の対象は将来の出版や増刷に限られ、現在ある複製物の頒布等には及ばない。二次的著作物である場合は、それが著作者である著作権者の名誉声望を害する場合等を除き、一切の差止請求権を行使できない。

　この法案は、権利者には自らの所在を明らかにする努力を図ること、利用者には権利者の発見に相当の努力を図ることを課しつつ、救済制限を認めるものである。利用者の視点からすれば、事前に手続を履践すれば、一種の法定許諾を得たのと同じ状態となり、著作物の利用を行うことができる。権利者の視点からは、法定許諾は成立してしまうが、事後的に権利行使を望めば将来に向かった差止請求権は認められているので、二次的著作物による利用の場合を除いた全ての場合について、オプト・アウトの権限が与えられているといえる。

　このアメリカ法案の特徴は、権利者が現れるまでは、利用者は対価の支払いが必要ないことである。拡大集中許諾、我が国の裁定制度にある利用料の過剰徴収の問題はクリアできている。また、拡大集中許諾のように、非定型的利用に対応できないという問題も少ない。一方で、著作権者に権利行使の努力義務として高度なものを要求していると指摘できるが、その代わりにオプト・アウトがかなり広範に認められているといえる。

(3) オプト・アウト可能な強制許諾・拡大集中許諾

　前述の通り、権利者不明著作物に対する対策として、各国において、拡大集中許諾制度、裁定のような強制許諾制度が検討・利用されている。この制度には、権利者によるオプト・アウトを組み合わされることが多い。所在等の不明な権利者に対し、強制許諾という権利制限の負担が重すぎないかは議論の余地があるところ、不満があればオプト・アウトの権限を与えることで、強制許諾を正当化できるのである。また、ここで重要なのは、強制許諾が所在を明らかにしない場合のペナルティ・デフォルトとしての位置づけを有することである。したがって、オプト・アウトを認めることで、権利者の権利を大幅に制限することが正当化され、権利行使を積極的に行おうとしない権利者に権利行使をしようとするインセンティブを与え、利用者側からアクションでは実現が難しいタイプの取引費用の削減を実現させる効果があるといえる。

我が国の権利者不明等の場合の裁定制度（67条）では、オプト・アウトは導入されていないが、欧州の拡大集中許諾制度では非構成員に対して一定のオプト・アウトが導入されている。ただ、すべての場合でオプト・アウトが認められているわけではない。スウェーデンでは、有線再放送を除くすべてのECL規定でオプト・アウトが認められているが、ノルウェーでは一次放送及び放送機関におけるアーカイブ利用を除くほとんどのECL規定においてオプト・アウトは認められていない[132]。フィンランドでは、教育目的の写真複製・有線再放送を除くすべてのECL規定でオプト・アウトが認められており、デンマークではおよそ半分のECL規定でオプト・アウトが認められているとされる[133]。英国では、権利管理団体へのECLの許可の際に示されたオプト・アウトの仕組みに従って、非構成員はオプト・アウトできるとされている[134]。アメリカの2015年報告書における救済制限では、すべての場合にオプト・アウトが認められている[135]。

権利者不明著作物の問題の核心は、その名の通り権利者と利用者が出会うことができないことである。したがって、その点においては権利者が現れた時に権利制限を継続する理由はなく、オプト・アウトは合理的である。一方で権利者不明著作物に係る権利制限は、大量の画一的処理によって取引費用を劇的に下げる効果、公益性のある利用において権利者と利用者のみでは適切に利用許諾が成立しないという問題を解決する効果などもある。このような権利者と利用者が単に出会うことができないことに還元しえない取引費用の問題が大きい場合には、オプト・アウトを認めないという選択肢も合理的である。

(4) ライセンス優先型権利制限
① ライセンス優先型権利制限とは
前述のように[136]、スタンダード型の権利制限規定を作り、権利者にペナルティ・デフォルトとしての権利制限を見せることは、当事者の交渉をより促進させる場合がある。

---

[132] 前掲注(88)報告書96頁〔小嶋崇弘〕。
[133] 前掲注(88)報告書96頁〔小嶋崇弘〕。
[134] 作花・前掲注(96)59-60頁。
[135] 前掲Ⅳ3(2)②参照。
[136] 前掲Ⅲ2(2)②参照。

◇第Ⅰ部◇　権利の内容・制限と利用許諾

　たとえば、授業の過程における使用に供することを目的として、35条１項に準じる形で著作物の公衆送信を行うことを可能とする権利制限規定を創設することを考えてみる。このとき、「著作権者の利益を不当に害しない」という要件には解釈の余地があるが、適法であることが確実な利用についてはこの規定の創設により利用が促進され、また、それがグレーな領域についても、互いにリスクを軽減させるために権利者と利用者の間の合意形成が促進され、適宜利用が促進される場合があることが期待できる（ただし、両当事者がリスク回避的であることが前提になるかもしれない[137]）。ただ、ここで最終的なゴールとして、無償の利用ではなく、有償な利用が図られることを理想と考えている場合、上記でされる合意というのはあくまで無償で使える領域の確定であって、ライセンス契約合意の促進まではうまく至らないかもしれない。権利制限のある分野では、ライセンスは不要なので、ライセンス・スキームの発達が進まない可能性があることが指摘されている[138]。

　そこで、最近注目を集めているのが、ライセンス優先型の権利制限規定である[139]。ライセンス優先型権利制限規定とは、一定の範囲の著作物の利用につい

---

[137]　なお、この点に関して、前掲注(35)平成23年著作権分科会報告書37-38頁では、権利者から、権利制限の一般規定を導入することにより「居直り侵害」が蔓延するという指摘がなされているとされている一方で、それはある程度解消されうるものと考えられ、この指摘があることを理由に、直ちに権利制限の一般規定の導入の必要性それ自体を否定するのは適当ではないとされている。たしかに、権利者の言う通り、利用者の違法意識が低く、かつ、権利者の権利行使が難しい場合、権利制限規定の創設を奇貨として侵害行動を増長させる場合がないとは言えない。しかし、利用者も侵害責任を問われるリスクを考えるので、むやみに居直り侵害をするとは限らない。

[138]　今村哲也「教育機関における著作物の自由利用とライセンス・スキームとの制度的調整について──イギリスを例として」文化審議会著作権分科会・国際小委員会第１回（2014年９月10日）資料5、１頁。また、同６頁は、30条、35条などの著作権の制限規定により許される複写行為が、集中管理を大きく発展させていく上での足かせになっているという側面も否定できないのではない、技術の発展によって時代遅れとなった広範すぎる著作権制限規定が、集中管理等によるライセンス制度の発展を妨げており、それによって情報財の過少利用が生じているという見方もひとつの考え方として可能かもしれないと指摘する。また、後述の通り、著作権法37条３項、37条の２は、ライセンス優先型権利制限の１種を導入したものと位置付けられるが、これは、単純に権利制限を認めると、権利者が著作物を提供するインセンティブを損なうおそれがあることがその理由の１つであると説明されている（加戸・前掲注(104)295頁、池村・前掲注(59)34頁）。

[139]　今村・前掲注(138)は、許諾権を正面から認めながら、ライセンス・スキームが実現されるまで、言い換えれば、市場の失敗が補整されるまでの過渡的な制度調整という意味

て、利用者による自由使用をデフォルト・ルールとしつつも、権利者によって当該著作物の利用に係る市場の失敗がある程度解消されたとき（「ライセンス優先型」の用語を用いたが相対のライセンス市場の整備には限らない）には、原則通りの権利行使を可能とする制度である。これは、取引費用の問題があるときに、権利者の側にライセンス体制の整備などのそれを解消する措置を行う義務を課し、それが果たされない限り自由使用を認める権利制限を課すという制度であるといえる。

② ライセンス優先型権利制限の実例と立法形式

この制度を具体的にどのように実現するかには、様々な方策があり得る。端的にこれを導入しているものとして、英国法の著作物の教育利用に関する権利制限規定をあげることができる[140]。2014年改正後の英国著作権法、35条（教育機関による放送の録音・録画）の4項及び36条（教育機関による著作物の抜粋の複製及び使用）の6項は、「本条で許諾される行為であっても、その行為について許諾を得ることが可能であり、かつ、その行為に責任を有する教育機関が当該事実を知っていた又は知るべきであった場合にはその行為は許諾されず、またはその限度において許諾されない。」と定めている[141]。これは、ライセンス体制を権利者が整備すれば、利用者が過失なくそのことを知らなかった場合でない限り、権利制限規定は適用されないというものである。また、我が国の著作権法37条3項但書、37条の2但書は、視覚・聴覚障害者のための複製等の権利制限を定めるが、当該著作物について、著作権者等により、障害者が利用するために必要な方式による公衆への提供又は提示が行われている場合は、この限りでないと定めている。これは、権利者等が必要な方式でいわゆるバリアフリー出版を行っている場合[142]には、権利制限規定を適用しないというものである。

における「柔軟な制限規定」という方策も、今後、検討に値すると指摘する。

[140] 平成26年度文化庁委託事業（情報化の進展に対応した著作権法制の検討のための調査研究事業）「ICT活用教育など情報化に対応した著作物等の利用に関する調査研究」（株式会社電通、2015年）61-78頁、作家文雄「英国・2014年著作権法改正（制限規定の整備）の背景と制度の概要〔後編〕」コピライト645号（2015年）28頁参照。

[141] 原文は、Acts which would otherwise be permitted by this section are not permitted if, or to the extent that, licences are available authorising the acts in question and the educational establishment responsible for those acts knew or ought to have been aware of that fact. 日本語訳は、前掲注(140)報告書160、164頁によった。

[142] 条文は、「利用するために必要な方式」で出版等をしている場合には適用されないということであるが、立法当時の説明によれば、たとえば、CDによるオーディオブックを使

◇第Ⅰ部◇　権利の内容・制限と利用許諾

このように、著作権者に一定の取引環境の整備を履践することを要求し、それが果たされない限り自由使用を認めるという形で、ライセンス優先型権利制限規定を設けることができる。

　また、ライセンス優先型権利制限であることを明文で定めず、たとえば、スタンダード型の権利制限規定の解釈の中で、権利者が取引環境の整備をなしていることを考慮要素に盛り込むということもありえる。たとえば、フェア・ユースに関し、Texaco 判決は、集中許諾の仕組みが整備されていたことを理由に、企業の図書館における研究目的の科学技術論文の複製は、フェア・ユースにあたらないと判断している[143]。日本法においても、35条1項などにある「著作権者の権利を不当に害しない」という要件の解釈として、たとえばライセンス体制を整備していない時には、自由に使用されても著作権者の利益は不当には害されていないという解釈論を採用することは、明確性等に問題は残るとしても、選択肢としては否定されないであろう。

③ ライセンス優先型権利制限の運用方法

　どのような場合にライセンスが「優先」され、権利制限が外れるかは制度設計のやり方として種々考えうる。このような規定の目的は、権利者に取引環境整備のインセンティブを課すことが目的なので、ある程度高い義務を課さないと制度の意味がない一方で、利用者による制度の濫用を防ぐことも必要である。そのバランスの中で求められる要件の程度が決まる。すでに強調してきているように、権利者と利用者が契約を結ぶことが単に可能になっただけでは、十分に取引費用の問題が解決されているとはいえない場合も多く、利用者の求める利用について適切な価格により提供されることが必要であり、特に利用に公益性があるときにはその価格が高すぎないかに注意する必要がある。

　　　いたいときに、不便なカセットテープによる提供しかない場合でも、必要な方式により提供はされているということで、権利制限の対象にはならないとのことである（文化庁長官官房著作権課「著作権法の一部を改正する法律（平成21年改正について）」コピライト585号〔2010年〕30頁）。媒体が異なる場合は別方式であるとして、この結論を疑問視する見解もある（池村・前掲注(59)35頁）確かに立法担当者の説明のように、まさに需要のある方式で提供されていなければならないとすると権利者に課す義務が高すぎる場合もあろうが、設例のような事例では、実際には市場の失敗はまったく解消されていないともいえるので、池村の批判が正当であろう。

[143]　American Geophysical Union v. Texaco, 60 F. 3d 913 (2d Cir. 1995). 本事件に関しては、消尽としての権利制限の文脈でもすでにふれたので、前掲注(49)の記述も参照されたい。

また、ライセンス優先型権利制限規定は、権利者不明著作物対策として利用することが可能である。権利行使しようとしない権利者に対しては自由使用を甘受させ、そうでない権利者に対してのみ権利行使を認めることで、権利者不明著作物の利用が促進される一方で、権利者には権利行使のインセンティブが与えられることになる。特に、権利行使可能であることの要件となるライセンス体制の整備を、権利者が集中許諾システムを整備したことだとしてしまえば、拡大集中許諾に似た制度として運用することも可能になる。この場合、集中管理団体の構成員たる権利者とそうでない権利者の扱いとに大きな差が出ることになる。これを正当化できるかは場合によるが、公益性のある利用の場合、利用者が一部の利用の対価を負担しなくなるため、払う利用の対価の１つ１つが公益的なものとしては高すぎたとしても、平均的には適切な水準まで負担が下がることを期待できるメリットがあり、かつ、権利行使を積極的にしようとしない権利者に負担を甘受させることの説明もつけやすいということを指摘することはできよう。

V　著作権の取引と刑事罰
(1) 著作権侵害罪の保護法益

　最後に、上記の検討を踏まえて、著作権侵害に対してどのような刑罰を科すべきかということについて簡単に検討しておきたい。
　刑罰法規の基本的役割は、法的に保護に値する利益（法益）の保護を目的とし、法益を侵害し又は法益侵害の危険をもたらす行為を犯罪として禁止・処罰することである（「法益保護主義」）[144]。しかし、法的保護に値する利益であれば、すべて刑罰法規により保護されるわけではなく、刑罰は、他の保護手段では法益保護のために不十分なときにのみ最後の手段として用いられるべきであり（刑法の補充性）、処罰が必要かという観点から、限定された範囲の行為だけが、部分的・断片的に犯罪とされる（刑法の断片性）[145]。たとえば、債務不履行は、債権者の正当な利益を侵害するものであるが、一般的に犯罪とされていないのは、債権者に対する保護は民事的な救済で足りると解されるからである[146]。
　著作権侵害罪において、刑罰を用いなければ保護できないとされる法益とは

---

[144]　山口厚『刑法（第３版）』（有斐閣、2015年）5頁。
[145]　山口・前掲注(144)6頁。山口厚『刑法総論（第２版）』（有斐閣、2007年）5頁。
[146]　山口・前掲注(145)5-6頁。

◇第Ⅰ部◇　権利の内容・制限と利用許諾

何なのか。

　この点については、2つの考え方がありうる。1つ目は、著作権者のもつ経済的利益そのものが保護法益とみる考え方である。もう1つは、著作権をめぐる取引の秩序を保護法益と見る考え方である。現行法の規定は、基本的に前者の考え方をとっていると思われ、伝統的にはこの考え方は支持されてきた[147]。ただ、この考えの中にも、刑罰によってまで保護すべきなのは、著作権者の経済的利益は社会秩序を構成しているからだという説明が当初から見られている[148]。

　事前許諾の原則が不動だとするならば、2つの考え方を区別する意味は大きくはない。なぜなら、著作権侵害行為は、著作権者の私益を侵害するものであると同時に、常に事前に許諾を得ない限り著作物利用行為を始めてはならないという取引秩序を侵すものであるからである。しかし、事前許諾の原則を放棄するのであれば、著作権者の許諾なしに著作物の利用を行うことは、著作権者の正当な経済的利益に対する侵害であることは否めないが、常に取引の秩序を破壊するわけではないということになる。本稿では、無許諾の著作物の利用そのものが直ちに取引の秩序を破壊するとはいえないという考え方を提示してきた。この考え方によるならば、立法論としては、著作権をめぐる取引の秩序を保護法益と解して、刑事罰の範囲はそれを破壊する行為に限定して解するという立場も十分に成立すると考えられる。

(2) 刑事罰により抑止すべき行為

　また、刑罰の機能論に関する法と経済学の観点から以下のような洞察を加えることもできる。

　一般に、刑法は、それを用いなければ適切に抑止できない行動を抑止するた

---

[147] 伊藤榮樹=小野慶二=荘子邦雄編『注釈特別刑法　第四巻　労働法・文教法編』（立花書房、1988年）〔香城敏麿〕837頁は、保護法益は、著作権などの権利だとする。

[148] 加戸・前掲注(104)815頁は、著作権者の経済的利益が保護法益であるとしているが、単に個人的な法益すなわち生活利益にとどまらず、社会的な法益即ち法秩序と観念すべきと述べている。金子敏哉「著作権侵害と刑事罰」法とコンピュータ31号（2013年）100頁は、起草担当者によるこの記述の趣旨は、窃盗罪等と同様、著作権侵害罪も一義的には個人的な法益を保護するが、ただ特定の権利者のみを保護するものではなく社会全体において著作権侵害を抑制することで適切な社会秩序を形成するとの趣旨と理解されるとする。

めに必要なのだと説明されている[149]。すなわち、民事的救済（差止、損害賠償）によっては、当該著作権侵害行為を社会的に最適なレベルにまで抑止することができないときに、刑事罰の発動が望まれるのである。抑止に刑事罰が必要か否かは、金銭的サンクションでは不十分かどうかが重要で、犯罪者の資産水準、行為を発見できる確率、行為から得られる私的便益の程度、行為が実行されることによる損害の大きさの期待値、が考慮要素となる[150]。また、民事的な金銭的サンクションではなく、罰金という刑事的な金銭的サンクションを課すことの意味は、犯罪というラベリングにより社会的サンクションに基づく抑止効果を高める意味があると説明される[151]。

　この説明によれば、殺人行為によってもたらされる損害の期待値は甚大で、発見の確率も高くなく、行為者は資力が低い傾向にあるので金銭的サクションが抑止の意味がなく、また、殺人者が殺人から得る便益は大きいと思われるので、刑事罰により抑止する必要がある[152]。また、未成年者への酒類の提供に罰金刑が課される[153]のは、その発見が難しいからであると同時に、刑罰とラベリングされることによる抑止効果を狙っているのである[154]。

　以上によると、著作権侵害行為が、原作のまま有償著作物等の全部を公衆に提示・提供する海賊行為によって行われる場合には、それに刑事罰を科すことは十分正当化できると思われる。海賊行為による場合、著作権者の現に有する市場に大きな損害を与え取引の秩序を破壊すると同時に、侵害者を発見しサンクションを課すことが難しい場合も多く、侵害者の特性からして金銭的なサンクションが意味をなさない場合も少なくない。そして、侵害者がそこから大きな便益を得ている場合も多いので、刑事罰によらなければ、適切に抑止できない場合も多い。また、119条3項の定めるいわゆる違法ダウンロードに対する

---

[149] シャベル・前掲注(13)631頁。
[150] シャベル・前掲注(13)631-633頁。
[151] シャベル・前掲注(13)635頁。アメリカでの議論であるが、我が国においてもその論旨は妥当するだろう。
[152] シャベル・前掲注(13)634頁。
[153] これは、米国の法律を念頭に置いた議論であるが、我が国でも未成年者飲酒禁止法3条1項において、1条3項（営業者ニシテ其ノ業態上酒類ヲ販売又ハ供与スル者ハ満二十年ニ至ラサル者ノ飲用ニ供スルコトヲ知リテ酒類ヲ販売又ハ供与スルコトヲ得ス）に違反した者は50万円以下の罰金に処される。
[154] シャベル・前掲注(13)635頁。

◇第Ⅰ部◇　権利の内容・制限と利用許諾

刑罰も、海賊行為の対向行為と評価できるうえ、1つ1つの行為は小さいがそれが集積すればその損害も必ずしも軽微とはいいがたく、発見は極めて困難であり単なる金銭的サンクションの有効性も疑わしいとすると、その濫用の危険や懲役刑が相当かどうかは別論としても、少なくとも罰金刑により刑罰とラベリングすることによって抑止効果を狙うことは正当化する余地があるように思われる(155)。

　一方で、自由に利用できるかどうかグレーな領域（利用が寛容されている形式的には侵害が明白な領域も同様である）において著作物を利用する行為の場合、もともと著作権者がその市場をすでに開拓しているわけではなく、また、事前許諾の原則が妥当しないのであれば、現に有する市場に対する損害も事前に意思決定の機会を奪われたという損害もないのであるから、取引の秩序に対する侵害はなく損害の程度は大きいわけではない。また、こういった著作権侵害行為を犯すのは、決して反社会的な存在とは言えない主体であることも多いので、民事的救済が有効に作用することにも十分期待することができる。このような例として具体的に考えられるのは、いわゆる二次創作、あるいはもっと広く、既存の著作物を利用した創作活動が挙げられよう。このような創作活動の場合、それが個人によって行われるときには発見が難しいということはあるが、損害は軽微なため、刑事罰をもって抑止すべき必要性はない。もし、それが商業的主体によって行われる場合、損害が小さくない場合もありうるが、金銭的抑止が極めて有効に作用すると考えられるので、いずれにしろ、創作活動的な利用に刑事罰を科す必要性は認められないように思われる(156)。

---

(155)　119条3項の立法に対しては、日弁連から反対の声明が発せられ、参議院文教科学委員会においては、警察の捜査権の濫用やインターネットを利用した行為の不当な制限につならないよう配慮することなどの付帯決議がなされている（平成24年6月20日）。また、青少年が当該行為の主体となる場合も多いと予想され、青少年に刑罰を科すことが適当かどうかは慎重な配慮が必要なことはいうまでもない。改正法附則第7条2項においても、未成年者に対する啓発の義務が国及び地方公共団体に課せられている。以上につき、池村＝壱貫田・前掲注(38)189-196頁参照。

(156)　「環太平洋パートナーシップ（TPP）協定に伴う制度整備の在り方等に関する報告書」（文化審議会著作権分科会、平成28年）によると、TPPを受けて非親告罪となる著作権等侵害行為は、①「侵害行為の対価として利益を受ける目的を有している場合や、著作権者等の利益を害する目的を有している場合であること」②「現に市場において権利者により有償で提供又は提示されている著作物等」であること、③「原作のまま」利用する行為、かつ、「著作権者等の得ることが見込まれる利益が不当に害されることとなる場

Ⅵ　おわりに

　本稿では、従来の著作権法の根底にある設計思想について分析し、新たな時代の変化を受けて、その設計思想をどう変化させ、また、具体的にどのように著作権法を設計していくべきなのかについて検討してきた。

　著作権法は、権利の対象となる著作物の「利用」行為を個別的に指定し、著作物の利用には事前の個別の許諾が必要だという原則を採用している。一方で、この原則の前提とされてきた取引環境は、支分権該当行為の社会的意味の変質、軽微な著作物利用が伴う機会の増加、著作物の流通・課金形態の多様化、権利者・利用者集団の増加・多様化などの変化に伴い、崩されてきている。これに対処するには、さしあたり現行法の枠組みを最大限尊重すれば、権利制限規定を見直し自由使用の領域を拡充すること、および、著作物の利用の許諾にかかる市場の失敗を解決する集中許諾、法定許諾、強制許諾などの手段を適宜に選択していく必要があるといえる。

　著作権法において著作権を制限し自由使用を認めるべきといえるのは、それが著作物を経済的に利用する行為とはいえない場合のほか、市場の失敗があるときに利用許諾を代替するものとして権利制限を認めるべき場合である。著作物を経済的に利用するとは言えない行為の多くが権利対象とされてしまっている問題は大きいといえ、経済的利用があるときでも、利用に権利者と利用者の利益に還元できない利益（公益性があるときといってよい）があるときには市場の失敗の解消を望むことは難しく、積極的に権利制限を認めるべき場合が多いといってよい。また、市場の失敗の重要な一類型として、著作物の対価の回収をある一点に集中するスキームを構築させるため、消尽と同様の根拠によって権利制限を認めるべき場合もある。すでに別のところで対価を回収済みと評価できるような著作物の利用行為は、積極的に権利制限の対象とすることが著作物の流通を促進する場合もあるといえるだろう。

　以上のような根拠で正当化される権利制限を、どのような立法形式により制定するべきか議論の分かれるところである。いわゆるルール・スタンダード論に依拠すると、現状では、過剰・過少規制の問題が大きく取引環境の変化が多いことに照らせば、よりスタンダード性の高い規定を権利制限規定に導入する

　　合」であることの3要件を満たした場合のみ非親告罪の対象となる。本稿の主張は、これ以外の場合が非親告罪とならないことはもちろん、将来的には、そもそも刑事罰を科す必要がおよそない可能性をも検討すべきということである。

◇第Ⅰ部◇　権利の内容・制限と利用許諾

ことが望まれる。一方で、ルール型規定がよさを発揮する場面もあり、両者を適切に組み合わせていくことが必要である。

　一方で、市場の失敗を解決する手段は、自由使用を認める権利制限を導入することに限られない。拡大集中許諾を含めた集中許諾体制の整備、法定許諾、強制許諾の拡充なども選択肢となる。著作権者の利益を考えれば、著作権者に対価のわたるこれらの選択肢の方が望ましい場合もある。これらの手段の選択に当たっては、取引費用がどの点において減少され市場の失敗を解決しているといえるのか、特に設定される利用料が過大・過少ではないかという点に気を配る必要がある。加えて、権利者のオプト・アウトを積極的活用することなどにより、当事者に取引費用を削減する義務を課すという選択肢も検討すべきである。

　著作権法の究極の目的は文化の発展であり、著作権法においてそれは、著作権者に正当な対価を還流させることにより創作のインセンティブを確保して文化的所産の創作を奨励しつつ、その利用・享受が円滑に進む体制を整備するという手段によって達成されている。本稿は、著作物の利用をより円滑に進めるために、著作権法がどのような仕組みを採用してきたかを明らかにすることをその目的としてきた。本稿の議論が、著作物の利用円滑化をめぐる議論に理論的基礎を与えることができることを願ってやまない。

〔付記〕本稿に対しては、上野達弘教授、金子敏哉准教授を始めとする「コンテンツの創作・流通・利用主体の利害と著作権法の役割」研究会のメンバー各位及び田村善之教授から貴重なご指摘をいただいた。また、同志社大学知的財産法研究会において本研究について報告する機会をいただき、そこでの議論から貴重なご示唆をいただいた。ここに記して感謝申し上げる。

第3章 権利権限の一般規定
── 受け皿規定の意義と課題 ──

上野達弘

I はじめに

　著作権法は、権利を定める一方で、これを制限する規定を有している。この権利制限規定は、同法上の権利の範囲を画定するという点で重要な意味を持つ。

　権利制限規定をめぐっては、その立法論について、近時盛んな議論が展開されてきた。特に問題となるのが、著作権制限の一般規定の是非である。2007年以降、いわゆる「日本版フェアユース」をめぐる議論が展開された末、2012年には、著作権法改正によって4つの権利制限規定が創設された。しかし、2016年現在においても議論は収束しておらず、むしろ再燃しているようにも見える。

　ただ、これまでの議論においては、「フェアユース」という名称の意味や、そうした一般規定を持つ意義をめぐって、前提となる理解が共有されていないために、建設的な議論やコンセンサスの形成が妨げられることが少なくなかったように思われる。だとすれば、それは望ましくない事態と言わなければならない。

　そこで、本稿は、権利制限の一般規定に関する筆者なりの考えを示すことによって、この議論に多少なりとも新しい局面をもたらすことを試みるものである。

II 従来の議論

1 問題の所在

　著作権法は、権利を付与する規定を有する一方で、これを制限する規定を有している。著作者の権利に関して言えば、著作権法は、著作者が著作者人格権（著作権法18～20条）および著作権（同法21～28条）を享有するものと定めつつ（同法17条1項）、著作権の制限規定（同法30条以下）や著作者人格権を制約する規定（同法18条2～4項、19条2～4項、20条2項）を有している[1]。権利制限

◇第Ⅰ部◇　権利の内容・制限と利用許諾

規定をめぐっては、解釈論も問題になるところであるが、本稿で取り上げるのは、これをどのように定めるべきかという立法論である。特に問題となるのが、こうした権利制限について一般規定（一般条項）を設けることの是非である[2]。

2　従来の議論
(1)　伝統的通説

伝統的通説によれば、著作権法上の権利制限規定は、明確かつ具体的な個別規定であるべきであり、柔軟に解釈できる一般規定であってはならないとされてきた。

例えば、斉藤博教授は、主として同一性保持権に関する文脈ではあるが、「権利を制限するが如き規定が包括性を有するということは問題の存するところであろう」と述べていた[3]。

実際のところ、同一性保持権の適用除外（著作権法20条2項）には、個別規定（同項1～3号）に加えて、「前3号に掲げるもののほか、著作物の性質並びにその利用の目的及び態様に照らしやむを得ないと認められる改変」を許容する一般規定（同項4号）があるが、この規定は現行法の立法過程において著作者側から強い反対を受けたものであった[4]。そこで、当時の政府は、同号（昭和60年改

---

(1)　著作権の制限規定（著作権法30条以下）は、明文上、「著作権の制限」という名称が与えられているのに対して、著作者人格権の限界を定めた規定は、一定の行為を許容する規定（同法19条2・3項）、一定の場合に権利を定めた規定の適用を除外する規定（同法18条4項、19条4項、20条2項）、権利者の同意を推定または擬制する規定（同法18条2・3項）という形で設けられており、形式的には「制限」という名称が与えられているわけではないが、権利の範囲を画定する規定であることに変わりはないため、本稿は、これらの規定も検討対象に含めるものとする。もっとも、権利を定めた規定の適用除外を定める規定は、著作者人格権のみならず著作権や著作隣接権についても存在するため（例：譲渡権の消尽〔同法26条の2第2項〕、録音・録画権のワンチャンス主義〔同法91条2項〕）、その位置づけについては検討の余地がある。

(2)　本問題に関する最近の議論では、「個別規定」との対置から、「一般条項」ではなく「一般規定」という言葉が用いられることが多いため、本稿もこれに従っておくが、「一般規定」は、いわゆる「一般条項」（竹内昭夫=松尾浩也=塩野宏編集代表『新法律学辞典（第3版）』〔有斐閣、1989年〕37頁は、「法律上の要件を抽象的・一般的に定めた規定」とする）の意味で用いるものとする（ただし、評価的〔規範的〕要件を部分的にでも含むあらゆる規定を一般に「一般条項」と呼ぶものではない）。

(3)　斉藤博「新著作権法と人格権の保護」著作権研究4号（1971年）99頁参照。

(4)　例えば、第63回国会衆議院文教委員会著作権法案審査小委員会（昭和45年3月27日）において、和田新参考人（日本美術家連盟事務局長〔当時〕）は、著作権法20条2項に

◆ 第 3 章 ◆ 権利制限の一般規定［上野達弘］

正前 3 号）を厳格に解釈することを強調して、同号の規定は維持されることになった[5]。こうした経緯を受けて、同号の規定は、その後の裁判例において厳格解釈されることになるのである[6]。

　他方、著作権の制限規定（著作権法 30 条以下）は、現行法上、いずれも個別規定の限定列挙であり、一般規定はない。周知のように、アメリカ著作権法には、「フェアユース規定」と呼ばれる一般規定（107 条［Limitations on exclusive rights：Fair use］）があるが[7]、伝統的通説は、こうした規定を日本法に導入することに

　　ついて、「この二つは、それぞれのことを考えるといかにももっともなのでやむを得ないのですが、その次に第 3 号《現 4 号のこと…引用者注》がありまして……これがたいへん私は疑問なのであります。こういうことが一つありますと、すべて利用者のほうはこれを適用して、都合のいいように改変を加えるおそれが非常にある。これは目的及び態様に照らしやむを得ないんだと言われれば、一つの主張になるわけでございまして、これはたいへん危険に思います。それで、もしこういう個条を設けなければならない必要がある具体的な例があるのでしたら、それを第 3 号に、こういう場合というものをはっきりきめていただくか、あるいはそれが想定できないのでしたら、これを削っていただいて、そうしていかなる改変もこの 1 号、2 号に当たらないその他の改変が必要な場合には、まず著作者の同意を得るべきだということが原則になるようにしておいていただきたい」と述べている（同議録 3 号 5 頁参照）。斉藤・前掲注(3) 85 頁以下も参照（同 86 頁も、「著作物の利用面にウェイトを置きすぎた規定といわざるをえない」とする）。

(5)　当時の政府側は、著作権法 20 条 2 項 3 号（現 4 号）を限定的に解する旨の説明を行ったり（前掲注(4)議録 20 頁［安達健二文化庁次長（当時）発言］参照）、同法 1 条の「公正な利用に留意しつつ、」という文言のうち、最後の「、」を挿入したことをもって、同法は著作者等の権利の保護を図ることが第一義であり、「公正な利用」は二次的であることを明示したという説明を行い（例えば、第 61 回国会衆議院文教委員会議録 21 号〔昭和 44 年 6 月 6 日〕10 頁［安達発言］参照）、その結果、著作者側の反対運動は収束したとされる（小畑真一「著作者人格権および一般的人格権についての実質的一考察」著作権研究 16 号〔1989 年〕39 頁参照）。

(6)　著作権法 20 条 2 項 4 号（昭和 60 年改正前 3 号）を適用して同一性保持権の侵害を否定した最初の裁判例は、東京地判平成 2 年 11 月 16 日無体裁集 22 巻 3 号 702 頁〔法政大学懸賞論文事件：第一審〕であるが、同・控訴審判決（東京高判平成 3 年 12 月 19 日判時 1422 号 123 頁）は、これをほぼ取り消した（加算の誤りによる誤字の訂正に関する点のみ、これを同号に当たるとした原判決を維持した）。同号の規定を明示的に適用する裁判例が登場するのは平成 5 年以降である。

(7)　アメリカ法上のフェアユース規定については、山本隆司・奥邨弘司『フェア・ユースの考え方』（太田出版、2010 年）、村井麻衣子「フェア・ユースにおける市場の失敗理論と変容的利用の理論（1）〜（4）―― 日本著作権法の制限規定に対する示唆」知的財産法政策学研究 45 号 105 頁・46 号 95 頁・48 号 79 頁（2014〜2016 年）、奥邨弘司「フェア・ユース再考 ―― 平成 24 年改正を理解するために」コピライト 629 号（2013 年）5 頁以下、

143

◇第Ⅰ部◇　権利の内容・制限と利用許諾

反対してきた[8]。

　こうした伝統的通説の背景には、著作権法を、著作者の権利保護を第一の目的とした法律と捉えた上で、権利制限を「例外」と位置づける理解がある（著作者の優先的保護）[9]。つまり、権利制限規定は「例外」である以上、それは厳格に解釈適用されなければならないのであるから[10]、立法論としても、広く解釈されかねない包括的・一般的な規定であってはならず、明確かつ具体的な個別規定でなければならないというのである[11]。

　　　三浦正広「著作物の商業的利用とフェア・ユース法理——『利用の目的および性格』の解釈を中心として」国士舘法学44号（2011年）218頁、三木茂「フェアーユース論の歴史」中山信弘編集代表『知的財産・コンピュータと法　野村豊弘先生古稀記念論文集』（商事法務、2016年）227頁等参照。

(8)　斉藤博『著作権法（第3版）』（有斐閣、2007年）224頁は、「判例の積み重ねのなかでフェアユースの法理が帰納的に編み出され、その法理がさらに判例により練り上げられる手法は、制定法に重きを置くわが国のような法律思潮にはなじみ難いものであろう」とする。

(9)　斉藤博『概説著作権法（第3版）』（一粒社、1994年）13頁以下は、「文化的所産の公正な利用の確保を考える際、権利の保護か公正な利用かと対比して考えることは妥当ではない。たしかに、著作権法1条が『文化的所産の公正な利用に留意しつつ、著作者等の権利の保護を図り』と規定しているところから、一見すると著作物の公正な利用と著作者等の権利の保護が並列的に考えられ、あるいは、公正な利用に留意することが著作者等の権利を保護する前提になっているかのようにも考えられるが、決してそのようなものではなく、著作者等の権利の保護こそ著作権法が最も優先する目的なのである。……法が公正な利用に留意するよう求めるとしても、これはあくまでも権利の保護を第一としつつも、例外的に、一定の限られた場合に権利を制限しようとするわけである」とする。また、加戸守行『著作権法逐条講義（六訂新版）』（著作権情報センター、2013年）も、「『著作者等の権利の保護を図』るということが、この法律の目的とする第一前提となるものでございます」（15頁）、「著作者等の権利の保護が第一義的な目的であるということによって、この法律が解釈される」（16頁）とする。

(10)　斉藤・前掲注(9)14頁は、「30条をはじめとする権利を制限する諸規定を解釈・適用するに際しても、これらが『例外的に』定められていることをつねに考えなければならない。すなわち、これら制限規定の解釈・適用は努めて厳格になされなければならない」とする。

(11)　斉藤・前掲注(3)85頁も、「一般に例外として扱う場合は限定的に規定せらねばならない。例外を規定する法命題の解釈は限定的でなければならないこともちろんであるが、その前に、そもそも法命題そのものを能うる限り多義的な解釈の生ずる余地のないものとしておかなければならないはずである」とする。

(2) 近時の議論

これに対して、最近は、権利制限の一般規定に関する議論が盛んである。

著作者人格権については、同一性保持権の適用除外の一般規定である著作権法20条2項4号が厳格解釈された結果、裁判例においてほとんど適用されず[12]、その代わりにさまざまな法律構成による解釈論が展開されてきたこと（いわゆる「不文の適用除外」）を批判して、著作者と利用者との調整の観点から同号の規定を柔軟に解釈適用すべきという議論がなされてきた[13]。

他方、著作権については、権利制限の一般規定の導入に関する議論がある。筆者は、2007年9月19日の講演で、日本法に適合した著作権制限の一般規定に関する問題提起を行い、これを「日本版フェアユース」と呼んだ[14]。その後、この問題に関して比較的慎重な姿勢を示しておられた中山信弘教授が[15]、2008

---

[12] 前掲注(6)参照。

[13] 上野達弘「著作物の改変と著作者人格権をめぐる一考察 —— ドイツ著作権法における『利益衡量』からの示唆(1)(2・完)」民商法雑誌120巻4=5号748頁・6号（1999年）925頁参照。その後、同様の方向性を有するものとして、中山信弘『著作権法（第2版）』〔有斐閣、2014年〕516頁以下、高林龍『標準著作権法（第2版）』〔有斐閣、2013年〕228頁等参照。

[14] 上野達弘「著作権法における権利制限規定の再検討 —— 日本版フェア・ユースの可能性」コピライト560号（2007年）2頁参照。なお、これ以前にも、アメリカ法におけるフェアユース規定を日本法にも導入すべきという主張は見られた（相澤英孝「著作権法のパラダイムへの小論」相澤英孝＝大渕哲也＝小泉直樹＝田村善之編『知的財産法の理論と現代的課題 中山信弘先生還暦記念論文集』〔弘文堂、2005年〕344頁以下、椙山敬士「フェアユースと教育利用」森泉章ほか編『著作権法と民法の現代的課題 半田正夫先生古稀記念論集』〔法学書院、2003年〕293頁等参照）。

[15] 中山信弘『著作権法（初版）』〔有斐閣、2007年〕においては、「結論的には、現段階においてはフェアユースを正面から採用することは困難であるように思える。わが国の著作権法は、著作権の制限規定は限定列挙という考えで制定されており、しかも著作権施行令を見ると、その規定は詳細を極め、フェアユースの入り込む余地などないようにみえる。また以前は著作権法改正の頻度は低く、法改正は難しい作業であったが、現在では毎年のように法改正が行なわれ、必要があれば制限規定もスピーディに改正されるようになっており、フェアユースの必要性は少ないようにも見える」(309頁)、「フェアユースの規定を設けるということは、問題が生じたら司法判断を待つということであり、遠い将来は別として、現状においては、多くの国民の望むところではないように思える。わが国は制限規定の法改正を頻繁に行なっており、そのような状況にあれば、フェアユースの導入よりも、立法的解決のほうが優れているという面もある」(310頁)、「わが国にフェアユースの規定を導入した場合の現実問題として、何らの判例の蓄積もなく突然フェアユースという一般規定を導入することは、全てを裁判所に丸投げをすることを意

◇第Ⅰ部◇　権利の内容・制限と利用許諾

年以降、積極的に「フェアユース」の導入を主張されるようになると[16]、急速に立法論が具体化することになる。

　まず、知的財産戦略本部『知的財産推進計画2008』において、「デジタル・ネット時代に対応したコンテンツ産業の振興を図るため、新たなコンテンツの利用形態を視野に入れた流通促進の枠組み、包括的な権利制限規定の導入も含めて新たな技術進歩や利用形態等に柔軟に対応し得る知財制度の在り方、ネット上の違法な利用に対する対策強化等について早急に検討を行い、2008年度中に結論を得る」とされ[17]、これを受けて同本部に設置されたデジタル・ネット時代における知財制度専門調査会において議論された結果、「個別の限定列挙方式による権利制限規定に加え、権利者の利益を不当に害しないと認められる一定の範囲内で、公正な利用を包括的に許容し得る権利制限の一般規定（日本版フェアユース規定）を導入することが適当である」とされた[18]。

　その後、2009年以降、文化審議会著作権分科会法制問題小委員会において本問題が議論された結果、2011年1月に公表された報告書では、「何らかの形で権利制限の一般規定を導入することが適当である」とされた[19]。これを受けて、

　　味し、裁判所としても荷が重く、裁判が長期化する原因ともなりかねないという恐れもある」（310頁以下）とされていた。ただ、同311頁注143には、「中間的な処置として、民法770条（離婚原因）の規定のように、まず権利の制限事由を列挙し、そのあとに一般規定を設ける（いわゆる小さな一般条項）ことも考えられる」とも述べられていた点は注目される。

[16]　中山信弘「著作権法に未来はあるのか？」（http://www.businesslaw.jp/blj-online/interview/000028-more.html）（2008年5月29日）は、「私は従来、日本の企業は法的リスクを取りたがらない傾向にあるから、日本でフェアユースはあまり機能しないのではないかとも考えていました。しかし、最近、考えを変えたといいますか、実態が分かってきたといったほうがいいのかもしれませんけど、日本にも法的なリスクをとるベンチャー企業がありますから、彼ら彼女らを支援するという意味で、最近ではフェアユースを入れたほうが良いのではないか、という考え方に傾いております」とする。また、2008年著作権法学会における発言として、著作権研究35号164頁以下（2008年）も参照（同166頁は「この日本の将来の産業というのを見据えると、私はやはりフェア・ユースの規定は必要だと、考え方を最近固めました」とする）。こうした中山教授の変化については、上野達弘「総論――シンポジウム『権利制限』の趣旨」著作権研究35号（2008年）9頁注30も参照。

[17]　知的財産戦略本部『知的財産推進計画2008』（平成20年6月18日）86頁参照。

[18]　知的財産戦略本部デジタル・ネット時代における知財制度専門調査会『デジタル・ネット時代における知財制度の在り方について』（平成20年11月27日）11頁参照。

[19]　『文化審議会著作権分科会報告書』（平成23年1月）61頁参照。

2012年の法改正［平成24年法律第43号］が行われ、4つの権利制限規定（著作権法30条の2、30条の3、30条の4、47条の9）が創設されるに至ったのである。

しかしながら、これで著作権制限の一般規定に関する議論が尽くされたわけではない[20]。2015年6月に公表された『知的財産推進計画2015』においても、「柔軟性の高い権利制限規定」について検討すべきことが表明され[21]、これを受けて、同年10月、文化審議会著作権分科会法制・基本問題小委員会に「新たな時代のニーズに的確に対応した制度等の整備に関するワーキングチーム」が設置された。また、同年11月、知的財産戦略本部に設置された「次世代知財システム検討委員会」においても、本問題が主たる課題の一つとなり、2016年4月に公表された報告書では、「早期の法改正の提案に向け、柔軟性のある権利制限規定についてその内容の具体化を図る」などとされた[22]。そして、同年5月に公表された『知的財産推進計画2016』では、「柔軟性のある権利制限規定について、次期通常国会への法案提出を視野に、その効果と影響を含め具体的に検討し、必要な措置を講ずる」とされた[23]。これを受けて、同年度の文化審議会著作権分科会法制・基本問題小委員会において具体的な検討が行われているところである。

(3) 議論の推移

以上のような過程を通じて、学説においても議論の進展があり、伝統的通説である斉藤博教授の見解にも変化が見られる。

斉藤教授は、先述の通り、著作権法上の権利制限は、権利保護という著作権法の目的における「例外」なのであるから、明確かつ具体的な個別規定とすべきであり、包括性のある一般規定であってはならないという立場を示してこら

---

[20] すでに、前掲注(19)61頁においても、「本小委員会としては、この検討結果をもって、権利制限の一般規定に関する議論を尽くしたものとは考えてはいない」とされていた。

[21] 知的財産戦略本部『知的財産推進計画2015』（平成27年6月）42頁は、「インターネット時代の新規ビジネスの創出、人工知能や3Dプリンティングの出現などの技術的・社会的変化やニーズを踏まえ、知財の権利保護と活用促進のバランスや国際的な動向を考慮しつつ、柔軟性の高い権利制限規定や円滑なライセンシング体制など新しい時代に対応した制度等の在り方について検討する」としている。

[22] 『次世代知財システム検討委員会報告書——デジタル・ネットワーク化に対応する次世代知財システム構築に向けて』（平成28年4月）20頁参照。

[23] 知的財産戦略本部『知的財産推進計画2016』（平成28年5月）11頁参照。

◇第Ⅰ部◇　権利の内容・制限と利用許諾

れたのであるが、2014年に公表された書籍では、「筆者としては、今、包括的規定の要否を問われれば、その必要性を認め、肯定的な答えをせざるをえない」と述べるに至っている(24)。たしかに、同教授は同書において依然として、日本法において「フェアユース」という言葉を用いることには強い抵抗感を示されている(25)。しかし、同教授が具体案として、「若干の例示規定を設ける一方、その他、スリー・ステップ・テストにより権利を制限する包括的な規定を設ける方法もあろう、さらには、スリー・ステップ・テストを包括的に定めた規定のみにする方法もあろう」と述べておられることからすれば(26)、そこで提案されている権利制限の一般規定というのは、極めて広いものと言えるのである。

3　本稿の課題

このように、近時の著作権法学においては、日本法が著作権制限に関する何らかの一般規定を持つ意義について積極的な理解が共有されつつあるように思われる(27)。

(24)　斉藤博『著作権法概論』（勁草書房、2014年）160頁以下参照。
(25)　斉藤・前掲注(24)161頁以下は、「フェアユースはすでにその内容が詰まったものであり、日本に持ち込んだとしても、独自に自由に使いこなせるものとはいえないように思われる。……そのようなフェアユースをわが国法制に導入することはまさに論外と思える……。筆者も一般条項の有用性を否定するものではないが、筆者が消極的なのはフェアユース法理のわが国への導入である」とする。
(26)　斉藤・前掲注(24)163頁参照。さらに、同頁は、「そこで、立法論だが、二通りの方法が考えられる。一つには、権利を制限する2、3の規定を例示した上、『その他、……の場合には、著作物の通常の利用を妨げず、かつ、著作者の正当な利益を不当に害さない場合には、著作物を無許諾で利用することができる。』の規定を加える方法である。もう一つには、権利を制限する2、3の例示規定を設けることなく、上記の『……の場合には、著作物の通常の利用を妨げず、かつ、著作者の正当な利益を不当に害さない場合には、……』という規定のみとする方法である。いずれの方法によっても、著作物の『固有の利用』、『通常の利用』からはほど遠い『利用』のために、近年付加された権利制限の諸規定は不要のものとなる」とする。
(27)　すでに引用したもののほか同旨として、中山信弘「著作権の権利制限」高林龍＝三村量一＝竹中俊子編『現代知的財産法講座Ⅰ　知的財産法の理論的探究』（日本評論社、2012年）273頁、同・前掲注(13)395頁、同「日本における著作権の制限規定と著作権法の理念」高林龍＝三村量一＝上野達弘編『年報知的財産法2015-2016』（日本評論社、2015年）32頁、田村善之「日本版フェア・ユース導入の意義と限界」知的財産法政策学研究32号（2010年）1頁、同「日本の著作権法のリフォーム論──デジタル化時代・インターネット時代の『構造的課題』の克服に向けて」知的財産法政策学研究44号（2014年）106頁以下、潮海久雄「インターネットにおける著作権の個別制限規定（引用規定）の解釈論

◆第3章◆ 権利制限の一般規定［上野達弘］

　もっとも、日本法に著作権制限の一般規定を設けるとしても、それを「(日本版)フェアユース」と呼ぶことには強い反対が示されることがある。これは、「フェアユース」という言葉が──たとえ「日本版」と銘打ったとしても──アメリカ著作権法107条という特定の規定を強く想起させるという理解に基づくものかも知れない。

　しかしながら、日本法にも、「公正な利用」という文言は著作権法1条に用いられており、ここにいう「公正な利用」は、まさに著作権の制限規定や存続期間の定め等によって確保されるのである[28]。また、少なくとも「日本版フェアユース」という言葉は、アメリカ法上のフェアユース規定をそのまま日本法に導入することのみを意味するわけではなく、あくまで日本法に適合した権利制限の一般規定を模索する意味で用いられているに過ぎない。したがって、「(日本版)フェアユース」と呼ぶかどうかという形式的な側面よりも、より実質的な側面が議論されるべきであろう。

　ただ、実質的に見たとしても、「フェアユース」や「権利制限の一般規定」といった名称の意味や、そうした規定を持つ意義をめぐって、前提となる理解が必ずしも共有されているわけではない[29]。

の限界と一般的制限規定（フェアユース）の導入について──Googleサムネイルドイツ連邦最高裁判決を中心に」筑波法政50号（2011年）30頁、島並良「著作権制限の一般規定」『知的財産権侵害訴訟の今日的課題　村林隆一先生傘寿記念論文集』（青林書院、2011年）490頁以下、奥邨・前掲注(7)26頁（「やはり依然として日本版のフェア・ユース、もしくは権利制限の一般規定の必要性は存在します」）、横山久芳「英米法における権利制限」著作権研究35号（2008年）37頁以下、愛知靖之「適法引用の要件──美術品鑑定証書事件」旬刊商事法務2035号（2014年）48頁、駒田泰土＝潮海久雄＝山根崇邦『知的財産法Ⅱ　著作権法』（有斐閣、2016年）139頁以下［潮海］、末吉亙「日本版フェア・ユース再論」情報管理55巻10号（2013年）767頁、岩倉正和「フェアユース規定導入の比較法的再検討──現状最新の世界各国法制の動向について」小泉直樹＝田村善之編『はばたき──21世紀の知的財産　中山信弘先生古稀記念論文集』（弘文堂、2015年）589頁、岡村久道『著作権法（新訂版）』（民事法研究会、2013年）205頁以下、野口祐子『デジタル時代の著作権』（筑摩書房、2010年）204頁以下、城所岩夫『著作権法がソーシャルメディアを殺す』（PHP研究所、2013年）等参照。

(28)　加戸・前掲注(9)15頁も参照。

(29)　本書においても、田中辰雄「フェアユースの是非──クリエイターの意見」（本書第13章）、島並良「著作権法におけるルールとスタンダード・再論──フェアユース規定の導入に向けて」（本書第17章）、張睿暎「権利制限の一般規定の導入と運用──韓国の経験から」（本書第5章）、前田健「著作権法の設計──円滑な取引秩序形成の視点から」（本

◇第Ⅰ部◇　権利の内容・制限と利用許諾

そのような中、本稿は、筆者なりの権利制限の一般規定とその意義について改めて論じることによって、この議論に多少なりとも新しい局面をもたらすことを試みるものである。

Ⅲ　考慮要素を明示した受け皿規定としての一般規定

1　はじめに

著作権制限の一般規定に関する筆者の考えを簡潔に表すものとして、2008年に公表した拙稿の一節を引用しておく。それは、「同一性保持権については一般条項的な適用除外（著作権法20条2項4号）があるのに対して、著作権については権利制限の一般条項がないこともあり、以前からいわば不文の適用除外が繰り返されている。そのため、侵害判断においてどのような要素がどのように考慮されるか明確でなく、アドホックな判断を招くおそれも否定できない。そこで、立法論としては、一定の考慮要素（例：『著作物の性質』『利用の目的及び態様』『著作権者の利益を不当に害する』）を明示した権利制限の一般条項を、著作権制限規定の末尾に『受け皿規定』として置くことが検討されていいように思われる（いわば「日本版フェア・ユース」）。これによって、個別の判断に一定の指針を与えてこれを正当化するともに、個別規定の持つ安定性と一般条項の持つ柔軟性を兼備した判断構造を獲得できるのではなかろうか」というものである[30]。以下では、この具体的内容について詳述する。

2　内　容

筆者のいう「権利制限の一般規定」とは、考慮要素を明示した受け皿規定としての一般規定である。具体的に言うと、一定の評価的要件（例：「公正」「正当」「やむを得ない」）に基づく一般規定を、①個別規定カタログの末尾に受け皿規定として、②一定の考慮要素を明示しつつ置くものである。以下それぞれについて触れる。

書第2章）、渕麻依子「イギリスにおける公益の抗弁について ── 権利制限の一般規定を目指す我が国に与える示唆」（本書第6章）等の論考が掲載されているが、そこで用いられている「フェアユース」や「著作権制限の一般規定」といった用語の意味は必ずしも一致していないようである。

[30]　上野・前掲注(16)5頁参照（同・前掲注(14)23頁以下も同旨）。

(1) 受け皿規定（個別規定カタログ＋一般規定）

第一に、受け皿規定であることである。

権利制限規定をめぐる議論においては、「個別規定か、それとも一般規定か」という形で、個別規定と一般規定を対置させるかのような整理がなされることがある[31]。

特に、従来の議論においては、昨今の著作権法改正が詳細で複雑な個別規定カタログを追加してきたことが、著作権法を一般人にとって理解困難なものにしているという批判が見られ[32]、こうした批判が、権利制限規定についても、複雑な個別規定を廃止して、シンプルな一般規定のみにすべきだという主張に結びつくことがある。実際のところ、そのような立法提案も見られるところである[33]。

しかし、現状の個別規定カタログを廃止して一般規定のみにするということは、これまで個別規定カタログによって確保されてきた明確性を放棄するものであり、妥当ではなく、また現実的でもなかろう。実際のところ、アメリカ著作権法も、一般規定としてのフェアユース規定（107条）以外に、極めて詳細な個別規定カタログを有しているのである（108〜122条）。

したがって、問題は、「個別規定か、それとも一般規定か」という対置ではなく、個別規定カタログだけでよいのか、それとも、これに加えて一般規定が必要なのかという点にあると言うべきなのである。

そして、本稿のように一般規定を「受け皿規定」と呼ぶ場合、個別規定と一般規定が必ずセットになることを意味する。つまり、受け皿規定という以上、個別規定なしには成立し得ないのであり、個別規定カタログがあるからこそ受け皿規定となるのである。

また、受け皿規定として一般規定を設けるということは、主たる役割を果たすのはあくまで個別規定であって、一般規定は、個別規定カタログによってカバーできない場合を最終的に救済するために適用されるにとどまることを意味

---

[31] 本書においても、田中・前掲注(29)は、「一般規定型」と「個別列挙型」の2種類に整理し、アメリカ法は一般規定型がとられているとする。
[32] 例えば、中山・前掲注(13)398頁は、「法的安定性の確保のために、合法と違法の境界を明確にするために詳細を極めた複雑怪奇な条文となる傾向が強い」とする。
[33] 斉藤・前掲注(24)163頁は、「スリー・ステップ・テストを包括的に定めた規定のみにする方法もあろう。……近年付加された権利制限の諸規定は不要のものとなる」とする。

◇第Ⅰ部◇　権利の内容・制限と利用許諾

する[34]。

　以上のような意味での受け皿規定は、既存の法律にも少なからず見受けられる。

① 民法770条［裁判上の離婚］

　例えば、よく挙げられる例として、離婚原因を定めた民法770条［裁判上の離婚］の規定がある。ここでは、離婚原因として、4つの個別規定（不貞行為、悪意による遺棄、3年以上の生死不明、強度の精神病）に加えて、「その他婚姻を継続し難い重大な事由があるとき」（下線筆者）という受け皿規定が設けられている。これによって、4つの個別規定に該当しない場合であっても、裁判官が「婚姻を継続し難い重大な事由がある」と判断すれば、離婚原因と認めることができる。また、同条2項は、「前項第1号から第4号までに掲げる事由がある場合であっても、一切の事情を考慮して婚姻の継続を相当と認めるときは、離婚の請求を棄却することができる」（下線筆者）と定めており、形式的には4つの個別規定に当たる場合であっても、裁判官が「婚姻の継続を相当」と判断すれば、離婚請求を棄却できるのである。

> 民法770条［裁判上の離婚］
> 　夫婦の一方は、次に掲げる場合に限り、離婚の訴えを提起することができる。
> 　一　配偶者に不貞な行為があったとき。
> 　二　配偶者から悪意で遺棄されたとき。
> 　三　配偶者の生死が3年以上明らかでないとき。
> 　四　配偶者が強度の精神病にかかり、回復の見込みがないとき。
> 　五　その他婚姻を継続し難い重大な事由があるとき。
> 2　裁判所は、前項第1号から第4号までに掲げる事由がある場合であっても、一切の事情を考慮して婚姻の継続を相当と認めるときは、離婚の請求を棄却することができる。

② 著作権法20条2項［同一性保持権］

　また、著作権法20条2項は、同一性保持権の適用除外として、3つの個別規

---

[34] 島並・前掲注(27)491頁も、「日本版フェアユース規定は、立法対応が追いつかない場合に備えてのあくまでも過渡的なセーフティネットとして位置付けられるべきだと思われる」とする。

定（教科用図書等への掲載における用字・用語の変更等、建築物の増改築等、コンピュータ・プログラムのデバッグ等）に加えて、「前3号に掲げるもののほか、著作物の性質並びにその利用の目的及び態様に照らしやむを得ないと認められる改変」（下線筆者）という受け皿規定を設けている。これによって、3つの個別規定に該当しない場合であっても、裁判官が「やむを得ないと認められる改変」と判断すれば、同一性保持権侵害が否定されることになるのである。

> 著作権法20条2項［同一性保持権］
> 2　前項の規定は、次の各号のいずれかに該当する改変については、適用しない。
> 　一　第33条第1項（同条第4項において準用する場合を含む。）、第33条の2第1項又は第34条第1項の規定により著作物を利用する場合における用字又は用語の変更その他の改変で、学校教育の目的上やむを得ないと認められるもの
> 　二　建築物の増築、改築、修繕又は模様替えによる改変
> 　三　特定の電子計算機においては利用し得ないプログラムの著作物を当該電子計算機において利用し得るようにするため、又はプログラムの著作物を電子計算機においてより効果的に利用し得るようにするために必要な改変
> 　四　前3号に掲げるもののほか、著作物の性質並びにその利用の目的及び態様に照らしやむを得ないと認められる改変

③ **著作権法施行規則4条の2第1項3号、2項2号、3項2号**

さらに、著作権法47条の2［美術の著作物等の譲渡等の申出に伴う複製等］に関する規定である[35]。同条の規定は、美術品のオークション等に伴うウェブサイトやカタログへの著作物掲載等を一定の範囲で許容するものであるが、いくらオークション目的といっても、極めて高画質の画像が複製・公衆送信されてしまうなど、利用の態様によっては著作権者の利益を過度に害することになりかねない。そこで、同条は、複製等が許容される条件として、「当該複製により作成される複製物を用いて行うこれらの著作物の複製又は当該公衆送信を受信して行うこれらの著作物の複製を防止し、又は抑止するための措置その他の著作権者の利益を不当に害しないための措置として政令で定める措置を講じて

---

[35] 同条の規定について詳しくは、半田正夫=松田政行編『著作権法コンメンタール2（第2版）』（勁草書房、2015年）486頁以下［上野達弘］参照。

◇第Ⅰ部◇　権利の内容・制限と利用許諾

行うもの」と規定している。そして、ここにいう「著作権者の利益を不当に害しないための措置」の具体的な内容が著作権法施行令7条の2に規定されており、さらに、そこにおける著作物の表示の大きさや精度に関する具体的な基準が著作権法施行規則4条の2に規定されている[36]。その内容は以下の通りである。

　まず、複製を行う場合について、例えば、「図画」として複製を行う場合（例：カタログ本への掲載）は、著作物の表示の大きさが50平方センチメートル（＝名刺サイズに相当）以下であること（著作権法施行規則4条の2第1項1号）や、デジタル複製を行う場合（例：カタログCDへの掲載）は、著作物に係る影像を構成する画素数が32400以下であること（同項2号）が必要とされる（著作権法施行令7条の2第1号）。

　また、公衆送信を行う場合（例：ウェブサイトへの掲載）について、コピープロテクトを用いないでデジタル方式による公衆送信を行う場合は、著作物に係る影像を構成する画素数が32400以下であること（著作権法施行規則4条の2第2項1号）、他方、コピープロテクトを用いてデジタル方式による公衆送信を行う場合は、著作物に係る影像を構成する画素数が9万以下であること（同条3項1号）が必要とされる（著作権法施行令7条の2第2号）。

　このように、著作権法施行規則4条の2は極めて詳細な個別規定を設けているが、注目されるのは、そうした個別規定の末尾に受け皿規定が設けられていることである（同条1項3号、2項2号、3項2号）。例えば、複製を行う場合を定めた同条1項には、2つの個別規定（50平方センチメートル以下〔同項1号〕、32400画素以下〔同項2号〕）に加えて、「前2号に掲げる基準のほか、法第47条の2に規定する複製により作成される複製物に係る著作物の表示の大きさ又は精度が、同条に規定する譲渡若しくは貸与に係る著作物の原作品若しくは複製物の大きさ又はこれらに係る取引の態様その他の事情に照らし、これらの譲渡又は貸与の申出のために必要な最小限度のものであり、かつ、<u>公正な慣行に合致するものであると認められること</u>」（下線筆者）という受け皿規定が設けられているのである（同項3号）。

　これによって、例えば、複製の大きさが50平方センチメートルを僅かに上回

---

[36]　このような政省令への委任は、当該措置および基準に関して、一定の明確性によって予測可能性を確保しつつ、技術の発展に柔軟に対応できるようにしたものとされる（池村聡『著作権法コンメンタール別冊平成21年改正解説』〔勁草書房、2010年〕69頁参照）。

る場合など、個別規定に該当しない場合であっても、直ちに著作権侵害になるわけではなく、諸事情を考慮して「必要な最小限度のものであり、かつ、公正な慣行に合致するもの」と認められれば著作権侵害が否定されることになるのである。

> 著作権法施行規則4条の2第1項
>   令第7条の2第1号の文部科学省令で定める基準は、次に掲げるもののいずれかとする。
>   一 図画として……複製を行う場合……表示の大きさが50平方センチメートル以下であること。
>   二 デジタル方式により……複製を行う場合……画素数が3万2千4百以下であること。
>   三 前2号に掲げる基準のほか、法第47条の2に規定する複製により作成される複製物に係る著作物の表示の大きさ又は精度が、同条に規定する譲渡若しくは貸与に係る著作物の原作品若しくは複製物の大きさ又はこれらに係る取引の態様その他の事情に照らし、これらの譲渡又は貸与の申出のために必要な最小限度のものであり、かつ、公正な慣行に合致するものであると認められること。

④ 欧州著作権コード5-5条［その他の制限］

そして、欧州著作権コード（European Copyright Code）も注目される[37]。欧州著作権コードにおける権利制限規定（第5章）には、4つのカテゴリー（5-1条［経済的意味が軽微な利用］、5-2条［表現および情報の自由のための利用］、5-3条［社会的、政治的および文化的目的を促進するための利用］、5-4条［競争を促進させるための利用］）に加えて、5-5条［その他の制限］（Further limitations）という受け皿規定が設けられている。同条の規定は、「その他の利用で、第5.1条から第5.4条第1項までに列挙された利用と同視しうるもの（comparable）は、関係する制限規定の対応要件を満たし、当該利用が当該著作物の通常の利用を妨げず、第三者の正当な利益を考慮して著作者または権利者の正当な利益を不当に害しない限り、許される」（下線筆者）と規定しているのである。

---

[37] 欧州著作権コードは、Wittem グループというヨーロッパの学者たちによる共同研究の成果として、2010年4月26日に公表されたものである（http://www.copyrightcode.eu/）。詳しくは、上野達弘「ヨーロッパにおける著作権リフォーム──欧州著作権コードを中心に」著作権研究39号（2014年）39頁参照。

◇第Ⅰ部◇　権利の内容・制限と利用許諾

同条に関する注釈においても、「第5章は、コモンロー・スタイルの一般条項（open-ended）の権利制限システムとシビルロー・スタイルの限定列挙とのコンビネーションとなっている」と説明されている[38]。その背景には、権利制限が必要とされるすべての状況を事前に予測することは不可能であるという認識に基づき、権利制限規定には一定のフレキシビリティが不可欠だという考えがある[39]。

このように、欧州著作権コードは、権利制限規定について、個別規定に加えて受け皿規定としての一般規定を有している。起草者の一人である Thomas Dreier 教授は、これを「控えめな『フェアユース』」（modest "fair use" exception）と表現している[40]。

(2) 考慮要素の明示

第二に、一定の評価的要件（例：「公正」「正当」「やむを得ない」）に基づく一般規定において、当該評価的要件の充足を判断するための考慮要素をあらかじめ明示することである。

一般規定の中には、考慮要素を明示せず、単に評価的要件を定めるだけのものもある。例えば、前述した民法 770 条 1 項 5 号は、「その他婚姻を継続し難い重大な事由があるとき」と規定するのみであり、そこに「重大」かどうかを判断するための考慮要素は明示されていない。また、同条 2 項は「一切の事情を考慮して婚姻の継続を相当と認めるときは」と規定するのみであり、そこに「相当」かどうかを判断するための「一切の事情」の具体的内容は明示されていない。

これに対して、考慮要素を明示した一般規定の例として次のようなものがある。

① 著作権法 20 条 2 項 4 号［同一性保持権］

まず、同一性保持権の適用除外に関する一般規定である著作権法 20 条 2 項 4 号は、単に「やむを得ないと認められる改変」を許容する一般規定ではなく、「著作物の性質並びにその利用の目的及び態様に照らしやむを得ないと認めら

---

[38]　欧州著作権コード注 48 参照。
[39]　欧州著作権コード注 48 参照。
[40]　2011 年 2 月 25 日にストラスブールにて行われた EIPIN セミナーにおける配布資料参照。

れる改変」(下線筆者)と規定している。これによって、「やむを得ない」かどうかの判断に際して、「著作物の性質並びにその利用の目的及び態様」という要素を考慮することになるのである。

② 借地借家法6条［借地契約の更新拒絶の要件］
　また、借地借家法6条は、借地契約の更新拒絶の要件として、「正当の事由があると認められる」かどうかを問題にしているが、そこでは「借地権設定者及び借地権者……が土地の使用を必要とする事情のほか、借地に関する従前の経過及び土地の利用状況並びに借地権設定者が土地の明渡しの条件として又は土地の明渡しと引換えに借地権者に対して財産上の給付をする旨の申出をした場合におけるその申出を考慮して」(下線筆者)判断するものと規定している。

> 借地借家法6条［借地契約の更新拒絶の要件］
> 　前条の異議は、借地権設定者及び借地権者……が土地の使用を必要とする事情のほか、借地に関する従前の経過及び土地の利用状況並びに借地権設定者が土地の明渡しの条件として又は土地の明渡しと引換えに借地権者に対して財産上の給付をする旨の申出をした場合におけるその申出を考慮して、正当の事由があると認められる場合でなければ、述べることができない。

(3) 著作権制限の一般規定案（例）
　以上のように、筆者のいう「権利制限の一般規定」は、考慮要素を明示した受け皿規定としての一般規定というものである。では、こうした規定を著作権制限について設けるとするならば、どのような規定になるであろうか。一案に過ぎないものが"一人歩き"する事態は危惧されるものの、同一性保持権の適用除外に関する一般規定である著作権法20条2項4号を参考に、現行著作権法に存在する文言を用いて著作権制限の一般規定案を示すならば、以下のようなものが考えられる[41]。

---

[41] すでに、上野・前掲注(14)23頁参照（ただし、「正当［やむを得ない］」としていた）。

◇第Ⅰ部◇　権利の内容・制限と利用許諾

> [例] 著作権法 49 条の 2
>   第 30 条から前条までの規定に掲げる行為のほか、著作物の性質並びにその利用の目的及び態様に照らしやむを得ない［公正／正当］と認められる場合は、その著作物を利用することができる。ただし、著作権者の利益を不当に害することとなる場合はこの限りでない。

3　意　義

考慮要素を明示した受け皿規定としての一般規定の意義はどこにあるのだろうか。この点をめぐってもさまざまな議論があり得るが、筆者なりの考えは次のようなものである[42]。

(1)　［明確性の確保］と［変化と多様性への対応］の両立

第一に、受け皿規定は、「個別規定の明確性」と「一般規定の柔軟性」を両立させるという意義である。

先述のように、受け皿規定という場合、個別規定と一般規定がセットになっている。このとき、個別規定は一定の具体的な要件を定めたものであり、明確性・法的安定性をもたらす点で望ましいと言える。したがって、社会や技術の変化等に対応して、個別規定カタログを継続的に整備することは常に必要である。

他方、そうした個別規定カタログの継続的整備とは別に一般規定を設けることは、個別規定ができるまでの段階において、社会の「変化と多様性」に対応する可能性を提供し、そして新たな個別規定を生み出すという意義を有する。具体的には以下の通りである。

①　変化への対応

一つ目に、一般規定は、社会や技術の「変化」に対応する点である[43]。

例えば、インターネットの検索サービスというのは、現行著作権法制定時

---

[42]　以下で引用する文献のほか、『著作権制度における権利制限規定に関する調査研究報告書』（平成 21 年 3 月）101 頁以下［上野達弘］も参照。
[43]　中山・前掲注(13)395 頁も、「事実上フェアユース的な結論を導いた判例も多い」としつつ、「しかしそのような解釈には限界があり、特に技術革新の激しい時代においては、必要に応じて権利制限規定を設けるのでは間に合わず、早急にフェアユース規定を設ける必要があると考える」とする。

◆第3章◆　権利制限の一般規定［上野達弘］

(1970年)には存在せず、当然のことながら、これに対応する個別規定はなかった。ところが、1990年代にインターネットの普及に伴って検索サービス事業者が登場すると、当該事業に伴うインターネット上の情報の収集・蓄積、整理、検索結果の提供が著作権侵害に当たらないかが問題とされるようになり、平成21年改正［平成21年法律第53号］によって著作権法47条の6［送信可能化された情報の送信元識別符号の検索等のための複製等］という個別規定が設けられたのである[44]。

このように、同条の規定によって、一定の条件を満たす検索サービスが著作権侵害に当たらないことが明確にされたことの意義は大きい。しかし、問題は、こうした個別規定が設けられるまでの時期についてである。もし、同改正の施行［平成22年1月1日］前に、検索サービスをめぐる訴訟が起きていたら、裁判所はどのように判断したであろうか。もちろん、当時から、黙示的許諾論による解釈論の可能性はあったが、それには限界があったと指摘されている[45]。

そのような中、もし著作権制限の受け皿規定があったとすれば、著作権法47条の6という個別規定が設けられるまでの間、検索サービスの登場という「変化」への対応可能性がもたらされていたように思われるのである。

実際のところ、同一性保持権の適用除外についても、コンピュータ・プログラムの登場という変化に対応して、昭和60年改正［昭和60年法律第62号］が行われ、これによってコンピュータ・プログラムのデバッグ等に伴う改変に関する個別規定（著作権法20条2項3号）が追加された（これに伴って、一般規定〔改正前同項3号〕が同項4号に移動した）。同改正は昭和61年1月1日に施行されているが、その施行前の時期であっても、コンピュータ・プログラムのデバッグ等に伴う改変は、直ちに同一性保持権侵害に当たるとはされず、一般規定である同項3号（現4号）にいう「著作物の性質並びにその利用の目的及び態様に

---

[44] 同条について詳しくは、半田=松田編・前掲注(35)548頁［上野］参照。

[45] 平成21年改正前の論考として、田村善之「検索サイトをめぐる著作権法の諸問題(1)～(3・完)——寄与侵害、間接侵害、フェア・ユース、引用等」知的財産法政策学研究16号73頁・17号79頁・18号31頁（2007年）も、「大量の著作物と関わりあう検索サイトに免罪符を与えるためには、黙示の承諾法理には限界があるといわざるをえない」としつつ（同17号105頁）、公表された著作物については適法引用（著作権法32条1項）、未公表著作物については権利濫用（民法1条3項）による解決を探る他ないとした上で（同18号36頁以下）、立法的解決を提案していた（同50頁以下）。詳しくは、半田=松田編・前掲注(35)549頁以下［上野］参照。

◇第Ⅰ部◇　権利の内容・制限と利用許諾

照らしやむを得ないと認められる改変」に当たると判断された可能性が高かったように思われる。だとすれば、同一性保持権の適用除外として、個別規定のみならず受け皿規定としての一般規定があったからこそ、コンピュータ・プログラムの登場という「変化」に対応できたと言えるのである。そして、同改正によって設けられた個別規定（同項3号）は、一般規定の具体化として生み出されたものと理解できるのである。

② 多様性への対応

　二つ目に、一般規定は、社会の「多様性」に対応する点である。

　例えば、美術品等のオークションカタログに当該美術品等の写真を掲載することは、現行法制定後における社会の変化によって生じたというより、以前から実際に行われていたものと考えられる。ところが、社会における著作物利用は極めて多様であるために、あらゆる著作物利用についてあらかじめ個別規定を持つことは困難である。だからこそ、オークションカタログに関する個別規定は設けられていなかったのである。しかし、最近、ネットオークションの発展に伴って、オークション一般の著作権問題に関する認識が高まり、平成21年改正によって、オークション等に伴う一定の著作物利用を許容する個別規定（著作権法47条の2［美術の著作物等の譲渡等の申出に伴う複製等］）が設けられるに至った。これによって、同改正の施行［平成22年1月1日］後における著作物利用については、一定の条件の下、それが著作権侵害に当たらないことが明確にされた。しかしながら、同改正の施行前においては、著作権制限の一般規定がないために、たとえ同じ行為をしても著作権侵害に当たってしまう可能性があったように思われる。

　実際のところ、オークションカタログ等への絵画の複製等が問題になった裁判例において、同改正施行後に行われた行為については著作権法47条の2により適法としつつ、同施行前に行われた行為については、――改正法の基準である50平方センチメートル以下の利用であるにもかかわらず――著作権侵害に当たるとしたものがある[46]。学説においては、同改正前においても、ネットオークションに伴う画像掲載は適法引用（同法32条1項）に当たり得るとする見解もあったが[47]、これらの判決は、引用の抗弁や権利濫用の抗弁も認めなか

---

[46]　東京地判平成21年11月26日（平20(ワ)31480号）〔エスト・ウエストオークションズ事件〕、知財高判平成28年6月22日（平26(ネ)10019号等）〔毎日オークションカタログ事件：控訴審〕参照。

◆ 第3章 ◆ 権利制限の一般規定［上野達弘］

ったのである。

　もちろん、権利制限の個別規定によってカバーされない利用行為は、立法によって個別規定が設けられるまで著作権侵害と評価されるべきという考えもあり得よう。たしかに、著作権法の目的として、権利保護が原則であり、権利制限は例外であるという基本的理解を前提にするならば、そのような考えも成り立ち得よう。しかし、著作権法の目的を保護と利用の調整と捉えるならば、そのような考えを前提にすることはできず、平成21年改正によってオークションに伴う複製等を一定の条件で許容する個別規定が設けられたのは、そうした著作物利用が結論として許容されるべきだという判断が立法によって具体化されたに過ぎないとも考えられる。そうであれば、個別規定ができるまでの間に、こうした場合に対応できる可能性を提供するものとして、一般規定を有しておく意義があると言えよう。

　また、例えば、入試問題として著作物を複製・翻訳することに関する著作権制限規定はあるが（著作権法36条、43条2号）、これに伴う改変について同一性保持権の適用除外を定める個別規定はない。しかしながら、例えば、大学入試の国語試験において他人の著作物を用いた出題を行う際には、さまざまな改変（例：省略、漢字の書き取りのためのカナ化、空欄化、傍線付加）を加える必要があり、実際にも広く行われている。そのような著作物の改変は、社会の変化によって生じたものではなく、以前から行われていたものである。ただ、社会の多様性の中で、特にこれに関する個別規定が設けられてこなかったに過ぎない。したがって、立法論としては、新たに、同法36条［試験問題としての複製等］に基づく著作物利用に伴う必要な改変について同一性保持権の侵害に当たらないことを定める個別規定を同法20条2項の中に設けることが考えられる[48]。ただ、現状においては、そのような改変は、一般規定である同項4号にいう「著作物の性質並びにその利用の目的及び態様に照らしやむを得ないと認められる改変」に当たると解釈されているために、問題が生じていないものと考えられる。このように、同一性保持権の適用除外として一般規定があったからこそ、入試問題における改変という「多様性」に対応できたと言えるのである。

---

(47) 田村善之「絵画のオークション・サイトへの画像の掲載と著作権法」知財管理56巻9号（2006年）1307頁、同「著作権法32条1項の『引用』法理の現代的意義」コピライト554号（2007年）15頁以下参照。

(48) この個別規定を同項4号とする場合、現4号を5号に移動させることになろう。

◇第Ⅰ部◇　権利の内容・制限と利用許諾

③ 小　括

　以上のように、受け皿規定は、個別規定による明確性と一般規定による柔軟性を兼備したソフト＆ハードな判断構造を指向しており、一般規定は、個別規定カタログによる明確性の確保とは別に、個別規定ができるまでの段階において、社会の「変化と多様性」に対応する可能性を提供するのである[49]。これは、本書が「しなやかな著作権制度」を指向していることと軌を一にするものと言えよう。

　もちろん、仮に個別規定だけですべての現実に対応可能なのであれば、個別規定以外に受け皿規定を設ける必要はなかろう。例えば、離婚原因を定めた民法770条［裁判上の離婚］についても、4つの個別規定カタログ（不貞行為、悪意による遺棄、3年以上の生死不明、強度の精神病）だけであらゆるケースをカバーできるのであれば、「その他婚姻を継続し難い重大な事由があるとき」（下線筆者）という受け皿規定は必要ない。したがって、著作権制限についても、個別規定カタログだけで、あらゆるケースをカバーできるのであれば、受け皿規定は必要ないと考えられる。

　しかし、著作権法をめぐる過去を振り返るならば、インターネットの検索サービスといった「変化」や、美術品等のオークションカタログといった「多様性」に対して、既存の個別規定カタログだけでは必ずしも適切に対応できなかったように思われる。このことからすれば、著作権制限規定についても、個別規定カタログの継続的整備に加えて、受け皿規定を持つことが必要と考えられるのである。

　そして、受け皿規定としての一般規定は、個別規定を生み出すものでもある。例えば、同一性保持権の適用除外（著作権法20条2項）についても、個別規定（同項1～3号）は、一般規定（同項4号）に掲げられた要素を具体的に考慮したものとして、一般規定が具体化されたものと理解できる[50]。したがって、ある

---

[49]　著作権法全体における柔軟性と明確性の兼備については、上野達弘「著作権法の柔軟性と明確性」中山編集代表・前掲注(7)25頁も参照。

[50]　なお、4号にある「やむを得ない」という文言は1号にしか見られないことから、4号における解釈で参考とすべき「同程度」の基準は1号との比較に求めるべきとする見解もあるが（吉田大輔「映画監督の追加報酬と著作者人格権」『平成7年度重要判例解説』ジュリスト1091号〔1996年〕236頁、田村善之『著作権法概説』〔有斐閣、1998年〕362頁参照）、同項2号・3号に定められた改変は、建築物やプログラムといった著作物の性質を考慮した上で「やむを得ない」と評価されたものとも理解できよう。

具体的な改変類型に対して定型的に同項4号を適用することが承認されれば、新たな個別規定を20条2項に追加することも可能である[51]。同様に、著作権の権利制限についても、もし一般規定があれば、その具体化としての個別規定を生み出すことになると考えられるのである。

(2) 裁判官の緩やかなコントロールによる柔軟性＆安定性・明確性の獲得

第二に、個別規定カタログと考慮要素の明示は、一般規定の適用に一定の指針と制約をもたらし、柔軟性を維持しつつも、アドホックな判断を防ぐという意義である。

まず、一般規定に考慮要素が明示されている場合、一般規定適用の可否を判断する際には、当該要素について考慮することを強いられる。また、一般規定が個別規定カタログの末尾に受け皿として設けられている場合、一般規定適用の可否を判断する際には、個別規定カタログに示された場合と同等の事情が存在するかどうか検討することを強いられる。

例えば、同一性保持権の適用除外の一般規定（著作権法20条2項4号）は、「著作物の性質並びにその利用の目的及び態様」という考慮要素を明示すると共に、あくまで同項1〜3号という個別規定カタログの末尾に受け皿として規定されている。そのため、同号適用の可否を判断する際には、「著作物の性質並びにその利用の目的及び態様」という要素について考慮した上で、当該改変が同項1〜3号に掲げられた場合と同等の状況にあると言えるかどうかを検討することになる。

また、欧州著作権コードにおける権利制限の一般規定（5−5条）は、個別規定（5−1条〜5−4条）と「同視し得るもの」にのみ適用されるものと規定されている。同条に関する注釈においても、一般条項のフレキシビリティは個別規定とのアナロジーによって限界づけられ、そこでは個別規定（5−1条〜5−4条）が規範的な効果（normative effect）を持つと説明されている[52]。

このように、考慮要素を明示した受け皿規定は、一般規定の適用に一定の制約と指針をもたらし、柔軟性を維持しながらもアドホックな判断を排除する意義を有するのである[53]。そのような一般規定がない状態で侵害判断を行う方

---

(51) 上野・前掲注(13)民商法雑誌120巻6号964頁以下参照。
(52) 欧州著作権コード注48参照。
(53) こうした考えの背景には、いわゆる動的システム論をめぐる研究からの示唆がある（さ

◇第Ⅰ部◇　権利の内容・制限と利用許諾

が、どのような事情が考慮されるか不明確になるおそれが高い。

　例えば、入試問題における著作物の改変については、同一性保持権の適用除外（著作権法20条2項）に個別規定がないが、「やむを得ないと認められる改変」に当たるとして一般規定（同項4号）の適用により、同一性保持権の侵害が否定されると考えられる。

　しかし、この一般規定がなかったとしても、入試問題における著作物の改変というのは、当該改変の目的や態様からして、結論として同一性保持権侵害が否定されるべきと考えられよう。したがって、もし同号の規定がなかったとすれば、さまざまな解釈論（例：権利濫用、「改変」の規範的解釈）によって同一性保持権侵害が否定されることになろう。しかしながら、同号のような規定がない以上、そこで行われる判断は、どのような事情がどのように考慮されるか不明確なものとなり、また、判断主体である裁判官によって結論が異なりやすいという意味で不安定なものとなるおそれがある。

　そのような中、同一性保持権の適用除外には一般規定（同項4号）が設けられているからこそ、入試問題における著作物の改変について判断する際も、当該改変の目的や態様といった同号に明示された要素を考慮しつつ、個別規定（同項1～3号）との比較において当該改変が許容されるべきかどうか検討されることになる。このように、受け皿規定としての一般規定があるからこそ、侵害判断に一定の明確性と安定性がもたらされるのである[54]。

　これと同様に、著作権制限についても、考慮要素を明示した受け皿規定を設けた方が、個別規定カタログに該当しない場合における侵害判断に明確性と安定性がもたらされると考えられる。

　しあたり、山本敬三「民法における動的システム論の検討——法的評価の構造と方法に関する序章的考察」法学論叢138巻1=2=3号〔1995年〕208頁等参照）。なお、同一性保持権について、上野・前掲注(13)民商法雑誌120巻6号966頁注245は、「20条2項4号は一般条項であると同時に、考慮すべき要素を『比較命題』としてあらかじめ掲げるとともに……、一般条項の具体化である個別規定を『基礎評価』として呈示しているものと理解できる。こうした手法は、動的システム論の考え方……につながるものと考えられるとともに、一般条項といういわば『複雑系』に秩序と構造をもたらす試みと理解することができるように思われる」とする。

[54]　もっとも、伝統的通説によって、著作権法20条2項4号は厳格解釈され、同号によらない「不文の適用除外」が展開されてきたことについて、上野・前掲注(13)民商法雑誌120巻4=5号748頁以下参照。

(3) 実質的根拠の可視化による正当性の獲得

第三に、考慮要素を明示した一般規定によって、裁判官による判断の実質的な根拠を可視化させるという意義である。

一般に、ある判断は、その実質的な根拠が明らかにされなければ、理論的な批判・検証ができず、当該判断の是非を議論すること自体ができないため、正当性を獲得することもできないと考えられる。このことは、著作権法上の侵害判断についても、次のような形で問題となる。

①「複製」の規範的解釈 ── 雪月花事件

例えば、他人の著作物である書が照明器具のカタログに掲載した写真の背景に写り込んだ事件で、「本件各作品の書の著作物としての本質的な特徴、すなわち思想、感情の創作的な表現部分が再現されているということはできず、……本件各作品の複製に当たるとはいえない」として、著作権侵害を否定した裁判例がある[55]。

たしかに、同事件において、原告の書は被告の照明器具カタログに掲載された写真の中に小さく背景的に写り込んでいるに過ぎないこと等の事情から、著作権侵害を否定した同判決の結論を妥当とする見解が少なくない[56]。

ただ、同判決が著作権侵害を否定する理由として示したのは、本件書が有する「墨色の冴えと変化、筆の勢いといった美的要素を直接感得することは困難である」ことから、「本件各カタログ中の本件各作品部分において、本件各作品の書の著作物としての本質的な特徴、すなわち思想、感情の創作的な表現部分が再現されているということはできず、……本件各作品の複製に当たるとはいえない」という点である（「複製」の規範的解釈）。しかしながら、そのような理由付けによるならば、例えば、当該書が全く同一のサイズと画質で利用されるのであれば、たとえそれが主となるような商品（例：シール、アイコン）として利用される場合であっても、権利侵害が否定されてしまうことになる。そのような結論は支持されないであろう。

---

[55] 東京高判平成 14 年 2 月 18 日判時 1786 号 136 頁〔雪月花事件：控訴審〕参照。

[56] 大野聖二「複製権 (2) ── 創作的表現の再現」中山信弘=大渕哲也=小泉直樹=田村善之編『著作権判例百選（第 4 版）』（有斐閣、2009 年）91 頁、作花文雄『詳解著作権法（第 4 版）』（ぎょうせい、2010 年）309 頁参照（第一審判決に関するものとして、岡崎洋「背景の書 ── 照明器具カタログ事件」斉藤博=半田正夫編『著作権判例百選（第 3 版）』〔有斐閣、2001 年〕128 頁参照）。

◇第Ⅰ部◇　権利の内容・制限と利用許諾

　そうすると、同判決が著作権侵害を否定した実質的な根拠には、当該書が小さく用いられたという事情だけではなく、照明器具カタログが営利目的で作成されるものだとはいえ、大部のカタログの中の数頁に掲載された数枚の写真の中に当該書が背景的に写り込んだに過ぎないことや、これによる著作権者の経済的不利益は小さいと考えられることといった事情も含まれていたと考えられる。また、同判決の結論を支持する論者も、そうした事情を広く考慮した上で、同事件において著作権侵害を否定した結論を妥当としているように思われる。
　しかしながら、同判決は「墨色の冴えと変化、筆の勢いといった美的要素を直接感得することは困難である」ことを理由に権利侵害を否定したために、利用の目的や権利者への経済的影響といった事情は、それがたとえ裁判官によって実質的には考慮されていたとしても、判決理由中に示されることがなかった。このように、「複製」の規範的解釈による場合、裁判官による判断の実質的根拠が言語的に表明されない事態が起こり得るのである。
　もちろん、たとえ言語的に表明されていなくても、裁判官の"内なる深慮"を忖度すべきだという考えもあり得るかも知れない。しかし、それでは、論者がそれぞれの考えに基づいてある判断の結論を支持することはできても、当該判断のロジックを理論的に検証・論評したことにはならない。
　もし、著作権制限について考慮要素を明示した受け皿規定が設けられていれば、個別規定カタログに該当しない場合、判断主体である裁判官は、明示された要素をどのように考慮したのかを言語的に表明しながら、当該著作物利用が許容されるべきかどうかを論じることになる。例えば、雪月花事件についても、もし著作権制限の受け皿規定があったとすれば、当該書が複製されていること自体は認めた上で、「著作物の性質」（例：原告著作物が書の著作物として創作性は高くないこと）、「利用の目的」（例：被告カタログが商業目的ではあっても当該書自体を商業利用する目的はないこと）、「利用の態様」（例：本件のような複製が背景的で、サイズも小さいことからすれば、権利者に与える経済的不利益は小さいこと）といった要素をどのように考慮したのかを言語的に表明しながら、著作権侵害の成否に関する判断を下すことになる。このように裁判官による判断の実質的根拠が言語的に表明されて初めて、当該判断の当否に関する理論的な検証・議論が可能となるのである。

②「改変」の規範的解釈——スウィートホーム事件
　また、映画をテレビ放送する際にコマーシャルによる中断がなされたことに

◆ 第 3 章 ◆ 権利制限の一般規定［上野達弘］

ついて、同一性保持権の侵害が否定された裁判例がある[57]。たしかに、映画を民放テレビ放送する際には、コマーシャル中断を行う必要性が高いと考えられるため、同一性保持権侵害を否定した同判決の結論は支持されよう。ただ、同判決が同一性保持権侵害を否定したのは、そうした改変を「やむを得ない」ものとして一般規定（著作権法20条2項4号）を適用したのではなく、「民間放送での長時間の映画放送にあたっては、避けられないものであって、これをもって、被告が本件映画の改変を行ったとみることはできない」という理由であった（「改変」の規範的解釈）。

しかしながら、現実に、コマーシャルによる中断があるにもかかわらず、なぜ「改変を行ったとみることはできない」のかという理由は明らかにされていない。同判決が同一性保持権侵害を否定した実質的な根拠は、映画という著作物は長時間の視聴を要する作品であること、民間の放送事業者が無料テレビ放送を行うためにはコマーシャルを挿入する必要性があること、実際に行われた中断が妥当な範囲にとどまること、といった事情にあるものと考えられる。そして、そのような観点からすれば、同一性保持権侵害を否定した同判決の結論は妥当と考えられる。しかし、たとえそうした事情が裁判官によって考慮されていたとしても、「改変」の規範的解釈による場合、それが言語的に表明されることはないのである。

もちろん、同判決が「改変」の規範的解釈によって同一性保持権侵害を否定したのは、同事件当時、伝統的通説の影響によって、同一性保持権の適用除外の一般規定（著作権法20条2項4号）が厳格解釈され、同号の適用が過度に避けられていたことによるものとも考えられる。もし同事件について同号の適否を問題にしたならば、裁判官は、「著作物の性質」（例：映画という長時間の視聴を要する作品であること）、「利用の目的」（例：民間の放送事業者が無料テレビ放送を行うためにはコマーシャルを挿入する必要性があり、そのために中断が行われたこと）、「利用の態様」（例：具体的な中断の態様が妥当な範囲にとどまること）といった、同号に明示された要素をどのように考慮したのかを言語的に表明しながら、当該改変が許容されるべきかどうかの判断を下すことになり、その実質的根拠が可視化されたと考えられるのである[58]。

---

[57] 東京地判平成7年7月31日判時1543号161頁〔スウィートホーム事件：第一審〕参照。

[58] 実際のところ、同事件の控訴審判決（東京高判平成10年7月13日知的裁集30巻3号

◇第Ⅰ部◇　権利の内容・制限と利用許諾

③ 小　括

　以上のように、考慮要素を明示した一般規定は、裁判官による判断の実質的根拠を可視化させ、これによって当該判断の是非を批判・検証する可能性を確保し、その議論を経て、反論に堪えることによって正当性の獲得を可能にするのである[59]。そのような一般規定がないまま、裁判官がさまざまな解釈論に基づいて結論を出す場合、その実質的根拠が言語的に表明されないことになりがちである。そうなると、たとえ当該判断が結論として支持されるとしても、理論的な正当性を獲得することはできないのである。

4　課　題

　以上が、筆者の考える権利制限の一般規定の意義である。こうした考えに対しては、次のような指摘が考えられる。そこで、そうした指摘に応答すると共に、残された課題を明らかにしておきたい。

(1) 侵害判断が不明確になるか？

　第一に、考慮要素を明示した受け皿規定といっても、新たに一般規定を設けることは、侵害判断を不明確にするのではないかという指摘があり得る。

　たしかに、受け皿規定が個別規定カタログと一般規定のセットだとしても、現状の著作権制限が個別規定カタログだけである以上、これに一般規定が加えられると侵害判断が不明確になるのではないかという理解もあり得よう[60]。ま

427頁〔スウィートホーム事件：控訴審〕）は、「一般に、テレビ・コマーシャルの挿入が必要であるとしても、……その態様如何によっては、著作権法20条1項に規定する『意に反』する『改変』に該当する場合がある」とした上で、本事案では、「これらのテレビ・コマーシャルの挿入箇所の指定は、控訴人の了解の範囲内にあるものと認められるから、著作権法20条2項4号に規定する『著作物の性質並びにその利用の目的及び態様に照らしやむを得ない改変』に該当するものと認めるのが相当」とした。

[59]　このような考えは、平井宜雄教授の「議論」論や「反論可能性テーゼ」、あるいはその背景にある Karl Popper の「反証可能性」理論 (Falsifikationismus) 等をめぐる議論に影響を受けたものである。平井宜雄『法律学基礎論の研究』（有斐閣、2010年）参照（「『議論』による正当化は反論を受け、それに堪えることによってある言明を正当化するものであるから、そもそも反論の手がかりが与えられておらず、反論が生じようがないような言明は、『議論』に登場する資格を欠く」〔167頁〕、「『反論可能性』のより大きな言明は、『反論可能性』のより小さな言明よりも良い」〔168頁〕等参照）。また、山本敬三「法的思考の構造と特質 ―― 自己理解の現況と課題」岩村正彦ほか編『岩波講座現代の法(15)現代法学の思想と方法』（岩波書店、1997年）231頁も参照。

168

◆第3章◆ 権利制限の一般規定［上野達弘］

た、権利制限を個別規定カタログのみとし、当該個別規定に該当しない場合は常に権利侵害を肯定するというのであれば、高い明確性が得られることに疑いはない。

しかし、現実には、たとえ個別規定に該当しない場合であっても、結論として権利侵害を肯定することが妥当でないと考えられる場合がある。従来の裁判例においても、個別規定に該当しない場合は直ちに権利侵害を肯定するのではなく、さまざまな解釈論によって権利侵害を否定する判断が行われてきた[61]。

例えば、先述の雪月花事件では、権利制限の個別規定に該当しないものの、裁判所は、「本件各作品の書の著作物としての本質的な特徴、すなわち思想、感情の創作的な表現部分が再現されているということはできず、……本件各作品の複製に当たるとはいえない」として、著作権侵害を否定した[62]。また、絵画の鑑定書に鑑定対象である絵画のカラーコピーを添付することが著作権侵害に当たるかどうかが問題になった事件でも、裁判所は、これが適法引用（著作権法32条1項）に当たるとして著作権侵害を否定した[63]。

このように見てくると、著作権の侵害判断はすでにしばしば柔軟に行われているというべきである。考慮要素を明示した受け皿規定としての一般規定は、これに形式的根拠を与えると共に、むしろアドホックな判断を防いで安定性・明確性をもたらすと考えられるのである[64]。

---

[60] 高林・前掲注(13)154頁は、「判例法体系の下で、多数の判例の蓄積のある米国の例を範としてわが国でも著作権制限の一般規定を導入すべきであるとする立場は、結局は著作権侵害成否の判断を事案ごとに裁判官に一任するに等しく、結果の予測可能性をむしろ低めることになりかねない」とする。

[61] 中山・前掲注(13)395頁は、「権利制限規定の限定列挙主義の下においても、制限事由を杓子定規に当てはめるのではなく、既成概念を柔軟に解したり、権利濫用の法理を用いたりして、事実上フェアユース的な結論を導いた判例も多い。このような解釈は、著作物が利用されている実態や権利者の受ける実質的損害等を考慮して複製権の及ぶ範囲を限定するなどして具体的妥当性を確保しようとするものであり、事実上フェアユースを認めたに近いと言えよう」とする。

[62] 前掲注(55)東京高判平成14年2月18日〔雪月花事件：控訴審〕参照。

[63] 知財高判平成22年10月13日判時2092号136頁〔美術鑑定証書事件：控訴審〕、東京地判平成26年5月30日（平22（ワ）27449号）〔美術鑑定証書Ⅱ事件〕参照。

[64] 上野達弘「考慮要素を明示した受け皿規定の導入が法的安定性を高める」ビジネスロージャーナル11号（2009年）19頁も、「フェアユース規定のような一般条項を入れると判断基準が不明確になるという批判があるのは承知していますけれども、私の意見ではむしろ逆です。現状において厳格解釈を完全に貫くことができない以上、判断基準はす

169

◇第Ⅰ部◇　権利の内容・制限と利用許諾

また、一般論として、法規範というのは、明確なルールが常に望ましいわけではない。例えば、著作物の類似性判断については、明確なルール（例：音楽著作物は3小節以内の一致なら類似性否定とする）が必ずしも適合的とは言えない。だからこそ、そのようなルールは定められていないのである。このように、明確なルールがむしろ不適切であり、柔軟性のある規範が適合的な場合がある。特に著作権法に関しては、保護客体が無体物であり、利用の態様も多様であるために、権利が及ぶ範囲をあらかじめ明確に定めることが容易でない場合が少なくないのである（例：類似性、創作性、表現・アイディア）。

著作権の侵害判断についても、著作物利用の変化と多様性に鑑みると、個別規定カタログによって明確性を確保しつつも、それだけではなく柔軟性のある一般規定を併せて持つことが適合的と考えられるのである。

(2) 現行法の解釈論で解決可能か？

第二に、柔軟な侵害判断が必要だとしても、それは現行法の解釈論によって実現できるのではないかという指摘があり得る。

たしかに、権利制限の一般規定がなくても、さまざまな解釈論があり得るところである（例：拡大解釈・類推適用、本質的特徴の直接感得論、黙示的許諾、権利濫用〔民法1条3項〕、適法引用〔著作権法32条1項〕の柔軟解釈）[65]。実際のところ、従来の裁判例においても、さまざまな解釈論によって権利侵害が否定されてきた。

例えば、著作権法43条2号は、適法引用（同法32条）に伴って「翻訳」することを許容する規定であるが、そこには「翻案」が掲げられていないため、要約して引用する行為が翻案権侵害に当たりはしないかが問題となる。しかし、他人の書籍を要約して引用したという事件で、「他人の著作物をその趣旨に忠実に要約して引用することも同項《著作権法32条1項のこと…引用者注》により許容されるものと解すべき」と判示した裁判例がある[66]。同判決が同法32条

でに不明確なのです。考慮要素を明示した一般条項を設けることで、むしろ法的安定性が高まるのではないかと考えられます。また裁判官による判断構造が可視化され、その判断の妥当性を客観的に検証できるという効果も見逃せないと思っています」と述べていた。

[65]　詳しくは、上野・前掲注(14)19頁以下参照。
[66]　東京地判平成10年10月30日判時1674号132頁〔血液型と性格事件〕参照。

1項を適用したことについては、著作権法43条2号との関係で検討の余地を残すものの、同判決が著作権侵害を否定した結論については、これを妥当とする見解が少なくない[67]。

また、原告が絵画を描いたバスを撮影した写真が書籍に掲載されたという事件で、当該絵画の原作品が、著作権法46条［公開の美術の著作物等の利用］にいう「屋外の場所に恒常的に設置されているもの」に当たるとして、著作権侵害を否定した裁判例がある[68]。同判決は、同条にいう「恒常的に設置」という文言等からすれば検討の余地を残すものの、規定の趣旨に立ち返って同条を柔軟解釈したものと位置づけられる。実際のところ、同判決が著作権侵害を否定した結論については、これを妥当とする見解が少なくない[69]。

こうした判決は、権利制限規定を「類推」適用したわけではない。これは、伝統的通説が著作権法の第一目的を著作者の権利保護にあると捉えた上で、権利制限規定は「例外」として厳格解釈すべきと論じてきたことが影響しているように思われる。しかし、最近は、そのような優先関係を認めず、著作権法は著作者の権利保護と著作物の公正な利用の調整を目的とした法律だと理解されるようになっている[70]。このような考えに従うならば、既存の個別規定の要件を満たさない場合であっても、当該規定の趣旨が同様に妥当するケースにおいては、これを類推適用することが認められることになる[71]。

---

[67] 横山久芳「著作権の制限とフェアユースについて」パテント62巻6号（2009年）51頁、茶園成樹「著作物の要約と翻案権・同一性保持権侵害の成否」判例評論492号（2000年）40頁、田村善之『著作権法概説（第2版）』（有斐閣、2001年）247頁・260頁注6（ただし、類似性否定を理由とする）、村井麻衣子「要約引用」中山信弘ほか編『著作権判例百選（第4版）』（有斐閣、2009年）135頁、中山・前掲注(13)328頁、作花・前掲注(56)339頁、半田＝松田編・前掲注(35)257頁［盛岡一夫］参照。

[68] 東京地判平成13年7月25日判時1758号137頁〔はたらくじどうしゃ事件〕参照。

[69] 横山・前掲注(67)51頁、村井麻衣子「アクセス可能な著作物に対する公衆の利用の自由——はたらくじどうしゃ事件」知的財産法政策学研究10号（2006年）252頁以下、小島立「公開美術著作物の利用」中山信弘ほか編『著作権判例百選（第4版）』（有斐閣、2009年）137頁、田中孝一「判批〔東京地判平成13年7月25日〕」判夕臨時増刊1096号（2002年）157頁、半田＝松田編・前掲注(35)458頁・470頁［前田哲男］参照。これに対して、判決の結論に反対の見解として、三浦・前掲注(7)47頁がある。

[70] 上野・前掲注(13)民商法雑誌120巻6号959頁以下、同・前掲注(14)6頁以下参照。そこで調整される利益の具体的内容については、上野達弘「著作権法と集団的・集合的利益」民商法雑誌150巻6号（2015年）673頁以下参照。

[71] 前掲注(19)50頁においても、「個別権利制限規定を拡大解釈や類推解釈することによ

◇第Ⅰ部◇　権利の内容・制限と利用許諾

　実際のところ、最近では、新たな法改正によって創設されたばかりの個別規定についても、その類推適用を認める見解が少なからず見られる[72]。また、裁判例においても、「建築物」に関する同一性保持権の適用除外である著作権法20条2項2号を、「土地の定着物であるという面、また著作物性が認められる場合があると同時に実用目的での利用が予定される面があるという点」で共通するとして、これを庭園に類推適用したものがある[73]。

　このように、類推適用など、個別の権利制限規定の柔軟な解釈論は、重要なものである。したがって、たとえ著作権制限の一般規定が設けられたとしても、既存の個別規定の類推適用等を否定すべきではなく、個別規定の趣旨が同様に妥当するケースについては、当該規定の類推適用等により解決されることになろう[74]。

　しかしながら、だからといって、個別規定さえあれば、その柔軟な解釈論によって、すべての変化と多様性に対応できるかというと、そこには限界があるように思われる。

　例えば、インターネットの検索サービスについて、著作権法47条の6が創設される前の段階で、これに伴う著作物利用が適法引用（同法32条1項）や権利濫用（民法1条3項）に当たると判断できたかというと、筆者には疑問である。また、ネットオークションについて、著作権法47条の2が創設される前の段階で、これに伴う著作物利用が適法引用に当たるという見解もあったが[75]、引用

　　り、権利が制限されうる著作物の利用行為」について、「引き続き各個別権利制限規定の合理的な解釈による解決に委ねることが適当であると考えられる」とまとめられている。
[72]　例えば、著作権法30条2の類推適用等について、前田哲男「『写り込み』等に係る規定の整備」ジュリスト1449号（2013年）30頁、同法30条の3の類推適用等について、池村聡・壹貫田剛史『著作権法コンメンタール別冊平成24年改正解説』（勁草書房、2013年）114頁［池村］、同法47条の2の類推適用等について、半田＝松田編・前掲注(35)493頁以下［上野］参照。
[73]　大阪地決平成25年9月6日判時2222号93頁〔希望の壁事件〕参照。また、東京地決平成15年6月11日判時1840号106頁〔ノグチ・ルーム事件〕も同旨。
[74]　島並・前掲注(27)491頁も、「日本版フェアユース規定は、既存の権利制限規定をオーバーライドするものであってはならないだろう。既存の権利制限規定は、個別規定にせよ一般規定にせよ、すでに内容と形式についての利益調整を一応は終えているのであり、またもしそれが不十分で不都合が生じるのであれば、当該規定の中で改正を図ることが可能である。したがって、新たな日本版フェアユース規定は、すでに規定がある事項についてのさらなる拡張的受け皿ではなく、いまだ規定のない事項についてだけの、あくまで補充的な受け皿規定であるべきだと思われる」とする。

◆第3章◆ 権利制限の一般規定［上野達弘］

側に著作物性がないことなどから、このような場合にも適法引用の規定を適用してよいかどうかは疑問が残る。実際のところ、オークションカタログ等が問題になった従来の裁判例においては、引用の抗弁や権利濫用の抗弁が認められなかった[76]。

もちろん、適法引用の規定（著作権法32条1項）については、最近の裁判例でもかなり柔軟に解釈するものが見られ、前述の美術鑑定証書事件では、絵画の鑑定書に鑑定対象である絵画のカラーコピーを添付したことが適法引用に当たると判示された[77]。同判決は、「利用者が自己の著作物中で他人の著作物を利用した場合であることは要件でない」とするものであり、これは同項の規定をかなり一般条項的に解釈するものと理解される（引用規定のフェアユース的活用）。そのような考えに従うならば、新たに権利制限の一般規定を設けるのではなく、同項の規定の解釈論によって柔軟な解釈を実現することが可能だという考えもあり得よう[78]。

もっとも、同項の規定の適用を受けるためには、その文言上、「引用して利用すること」に当たる必要がある。たしかに、日常用語としての「引用」は広い意味に用いられており[79]、著作権法上の「引用」についても広義に解釈できるとする見解もある[80]。しかし、現行法制定の際、そのような広い意味を持つもの

(75) 前掲注(47)参照。
(76) 前掲注(46)東京地判平成21年11月26日〔エスト・ウエストオークションズ事件〕、前掲注(46)知財高判平成28年6月22日〔毎日オークションカタログ事件：控訴審〕参照。
(77) 前掲注(63)知財高判平成22年10月13日〔美術鑑定証書事件：控訴審〕、前掲注(63)東京地判平成26年5月30日〔美術鑑定証書Ⅱ事件〕参照。
(78) 髙林・前掲注(13)154頁は、著作権法32条1項「を米国のフェア・ユース条項と近似したものと理解しようとする見解……などは魅力的である」とした上で、「制定法主義の伝統の下においては、各著作権制限規定の解釈を柔軟にするなどして、適切妥当な法の運用を工夫するという道を選択すべきである」とする。
(79) 例えば、音楽の世界では、他人の主題による変奏曲等も含めて、他人の作品の一部を自己の作品中に用いること一般を「引用」と呼ばれている。さしあたり、渡辺裕「音楽における引用の認定」国立音楽大学研究紀要17号（1982年）151頁、小見あづさ「現代音楽にみられる引用の展開──＜効果＞としての引用」音楽学39巻1号（1993年）1頁、奥波一秀「《意志の勝利》におけるヴァーグナー音楽の『引用』」ドイツ研究48号（2014年）104頁、石川亮子「アルバン・ベルクのヴァイオリン協奏曲と引用──自伝的創作をめぐる研究史と3つの解釈（前編）」昭和音楽大学研究紀要35号（2016年）6頁等参照。
(80) 大渕哲也「著作権間接侵害の基本的枠組（後編）」著作権研究40号（2014年）272頁

◇第Ⅰ部◇　権利の内容・制限と利用許諾

として「引用」という言葉が用いられていたわけではない。むしろ最近の学説においては、同法32条1項の適用を受けるためには、同項にいう「報道、批評、研究」に準じた「目的」の存在が必要とする見解や[81]、同項上の「引用」に当たるためには、他人の著作物を紹介、参照、論評等する関係が必要とする見解が有力である[82]。そして、美術鑑定証書事件において、判決が適法引用を理由に著作権侵害を否定したことについては、学説上の強い批判が向けられている[83]。

　筆者自身は、かねてから引用要件の再構成を主張して、明瞭区別性と主従関係という2点のみを判断基準とする従来の二要件説を批判した上で、「公正な慣行に合致」および「正当な範囲内」といった同項の文言に基づく解釈論を主張してきたものであるが[84]、それでも、「引用規定のフェアユース的活用」には疑問を抱かざるを得ない[85]。

　　注186は、「『引用』という語は、狭義では学術論文的引用であろうが、広義では、『引き用いる』こと（『引いて用いる』こと）（『引き合い』に出すこと）ないしは『取り込む』こととも解し得る」とする。

[81]　斉藤・前掲注(8)242頁、同・前掲注(24)130頁、茶園成樹「判批〔知財高判平成22年10月13日〕」L&T51号（2011年）91頁、井関涼子「鑑定証書に添付する絵画の縮小カラーコピーと引用」『平成22年度重要判例解説』（有斐閣、2011年）334頁、駒田ほか・前掲注(27)126頁［潮海］参照。

[82]　横山・前掲注(67)52頁、同「著作権の制限(1)」法学教室341号（2009年）144頁以下、茶園成樹「『引用』の要件について」コピライト565号（2008年）13頁以下、同・前掲注(81)91頁、井関・前掲注(81)334頁、愛知・前掲注(27)47頁参照。

[83]　茶園・前掲注(81)92頁以下、井関・前掲注(81)334頁、斉藤博「著作権法32条1項にいう引用」判例評論630号（2011年）32頁、張睿暎「判批〔知財高判平成22年10月13日〕」新・判例解説Watch10号（2012年）250頁、作花文雄「『引用』概念による公正利用と法制度上の課題──『美術品鑑定証書』事件における引用要件の混迷」コピライト605号（2011年）52頁、板倉集一「鑑定書における絵画の引用の適法要件」知財管理61巻8号（2011年）1253頁、高林・前掲注(13)172頁注18、駒田ほか・前掲注(27)125頁以下［潮海］等参照。これに対して、本判決を支持するものとして、中山・前掲注(13)326頁、田村善之「著作権法に対する司法解釈のありかた──美術鑑定書事件・ロクラク事件等を題材に」法曹時報63巻5号（2011年）1050頁、平澤卓人「鑑定証書への絵画のコピーの添付と著作権法上の『引用』」知的財産法政策学研究43号（2013年）346頁以下、山内貴博「絵画鑑定書事件：引用の抗弁を認めた事例」別冊判タ32号（2011年）311頁、岡邦俊「判批〔知財高判平成22年10月13日〕」JCAジャーナル58巻7号（2011年）85頁参照。

[84]　飯村敏明「裁判例における引用の基準について」著作権研究26号（2000年）91頁、上野達弘「引用をめぐる要件論の再構成」森泉ほか編・前掲注(14)307頁等参照。

[85]　なお、高林・前掲注(13)154頁は、私見について、著作権法32条1項「を米国のフェ

もちろん、それでも適法引用のフェアユース的活用を妥当とする見解もあろう。しかし、そうであれば、そのような柔軟解釈を実現する明文上の根拠として、権利制限の一般規定を設けることに反対する理由はないはずである。もし、現状の適法引用の規定に基づく解釈論であれば柔軟解釈を容認するけれども、これと同様の柔軟解釈を、新たに一般規定を設けて行うことには反対するというのであれば、そこに一貫性があるようには思われない。

 たしかに、権利制限の一般規定よりも、適法引用の規定に基づく方が、「引用」要件など、一定の制約があるため、裁判官による判断の安定性がもたらされるという考えもあり得なくはない。しかし、適法引用の規定に基づく場合であっても、「引用」を過度に拡大解釈するならば、何が「引用」なのか分からなくなり、侵害判断はむしろ不明確になる。また、「引用」の意味について論者によって理解が異なる以上、同項の適用を受けられるかどうかが、裁判官によって変わってきてしまうこととなり、これは侵害判断を不安定にするものと言わねばならない。

 したがって、裁判官による柔軟な侵害判断を容認するというのであれば、既存の適法引用の規定を一般条項的に解釈するよりも、考慮要素を明示した受け皿規定としての一般規定を設けた方が、むしろ明確性と安定性がもたらされると言うべきなのである[86]。

(3) 刑事罰との関係で問題があるか？

 第三に、著作権法が権利侵害罪を定めていることからすれば（同法119条）、著作権制限の一般規定を設けると、権利の範囲が不明確になるため、罪刑法定主義やこれに基づく明確性の原則に反するのではないかという指摘があり得る[87]。実際のところ、この点は、平成24年改正に向けた審議会においても大き

ア・ユース条項と近似したものと理解しようとする見解」として紹介しているが、厳密には本文で述べたように考えている。
[86] 同旨として、潮海・前掲注(27)28頁（「一般的制限規定を導入しなければ、引用規定の利害関係者のみが利益を得るという不当な結果になっており、かといって、引用規定を拡張適用すると文言を離れた予測可能性のない解釈となりうる」）、愛知・前掲注(27)48頁（「フェア・ユース規定はぜひとも導入されるべきものではある」としながら、「現行32条1項の解釈論としては、その規定の本来の趣旨・適用範囲（他者の思想・表現の参照・批判・解説等を可能とすることによる表現活動の支援・保護）を大きく越えて、フェア・ユースの代替物としての機能を与えるのは適切とはいい難い」）参照。

◇第Ⅰ部◇　権利の内容・制限と利用許諾

な課題とされ[88]、その後の政府部内における条文化作業においても最大の問題とされたようである[89]。

　もちろん、権利制限規定は、あくまで犯罪の成立を否定する規定であるため、行為者の予測可能性を害して犯罪が成立することはないとも言えよう。もっとも、権利の内容と制限が一体となって権利の範囲を画定していると考えれば、結局のところ、権利制限規定についても同様の問題が生じることになる。そのため、この点は今後も検討課題になり得るところである。

　ただ、すでに著作権法には、同一性保持権の適用除外として一般規定が定められていることを忘れてはならない（同法20条2項4号）。では、同号の規定は罪刑法定主義や明確性の原則に反するのであろうか。そのような考えはこれまで示されてこなかったはずである。

　もちろん、同号の規定は、一般規定だといっても、著作物の改変と同一性保持権に関わるものに過ぎないため、著作権全体に関わる一般規定とは異なるという見方もあり得よう。しかし、同号の規定は、特定の著作物や特定の利用行為に伴う改変のみを対象としたものではなく、あらゆる著作物のあらゆる改変行為に対して一般的に適用される規定であるという点で、著作権の一般的な制限規定と同じ性質を持つと考えられる。

　したがって、少なくとも受け皿規定として著作権制限の一般規定を設けることが、刑事罰との関係で不可能であるようには思われない。

(4) 権利制限が拡大して権利保護が弱まるか？

　第四に、権利制限の一般規定を設けると、現在以上に権利が制限されて、権利保護が弱まるのではないかという指摘があり得る。

　たしかに、権利制限の個別規定カタログしかない現状において、権利制限の一般規定が追加されると、権利保護が弱まるように見えるという考えもあり得よう。

　しかしながら、権利制限の「柔軟化」と権利制限の「拡大」は同じではない。

---

[87]　例えば、小泉直樹「個別的制限規定の根拠をめぐって」中山編集代表・前掲注(7)249頁以下参照。

[88]　前掲注(19)59頁、『文化審議会著作権分科会法制問題小委員会権利制限の一般規定ワーキングチーム報告書』（平成22年1月）48頁以下参照。

[89]　池村＝壹貫田・前掲注(72)7頁以下［池村＝壹貫田］、小泉・前掲注(87)254頁参照。

176

つまり、権利制限が個別規定であるか、それとも一般規定であるかという問題は、あくまで柔軟性に関わるものであって、それが権利制限の大小と一致するわけではない。例えば、明確な個別規定であっても、権利制限の程度が大きいものは当然ある[90]。したがって、個別規定であれば権利制限が狭くなり、一般規定であれば権利制限が広くなる、という関係は必ずしもないのである。

　また、個別規定カタログしかない現状においても、先述のように、侵害判断はさまざまな解釈論によって柔軟に行われている。権利制限の一般規定を設けるとしても、現状において解釈論によって権利侵害が否定される場合の明文上の根拠を与えるに過ぎないものだとすれば、「あってもなくても基本的に変わらないような規定」になると考えられるのである[91]。

(5) 無許諾無償になってしまってよいか？

　第五に、一般規定を設けて、これが適用されると、権利者の許諾なく著作物を利用できるだけでなく、いくら利用しても権利者に利益分配がなされなくなってしまい、問題があるのではないかという指摘があり得る。

　たしかに、権利制限の一般規定に補償金請求権を付与することは、権利侵害の成否のみならず、権利者への経済的補償の要否までも裁判官の判断に委ねることになるため、通常ない[92]。そのため、権利制限の一般規定というのは、それ

---

[90] 例えば、わが国著作権法30条は、私的複製を原則自由にすると共に、限定的な補償金制度しか有しないため、国際的に見ると、極めて広い範囲の権利制限を行っているものと位置づけられる（上野達弘「私的録音録画補償金制度をめぐる課題と展望」ジュリスト1463号〔2014年〕33頁以下も参照）。

[91] 上野・前掲注(64)19頁も、「もともと私が日本版フェアユースとして念頭においていたのは、個別の制限規定を厳格解釈したために不当な結果になってしまう事態を救済するための規定でした。こうしたいわば防御的な規定であれば、裁判上の結論としては、あってもなくても基本的に変わらないような規定になろうかと思います。それだけでも十分意味があると思っておりますし、さしあたりはそれくらいが穏当なところではないかと思っています」と述べていた。

[92] もちろん、著作権侵害の一般規定に、権利者の利益を不当に害する場合に補償金報酬請求権を付与する規定も考えられなくはない。実際のところ、ドイツにおける議論として、著作権制限の一般規定に原則として相当報酬請求権をセットにするという立法論として、Achim Förster, Fair Use: Ein Systemvergleich der Schrankengeneralklausel des US-amerikanischen Copyright Act mit dem Schrankenkatalog des deutschen Urheberrechtsgesetzes (Mohr Siebeck, 2008), S.215 参照（紹介として、前掲注(42)97頁以下〔駒田泰土〕参照）。

◇第Ⅰ部◇　権利の内容・制限と利用許諾

が適用されると無許諾無償の完全自由になってしまう。したがって、権利者と利用者のバランスからして、それが妥当なのかという点が問題となるのである（フェアユースの無許諾無償性）[93]。

　特に、わが国著作権法は、国際的に見ると、権利制限に伴う補償金請求権を定める規定が非常に少ない（オール・オア・ナッシング問題[94]）。そのため、ある著作物利用が権利制限の適用を受ける場合、権利者の許諾を得ずに行えるのみならず、権利者に何らの利益分配もなされない事態になりがちなのである。

　そこで、筆者は、わが国著作権法においても、著作権制限の個別規定に伴う補償金請求権を活用すること（法定許諾）によって、著作物の円滑な利用と権利者への利益分配を両立する方向性が基本的に望ましいと考えている[95]。このような意味でも、権利制限の一般規定を設けるとしても、主たる役割を担うのは個別規定であるべきであり、権利者への利益分配はそこで検討されることになるのである。

(6) **立法事実はあるか？**

　第六に、考慮要素を明示した受け皿規定としての権利制限の一般規定を設けることに、立法事実が認められるかという指摘があり得る。

　たしかに、わが国においては、何らかの法改正を行うのであれば、当該法改正を現実に必要とする事実（「立法事実」とも呼ばれる[96]）が求められる。法改正というものの手続きの重さと効果の大きさに鑑みれば、その現実的な必要性が強く求められるのも当然とも考えられる。

　権利制限の一般規定についても、そのような法改正を行うためには、当該規定を必要とする事実が求められよう。そうすると、本稿で示した3つの意義（前記Ⅲ3(1)～(3)参照）がそのような意味での立法事実と言えるかどうかが問題と

---

[93]　See also Jane C. Ginsburg, Fair Use for Free, or Permitted-but-Paid?, 29 Berkeley Technology Law Journal,1383（2014）.

[94]　上野達弘「国際社会における日本の著作権法──クリエイタ指向アプローチの可能性」コピライト613号（2012年）18頁以下参照。

[95]　上野達弘「著作権法における権利の在り方──制度論のメニュー」コピライト650号（2015年）2頁、同「著作権法における権利の排他性と利益分配」著作権研究42号（2016年）69頁参照。

[96]　竹内ほか編・前掲注(2)1440頁は、「立法事実」を「法律の制定の基礎にかかわる社会的・経済的事実」と定義する。

◆第3章◆ 権利制限の一般規定［上野達弘］

なる。筆者としては、この3点は当該規定の創設によって達成される社会的意義として、いずれも立法事実と評価するに相応しいものと考えている。
　もっとも、そのうちの1点目（［明確性の確保］と［変化と多様性への対応］の両立）については次のような指摘もあり得よう。すなわち、「変化と多様性への対応」のためには、個別規定カタログの継続的整備と柔軟な解釈論によって対応可能なのであるから、この点は権利制限の一般規定を設けることの立法事実にはならないという指摘である。
　たしかに、現在および将来の著作物利用ニーズを把握して、これに対応する個別規定カタログを継続的に整備することは重要である。そして、その中で一定の柔軟性のある個別規定を設けることも考えられる。
　しかし、現在および将来の著作物利用ニーズを検討することは、個別規定の継続的整備にはつながるけれども、一般規定の必要性を検討していることにはならないように思われる[97]。
　もし、「将来の変化にもできる限り柔軟に対応できるような制度の構築」[98]を目指すのであれば、将来生起し続ける不特定の著作物利用ニーズに対応できるようにするための手段として一般規定の必要性の有無を検討すべきであろう。
　そして、権利制限の一般規定を設ける必要性の有無を検討するためには、「現在および将来」における著作物利用ニーズに着目するより、「過去」に目を向けて、権利制限の一般規定がなかったために適切に対処できなかった事態があったかどうかが検証されるべきであるように思われる[99]。そのような観点で過去

[97]　これに関連して、大渕哲也「著作権の権利制限の一般条項（いわゆる日本版フェアユース）」法学教室347号（2009年）3頁が、「個別規定型か一般条項型かを考えるに当たっては、どのようなもの（例、写り込み、パロディ、研究等）についてどのような要件のもとで権利制限を肯定すべきか（あるいは肯定すべきでないか）という内容についてのある程度の共通認識があることが前提となる」と述べていることについて、田村・前掲注(27)「日本の著作権法のリフォーム論」106頁以下は、「フェア・ユースのような一般条項を導入するためには、そもそも一般条項の下でどのような行為が制限されることになるのかを見極めるべきだ」という「種の議論を過度に押し進めてしまうと、結論が先取りされることになりかねない……。制限すべき行為について議論をなさなければならず、そうした議論がなされれば個別の制限規定を設けることができるはずであり、したがって、わざわざ著作権を一般的に制限するフェア・ユースなど導入する必要はない、という循環論法に陥りがちとなる」と批判している。
[98]　文化庁長官官房著作権課「著作物等の利用円滑化のためのニーズの募集について」（2015年7月7日）2頁参照。

179

◇第Ⅰ部◇　権利の内容・制限と利用許諾

に目を向けるならば、先述のように、インターネットの検索サービスといった「変化」や美術品等のオークションカタログといった「多様性」に、既存の個別規定カタログが必ずしも適切に対応できなかったことが認識されるべきである。そうであれば、将来における変化と多様性に対応するためには、個別規定カタログの継続的整備に加えて、受け皿規定としての一般規定を持つことが必要であり、そのような意味での立法事実は十分に肯定されるように思われる。

(7) どのような文言になるのか？

　第七に、考慮要素を明示した受け皿規定としての権利制限の一般規定を設けるとしても、どのような要素をどのように掲げるのか、評価的要件をどのような文言で定めるのか、といった指摘があり得る。

　本稿ではすでに一つの私案を示したが（前記Ⅲ2(3)参照）、その具体的内容について引き続き検討を要することは言うまでもない。

　一つ目に、考慮要素に関して、私案では、さしあたり著作権法20条2項4号や既存の著作権制限規定にならって、「著作物の性質並びにその利用の目的及び態様」や「著作権者の利益」を掲げた。ただ、著作権制限の正当化根拠（例：ライセンス可能性、社会的意義、権利者が被る不利益）との関係を踏まえつつ、どのような要素が考慮されるべきか、それをどのように明文化すべきかについては、なお検討を要する。

　二つ目に、評価的要件に関して、私案では、さしあたり著作権法20条2項4号を参考に、「やむを得ない［公正／正当］と認められる場合」とした。

　ここにいう「やむを得ない」という文言については、それが厳格に過ぎるという声もあり得よう。たしかに、同号における「やむを得ない」という文言は、伝統的通説によって厳格解釈されてきた。しかし、最近では、同号の規定は柔軟に解釈されるようになっている[99]。また、起草者も、同条2項全体について、「真にやむを得ないと認められる改変を必要最小限度において許容しようとするものであり……本項各号の規定は、極めて厳格に解釈運用されるべきでありまして、拡大解釈されることのないよう注意を要するところでございます」と述べていながら[100]、そこに示されている具体例は、以下のように決して厳格な

---

[99] 新たな時代のニーズに的確に対応した制度等の整備に関するワーキングチーム平成27年度第1回（2015年10月7日）［上野達弘発言］参照。

[100] 前記Ⅱ2(2)参照。

180

◆第3章◆ 権利制限の一般規定［上野達弘］

ものではない。

　例えば、同項1号には、教科用図書等への掲載における用字・用語の変更等として、「学校教育の目的上やむを得ないと認められるもの」という文言があるが、起草者によれば、英語の教科書に関して、「学年によって、難しい単語をやさしい単語に置き換える」ことのみならず、「道徳教育とか生活指導の観点から……例えば文章の中に立小便とか自転車2人乗りとかの情景があれば、その部分を削除するとか別の形で表現する」ことが、同号の適用例として挙げられているのである[102]。

　また、同項4号の例としても、「クラシック音楽ほどの厳格さが要求されない大衆歌謡曲の場合ですと、歌手やバンドの好みや癖で、独特のバイブレーションをかけたり、編曲にはいたらない程度の特徴あるリズム感を出したりすること」も「やむを得ない改変と考えることもできようかと思います」と述べられている[103]。

　このように考えると、同項における「やむを得ない」という文言は、起草者においても、"他に手段がない"というほどの厳格な意味に解されてきたわけではないと言うべきであろう。そのような柔軟解釈を前提にするならば、たとえ「やむを得ない」という文言であっても、著作権の制限規定として一般規定が設けられることの意味は、決して小さくないように思われる。実際のところ、「やむを得ない」という文言を持つ一般規定である同項4号の規定は、個別規定カタログに該当しないさまざまな場合（例：入試問題における改変）をカバーするものとして、すでに不可欠のものと考えられているのではなかろうか。

　とはいえ、「やむを得ない」という文言は、"他に手段がない"という過剰に厳格な意味に理解される可能性も否定できない。また、受け皿規定の性格からして、個別規定カタログが一般規定の例示と位置づけられる以上、既存の個別規定がすべて、そのような意味での「やむを得ない」利用に当たると言い切れるのかという点も問題となろう。

　そのような観点からすれば、権利制限の一般規定においては、「やむを得ない」ではなく、「公正」や「正当」といった文言にする方が望ましいという考えもあろう[104]。特に、「公正」という文言は、著作権法1条に「文化的所産の公正な利

---

[101]　加戸・前掲注(9)178頁参照。
[102]　加戸・前掲注(9)179頁参照。
[103]　加戸・前掲注(9)182頁参照。

181

用に留意しつつ」という形で登場する。そして、権利制限規定によって許容される利用行為は、すべて同条にいう「公正な利用」に当たると考えられる[104]。このことからすれば、権利制限規定の受け皿規定に「公正」という文言を用いることも自然なこととも考えられよう[106]。

IV おわりに

著作権法上の権利制限規定をどのように定めるべきかという立法論において、最大の焦点となってきた著作権制限の一般規定の是非。この問題についてかねてから筆者が問題提起してきた「日本版フェアユース」は、当初の予想を超える議論を巻き起こしてきた。しかしその一方で、「日本版フェアユース」という名称や権利制限の一般規定の意味に関する理解が相違するために、建設的な議論やコンセンサスの形成が妨げられてきたようにも思われる。

それでも、近時の著作権法学においては、日本法が著作権制限に関する何らかの一般規定を持つ意義について積極的な理解が共有されつつあるように思われる。だとすれば、ことさらに理解の相違を強調するより、一定の方向性を共有した上で、日本法に適合した権利制限の一般規定に関する実質的な議論が深められるべきではなかろうか。そのような議論は、日本にとって有意義であるばかりか、同様に著作権制限規定の在り方を模索している世界の国々（特に大陸法国）にも重要な示唆を与えるはずである[107]。

本稿は、考慮要素を明示した受け皿規定という観点から、筆者なりの考えを改めて論じたものに過ぎないが、これによって、この問題をめぐる議論に新たな局面をもたらすことができれば幸いである。

(104) 実際のところ、上野・前掲注(14)23頁では、「正当［やむを得ない］」という文言を提案していた。
(105) 加戸・前掲注(9)15頁は、「具体的には、著作権法の中で著作権の制限規定とか、あるいは著作物の裁定による利用とかいう形で現れてまいります」とする。
(106) その意味では、同一性保持権に関する著作権法20条2項4号についても、「やむを得ない」という文言を「公正」に変更する考えもあり得よう。なお、松田政行「同一性保持権の周辺領域からその権利の性質を考察する（『厳格解釈』とそのゆらぎ・著作権法20条改正の方向性）」コピライト662号（2016年）22頁以下は、同号の「やむを得ない」を「必要な」に変更する案を示している。
(107) See Tatsuhiro Ueno, A general clause on copyright limitations in civil law countries, in: Shyam Balganesh et al. (ed.) Comparative Aspects of Limitations and Exceptions in Copyright Law, (in preparation).

第4章 大量デジタル情報の利活用におけるフェアユース規定の役割の拡大
―― 著作権法(個別制限規定)の没落と自生的規範の勃興 ――

潮 海 久 雄

I はじめに

1 問題の所在

　大量デジタル情報を利用する局面において、なぜこれだけ著作権法（とりわけ著作権の個別制限規定）からはずれた、さまざまな制度や規範が発達しているのだろうか。たとえば、大量デジタル情報の私的複製が問題となる局面においては、情報契約[1]のほか、音楽配信などにみられる定額配信（subscription）など、自生の契約規範やビジネスモデルが発達している。孤児著作物やデジタル図書館において、アメリカでは、opt-out 制度[2]がフェアユースとして認められ、欧州でもその多くが opt-out 方式である拡大集中制度などが発達している。さらに、近年、アメリカの連邦巡回区裁判所が、JAVA の API（アプリケーションソフトインターフェース[3]）の非文字要素（non-literal）である構造・配列・組織（SSO）[4]に著作物性を認めたのに対し、その SSO の大部分を利用してアンドロイドを開発した Google の行為は、連邦地方裁判所の陪審団によってフェア

---

[1] 情報契約（シュリンクラップライセンス契約やクリックオンライセンス契約）は、ソフトウェアや、デジタルコンテンツの売買や視聴サービスにおいて約款のように用いられ、著作権者とユーザー間の権利関係を規律し、著作権法の規律（特に個別制限規定）がオーバールールされるという問題が生じている。拙稿・「デジタル情報契約と著作権法の関係：序章的考察」L＆T 24 号（2004 年）26-35 頁。

[2] 著作権法上の opt-in の原則のもとでは、利用者側が著作権者に対して著作権者の利用許諾を求めることが原則であるが、opt-out 制度では、逆に、著作権者側が利用者（Google など）に利用許諾しないことを告知（notice）しない限り、原則として、利用者は著作権者から利用許諾を得ることなしに著作物を利用できる。

[3] プログラムが相互にやりとり（communicate）することを可能にするインターフェースの仕様（specification）。

[4] Structure, Sequence, Organization の略。CAFC はこの SSO に著作物性を認めた上で、フェアユースの判断について連邦地方裁判所に差戻していた。

◇第Ⅰ部◇　権利の内容・制限と利用許諾

ユースと解され、SSO の著作物性を否定したに等しい結果となっている。

これを裏からみると、なぜこれだけ著作権法が事前に定める個々の制度（著作権の個別制限規定、裁定利用許諾制度、私的録音録画補償金、集中管理制度など）が軽視されるのだろうか。

この誰もが抱く疑問に、著作権法学はほとんど答えてこなかった。

とりわけ、前者の自生的規範では、デジタル情報の大量複製が、フェアユース規定により正当化されている点が目をひく。このフェアユース（著作権の一般制限規定）の立法が主張されて久しい。しかし、わが国の著作権法学は、著作権法の文言解釈や立法の仕方について述べるか、断片的にアメリカの裁判例を検討するだけであった。これでは説得力がなく、立法事実がないといわれても仕方がないだろう。実態として、アメリカのフェアユース規定が、どのような事例にどのように適用され発展し、どのように機能しているか、ひいては、デジタル経済においてどのような役割を果たしているかを論じてはじめて、その意義が説得的なものになると思われる。

本稿は、大量デジタル情報の利活用、および、それに対するアメリカ著作権法の姿勢を、フェアユース、電子図書館、クラウドをはじめとする著作権の侵害主体の問題、集中管理団体などの諸課題を検討することをとおして、冒頭の疑問を少しでも明らかにしようとするものである。そのような考察は、デジタル時代においてその地位が低下しつつある、情報財保護としての著作権法の役割を再考することにつながってこよう[5]。

結論の先取りになるが、筆者は次のように考えている。著作物の取引費用を節減するために用意した著作権法上の諸制度が硬直的で、デジタル経済の変化についていけず、必ずしも社会的厚生の最適の均衡点でなくなっている。これに対して、アメリカのフェアユース規定は、アメリカのデジタル経済や媒介者の発達、ひいては自生的規範の発達に大きな影響を与えてきた。そして、近年、著作物の利活用の理由やフェアユースの機能が、著作物の取引費用を節減する目的だけでなく、プラットフォーム等の媒介者が積極的外部性（市場の拡大や公共財の提供）をもたらす目的に変化していると考える。この点について、かつて、筆者は、著作物を創作する著作権者と、著作物を流通・利用させる媒介者

---

[5] 拙稿「サーチエンジンにおける著作権侵害主体・フェアユースの法理の変容——notice および Google Book Search Project における opt-out 制度を中心に」筑波法政 46 号（2009 年）21 頁（以下、拙稿・サーチエンジン・筑波法政 46 号）。

◆第4章◆ 大量デジタル情報の利活用におけるフェアユース規定の役割の拡大　[潮海久雄]

（利用主体）の協働が重要であることを指摘した[6]。本稿では、さらに、フェアユース規定が、いきすぎた著作権保護や自生的規範に対する公正さを担保する役割を担うことを予想している。本研究は、私的複製、侵害主体、電子図書館、ソフトウェア（SSO）、クラウドなどの局面において生成している自生規範、および、フェアユース規定が果たしてきた役割について順次検討し、その背後にある法政策を明らかにし、フェアユース規定の導入を基礎づけたい。

2　視　角

1にあげた、自生的規範の普及を主張する側も著作権法上の制度の介入を主張する側も、単に著作権の制限だけではなく、デジタル化された著作物をライセンスしたり、その利用を促進する仕組みが必要であるという点では一致している。著作権者も著作物の利用者も多数にのぼるため、著作権者と利用者の間のライセンス交渉の取引費用を節減する必要がある。このような取引費用節減の目的のために、個別制限規定（私的複製の制限など）だけでは足りず、なんらかの媒介主体が必要である。この媒介主体には、伝統的な媒介者（出版社、音楽出版社、映画会社）、インターネット上の媒介者（プロバイダ、プラットフォーム企業）のほか、規制をとおして一部国が関与する、著作権管理団体、著作権取引所、登録制度などさまざまなものがある[7]。

しかし、大量のデジタル情報としての著作物を利活用するために、著作権法上の制度がどの程度介入し、それが有効に機能するか（著作権法の制度によるのか、自生的規範によるのか）、ひいては、これら著作物利用のための制度の主たる根拠は何か（取引費用の節減か、積極的外部性の重視か）により、著作権法による規律と現実が以下のように大きく乖離している。

これまでの著作権法学説が唱えるのは、著作権者も利用者も多数で取引費用がかかり、放っておくと著作物の利用がなされず市場の失敗が生じるため、著作権に関する取引費用を節約するべく、著作権者と利用者の間をつなぐ制度（著作権の個別制限規定、集中管理団体、裁定利用許諾、私的録音録画補償金）が必要とする。

しかし現実には、大量デジタル情報については、私的利用を中心とした市場

(6) 拙稿「私的複製の現代的意義――私的録音録画補償金制度からライセンスモデルへ」著作権研究40号（2014年）69頁。
(7) なお、本稿では、媒介者が関与する侵害主体の問題などについて、著作者・著作権者をX、媒介者をY、直接侵害者（利用者）をAと表記することがある。

185

◇第Ⅰ部◇　権利の内容・制限と利用許諾

の成長により媒介者（プラットフォーム企業など）が発達し、著作権法の個別制限規定とかけ離れた自生的規範が発達している。たとえば、ソフトウェアやテレビ視聴サービスにおける情報契約、音楽の定額配信（subscription）などのサービス、電子図書館においては欧米では著作権法の原則（opt-in）と離れたopt-out 制度などが発達している。

　さらに、著作権法が介入して形成された集中管理団体が、大量デジタル情報の処理で成功した例は少ない。アメリカでの成功例とされるものも、分野を限定し、支分権が少なく、かつ、利害関係者が少なく（権利者と主なラジオ局などの利用主体など）、その大部分が集中管理団体に参加し、しかも、民間の優れた媒介者が関与している、という幸運な事例しかない。むしろ、著作権法の介入が少ない国（アメリカ）の市場は成功し、著作権法以外の多様な自生的規範が発達している。

　このようなデジタル経済の現状をみると、失敗しているのは、「市場」ではなく、むしろ個別制限規定などを定める「著作権法」の方ではないだろうか。このままではデジタル経済においては、個別制限規定によるリスクをおそれて、わが国では誰もビジネスを立ち上げなくなるか、逆に、誰もが著作権法を無視、ないしあてにしないおそれがある。「市場の失敗が生じているから著作権法が介入する」というこれまでの著作権法学の発想を再考してみる必要があるのではないか。

　3　以上の問題意識から、大量のデジタル情報の利活用に関する具体例として、デジタル著作物利用におけるアメリカ最高裁のフェアユースの法理の展開、Google Books などのデジタル図書館での自生的規範の形成、クラウドを素材に私的複製に関するビジネスモデルの発達の阻害、ソフトウェア（SSO）についてのフェアユース規定の適用を検討し（Ⅱ）、現行著作権制度への影響を論じる（Ⅲ）。

Ⅱ　具 体 例

1　アメリカのフェアユース法理のデジタル著作物利用における機能
(1) 1976 年法のフェアユースの立法趣旨[8]——わが国と比較して
　アメリカのフェアユース規定は、Folsom v. Marsh, 9 F.Cas. 342（C.C.D. Mass.

---

[8]　松川実「特許のフェア・ユースと著作物のフェア・ユース(1)-(22)」青山法学論集 52

◆ 第4章 ◆ 大量デジタル情報の利活用におけるフェアユース規定の役割の拡大［潮海久雄］

1841）の影響が強いとされている。1841年のFolsom判決は、ジョージ・ワシントンの手紙の抜粋を大量に引用した被告書籍（編集物としての百科事典）に著作権侵害を認めたが、結論に懸念を示し、なんらかの解決手段の必要性を示唆した。Story判事の判示部分には、現在のフェアユース規定の4つの要素、すなわち、被告が選択した性質と目的[9]（第1要素）、被告が利用した著作物の量と価値[10]（第3要素）、原告の著作物の販売・利益を減少させ、元著作物を代替する程度（第4要素[11]）などの考慮要素の萌芽もみられる[12]。

この1841年の裁判例が、19世紀、20世紀のアメリカの判例法に影響を与え、アメリカの1976年法107条に成文化されたとされている。1841年のFolsom判決当時は、アメリカ著作権法の侵害行為は印刷、発行等で、編集・翻案は規定されていなかったが、その後、支分権および著作物の範囲が拡大し、保護期間も長期化したことから、Story判事の懸念がより切実なものとして考えられ、1976年にスムーズにフェアユース規定が導入されたのであろう。

これに対して、わが国の著作権法は、アメリカと異なり、広大な範囲の著作物性・支分権、長期の保護期間を、当然の権利（既得権）、ないしは憲法上の権利と考えており、フェアユース規定の導入を切実なものと考えない傾向にある。とりわけ、わが国では、フェアユース規定の立法事実がないとして立法化がなされていない。

しかし、知財高判平22年10月13日判時2092号136頁［美術鑑定書控訴審］[13]が、あえて「引用目的」を定義せずに拡大適用し、かつ条文の文言にない

巻3号（2010年）〜57巻4号（2016年）（フェアユース規定を含む1976年アメリカ著作権法制定の歴史を詳述している）。

(9) Flosom判決では、本件は実質的な要約であり、被告による知的労働と判断がなければならないとしている。

(10) Flosom判決では、被告が利用した部分は原告著作物の4.5％だったが、利用した部分が原告の重要部分であるとして、その質に着目している。

(11) 原告著作物は大人用、被告著作物は子供用であるが、部分的利用が積み重なり原告への大きな損害になることを危惧している。

(12) William Patry on Fair Use, West (2009), §§ 1:20-1:23. 第2要素は、著作物の性質である。

(13) 偽造を防止するために絵画鑑定書の裏に対象絵画の縮小カラーコピーを添付した事案で、「引用の目的」を、その通常の引用の意味と異なる文脈で認め、その上で、引用の該当性の一般論の判断において、利用目的のほか、その方法・態様、被利用著作物の種類・性質、当該著作物の著作権者に及ぼす影響の有無・程度が総合考慮されるべきと判示し

◇第Ⅰ部◇　権利の内容・制限と利用許諾

考慮要素をつけくわえ、事実上、フェアユース規定を立法したに等しい解釈を行ったということは、わが国の裁判所も一般的制限規定（フェアユース規定）を立法してほしいというサインであり、Folsom判決と比較しても、立法事実として十分であろう。また、わが国の裁判所は、引用（32条）の規定の解釈において、事情を総合考慮する経験を積んでいる（東京地判平13年6月13日判時1757号138頁［絶対音感一審］など）。

さらに、アメリカの1976年著作権法制定過程での議会資料によると、急速に将来の技術が発達している時代において、裁判所は、アメリカのフェアユース規定（107条）を、固定的なものではなく、さまざまな状況に適合させねばならないとしていた[14]。以下にみるとおり、著作物の利用技術や著作物の保護手段が急速に発達する現代においては、フェアユース規定は必要不可欠であろう。

(2) アメリカの近時の学説

近年のフェアユースに関する実証研究には、Beebe論文[15]とNetanel論文[16]がある。

Beebe論文に示された、2005年までのフェアユースの裁判例の実証研究によると、第1要素も第4要素も等しく適用されている。そして、2005年以降も、下級審の事案では、市場の失敗以外はほとんど、著作権者の潜在的市場（第4要素）に影響を与えているため、侵害となっていたと評価している。

これに対して、2011年のNetanel論文の評価によると、2005年が転換点であり、第4要素を重視するHarper & Row判決およびSony最判（Sony Corp. of Am. v. Universal City Studios, Inc., 464 U.S.417 (1984).）は、その傍論で、「商業的利用の場合、公正な利用と推定されない」と述べているため、2005年以降引用されなかった。むしろ、第1要素を重視するCampbell最判（Campbell v. Acuff-Rose

---

た。

[14]　H.R.Rep.No.94-1476 (1976), pp.5679-5680.

[15]　Barton Beebe, An Empirical Study of U.S. Copyright Fair Use Opinions, 1978-2005, 156 U. Pa. L. Rev. 549 (2008). 邦語訳として、城所岩生（訳）「米国著作権法フェアユース判決（1978-2005年）の実証的研究(1)(2)」知的財産法政策学研究21号（2008年）117頁、22号（2009年）163頁。

[16]　Neil Weinstock Netanel, Making sense of Fair Use, 15 Lewis & Clark L. Rev. 715 (2011). 邦語訳として、石新智規ほか（訳）「フェアユースを理解する(1)(2)」知的財産法政策学研究43号（2013年）1頁、44号（2014年）141頁。

◆第4章◆ 大量デジタル情報の利活用におけるフェアユース規定の役割の拡大［潮海久雄］

Music, Inc., 510 U.S. 569（1994））が引用されている。つまり、第4要素（市場）が衰退し、第1要素（変形的利用）が勃興したと評価している。

　本研究ではその結論に同意する。しかし、Netanel の論文は、2005 年にフェアユースの重点が転換したのは、1988 年の保護期間延長法（Sonny Bono Copyright Term Extension Act）を違憲としなかった Eldred v. Aschcroft, 537 U.S.186（2003）によるものであるとしている。特に、P2P に関する Grokster 判決にふれておらず、また、侵害主体の事例や近年の Google Books の訴訟にもふれていない。さらに第4要素が没落したと評価したためか、変形的利用の法理がデジタルの複製の事例に修正されて適用されているのがなぜなのか、またなぜそれが許容されるかについて述べていない。したがって、Sony 最判の意義づけをおこなっておらず、本稿の目的である、将来の市場や自生的規範についてフェアユース規定の果たす役割についても詳しく述べていない。

　これに対して、Samuelson 論文[17]は、フェアユース規定の裁判例を分野（cluster）ごとに分けて検討し、一定の法則や予測可能性が見出せるとしている。本節は、このアプローチから、近時のデジタル著作物の事例と著作権侵害主体の事例に焦点をあてる。その上で、デジタル著作物利用におけるフェアユースの変遷および自生的規範を承認する機能を検討し、その底流にあるアメリカ法の態度を考察したい。

(3) 裁判例の展開 —— Sony 最判と Campbell 最判の展開

　アメリカの著作権の侵害主体において問題となるフェアユースの法理は、主に Sony 最判（1984）と Campbell 最判（1994）の2つの最高裁判決が引用されて、発展してきた。

　Sony 最判の多数意見は、Time shifting 目的のためにテレビ番組を録画するという消費的利用[18]の事例で、私的利用ならばフェアユースにあたるとした。他方で、Sony 最判の少数意見は、107 条の例示する使用目的に準じて、フェアユースの適用は最初の著作者より新しいものを公衆への利益として生み出す生産的使用（productive use）に限定され、複製の唯一の目的が消費的使用のよう

---

[17] Pamela Samuelson, Unbundling Fair Uses, 77 Fordham L. Rev. 2537 (2009).
[18] 元の著作物を新しい創作・翻案のために利用する生産的利用（productive use）、変形的利用（transformative use）に対して、元の著作物をそのまま複製して利用する意味で消費的利用（consumptive use）と呼ばれている。

◇第Ⅰ部◇　権利の内容・制限と利用許諾

な非生産的使用の場合にフェアユースは適用されないとしている。

　これに対して、Campbell 最判は、パロディの事例でフェアユースを適用した事例である。Campbell 最判は侵害主体の事例でも技術に関わる事例でもない。その上、Campbell 最判は、Sony 最判の多数意見と一見矛盾している。むしろ、Campbell 最判は変形的利用（第1要素）を強調している点で、Sony 判決の反対意見と近い[19]。もし Campbell 最判を反対解釈すれば Sony 判決のような消費的利用はフェアユースにあたらないことになる。

　このように、Sony 最判の多数意見と Campbell 最判は、みかけでは対立している。にもかかわらず、2005 年の Grokster 最判以降の、著作権の侵害主体の事例に、事案に近い Sony 最判ではなく、事案から遠い Campbell 最判の変形的利用の法理が、修正されつつ適用されているのはなぜだろうか[20]。この疑問を明らかにすることが、フェアユースの拡大適用に対する近時の批判への反論につながる。

(4) Sony 最判（1984）—— Grokster 最判まで

　まず、Sony 最判は、デジタルの著作権侵害主体に関して、ファイル交換ソフトを配信するサービスのみ提供した分散型の P2P[21]に関する Grokster 最判（2005）以前まで引用され、Sony 最判を基準に論じていた。Grokster の控訴審（第 9 巡回区裁判所）[22]も、Sony 最判を拡大解釈して、非侵害用途が相当数あれば、著作権者が侵害用途を仮に立証しても製造者 Y は責任を負わないとした（一審の summary judgment を維持）。

　しかし、Grokster 最判の多数意見（Souter 裁判官）は、控訴審および一審の各判決を批判し、Sony 最判を適用せず、本来の争点である、製造された P2P ソフ

---

[19]　ただし、Campbell 最判は、107 条の例示する使用目的は例示列挙にすぎないとしている点で、Sony 最判の反対意見とは立場を異にしている。

[20]　以上の問題意識からアメリカの裁判例の流れを説明したものとして、前掲・拙稿注(5) サーチエンジン・筑波法政 46 号。

[21]　サーバに負担を集中するのではなく、パソコンの利用者（クライアント）の側にシステムの管理をまかせ、負荷を分散し、安定して運用すべく、利用者同士でやりとりをするシステム。拙稿「著作権侵害の責任主体についての比較法的考察 —— P2P の問題を中心として」『融合する法律学（下）筑波大学法科大学院創設記念・企業法学専攻創設 15 周年記念論集』（信山社、2006 年）705-771 頁。

[22]　Metro-Goldwyn-Mayer Studios, Inc. v. Grokster Ltd., 380 F.3d 1154 (9th Cir.2004).

トに相当数の非侵害用途がありうるかについて判断しなかった。そのかわりに、不法行為の法理から特許法の積極的誘引規定（active inducement）（特許法271(b)条）を借用している。もっとも、その論拠として、Sony 最判を別の形で引用している。すなわち、Sony 最判が、特許間接侵害の汎用品の法理（staple article of commerce）を借用した点をあげている[23]。

その上で、もし本件事案においてソフトウェア提供者（Y）に積極的誘引目的がない場合に、被告 Y の提供したソフトウェアに相当数の非侵害用途があり、Sony 最判の基準を満たすか、については、意見が3対3で分かれた（Ginsburg 判事の補足意見は Sony 最判の基準を満たさず[24]、侵害としたが、Breyer 判事の補足意見は、この基準を満たすとした）。

さらに、Breyer 判事の補足意見は、真の問題は本件が Sony 最判の基準を満たすかではなく、Sony 最判を修正ないし厳格に解して本件に適用すべきかであり、とりわけ、当時侵害用途が多かった P2P 技術にも非侵害用途が発達しつつあるという、将来の市場を考慮すべき点を指摘した。その上で、3つの理由で、Sony 最判に立ち入る必要はなく、立法による解決に委ねるべきとした[25]。

(5) Grokster 最判以降

Grokster 最判以後、インターネットにおける侵害主体や著作権の制限の事例では、主に Campbell 最判が引用されている。

敷衍すると、形式的には大量デジタルの複製の事例（消費的使用の事例）にみえても、プラットフォーム Y 等による著作物の利用目的が、X（著作権者）の創作目的と異なれば「変形的利用」にあたるとして[26]、「変形的利用」を広く定義

---

[23] また、積極的誘引規定を適用するためには、製造者 Y による技術サポートや製品のアップデートのような通常の行為ではたりず、技術革新を妨げないように、Y には相当程度の意図を要するとした。その理由として、Sony 最判において、製造者 Y がユーザーの侵害利用を知りながら教唆を認定しなかったこととのバランスを考慮している。

[24] 正確には、相当な非侵害用途があるかどうかに関する重要な事実問題があるにもかかわらず、原審が一審の被告勝訴の summary judgment を維持したことは誤りであるとする。

[25] 第1に、裁判官は将来の技術の実施可能性、商業的可能性について判断能力を有しないこと、第2に、Sony 最判の修正解釈が新しい技術の発達を著しく弱体化させること、第3に、P2Pソフトの提供者 Y 自身は違法複製を行っておらず、二次的責任は例外である。また、Sony 最判はしばらく法として通用していたことから、X（著作権者）の利益の変動が Y の技術的迂回による損失より重要とはいえない、と述べている。

◇第Ⅰ部◇　権利の内容・制限と利用許諾

してフェアユース規定を適用している。Kelly v. Arriba Soft Corp., 336 F.3d 811 (9th Cir. 2003)（サムネイルの事案[27]）、Perfect10（サムネイルおよびインラインリンクの事案[28]）、および、後述の Google Books の事案で、Campbell 最判が引用され

[26]　もとの創作目的を単に取り替える（supersede）ことではないこと。
[27]　被告 Arriba のサーチエンジンが、検索したサイトのテキストそのものではなく、縮小したサムネイル画像およびアドレス等により表示したことに対して、自分の写真を書籍等に掲載していた写真家の原告が訴えた事例である。第9巡回区裁判所は、公正使用について以下のように述べた。第1要素の判断において、Campbell 最判を引用し、被告の使用の目的と性質は、映像が最初につくられた用途と大いに異なり、サムネイル索引の性質は美的なものでなく機能的なもので、芸術的ではなく包括的である。第2要素については、本件は芸術的著作物でフェアユースに不利に働く。また、第3要素についても、原告の映像のサイズを縮小し、サムネイルは使用できる映像まで拡大できないが、普通サイズの映像も表示しているため、フェアユースに不利に働く。第4要素については、Campbell 最判を引用し、原告の写真は著書等の販売促進に用いられるが、被告のサーチエンジンは原告のサイトと競合せず、むしろ原告のサイトへアクセスするユーザーの数を増やしている。また、被告サーチエンジンが原告のサイトを回避する、という損害の証拠を、原告は提出していない。とりわけ、第1要素が重要であり、新しい使用と技術が発展中である場合には、変容的な利用目的は、技術発展の初期段階の避けがたい欠陥（本件では普通サイズの映像も表示している点）よりも重要性が高い。
[28]　Perfect 10, Inc. v. Amazon.com, Inc., 508 F.3d 1146 (9th Cir. 2007)（〔Perfect 10 控訴審〕）、Perfect 10 v. Google, 416 F.Supp.2d 828 (C.D.Cal. 2006)（〔Perfect 10 一審〕）。
　まず、Google（被告）が、(i) ヌードモデルの写真のサムネイル表示を保存・表示する行為について、直接侵害およびフェアユースが問題となり、一審・控訴審とも直接侵害を認めたが、フェアユースの点で判断が異なった（一審否定、控訴審肯定）。次に、Google が(ii) イン・ライン・リンクを張る行為について、直接侵害、寄与侵害、代位責任が問題となったが、一審・控訴審とも直接侵害および代位責任は否定したものの、寄与侵害の点で判断が異なっている（一審否定、控訴審肯定）。
　(i) のサムネイル表示について、フェアユースを認めた控訴審判決は、第1要素について、パロディが原著作物に光を当てて新しい著作物を創作することによって社会的便益をもたらすように、サーチエンジンは、原著作物を電子検索ツールに組み入れることにより、社会的便益（公の利益）をもたらす点を強調している。そして、パロディは、原著作物と同じエンターテインメント目的であるのに対して、サーチエンジンは、原著作物に対して全く新しい利用をもたらし、異なる文脈で利用される点で、パロディよりも変形的であるとした。その上で、本件利用の変形的性格は、偶然の代替的な利用や小さな商業的性格よりも重要であるとした。また、第4要素についても、本件のように高度に変形的な利用である場合には、商業目的であったとしても、市場を代替せず、著作権者の市場への損害は推定されない、とした。
　(ii) のイン・ライン・リンクを張る行為について、控訴審判決は、Sony 最判および Grokster 最判の両判決の根底に、不法行為法の原理があるとして、これら両最高裁判決

◆第4章◆　大量デジタル情報の利活用におけるフェアユース規定の役割の拡大［潮海久雄］

ている。

　Perfect10判決では、フェアユースの第1要素において、公の利益（情報の流通、イノベーションなどの積極的外部性）を考慮している。

　これらの事案は、大量デジタルの複製の事例や侵害主体の事例であり、事案の内容としてはSony最判に近い。にもかかわらずSony最判が引用されないのは、さまざまな理由が考えられる。Grokster最判（2005）でSony最判の評価について最高裁の立場が分かれていた。また、Sony最判は私的利用についてフェアユースとし、「商業的利用は不公正と推定される」と述べた傍論が引用され、商業的利用というだけで侵害とされる危険性があった（Harper最判など）。また、私的複製が完全に自由であるのか微妙であった（注(96)参照）。さらに、非侵害用途に着目するSony最判を、将来の市場が問題となるデジタルでの侵害や取引に引用することは難しい面もあった[29]。

　もっとも、これらの事例でも、Sony最判はさまざまな形で引用され、第1要素において、情報の流通やイノベーションなどの積極的外部性が考慮されており、Sony最判の思想が底流にある。また第4要素による、フェアユース規定の拡大適用への歯止めについては、Sony最判で既に述べられている（Ⅱ2(7)参照）。

　また、Campbell最判が引用されるようになって、なぜ勝訴率があがったのはなぜだろうか。本稿は、Campbell最判が、将来の市場に第三者が、著作物の当初利用目的以外で自由に参入することを奨励するよう方向づけているためと考える。これは、後述の、将来の市場に対するアメリカ独占禁止法の態度と合致しており、Sony最判の再評価にも通じる。

　このように、Campbell最判が拡大適用された結果、技術を広く普及させ、著作権者の創作目的以外の利用市場が拡大することにつながったと評価できる。

　　との連続性を強調している。その上で、サーチエンジンの運営者Yは、特定の侵害物品がサーチエンジンによりアクセスしえたことを現実に認識した上で（A & M Records, Inc. v. Napster, Inc., 239 F.3d 1004, 1022 (9th Cir. 2001)）、原告の著作物にさらに損害を被るのを防止する「簡易な手段」（simple measures）をとりえた（Religious Technology Center v. Netcom On-Line Communication Service, Inc., 907 F.Supp. 1361, 1375 (N.D. Cal. 1995)）。にもかかわらず、Yがその手段をとらなかった場合には、寄与者として責任を負うと判示した。

(29)　また、Beebe論文の分析した対象である2005年以前と異なり、2005年以降インターネット上のデジタルの事例が急増し、事例の質が変わった点にもあると考える。

◇第Ⅰ部◇　権利の内容・制限と利用許諾

(6) Harper & Row 最判

フェアユースの発展に影響したとされるもう一つの最高裁判決は、Sony 最判（1984）直後の、Harper & Row, Publishers et al v. Nation Entreprises et al., 471 U.S.539（1985）である。Harper & Row 最判（1985）は、フォード大統領の未公表の回想録（3000 字程度で、かつ政治的評論）を第三者が公表した事例で、市場が失敗して著作権者が許諾できない場合のみフェアユースが認められ、それ以外は侵害と判示した。特に、著作権者の潜在的市場を害するため、第4要素を満たさず、侵害としている。また、私的利用の場合にはフェアユースである、という Sony 最判の推定を反対解釈し、「商業的利用の場合には不公正な利用であると推定される」とも判示している。

しかし、Harper & Row 最高裁判決は、コモンロー上も立法過程でも未公表著作物という事情はフェアユースを認めない方向に働く、と判示した点が批判された。1992 年改正で、著作物が未発行であるという事実自体は、フェアユース規定の適用に無関係とされた。

また、この判決は、Gordon 教授の論文[30]を引用し、市場が失敗した場合以外はほとんどフェアユースは適用されないとしている。しかしその後、Gordon 教授は立場を修正し、取引コストが高い点以外に、教育利用目的、情報伝達目的、パロディ・批評の際の絶対にライセンスしないというコスト、プライバシーなどの価値を含むことを認めている[31]。

(7) 立証責任

前述のとおり、Campbell 最判の変形的利用の法理は、実質はデッドコピー（消費的利用）の事例でも著作物の利用目的が異なるとして、フェアユース規定を拡大適用してきた。さらに、アメリカのフェアユース規定は、抗弁と明言せず、不公正な利用の主張・立証責任を、著作権者にも負わせる形で適用範囲を広げている。

この点、わが国では、フェアユースは抗弁として、その4要素の立証責任は被告にあると理解されているようである。しかし、アメリカの裁判例では、被告は、フェアユースの争点を提起する責任を負うにすぎず、当該使用が公正で

---

[30] Wendy J. Gordon, Fair Use as Market Failure, 82 Colum. L. Rev. 1600 (1982).

[31] Wendy J. Gordon, Market Failure and Intellectual Property: A Response to Professor Lunney, 82 B.U.L.Rev. 1031 (2002).

◆ 第 4 章 ◆ 大量デジタル情報の利活用におけるフェアユース規定の役割の拡大 ［潮海久雄］

あることの立証責任を負っていない[32]。被告は、原告著作物の当初の創作目的以外の目的で利用していることを立証すればよい。Campbell 最判も、フェアユースは抗弁であると述べるが、立証責任について考慮しておらず、むしろ、原告（著作権者）の将来の市場に影響を与えることの立証責任を、事実上原告に転換し、フェアユースを拡大適用している。さらに〔Perfect10 控訴審判決〕は、著作権者がすでに参入している市場（原告が、サムネイルイメージを携帯電話向けに販売している携帯電話市場）についてすら、著作権者が合理的に参入する潜在的市場とせず、著作権者側の立証を厳しく要求し[33]、第 4 要素の考慮を制限し、フェアユース規定を適用している。

フェアユース規定が抗弁といえない理由は、次のとおりである。第 1 に、アメリカ著作権法のフェアユース規定 107 条の文言は侵害とならないとしか述べていない。第 2 に、そもそも、著作権法は公共財を促進も目的とした限定された独占権にすぎない。とりわけ、著作物性、および支分権の範囲が急激に拡大し、また、情報契約や技術的保護手段が発達して著作権の制限規定がオーバールールされている現代においては、第 4 要素の立証責任の実質は著作権者側にあるべきであろう。今日では、著作者だけでなく公衆も著作物の利用に利害関係をもち、著作権の制限は例外ではなく、著作権法の不可欠の構成部分である。第 3 に、著作権者は、被告よりも、自分自身の潜在的市場への損害の可能性を立証するのに適した立場にある。少なくとも、表現の自由や私的利用が問題となる場面については、被告の行為が不公正であることを立証すべきであろう[34]。

(8) 将来の市場

Netanel 論文は、近年のフェアユースの事例では、Campbell 最判における第 1 要素（変容的利用）を適用していることが注目され、第 4 要素（著作権者の潜在的市場）が意味を失っていると評価している。

しかし、第 1 要素と第 4 要素とあわせて考えると、Kelly 判決、Perfect10 控

---

[32] Lydia Palls Loren, Fair Use: An Affirmative Defense?, 90 Wash.L.Rev. 685 (2015). American Geophysical Union v. Texaco Inc., 60 F.3d 913 (2nd Cir. 1994)はフェアユースを抗弁と判示しているが、循環論として批判されている。なお、以上の箇所は、寺本振透教授との議論から示唆をえた。

[33] Perfect10 一審判決は、Google のユーザーが実際に携帯電話用にサムネイル画像をダウンロードしていた、という認定をせず、ライセンスもしていないとしている。

[34] Pamela Samuelson, supra note (17) at 2617, 2618.

◇第Ⅰ部◇　権利の内容・制限と利用許諾

訴審判決にみるように、裁判例は、第1要素（著作権者の当初利用目的）により、第4要素の著作権者の潜在的市場（著作物の利用に関する将来の市場）を、著作権者側と利用者側で区分している。つまり、著作権者の利用目的の範囲内の市場に影響があれば著作権侵害となるが、著作物の当初利用目的の範囲外の市場での利用であれば、フェアユースとして、新しい市場を開拓した者が自由に利用できる。したがって、第4要素（著作権者の将来の市場）も、なお重要な意味を有している。

　このように、Campbell最判がインターネットの事例にも適用されるのは、著作権者の当初利用目的以外の将来の市場に対して、著作権者の権利行使を原則として許さず、著作物の利用者が自由に参入できる市場とする趣旨と考えられる。アメリカの裁判例も、将来の技術による新しい利用に関する判示部分には、多くの場合Sony最判をひいている。Grokster最判の多数意見が述べる、将来の市場に対する寛容な態度は、Campbell最判の拡張適用する近時の裁判例にも引き継がれている。

　アメリカの独占禁止法も、企業が将来の市場を開拓する行為に原則として介入しない考え方である。まず、事業者による取引拒絶も、取引の自由の一環としてわが国より寛容である[35]。また、優越的地位の濫用規制（搾取規制）がなく、いったん独占的地位を得て競争がなくなっている状態でおこなう行為は、競争を阻害することはなく、競争とは無関係と考えている[36]。したがって、企業がある市場で独占的地位にたてば（たとえば、検索エンジンの市場）、そこで競争が阻害されることはなく、その支配的地位を二次的市場（Google Books、Google Mapなど）に対して力を及ぼすことに関して、アメリカ独占禁止法は寛容である。さらに、不正競争規制に関するFTC（連邦取引委員会）法5条も、具体的な市場が成立していない、上流の市場における排除行為のない取引行為について、

---

[35] Verizon Communications Inc. v. Law Offices of Curtis V. Trinko, 540 U.S. 398, 407,408 (2004)（Verizon社が、不可欠な通話処理システムについての役務を、競争地域の電話業者に適切に提供せず、自社の顧客からの通話要求を優先処理していることが、シャーマン法2条にいう独占化にあたらないとした。反競争行為を伴わない独占力の保持と独占価格を課すことは許容される。逆に、行為者にインフラ施設の共用を強制することは、投資のインセンティヴを損ない、裁判所にその取引条件を監督させることになり不適切である。よって、シャーマン法は、原則として事業者の取引先を選択する自由を制限しない）。

[36] 白石忠志『独占禁止法』（有斐閣、2009年）862頁注210参照。

◆第4章◆ 大量デジタル情報の利活用におけるフェアユース規定の役割の拡大［潮海久雄］

さかのぼって規制を及ぼすことは、企業のビジネス判断に FTC が早期に介入することになり適切でない、という考え方が強い[37]。このように、将来の市場への参入について知的財産権の行使による排除行為を防ぎ、かつ、将来の市場を開拓する行為に対して法が介入しない、というアメリカ法の考え方が、多くの市場および、多様なデジタル著作物の利用可能性を有するインターネットにおけるアメリカ企業の優位を基礎づけている[38]。

(9) 小　括

デジタル著作物に関する事例では、Campbell 最判の変形的利用の法理が、形式的には著作物のデッドコピー（消費的使用）の事例であっても、その利用目的が異なるとして適用され、フェアユースと判断されている。しかも、原告の将来の潜在的市場を害するおそれについての事実上の立証責任が、著作権者側にあり、著作権者側に、被告の行為が著作物の不公正な利用であることを立証させることによって、フェアユース規定の勝訴率が高まったと考えられる。このようなフェアユース規定の適用の結果、著作物の利用目的以外の市場については、著作権者は原則として著作権を行使できないと考えられる。

2　電子図書館、孤児著作物

(1) 諸　論

このような、将来の市場を著作権者から自由にし、著作権法と異なった opt-out という自生的規範を承認する、フェアユース規定の機能をもっとも鮮明にしたのが、Google Books を端緒とする電子図書館や孤児著作物の問題である。とりわけ、Google 側（Y）は、著作物全体を複製しており、Sony 最判に近い事例にもかかわらず、Campbell 最判が引用され、Y の利用形態によりフェアユースと判断された。Campbell 最判によるフェアユースの拡大適用が、最も批判されている場面である。

---

[37] ABA Antitrust Law Developments (7th ed. 2012), pp.663-665; 2 Phillip E. Areeda & Herbert Hovenkamp, Antitrust Law P. 302 (2d ed. 2000).

[38] 技術標準を利用した不正な手段による行為が、下流の製品市場、および、将来の市場に影響を及ぼす点に着目して、競争法を適用する考え方について、拙稿「標準必須特許の権利行使──競争法からの基礎づけ」小泉直樹＝田村善之編『はばたき──21世紀の知的財産法　中山信弘先生古稀記念論文集』（弘文堂、2015年）410頁。

◇第Ⅰ部◇　権利の内容・制限と利用許諾

(2) アメリカ

(a) Google Books の経緯

2004年頃からはじまった Google Book Search Project（後に Google Books）においてはじめて、opt-out 方式が主張された。著作権法上は、著作物の利用者が著作権者に利用許諾を求めること（opt-in）が原則となっているが、opt-out 方式は、逆に、著作権者が利用者に異議を申し立てない限り（notice などにより opt-out しない限り）、利用者に利用許諾したことになる。つまり、原則が逆になっている。

Google Books は、以下のように、2回の和解案が裁判所により否定されたのちも、サービスの内容を縮小しつつ（対象とされる図書を英語圏に限定し、図書のデータの売買をやめて）訴訟を継続し、フェアユース規定により opt-out 方式を勝ち取った[39]。

以下は、Google Books をめぐる推移である[40]。

2004年に Google Book Search Project がたちあがり、アメリカの大学等の図書館から提供された書籍をスキャンし電子化し、大学でデータを利用し、Google も、書籍を検索してその一部を、制限つきでスニペット[41]表示するサービスを始めた。これに対して、全米作家協会と全米出版社協会がクラスアクションを起こした。

2009年1月に、旧和解案[42]で、Google 側がレジストリを作成し、opt-out し

---

[39] 詳しい経緯について、増田雅史「Google Books 訴訟と各国のデジタル・アーカイブ政策」コピライト641号2頁（2014年9月）（二回の和解を含めた最終の第二サーキットの訴訟前までの動向を詳述している）。同「Google Books 訴訟 フェアユースを認めた控訴審判決」コピライト660号（2016年）45頁（Google Books 訴訟の経過と最終判決について論じている）。松田正行=増田雅史「Google Book Search クラスアクション和解の実務的検討（上）（下）」NBL905号7頁、906号88頁（2009年）。同「Google Books 問題の最新動向および新和解案に関する解説（上）（下）」NBL918号38頁、921号50頁（2009年）。同「Google Books 和解案の不承認決定に関する解説」NBL953号32頁（2011年）。

[40] なお、これら Google Books の動向と並行して、Google Books によって電子化された図書が大半である、共同レポジトリとしての Hathitrust に対する訴訟（Authors Guild vs. Hathitrust）では、2012年10月（Authors Guild, Inc. v. HathiTrust, 902 F.Supp.2d 445 (S.D.N.Y. 2012))、および、2014年6月の控訴審（Authors Guild Inc. v. HathiTrust, 755 F.3d 87 (2d Cir. 2014)）でも、フェアユースが認められた。

[41] 検索用語、および、それに関連した箇所の短い抜粋。

[42] 旧和解案で、クラスの範囲が、「2009年1月までに公表された書籍等について米国著作権法上の著作権等の権利を有する全ての者」となり、ベルヌ条約において、加盟国の

◆第4章◆ 大量デジタル情報の利活用におけるフェアユース規定の役割の拡大 ［潮海久雄］

てきた著作者、出版社にレジストリからお金が支払われ、レジストリで権利を集中管理する仕組みを提示した[43]。

　2009年11月に、旧和解案を修正し、新和解案が提示された。クラスの範囲が、2009年1月5日までに公開され、米国著作権局に登録された書籍、または、カナダ、イギリス、オーストラリアにおいて出版された書籍について、米国著作権を有する者に限定した。しかし、2011年3月に、ニューヨークの南部地裁は、新和解案が公正、適切かつ合理的とはいえないとして、その承認の申立てを棄却した（Authors Guild, Inc. v. Google Inc., 770 F.Supp.2d 666（S.D.N.Y. 2011））。

　2011年に訴訟が再開し、6月に新たにクラス認定の申立てがなされた。2012年5月に、連邦地裁は原告のクラス認証を認めたが、2013年7月に、第2巡回区裁判所が地裁のクラス認証を取消した。このクラス認証にフェアユースが影響を与える争点としてとりあげられ、フェアユースを優先的に判断するよう審理を地裁に差し戻した（Authors Guild, Inc. v. Google, Inc., 721 F.3d 132（2nd Cir. 2013））。

　2013年11月に、ニューヨーク南部地裁のChin判事は、summary judgmentでフェアユースを認めた（Authors Guild, Inc. v. Google Inc., 954 F. Supp. 2d 282（S.D.N.Y. 2013））。

　2015年10月に、第2巡回区裁判所は、Googleのスニペット表示についてフェアユースを認めた（Authors Guild, Inc. v. Google, Inc., 804 F.3d 202（2nd Cir. 2015））。その主な根拠は、全文検索可能なデータベースの構築は、その検索の結果が目的、性質、表現、意味等において、元のページと異なるため、変形的利用の目的（第1要素）にあたる。かつ、この目的にてらして、被告のスニペット表示が、原告の著作物に効果的かつ競争力のある代替物を提供するものでは

　　国民は全加盟国の権利を享受できるため、ほぼ全世界の書籍の著作権者がクラスの範囲に入った。クラスアクションでは、クラスから抜けるよう意思表示しない限り、結果に拘束されるため、全世界の書籍の著作権者が拘束されることになった。
(43)　旧和解案によると、著作権者は、書籍のスキャンとデータベースへの保存、および、プレビュー表示、データの販売、広告表示まで、opt-out方式によりGoogle側に許諾したことになった。これに対して、著作権者が権利行使するにはレジストリへの登録が必要となった。つまり、著作権者が過去のスキャン行為に対する補償金を請求したり、データベースから除去を請求したり、利用行為から除去するにはレジストリに登録する必要がある。Googleより良い条件で許諾を与えることのできるデータベース事業者や図書館等は現れないため、実質上、Googleは書籍検索市場を独占することになる。松田＝増田・前掲注(39)NBL905, 906号。

◇第Ⅰ部◇　権利の内容・制限と利用許諾

ないため（第4要素）、フェアユースにあたる、と判示した。2016年4月18日に、最高裁は裁量上告を棄却し（Certiorari denied）、第二巡回区裁判所の判断が確定した。

(b) Google Books 判決・和解の評価

この第二サーキットの最終判決は、第1要素（変形的利用目的）が、第4要素の著作権者の潜在的市場の範囲を画しており、Ⅱ節1にみたフェアユース法理の機能を裏づけている。

Google Books は、以下の二点において、著作権法に大きな衝撃を与えた。

第1に、フェアユース法理は、プラットフォームが、訴訟や和解案での交渉の過程で、技術発展[44]やビジネスモデルの変化により侵害の程度を軽減し、opt-out 方式の一種の拡大集中制度を実現した点である。Google Books の基本枠組みは、Google 側がレジストリを作成し、opt-out してきた著作者、出版社にレジストリからお金が支払われる。これは、Google というプラットフォームが集中管理団体となって opt-out 方式を採用した、ある種の拡大集中制度である。

第2に、Google は、著作物である書籍を全てデジタルコピーする、という複製権侵害の最たる行為を行いながら、著作権法の原則（opt-in）と全く逆の、opt-out 方式という自生的規範を維持し、それがフェアユースとして認められた点である。この opt-out 制度がデジタル経済において正当化根拠をもつ場合があるとすると、ベルヌ条約以来の著作権法という法規範が、デジタルの世界では必ずしも社会的厚生の最適の均衡ではないといえる。Google 側は、著作権法の opt-in を、このような自生的な規範に変更してフェアユースに当たると主張している。

このように、フェアユース規定は、単に個別制限規定を柔軟化する役割だけでなく、著作物を利用ないし媒介する主体に、侵害（利用）行為の態様を変更させ、自生的な規範やビジネスモデルの生成を促し、これを助ける役割も有している。

(c) opt - out 方式の根拠

では、opt-out 制度の根拠はどのようなものだろうか[45]。

---

[44] Kelly 判決においても、技術の発展段階においては、Yの検索エンジンの検索結果で、著作権者(X)の普通の画像を表示するものが多少あったとしても、サムネイルが変形的利用であるので、フェアユースが適用されると判示している。

◆第4章◆ 大量デジタル情報の利活用におけるフェアユース規定の役割の拡大［潮海久雄］

　第1に、インターネットは世界中からのアクセスを前提としており、著作権の財産権（排他権）としての性格が変容していると考えられる。また、経済的効率性からみると、opt-in よりも opt-out の方が、社会全体の厚生が大きい場合がある。媒介者 Y およびユーザー A によって著作物の利用が適切に公表され、X による告知（notice）が容易で、利用される著作物が多い場合に、opt-in の場合の総コストよりも、opt-out の場合の総コストが低く、opt-out 制度の方が全体の便益が大きい。

　第2に、著作権者と利用者側で、著作物の利用に関する情報の非対称性が存在する。つまり、創作に関わった著作権者が、自己の法的地位（著作物か、保護期間内か、権利を承継したか）、および、著作物利用についての著作権者の意図（選好）を、もっともよく知っているのに対して、デジタル図書館側はこれらの情報を有していない。この情報の格差により高い取引コストが生まれ、拡大集中などの集中管理が考えられているものの、デジタル図書館の挫折や規模縮小の結果となっている。この観点からすると、著作権者が opt-out しない限り著作権者に望まない利用がされる、というサンクションを、上述の情報を有する著作権者に与えることにより、著作権者側から利用を望まない旨を告知（notice）させ、著作権者側に以上の情報の開示を促すことができる。

　第3に、文化的民主制の点からいって、デジタル図書館は、ユーザーに図書情報への広いアクセスと頒布の機会を保障する。特に、現代における著作物の創作は、既存の著作物を基礎にした模倣と相互作用からなり、表現を読むなど著作物を享受する者も新たな表現の生産者となり、情報の生産者（送り手）と消費者（受け手）の区別が不明確となっている[46]。デジタル図書館は、単に著作物の消費主体を増やすだけでなく、専門家以外の者にも多様な著作物のアクセス、検索、利用を可能にし、創作過程への参加を促進し支援する。このような現象を文化的民主制と呼んでよいだろう。以上の意味で、Sony 判決における消費的利用（consumptive use）も、Campbell 最判の述べる変形的利用や新たな創作に貢献すると考えられる。

　第4に、ロングテールの著作や絶版著作物については、デジタル化されて検索され、発見される方が著作権者にとっても、購入してもらう機会が増え、便益がある。

---

[45] 拙稿・前掲注(5)サーチエンジン・筑波法政 46 号（2009 年）。
[46] 中山信弘『マルチメディアと著作権』（岩波新書、1996 年）95-105 頁。

◇第Ⅰ部◇　権利の内容・制限と利用許諾

(3) 欧州 ── 制度間競争
(a) 孤児著作物指令による個別制限規定
　欧州では 2012 年 10 月に孤児著作物指令[47]がだされ、2016 年までに各国が履行（implement）することが求められている。
　もともと、欧州では、情報化社会指令[48]5 条において、著作権制限規定は例示列挙ではなく、限定列挙とされている。したがって、孤児著作物指令は、情報化社会指令における著作権の個別制限規定を拡充する形で、「入念な調査」を要件とした、孤児著作物に関する著作権制限の個別規定の導入を加盟国に義務づけている。孤児著作物指令の「入念な調査」（3 条）、および、利用主体が図書館、教育機関などの公共機関の公益的任務で（1 条）、公共にアクセス可能な図書館等の所蔵品に限られる（1 条 2 項）、などの要件は、ベルヌ条約との適合性を念頭においているのであろう。
　この入念な調査などの要件が、欧州各国内での解決を、欧州で相互承認することを正当化している。同指令第 4 条は、同指令第 2 条に基づき一つの加盟国において孤児著作物と認められた著作物等は、すべての加盟国において孤児著作物とみなされる、と規定する。このような相互承認は、孤児著作物の地位に法的安定性をもたらし、欧州の市民に孤児著作物の利用可能性を広める、とされている。
　ドイツ著作権法も、孤児著作物指令を導入するために 2014 年に改正し、孤児著作物についての著作権制限規定を導入している。61 条（権利不明の著作物）、61a 条（入念な検査と文書化の義務）、61b 条（利用の終了と機関の報酬義務）、61c 条（公法上のラジオ施設による孤児著作物の利用）、137n 条（経過措置）からなる[49]。

---

[47] Directive 2012/28/EU of the European Parliament and of the Council of 25 October 2012 on certain permitted uses of orphan works Text with EEA relevance, OJ L 299, 27. 10.2012, pp.5-12.

[48] Directive 2001/29/EC of the European Parliament and of the Council of 22 May 2001 on the harmonisation of certain aspects of copyright and related rights in the information society, 2001.

[49] 61 条 1 項は、「3 項から 5 項の基準により孤児著作物の複製および公のアクセスは認められる」と規定し、「孤児著作物」の利用を認めている。61 条 2 項は「本法にいう孤児著作物は、(1)書籍、専門雑誌、新聞、雑誌、その他の出版物における著作物およびその他の保護対象、(2)映画および録画媒体、ならびに映画著作物が記録された録画・録音媒体、(3)録音媒体で、以下のものをさす。公共の図書館、教育施設、博物館、記録保存所および映画遺産・音楽遺産の分野の施設での収集物からなり、これらの収集物がすでに

(b) 個別制限規定の重なり

　しかし、著作権の個別制限規定は、利用者が自由に著作物を利用できる範囲を明示する一方で、その要件を充足しない場合には、原則として著作権侵害となることを明らかにしているともいえる。とりわけ、技術的に厳格に定義して、明確な要件を定める個別制限規定ではこのことが妥当する。したがって、同じ利用者の行為でも（図書館のコピー機で、図書館利用者が私的目的で複製した場合）、ある著作権の制限規定では自由に利用できるが（日本著作権法30条）、別の著作権制限規定（日本著作権法31条）では自由に利用できない場合、前者の個別制限規定によって利用できるのか、後者の規定によって利用できないのかが問題となる。つまり、著作権制限規定が、著作物を自由に利用できる範囲を定める趣旨である以上、いずれかの規定で自由に利用できれば自由に利用できるのか、それとも、それでは著作権制限規定を個別に定めた趣旨が失われるため（この場合31条）、自由に利用できないのかが問題となる。これは後述の、一般的制限規定が定められた場合、個別制限規定は議会が定めたため、そこで利益調整がついており、一般的制限規定は適用されないのか、と同じ問題である（Ⅲ2参照）。

　これが問題となったのが、Ulmer CJEU 判決（Case C-117/13）である。事案は、ダルムシュタット工科大学とドイツの出版社 Eugen Ulmer KG 社の争いで、ドイツ連邦裁判所の審理で、(1) 同大学が、その図書館の蔵書である同社の出版物をデジタル化できるか、および、(2) 同大学の図書館の利用者が、同大学の図書館内で提供されている専用端末から、その資料を印刷し、あるいは USB メモリスティックに保存し、図書館外に持ち出せるかが争われ、EU 情報社会指令における図書館の権利制限規定の範囲が争点となった。2014年6月5日、欧州連合(EU)司法裁判所の Jääskinen 法務官は以下のように意見を述べた。権利者からの合意がなくても、EU 加盟国の図書館は蔵書のデジタル化を行い、利用者の求めに応じて専用端末から提供できる。また、EU 指令では、専用端末で得られる資料の紙媒体への印刷は、図書館における権利制限では認めていないとしながら、私的利用に関する権利制限によれば、これをなしうるとしている[50]。

　　公開されているが、その権利者が入念な調査によっても確定できずかつ見つからない場合。」と規定し、「孤児著作物」を定義している。
[50]　Advocate General's Opinion in Case C-117/13 Technische Universität Darmstadt v

◇第Ⅰ部◇　権利の内容・制限と利用許諾

　CJEU も、原則として専用端末から資料を印刷する（あるいは USB メモリに保存する）ことは、原則として許されないとした。その理由は、情報社会指令5条3項(n)の著作権制限規定は狭く、公衆送信権（3条）の排他権に服する場合であり、紙にプリントアウトする行為は、送信ではなく、2条の複製に当たり、それは、5条2項(C)の図書館での複製でも、5条3項(n)の公衆送信権の制限規定にもあてはまらない。そして、これらの行為は図書館によるのではなく、ユーザーによるものであり許されない。もっとも、5条2項(a)ないし(b)（私的複製）にあたる国内法があれば許されるとした。

　つまり、ドイツ著作権法61条の孤児著作物についての著作権制限規定を設け、専用端末から資料を印刷等する行為がこれにあたらなくても、他の著作権制限規定（私的複製の制限規定等）が適用されれば、利用可能であるとしている。よって、ある個別制限規定では利用できなくとも、他の個別制限規定により利用できれば、自由に利用できる。この論理をおしすすめると、個別制限規定では利用できなくても、一般的制限規定によれば利用しうる場合があると考えられる（Ⅲ2(2)参照）。

　(c) 拡大集中制度

　他方で、欧州の電子図書館については、拡大集中制度（Extended Collective Licensing: ECL）に注目が集まった。拡大集中制度は、大多数の著作権者を代表する集中管理団体と、著作物の利用者間での自主的な交渉により締結された著作物利用許諾契約の効果を、集中管理団体の非構成員に対しても拡張して及ぼすことを認める仕組みである[51]。

　この拡大集中が欧州で広まった背景として、欧州各国の文化遺産機関が、デジタル化の際の多大な権利処理の取引コストをどのように解決するかについての取り組みがある。2011年9月に、権利者の代表（作家、図書館連盟、集中管理団体など）とユーザー組織の利害関係人間において、絶版の書籍等の電子化について、了解覚書（Memorandum of Understanding: MoU）[52]を締結した。MoU に

Eugen Ulmer KG（Court of Justice of the European Union, 2014/6/5）

[51] 情報通信総合研究所「諸外国における著作物等の利用円滑化方策に関する調査研究報告書」（2013年3月（以下「利用円滑化報告書」）76-110頁（小嶋崇弘執筆）。直近の資料として、ソフトウェア情報センター「拡大集中許諾制度に係る諸外国基礎調査報告書」（以下「拡大集中報告書」）（2016年3月）。

[52] Memorandum of Understanding on Key Principles on the Digitisation and Making Available of Out-of-Commerce Works, Brussels, 20 September 2011.

◆第 4 章◆ 大量デジタル情報の利活用におけるフェアユース規定の役割の拡大［潮海久雄］

　法的拘束力はないものの、EU レベルの自主的な合意であり、欧州の拡大集中制度の基礎となっている。また、前述の 2012 年 10 月の孤児著作物指令による著作権制限規定は、孤児著作物のみを対象とし、さらにその要件である、大量の著作物の権利の入念な調査が煩瑣であるため、北欧諸国で存在していた拡大集中制度に注目が集まった。このような拡大集中制度も自生的な規範といえるだろう。そして、孤児著作物指令 1 条 5 項（前文 24）は、この拡大集中制度（ECL）など、他の自主的な合意による諸制度の導入を妨げないとしている。

　イギリスでは、著作権の個別制限規定のほか、拡大集中制度を導入している。もっとも、これは既に、事実上のブランケットライセンス（事実上の ECL）を補填するためのもので、大量デジタル著作物の利用を念頭においたものではない[53]。

　フランスでは、孤児著作物の権利制限規定以外に拡大集中制度は取られておらず、絶版著作物等について、より複雑な制度が採用されている[54]。フランスの裁判所は Google Books を違法としながら、すぐ和解し、市の図書館でのデジタル保存の際には、Google から資金援助やデジタルコンテンツの無償供与を受けている[55]。

　ドイツも、絶版の出版物についての MoU を国内法に導入して、拡大集中制度に類似するものを著作権管理事業法（Gesetz über Wahrnehmung von Urheberrechten und verwandten Schutzrechten）13d,13e 条に規定した[56]。13d 条は、絶版著作物の複製権と公衆送信権を管理する集中管理団体が、一定の要件を満たした場合[57]に、管理していない権利者の著作物についてもこれらの権利

---

[53] 「利用円滑化報告書」28-46 頁（今村哲也執筆）、「拡大集中許諾制度に係る諸外国基礎調査報告書」（2016 年 3 月）81-110 頁（今村哲也執筆）。

[54] 「20 世紀の入手不可能な書籍の電子的利用に関する 2012 年 3 月 1 日法 2012-287 号」（電子書籍利用法）。「利用円滑化報告書」50-67 頁（井奈波朋子執筆）。

[55] 城所岩生「著作権改革が必要なこれだけの理由（下-2）」国際商事法務 43 巻 10 号（2015 年）1548 頁。

[56] 著作者の権利を重視しているドイツ等ではもともと、著作権契約法、団体契約など集中管理団体による集団契約で権利処理がなされ、個々の著作者の許諾が必要という原則を厳格に貫徹していない。拙著『職務著作制度の基礎理論』（東京大学出版会、2005 年）参照。

[57] 1966 年 1 月 1 日以前に公表された絶版著作物であり（1 号）、図書館等で公衆がアクセス可能な状態にあり（2 号）、複製ないし公衆送信が非営利目的であり（3 号）、集中管理団体に委託された著作物が登録簿に登録されており（4 号）、登録後 7 カ月内に著作者が

◇第Ⅰ部◇　権利の内容・制限と利用許諾

を第三者に許諾する権限を有すると推定される、と規定する。

　このドイツの制度は、ドイツ国会図書館（Deutsches National Bibliothek）が各図書館を代表して、集中管理団体（VG WORT など）に利用する著作物の数に応じて段階的に料金を支払えば、公共機関に集中管理団体が利用許諾できる仕組みである。つまり、拡大集中のように集中管理団体と著作物の利用者間での自主的な交渉により利用許諾を締結するわけではない。ドイツ国会図書館と集中管理団体の間では、ある種の有償の裁定利用許諾である。

　しかし、権利の所在を入念に調査する必要がなく、また、集中管理団体の構成員でない者にも事実上効力が及び、ドイツ特許庁に登録後7カ月間、著作者にopt-outする機会が与えられている（13d条2項）点で、拡大集中に機能的に類似する[58]。

　この拡大集中類似の制度は、opt-out制度であって、Google Booksと類似し、利便もある[59]。大きな出版社などの間で合意がある場合には、Google Booksと異なって正当性があると考えられる。つまり、孤児著作物の多くは絶版であるため、それを利活用して絶版著作物の市場が創出され、報酬が入ることは出版社にとってもメリットがあるため、比較的合意しやすい[60]。

　また、2015年6月のアメリカの著作権局のレポート（U.S. Copyright Office, Orphan Works and Mass Digitization. 以下、アメリカの著作権局報告書［2015］）も、フェアユースや任意の集中管理団体に限界があること、欧州各国が著作権法にあいついで拡大集中制度を規定したこともあり、アメリカ国内でECL pilot programを、著作物の種類を限定して（言語、イラスト、図、写真の公開物）、5年間実施することを提案した。

　(d) 制度間競争 —— 拡大集中制度と個別制限規定

　　　　管理について意義を述べていない場合（5号）。
[58]　ただし、ドイツのこの制度は、要件が厳しく（ドイツ特許庁への登録）、また狭い範囲の書籍等で（絶版著作物で、1966年発行以前の書籍等で、公共施設に所有のもの）で、限定された利用（ドイツデジタル図書館（Deutsch Digital Bibliothek）やEuropeana などの非商業的利用）に限られている。
[59]　拡大集中は、形式的には権利制限ではなく利用の問題（権利の集中管理）であるため、ベルヌ条約上のスリーステップテストの問題は生じないとされてきたが、opt-out方式の点についてはベルヌ条約違反の疑いは残る。
[60]　ただし、古い書籍を、シリーズ化したり、データベース化ないし電子書籍化して個別の出版社から売り出すものなどについては、出版社がopt-outすることが考えられる。

◆第4章◆ 大量デジタル情報の利活用におけるフェアユース規定の役割の拡大 ［潮海久雄］

　以上にみるとおり、欧州の主要国では、孤児著作物や絶版著作物については、著作権の個別制限規定と拡大集中制度が併存している状況にある。
　上述のドイツでは、孤児著作物の個別制限規定（著作権法 61 条、61a 条、61b 条、61c 条、137n 条）[61]と、絶版著作物について拡大集中制度類似の制度（著作権管理事業法 13d,13e 条）が併存し、この制度間競争となりうる。
　前述のとおり、著作権等の管理に関する法律 13d 条（絶版の著作物）1 項によれば、1966 年以前に公表された著作物について、4 つの要件を満たす場合に、著作権管理団体に属しない第三者が、著作権管理団体に全く利用許諾を与えていないにもかかわらず、新しい権利（送信可能化権）も含めて、当該著作権管理団体に許諾したことが推定される。孤児著作物は多くは絶版であるため、孤児著作物著作指令が定める「入念な調査」という不明確な要件、および、面倒な手続を有する著作権法の個別制限規定を利用せず、EU レベルで広く合意がなされている絶版著作物についての拡大集中許諾類似の制度を利用するだろう[62]。特に、著作権の制限規定だけでは、出版者や図書館などが権利者を探し出し、孤児著作物を電子化するインセンティブがなく、刑事罰を課されるおそれがある場合には、特にこのことがいえる。ドイツの拡大集中類似の制度は、公共機関での利用に限られるが、opt-out 制度による簡易な方法で、電子化や送信可能化もなされうる。

(4) 拡大集中制度への批判
　もっとも、孤児著作物の個別制限規定よりも利用がなされると予想される拡大集中制度についても、欧州内ですら以下のような批判がある[63]。
　まず、拡大集中制度に、孤児著作物指令が要求する「入念な調査」の要件がないということは、各国における「孤児著作物の地位」の相互承認を妨げ、拡大集中制度は当該国内でのみ有効であるにすぎない。したがって、国境を越え

---

[61] ドイツ法の制度については拙稿「利用円滑化報告書」67-75 頁、および、拙稿「権利者不明著作物（ドイツ）の追加調査」参照（2014 年 10 月 20 日資料 5）。(http://www.bunka.go.jp/seisaku/bunkashingikai/chosakuken/hoki/h26_02/pdf/shiryo_5.pdf)

[62] Karl-Nikolaus Peifer, Die gesetzliche Regelung über verwaiste und vergriffene Werke, Hilfe für verborgene Kulturschätze, NJW 2014, Heft 1-2, 6,9-10.

[63] 情報通信総合研究所「諸外国における著作物等の利用円滑化方策に関する調査研究報告書」（2013 年 3 月）103 頁以下（小嶋崇弘執筆）。小嶋崇弘「著作権等の集中管理を通じた著作物利用の円滑化」著作権研究 42 号（2016 年）95-97 頁。

た著作物の利用では権利処理が困難なままである。また、拡大集中制度は北欧の小さな国において相互に信頼関係がある場合には機能するが、大量デジタル情報の利用では機能しないと予想される。特に、拡大集中制度は、あくまで管理団体と利用者の自由交渉を促進させるものであるため、利用条件、使用料が市場を反映するハードルの高いものとなり、大量のデジタル情報の利用では過大なコストがかかる[64]。さらに、集中管理団体が非構成員を含めて権利者を探索し、使用料を分配することはコストがかかる。そもそも、拡大集中制度が非参加の著作権者の利益も代表する、というその正当化根拠そのものが疑わしい場合も多い。もしこの要件を厳格に要求すると、多くの著作権者が存在する場合や集中管理団体に参加しない場合には、拡大集中制度を新たに設立することは困難である[65]。

　近時、前述のように、2015年6月のアメリカの著作権局報告書［2015］は、試験的に、言語著作物、それに付随する絵画等、写真等の狭い領域で拡大集中制度を提案している。

　しかし、アメリカでも、拡大集中制度の正当性に対して批判が強い[66]。その第1の批判は、多数の著作権者がかかわるデジタル著作物では、その集中管理団体が、当該利用について必ずしも非構成員の利益を公正に代表しているといえない点である。特に、取り扱う著作物が異なる場合や、同じ著作物でも著作権者の利害関係が異なる場合（利用してもらいたい著作権者と、利用してもらいたくない著作権者など）には問題が大きい。非構成員に対しても、彼らがopt-outしない限り拡大集中制度の効力を及ぼし、権利を管理できることの正当化根拠に乏しい[67]。2011年3月の新和解案の不承認決定（Authors Guild, Inc. v. Google Inc., 770 F.Supp.2d 666 (S.D.N.Y. 2011)）も、Authors Guildが全著作権者の正当な

---

[64] この点は、前述の、ドイツの拡大集中類似の制度では、利用料を定額で段階的に設定しているため、問題が小さいようである。

[65] その他、孤児著作物については、権利者がほとんど利用料を請求しないため、支払われた利用料が集中管理団体に蓄積されることが望ましいかが問題となる。特に、最近では管理団体の認可要件が緩められ監査が甘い状況で、集中管理団体がその支払い先として適切かが問題となろう。

[66] Paul Samuelson, Extended collective licensing to enable mass digitisation: a critique of the US Copyright Office proposal, E.I.P.R. 2016, 38(2), 75.

[67] Johan Axhamn & Lucie Guibault, Cross-border extended collective licensing: a solution to online dissemination of Europe's cultural heritage?, Final report prepared for EuropeanaConnect, at ix x (2011).）

利益の代表とはいえないとしている（Ⅱ2参照）[68]。

　そのほか、拡大集中制度の有効性についても疑問がだされている。まず、誰が書籍の電子化についての権利を有するか不明確であり、権利が集中しておらず、one-stop shop が困難なことである。各管理団体は、各の団体の構成員の利益を最大化することが目的であり、管理団体が著作物ごと、利用方法ごとに併存して、利用のたびごとに複数の管理団体から許諾を得る必要があるとなると、権利処理はやはり複雑である。

　次に、新しく集中管理制度を整備するコストが高いことである。これまで利用していない図書や絶版の著作物について、私的な団体交渉で値づけすることは難しく、ライセンス料が高額になりうる。さらに、商業的利用を含めると交渉ではライセンス料が高くなり、多くの出版者が opt-out し、集中管理団体が成立しなくなるだろう。権利の管理・報酬の分配のほか、著作者や出版社、実演家等に構成員になってもらうためのインセンティブとしての資金もかかり、5年程度では収益をあげるには期間が短すぎる。前述の Google Books の Book Rights Registry は、拡大集中に類似するものであるが、その和解案によると、その Registry（集中管理制度）を創設するのとクラスの構成員への告知（notification）に約40億円を費やし、さらに権利者に約50億円支払う予定となっている[69]。イギリスの拡大集中制度は、既に財政的困難とともに、公正に利益を代表しているかについて疑問が提起されている[70]。アメリカの著作権局報告書［2015］の提案に対しても、アメリカでは拡大集中制度の担い手がいないようである。むしろ、ドイツ・フランスのように、絶版著作物の限定された範囲で公共機関での利用に限定し、国会図書館に自由にデジタル化する権限を集中させ、そこから少しずつ著作物や利用方法の範囲を拡大すべきとする意見も強い[71]。

---

[68]　Authors Guild が主に米国の商業出版社の利益を代表しているのに対して、学術出版社もあれば、米国外の国の著作権者も、また、訴訟に参加していない著作権者も存在する。

[69]　Settlement Agreement § 5.2, Author's Guild, Case No.05 CV 8136 (S.D.N.Y. Oct.28 2008) (proposed).

[70]　Dinusha Mendis and Victoria Stobo, Extended collective licensing in the UK, E.I.P.R. 2016, 38(4), 208.

[71]　「拡大集中報告書」115頁（石新智規執筆）。

◇第Ⅰ部◇　権利の内容・制限と利用許諾

(5) わが国の状況と日本法への示唆
　わが国では、個別の裁定利用許諾（67条）によっており、近年その要件を緩めている。確かに、67条でも、一個の裁定利用許諾により数千冊の許諾をなしうるため、その許諾を得るコストは大きくはない。しかしながら、権利不明者を入念にサーチしなければならないコストは大きい。そのためか、不明の著作権者を探す相当な努力を要求するこの裁定利用許諾制度は、ほとんど利用されていない。また、国外の書籍については Google Books を利用できない。
　この権利不明者の大きなサーチコストを軽減するため、並行して、長尾真氏による、電子図書館構想（デジタルデータを有料で送信するもの）が提案された[72]が、電子書籍配信市場への影響が危惧され、出版社等の反対により頓挫した。
　もっとも、平成21年改正で導入された著作権法31条2項により、文化遺産として出版物を保護する趣旨から、保存目的で国会図書館において、権利者の入念な調査なしに図書のデジタル化が認められた。それまでデジタル化の予算が10年間（平成12年から21年まで）で14億円であったのが、平成21年度、22年度の補正予算（約17億円）により、大量のデジタル化がなされた。また、平成24年に個別制限規定（31条）を改正し、絶版等の入手できない著作物については保存目的で、権利者の入念な調査なしに自由にデジタル化でき、かつ、公共図書館へ送信でき、各館内で閲覧および一部複写もできるようになった。これは、権利者側の集中処理を介さずに、国会図書館の納本制度で大部分の書籍が集まっていることを利用して、著作権制限規定によって、国会図書館を集中処理機関とした拡大集中類似の制度であり、ドイツの制度と類似している。無償による貸与に近いため、公共図書館での絶版著作物等の利用に限定している。また、絶版等の著作物については、出版社の意向を聞いて、出版社等によるopt-out を認めている。
　今後、わが国は、電子書籍市場に影響をあたえないように、入念な調査なしで、国会図書館のデジタルデータの利用という方向で進みつつ、さらに電子化や利用について Google Books の協力を得るかが議論されよう。
　この問題は、電子化、権利不明者のサーチコストの費用、権利者に対する電子納本のインセンティブをどこから支出するかの問題でもある。その費用負担は、Google Books（一企業でただ）→拡大集中制度（拡大集中機関、ないし出版社

---

[72]　長尾構想について、長尾真『電子図書館（新装版）』（岩波書店、2010年）。

◆第4章◆ 大量デジタル情報の利活用におけるフェアユース規定の役割の拡大［潮海久雄］

に委託）ないし国会図書館（拡大集中類似。これからずっと税金から支出）→民間企業への委託（入念な調査費用が必要）の順に重くなる。裁定利用許諾のように入念な調査を必要とし、また、多くの出版者が参加してもらえるような拡大集中制度も困難で、フェアユース規定もなくGoogle Booksのような事業をおこす企業も考えられない現状では、国会図書館を集中処理機関とする拡大集中類似の制度しかないであろう。

　ベルヌ条約との関係では、Google Booksを含めて、これまでみたとおり、米英独など、opt-out方式により、厳密にいえばベルヌ条約違反となりやすい国々の方が多くなっている。つまり、従来の創作者主義を貫徹して創作者から利用許諾をえる法制→拡大集中での包括許諾→Google Booksのopt-out方式の順にベルヌ条約違反のおそれが高くなるが、経済合理性からいえば後者の方が優れているため、より後者のものが、孤児著作物などでは事実上の標準の制度になりやすい。欧州はGoogle Booksのopt-out方式をベルヌ条約違反として、入念な調査を必要とする個別制限規定の導入を孤児著作物指令で義務づけたが、拡大集中や、ドイツの国会図書館への拡大集中類似の制度など、非公式の形で、電子図書館を安価に効率的に作ることを考えている。ベルヌ条約への遵守に固執してこのような実態を見落とすと、わが国だけが取り残されてしまうだろう。

(6) 拡大集中や強制利用許諾の限界

　デジタル図書館（デジタルアーカイブ）について、欧州において拡大集中類似の制度について合意がなされ、ドイツにおいても国立図書館を通じて、段階的に定額の強制利用許諾および拡大集中類似の制度が整備され、わが国でも国会図書館による公共図書館へのデジタルアーカイブの送信などが可能であったのは、それまで著作権者の絶版著作物の市場が小さかったことと、利用も公共機関に限定しているからであろう。将来、電子書籍の市場が広がったり、また、オンラインでユーザーが書籍を読んだり貸与される利用方法が問題となった場合、これらの強制利用許諾は困難になることも予想される。

(7) 公共経済学からの示唆

　このデジタル図書館の問題は、公共経済学の視点からも次のような示唆を与える。これまで、道路や図書館などの公共財は、国が税金や補助金等をつかっ

211

◇第Ⅰ部◇　権利の内容・制限と利用許諾

て提供してきた。これに対して、今日ではインターネット上のデジタル図書館などのデジタル情報のインフラ（公共財）については、Google Books などの民間のプラットフォーム企業などが提供するようになってきた。著作権法が後者の妨げになるとすれば問題で、原告の著作物の潜在的市場を代替するのでなければ、著作権法上の公正な利用として認めるべきと考えられる。すなわち、今日では、公共財の供給の促進もフェアユース規定が担う場合があると考えられる。

(8) 変容的利用の法理の拡大の許容性 ── Sony 最判の再評価

近時、Campbell 最判の変容的利用の法理の適用が行き過ぎているという批判がある（Ⅱ 1, 2 参照）[73]。その批判の核心は、Google Books が著作物全体を複製しており、実質上消費的利用でありながら、変容的利用であるとされてフェアユース規定が適用され、変容的利用の法理が拡大適用され過ぎているというものである。つまり、Google Books の諸裁判例は、Campbell 最判を引用しているが、事案の実質は、著作物全体を複製しており、本来は Sony 最判を引用すべきとする。この批判は、つまるところ、Sony 最判は行き過ぎという点にあろう。

しかし、まず、Campbell 最判は、Sony 最判を否定しておらず、Sony 最判が下級審によって誤解されてきたとしか述べていない。また、Campbell 最判は、私的複製および侵害主体の問題について何も述べていない。Campbell 最判の Souter 判事の多数意見は、Sony 最判は「商業的利用だからフェアユースにあたらないという推定」を要求しておらず、第 1 要素のより重要な要素は、変容的利用の範囲であると述べている[74]。そもそも商業的利用がフェアユースを否定することを推定するならば、107 条の個別制限事由（批評、ニュース報道、研究・調査目的など）も全て否定されることになり矛盾する。

次に、Sony 最判の前提となっているであろう、私的利用が本来自由であることは、1976 年法の立法者意思といってもよく[75]、また、Sony 最判から 21 年後

---

[73] Jane C. Ginsburg, Fair Use for Free, or Permitted-but-Paid, Berkely Tech. L.J. 1383 (2014). 奥邨弘司「フェアユース再考 ── 平成 24 年改正を理解するために」コピライト 629 号（2013 年）14 頁。

[74] Campbell v. Acuff-Rose Music, Inc., 510 U.S. 569, 584（1994）.

[75] Jessica Litman, CAMPBELL AT 21/SONY AT 31, 90 Wash.L.Rev. 651, 657-663, 666

◆第4章◆　大量デジタル情報の利活用におけるフェアユース規定の役割の拡大［潮海久雄］

のGrokster最判では全員一致で、time shifting目的の私的複製はフェアユースと判示している[76]。さらに、立法時から、著作物の全体を複製することは107条で列挙されている著作物の一部、訴訟資料の著作物、視覚障害者のための保存などについては認められている。

　また、Sony最判には、第4要件によるはどめがある。つまり、非商業的利用の場合でも、当該被告の個々の利用は市場への重大な影響がなくても、当該利用がひろがって潜在的市場への大きな影響がある場合にはフェアユースは適用されないとして[77]、害悪のある利用を権利者がコントロールする利益と害悪のない利用をする利用者の利益のバランスを図っている。また、前述のとおり、Google Booksの一連の裁判例も、第4要件で歯止めをかけており、被告による著作物の利用が、原告の著作物に効果的かつ競争力のある代替物を提供するものでないことが要件となっている[78]。

　むしろ、アメリカの学説では、Campbell最判が、変容的利用以外の事例にフェアユースは適用されず侵害と推定されると反対解釈されかねないことが危惧されている。本来は、変容的利用以外にもフェアユースが適用される可能性を残すべきであろう[79]。

　これまでSony最判は、「商業的利用にはフェアユースは適用されないことが推定される」、という傍論のため、インターネットの事例や侵害主体の事例では正面から引用されなかった。しかし、Sony最判当時は、1976年法制定直後で、立法が想定してない利用を侵害とするのか、支分権の文言を拡大して侵害とするのか、という局面で、Sony最判は、フェアユース規定による解決という第三の道をとり、特許法の間接侵害規定の借用とあわせて、新たな裁判規範を定立した。Google Booksの裁判例からみて、私的利用の自由を確保し、インターネットの市場の拡大および、デジタル図書館などのインフラなどの公共財の提供（積極的外部性）を支持するものとして、Sony最判を再評価すべきであろう[80]。

―――――――――――
(2015).; Alan Latman, Fair Use of copyrighted works 11 (1958).その他の論拠として、拙稿・前掲注(6)「私的複製の現代的意義」著作権研究40号（2014年）69頁。
[76]　Metro-Goldwyn-Mayer Studios, Inc. v. Grokster Ltd., 545 U.S. 913, 931 (2005).
[77]　Sony Corp. of Am. v. Universal City Studios, Inc., 464 U.S.417, 451 (1984).
[78]　Authors Guild, Inc. v. Google, Inc., 804 F.3d 202 (2nd Cir. 2015).
[79]　Rebecca Tushnet, Copy This Essay: How Fair Use Doctrine Harms Free Speech and How Copying Serves It, 114 YALE L.J. 535(2004).
[80]　この主張の萌芽として、拙稿・前掲注(5)・サーチエンジン・筑波法政46号(2009年)

◇第Ⅰ部◇　権利の内容・制限と利用許諾

3　プログラム（SSO）の著作権保護による弊害の緩和

　コンピュータ・プログラムの構造・配列・組織（SSO）[81]について、アメリカの裁判例の態度はさほど明確ではないが、著作物でないか、少なくとも侵害とならない、とするのが多数であった。Whelan Assocs., Inc. v. Jaslow Dental Laboratory, Inc.（3rd Cir. 1986）が、SSOに著作物性を認めたのに対して、学説等の批判が高まった。その後、インターフェースプログラムについて侵害を認めない裁判例が続いた。ユーザーが使いやすいように、表計算ソフトのメニュー構造を複製して新たなプログラムを開発した事案で、控訴審のLotus Dev. Corp. v. Borland Int'l, Inc., 49 F.3d 807（1st Cir. 1995）は、メニュー構造は操作方法にあたり、独占されるべきではないとして著作物性を否定し、Lotus Development Corporation v. Borland International, Inc., 51 U.S.233（1996）は、反対賛成同数で、この控訴審判決を確定した。また、Computer Associates International, Inc. v. Altai, Inc., 982 F.2d 693（2d Cir. 1992）[82]と、Apple Computer, Inc. v. Microsoft Corp., 35 F.3d 1435（9th Cir 1994）[83]も、プログラム著作物については、薄い保護しか認められず、実質的類似性もないとして、侵害を否定していた。

　近年、一審のOracle America, Inc. v. Google Inc., 847 F.Supp.2d 1178（2012）も、JAVAのパッケージ、とりわけJAVAのAPI（アプリケーションソフトイン

54-56頁。

[81]　Structure, Sequence, Organizationの略。Oracle v. Googleに関するCAFC判決はこのSSOに著作物性を認めた上で、フェアユースの判断について事件を連邦地方裁判所に差戻していた。

[82]　OSに対応するためのインターフェース・プログラムの実質的類似性を否定したが、その判断手法として3ステップテスト（abstraction-filtration-comparison test. 抽象化、除去、比較のテスト）を提示した。第1の抽象化テストでは、プログラムの構造を、段階的に抽象化し、各レベルを提示した（モジュールの階層で構成された命令セットからプログラムの究極的な機能まで）。第2の除外のテストで、第1テストで抽象化された各レベルにおけるプログラムの構成要素で、アイデア、互換性など外部要因により必要な要素、効率性に必要な要素などの保護されない部分を除外した。第3の比較のテストで、第2テストで残った部分（著作権で保護される表現の中核）のいずれかを被告が複製したかを検討した。その際、被告が複製した部分が原告のプログラム全体における重要性も考慮しつつ、実質的類似性を判断した。

[83]　ウィンドウズのグラフィカルユーザーインターフェース（GUI）は、ライセンスされていたことと、他の選択肢が限られていることから、薄い保護しか与えらず、実質的に同一の場合のみ侵害であると判示した。

◆第 4 章◆ 大量デジタル情報の利活用におけるフェアユース規定の役割の拡大 ［潮海久雄］

ターフェース[84]）の非文字要素（non-literal）である構造・配列・組織（SSO）の部分をそのまま利用して、新たに Andoroid を開発した行為に対して、Oracle が約 1 兆円の損害賠償を請求した事案で、SSO の部分の著作物性を否定していた。

ところが、控訴審の、Oracle America, Inc. v. Google Inc., 750 F.3d 1339（Fed. Cir.2014）は、一審をくつがえし、SSO の部分に著作物性を認めた[85]。とりわけ、著作物性が創作時の選択肢により判断され、JAVA のソフトウェアが事実上の標準となった侵害時において選択肢がなくなったとしても著作物性は失われないとした。この連邦巡回区控訴裁判所は、被告に選択肢がなくなった点や Merger 理論、短いフレーズ理論、ありふれた情景の理論（scenes a faire doctrine）や、互換性が必要な点については、侵害時の保護範囲で考慮すべきで、著作物性の判断では考慮すべきでないとしている。

控訴審は、フェアユースの一般論を述べた後に、Google の利用は商業的利用であるが、変容的利用かは争いがあり（第 1 要素）、パッケージの機能的側面や互換性はフェアユースの判断に関連し（第 2 要素、第 3 要素）、Oracle がスマートフォン市場でライセンスしていたかという事実（第 4 要素）に争いがあるため、事実認定を含めてフェアユースの詳細な判断のために、事案を一審に差し戻した。その後、Google が JAVA の宣言文と構造（SSO）の部分を使用して実行文を作成し、アンドロイドを開発した行為について、2016 年 6 月に連邦地方裁判所の陪審団によって全員一致で、フェアユースと判断された。

この事案では、プログラムの SSO に著作物性を認め、論理的には大量複製により著作権侵害となり、約 1 兆円の損害賠償の支払いなど弊害が大きく、実質的妥当性を欠く事態となりえた。このように、裁判所による著作権法のルール形成がうまくいかない場合も、フェアユースの法理によって、その弊害が緩和されている。

このような大きな弊害が生じることは、著作物の範囲が急拡大している現状をみると決してまれではない。今日では、著作権法は、機能著作物や事実著作

---

[84] プログラムが相互にやりとり（communicate）することを可能にするインターフェースの仕様（specification）。

[85] 一般論として、Computer Associates v. Altai 判決の abstraction-filtration-comparison test を採用したものの、動作方法にあたるとしても、著作権で保護される表現を含みうるとしている。

215

◇第Ⅰ部◇　権利の内容・制限と利用許諾

物をとりこみ、かつ、デジタル化された著作物、コンピュータ創作物（AI により創作される著作物）も急増している。しかも、創作性の要求水準が平準化し、投下資本保護の要請も強くなっている現状からは、創作性の低いものや実用的なものも著作物として保護される傾向にある[85a]。これに対して、実態としては、ソフトウェアは製品としてよりもそれを用いたサービスが重要であり、クラウド、IoT、モバイル機器にも用いられている。アメリカのソフトウェア産業は、ソフトウェアの製品としての著作物性などあてにせず、ソフトウェアそのものは自由に利用してもらう自生的規範やビジネスモデルにより成功している。Oracle の連邦地裁のフェアユースの評決は、その自生的規範を考慮したものであろう。

4　Google news（ドイツの Google 税の失敗）[86]

Google news は、関連する新聞のウエブサイトにリンクをつけて集めた（aggregate）ものである。

わが国では、知財高判平成 17 年 10 月 6 日（平成 17 年（ネ）第 10049 号）〔YOL 控訴審〕がこの事案に近い[87]。［YOL 控訴審］は、YOL 見出しは創作的表現としての著作物ではないとした。もっとも、被告側の見出しは YOL 見出しのデッドコピーであり、著作権法などで定められた厳密な意味での権利が侵害されていない場合でも、法的保護に値する利益が違法に侵害された場合には不法行為が成立するとした。本件の YOL 見出しは、新聞社の労力・工夫により創作されたもので、法的保護に値する利益が侵害されたとして、損害賠償責任を認めた。

しかし、同様に、著作物性が否定されたもの（北朝鮮のテレビ放送）を利用した事例で、最判平成 23 年 12 月 8 日民集 65 巻 9 号 3275 頁［北朝鮮最判］の一般論は、著作権と異なる利益が侵害された場合に利用者の不法行為責任を限定している（注(139)参照）。また、東京地判平成 16 年 3 月 24 日判時 1857 号 108

[85a] 拙著『職務著作制度の基礎理論』（東京大学出版会、2005 年）82-90 頁、247 頁。

[86] Hisao Shiomi, Can non-copyright owner be protected by unfair competition law？IIC, 2014,648-658（2014.9）

[87] 被告のサイトには、各新聞記事の見出しが掲載され、その見出しには各新聞社のサイトなどへのリンクがはられている。ユーザーは、被告のサイトからリンクをたどり、Yahoo のサイトを通じて、YOL（ヨミウリオンライン）などのニュースサイトにたどりつくことができる。

216

◆第4章◆　大量デジタル情報の利活用におけるフェアユース規定の役割の拡大［潮海久雄］

頁［YOL 一審］[88]は、著作物性のない YOL 見出しは原告がネットで無償公開した情報であり、著作権法によって原告に排他的権利が認められない以上、第三者がこれらを利用することは本来自由であり、図利加害目的により利用した場合などの特段の事情がない限り、ネット上の公開された情報を利用することは違法とならないとした。

　経済学的にみると、X（新聞サイト）と Y（アグリゲータ）は補完財で、Y はインターネット上の著作権者 X の場所を知らせユーザーが X にたどることができるようにしてアクセスを増やし、他方で X は新聞記事のコンテンツを提供する。Y が X の営業を代替しない場合、図利加害目的がない限り、不法行為責任は原則として成立しないと考えるべきだろう。新聞サイトへのリンクに不法行為責任を認めることは、ユーザーと著作権者 X の結びつきをなくし、著作権者 X をインターネット上で孤立させるおそれがある[89]。ドイツも、出版社のための給付保護権（いわゆるグーグル税）を導入し[90]、Google news への掲載をやめさせ、Google が、当該ドイツ出版社の検索結果のスニペット表示を削除したところ、Google 経由での当該出版社へのアクセス（それに伴う広告収入）が急減したため、法案を取り下げた[91]。

　ただし、Y が X の営業を代替する場合には、フェアユースも認められず、著作権侵害と考えられる[91a]。

---

[88]　一審は、YOL の見出しは事実の伝達にすぎない時事の報道にすぎないとして著作物性を否定した。

[89]　Stellungnahme zum Gesetzesentwurf für eine Ergänzung des Urheberrechtsgesetzes durch ein Leistungsschutzrecht für Verleg (Max-Planck-Institut für Immaterialgüter- und Wettbewerbsrecht, 2012).

[90]　ドイツ著作権法87(f)条第1項「出版物の製造者（出版社）は、数語や短いテキスト断片の場合を除いて、産業目的のために出版物ないしその一部にアクセスする排他的権利を有する」(BT-Drs. 17/12534)。

[91]　ところが、2016年9月14日に、欧州委員会は再びグーグル税を復活させる指令案を提示した。統一市場における著作権指令案（Proposal for a Directive of the European Parliament and of the Council on copyright in the Digital Single Market, COM (2016) 593final）11条は、新聞社などの報道出版物の出版者に、デジタル利用について、著作物の再利用に関する許諾の権利を認めている。

[91a]　オンラインでのニュースのクリッピングサービスを侵害としたものとして、Associated Press v. Meltwater U.S. Holdings, Inc., 931 F. Supp. 2d 537 (S.D.N.Y. 2013)（サーチエンジンのように、ニュースサイトをクローリングし、自動的に見出し・要約を加入者に送るサービスは、フェアユースにいう変容的利用目的ではなく、また許諾を得ないの

◇第Ⅰ部◇　権利の内容・制限と利用許諾

したがって、著作物性のないものの利用行為に不法行為責任を原則として認めるべきではなく、YがXの営業ないし市場を代替する場合には不法行為を認めるべきである。この考え方は、Xの潜在的市場をXの利用目的の範囲外で自由にする、というフェアユースの考え方と通底する。

5　私的複製（録画補償金の失敗）

　私的複製における著作権の制限規定は、当初、著作物の取引コストがかかるという消極的理由から認められていた。しかし、今日では、著作物を広めるという積極的意義も有する[92]。そこでは、著作権者と利用者の間の取引コストの節減、という著作権法内の要素のみを考慮するのではなく、デジタル経済の動きも考慮する必要がある。

　つまり、大量のデジタル情報の私的利用に対して著作権を行使することが困難な上に、販売・流通のための利用情報によるデータ解析、編集・宣伝などが重要となり、著作者と利用者を結ぶ媒介者が重要となってくる。媒介者は、特に利用者（私人）の需要をくみとるのがうまく、宣伝・広告やマーケティングにすぐれている。伝統的には、出版社、レコード会社、放送局などである。インターネットの媒介者では、クラウド業者、検索エンジン、プラットフォーム、配信業者などである[93]。この媒介者が侵害主体となるかという問題と、著作権の制限規定の問題は、密接不可分である[94]。

　ところが、わが国の最高裁判決（最判23年1月20日民集第65巻1号399頁［ロクラクⅡ上告審］、最判23年1月18日民集65巻1号121頁［まねきTV上告審］）は、判決の射程をテレビサービスに限定しているものの、著作権の制限規定（私的複製）をほとんど考慮していない（クラウドについて、Ⅱ7参照）。むしろ、わが国著作権法は、自由に私的複製できる範囲を狭めている（後述Ⅲ1(3)）。

　　は著作権者APの市場への影響が大きい）。
[92]　拙稿・前掲注(6)「私的複製の現代的意義」著作権研究40号（2014年）69頁。
[93]　中山信弘『特許法（第3版）』（弘文堂、2016年）8頁。
[94]　拙稿「著作権侵害の責任主体――不法行為法および私的複製・公衆送信権の視点から」『現代社会と著作権 斉藤博先生御退官記念論文集』（弘文堂、2008年）197、211頁、拙稿・前掲注(6)「私的複製の現代的意義」著作権研究40号（2014年）69頁。

◆ 第4章 ◆ 大量デジタル情報の利活用におけるフェアユース規定の役割の拡大［潮海久雄］

6 侵害主体 ── アメリカの裁判例
(1) 侵害主体と著作権の制限規定の関係

　アメリカの Perfect10 等の侵害主体の裁判例では、フェアユース規定は、著作権者と個々の利用者（XA）間の問題とされ、著作権者と媒介者（XY）間には適用されなかった。したがって、媒介者（Y）が侵害主体かが争われる XY 間の問題には、著作権制限規定は適用ないし考慮されず、直接侵害者との間でのみ適用されるべきとする考え方もあろう[95]。わが国の［ロクラクⅡ上告審］、［まねき TV 上告審］も、Y の利用行為が、X の支分権（複製権、公衆送信権）の枢要部分にあたるかを問題としており、私的複製などの著作権制限規定を考慮していない。

　しかし、Sony 最判は、1976 年アメリカ著作権法が支分権として想定しなかった行為（time-shifting 目的のテレビ番組の録画機器の提供）が、著作権侵害にあたるかについての最初の試金石であった。その状況で、Y の行為が支分権の行為にあたらない、という法律構成をとらずに、立法者意思としては私的複製が侵害にあたらないことを前提として、実質的には XY 間にフェアユース規定を適用している。さらに、Sony 最判が認めるとおり、媒介者 Y に対する直接侵害と、寄与侵害、代位責任は、区別が困難である。Sony 最判後の裁判例の展開も、私的使用のための複製（XA 間）が完全に自由であるのか微妙になってきた状況[96]で、Sony 最判が引用されなくなりつつも、Campbell 最判を引用することによって、XY 間にフェアユース規定が適用されている[97]。上述のように、Campbell 最判の拡大適用が一部で批判されているが、Sony 最判を再評価すれば、Campbell 最判の拡大適用には合理的理由がある。近時の Google Books の裁判例では、フェアユース規定が特に問題もなく XY 間に適用されている。

　わが国でも、インターネット関連の著作権制限規定（47 条の 5、47 条の 6、47

---

[95] 本文の議論について、前掲注(5)・拙稿・サーチエンジン・筑波法政 46 号 25 頁（2009）参照。

[96] これは以下の事実に現れている。Harper 最判が Sony 最判の推定を反対解釈し、商業的利用は不公正な利用と推定されるとした。また、Grokster 最判が、私人間の P2P によるファイルシェアリングを提供した者（Y）を積極的誘引規定により侵害主体とした。1992 年の Audio Home Recording Act 制定により DAT（Digital Audio Tape）について、テープと機器に限定して補償金を導入した（もっとも、この規定は iPod の出現により数年で意味を失った）。

[97] Jessica Litman, *supra* note (75) at 651.

◇第Ⅰ部◇　権利の内容・制限と利用許諾

条の9など）は、著作権者と媒介者との間（XY間）において適用される。仮に、侵害主体の範囲を拡張すると、私的複製などの個別制限規定の適用や考慮が事実上制限されることになる。実際、わが国の下級審裁判例では、私的複製等のXA間の著作権制限規定がXY間に影響を与えていた[98]。さらに、私的利用（私的複製）の市場が媒介者をとおして発展し、さまざまなビジネスモデルが出現している現象がある。

そこで、本稿では、著作権制限規定であるフェアユース規定が、利用者との間（XA間）だけでなく、侵害主体の問題であるXY間にも適用される前提で論じる。

(2) アメリカのテレビ転送サービス —— Cartoon 判決、Aereo 最判

アメリカのテレビ転送サービスについては、Cartoon 判決と Aereo 最判がでているが、結論が異なっている。

Cartoon 判決[99]では、デジタルビデオレコーダ（DVR）を持たないユーザーが、遠隔操作することによって録画・再生を可能にするサーバーを有するネットワーク型の DVR を、Y が提供した事案である。Y が、(1)サーバーに番組を複製することにより複製権を直接侵害しているか、また、(2)ユーザーの指示に応じてサーバーからユーザーにデータを送信することにより、Y が公の実演権を侵害しているかが問題となった。

Cartoon 判決は、(1)について、Religious Technology Center v. Netcom On-Line Communication Service, Inc., 907 F.Supp. 1361 (N.D.Cal. 1995)[100]の直接侵害を否定した判示部分を引用した。すなわち、インターネットを機能させるに必要なシステムをセットアップし作動させるにすぎない者は無限に存在するが、これらの者全てに直接侵害の責任を負わせるべきではない。違法な複製物を作成するために利用される機械の所有者であること以上の、自発的意図ないし因果関係が必要であるとした。本件では、録画のためにボタンを押すユーザーのみが意思の要素を提供するとして、複製をおこなっている主体は、ユーザーであるとした。

---

[98] 塩月秀平「著作権侵害主体論と裁判官の視点」論究ジュリスト6号（2013年）160頁。
[99] Cartoon Network v. CSC Holdings 536 F. 3d 121 (2nd Cir. 2008)。
[100] ただし、結論として、Yが、地主の場合よりも、システムを指揮監督して、さらなる損害を防止することが容易であったとして、寄与侵害の成立を認めた。

◆第4章◆　大量デジタル情報の利活用におけるフェアユース規定の役割の拡大　[潮海久雄]

　また、Cartoon判決は、(2)について、DVRが再生された場合に、Yがデータを送信したと仮定しても、実演が公衆へ送信されたとはいえないとした。その理由は次のとおりである。地裁は、送信のもとになった著作物（番組）の潜在的な受取人として公衆に送信されたと判示する。しかし、これは、「著作物の公の実演」（101条）の定義規定（送信条項）が、著作物を受け取る者ではなく、送信ないし実演を受け取ることが可能な者としている文言に反する。本件において、（他の複製物と区別して）DVRで作成された、単一かつ特定の複製物による送信を受信できるのは、単一のユーザーだけである。
　ただし、Cartoon判決では、当事者間の合意により、Yに対する直接侵害のみを問題とし、二次的責任（代位責任、寄与侵害）、および、フェアユースについてはいずれも争点にしない。また、Cartoon判決は、公の実演権の直接侵害を否定したものの、直接侵害以外の二次的責任（寄与侵害、代位責任）については、地裁の事実関係の認定（YとユーザーAとの継続的関係、コンテンツに対するコントロール、システムにとって複製物は手段にすぎない点）によって、著作権の適切な保護が与えられるだろうとしている。
　これに対して、Aereo最判（ABC, Inc. v. Aereo, Inc., 134 S.Ct.2498（2014））は、個々の会員に割り当てられるミニサイズの多数のアンテナとストリーミングサーバーからなるAereoのシステムにおいて、サーバーのハードディスクの会員専用領域に著作物を複製すると、すぐインターネットによりユーザーに送信される視聴機能（ほぼ同時再送信で録画しない場合）が、(1)公の(2)実演にあたり直接侵害が成立すると判示した。
　Aereo最判は、(2)の実演にあたるかについて、利用者が指示した場合のみデータを送信するシステムであるAereoが実演しているかを、常にデータを送信しているCATVと比較しつつ次のように判示した。Breyer判事らの多数意見は、1976年法の立法趣旨（CATV業者が実演することを否定したかつての2つの最高裁判例を修正し、公の実演とした）から、本件では、放送局と視聴者の両方が実演しているとして、CATVと類似するケーブルシステムの行為も著作権法の規制対象としている、とした。この立法経緯から、本件Aereoは単なる装置の提供者ではなく、CATV業者と実質的に類似し、実演しているとした。その上で、継続的な送信（CATV）か、ユーザーが関与したときのみ一時的に送信するシステムか（Aereo）の差は、利用者や放送局にとって無意味とした。
　(1)の「公の」実演にあたるかについても、多数意見は、前述の、CATV業者

◇第 I 部◇　権利の内容・制限と利用許諾

を実演権の対象とした 1976 年法改正の趣旨から、個人会員に割り当てられたアンテナから放送波を受信し、個人用のコピーを作り、一人の会員のみが送信を受信する、という技術的差によって、Aereo とケーブル・システムを区別できないと述べる。その上で、個人用のコピーは送信の過程にすぎないため、同一の番組を複数の会員にストリーミングすれば、同じ著作物の実演を全員に対して送信している、と判示した。また、著作物との間に事前の関係（著作物の保有者または占有者の資格をもつなど）が何もない多数の有料会員に対して送信する者は、公衆に対して実演している、と述べている。

しかし、本判示は新しい技術には及ばない。また、Sony 最判をひいて、フェアユース規定が送信条項[101]の不適切な適用を防止するであろうことを、本判決自身が認めている。さらに、Aereo 最判の射程はきわめて狭い[102]。まず、争点が、録画機能ではなく視聴機能に限定され、ほぼ同時の再送信のみが暫定的差止命令の対象となっている。つまり、Cartoon 判決と同様に、寄与侵害やフェアユースなどは争点にはいっていない。また、Aereo 最判の判示は、1976 年アメリカ著作権法が公の実演に含め、強制実施の対象としたケーブルテレビと Aereo が本質部分で類似していることを前提としている。したがって、Aereo 最判自身が、新しい技術（遠隔の DVR やクラウド）には及ばないことを明示している。

7　クラウドの議論にみる問題点 ── わが国の最高裁判決をもとに

2015 年 2 月のクラウドに関する文化庁の報告書[103]は、著作物が利用される（複製・送信）される場所（ロッカー）が、プライベートかパブリックか、コンテンツの提供（入力）が、事業者かユーザーかの 2 点により、2 × 2 ＝ 4 つのマトリックスに分けて議論している[104]。2)のサービスはユーザーが利用主体であり、

---

[101]　101 条の「著作物の公の実演」の定義の(2)は、次のように規定している。「著作物の実演を、装置またはプロセスを用いて前記(1)に定める場所に対して、または公衆に対して送信または伝達すること。なお、実演を受けることが可能な公衆の構成員実演を受け取るのが、同時か異時か、を問わない。」

[102]　奥邨弘司「Aereo 事件合衆国最高裁判決 ── 米国版まねき TV 事件判決の含意と射程」AIPPI59 巻 12 号（2014 年）894 頁。

[103]　文化審議会著作権分科会・著作物等の適切な保護と利用・流通に関する小委員会「クラウドサービス等と著作権に関する報告書」（2015 年 2 月）（以下、文化庁クラウド報告書）。

[104]　奥邨弘司「クラウド・サービスと著作権」L&T68 号（2015 年）25 頁。

222

◆第4章◆ 大量デジタル情報の利活用におけるフェアユース規定の役割の拡大［潮海久雄］

私的複製（30条）により著作権侵害とならない。これに対して、2)以外のサービスは、事業者が侵害主体となり、著作権侵害となるため契約で処理すべきとしている。

しかし、この議論には以下にみるとおり、多くの疑問がある。

利用場所＼コンテンツ提供者	事業者	ユーザー
私的（プライベート）	1)	2)
公的（パブリック）	3)	4)

(1) 分類枠組み自体への疑問

テレビ転送サービスの事例において、著作権の侵害主体が事業者であると判示した最高裁判例として、最判23年1月20日民集第65巻1号399頁［ロクラクⅡ上告審］（複製権侵害）[105]と最判23年1月18日民集65巻1号121頁［まねきTV上告審][106]（送信可能化権、公衆送信権侵害）がある。これら最高裁判決は、テレビ転送サービスに限定された事例判決と考えられ[107]、クラウドには及ばないことを前提としている。

しかし、これら最高裁判決の一般的基準および具体的基準、ひいてはその根底にある考え方をみると、2)の場合に、ユーザーが利用主体（侵害主体）とされ、30条が適用されて著作権侵害にならない、という結論にはたどりつかない。

まず、30条の私的使用のための複製か、複製主体が誰かにより結論が異なる[108]。つまり、複製主体がユーザーであれば30条が適用されるが、複製主体が

---

[105] ネットを通じて遠隔操作が可能な機器を用いたテレビ番組の録画転送サービスの事例。ユーザーのもとにある子機でサービス業者のもとにある親機を操作するものであるが、サービス業者による親機の管理・支配の態様が、複製行為の主体を認定するのに重要であり、事実認定不十分として原判決を破棄差し戻した。

[106] ソニー製の製品（汎用品）を用いたテレビ視聴サービスの提供者を、送信可能化権・公衆送信権の侵害主体とした。当該サービスのベースステーションとユーザーの端末が、1対1で対応しているという自動公衆送信装置の物理的性質からではなく、自動公衆送信行為という支分権から送信主体および送信の受け手を認定して、本件送信が自動公衆送信行為かを判断した。

[107] ［ロクラクⅡ上告審］は、その判決文で、判決の射程をテレビの転送サービスの事例に限定している。また、最高裁判所判例解説民事篇（平成23年度（上））40頁（山田真紀）（まねきTV事件）、最高裁判所判例解説民事篇（平成23年度（上））61頁（柴田義明）（ロクラクⅡ事件）参照。

223

◇第Ⅰ部◇　権利の内容・制限と利用許諾

事業者であれば30条は適用されない。ところが、近年問題となったテレビ番組の視聴サービスでは、ユーザーが録画番組を指示してサービス業者のシステムにより自動的に録画できる一方で、サービス業者はそのような機器や環境を提供しており、複製する主体がサービス業者になるのか（30条が適用されない）、ユーザーになるのか（30条が適用されうる）微妙であり、複製主体がどちらであるのかにより30条の適用範囲を画することが難しくなっている。

　ここで、［ロクラクⅡ上告審］は、誰が侵害主体かについての一般論として、「複製の対象、方法、複製への関与の内容、程度等の諸要素」などを考慮すべきとした上で、あてはめ（具体的基準）において、サービス業者が、放送番組の複製機器への入力という、複製の実現における枢要な行為を行った者として侵害主体としている。［まねきTV上告審］は、自動公衆送信行為という支分権の定義から、その主体は、当該装置が受信者からの求めに応じて情報を自動的に送信することができる状態を作り出す行為を行う者であり、当該装置（BS）がインターネットに接続しており、これに継続的に情報が入力されている場合には、当該装置に情報を入力する者が送信の主体であるとした。

　これら両判決は、基本的に支分権（複製権、公衆送信権）にあたる行為のうち、入力という必要不可欠な行為をおこなった者を侵害主体としており、著作権の制限規定（30条）について考慮していない。つまり、基本的にXY間の支分権の問題として、クラウド事業者が入力行為という支分権の実現のうちの枢要な行為を行ったかという基準によっており、XA間の私的複製か否かを考慮していない。したがって、コンテンツ提供者（著作権者）が入力行為という枢要行為をおこなっていても、［ロクラクⅡ上告審］によれば規範的に事業者が複製主体とされ、したがって、ユーザーに30条は成立しない。また、［まねきTV上告審］によれば、クラウドシステムの物理的な構造として、データを送受信するユーザーの機器と1対1であっても、契約前においてユーザーは不特定多数であるため、公の送信にあたり公衆送信権侵害となりうる。

　したがって、クラウドにおいては、著作物の利用を自由としている2)においてすら、わが国の最高裁判決を前提とすると侵害のおそれがあり、私的複製として自由な範囲は狭い。

---

(108) そもそも侵害主体が先に決まるのか、著作権制限規定（私的複製ないしフェアユース）が適用されるかが先に決まるのか、争いがあるだろう。本文は、私的複製の規定（30条）の文言をもとに、先に侵害主体が決まることを前提としている。

◆第4章◆ 大量デジタル情報の利活用におけるフェアユース規定の役割の拡大［潮海久雄］

そもそも、これら最高裁判決の前提とする、コンテンツの入力行為がなぜ複製行為や公衆送信行為の枢要行為なのかよく理解できない。アンテナを設置したり、電力を提供するのも転送サービスに必須の枢要行為である。P2Pの事例（特に分散型）[109]や知財高判平成22年9月8日判時2115号102頁［TVブレイク］では、コンテンツやテレビ番組の入力行為をユーザーが行っているにもかかわらず侵害とされており、なぜテレビ番組の転送サービスにおいて入力行為だけが必要不可欠な行為なのか、説明に窮する。そもそも、テレビ転送サービスやロッカーサービスにおいて、入力できるようにアンテナを立ててロッカーを設置する事業者の行為が全く同じであるのに、入力者がユーザーか他の者かで、事業者が侵害になったりならなかったりすることは不均衡であり、クラウド事業者のビジネスモデルを著しく制限する。

また、4)の事例でも、プロバイダなどでは侵害とならない場合もあるし、逆に［TVブレイク］では侵害となっている。さらに、P2Pでは利用場所が公であるとして侵害となるため、単に利用場所が公的か私的かの区別で、侵害の成否や侵害主体が決まるとは考えにくい。

さらに、2)は簡単に1)と併存しうる。たとえば、Amazonから音楽を購入した場合、Amazonが、ユーザーの便宜のためにAmazonのクラウドにも自動的に同時に保存されれば1)となりうる。この場合、Amazonは1)と2)の両方の地位にたつが、これらを区別することは不可能で、Amazonは1)にあたり侵害主体となる。

また、文化庁クラウド報告書の分類枠組みは、著作権者が情報契約により著作権制限規定を上書きしていないことを前提としている。しかし、著作権者が情報契約により私的複製などの著作権の個別制限規定を上書きできるとすれば、2)でも、ユーザーは情報契約による料金を著作権者に支払う必要がある。さらに、ユーザーが企業の場合（クラウドの大部分と思われる）には、私的複製ではないため、2)でもユーザーが侵害主体となる。したがって、情報契約の場合や、企業による複製の場合にもフェアユース規定の適用により自由利用できる余地を認めるべきであろう。

---

[109] 拙稿「著作権侵害の責任主体についての比較法的考察――P2Pの問題を中心として」『融合する法律学（下）筑波大学法科大学院創設記念・企業法学専攻創設15周年記念論集』（信山社、2006年）705頁。

◇第Ⅰ部◇　権利の内容・制限と利用許諾

(2) 複雑な個別制限規定の弊害──私的複製の場合（30条1項各号、2号）

　仮に(1)において、事業者ではなく、ユーザーが侵害主体として2)に当たり、30条により自由に利用できるとしても、さらに、クラウドが、著作権法30条1項1号にいう公の「自動複製機器」にあたるかが問題となりうる。

　解釈論として、クラウドが、30条1項1号が立法時に想定するレンタル店の高速ダビング機と異なるという考え方がありうる。また、クラウドを個々人に割り振られたスペース（ロッカー）とみて、公衆用でないという理屈が成り立ちうるものの、[まねきTV上告審]の判断と矛盾しうる。常識的にみて、録画媒体であるハードディスクが手元にあるのと、クラウドにあるのとで違いがないため、私的複製は認められるべきであるにもかかわらず、著作権の複雑な個別制限規定（30条1項1号、2号各号）が、著作物の利用、ビジネスを妨げる典型例である。

　そもそも30条1項1号の文言上著作権侵害にあたりそうなものを、あたらないとする解釈論を考えないといけないこと自体が、クラウドなど情報産業が新しいビジネスをする上で大きな萎縮効果となりうる[110]。おそらくわが国ではDropboxのようなビジネスは、アメリカより先には起こらないだろう。また、著作権侵害とならないような仕組みを作らなければならない、という著作権法のコンプライアンスを過度に配慮したわが国の企業が、著作権侵害回避装置を全く備えないiPodに先行されたことの繰り返しになるだろう[111]。

(3) 利用契約や実態との乖離

　また、文化庁クラウド報告書は、クラウドとリアルサービスの融合した場合は、2)と区別して考えるべきで、リアルサービスは侵害であるとしている。かつ、現に複製が行われているロッカー単位で考えるべきで、サーバーやシステムの仮想化が進んでいるにもかかわらず、その単位では考えないとしている[112]。したがって、実際にシステムの利用契約の対価が、これらシステム全体の利用

---

[110]　James Gibson, Risk Aversion and Rights Accretion in Intellectual Property Law, 116 Yale L. J. 882 (2007).

[111]　村上福之「ソーシャルもうええねん」（Nanaブックス，2012年）148頁では、iPodは著作権保護、個人データ保護を全く無視しており、これに対して日本メーカーが著作権保護のための特殊な技術にこだわったために、市場参入が遅れ、市場から排除されたことを暗示している。

[112]　奥邨・前掲注(104)「クラウド・サービスと著作権」L&T68号（2015年）29頁。

226

の対価であるにもかかわらず、著作権侵害については、システムを構成する多数の個々のロッカー単位で対価を考えなければならないことになる。そうすると、著作権侵害でなければ、著作物の単位部分を無料ないし廉価にして他のサービスで対価を回収するビジネスモデルを採用できたとしても、文化庁クラウド報告書の枠組みでは、他のサービス部分も著作権侵害となり、採用できない。その上、フェアユース規定があれば試みることができるような、ロッカーサービスを、より著作権者の潜在的市場の損害とならないよう工夫しても、著作権侵害となる。これでは、わが国では、実質上収益のあがるクラウドサービスはほとんど不可能である。

このように、クラウドサービスをわが国で行うのは、著作権法の理論上は、複製権および公衆送信権の侵害主体、著作権制限規定の範囲（私的複製を認めない30条1項2項各号）、クラウド利用契約の実態との乖離、ユーザーが企業の場合、の4重に困難である。ストレージサービスのようなユーザーのみが使う場合で、私人であるユーザーが侵害主体となり、かつ、情報契約がない場合、という、ごく狭い場合にのみビジネスモデルが限定される[113]。

さらに、クラウド報告書では、音楽著作物の例をとり、集中管理機関を設立すべきという提案がなされている。しかし、わが国でこれが難しいのは、拡大集中の所で述べたとおりであり（Ⅱ2(4)参照）、クラウドでは画像・文書・言語・ソフト・データなどあらゆる著作物を含み、拡大集中などはほとんど実現不可能である上に、実現可能としても民間のビジネスにはならないだろう。

8 観察による所見

(1) 積極的外部性

私的複製やGoogle news、孤児著作物の例をみてわかるとおり、デジタルの

---

[113] なお、奥邨・前掲注(104)「クラウド・サービスと著作権」L & T68号28頁は、〔まねきTV最判〕を、内部に記憶媒体がない事例で、公衆送信が問題となった事例として理解し、公衆送信用記録媒体に情報が記録されている場合には、記録する者（ユーザー）が送信の主体として、事業者は送信主体とならないとしている。
　しかし、記録媒体がない場合（〔まねきTV最判〕）に送信主体がYで、記録媒体のある場合は送信主体がA（ユーザー）というのでは、より著作権侵害の危険性が大きい後者のシステムの方が侵害とならない点でバランスを欠く。また、ロッカーごとサービスごとに分けて考える奥邨論文の趣旨からすると、Yは複製主体だが送信主体ではないという結論になり、支分権ごとに侵害主体が異なり、侵害主体が一般民事上の法理にしたがって決まるとすれば、不整合である。

◇第Ⅰ部◇　権利の内容・制限と利用許諾

世界では、著作物も著作物でないものもデジタル情報として同等に扱われ、個々の著作物の損害（消極的損害）うんぬんよりも、情報の流通・アクセスや検索されることなどの積極的外部性の方が重要な場面が多い。

　経済学では、ある経済主体の行動が、市場において取引されることなく、別の経済主体の経済環境に影響を与えることを、外部性とよんでいる。公害等は消極的外部性（外部不経済）として、教育や情報の流通などは積極的外部性として定義される。前者の不効用を生む財は排除コストが大きいため市場取引をおこなうインセンティブを失い、供給が過剰となる。後者の財はフリーライドされるため、供給が過少となる[114]。

　これら市場で取引されない外部性を、法的にどのように規律すべきかについて、両者を対比させて考えてみよう。つまり、公害のような消極的外部性について、きれいな空気・水が有限であるのと異なり、デジタル情報は付加価値をつけて無限に増え、市場が無限に拡大する[115]。そうすると、消極的外部性に関する物権や不法行為による規制の場合よりもさらに、著作権のない情報の価値や市場の拡大などの積極的外部性を考慮すべきことになる。このような経済学の見地からも、私的複製やフェアユースの領域を拡大することが重要となってくる。

(2) 個別制限規定の没落と自生的規範の発達

　Ⅱ節7までの検討では、大量のデジタル情報については、opt-out が事実標準になり、情報契約（subscription など）が発達するなど自生的規範が発達している。

　とりわけ、検索エンジンでは、クローリングの際に、opt-in より opt-out が事実上標準となっており、opt-in ＋個別制限規定という著作権法の枠組みは無視されている。これに対して、フェアユースを規定せず、opt-in に固執した日本製の検索エンジンは出現しなかった。YouTube も事実上 opt-out 方式を採用して広く魅力的なコンテンツを集めたが、opt-in を前提としたわが国の動画サイトは小規模のものにとどまっている。

　さらに、デジタル図書館では、Google はスニペット表示による opt-out 方式を採用している。欧州では、強制利用許諾、入念な調査＋相互承認、拡大集中

---

[114]　奥野正寛編著『ミクロ経済学』（東京大学出版会、2008年）307、312頁。
[115]　拙稿・前掲注(5)サーチエンジン・筑波法政46号。

228

◆第4章◆ 大量デジタル情報の利活用におけるフェアユース規定の役割の拡大［潮海久雄］

（多くが opt-out 方式）などの制度間競争となっているものの、opt-out である拡大集中（ないし拡大集中類似の制度）、ひいては opt-out 方式の Google Books と協力する方向に向かっている。

　また、自生的規範として、情報契約が勃興し、クリックオンライセンスがデジタルコンテンツにも適用され、著作権法の個別制限規定が事実上無視され、上書きされている。

　さらに、今日では、レコード・CD のようなパッケージではなく、iTunes（オンデマンド・ダウンロード）のように個々の楽曲を販売する方式や、さらには、デジタル新聞配信や音楽配信（Sportify など）の定額配信（サブスクリプション）による見放題など、さまざまな契約が成立している。

　このように、デジタル情報の利活用については、積極的外部性やネットワーク効果が大きな役割を果たしており、それをうまく利用した自生的規範が発達している。これらの自生的規範は事実上標準化し、わが国著作権法で定めた個別制限規定は無視されていくだろう。

(3) 緩衝材としてのフェアユースの機能

　著作権法は、機能著作物（プログラム）や事実著作物（データベースなど）など、創作者の個性が表現に現れず、実用目的なものも保護対象としてとりこんだ。しかしその反面、互換性を確保するなどの実用目的で著作物を利用する際に、これら実用的なものの著作権侵害の主張により大きな弊害が生じる事例も急増している[116]。前述の Oracle v.Google において、プログラムの SSO を模倣した Andoroid の事例へのフェアユース規定の適用が、陪審による評決で認められた（Ⅱ3参照）。このように、フェアユースは、著作権法が実用目的の著作物をとりこんだことによる弊害を和らげる機能を有する。

(4) 需要者側の規模の経済と媒介者の発達

　理論上は、大量のデジタル著作物の取引費用を節減するために、著作権者側も利用者側も、何らかの媒介者が必要であろう。ここでは、著作権者側にも利用者側にも市場が成立する。そこで生じるネットワーク効果は、一種の二面市場、多面市場であり、1つの市場の顧客が増えればその制度を利用する者が増

---

[116]　中山信弘『著作権法（第2版）』（有斐閣、2014年）33・34頁、同『ソフトウェアの法的保護（新版）』（有斐閣、1988年）。

◇第Ⅰ部◇　権利の内容・制限と利用許諾

えて、他の関連市場の需要も増え、一種の自然独占が生じる[117]。

　現在は、著作物の媒介者（携帯業者、ネット業者、プラットフォームなど）や一部著作権者（TV放送局）は、私人の時間をめぐって競争している状況であり、需要者側である利用者（私人）からの競争圧力が強く、これまで個性の強い著作物とされた音楽著作物さえも代替物として利用されている状況である。したがって、利用者側に有利な opt-out 制度が広まっていくであろう。また、このように私的利用（私的複製）の市場をめぐる媒介者が発達し、媒介者の競争をとおして、需要者としての利用者側の要望にあわせたさまざまなビジネスモデルが出現することになろう。

Ⅲ　著作権制度への影響

1　著作権の個別制限規定の没落

(1) 個別制限規定の役割の縮小

　たしかに、個別具体の訴訟では、被告である著作物の利用者が、（狭い範囲かもしれないが）個別制限規定に書いてある範囲内の、あたりさわりのない利用をすれば、確実に主張・立証でき、安心して利用できるという面はある。また、フェアユースは抗弁として、主張・立証責任は被告側にあるとしてそんなに期待しない方が良いという考え方もあろう。また、教育や試験における複製の例外や、視聴覚障害者のための複製・自動公衆送信の例外など、明らかに公益に関する個別制限規定は重要である[117a]。

　しかし、利用者はどうしても著作権侵害とならないよう、より安全な利用方法に傾く傾向があり[118]、個別制限規定のみだと、媒介者や利用者側に萎縮効果が生じ、検索エンジンのほか、テレビ視聴サービス、クラウド、デジタル音楽配信など新しいビジネスをスピーディに立ち上げるのに障害が生じうる[119]。特に、クラウドの検討でみたとおり、著作権の侵害主体と個別制限規定の解釈、および情報契約の実態によって、有効なビジネスは著しく制限される（第Ⅱ部7

---

[117]　Rochet, J. and Tirole, J. (2003) "Platform competition in two-sided markets," Journal of the European Economic Association, Vol.1, No.4, pp.990-1029.

[117a]　もっとも、今日では、教育に関する個別制限規定すらも、当事者の利用契約より必ずしも優先するとは限らない。

[118]　James Gibson, *supra* note (110), 116 Yale L. J. 882 (2007).

[119]　中山・前掲注(116)『著作権法（第2版）』401頁。

参照)。

　さらに強調すべきことは、大量のデジタル情報を利活用する状況においては、個別の著作物の個別の利用について、著作権という排他権を個別著作物ごとに行使したり、個別にライセンスすることは少なくなっている。利用者からみても、著作物の利用ではなく、データやサービスの利用目的ないし単位で取引され、必ずしも個々の著作物に限定されず、利用者からみても、個別の著作物の利用許諾を得ることは少なくなる。つまり、個々の著作物の個別利用ではなく、データやサービスの利用の一環であることが通常となりつつある。したがって、利用目的ごとの個別制限規定も意味が小さくなってこよう。

　そもそも、立法により、著作物性、支分権（複製権、公衆送信権）が一般条項化し、保護期間が延長され、また、情報契約、技術的保護手段など、著作権法外の著作物の保護手法も急激に拡大しているため、著作権制限規定もそれに対応して一般条項であるべき、とするのは自然な発想であろう[120]。特にインターネットは無限の利用方法があり、無限の市場が生じる可能性がある。

　また、アメリカ法107条の文言上は、フェアユースは抗弁ではなく侵害とならないと述べるのみである。アメリカのCampbell最判は、フェアユースの第4要素（著作権者側の潜在的市場への影響）の立証責任を事実上著作権者側に負担させており、立証責任の転換をおこなっているとも考えられる。その後のインターネットの事例にもCampbell最判が援用されていることを考えると、その意義は大きい。また、Sony最判も、非営利目的利用の場合には、著作権の潜在的市場に影響があるかについて双方の主張・立証を要求している（第Ⅱ部1(7)参照）。

(2) 情報契約との関係

　今日、デジタルデータは、著作物かどうかを問わず情報契約で取引される[121]。そもそも、なぜ定額音楽配信（subscription）などの契約が発達したのかといえば、著作物もデータ化されて、それ以外のデータと同じように取引され、そのサービス、料金設定において、ユーザーフレンドリーで合理的であるからであり、個別制限規定（ないし報酬請求）が当事者間の適切な均衡点であることは少

---

[120] 拙稿・前掲注(5)サーチエンジン・筑波法政46号21頁、24・25頁。
[121] 拙稿・前掲注(1)L＆T24号26-35頁、小島立「デジタル環境における情報取引」知的財産法政策学研究11号（2006年）163頁など。

ない。情報契約は、個別制限規定をオーバーライド（上書き）するなどの問題点が指摘されてきたが、他方で、差別対価など柔軟で合理的な対価を設定できるメリットがある。とりわけ、著作権法が示す、支分権および個別制限規定が硬直的で、社会的厚生の均衡点を必ずしも示しているわけではないとすれば、私的複製規定や消尽（single user license）をオーバーライドする契約条項が、全て公序良俗に反して無効、とはならないだろう。ユーザーの視聴履歴という行動から、ユーザーの需要を掘り起こすなど、マーケティングや宣伝に優れ、激しい競争にさらされている媒介者は、硬直的で狭い範囲の自由利用しか認めない、著作権法の個別制限規定などあとにせずに、柔軟に契約条項を設定するだろう[122]。

情報契約により著作権の制限規定を上書きできるかは、当該著作権制限規定が保護するものが、公益か私益かによる、と一般的に考えられる。つまり、著作権の制限規定が、私益を保護するもので任意規定と解すると、情報契約により上書きできるが、公益を保護するもので強行規定と解すると、情報契約により上書きできないとされている。たとえば、私的使用のための複製は私益であり、任意規定であり契約により上書きが可能かもしれない。これに対して、公益的な著作権の制限規定（聴覚障害者のための複製など）は、強行規定で上書きされないと考えられる。

しかし、私的複製における著作権の制限規定（30条）についても、表現の自由の前提として私的複製が必須と考えたり、市場の拡大やイノベーションなどの公共政策目的が存在する場合には、私的使用のための複製を強行規定と考える法制もありうる。イギリスの2014年に改正・施行された著作権法28条Bは、私的使用のための複製について著作権制限を認め[123]、家族や友人との複製物の共有を含まないように私的複製の行為類型を限定した。その反面で、クラウドの利用については（旧28条5項(C)）、契約で上書きできない強行規定としていた（旧28条10項）[124]。著作権法の個別制限規定がどのような場合に強行規定と

[122] たとえば、ユーザーフレンドリーで、当初無料でいかに有料に移行してもらうかという料金設定やサービスの改善など。
[123] 「個人が著作物の複製物を作成する行為は、当該複製物が、個人が所持する複製物又は個人によって作成された個人的複製物からの複製物であり、個人の私的使用のために作成され、商業利用されない場合は著作権を侵害しない」（28条のB第1項）。
[124] ただし、高等法院のGreen判事は、イギリス政府が28B条を、情報化社会指令5条2項(b)にいう補償金なしで改正した根拠として、損害が僅少である（deminimis）と推定

◆第 4 章◆ 大量デジタル情報の利活用におけるフェアユース規定の役割の拡大［潮海久雄］

なるかは、今後の検討課題であろう。

このような情報契約の発達をみる限り、個別制限規定が必ずしも望ましい社会的厚生の均衡状態ではないことから、個別制限規定が情報契約を無効とする強行規定と性格づけされることは、それが公益や公共政策目的によるものでない限り、少ないと考えられる。また、デジタルコンテンツについて、個別制限規定の基礎にある公共政策も変化しうることを考えると、将来、フェアユース規定が強行規定として、どの程度、情報契約を無効にできるかが問題となろう。

(3) わが国個別制限規定にみる欠点

わが国の個別制限規定は、2 種類ある。まず、1) 簡易だが、適用範囲が不明確な規定 (32 条の引用規定) である。このあいまいな個別制限規定 (引用規定) は、［美術鑑定書控訴審］の判旨にしたがうと「引用目的」を限定していないため、どのような事案も適用され、また主張する個別制限規定間の不公平が生じるなど弊害が生じる[125]。

した点に関して、証拠に拠り支持されていないとして、イギリス政府の決定を違法とした (British Academy of Songwriters, Composers And Authors & Ors, R (On the Application Of) v Secretary of State for Business, Innovation And Skills [2015] EWHC 1723 (Admin) (19 June 2015).)。さらに、2015 年 7 月の追加判決で 28B 条全体を将来に向かって無効とした (BASCA v. BIS [2015] EWHC 2041 (Admin)))。2016 年 6 月の Brexit による影響は、今後のイギリスと EU との関係によると考えられる。

[125] ［美術鑑定書控訴審］における偽造防止目的は「引用の目的」の通常の目的とはいえない。また、偽造かどうか細かいところまではっきりわかるように、対象絵画を複製し、鑑定書の裏面いっぱいに添付した事例である。このような事例にまで 32 条が適用されると、あらゆる利用目的の行為に 32 条が適用されかねない。このまま 32 条の「引用の目的」を拡大適用しすぎると、インターネットにおける多種多様な著作物の利用方法 (サムネイルやキャッシュなど) についてことごとく「引用」とされかねず、著作権を事実上行使できないおそれがある。

また、このような拡大解釈は、他の抽象的な文言を有する個別制限規定である、情報解析目的による著作権の制限 (47 条の 7) などにもあてはまり、一般条項的に拡大適用されそうである。もしそうでなければ、32 条だけなぜこのような一般条項的解釈をするのか明らかではなく、異なる個別制限規定を主張する利用者間で不公平な結果となりうる (32 条を主張する者だけが有利になる)。拙稿「インターネットにおける著作権の個別制限規定 (引用規定) の解釈と一般的制限規定 (フェアユース) の導入について」筑波法政 50 号 (2011 年) 11 頁 (以下、拙稿「個別制限規定 (引用規定)」筑波法政 50 号)。石新智規「フェアユース再考」知財管理 66 巻 3 号 (2016 年) 253 頁は、32 条の「公正な慣行」の要件を無視すれば、正当な目的要件しか残らず、フェアユース規定以上に大胆

◇第Ⅰ部◇　権利の内容・制限と利用許諾

2）逆に、技術が関わり、適用範囲を明確にすべく厳密に規定する個別制限規定の多くは、複雑で、一般人が読んでもわかりにくく、一般制限規定以上にその適用の予測可能性がない。この例として、情報検索サービスにおける著作権の制限（47条の6）も、一般人が読んで検索エンジンに伴う著作権の制限規定と理解するのは困難である。そして、わが国著作権法は、著作権の一般的制限規定を設けていないため、以上のような、複雑な要件が多々書き込まれ、適用範囲のごく限られた個別制限規定を、逐一立法せざるをえなくなっている。

また、著作権の個別制限規定の立法だと、ロビー活動のできる特定の利益団体のみが著作権制限規定を立法でき[126]、私的複製（30条）など一般人がユーザーで、そのような利益団体のない分野の著作権制限規定は拡大されない。むしろユーザー個人の違法ダウンロードに刑罰を科す（119条3項）など、私人にとって複製が自由な領域は著しく狭まっている。さらに、このような公平性の観点からいえば、たとえば、情報解析目的（47条の7）の複製が自由なら、試験・研究のための著作権制限規定があってもよさそうなのに、なぜないのか不明である。もし、個別制限規定の特定の要件を無視して適用ないし類推適用されれば、一般的制限規定が設けられた場合以上に、予測可能性および他の個別制限規定との公平性を害する[127]。

(4) 個別制限規定の反対解釈の弊害

著作権の個別制限規定は、以下のマイナス面もある。当該著作権の個別制限

　な規定になるとして、引用規定の拡張適用の限界を指摘する。
[126]　野口祐子『デジタル時代の著作権』（ちくま新書、2010年）。ロビー活動による立法や政策形成過程の歪みについて、田村善之「著作権法の政策形成過程と将来像」著作権研究39号（2014年）113頁。
[127]　なお、わが国の学説では、引用規定（32条）の類推適用・拡張適用を主張するものや、取引費用の節減を主たる根拠とするものが散見されるが、そのような立場からは一般的制限規定を立法する理由は小さい。一般的制限規定を創設して個別制限規定を厳格解釈する場合より、個別制限規定を拡大解釈した方が、著作権の制限され、自由利用できる範囲が広くなりうる。後者の方が取引費用をより節減する可能性すらある（拙稿「個別制限規定（引用規定）」筑波法政50号（2011年）27、30頁）。
　　また、現行法下でも、［美術鑑定書控訴審］が、引用の目的の解釈の中で、フェアユースの4要素を考慮しており、また、［絶対音感一審］などで事情を総合考慮する経験をわが国の裁判所が積んでいる以上、一般的制限規定の中で4要素の考慮を明示させるという立法理由も弱いであろう。

◆第4章◆ 大量デジタル情報の利活用におけるフェアユース規定の役割の拡大［潮海久雄］

規定が立法されなければ、本質的特徴を感得できないので翻案にあたらない（最判平成13年6月28日民集55巻4号837頁［江差追分］）とか、引用規定の事実上の拡張解釈（［美術鑑定書］参照）や、黙示の許諾等などの解釈論により、侵害でないとできたはずであるのに、個別制限規定が立法化されると、その特定の要件からはずれた利用行為は、侵害と考えられやすい傾向がある。つまり、個別制限規定は、一見、利用者の自由に利用できる範囲を（狭いなりに）明確に規定するが、逆にその要件をはずれる無限の利用可能性を侵害としている。つまり、著作権の個別制限規定を立法化すればするほど、実際は反対解釈されて、侵害の範囲が増える、というパラドックスが生じる。

(5) **インターネットでの利用における個別制限規定の弊害**

とりわけ、インターネットは無限の利用可能性を秘めているため、この個別制限規定の反対解釈による弊害は大きい。今日、広範なものに著作物性を認め、重要な行為に支分権を認めている著作権法において、個別制限規定を定めることは、インターネットでの広範な利用可能性を排除することも意味する。

たとえば47条の6で、公衆からの求めに応じたプル型の検索エンジンだけではなく、RSSリーダを使うなどのサーバー側が情報を送って端末に表示するという、プッシュ型の検索エンジンのサービスは、たとえ、著作権者の利益を害さない場合であっても、日本の著作権法上は侵害とされてしまう。また、検索エンジンやクラウドの分散処理の際に必要な公衆送信は、47条の9に含まれず、形式上は著作権侵害である[128]。

クラウドのところで検討したとおり、クラウドを用いた新しいビジネスの可能性があり（Ⅱ節7参照）、しかも、Google等は、顧客には予想もつかない、将来の事業を立ち上げる傾向にある。文化庁では、わが国の企業から予想されるビジネスからの要望をとって、個別制限規定により逐次改正しようとしている。しかし、改正が成立した頃にはアメリカ企業は既に新しいビジネスをスタートさせ、それは往々にして改正された個別制限規定の要件を充足せず、わが国の情報産業に関わる企業にとって足かせになる。まるで著作権の個別制限規定が、わが国の情報産業、ひいては自動運転などの新しい産業にも藪のようにからみついて、新しいビジネスや新しい創作の足かせとなるだろう。

---

[128] 中山・前掲注(116)380、385頁。

◇第Ⅰ部◇　権利の内容・制限と利用許諾

　アメリカ著作権法は、Google Books のように書籍を丸ごと複製する、という複製権侵害の最たる行為をしていたとしても、技術等により著作物の表示を少なくするなどして著作権者の損害を少なくする形で、利用者に著作物利用の行為態様を変化させ、フェアユース規定をたよりに、opt-out などの自生的規範を事実上の標準としている（Ⅱ2参照）。これでは、わが国のコンテンツやデータを利用した情報産業、ひいてはそれを基礎とするわが国の産業は圧倒的に不利な状況にある。それがめぐりめぐって、わが国のコンテンツが流通・利用されず、その市場が縮小し、著作権者に利益が還流されない大きな要因であろう。

2　著作権制限規定の相互関係
(1) 個別制限規定同士の関係
　同じ行為について、異なる個別制限規定が適用されうる状況で、これらの適用結果が異なる場合はどうなるだろうか。つまり、同じ支分権にあたる行為について、ある個別制限規定（たとえば私的複製の (30 条)) が適用されると自由に利用できるが、別の個別制限規定（図書館等における複製 (31 条))の要件を満たさず、自由に利用できない場合である[129]。個別制限規定は例外であり、そこで利益考量がつきており、他の個別制限規定は適用されないという考え方もあろう。その根拠は、個別制限規定は例外であり、もしどちらかの個別制限規定が優先して著作権が制限されて自由に利用できるとすると、他方の個別制限規定のぬけみちとなり、当該個別制限規定を設けた意味がなくなる、と考えるのであろう。

　しかし、これでは要件の厳しい個別制限規定が多く規定されるほど侵害の範囲が増える、というパラドックスを助長することになる。さらに、一般人や企業にとって理解不能で複雑な個別制限規定が乱立し、重なりあうと、個別制限規定が反対解釈されて、一番自由利用の範囲が狭い著作権制限規定の範囲でしか利用できなくなる。前述の Ulmer CJEU 判決は、個別制限規定が重なる場合、自由に利用できる規定が適用されるという考え方を示した（Ⅱ2(3)(b)参照）。

(2) 個別制限規定と一般的制限規定の関係
　一般的制限規定が、個別制限規定では侵害となる場合にも侵害でないとする

---

[129]　島並良ほか『著作権法入門（第2版）』（有斐閣、2016年）182頁注102の例である。

236

◆第4章◆ 大量デジタル情報の利活用におけるフェアユース規定の役割の拡大 ［潮海久雄］

受け皿の意味を有するのは当然である。しかし、もし、一般的制限規定の適用を、個別制限規定と同じ程度の必要性がある場合に限定したり[129a]、個別制限規定が適用されれば一般的制限規定が適用されないと解すると、それは絵に描いた餅になる。本稿では、(1)の考え方をおしすすめ、個別制限規定が適用されず著作権侵害となりそうな場合にも、一般的制限規定は適用されうると考える[130]。

その理由は、著作物性が広く認められ、著作権の支分権の規定（複製権・公衆送信権など）がデジタル通信においては多種多様な態様に適用され実質的に一般条項化している以上、著作権の制限規定も一般条項化することによりバランスをとるべき点にある（Ⅰ3参照）。CoStar Group, Inc. v. Loopnet, Inc., 373 F.3d 544, 552-55 (4th Cir. 2004) も、DMCAによりインターネットサービスプロバイダ（ホスティング）の免責を512条で定めたとしても、それは最低限度を定めたにすぎず、Netcom判決（Religious Technology v. Netcom, 907 F. Supp 1361）の解釈[130]に拠るべきと判示している。

これに対して、個別制限規定で利益考量が尽きており一般的制限規定は適用されない、という考えもある。その論拠は個別制限規定同士の関係で述べたのと同じであろう。しかし、それでは、個別制限規定を立法するたびごとに侵害の範囲が増えることになる上に、一般的制限規定の意味が極めて小さくなる。そもそも引用規定などのあいまいな個別制限規定が、当該事案に適用されるのか否か自体が不明確な場合も多い[132]。

[129a] 東京高判平成3年12月19日無体裁集23巻3号823頁〔法政大学論文控訴審〕は、同一性保持権の制限規定である20条2項4号の「やむを得ないと認められる」にあたるためには、利用の目的及び態様において、著作権者の同意を得ない改変を必要とする要請が、1号および2号の法定された例外的場合と同程度に存在することが必要とした。

[130] 拙稿・前掲注(5)サーチエンジン・筑波法政46号（2009年）51・52頁。

[131] ユーザーによる著作権侵害が厳格責任としても、何らかの自発的な意図や因果関係の要素が必要で、単なる導管としての消極的な役割しか果たしていない媒介者は、責任を負わないと判断した。前掲注(100)も参照。

[132] したがって、条文の形式が一般的か個別的かという点のみから、個別の制限規定が不適用とされた場合にはそこで利益調整が尽きており一般的な制限規定はもはや適用されないとする議論（島並良「権利制限の立法方式」著作権研究35号（2008年）90頁、103頁）は賛成できない。これでは個別制限規定による過小規制の弊害を修正する趣旨でフェアユース規定を設ける意義が著しくそこなわれる。また、フェアユースを適用する際の事例が、個別の著作権制限規定に関わる問題か否かは判断が困難な場合が少なくない（たとえばテレビ視聴サービスと私的複製の問題など。第Ⅱ部7、8参照）。さらに、議会が定めたから個別の制限規定がフェアユース規定に優先するという論拠は疑問があり、

◇第Ⅰ部◇　権利の内容・制限と利用許諾

3　強制利用許諾＋報酬請求権の没落
(1) 強制利用許諾＋報酬請求権（補償金）がなぜ機能しないのか[133]

　著作権者と利用者間の取引コストの節減の理由のみなら、強制利用許諾（ないし法定利用許諾）により報酬請求権化し、集中管理団体により利用者から徴収する枠組みが適切なはずであり、立法の際にはこの制度メニューを並べる論者も多い。しかし、なぜ多くの場合、強制利用許諾＋報酬請求は有効に機能しないのか。その有効性の検証はほとんどなされていない。デジタル経済において、どのような場合にこの枠組みは機能するだろうか。

　(a) 集中管理団体の能力の限界

　まず、私的複製に関わる侵害主体の議論や音楽配信での議論でみるとおり、集中管理団体は基本的に著作者の利益代表であり、現在のレコード会社のように、著作者の利益に偏り過ぎて、ネット配信業者やプラットフォームなどの媒介者が有する宣伝やマーケティング等の能力がない場合が多い。さらに、2001年10月に著作権等管理事業法（法律第131号）が施行され、従来の仲介業務法（法律第67号）での規制（文化庁長官の許可が必要）が大幅に緩和され（一定の条件を満たせば管理事業をおこなえる登録制）、新規事業者の参入を容易にしたが、集中管理団体が多数乱立して、取引コストがかかる事態も生じうることになった。

　この点、大きな出版社など、単独で事業展開や権利行使できる著作権者・媒介者にとっては、弱い管理団体による権利行使をあてにしていない。むしろ、これらの著作権者・媒介者（出版社）を強制的に集中管理団体に属させ、安い報酬に一律甘んじさせることは、既存の著作権者・媒介者への民業圧迫になりかねない。

　また、著作権者たちは、私人の有限の時間をとりあっており、その分野で、集中管理団体で権利処理できたとしても市場は増えない。さらに、支分権の種類も範囲も増えているため、権利処理はますます困難となり市場も縮小する、という悪循環におちいりうる。

　　一般的制限規定にも裁判所に詳細な判断をゆだねるという国会の意思が現れているはずである。民法の離婚事由の改正においても、積極的破綻主義という一般条項のみを規定する選択肢も十分ありえたのであり、そこでは個別離婚事由が一般事由に優先するという議論はない。

[133]　その他の報酬請求権（補償金）の理論的欠点について、拙稿・前掲注(6)「私的複製の現代的意義」著作権研究40号（2014年）69頁。

◆第4章◆ 大量デジタル情報の利活用におけるフェアユース規定の役割の拡大［潮海久雄］

さらに、デジタル化されたオンラインで著作物が取引され、情報契約などライセンス契約が発達している場合、著作権者団体と利用者団体の交渉による報酬請求権は不要であろう。情報契約ではサービスに応じた価格差別など自由に対価を定めることができるが、補償金自体は情報契約と比べて、価格差別できず硬直的な面がある。媒介者であるプラットフォーム企業には競争を求めながら、集中管理団体には競争を求めず、かつ、著作物の価格について報酬請求制度により、著作権管理団体と利用者団体間の団体交渉を求め、競争を制限するのは、矛盾する面がある。また、補償金は私人の利用に税金を課すようなもので、自由競争の場合よりも市場が縮小し、インターネット上の新しい媒介者の市場参入も制限される。

(b) 媒介者との協働との比較

さらに、著作権は基本的に複製権などの支分権であり、複製回数に応じて対価を徴収する仕組みになっており、複製されて売れなければ創作者（著作者）には利益が入ってこない。著作物を創作しさえすれば、著作物の利用・流通について何もしなくても、ひいては著作物がうれなくても創作者に利益が入ってくる、社会保障法として著作権法は機能していない。つまり、著作権法は、売れる以前の創作者（芸術家）を保護する仕組みになっていない。その保護は、文化芸術助成のような補助金、寄付税制にもとづき私人等が文化セクターへ行うフィランソロピー（寄付）、文化税制、事後的な賞など、多様な文化政策によるべきであろう[133a]。

著作物が売れてもいないのに、報酬のみ請求する創作者にたいして、媒介者は投資しないだろう。著作権者は唯一のコンテンツを生み出すことに優れ、媒介者は激しい競争の中、宣伝、サーチコスト軽減や編集、マーケティングなどの機能にすぐれている。このような意味で、著作権者と媒介者は補完財であり、協働関係が重要である。とりわけ、コンテンツやデジタル情報があふれた今日の状況では、個人の嗜好に応じたコンテンツを提供できる能力や、編集能力にすぐれた媒介者が重要となってくる。

敷衍すると、著作物の取引・流通を媒介する者自身も他の媒介者との競争が激しく、ただの流通経路になり下がる危険性もあるため（たとえば、ライブ動画配信サービスのUstreamの失敗など）、他の媒介者との差別化のためにも、媒介

[133a] 後藤和子『クリエイティブ産業の経済学――契約，著作権，税制のインセンティブ』（有斐閣，2013年）。

◇第Ⅰ部◇　権利の内容・制限と利用許諾

者は創作段階にも資本を投下してコンテンツの創作に関与するのが普通である（たとえば、出版社、Netflix[134]、Tivo などのアメリカのテレビ視聴機器会社[135]）。媒介者はデータ解析等でユーザーの需要を知り、宣伝、マーケティングなどにより、著作物の取引・利用を促進する者としての役割を果たす。媒介者に競争を強制しかつ、媒介者を著作権の侵害主体として排除しながら、著作者は競争する必要がなく、創作しただけで利用もされないのに、著作権法による社会保障が与えられるというのは不公平であろう。創作者側（出版社など）からも取引・利用能力をもつ媒介者が現れるよう努力すべきであろう。

また、アメリカ企業（Facebook, Amazon, Google など）にこれ以上著作物を搾取・利用されないように、欧州のように、集中管理団体を確立し、強制利用許諾＋補償金請求権の仕組みを作るべき、という論者もいるだろう。しかし、欧州で成立した私的録画補償金、Google 税などは、私的複製が本来侵害であり、かつ、Y（媒介者）が原則として侵害主体であることを大前提としている。したがって、集中管理団体や補償金などの法制度を主張することは、わが国の媒介者やインターネット業者（Y）の出現をさまたげ、著作権者の市場を縮小させるおそれがある。

また、この個別制限規定や補償金請求権などの日本の著作権法による参入障壁は、これらアメリカ企業に対しては、将来、無意味になりうる。とりわけ、需要者圧力からも、便利で安価なインターネット事業者の提供するプラットフォームのサービスを、わが国のユーザーも著作権産業も使っている。さらに、これらアメリカ企業から日本の著作権者（テレビ局など）も投資を受けている（NHK と Netflix の共同事業など）。そうなると、著作権者も、媒介者と協力せざるをえず、立法で増加しつつある支分権の行使、個別制限規定の反対解釈による侵害の主張、補償金請求権などを行使できず、むしろコンテンツを無償で提供せざるをえないかもしれない。そうすると、この数十年でわが国の著作権法のおこなったことは、著作権者の市場を縮小させたまま、わが国の媒介者やインターネット事業者の出現を妨げたにすぎなくなる。

(c)　固定ライセンス料の弊害

さらに、補償金は、著作権の個別制限規定にさらに要件を細かく複雑にし、

---

[134]　西田宗千佳『ネットフリックスの時代』（講談社現代新書、2015 年）。

[135]　Menell, Nimmer, Legal Realism in Action: Indirect copyright liability's continuing tort framework and Sony's de facto demise, 55 UCLA L. Rev. 143, 193-196 (2007).

◆ 第4章 ◆ 大量デジタル情報の利活用におけるフェアユース規定の役割の拡大［潮海久雄］

集中管理団体を新たに設定しなければならない立法上のコストがあり、立法段階でも報酬を決める手続からして、創作者側と利用者側の争いの種になる。たとえ立法したとしても、著作者側と利用者側の団体交渉で毎年ライセンス料を決めることになるが、紛争を先送りにするだけであろう。著作物の利用に大きな需要があり、かつ、料金体系の紛争などを迅速に解決できないと、私的録音録画補償金の事例のように、交渉が決裂すると考えられる。そもそも、ドイツの労働協約のような著作権団体と利用者団体間の団体交渉は、わが国ではなじみがない（前掲注(56)参照）。むしろ、フェアユースのように結論を All or nothing にして、利用者側（媒介者）に、著作権者の潜在的市場を害しないように工夫させ（Google Books のようなスニペット表示）、かつ、変形的利用の法理により付加価値をつけるサービス（検索。見付けやすくする）をおこなうよう誘導する方が現実的であり、社会全体からみて有用であろう。

　また、団体交渉はあるものの、報酬請求権で著作物の価格をほぼ固定することは、独占禁止法上の高価格規制、ないし、廉価販売の規制にあたる。価格が自由に市場で決定されることは自由競争の根幹であり、競争法などにより価格を規制するためには、最低限、自由競争が制限されているなどの状況が必要である。しかしながら、著作物の取引コストを節減する、という理由だけではこのような価格規制をする必要性に乏しい。さらに、その価格規制のエンフォースメントが難しい。デジタル化された著作物の適正価格がわからないし、どの程度価格幅があれば独占禁止法が介入できるかは明らかではない。事業法での価格規制のようなものに拠らざるをえないと思われるが、大量のデジタル情報については、さまざまな著作物・利用方法が考えられ、さまざまな著作権者や、媒介者、利用者が関わる著作権法は、もはや事業法とはいえず、一律の価格規制（ひいては税金）は困難であろう[136]。

(d) 理論的根拠の欠如

---

[136] 報酬請求を規定しても、実際上は著作権者と利用者・媒介者間の力関係で決まると考えられる。利用者・媒介者側の力が強ければ、むしろ創作者や著作権者の方が報酬を支払わなければならない場合も多い。たとえば、原稿の出版者への持ち込みや、プラットフォームを提供する任天堂が、著作権者であるソフトウェア企業よりも力が強かった場合である。また、逆に、著作権者側の方が強ければ、報酬請求権といっても利用者に対して市場価格の数倍の価格を請求している場合もある。たとえば、38条5項後段で補償金が定められているが、映画著作物が唯一必須のコンテンツで、図書館に対して優越的地位にたち、市場価格の4倍近い価格を利用者に請求している。

241

◇第Ⅰ部◇　権利の内容・制限と利用許諾

　さらに、排他権（貸与権）を譲渡した後にも、創作者に報酬請求権が残るという欧州の貸与権に関する指令4条[137]の考え方や、Adolf Dietz 氏，Silke von Lewinski 氏の考え方[138]は特殊で、理論的に正当化できず、一般化できない。他の特許権などの知的財産権をみても、財産権を譲渡した後に創作者・発明者に報酬請求権が残るものはなく、なぜ著作権だけそのような法律構成を採用できるのか説明に窮する。

　前述の、Google news に近い、[YOL 控訴審]は、著作物性が否定されたニュース見出しのリンクに不法行為に基づく損害賠償請求を認めたが、批判する見解が多数である。著作物でないものについては、著作物の利用と同等の法律上保護に値する利益の侵害がない限り、情報の流通の保護の視点から不法行為の成立を制限する考え方が妥当しよう[139]。不法行為責任は、著作権侵害と権利制限の中間的解決としてはうまく機能していない。

(e) 要　件

　したがって、著作権が制限されて本来自由な領域に報酬請求権を規定するには、利用者（媒介者）による利用が著作物の市場を代替するとか、著作者の創作のインセンティブがなくなる、などの社会的事実が必要である。かつ、(1)で検討した以上のデメリットが存在しないか、特に、媒介者Yによる市場拡大を放棄し、市場縮小を甘んじて受けるのか、そのデメリットを上回るメリットが存在するなどの、制度の実効性の検証も必要である。しかし、(2)で検討する限り、集中管理団体に権利者の大部分が加入し、かつ、私人による著作物利用の市場が急拡大した場合など、幸運な事例しかないのではなかろうか。

(2) **強制利用許諾＋報酬請求権の成功例**

(a) JASRAC

---

[137]　Council Directive 92/100 of November 19, 1992 on rental right and lending right and on certain rights related to copyright in the field of intellectual property.

[138]　Michel M Walter and Silke von Lewinski, European Copyright Law (OUP, 2010), paras. 6.4.1〜6.4.33.

[139]　最判平成23年12月8日民集65巻9号3275頁［北朝鮮映画密令027］（著作権の保護義務を負わない国民の著作物について不法行為責任を否定）、東京地判平成16年3月2日判時1857号108頁［YOL一審］（ニュースのリンクには著作物性がないとして不法行為責任を否定）。田村善之「知的財産権と不法行為」『新世代知的財産法政策学の創成』（有斐閣、2008年）。

◆第4章◆ 大量デジタル情報の利活用におけるフェアユース規定の役割の拡大　[潮海久雄]

プラーゲ旋風により、集中管理団体を厳しく規制し、黒船効果で権利者側からも集中管理団体を設立する要請が強かったため成功したのであろう。また、ユーザーである放送局が強かったため、需要者側からの規模の経済および二面市場が働き、音楽出版社もJASRACに委託するようになったと考えられる。このように大部分の権利者が加入している集中管理団体は成功している。

しかし、大成功のJASRACも長く続くとは限らない。デジタル化により、音楽の利用回数を以前より正確に把握できる今日では、包括利用許諾契約が、独占禁止法2条5項にいう「排除」の要件である、他の事業者の参入を著しく困難にする効果を有するとされた[140]。また、報酬に不満を持つ音楽出版社は、JASRACから独立して集中管理団体を設立している。

JASRAC最高裁判決を見る限り、著作物の取引費用の節減、という集中管理団体の論拠は、わが国の独占禁止法上の正当化理由とならないようである。アメリカでも、音楽の実演権については、大きく2つの集中管理団体（ASCAPとBMI）が併存している[141]。

(b) Pandora Radio

デジタルでは、2013年頃からアメリカのPandora Radio（以下PR）が、強制利用許諾と報酬請求権の枠組みで成功した例としてあげられ、わが国でも詳細な紹介がなされている[142]。PRは、ラジオ型のインターネットストリーミングサービス（非インタラクティブのウェブキャスティングにおける加入契約型のデジタル送信）をおこない、アメリカ著作権法上の法的利用許諾の制度を利用しており、集中管理団体であるSound Exchange（以下SE）から許諾をえれば、個別にレコード会社（著作権者）ないし実演家から権利許諾を得る必要がなく、国（Copyright Royalty Board）が定めた利用料をSEに支払えばたりる。集中管理団体のSEは実演家とレコード会社の代表（作詞・作曲は含まない）からなっている。

---

[140] 最判平成27年4月28日民集第69巻3号518頁（JASRAC最判）。
[141] 田中寿「音楽著作権管理と競争政策（上）——JASRAC私的独占排除措置命令に関連して」国際商事法務40巻4号(2012年)511頁、514頁以下。
[142] 安藤和宏「Ⅰ 音楽配信ビジネスの現状と課題」年報知的財産法2014（2014年）5-8頁。黒田智昭「Ⅲ 音楽配信に関する米国著作権法制度の概要と実演家の権利」年報知的財産法2014(2014年)16-24頁。インターネットラジオで、アプリが用いられ、プロのミュージシャンが楽曲を推薦する。広告収入で営業しており、顧客は広告付きの場合は無料で音楽を聴くことができるが、一定料金を支払えば、広告なしで聴けるサービスである。

◇第Ⅰ部◇　権利の内容・制限と利用許諾

　その成功要因は、PRは集中管理団体（SE）からのみ許諾をえればよく、権利処理が容易であった点が強調されている。しかし、この集中管理団体（SE）は、著作権者側（RIAA）から設立した団体で、権利者（レコード会社）のほとんどが加入しており、わが国と異なりアメリカ著作権法上、レコードの二次的使用料などの支分権がないことのほかに、媒介者であるPRの宣伝・データ解析によるサービスの改善等が優れていた点が大きいと考えられる。米国では車でラジオを聞く習慣があり、私人の市場による広告収入が大きく、需要者側からの規模の経済、および、二面市場が働いたのであろう。さらに、報酬額について著作権者側と利用者側で大きな争いがあり、迅速にこれを解決する仕組みがあったことも留意すべきである。

　したがって、集中管理団体による報酬請求権を規定するとしても、著作権者の大部分が集中管理団体に加入することが前提で、その場合には他の媒介者（出版社など）と競合しないだろう。その上、当該著作物を利用する需要が高く、かつ、PRなどの媒介者のビジネスモデルが優れていることが必要であり、とりわけ著作権者と媒介者の協力関係が重要である[143]。さらに、迅速に報酬額を解決する仕組みも必要となる。

(3) 著作権法の失敗

　アメリカでも、Ginsburg教授は、著作物の利用を認めるが、著作者に報酬を払う制度（Permitted-But-Paid）を主張している[144]。その法律構成は、欧州の補償金制度を参照し、生産的利用以外の消費的利用、とりわけ、Google Booksのような著作物全体を複製している場合には、フェアユースを認めるかわりに著作者に報酬を支払うべき、と主張している。その理由は、著作者の報酬請求権は、侵害の場合とフェアユースなどの著作権制限規定による全く自由な場合の中間であり、著作者に利益を還流すべきとする点にある。マックスプランク研究所のHilty教授も2005年当時から同様の立場を主張している[145]。欧州の学者

---

[143] 拙稿・前掲注(6)「私的複製の現代的意義」著作権研究40号（2014年）69頁、91-92頁。安藤和宏・前掲注(142)8頁は、レコード会社は権利者に偏重しすぎてユーザーのニーズにあったビジネスを展開しておらず、ビジネスの経験やマーケティングにも優れたネット配信業者と協力しなければ音楽配信に未来はないと述べている。

[144] Jane C. Ginsburg, supra note (73), Berkely Tech. L.J. 1383 (2014).

[145] Reto Hilty, Verbotsrecht vs. Vergütungsanspruch: Suche nach den Konsequenzen der tripolaren Interessenlage im Urheberrecht, in: Perspektiven des Geistigen Eigentums

◆第4章◆ 大量デジタル情報の利活用におけるフェアユース規定の役割の拡大 ［潮海久雄］

の起草した欧州著作権コード（European Copyright Code）[146]も、ほとんどの著作権の個別制限規定に報酬請求を認めるべきとしており、Hilty教授がその箇所の担当である。

　しかし、これらの見解は、Ⅲ3(1)(2)で検討したとおり、理論上の根拠が薄い。Ginsburg教授の主張する制度は、実質は強制利用許諾であろうが、フェアユースについて、当事者間の利益考量を静的なものとみている。特に、フェアユースが、利用者側が著作権者側の潜在的市場への損害を軽減するなど、当事者の行動の変容による、利益状況の動的な変化を見過ごしている。その上、社会全体の厚生が増大する、という積極的外部性（市場の拡大、公共財の提供）を無視している。また、有償の強制利用許諾をしないとベルヌ条約違反とするのはいいすぎで、有償の強制利用許諾は英米法でもわが国の著作権法でもごく例外的な場合のみである。有償の利用許諾制度の代表である私的録音録画補償金制度を認めているのも、現在では欧州のみであり、それも欧州情報社会指令5条(2)(b)に規定され、指令にしばられたCJEUの諸判決によって仕方なく認められたものにすぎない。そもそも、ドイツ法が母法である私的録音録画補償金請求権は、本来、私的複製も侵害にあたり、かつ、プラットフォームなどの事業者（Y）が原則として侵害主体であることを前提としている[147]。補償金制度を認めながら、事業者（Y）の侵害主体性を否定してイノベーションを図る、などの主張は、この前提と大きく矛盾する。近時の2015年3月のCopydan CJEU判決（C-463/12）は、携帯電話の多機能のメモリチップについて、音楽を複製する機能による権利者への影響が小さい限り、業者に補償金支払義務はないとしている。また、Copydan判決は、情報社会指令5条2項(b)は、私的使用については公正な補償をする立法を認めるが、主用途が私的使用の場合に補償が不要とする立法を妨げない、としている。

　また、フェアユース規定に報酬請求を認めるこれらの見解（有償の強制利用許諾）は、実現困難である。電子図書館における欧州の制度間競争（Ⅱ2(3)）でみ

und Wettbewerbsrechts. Festschrift für Gerhard Schricker zum 70. Geburtstag, C.H. Beck, München 2005, S.325.

[146] その紹介として、上野達弘「ヨーロッパにおける著作権リフォーム——欧州著作権コードを中心に」著作権研究39号（2013年）39頁。

[147] 欧州の動向も含めて詳細について、拙稿・前掲注(6)「私的複製の現代的意義」著作権研究40号（2014年）69頁。補償金制度をかつてから批判していたイギリスも、Brexitにより、この指令に従う必要はなくなるかもしれない。

◇第Ⅰ部◇　権利の内容・制限と利用許諾

たとおり、著作権法の諸制度のうち、強制利用許諾は最も利用されない制度である。また、有償の強制利用許諾を支える集中管理団体は、孤児著作物における拡大集中でみたとおり（Ⅱ2(3)(4)）、分野や支分権を限定した場合でも新たに設立することはむずかしく、実務上の成功は、著作者などの権利者のほぼ全員が参加することが最低条件であった。したがって、分野を問わない大量デジタルの全ての権利処理する集中管理団体は、まして困難で、分野ごとの集中管理団体が多数存在する場合、ひいては同じ分野で複数の管理団体が存在する場合（扱う支分権が異なる場合など）は、権利関係が錯綜する。

このような弊害を緩和するため、著作権取引所やポータルサイトなどで、複数の集中管理団体を集める試みが考えられる[147a]ものの、多数の集中管理団体を競争させるとなると、やはり、著作権者と利用者の間で取引コストがかかると考えられる。この方向をおしすすめるならば、むしろ過去の仲介業務法のように許可を必要として、集中管理団体を数少なくする政策に戻し、媒介者による著作権市場の縮小は甘んじて受けざるをえない。

以上の、デジタル経済からみて、無理をとおした、あるいは矛盾する制度設計を著作権法がおこなえば、ますます著作権法は無視されるだろう。

このような現状をみると、著作権法学者がこれまで主張してきたように、著作物の利用には取引費用がかかるから「市場が失敗している」というよりも、市場は自制的規範を生成しており、失敗しているようには見えない。むしろ失敗しているのは著作権法学者たちの提示する制度メニューの方ではなかろうか。

4　フェアユースの意義

わが国でフェアユースを新たに立法する際にはジレンマがある。それは、フェアユースを導入すると一定の効用がある（プラットフォームや新しいビジネスを起こす、社会的厚生が増加する）と主張すると、相対的に、著作者が貧しくなり損害をこうむる、として拒絶され、フェアユースをいれてもたいした効用がなく、解釈の際の要素を考慮できるだけ、と主張すれば、立法事実がないとして拒絶される。

[147a]　イギリスのデジタル著作権取引所について、「利用円滑化報告書」207-230頁（今村哲也・情報通信総合研究所執筆）、張睿暎「デジタルコンテンツの流通促進に向けた制度設計――韓国・英国のデジタル著作権取引所（DCE）構想および欧米の動向からの示唆」著作権研究42号（2016年）117-158頁。

◆第4章◆ 大量デジタル情報の利活用におけるフェアユース規定の役割の拡大［潮海久雄］

　本稿で検討した、アメリカのフェアユース規定の発展過程やその果たしてきた機能をみると、その意義は、単に考慮要素を明示するとか、取引コストの節減という趣旨だけではないことが明らかになった。というのは、〔美術鑑定書〕判決のように、引用規定を類推すれば著作権が制限される領域は同じか、むしろ、引用規定の類推適用の範囲を拡大すれば、フェアユースが限定適用される運用よりも、著作権から自由な範囲が広がりうる[148]。このように、フェアユース規定が成功するかは、規定の仕方や著作権制限の範囲が広くなるからではなく、その運用の仕方、および、事業者の反応による。
　前述のように、アメリカのフェアユース規定は、これまでわが国で紹介されている以上に、裁判例において、広く適用ないし引用されていることが明らかになった。また、フェアユース規定の適用にはどめがあり、行き過ぎた自生的規範に対しても適用されうることも判明した。
　まず、アメリカ著作権法は、1976年法の制定過程から、技術進歩とビジネスモデルにより利益状況が急速に変わることを考慮する必要性を指摘し、フェアユース規定を導入した（前掲注14）。その上で、アメリカのフェアユース規定は、著作権者の潜在的市場を代替しないという要件で、time-shifting目的のビデオ録画機器など新しい技術について適用され（Sony最判）、著作物の流通・利用市場を拡大した。また、消費的使用（デッドコピー）である場合にも、利用目的が異なれば変容的利用としてフェアユースにあたるとし（Campbell最判以降）、Google Booksなど大量複製の場合も、著作権者の潜在的市場を代替しないという要件で、フェアユースを適用している。さらに、アメリカの著作権の侵害主体の諸判例は、侵害という結論と、直接侵害における理由づけだけがわが国では引用されてきた。しかし、諸判例を子細に読めば、将来の技術の発展を考慮する部分では、Sony最判がひんぱんに引用されている（Grokster最判、Aereo最判）。さらに、ソフトウェアのSSOなど著作権保護がいきすぎる場合にも、フェアユース規定を適用している（Oracle vs. Goole）。このように、将来の市場を開拓する行為に対して、基本的に法が介入しないという基本思想から、著作権者の著作物の利用市場とそれ以外を区分けする形で、フェアユース規定を適用している（Ⅱ節参照）。
　また、アメリカの具体的な訴訟でもフェアユース規定は広く適用されている。

---

[148] 拙稿・前掲注(125)「個別制限規定（引用規定）」筑波法政50号（2011年）。

とりわけ、フェアユース規定をアプリオリに抗弁として立証責任が被告側にあるとせず、著作権者の潜在的市場や不公正な使用であることの立証責任を著作権者にも分配している。また、個別制限規定が適用される場合にもフェアユースは適用されうる。

このフェアユース規定の発展過程をみると、その根拠は、以下のような積極的外部性にあると考える。

フェアユースの機能は、第1に、媒介者Yが、著作権者Xへの侵害の程度を少なくして、著作権法の制度メニューにない、当事者間の新しい柔軟な利益調整の合意ができる。すなわち、opt-outなどの自生的規範が承認されるという面がある。その例として、Google 検索エンジン、Google Books, YouTube や、拡大集中（ドイツ、アメリカの著作権局報告書［2015］）の opt-out 制度である。Google Books や欧州のデジタル図書館は、著作物を大量に複製し、かつ、著作権者の側が、デジタル図書館等から抜けたい旨を告知しなければならない（opt-out 方式）ため、当初は著作権法上違法であるとか、ベルヌ条約違反という意見が強かった。ところが、近時のアメリカの裁判例によればフェアユースにより合法とされている。また、欧州のデジタル図書館について、前述のとおり、主要国は事実上 opt-out 制度を採用しつつあり、Google と協力して、電子化および利用をおこなう方向へ進んでいる。わが国でもこれを適法とするならば、孤児著作物に関する裁定利用許諾（47条の6）は、利用されないだろう。

また、今日では、多様なビジネスモデルが発達し、著作物がデジタル化され、著作物自体のライセンスよりも、著作物を利用したサービスで稼ぐビジネスモデルや、顧客の行動履歴などのデータから利益のあがるサービスを見つけ出すビジネスモデルを構築することが考えられる。情報契約（シュリンラクラップライセンス、クリックオンライセンス）が、データベースやテレビ音楽視聴サービスに広く利用されている。また、従量制（データベース）、定額制（subscription、音楽）など多様な契約形態が発達している。

第2に、フェアユースは、市場を拡大する機能がある。私的利用の市場から、次の市場（二次的市場）が拡大し、その担い手が、媒介者（Y）と利用者（A）である。平成21年に、47条の6で検索エンジンに伴う記録や公衆送信を一定の要件で認める著作権制限規定が立法されたが、すでに、アメリカ企業が私人の視聴などの時間を大きくとりこみながら、検索エンジンなどの情報産業を事実上独占しており（Google, Amazon, Facebook ほか）、その地位をてこに新たな知

◆第4章◆ 大量デジタル情報の利活用におけるフェアユース規定の役割の拡大［潮海久雄］

識・情報の市場に（Google Books, Google Map, Google news、将来は Google Car など）拡大しつつある。もはやとりかえしのつかないほど差が拡大している。したがって、わが国でもこれらデータ情報産業の奨励を考えるならば、変形的利用ではない大量の消費的利用や、企業内の複製などにおいても、フェアユースの適用範囲を広げることを考えるべきであろう。

第3に、フェアユース規定は、プラットフォームなどの民間企業が、デジタル図書館などの公共財を提供することを支援する面を有する。ただし、既存の出版社や著作権者との利害調整から、フェアユースにいう第4要素により、著作物の潜在的市場を代替するものでないことが必要である[149]。

第4に、特にデジタル経済においては、社会的厚生の最適均衡は絶えず変動し、複雑で硬直的な個別制限規定がそれを必ずしも示していない。さらに、著作権法の用意するスキームが、著作物の取引・利用を促進する場面はまれである。むしろ、個別制限規定の反対解釈、および情報契約や技術的保護手段による著作権保護の拡大を、個別の著作権制限規定ではなく、フェアユース規定が限定する役割を将来担うと考えられる[150]。

Ⅳ 結 語

1 ポリシーミックスの際の留意点

デジタル情報は、大量に複製されると、著作権者の将来の市場機会を奪われるという意味での損害が拡大するため、著作権でコントロールすべきという側

---

[149] もっとも、需要者側の規模の経済が働き、ユーザーの期待がデジタルコンテツについてただに近いもの（e.g.音楽）になると、著作権者に容易に利益が還流しない可能性がある。ただし、媒介者も競争が激しく、著作権（創作者）のコンテンツが重要であるのはわかっているため、創作過程に投資するなど、創作者と媒介者が協力しあうことが重要となってこよう。なお、スティーヴン・ウィット『誰が音楽をただにした？』（早川書房・2016年）参照。2016年9月のデータでは、Apple Music や Sportify などの音楽ストリーミング定額配信による利益が、アメリカのレコード製作者（レーベル）に大きく還流している（MIDiA Reseach）。

[150] Pamela Samuelson, Possible Futures of Fair Use, 90 Wash. L. Rev. 815, 859 (2015). 技術的保護手段とフェアユース理論の関係について、蘆立順美「アメリカ著作権法における技術的保護手段の回避規制と Fair Use 理論」法学66巻5号（2002年）1頁、Pamela Samuelson, SYMPOSIUM: Intellectual Property and the Digital Economy: Why the Anti-Circumvention Regulations Need to Be Revised, 14 Berkeley Tech L.J. 519, 543-551 (1999).

249

◇第Ⅰ部◇　権利の内容・制限と利用許諾

面がある。そこでは、著作権行使の際の取引コストを節減するために、集中管理団体、登録制度、取引所などの制度設計が重要になってくるはずである。

　しかし、大量のデジタル情報については、むしろ著作物が広まって市場の機会が増える面もあり、二面市場と相まって、ユーザーが増え、それに伴い著作物の価値が上昇し、著作権者にも利益が還流し、ユーザーにも当該情報にアクセスして享受する機会が増えるという側面もある。また、インターネットでは探し出せなければないのと同じ（サーチコストの軽減が重要）という意味で、著作物の編集や検索を担う媒介者が重要になるという側面もあり、単なる著作権の制限よりも著作物の取引・利用をどのように促進するかが重要になってくる。

　図式化すると、私的利用を中心とした市場の成長により媒介者が発達し、媒介者が著作物の利用を仲介する動きがある。そこでは、利用方法、利用条件、サービスなどの点で、著作権法の個別制限規定よりもはるかに創造的な契約が発達する。他方で、著作物の取引費用を節減するために、強制利用許諾や集中管理団体により著作権法が権利処理に介入する動きがある。

　この点、わが国の現状は、媒介者が現れないような法政策（侵害主体の裁判例やフェアユースの否定）をとりながら、かつ、集中管理団体を一つにできず取引費用を節減できない法政策を採用しており（〔JASRAC最判〕）、大量のデジタル著作物の利用流通について大きな弊害が生じている。

　このように、媒介者による著作物利用促進がうまくいく場面と、国の強制利用実施（定額の補償金など）がうまくいく場面とで分かれているものの、登録、集中管理、取引所などが整備されれば、両者は近づくと楽観視する考え方もある。

　しかし、両方の制度を併存させるとすれば、制度間競争により媒介者による制度が生き残るだろう。出版社等の著作権者（X）や一般私人（A）が、媒介者が提供する、安価で便利で顧客をひきつける標準化されたプラットフォームやサービスを利用するのは自然である。また、集中管理団体や強制利用許諾は、市場の拡大や媒介者の出現を妨げるなどのマイナス面もある。もし、両方の政策をすすめるとすれば、デジタルの大量処理の場面では、強制利用許諾や集中管理制度などの著作権法の制度が、前者（媒介者による著作物の利用促進）を妨害しないように留意し、効果的なポリシー・ミックスをする必要がある。

2　自生的規範の支援とそれに対する制御 —— フェアユース規定の役割の拡大

　わが国の著作権法では、著作権の権利の内容は、「支分権＋個別制限規定」により定まる。しかし、個別の著作権制限規定が、年々複雑化・長文化し、毎年、数多く立法化されているのをしりめに、著作物のデジタル化に対応して、情報契約、クリエィブコモンズ、定額の契約（subscription）など、「支分権＋個別制限規定」から離れた、約款のような契約をはじめとする自生的規範が、著作権者と利用者の間で発達・普及しつつある。

　2000年頃から、著作権の個別制限規定を上回る権利内容を実現しようとする情報契約が問題となり、デジタルコンテンツの利用契約に用いられた。時期を同じくして、正反対の動きである、クリエティブ・コモンズという新しいライセンス形態が産声をあげている。これは、著作物が本来自由利用されることをベースラインとし、著作権者がどうしても譲れない点のみを利用条件として公示して、コンテンツを広く利用してもらう契約である。また、近年のデジタル音楽配信では、iTunesや、Sportifyなど、聴き放題の代わりに定額（subscription）を徴収する料金体系が普及し、ユーザーの便宜にも配慮した多様な契約形態が発達しつつある。さらに、電子図書館では、著作権法のopt-in原則がひっくり返った、複製されたくなければ著作権者側が媒介者に告知すべき、というopt-out制度まで出現し、それが急速に広まりつつある。

　このような、多様な自生的規範が発達した理由は、著作物がデジタル化されて大量の利用が可能となり、利用条件の標準化が必要となったことと、著作権者の全てが支分権にある著作権を強行に主張するわけではなく、むしろ利用を希望する者も多く、著作権者の利害関係が多様化しているから、と考える。たとえば、有名でない著作権者はむしろ複製してもらって有名になることを優先するかもしれない。デジタル情報のうち、著作物の部分は広く自由利用してもらって、付随的なサービス等の部分でかせぐというビジネスモデルも多い[151]。その反面、著作物の一頁に安価な値付けを拒否する著作権者も存在する。このように、大量デジタルの利活用については、著作権者の利害が多様であるため、

---

[151]　さらに、本稿では詳しく取り上げなかったが、普通、研究者は著作権など要求せず、広く読まれることを希望する。わが国の漫画のコミュニティでは、二次的著作物がつくられるのを事実上放置している。著作権を放棄したWikipediaは、瞬く間に創作されている。

◇第Ⅰ部◇　権利の内容・制限と利用許諾

著作権管理団体による一律の報酬・補償金の徴収や、一定の要件を定める個別制限規定ではもはや規律しえない状況にある。むしろ、フェアユース規定により、利用者側の侵害行為態様を制御して、侵害行為の程度を軽減させ、あるいは付加価値をつけさせ、著作物の利用を促進する仕組みの方が適切に機能する場面が、デジタル著作物では増加している。

　このように、今日では、著作物の多様性に対応して著作者の創作および利用目的も多様である上に、新しい著作物の利用および市場が技術により急激に拡大している。かかる現象は、著作権法が、著作権者と利用者の利益調整として、個々の著作物に関する「支分権＋個別制限規定」という形で定めた、固定的な要件による境界線が、もはや絶対的なものではなくなったことを如実に示している。多様な著作権者および利用者の利害関係に応じて、自律的な社会規範として発達したライセンス契約や約款が、その均衡点を塗り替えつつある。これら自生的な規範は、一定の集団間で合意され、価格差別などの合理性もある以上、公益や公共政策のある著作権制限規定に反しない限り、これらの情報契約が全て公序良俗違反として無効とされることは考えにくい。

　そうすると、著作物をこれから利用する際の事前に参考にする規範は、著作権法ではなく、これらの自生的規範となる。著作権法が、著作権者と利用者の利害対立の構図として定めた「支分権＋個別の権利制限規定」は、アナログの著作物についての事後的な裁判におけるごく限られた規範にすぎなくなる。著作権法30条2項の私的録音録画補償金制度が機能しなくなったことは、その予兆にすぎない。

　さらに、近年、引用規定（32条）がフェアユースのように柔軟に解釈され（[美術鑑定書] 参照）、著作権法における報酬請求権が認められなくなっていることを考えると、個別の権利制限規定の社会規範としての意義が急速に低下し、自生規範およびフェアユース規定による承認ないし修正が問題となる領域が拡大しつつある。

　さらに、将来、情報契約が著作権法をオーバーライドし、その強行法規違反を判断する際に、著作権の個別制限規定だけではなくフェアユース規定も考慮される場面も増えると考えられる。

　本稿では、主に、デジタルの侵害主体、電子図書館、インターフェース情報、Google news、私的複製、クラウドなど、現時点で重要と思われる分野における、アメリカのフェアユース規定の展開を検討した。フェアユース規定は、単

◆第4章◆ 大量デジタル情報の利活用におけるフェアユース規定の役割の拡大 ［潮海久雄］

にこれまで唱えられてきた著作権者と利用者の間の取引費用を節減するだけでなく、本来著作権法で保護すべきでない情報（機能著作物・事実著作物）を著作権法で保護することによる弊害を緩和する役割、著作物の市場を拡大する役割、また、電子図書館インフラなどの公共財を民間企業が提供するのを支える役割を担っている。つまり、フェアユース規定は、個別制限規定にかわって、自生的規範の生成を助けるとともに、その公正さをチェックする機能も有すると考える。

第5章 権利制限の一般規定の導入と運用
―― 韓国の経験から ――

張　睿暎

I　はじめに

　2008年3月内閣府知的財産戦略本部「デジタル・ネット時代における知財制度専門調査会」では、日本版フェアユース規定の導入について検討が進められ、同年11月、「権利者の利益を不当に害しないと認められる一定の範囲内で、公正な利用を包括的に許容し得る権利制限の一般規定（日本版フェアユース規定）を導入することが適当である」とする報告書[1]が公表された。

　その後、「知的財産推進計画2009」において、「著作権法における権利者の利益を不当に害しない一定の範囲内で公正な利用を包括的に許容し得る権利制限の一般規定（日本版フェアユース規定）の導入に向け、ベルヌ条約等の規定を踏まえ、規定振り等について検討を行い、2009年度中に結論を得て、早急に措置を講ずる[2]」とされ、さらに、「知的財産推進計画2010」において、「権利制限の一般規定について、これまでの検討結果を踏まえ、2010年度中に法制度整備のための具体的な案をまとめ、導入のために必要な措置を早急に講ずる[3]」とされた。

　2009年5月以降、文化庁文化審議会著作権分科会法制問題小委員会において、日本版フェアユース規定の導入について、関係団体や有識者からの意見をヒアリングするなど検討が進められ、2011年1月、文化審議会著作権分科会報告書が公表された[4]。報告書では、著作物の付随的な利用・適法利用の過程に

---

(1) 報告書「デジタル・ネット時代における知財制度の在り方について」（2008.11.27.）（http://www.kantei.go.jp/jp/singi/titeki2/houkoku/081127digital.pdf 最終訪問日 2016.3.31.）

(2) 「知的財産推進計画2009」（2009.6.24.）3頁（https://www.kantei.go.jp/jp/singi/titeki2/090624/2009keikaku.pdf 最終訪問日 2016.3.31.）

(3) 「知的財産推進計画2010」（2010.5.21.）22頁（https://www.kantei.go.jp/jp/singi/titeki2/2010keikaku.pdf 最終訪問日 2016.3.31.）

(4) 文化審議会著作権分科会報告書（平成23年1月）（http://www.bunka.go.jp/seisaku

◇第Ⅰ部◇　権利の内容・制限と利用許諾

おける著作物の利用・著作物の表現を享受しない利用の3類型の著作物の利用について、権利制限の一般規定による権利制限の対象とすることが適当であるとされた[5]が、2012年改正著作権法の成立内容は、当初想定されていた趣旨とは異なる形のものとなった[6]。

それから3年が過ぎた2015年10月5日、環太平洋パートナーシップ協定（Trans-Pacific Partnership：TPP）が大筋合意に至り、日本は、知的財産に関してはTPP協定文第18章の内容を国内法制に反映するための法改正をすることになる。著作権等の保護期間延長、法定損害賠償制度の導入、一部侵害様態の非親告罪化などの争点が並ぶなか、著作権の強化傾向への懸念が示されており、著作物の公正な利用を奨励するためにと、いわゆる「フェアユース」規定の導入が再論されている。

このような状況を受けて本稿は、TPP合意内容と類似するレベルの知財保護義務を規定する韓米FTAの合意内容を履行するために2011年に著作権法を大々的に改正する際に、権利制限の一般規定としての公正利用（第35条の3）規定を導入した韓国の経験を紹介することで、日本におけるフェアユースもしくは権利制限に一般規定に関する議論[7]に有意義な情報を提供しようとするものである。

以下では、Ⅱ．で韓国のおけるフェアユース（公正利用）導入をめぐる議論を紹介し、Ⅲ．で公正利用（35条の3）規定の立法までの歩みを、Ⅳ．で公正利用規定の導入4年後の裁判例を紹介し、Ⅴ．で、公正利用規定の導入と運用における韓国の経験と今後の展望を述べる。

なお、本論に入っていく前に、まず用語の定義をしておきたい。韓国において「フェアユース」という用語は、米国法上のFair Use（17 U.S.C. § 107）を

/bunkashingikai/chosakuken/pdf/shingi_hokokusho_2301_ver02.pdf 最終訪問日 2016. 3.31.）

(5) 前掲注(4)44-53頁。

(6) 山本隆司「2012年改正著作権法の内容──フェアユースはどこまで認められたか」ビジネス法務12巻7号（2012年）72頁。

(7) 日本におけるこれまでの議論については、上野達弘「著作権法における権利制限規定の再検討──日本版フェアユースの可能性」コピライト560号（2007年）2頁；フェアユース研究会『著作権・フェアユースの最新動向──法改正への提言』（第一法規、2010年）；田村善之「日本版フェアユース導入の意義と限界」知的財産法政策学研究第32号（2010年）1頁；上野達弘「権利制限の一般規定──受け皿規定の意義と課題」（本書第3章）等を参照。

◆ 第 5 章 ◆ 権利制限の一般規定の導入と運用［張　睿暎］

指すものであり、「フェアユース」の韓国語訳ともいえる「公正利用」という用語は、フェアユース類似の「権利制限の一般規定/包括的公正利用規定」という意味合いが強かった。

　韓国著作権法では、著作権保護と一般公衆の公正な著作物利用との均衡を図るために、一定例外の場合に権利者の事前許諾がなくても著作物を自由に利用できる場合を著作権の個別的制限事由として限定列挙（23条から35条まで）しており、これらに該当する様態を著作物の「自由利用」という。ところで、インターネットを中心とする一般利用者の間では、この「自由利用」や米国法上のFair Useに該当する利用が区別されず、ともに「公正利用」と呼ばれていた。

　2011年の35条の3（著作物の公正な利用）新設に合わせて、後述（Ⅲ.2.）する「公正利用ガイドライン」では、23条から35条までの著作権制限の個別規定を各々「〜する公正利用」とし、35条の3は「その他の公正利用」と呼ぶことで、個別規定による自由利用と受け皿としての公正利用の両方を、より広い概念としての「公正利用」が含むと位置づけている。

　そのため本稿では、米国著作権法上のフェアユースを指す場合は「Fair Use」と英文表記し、35条の3新設前の韓国国内における議論に関しては「公正利用」や「包括的公正利用」と表記し、23条から35条までの個別的制限規定は各々の名称と条文を、2011年新設された35条の3を指す場合は「35条の3公正利用」などと区別して表記する。日本における議論においては、「フェアユース」、「日本版フェアユース」、「権利制限の一般規定」などを併記する。

Ⅱ　公正利用の導入をめぐる議論

　韓国著作権法に公正利用規定を導入しようという議論が本格的に始まったのは、米国との自由貿易協定（FTA）の交渉過程においてである。2007年4月に韓米FTAが締結されてからは、著作権を強化するFTA合意内容を巡って、著作物の公正な利用を担保するために米国法上のFair Use規定と類似する権利制限の一般規定を導入すべきであるという意見が強まった。しかし、包括的な制限規定の立法に関しては、著作権者側の反対も強く、「公正利用」の導入に対しては学説も分かれていた。

◇第Ⅰ部◇　権利の内容・制限と利用許諾

1　公正利用規定の導入に関する賛否両論[8]

(1) 導入賛成論

　包括的公正利用規定は著作権制限に関する一般的な原理として柔軟に適用できるため、新しい技術や環境によって生じる様々な問題に著作権法が容易に適用できるようにし、著作物の利用に関する社会の取引費用を減少させ、成文法の不備を補完できる融通性を裁判所に提供できるというメリットを指摘しながら、公正利用規定の導入に賛成する見解[9]である。

　賛成論は、Fair Use や公正利用の判断要素は抽象的であり、これを実際の紛争に適用する際に混乱が生じる可能性があることを認めながらも、韓国の裁判所は十分に公正利用規定を活用できる能力があり、公正利用規定を導入しても韓国法体系の中で問題なく機能するとしていた。

(2) 導入反対論

　①著作権法に規定されている４つの判断要素をもって裁判所が公正な著作物利用であるか否かを判断する裁判例が長年にわたって蓄積されている米国と、著作権の制限事由を著作権法に限定列挙方式で規定している韓国とは、その法制の形式が異なるため、米国法上の Fair Use に類似する包括的公正利用規定は韓国法制に整合しない、②排他的権利として規定されている著作権が裁判所の解釈により制限されうるとすると、法的安定性を害し、著作権者の地位が弱まる、③公正利用の重要な概念である「通常の利用方法」や「著作権者の合法的な利益」などの解釈は裁判所に委ねられることになるが、韓国裁判所では既に、28条[10]における「…正当な範囲内で…」という文言の解釈など、現行法上（当時）の制限規定の解釈にあたって事実上 Fair Use の判断要素に類似する基準で判断しているため、公正利用規定を新設することは宣言的な意味以外はなく、立法の無駄である、という理由で、公正利用の導入を反対する見解[11]であ

---

[8] パク・インファン「公正利用規定の導入の議論」ソフトウェアと法律４号（2007年）；「争点討論　著作権法一部改正案：公正利用法理の導入」著作権文化159号（2007年）4-9頁。

[9] イ・デヒ「韓国著作権体制における公正利用の導入」著作権文化159号（2007年）9頁。

[10] 第28条（公表された著作物の引用）公表された著作物は、報道、批評、教育又は研究等のために、正当な範囲内において、公正な慣行に合致する方法でこれを引用することができる。

一方、④デジタルネットワーク環境は予測できない多くの新しい利用形態を生み出すため、より柔軟に適用できる著作権の制限規定が必要であることは認めながらも、公正利用のような権利制限の一般規定を急いで導入することは、かえって無規範状態を招くおそれもあるので、特定の制限規定が必要な場合には抽象的な一般規定に頼るよりは、迅速に個別の例外規定を新設して対処する方がいいという理由で公正利用導入に否定的な見解もあった[12]。

(3) 折衷論

著作権者と著作物利用者の間のバランスを図るために公正利用規定が必要であることは認めながらも、裁判所の判決が確定するまでには具体的な許容範囲を知ることができず法的安定性に欠け、一般規定というものに親しまない韓国の法文化環境を考慮すると、包括的な制限規定としての公正利用よりは、限定的な公正利用規定の導入が望ましいという意見である[13]。

折衷論は、たとえば非商業目的の研究など、適用分野を限定した特定の目的のみにおいて制限的に一般規定を認めようという英国の Fair Dealing (Copyright, Designs and Patents Act 1988, Section 29, 30) に類似な考え方であるといえる。

2 公正利用規定の導入前の裁判例

(1) 個別制限規定の解釈による著作物の公正な利用の担保

韓国著作権法は1条で著作物の公正な利用を図ることを著作権法の目的とすると明示している。ここでいう「著作物の公正な利用」は、著作財産権の制限に関する一般規定としては機能できないとしても、著作権の制限規定を解釈する際の指針としての役割は十分遂行できる[14]とされていた。

例えば、23条（裁判手続きにおける複製）の「…著作権者の利益を不当に侵害する…」、26条（時事報道のための利用）の「…正当な範囲内で…」、28条（公表

---

[11] 「著作権法一部改正案公聴会」資料（文化観光部、2007.9.12.）（ナム・ヒョンドゥ討論部分）18頁。

[12] イム・ウォンソン『実務者のための著作権法』（著作権審議調停委員会、2006年）183-184頁。

[13] 「著作権法一部改正案公聴会」資料（文化観光部、2007.9.12.）（キム・ビョンイル討論部分）60頁。

[14] オ・スンジョン『著作権法』（博英社、2007年）716頁

◇第Ⅰ部◇　権利の内容・制限と利用許諾

された著作物の引用)の「…正当な範囲内で…」など、不確定な概念を規定する場合には結局、「著作物の公正な利用」にあたるか否かによって具体的に判断されることになる。

　大学入試用問題集事件(大法院1997.11.25. 宣告97ド2227判決)において韓国大法院(最高裁判所)は、28条(公表された著作物の引用)を解釈するにあたって、「正当な範囲内で公正な慣行に合致する引用とは、引用の目的、著作物の性質、引用された内容と分量、被引用著作物を収録した方法と形態、読者の一般的観念、原著作物に対する需要の代替可能性などを総合的に考慮して判断すべきであり、この場合、必ず非営利目的にのみ認められるものではないが、営利的な教育目的のための利用は非営利目的の場合に比べて、自由利用が許容される範囲が狭くなる」として、既存の主従関係を要求せず、米国法上のFair Useの法理における4つの判断基準を含む諸事情を総合的に考慮して判断すべきであるとした。

　写真作家がウェブサイトに公開した作品を、検索ポータルが許諾なくサムネイル画像として収集して、イメージ検索結果に3cm×2.5cmの大きさでサムネイル提供したことが問題となった検索サービスサムネイル画像事件(大法院2006.2.9. 宣告2005ド7793判決)においても大法院は、「正当な範囲内で公正な慣行に合致する引用とは、引用の目的、著作物の性質、引用された内容と分量、被引用著作物を収録した方法と形態、読者の一般的観念、原著作物に対する需要の代替可能性などを総合的に考慮して判断すべき」であるという上記2227大法院判決を引用した上で、「サムネイル画像として公開された写真は既に公表されたものであること、被告会社がサムネイル画像を提供した主な目的は検索サービスの利用者に当該写真の位置情報を提供するのであって、写真を芸術作品として展示し販売するためではなく、その商業的性格は間接的で副次的なものにすぎないこと、サムネイル画像は原本より小さく、拡大しても劣化により写真を鑑賞できず、被告写真をその本質的な面で使用したとはいえないこと、本件サムネイル画像をクリックすると結局、原本写真が掲載されているサイトに誘導されることから、サムネイル画像が写真作品に対する需要を代替し、侵害の可能性を高めるとはいえないこと、利用者らもサムネイル画像を作品として鑑賞するよりは、原本写真を探すための通路として認識する可能性が高いこと、サムネイル画像の使用は、検索サイトの利用者らに情報を提供するための公益的性格が強いこと」を理由に、写真作品をイメージ検索結果としてサムネ

◆ 第5章 ◆ 権利制限の一般規定の導入と運用［張　睿暎］

イル提供したことは、正当な範囲内で公正な慣行に合致する利用であると判断した。主従関係を分析せずに引用の目的などの諸事情を総合的に考慮したものであるが、厳格にいえば「引用」行為が存在しないにもかかわらず引用規定を適用した事案であると解釈され、引用規定を拡張解釈してインターネット上の公正な著作物利用を図ろうとしたものであると評価されている[15]。

　韓国の裁判例においては事実上、35条の3公正利用規定の導入前から米国法上の Fair Use の法理における4つの判断基準が考慮されてきたといえる[16]。このような裁判例は、韓国の当時の著作権法の解釈論だけでも十分に Fair Use 類似の効果を得られるということで、公正利用規定の導入反対論の有力な根拠ともなっていた。しかし、検索サービスのような新たなサービスを救うためにも包括的な公正利用規定が必要であるという議論が続いていた。

(2) 引用？　それともフェアユース？

　包括的公正利用規定がない中、米国で Fair Use として判断された Lenz 事件[17]と類似する事実関係のソンダンビ事件[18]において、引用の拡張解釈として対応するか、それともやはりフェアユース規定を新設すべきかの議論が再点火した。

　本件原告は、人気歌手の椅子ダンスで話題になった曲を、5歳の娘が歌いながらダンスを真似するところを撮影した約53秒のホームビデオ動画を自分の

---

[15]　イ・ヘワン『著作権法（第3版）』（博英社、2015年）604-605頁；パク・ソンホ「インターネット環境下での著作権の制限に関する研究——著作権法第28条及び第30条を中心に」情報法学 2015年12月号149頁など。

[16]　上記「大学入試用問題集事件」（大法院 1997.11.25. 宣告 97 ド 2227 判決）は、引用規定の適用要件に関して、既存の主従関係を要求せず、米国法上の Fair Use の法理における4つの判断基準を含む諸事情を総合的に考慮して判断することを要求した初めての判決である。

[17]　Stephanie Lenz v. Universal Music Corp., 572 F. Supp. 2d. 1150. (N. D. Cal. 2008). なお、その後の判断については以下を参照。Lenz v. Universal Music Corp., 2013 WL 271673 (N.D. Cal. Jan. 24, 2013); Lenz v. Universal Music Corp., et al., Nos. 13-16106, 13-16107 (9th Cir. Sept. 14, 2015).

[18]　ソウル高等法院 2010.10.13. 宣告 2010 ナ 35260 判決。本判決の詳細及び米国 Lenz 事件との比較については、拙稿「ノーティスアンドテイクダウン手続きと著作権者の注意義務——ユーザ製作コンテンツ（UGC）に関する韓米の判例比較を通じて」早稲田大学グローバル COE・企業法制と法創造総合研究所『季刊企業と法創造』通巻28号（2011年）181-189頁を参照されたい。

◇第Ⅰ部◇　権利の内容・制限と利用許諾

ネイバー（Naver）ブログに掲示し、「しかし、どこでこの歌を聴いて、こんなに真似するんでしょうかね。うちでは音楽番組もあまりみないんです。笑ってみていますが、あまりにも大衆歌謡とダンスが好きなのではないか、ちょっと心配です。もっと子供らしい曲を歌ってくれればいいですが。」とコメントを付し、ネイバービデオにリンクした。一方、被告韓国音楽著作権協会（KOMCA）は、ネイバービデオに登録されている掲示物のうち 4008 件が、自社が信託管理している音楽著作物の著作権を侵害したと主張し、ネイバーを運営する NHN に対して、複製・伝送の中断措置を要求した。その対象掲示物の中に、原告の本件ホームビデオ動画も含まれていた。

　NHN は、被告からの複製・伝送の中断を要求された当日に本件掲示物全部に対する掲示を一時的に中断し、原告にその事実とともに、再掲示手続き（著作権法施行令 42 条[19]）を要請できること通知した。原告は数次にわたって口頭による再掲示を要請したが、NHN は原告の再掲示要求が、著作権法が定める複製・伝送再開要求手続きに沿うものでないことを理由にそれを拒絶した。それに対して原告がソウル南部地方法院に KOMCA 及び NHN を相手取って、本件削除による精神的損害を理由とする損害賠償を請求した。

　原審[20]は、本件掲示物には、動画とともにコメント及び同じ場所で原告の娘を撮影した別個の写真が添付されていたことを考慮し、本件動画及びコメント

---

[19]　著作権法施行令第 42 条（複製・伝送の再開要請）によると、法第 103 条第 3 項によって複製・伝送の再開を要求しようとする複製・伝送者は、オンラインサービス提供社からの複製・伝送の中断を通報された日から 30 日以内に文化体育観光部令に定める再開要請書（電子文書を含む）に、次の各号に該当する疎明資料（電子文書を含む）を添付し、オンラインサービス提供社に提出しなければならない。1. 自分がその著作物等の権利者と表示された著作権等の登録証の写本またはそれに相当する資料、2. 自分の姓名または広く知られた異名が表示されている著作物等の写本またはそれに相当する資料、3. 著作権等を有するものから適法に複製・伝送の許諾を受けた事実を証明する契約書写本またはそれに相当する資料、4. 当著作物等の著作財産権の保護期間が終了した場合に、それを確認できる資料

[20]　「引用の目的は報道・批評・教育・研究に限定されるとみるべきではないが、引用の『正当な範囲』は、引用著作物の表現形式上、被引用著作物が補足、敷衍、例証、参考資料等で利用され、引用著作物に対して付従的性質を持つ関係（すなわち、引用著作物が主で、被引用著作物が従である関係）にあると認定すべきで、…引用の目的に関してみるに、本規定に列挙された目的は、例示的なものであり、列挙的なものではなく、ただその引用が創造的で生産的な目的のために他人の著作物を利用するものであるべき」としている（ソウル南部地方法院 2010.2.18. 宣告 2009 ガ合 18800 判決）。

262

◆ 第5章 ◆ 権利制限の一般規定の導入と運用［張　睿暎］

等は大衆文化が子供に及ぼした影響等に対する批評を目的に作成されたものであり、創造的で生産的目的によるものであると判断した。これに対して共同被告であった韓国音楽著作権協会（KOMCA）が控訴したのが本件である。本件においては、本件動画が著作権を侵害するか（28条の適法引用に該当するか）が争われた。

　裁判所は、本件動画が引用に該当するかに対しては、「本件著作物は公表された著作物であること、本件動画は未就学年齢であるとみられる原告の娘が本件著作物の実演家の椅子ダンスを真似しながら本件著作物の一部を不完全に歌唱するところを録画したものであるが、これは原告が、歌手を真似する娘の愛らしくかわいい姿と行動を生き生きしく表現したものとして創作性のある著作物に該当すること、本件動画の制作・伝送の経緯に照らして、本件動画の主な内容は原告の幼い娘が愛らしくかわいくダンスを真似することであり、このために本件著作物の一部が伴奏もなく不完全な歌唱の方法として引用されている点、このように引用された本件著作物の量は全体74小節の中の7-8小節にすぎず、引用の目的に照らして必要最小限の引用にみられる点、また音程・拍子・歌詞を相当正確に歌唱したもので、録画当時の周りの騒音のため約53秒分量の本件動画の中の初めの15秒ほどのみ本件著作物として識別できる点、よって一般公衆の観念に照らしてみて、本件動画が、本件著作物が与える感興をそのまま伝達したり、本件著作物に対する市場における需要を代替したり、または本件著作物の価値を毀損するとみるのは難しい点、大衆歌謡のような音楽著作物の場合に、一般的に作曲家や作詞家よりは実演家の氏名で出所を表示しているが、本件動画が含まれた本件掲示物にも本件著作物の実演家を言及することにより合理的方法で本件著作物の出所を明示している点などの諸般事情を総合すると、本件動画は本件著作物の一部を正当な範囲内で公正な慣行に合致するように引用したものであると認められ、本件著作物の著作財産権を侵害するものではない」とした。そして、著作権を侵害するものではない著作物の複製・伝送の中断を要求した被告は、著作権法103条6項[21]に基づいて、オンラインサービス提供者のサービスを利用して著作物を複製・伝送する者に与えた損害を賠償する責任があると判断した。

---

(21) 著作権法第103条（複製・伝送の中断）⑥正当な権利なく第1項及び第3項によるその著作物等の複製・伝送の中断や再開を要求する者は、それによって発生する損害を賠償しなければならない。

◇第Ⅰ部◇　権利の内容・制限と利用許諾

　　公正利用規定が存在しない中、前述検索サービスサムネイル画像事件のように引用の判断基準に関する総合考慮説を採った判決であるといえる。「引用」とは言い難いという意見が多かったにもかかわらず[22]、「引用」を拡張解釈し、公正利用の判断基準に類似する基準で判断することで妥当な結論を導こうとする韓国裁判所の従来の態度が見られる[23]。

　　本件は2011年の35条の3（著作物の公正な利用）が導入される前の事案であるが、ラジオで流れる曲に合わせて赤ちゃんが踊る場面を撮影したホームビデオをYouTubeにアップロードしたことがFair Useであると認められた米国Lenz事件とそっくりの事案として社会的に話題となり、韓国国内において包括的な公正利用規定の必要性が再論される追い風になった。

　　なお、上記Lenz事件との事案の類似性のせいか、一部の外国文献[24]では、本件を韓国における代表的なフェアユース事案として紹介し、「韓国裁判所はこれを明らかにフェアユースであると判断した」と述べているが、それは間違いである。本事案は、2011年著作権法改正で包括的公正利用規定（35条の3）が導入される前のもの（ビデオアップロード2009年、判決宣告2010年）で、引用（28条）の該当性が争われた事案である。個別列挙された著作権の制限事由を広く「著作物の公正な利用」と捉えて言うならまだしも、米国法上のFair Useのような権利制限の一般規定としての包括的公正利用が争われた事案ではないことに留意していただきたい。

---

[22]　ハン・ジヨン「著作権法上引用に関する考察」創作と権利第68号（2012年）131-132頁；イム・カンソプ「UCC動映像と著作権」『Copyright Issue Report 2010』（韓国著作権委員会、2010年）207頁；拙稿・前掲注(18)など。

[23]　さらに本判決は、「法文は『引用することができる』と規定しているが、これは消極的に他人の著作物を複製してその用途通りに使用することにとどまらず、積極的に自身が著作する著作物の中に他人の著作物を引用して利用することができるという趣旨であるから、引用された部分が複製・頒布され、公演・放送・公衆送信・伝送されることも許容される」とし、対象利用行為も広く解釈している。

[24]　Peter Decherneyは"Fair Use Goes Global"で、本事案を「韓国においてFair Useが認められた判決である」としている。Peter Decherney "Fair Use Goes Global", Critical Studies in Media Communication, Vol. 31, Issue 2. (2014)；和訳として、Peter Decherney（城所岩生・城所晴美訳）「グローバル化するフェアユース」GLOCOM Review12巻1号通巻83号（2015年）（http://www.glocom.ac.jp/publications/glocom_review_lib/glocom_review_83.pdf 最終訪問日2016.2.29.）。

Ⅲ 「公正利用(35条の3)」立法までの歩み

1 「公正利用」立法への試み(2005〜2009年)

包括的な公正利用規定の導入を試みる著作権法改正案は、それまで4回提出されていた。2005年、2008年、2009年の議員発案と、2007年の文化観光部提出案である。いずれも、現行35条の3と同様の規定ぶりで包括的公正利用規定の新設を図ったものの、著作権者らの反対や韓米FTAの国会批准が遅れたことなどを理由に成立には至らず、実際に包括的公正利用が導入されたのは2011年12月の法改正である。

(1) 2005年改正案

2005年12月6日に議員発案された著作権法改正案[25]では、「1986年著作権法全面改正以降の4回にわたる部分改正により、著作権者の権利は強化されたものの、著作物を公正に利用できる範囲は萎縮された」とし、図書館における自由利用の拡大や刑事処罰の範囲縮小などとともに、著作財産権の制限自由に列挙されていない場合にも著作物の公正利用が可能になるように、著作権制限の包括規定を導入する(案33条の2)ことを提案していた。

しかし、翌日所管委員会である文化観光委員会(現文化体育観光放送通信委員会)に回付された本改正案は、法案検討において権利制限の一般規定の必要性は認められたものの、包括的規定ぶりであるために裁判所の判断があるまでは具体的範囲や限界を予測できず、判例の蓄積が十分でないことを理由に、立法の実益についてさらに検討しなければならないとされ、通過しなかった。本改正案は2008年5月29日に第17代国会の任期満了をもって廃案となった。

(2) 2007年改正案(文化観光部提出法案)

2007年4月2日に韓米FTAが締結されたことを受けて、その履行に必要な関連規定を改正し、著作者の権利保護と著作物の公正な利用を図るために、文化観光部(現文化体育観光部)が政府提出法案を立案し、著作権法一部改正案に関する公聴会(2007.9.12.)を開催し、立法予告をしていた(文化観光部公告第2007-75号2007.9.13.)。本改正案では、一時的複製の認定、著作権保護期間の延長、法定損害賠償制度の導入、非親告罪適用対象の変更等、韓米FTAの合

---

[25] 第17代国会議案番号第173522(2005.12.6.)。

◇第Ⅰ部◇　権利の内容・制限と利用許諾

意内容を履行するための内容に加え、包括的公正利用規定（案33条の3）の新設が提案されていた。

公聴会において文化観光部著作権政策課では、「韓米FTAにより短期間に著作権が強化されることを受けて、著作物の利用活性化を図り、著作権者と利用者間のバランスを確保するために包括的な公正利用規定が必要である」としていた[26]。本改正案は、2011年に成立した著作権法改正法とほぼ同様の内容を含んでいたが、FTA批准との関係で、成立には至らず廃案となった。

(3) 2008年改正案

2008年12月5日に議員発案された著作権法改正案[27]は、「情報通信網の発達により著作物を扱う媒体も増え、その侵害類型が多様化し、それに対応するための著作権保護規定を導入することに偏ってきたがために、その受範者らが適応できる時間的な余裕がなく、多くの青少年が犯法者になり、オンライン産業発展を阻害する結果になるなど、著作物の公正な利用が過度に萎縮し、当初の目的に符合しない」ことを理由に、著作権制限のための包括的な規定としての公正利用規定の導入（案35条の2）を提案した。本案は2008年12月31日に文化体育観光放送通信委員会に回付され、2009年3月3日には第8次法案審査小委員会に上程され、検討された。

しかし討論では、「改正案の形式及び内容に関連して更に検討が必要である」とされ、i)現行著作権法は制限的列挙方式であるが、改正案では包括的一般規定の形式を採っているため、法制形式が二元化されることになることと、ii)重要な概念が「通常の利用方法」、「著作者の正当な利益」などの文言で規定されており、利用者の立場からはその範囲が明確でなく、結局司法機関の判断に従うことになるという限界があることを考慮しなければならないことが指摘され、法案成立には至らず、2012年5月29日に第18代国会の任期満了をもって廃案となった。

(4) 2009年改正案

2009年4月2日に議員発案された著作権法改正案[28]でも、著作者の権利保護

---

[26] 「『著作権が優先』、『利用権の確保を』…著作権法改正案の議論」（京郷新聞2007.9.16.付記事）。
[27] 第18代国会議案番号第1802888（2008.12.5.）。

◆第5章◆ 権利制限の一般規定の導入と運用［張　睿暎］

と著作物の公正な利用を図ることを目的として、公衆複写機器による複製の許容、販売用図書の発行5年後から図書館のデジタル複製・伝送の許容、オンラインサービス提供者の免責と共に、公正利用規定の新設（案37条の3）を提案した。

しかし、2009年4月6日の文化体育観光放送通信委員会での検討では、「現行著作権法は著作権の制限自由を限定列挙方式で規定しているが、改正案では包括規定方式で規定することで、法制が二元化される恐れがある。限定列挙されている制限規定は原則に対する例外であるため厳格に適用されるべきところ、包括的公正利用規定を設けることは、場合によっては著作権の制限の例外が拡張される可能性がある」ということを理由に、それ以上検討されることなく、2012年5月29日に第18代国会の任期満了をもって廃案となった。

2　公正利用ガイドラインの策定（2010年）

(1) 策定の経緯

インターネット上の著作物利用が増えることにつれ、著作権に関する紛争も増えてきた。2007年締結された韓米FTA履行のための著作権法改正の動きとともに、2008年頃からは未成年者を相手とする著作権侵害の刑事告訴が増え、また2009年の前述ソンダンビ事件で子供の歌を撮影したホームビデオ動画が伝送中断措置されるなど、著作物利用者らの間で、著作物利用に対する不安が高まった。

著作物の新たな利用形態が著作権侵害になるかならないかが不明なケースが増え、利用者の著作物利用を萎縮させ、健全な著作権文化の定着を阻害している側面もあった。このような問題を解決するために、著作物の公正利用に関するガイドラインの制定と普及が必要であるという認識があった。また、同時期に何度も試みられた包括的公正利用規定の立法の動きに合わせて、各利害関係者の立場を調整し、予想される紛争事例を取りまとめる必要もあった。

このような状況を受けて、著作権者、サービス提供者、利用者間の疎通の場を設け、主要懸案に関して協力方案を議論するために構成された団体である「著作権相生協議体」が、著作物の公正利用に関するガイドラインの制定を一次的課題にしたのは必然的であろう。

「著作権相生協議体」は、2009年11月に、利害関係者や学界専門家等で「実

---

(28)　第18代国会議案番号第1804389（2009.4.2.）。

◇第Ⅰ部◇　権利の内容・制限と利用許諾

務協議体」を構成して公正利用ガイドラインに対する議論を始めた。「著作物の公正利用に関するガイドライン制定に関する研究（2010年6月）」や各界への意見照会[29]（2010年11月）を経て、2010年12月に「著作物の公正な利用に関するガイドライン（以下「公正利用ガイドライン」という）」を策定した[30]。これは、35条の3（著作物の公正な利用）を新設した2011年の著作権法改正に先立つものである。2011年6月には、公正利用ガイドラインのオンライン提供も始めた[31]。

(2) ガイドラインの構成と内容

ガイドラインのはしがき（2頁）では、「デジタル時代に適合する公正利用の新たな規範を定立し、一方、難解な法文のなかに不確実性に覆われていた公正利用法理の具体的な適用基準をできるだけ分かりやすく明確に提示することで、国民が公正利用制度の恵沢を享受し、著作権侵害を予防できるようにするために作られたものである」と、本ガイドラインの目的を明かしている。

また、「著作権法の目的である権利保護と一般公衆の公正な著作物利用との均衡を図るために、一定例外の場合に権利者の事前許諾がなくても著作物を自由に利用できる場合」を定めており、それを著作物の「自由利用」というが、「昨今は多くの国民がこれを『公正利用』と呼んでいるので、本ガイドラインでも、そのような流れを受容して『公正利用』とする」としている。

はしがきに続き、Ⅰ.国家機関等に関連する公正利用（4-22頁）、Ⅱ.教育目的等のための公正利用（23-39頁）、Ⅲ.言論・放送等に関連する著作物の利用と公正利用（40-56頁）、Ⅳ.公表された著作物の引用による公正利用（57-76頁）、Ⅴ.営利を目的としない公演・放送等（77-88頁）、Ⅵ.私的利用のための複製（89-101頁）、Ⅶ.図書館等での著作物の利用（102-123頁）、Ⅷ.視覚障害者のための著作

---

[29] 文化体育観光部公告「著作権相生協議体の『公正利用ガイドライン（案）』及び『技術的措置ガイドライン（案）』に関する意見照会（2010.11.23.）（http://www.mcst.go.kr/web/s_notice/notice/noticeView.jsp?pFlagJob=N&pSeq=5908 最終訪問日 2016.3.31.）。
[30] 文化体育観光部プレスリリース「著作物の公正利用ガイドラインを策定、著作権相生の第一歩」（2010.12.21.）（http://www.mcst.go.kr/web/s_notice/press/pressView.jsp?pSeq=11076 最終訪問日 2016.3.31.）。
[31] 文化体育観光部ニュース「著作物の公正利用関連ガイドライン、オンラインサービス開始」（2011.06.02.）（http://www.mcst.go.kr/web/s_notice/news/newsView.jsp?pSeq=1498 最終訪問日 2016.3.31.）。

物の利用（124-128 頁）、Ⅸ. 美術・写真・建築著作物の展示・複製等の利用（129-144 頁）、Ⅹ. コンピュータープログラム著作物の特性による利用（145-152 頁）、Ⅺ. その他の公正利用（153-186 頁）、Ⅻ. 事例例示（187-213 頁）と内容がつづく。

韓国における「公正利用」という用語は、著作権法上の例外規定を広く指すものであり、新設された35条の3（著作物の公正な利用）は、「その他の公正利用」、すなわち包括的な権利制限規定として、他の著作権の例外規定では対応できない事案を補完する役割をするといえる。

本ガイドラインは、比較的詳細な法解釈の指針ではあるが、法規的性格のものではない。法規定だけでは不明確で議論のある部分に関しては、大法院判例を中心とする判例の立場や通説を紹介している。しかし、本ガイドラインに法規的性格がない以上、裁判所の判断は拘束しないため、具体的事件において裁判所が本ガイドラインと異なる判断をする可能性があることを言及している。

3　権利制限の一般規定としての公正利用規定の新設（2011年）

韓国は、韓EU FTA履行のための著作権法改正[32]で、①著作権の保護期間延長（39条から42条、附則1条）、②著作隣接権者の権利推定規定の新設（64条の2）、③公共場所での放送事業者の公演権新設（85条の2）、④オンラインサービス提供者を単純導管・キャッシング、ホスティング・情報検索の4つの類型に分け、各類型の免責要件を規定（102条）、⑤没収対象の拡大（103条）、⑥技術的保護措置の保護強化（2条28号、104条の2）をした。

さらに、韓米FTA履行のための著作権法改正[33]で、①一時的複製の保護の明確化[34]（2条22号）、②排他的発行権制度の導入（57条から63条の2）、③著作隣接権保護期間の延長（64条、86条、附則1条）、④オンラインサービス提供者の免責規定の改正（102条1項）、⑤侵害者情報の提供請求（103条の3）、⑥権利管理情報の保護範囲の拡大（104条の3）、⑦暗号化された放送信号の保護（104条の4）、⑧偽造及び不法ラベルの流通禁止（104条の5）、⑨映像著作物の録画等の

---

[32]　「大韓民国と欧州連合及びその会員国の間の自由貿易協定」の履行のための著作権法一部改正法（法律第10807号 2011.6.30. 一部改正 2013.7.1. 施行）。

[33]　「韓国と米合衆国の間の自由貿易協定及び大韓民国と米合衆国の間の自由貿易協定に関する書簡交換」を履行するための著作権法一部改正法（法律第11110号 2011.12.2. 一部改正 2012.3.15./2013.8.1. 施行）。

[34]　ただし、著作物の利用過程における一時的複製を認めるが、著作権を侵害する場合は除外する（第35条の2）。

◇第Ⅰ部◇　権利の内容・制限と利用許諾

禁止（104条の6）、⑩法定損害賠償制度の導入（125条の2）、⑪証拠収集のための情報提供（129条の2）、⑫訴訟当事者に対する秘密維持命令（129条の3から129条の5）、⑬非親告罪の対象拡大（140条）など、大幅な改正を行った。本改正で新設されたのが⑭公正利用（35条の3）である。

第35条の3（著作物の公正な利用）
　①第23条から第35条の2まで、第101条の3から101条の5までの場合以外に、著作物の通常の利用方法と衝突せず、著作者の正当な利益を不当に害しない場合には、報道・批評・教育・研究等のために著作物を利用することができる。
　②著作物の利用行為が第1項に該当するかを判断する際には、次の各号の事項等を考慮しなければならない。
　1．営利性または非営利性など利用の目的及び性格
　2．著作物の種類及び用途
　3．利用された部分が著作物全体で占める比重とその重要性
　4．著作物の利用が当該著作物の現在の市場または価値や潜在的な市場または価値に及ぼす影響
　［本条新設 2011.12.2.］

　35条の3は韓米FTAを履行するための2011年12月の著作権法改正で新設されたが、公正利用の導入は韓米FTAの合意事項ではない。韓米FTAにより米国連邦著作権法の内容のうち権利保護を強化する内容を韓国著作権法に導入することになったため、著作物利用者の公正な著作物利用を保障する規定を導入しないと制度的均衡がとれないという懸念から、それまで何度も立法の試みはあったものの実現しなかった包括的公正利用規定をついに導入したものである。

　文化体育観光部は、本条新設の理由として、「著作物のデジタル化と流通環境の変化により、既存の著作権法上の限定列挙的な制限規定では、制限規定が必要な多様な状況下での著作物利用にすべて対応することに限界があった。そのため、既存の限定列挙されている著作権の制限事由以外にも、環境変化に対応して適用できる包括的な著作財産権の制限規定が必要である」ことを挙げている[35]。

---

[35]　文化体育観光部／韓国著作権委員会「韓米FTA履行のための改正著作権法説明資料」

なお、新設された35条の3公正利用と既存の制限規定（特に28条引用）との関係については、「公正利用規定は、その基準を満たす限り、既存の著作財産権の制限規定が存在する領域（例えば、教育目的の著作物の利用、図書館における複製など）にも重畳的に適用されうる。著作権法28条の引用規定に関連しては、直接的な重畳の余地があるが、引用に関する規定を著作物利用一般に無限大に拡大して適用するには限界があっただけに、相互補完的な意味があると思われる」としている(36)。

4　公正利用規定の改正（2016年）

さらに、2016年の著作権法改正（法律第14083号 2016.3.22. 一部改正 2016.9.23. 施行）で、公正利用（35条の3）規定が改正された。本改正は、①「音盤（レコード）」の定義に音をデジタル化したものを含むようにし、「販売用音盤」を「商業用音盤」に変更し（2条、21条）、②文化体育観光部長官が著作権信託管理業者に対して、使用料及び補償金を統合徴収するように要求できるようにし、著作権信託管理業者が正当な事由なく履行しない場合には課徴金を賦課できるようにした（106条、109条）。③韓国著作権保護院の設立根拠及び業務規定（122条の2から122条の5）、著作権保護審議委員会の構成（122条の6）を新設し、⑤不法複製物の削除命令等のための審議及び是正勧告の主体を韓国著作権保護院に変更（133条の2及び133条の3）した。

そして、⑥公正利用（35条の3）規定の文言から、「報道・批評・教育・研究等」の公正利用の目的を削除し、公正利用判断の際の考慮事項のうち、「営利または非営利性など」を削除した。改正理由として、「公正利用条項は多様な分野における著作物の利用行為を活性化することで文化及び関連産業を発展させる重要目的を遂行すべきところ、その目的及び考慮事項が制限的であるため、目的達成が難しい側面があったため、これを整備する必要がある」としている(37)。

そのため、2016年9月23日から施行される条文は、下記の通りになる（取消線筆者）。

　（2011.12.14.）8頁。
(36)　前掲注(35)11頁。
(37)　国家法令情報センターウェブサイト（http://www.law.go.kr/lsRvsRsnListP.do?lsiSeqs=181846）

◇第Ⅰ部◇　権利の内容・制限と利用許諾

> 第35条の3（著作物の公正な利用）
> ①第23条から第35条の2まで、第101条の3から101条の5までの場合以外に、著作物の通常の利用方法と衝突せず、著作者の正当な利益を不当に害しない場合には、報道・批評・教育・研究等のために著作物を利用することができる。〈改正 2016.3.22.〉
> ②著作物の利用行為が第1項に該当するかを判断する際には、次の各号の事項等を考慮しなければならない。〈改正 2016.3.22.〉
>   1. 営利性または非営利性など利用の目的及び性格
>   2. 著作物の種類及び用途
>   3. 利用された部分が著作物全体で占める比重とその重要性
>   4. 著作物の利用が当該著作物の現在の市場または価値や潜在的な市場または価値に及ぼす影響
> ［本条新設 2011.12.2.］

Ⅳ　公正利用規定導入4年後の裁判例

35条の3公正利用規定の導入で、インターネットにおける著作物利用等に関連して本規定が積極的に活用されると思われたが、35条の3を導入した2011年著作権法が施行（2012.3.15.）されてから4年が過ぎた2016年3月の時点で、本規定が主張された裁判例は多くない[38]。

---

[38]　大韓民国法院総合法律情報サイト（http://glaw.scourt.go.kr/）の判例検索にて「著作権法35条の3」を参照条文とする裁判例を検索すると、2016.3.31.現在の検索結果で4件検索される。後述する①リプリノール事件（1.）と②メガスタディⅠ事件（2.）を除く残りの2件（ソウル高等法院2012.4.4付2011ラ1456決定、清州地方法院2015.2.12宣告2014ゴ正232判決）は、公報不掲載である。すべての判決が本サイトに掲載されるものではないため、以下本稿では、別途入手した裁判例も紹介する。

なお、憲法裁判所の決定例も1件あるが、これは、公共著作物の自由利用のための真正立法不作為の違憲確認事件であり、35条の3が直接争われた事案ではない。本件（憲法裁判所指定裁判部2013憲マ775、2013.12.10.）で憲法裁判所は、「憲法は公共著作物の自由利用を保障する立法義務を明示的に規定しておらず、また、著作権法は第30条で私的複製を、第35条の3で著作物の公正利用を許容しているので、これを超えて、法に公共著作物の自由利用権を規定して請求人の基本権を保護する立法義務が生じるとはいえない」と判断した。ちなみに、本件で争われた公共著作物の自由利用に関して、2013年改正著作権法（法律第12137号 2013.12.30. 一部改正 2014.7.1. 施行）は、第24条の2（公共著作物の自由利用）を新設し、国家または地方自治体が業務上作成して公表した

◆ 第5章 ◆ 権利制限の一般規定の導入と運用［張　睿暎］

数少ないその裁判例[39]のうち、本稿では、2013年大法院判決のリプリノール医学論文事件（後述1）、2015年ソウル中央地方法院判決のメガスタディビデオ講義I事件（後述2）、2016年ソウル中央地方法院判決の統一トークコンサート動画事件（後述3）の3件を紹介する。

1　リプリノール医学論文事件（大法院2013.2.15.宣告2011ド5835判決）
(1) 事案の概要

2001年頃から訴外1外国法人からリプリノール（LYPRINOL：緑イ貝抽出オイル複合物）を輸入・販売していた訴外2会社は、2002年頃リプリノールの効能に関する広報資料として活用するために、国内大学病院の整形外科教授である訴外3ほか7人にリプリノールの関節炎症調節及び関節機能改善に関する臨床研究を依頼した。臨床研究を依頼された訴外3ほか7人は、関節炎患者54人に対する臨床研究の結果をまとめ、2002年5月ごろ、「膝関節及び股関節の退行性関節炎患者に対するニュージーランド産緑イ貝抽出オイル複合物（LYPRINOL）の有効性と安定性に関する考察」という題目の論文（本件論文）を「最新医学」45巻5号（2002年）に発表した。訴外1外国法人と訴外2会社は、国内代理店契約を締結する際に、訴外2会社が行う販促及び臨床研究に関する著作権は訴外2会社が保有するという趣旨で約定し、本件論文の著者らは論文の海外出版のために、その編集を訴外1外国法人が指定した第三者に委任した。

訴外2会社は2004年に本件論文を根拠資料として提出し、食品医薬品安全処から「訴外2会社リプリノール（緑イ貝抽出オイル複合物）」を健康機能食品の個別認定型機能性原料として認定を受けた。訴外4会社は、訴外2会社との契約を終了した訴外1外国法人から、2008年5月頃からリプリノールを輸入・販売することになったが、訴外4会社の代表取締役であった被告が、論文の著者

著作物や、契約により著作財産権の全部を保有している著作物は、許諾なく利用できる（例外あり）とした。

[39]　①リプリノール医学論文事件（大法院2013.2.15.宣告2011ド5835判決）、②ハンギョンドットコム事件（ソウル中央地方法院2014.2.11.宣告2013ナ36100判決）、③メガスタディビデオ講義I事件（ソウル中央地方法院2015.2.12.宣告2012ガ合541175判決）、④ミネルバ誹謗事件（ソウル中央地方法院2015.3.26.宣告2014ノ1916判決）、⑤メガスタディビデオ講義II事件（ソウル中央地方法院2015.8.21.宣告2014ガ合594029判決）、⑥家で簡単に作る伝統酒事件（ソウル中央地方法院2015.12.16.宣告2013ガ合93192判決）、⑦統一トークコンサート動画事件（ソウル中央地方法院2016.1.27.宣告2015ガ合513706判決）

◇第Ⅰ部◇　権利の内容・制限と利用許諾

らの許諾なく本件論文を全部複製し、行政機関である食品医薬品安全処から認定を受けるための資料として使用した。

それに対して本件論文の著者らが著作権侵害として訴えたのが本件である。争点は、1)著者らが訴外2会社へ論文の著作権を譲渡したか、2)旧著作権法下で公正利用が認められるか、3)公表された著作物の引用の要件、4)私的複製に企業の業務上の利用が含まれるかである。

(2) 大法院の判断

大法院は、本件論文の作成の経緯、訴外1外国法人と訴外2会社との代理店契約の内容を総合的に考慮して、論文の著者らが本件論文の著作権を訴外1外国法人に譲渡または包括的利用許諾をしたとはいえず、本件論文に関する著作権は著者ら（訴外3ほか7人）が有すると判断した。

訴外4会社の代表取締役であった被告の公正利用の主張に対しては、「著作物の公正利用は、著作権者の利益と公共の利益という対立する利害の調整の上で成立するものであるため、公正利用が成立するためには、その要件が明確に規定されていることが必要であるところ、旧著作権法（2009.3.25.に法律第9529号で改正される前のもの）は、これに関する明示的規定を設けず（「著作物の公正な利用」に関する規定は2011.12.2.法律第11110号で新設された）、第23条以下で著作財産権の制限事由を個別的に羅列しているだけであるため、旧著作権法下で広く公正利用の法理が認められると見ることはできない」として一般規定としての公正利用の主張を退けた。

ただし裁判所は、被告が28条（引用）の主張はしていないものの、被告の主張には旧著作権法28条に該当するという主張も含まれているとして、本件利用が引用に該当するかを判断している。

大法院は、「第28条は『公表された著作物は報道・批評・教育・研究等のためには正当な範囲内で公正な慣行に合致するようにこれを引用できる』と規定している。この規定に該当するためには、引用の目的が報道・批評・教育・研究に限定されると見るべきではないが、引用の『正当な範囲』は引用著作物の表現形式上、被引用著作物が、補足・敷衍・例証・参考資料として利用され、引用著作物に対して附従的関係であると認められ、さらには『公正な慣行に合致するように』引用されたかは、引用の目的、著作物の性質、引用された内容と分量、被引用著作物を収録した方法と形態、読者の一般的な観念、原著作物

◆第5章◆ 権利制限の一般規定の導入と運用［張　睿暎］

に対する需要を代替するかを総合的に考慮して判断しなければならない。これを本件においてみると、被告の行為は、本件論文全体を複製して申請書に添付したものであって、第28条所定の『引用』に該当するとはいえない」とした。

さらに、「仮に被告の行為を引用であるとしても、①被告が本件論文を使用して食品医薬品安全処から認定を受ける場合、それを利用して製造した製品の販売から相当な利益が予想されること、②被告が機能性原料の認定申請のための根拠書類として本件論文全体を複製したことは、本件論文が作成された本来の目的と同一であり、本件複製は原著作物を単純に代替したことにすぎないこと、③本件論文が臨床研究の結果を記述した事実的著作物ではあるが、本件論文の一部ではなく全体がそのまま複製されて利用されたこと、④本件論文の複製により、社団法人韓国複写伝送権協会のように、複製権または伝送権を管理する団体が複製許諾を通じて得られうる収入に否定的な影響を及ぼすことなどに照らしてみると、学術情報データベース提供業者から少額で容易に論文の複製物を入手できる被告が、論文全体を複製して食品医薬品安全処に提出した行為は、28条所定の公表された著作物の引用に該当するとはいえない」と判断した。

その他、被告は30条の私的複製も主張したが、裁判所は、「企業内部で業務上利用するために著作物を複製する行為は、これを『個人的に利用』するか『家庭及びこれに準ずる限定的範囲内で利用』することとはいえないため、30条の『私的利用のための複製』に該当しない」と判断した。

(3) **評　価**

本判決は、2011年著作権法改正前の事案であるため、35条の3（公正利用）は適用されないが、被告が公正利用の抗弁をしたため、公正利用に関する規定がない旧法下では公正利用の抗弁が認められないことを裁判所が確認したものである。

また、被告が引用の抗弁はしていないものの、被告の公正利用の抗弁には、旧著作権法28条（引用）に該当するという主張も含まれているとして、引用該当性を判断している。引用の正当な範囲に関して大法院は、主従関係を明示した上で、正当な範囲内で公正な慣行に合致するように引用したか否かは、諸要素の「総合的考慮」により判断すべきであると判断した。前述検索サービスサムネイル画像事件では言及されなかった「主従関係」がまた要求され、その上で諸事情を総合考慮することを求めているところに特徴がある。

◇第Ⅰ部◇　権利の内容・制限と利用許諾

著作権の制限・例外規定の性質に対しては、従来から限定列挙説が通説であるところ、本判決により、限定的に列挙されている各制限規定は厳格に解釈されるべきであり、28条の「公表された著作物の引用」には、主従関係を前提としたいわゆる「挿入型引用」のみが該当すると限定された。「引用」を超えての利用までも含むと広く解釈されてきた引用規定の適用範囲を狭めることで、判決言渡し時に既に施行されていた35条の3とのすみ分けを図ったものであると評価できる。

　大法院のこのような態度によると、今後主従関係が認められない事案や引用する側の著作物が存在しないといえる事案、すなわち前述した検索サービスサムネイル画像事件やソンダンビ事件のような事案は、引用規定ではなく、公正利用規定を適用することになる。学説もおおむね本判決における大法院の判断を肯定的に評価しているようである[40]。

2　メガスタディビデオ講義Ⅰ事件（ソウル中央地方法院2015.2.12.宣告2012ガ合541175判決）

(1) 事案の概要

　原告はオンライン教育事業を営む会社で、原告ホームページの利用者らに大学入試・内申関連のビデオ講義サービスを提供している。被告は教科書や評価問題集など教育関連書籍を出版する会社である。被告は被告が出版する教材の著者らから、教材に対する出版権及び二次的著作物作成権の譲渡を受け、2011年に原告との間で被告教材を原告のビデオ講義サービスに利用することに関する本件出版物利用契約を締結した。本件契約の締結後、原告は被告教材を利用して、2011年2月から同年11月まで、本件ビデオ講義を製作し、原告ホームページ上で受講生らに有料で提供した。本件契約の期間満了により原告と被告は再契約に関する協議を行ったが、利用料に関する合意に至らず、結局2012年5月に再契約協議は決裂したが、原告はその後も継続して本件ビデオ講義を原告ホームページで提供した。

　原告は、①本件ビデオ講義に被告教材が利用されたとしても、本件ビデオ講義は当該講師の独創的教授法により進行されるもので、被告教材とは実質的に

---

[40]　パク・ソンホ『著作権法』（博英社、2014年）612頁；同・前掲注(15)148-149頁；イ・ヘワン・前掲注(15)605,624,714頁；オ・スンジョン『著作権法（第3版）』（博英社、2013年）744頁；イム・ウォンソン『実務者のための著作権法（第3版）』（著作権審議調停委員会、2013年）249-250頁など。

類似しない独自的著作物であること、②仮にそうでないとしても、原告が被告教材を本件ビデオ講義に利用したことは、著作権法第28条に定める「公表された著作物を教育のために正当な範囲内で公正な慣行に合致するように引用する行為」、または同法第35条の3に定める「著作物の通常の利用方法と衝突せず、著作者の正当な利益を不当に害しない場合」に該当するので、被告教材の著作権を侵害するものではないことを理由に、著作権侵害を原因とする原告の被告に対する損害賠償債務が存在しないことの確認を求めた。

(2) ソウル中央地方法院の判断

裁判所は、本件ビデオ講義の内容は、被告教材の二次的著作物であると判断した上で、本件ビデオ講義が28条（引用）に該当するかに関しては、「第28条は非営利目的にのみ認められるものではないが、営利的な教育目的のための利用は、非営利目的の場合に比べて自由利用が許容される範囲が狭くなる（前述大学入試用問題集事件大法院1997.11.25. 宣告97ド2227判決等を参照）。本件ビデオ講義は、高等学校国語教育のためのものではあるが、原告はオンライン講義を主たる営業とする会社で、本件ビデオ講義の受講生らから加入費や受講料を受けて有料で提供しており、その利用の根本的な性格は商業的・営利的であるとすべきである」。これら事情に照らしてみると、「原告が本件ビデオ講義を受講生等に有料で提供した行為が28条の引用に該当するとはいえない」とした。

公正利用該当性に関しては、「著作権法第35条の3は、著作物の通常の利用方法と衝突せず、著作者の正当な利益を不当に害しない場合には、報道・批評・教育・研究等のために著作物を利用でき、これに該当するかを判断する際には、①営利性または非営利性など利用の目的及び性格、②著作物の種類及び用途、③利用された部分が著作物全体で占める比重とその重要性、④著作物の利用が当該著作物の現在または潜在的な市場や価値に及ぼす影響を考慮しなければならないと規定している（本規定は著作権法が2011.12.2. に法律第11110号で改正されて新設された）。本件の場合、①本件ビデオ講義提供の目的及び営利性、②本件ビデオ講義と被告教材の種類及び用途、③本件ビデオ講義で被告教材が引用された部分の比重とその重要性、④本件ビデオ講義の提供による被告教材の潜在的な市場価値の毀損可能性等に照らしてみると、原告が本件ビデオ講義を受講生らに有料で提供した行為が、著作物の通常の利用方法と衝突せず、著作者の正当な利益を不当に害しない場合として35条の3に定める公正な利用に

◇第Ⅰ部◇　権利の内容・制限と利用許諾

該当するとはいえない」と判断した。

(3) 評　価

　本事案において原告は、28条（引用）と35条の3（公正利用）をともに主張しており、裁判所は、まず個別の制限規定である28条の該当性を判断した上で、一般規定である35条の3該当性を判断している。個別制限規定と包括的公正利用規定の関係に対して、立法者は、既存の個別制限規定と35条の3公正利用規定は重畳して適用されうるとしているが、韓国裁判所は、35条の3は引用等の個別制限規定を補完する役割をするとみて、まずは引用該当性を判断してから公正利用の該当性を検討していることがわかる。公正利用該当性の判断部分おいては、前述検索サービスサムネイル画像事件など既存の引用規定の柔軟解釈で見られるような判断基準、すなわちフェアユース的要素を考慮して判断している。

3　統一トークコンサート動画事件（ソウル中央地方法院2016.1.27. 宣告2015ガ合513706判決）

(1) 事案の概要

　インターネットでウェブキャスティング（web casting）放送事業を営んでいる原告は、本件映像物を撮影して自己のインターネットウェブサイト及びユーチューブ（youtube）にアップロードして一般に提供していた。業として放送事業を営む被告放送局ら（MBC、YTNなど）はニュースや時事番組などの報道番組に本件映像物を原告の許諾なくそのままままたは編集して利用した。利用の際には、原告のロゴ表示部分を削除した上で、158秒分量の原告映像物1のうち約128秒及び約33秒を2回にわたって、304秒分量の原告映像物2のうち約113秒及び54秒ほどを2回にわたって利用した。被告らのこのような利用様態が、著作権法上の適法引用または公正利用に該当するかが争われた事案である。

(2) ソウル中央地方法院の判断

　裁判所は、まず28条（引用）の該当性について、被告らが報道または批評のために引用した点、被引用著作物が附従性を持っている点、被引用著作物の出所を表示した点、引用した程度が原著作物に対する市場需要を代替できるほど

◆ 第5章 ◆ 権利制限の一般規定の導入と運用［張　睿暎］

ではない点に関しては、28条の要件を満たす適法引用であると認めた。しかし、被引用著作物に表示されていた原告のロゴ表示部分を意図的に削除する方法で出所を表示しなかった点に対しては、不適切な引用であると判断した。

　また、158秒分量の原告映像物を2回にわたって約128秒及び33秒ほど引用して原著作物の過度に多い分量を引用したことや、304秒分量の原告映像物を2回にわたって約113秒及び54秒ほど引用して過度に多い分量を引用したことは、正当な範囲を超える過多引用であると判断した。

　次に、35条の3（公正利用）の該当性については、「侵害映像物は基本的に報道や批評のために制作されたものであるが、被告らは侵害映像物において広告料を受け取り、また他の放送局に有料で販売できるようになるため、当該利用は営利的・商業的利用としての性格を有する。原告著作物の引用は映像媒体に固定する方法で行われ、不特定多数人に提供されることから著しく大きい継続性と波及力を有する。侵害映像物のうち過多引用された部分は、その引用の程度が正当な範囲を超えて多すぎる。侵害映像物のうち被告らが被引用著作物に表示されているロゴ表示部分を意図的に削除する方法でその出所を表示しなかった部分は不適切に引用されたものである」とし、不適切で過多な引用であると判断した部分は、著作物の公正利用に該当しないと判断した。

(3) 評　価

　本事案においても裁判所は、前述2事案と同様に、まず個別の制限規定である28条の該当性を判断した上で、一般規定である35条の3の該当性を判断している。個別制限規定と包括的公正利用規定の関係に対しては、重畳適用するのではなく、35条の3は引用等の個別制限規定を補完する役割をするとみているが、引用該当性と公正利用該当性の判断基準に共通性がみられる。

　このように、前述1リプリノール事件（大法院2013.2.15.宣告2011ド5835判決）以降の下級審判決[41]は、引用規定に基づく抗弁を判断してから公正利用規定の抗弁を判断することにより、公正利用規定は、引用規定等の既存の個別制限規定の補充的規定であることを明らかにしている。下級審の実務では、一度引用規定の抗弁が排斥されると、次の公正利用規定の抗弁も引用規定抗弁の排

---

[41] 前述2メガスタディビデオ講義I事件、前述3統一トークコンサート動画事件、その他前掲注(39)の裁判例を参照。

◇第Ⅰ部◇　権利の内容・制限と利用許諾

斥事由とほぼ同様の理由で退けられている。そのため、引用と公正利用のすみわけの範囲を明確に提示した事例はまだ見られない。

　35条の3（公正利用）は、「第23条から第35条の2まで、第101条の3から101条の5までの場合以外に…利用することができる」と規定しているので、公正利用規定の適用を判断する際に、まず既存の個別制限規定の適用可能性を検討し、適用できないときだけに公正利用規定を適用（補充的適用）できるという意見もあれば、公正利用規定は包括的一般条項なので、個別規定と重ねて適用（重畳的適用）できるという意見もありうる。

　文化体育観光部・韓国著作権委員会は「公正利用規定は、その基準を満たす限り、既存の著作財産権の制限規定が存在する領域にも重畳的に適用されうる」としている[42]が、学説[43]や裁判例では補充的に適用すべきであるとしている。

　2016年改正により公正利用の目的要件を削除することで、公正利用（35条の3）の適用範囲を広めたことも踏まえ、既存の個別制限規定との関係を明確にするための議論が今後も必要であろう。

V　権利制限の一般規定の導入と運用──韓国の経験からの示唆

1　導入に関して

　韓国と日本は、類似した法制の中、急変する社会に対応するために引用規定の活用やフェアユース（包括的公正利用条項/権利制限の一般規定）をめぐる賛否両論も概ね類似しているようである。しかし、権利制限の一般規定の立法の動きには違いがある。韓国では、公正利用の導入までに、議員発案が3回、政府提出案が1回、合わせて4回の立法への試みがあった。このような一連の動きは公正利用規定の必要性への周知につながったと思われる。日本においても、フェアユースもしくは権利制限の一般規定の必要性は唱えられてきたものの、権利者団体の反対により審議会の段階で見送られ、立法にまではこぎつけられなかった。

　韓国では議員発案の法案が多く、それは時にしてポピュリズムに基づき重複する内容の法案が複数提出されたり、立法技術的に洗練されず既存法制と整合

---

(42) 前掲注(35)11頁。
(43) パク・ソンホ・前掲注(15)135頁；イ・ヘワン・前掲注(15)714頁；チョン・ジングン「著作権の公正使用原則の導入による問題と改善策」季刊著作権（韓国著作権委員会、2013.6.）60-61頁など。

◆ 第5章 ◆ 権利制限の一般規定の導入と運用［張　睿暎］

しない内容だったりするが、著作権分野においては、立法へ影響を及ぼす機会の少ない著作物利用者の意見を反映する手段としての意味合いもあると思われる。韓国における議員立法の成立率は高く(44)、それに対して日本においては、議員立法の数がそもそも少なく、内閣提出（閣法）が可決される割合が極めて高い(45)。法案は内閣法制局の厳格な審査を経ることになり、その意味では保守的な内容になりうるという立法環境であるかもしれない。

　このような状況の中、TPP 履行のための法改正は、フェアユースまたは権利制限の一般規定を日本に導入する絶好の契機になるかもしれない。前述した通りに韓国は、韓米 FTA 履行のために著作権保護を大幅に強化する内容で法改正をする際に、公正な著作物利用を担保するために 35 条の 3（公正利用）を導入した。それまでに、同様の規定ぶりで 4 回にわたって立法を試みたにもかかわらず導入することができなかった公正利用規定が、韓米 FTA という外部要因による権利強化に対する緩衝材として再評価され、立法に至ったのである。

　日本も TPP 合意内容を反映するために、著作権を強化する内容の法改正を予定しているなか、フェアユースをめぐる議論の前提も変わりつつある。現在政府・自民党内でフェアユースに関する検討が行われていると報じられている(46)が、導入可否に対する意見は分かれている。インターネット業界はフェアユース導入を求めているが、多くの権利者団体はフェアユースのような「柔軟な仕組み」に対して懸念を示している。ただ、著作権者側が全てフェアユースに反対しているわけではなく、個人のクリエイターらはフェアユース導入に概ね賛成という調査結果(47)もある。

　新たな時代に符合するようにそもそも著作権制度を改革しなければならないという意見(48)は以前から提起されてきた。著作権制度の将来に対する様々な意

---

(44) 韓国では第 16 代国会（2000.5.30.～2004.5.29.）以降、議員発議（議員立法）の発議数及び可決数が急増している。ただ、このような議員立法は規制を新設・強化する傾向が強いという。チェ・ビョンイル＝キム・ヒョンジョン「規制関連議員立法改善代案模索」韓国経済研究院 KERI Brief 13-36 号（2013）13 頁。

(45) 成立件数に関しては、内閣法制局ホームページ→最近における法律案の提出・成立数（http://www.clb.go.jp/contents/all.html 最終訪問日 2016.3.31.）を参照。

(46) 「政府検討　著作物無承諾利用、『公正』判断難しく」（毎日新聞 2016.2.29. 付記事）

(47) 田中辰雄「フェアユースの是非——クリエイターの意見」（本書第 13 章）が、1091 人のクリエイターを対象にフェアユースの導入に対する意見を調査した結果によると、「賛成」及び「どちらかといえば賛成」が 67％であった。

(48) 今までの著作権法制度を抜本的に変えるべきという「著作権法リフォーム」に関する

◇第Ⅰ部◇　権利の内容・制限と利用許諾

見がある中、当面の課題としての著作物の利用円滑化のための方法は一つではなく、様々な制度や手段を自国の状況に適するように組み合わせる必要があると思われる[49]。権利制限の一般規定の導入、個別制限規定の追加、拡大集中許諾制度の導入、許諾権の補償金請求権化などの立法的対応から、デジタル著作権取引所[50]の構築などの技術的・ビジネス的対応まで、様々な選択肢からどれを選んで組み合わせるかは、各国の政策判断によるものであり、隣国の事例をそのまま取り入れるべきではない。ただ、TPPにより著作権めぐる法環境が大きく変化すると、公正な著作物利用を担保するための有力な手段のひとつとして、日本においても権利制限の一般規定が考慮される方向に向かうと思われる。

　抽象性が高い権利制限の一般規定は、「ルール」と「スタンダード」という観点からは、立法コストは低いが執行コストは高いスタンダードになり[51]、適用頻度が低い場合に優位を持つ。しかし、スタンダードとしての権利制限の一般規定が望ましい[52]としても、米国のFair useだけが唯一の選択肢ではない。韓国が権利制限の一般規定として導入した包括的公正利用は、スリーステップテ

　　　議論として、パメラ・サミュエルソン「著作権の原則プロジェクト：リフォームの方向性」『コンテンツにかかる知的創造サイクルの好循環に資する法的環境整備に関する調査研究──コンテンツをめぐる法的環境のこの10年とこれから──報告書』（デジタルコンテンツ協会、2011年）；田村善之「日本の著作権法のリフォーム論：デジタル化時代・インターネット時代の『構造的課題』の克服に向けて」知的財産法政策学研究44号（2014年）25-140頁などを参照。

(49)　個別制限規定を立法して対応していく方法と、著作権制限の一般規定を導入することは択一の関係ではなく、並行できるものでる。実際に韓国も、2011.12.2.著作権法改正で35条の3（公正利用）を新設した以降も、2013.7.16.改正で33条の2（聴覚障害人等のための複製）を新設し、2013.12.30.改正で24条の2（公共著作物の自由利用）を新設するなど、個別制限規定を追加している。

(50)　拙稿「デジタルコンテンツの流通促進に向けた制度設計──英国・韓国のデジタル著作権取引所（DCE）構想からの示唆」著作権研究42号（2015年）116-159頁を参照

(51)　島並良「権利制限の立法形式」著作権研究35号（2008年）485頁は、個別規定とはルールであり、一般規定とはスタンダードであるとしている。島並良「著作権法におけるルールとスタンダード・再論──フェアユース規定の導入に向けて」（本書第17章）も参照。

(52)　前田健「著作権法の設計──円滑な取引秩序形成の視点から」（本書第2章）は、現在の日本の著作権の権利制限規定はルールに偏りすぎており、よりスタンダード性を増すことが望まれるように思われるとしている。

◆第5章◆権利制限の一般規定の導入と運用［張　睿暎］

スト（35条の3第1項）と米国のFair Use（35条の3第2項）を合体させた形の規定ぶりになっている。

　日本における権利制限の一般規定は、現行規定との関係や国内の法環境を考慮して決めなければならない。現行の個別の権利制限規定だけでは救えない事例が生じることが問題であるとすれば、個別の制限規定と合わせて、「受け皿」的に権利制限の一般規定を設ける[53]ことが考えられる。多くの場合は個別規定の適用で解決でき、一般規定を適用すべき事案は数としては多くないとすれば、立法コストや執行コストの側面からも、スタンダードとしての権利制限の一般規定を設けることが妥当であろう。そしてその一般規定の文言は、著作権法の個別の権利制限規定との関係や法体系との整合性を考慮して決めることになる。

2　グレーゾーンを減らすための「ガイドライン」の活用

　権利制限の一般規定を新設するとしても、その具体的な運用に関しては事例の蓄積が求められる。35条の3（公正利用）を新設した2011年改正著作権法が韓国で施行（2012.3.15.）されてから4年が経つが、35条の3の適用が争われた事案はまだ多くない。導入当初は、当規定が裁判で積極的に活用されると期待されたが、蓋を開けてみるとそうでもなかったわけである。

　その理由はいろいろ考えられるが、公正利用規定が主張されうる侵害のグレーゾーンにおいて、①利用者の著作権侵害行為がそもそも減った可能性、②権利者の侵害訴訟が減った可能性、そして、③裁判実務において、今まで通りに引用等既存の個別制限規定で解決しており、新設された35条の3は優先的に考慮されていない可能性などが考えられる[54]。

　著作権侵害であるか否かが不明なグレーゾーンの事案で公正利用規定が使われるとすれば、そのようなグレーゾーンの事案に対して、権利者も著作物利用者も参考にできるように侵害判断の基準や指針を予め提示しておけば、安易な侵害行為や無駄な訴訟は減るはずである。①利用者の著作権侵害行為がそもそ

[53]　上野達弘「権利制限の一般規定──受け皿規定の意義と課題」（本書第3章）では、個別規定と一般規定は対立する概念ではないことを前提に、個別規定のカタログの末尾に一定の考慮要素を明示した一般規定を設けることを提案しており、日本法に適合した権利制限の一般規定を検討している。

[54]　いずれも、実証データがないため、あくまでも可能性として述べていく。今後、権利制限の一般規定導入後の具体的な運用に関する実証研究も期待されるところである。

◇第Ⅰ部◇　権利の内容・制限と利用許諾

も減った可能性や、②権利者の侵害訴訟が増えなかった可能性[55]に関しては、前述した著作権相生協議体の「公正利用ガイドライン」が一定の役割をしたと推測することもできる。

「公正利用ガイドライン」は、既存の個別制限規定の判断基準や裁判例等を詳細に説明しており、その他の公正利用（35条の3）に関しても、判断の4要素や米国の裁判例などを用いて、公正利用になりうる場合とならない場合を詳細に述べている。さらには、30頁以上に渡って具体的な著作物利用の場面における侵害の可能性を、Q&A形式で説明している。35条の3新設のための立法に先立って策定されたこの「公正利用ガイドライン」が普及・周知されたことにより、著作物利用者は制限規定に当てはまらないような、侵害になりうる形で著作物を無断利用しないように注意し、その結果、著作権侵害が減ったとも考えられる。また、著作権者も、公正利用になりうるような利用行為に対してはあえて侵害を主張せず、その結果、無駄な侵害訴訟が減ったとも考えられる。公正利用になるかならないかは、結局は裁判所が最終的に判断するものではあるが、判断までに時間や費用がかかることを考えると、このようなガイドラインを策定して普及させることにより、予め紛争を減らすことの意義は大きい。

ただ、ガイドラインそのものは法規的性格を有せず、裁判所の判断を拘束するものではないため、ガイドラインの内容に異議を唱える利害関係者も現れうる。そのため、今後ガイドラインの実効性が問われる可能性がある。裁判所が「公正利用ガイドライン」の内容に拘束されないとしても、その内容を尊重することで、予測可能性や法的安定性を確保することができると思われる。そして裁判例の蓄積とともに、利害関係者らの協議によるガイドラインの持続的なアップデートが必要である。そうすることで、ガイドラインが著作権紛争における一種のソフトローとして機能することが期待される。

3　一般規定を導入した場合の運用 ── 既存の個別制限規定とのすみ分け

権利制限の一般規定を導入した場合、限定列挙されている既存の個別制限規

---

[55] なお、韓国においては、著作権者が著作権侵害者（利用者）を刑事告訴し、告訴の取下げと引き換えに「合意金」を受け取ることで損害を填補することが広く行われており、侵害訴訟にまで発展しないケースも多いのが、他の原因があるかもしれない。韓国における「合意金商売」問題に関しては、拙稿「デジタルネットワーク社会における著作物の保護と利用・流通 ── 第7回日韓著作権フォーラムを終えて」コピライト659号（2016年）28頁を参照されたい。

◆ 第5章 ◆ 権利制限の一般規定の導入と運用［張　睿暎］

定との関係で、一般規定の運用も問題となる。議論は大きく2つに分けられるが、まず(1)今まで実質的に公正利用として機能してきた28条（引用）と新設35条の3（公正利用）をどのようにすみ分けるか、そして(2)個別の制限規定全体（23条-35条の2）と一般規定としての公正利用（35条の3）の関係をどのように見るかである。

(1)まず、28条（引用）と35条の3（公正利用）をどのように運用していくかに関しては、前述の検索サービスサムネイル画像事件（大法院2006.2.9.宣告2005ド7793判決）やソンダンビ事件（ソウル高等法院2010.10.13.宣告2010ナ35260判決）などは、35条の3導入後であれば、引用として理論構成するまでもなく、公正利用であるか否かを判断することになる。もちろん公正利用規定が導入されたからといって、既存の判例を変更する必要はない。

28条（引用）と35条の3（公正利用）のすみ分けに関しては、いくつかの基準が考えられる。その文言から、28条は「公表された著作物」のみが対象とされるが、35条の3は「公表された著作物」に限定されないので、未公表の著作物であっても公正利用判断の4要素で判断して公正利用になる可能性がある。また28条は「引用」に適用されるが、35条の3は「利用」に適用されるので、複製・公演・公衆送信・展示・頒布・貸与・二次的著作物の作成などすべての範囲の著作物利用を対象とする。

「引用」と「利用」とは、その範囲の解釈に違いがあったにもかかわらず、裁判所が28条を広く適用してきたのは、立法の欠缺を埋めるためであった。35条の3（公正利用）の新設により、更に2016年改正で公正利用の目的要件を削除することにより、幅広い著作物の利用に対応できるようになったので、今後は28条の適用範囲を解釈上狭めてもいいとも思われる[56]。

(2)個別制限規定全体と一般規定としての公正利用（35条の3）の関係については、意見の違いが見られる。35条の3（公正利用）は、「第23条から第35条の2まで、第101条の3から101条の5までの場合以外に…利用することができる」と規定しているため、公正利用規定の適用を判断する際に、まず既存の個別制限規定の適用可能性を検討し、検討できないときにのみ公正利用規定を補充的に適用するという意見と、公正利用規定は包括的一般条項であるため個

---

[56] 更には、現行28条（引用）の文言「報道、批評、教育又は研究等」から「等」を削除することで、引用の目的を立法的に狭めるべきという意見もある。イ・ギュホ「公正利用法理導入の必要性と課題に対する研究」情報法学13巻3号（2009年）127頁。

◇第Ⅰ部◇　権利の内容・制限と利用許諾

別規定と重ねて重畳的適用できるという意見である。学説や下級審判決は前者、立法者は後者であると思われるが、まだ深い議論はされていない状況である。

　基本的には既存の個別制限規定での対応を図りつつ、個別制限規定の適用が難しい場合には公正利用（35条の3）で補完的に判断することで、隙間を埋めることが望ましいと思われる。既存の個別制限規定では対応が難しいとされてきたクラウドサービス、二次創作やパロディに関しても、今後は公正利用規定での対応が期待され、これから判例が蓄積されることが望まれる。

　文化的にも地理的にも隣接しており、同様の法体系で先に公正利用（著作権制限の一般規定）を導入し、既存の個別制限規定との併存を模索している韓国の経験は、今後日本における議論にも大いに参考になると思われる。

第6章 イギリスにおける公益の抗弁について
── 権利制限の一般規定を目指す我が国に与える示唆──

渕　麻依子

I　はじめに

1　本稿の問題意識

　学界だけでなく世論をも大きく巻き込んだ日本版フェア・ユースの導入は、実現することなく、個別の権利制限規定の追加というかたちで幕を閉じた。著作物を利用する者の予見可能性を確保するためには、利用のための条件や態様が明確である個別の権利制限規定がのぞましいが、一方で、情報の対象や利用方法が多様化する今日において、事前に詳細な権利制限のリストを作ることには多くの困難をともなう。このような事情をかんがみて、状況の変化に柔軟に対応できるしなやかな権利制限規定が求められている[1]。

　そこで、本稿では、権利制限の一般規定の導入するにあたり、その態様にはどのようなものがありうるのか、他の国の事情を参照するという目的のもとに、イギリス著作権法における公益の抗弁の規定を取り上げる。

　権利制限の一般規定を考えるとき、私たちがまず想起するのはアメリカの著作権法におけるフェア・ユースであろう[2]。アメリカのフェア・ユースの問題

---

(1) こうした観点からの権利制限の一般規定に関するあり方については、この論文集における他の論文において詳細な議論がなされる。
(2) アメリカ著作権法におけるフェア・ユースは次のような規定である（訳は公益社団法人著作権情報センター外国著作権法アメリカ編〔山本隆司訳〕（http://www.cric.or.jp/db/world/america.html）による）。
　第107条
　　第106条および第106A条の規定にかかわらず、批評、解説、ニュース報道、教授（教室における使用のために複数のコピーを作成する行為を含む）、研究または調査等を目的とする著作権のある著作物のフェア・ユース（コピーまたはレコードへの複製その他第106条に定める手段による使用を含む）は、著作権の侵害とならない。著作物の使用がフェア・ユースとなるか否かを判断する場合に考慮すべき要素は、以下のものを含む。
　　(1) 使用の目的および性質（使用が商業性を有するかまたは非営利的教育目的かを含

◇第Ⅰ部◇　権利の内容・制限と利用許諾

について扱う論考は多く、実際、平成24年著作権法改正の際にもアメリカの議論や判例の状況はおおいに参照された。そして、アメリカのフェア・ユースの次に我々が思い浮かべる可能性があるのは、イギリス著作権法のフェア・ディーリングの規定ではなかろうか。ところが、フェア・ディーリングの規定は、必ずしも権利制限の「一般」規定とは言えず、むしろ、イギリスの中で詳細な態様等を問わず権利制限を「一般的に」規定するものを挙げるとすれば、むしろ公益の抗弁（public interest defence）であるのかもしれない。

本稿においては、イギリス著作権法における公益の抗弁がどのような実態を持つものであるかを整理し、その意義と限界についてどのように議論されているかを紹介する[3][4]。そして、イギリスにおける公益の抗弁の議論から、我が国における権利制限一般規定の導入について何らかの示唆が得ることができるかを検討することをねらいとする。

2　本稿の構成

本稿では、Ⅱにおいてイギリスにおける権利制限規定の全体像を把握するとともに、Ⅲでは公益の抗弁の位置付けを整理する。Ⅳでは、著作権法において公益の抗弁が定着するに至るきっかけとなった裁判例について紹介する。続いて、ⅤにおいてはⅣで掲げた裁判例が出された後に、イギリスでは公益の抗弁

　　　　 む）。
　　(2) 著作権のある著作物の性質。
　　(3) 著作権のある著作物全体との関連における使用された部分の量および実質性。
　　(4) 著作権のある著作物の潜在的市場または価値に対する使用の影響。
　　上記のすべての要素を考慮してフェア・ユースが認定された場合、著作物が未発行であるという事実自体は、かかる認定を妨げない。
(3) 関連する先行研究として、横山久芳「英米法における権利制限」著作権研究35号（2008年）11頁や Jonathan Griffiths／Uma Suthersanen（司会：今村哲也）「英国における権利の制限および例外規定の動向」高林龍編『著作権侵害をめぐる喫緊の検討課題Ⅱ』（成文堂、2012年）1頁。また、イギリス法における公正の概念について、ジョナサン・グリフィス（今村哲也訳）「英国著作権法における公正利用——その原則と問題」別冊NBL『I.P. Annual Report 知財年報 2006 特集：知的財産保護の拡がりとその交錯』（商事法務、2006年）271頁などがある。
(4) イギリスにおける著作権の権利制限について総合的に論じるものとして、ROBERT BURREL & ALLISON COLEMAN, COPYRIGHT EXCEPTIONS : THE DIGITAL IMPACT (2005) がある。また、公益の抗弁について詳細に論じた近時の論考として、Jonathan Griffiths, Pre-empting Conflict — a re-examination of the public interest defence in UK Copyright Law, Legal Studies Vol. 34 No. 1, pp. 76-102 がある。

288

をめぐる判例の発展を整理する。またⅥでは、本稿のむすびに代わるものとして、公益の抗弁から我が国に対して得られる示唆について検討を行うものとする。

Ⅱ　イギリス著作権法における権利制限規定の構造

イギリスにおける現行著作権法は、1988 年に制定され 1989 年に施行された Copyright, Design and Patents Act 1988（以下 CDPA と呼ぶ）である。CDPA は権利制限規定を持ち、それは以下のような構造になっている[5]。

CDPA の権利制限規定は、第 3 章第 1 部に中心的に配置される[6]。この章は「著作権のある著作物に関して許される行為」（Acts Permitted in relation to Copyright Works）と題されている。ここに挙げられる規定は、個別に具体的限定的に列挙された権利制限規定となっており、こうした一連の権利制限規定の冒頭に置かれるのが、フェア・ディーリングの規定である[7]。フェア・ディーリングには、非商業目的の私的な研究・学習のための利用（29 条 1 項および 1(c)

---

[5] CDPA における権利制限規定について、イギリスの知的財産法制度についての代表的な概説書である Lionel Bently & Brad Sherman, Intellectual Property Law, 221 (4th ed. 2014); William Cornish, David Llewelyn and Tanya Aplin, Intellectual Property: Patents, Copyrights, Trademarks & Allied Rights 490 (8th ed. 2013) も参照した。

[6] CDPA が定める権利制限規定は、著作権者が持つ権利とその他の権利や自由、利益とのバランスを図ることを目的とするものである。CDPA において、著作権に対する権利制限規定は本文で示した通り、第 3 章第 1 部（総則である 28 条に始まり 76 条の A までの間。詳細は後に示す）に、また、著作者人格権に対する制限規定は 79 条（「著作者又は監督として確認される権利」についての例外）と 81 条（「著作物を傷つける取扱いに反対する権利」についての例外）として置かれている。また、第 2 部において、実演にかかる経済的権利についても、189 条（この部により付与される権利にかかわらず許される行為）と 190 条（ある種の場合に実演家のために同意を与える審判所の権限）として権利制限規定が置かれる。

[7] 第 3 章において、フェア・ディーリング以外の権利制限規定には以下のようなものがある。障害を有する人の利用に関する規定（31 条の A から 31 条の F）、図書館及び記録保存所の利用に関するの規定（40 条の A から 44 条の B）、行政による利用（45 条から 50 条）、コンピュータ・プログラムの適法な利用に関する規定（50 条の A から 50 条の C）、データベースに関する規定（50 条の D）、意匠に関する規定（51 条から 53 条）、タイプフェイスに関する規定（54・55 条）、電子的形式による著作物に関する規定（56 条）、雑則（文芸・演劇、音楽及び美術の著作物を始め、映画及び録音物や放送、翻案について詳細な規定が定められている：57 条から 76 条の A）である。

◇第Ⅰ部◇　権利の内容・制限と利用許諾

項)、批評および論評のための利用 (30条1項)、時事の報道にかかるもの (30条2項) そして、指導のための描写にかかるもの (32条) がある。さらに2014年10月からは、引用 (quotation) およびパロディ、カリカチュア、パスティーシュについてフェア・ディーリングの適用が認められることになった (30条のA)[8]。フェア・ディーリングは19世紀から、判例法において、本来著作権侵害になるべき行為につき、著作権侵害を免れる法理として発展してきた。しかし、先に紹介したフェア・ユースの規定と対比すると明らかであるように、フェア・ディーリングは限定的な規定ぶりとなっている。

一方、アメリカのフェア・ユースもまた、イギリスの判例に由来するものである。アメリカにおけるフェア・ユースの起源は、マサチューセッツ地区連邦巡回裁判所により出された Folsom v. Marsh であるとされる[9]。この判決は、ワシントン大統領の伝記の縮約版を制作するにあたって引用の可否が争われた事案であったが、そのなかで、Dodsley v. Kinnersley[10]、Whittingham v. Wooler[11]、さらには Tonson v. Walker[12]というイングランドの3つの判例が先例として引かれている。なお、Folsom v. Marsh は「フェア・ユース」という用語を提示したものではないが[13]、アメリカではこの判決が提示した判断基準が判例法理として発展し、現在のフェア・ユース条項につながったとされている[14]。

このように、フェア・ディーリングとフェア・ユースはイギリスの判例法を起点とするという意味において祖を同じくする。しかし、その後両国は発展の方向を異にし、現在のイギリスにおいて、CDPAに定められたフェア・ディーリングの規定は既に述べた通り限定的なものであり、フェア・ユースに相当す

---

[8] The Copyright and Rights in Performances (Quotation and Parody) Regulations 2014. 2014年の著作権法改正について、作花文雄「英国・2014年著作権法改正（制限規定の整備）の背景と制度の概要〔前編〕・〔後編〕」コピライト644号（2014年）29頁・645号（2015年）24頁に詳しい。
[9] 9 F. Cas. 342 (C.C.D. Mass. 1841).
[10] [1761] 1 Amb. 403.
[11] [1817] 2 Swanst. 428.
[12] [1751] 3 Swanst. 672.
[13] フェア・ユースという用語がアメリカの判決において初めて現れたのは、Lawrence v. Dana, 15 F. Cas. 26 (C.C.D. Mass. 1869) である。
[14] なお、Folsom v. Marsh は、結論としては、引用されている分量が多すぎるとしていわゆるフェア・ユースの成立を認めず、被告の利用について著作権侵害を肯定したものであった。

◆第6章◆ イギリスにおける公益の抗弁について［渕　麻依子］

る一般的な規定はないという状況へと至っているのである。

Ⅲ　公益の抗弁について

　このような CDPA の権利制限規定であるが、CDPA はわが国の著作権法には存在しない規定を持つ。第3章第1部に列挙された一連の権利制限規定とは別に「雑則及び一般規定（Miscellaneous and General）」と題される第10章に公益の抗弁（public interest defence）という規定である[15]。公益の抗弁の条文上の根拠は、第10章に置かれた171条3項に求められる。

> 第171条　他の法令又は慣習法に基づく権利及び特権
> （3）この部のいずれの規定も、公益その他を根拠として、著作権の執行を阻止し、又は制限する法律のいずれの規則にも影響しない[16]。
>
> 171　Rights and privileges under other enactments or the common law.
> (3) Nothing in this Part affects any rule of law preventing or restricting the enforcement of copyright, on grounds of public interest or otherwise.

　条文の文面から分かるように、公益の抗弁は「著作権侵害とならない」あるいは「利用することができる」のように、明確に抗弁となるような形式で規定されているわけではない。しかしながら、この規定の意味するところを端的に言うならば、未公表の情報が重要な公益に関わるものであるときには、第三者がその情報を開示した場合にも、その開示は正当化されるという内容のものである。

　その起源はというと、公益の抗弁は、もともとは、著作権法とは離れて裁判所が他人の権利を侵害する行為（wrongdoing；裁判所はしばしば iniquity という語を用いる）に対してエンフォースメントを否定するための一般的な法理として発展してきたものであった[17]。その公益の抗弁が著作権侵害の事案において、高等法院レベルではじめて認められたのが1972年に出された Beloff v. Pressdram である[18]。この事件は、イギリスの新聞「オブザーバー」の内部資料であ

---

[15]　Bently & Sherman, *supra* note (4) at 248.
[16]　訳は、公益社団法人著作権情報センター「外国著作権法(53)英国編（大山幸房・今村哲也訳)」(http://www.cric.or.jp/db/world/england/england1.pdf) による。
[17]　Griffiths, *supra* note (3) at 78.
[18]　Beloff v. Pressdram [1973] F.S.R. 33. この事件の以前にも公益の抗弁について主張が行われたものがあったが、たとえば、Initial Service v. Putterill [1968] 1 QB 396 では

◇第Ⅰ部◇　権利の内容・制限と利用許諾

る政治家に関するメモについて、これを公表した出版社を、メモを作成したオブザーバーの記者が訴えたという事案である。この事案において、被告側からの抗弁として、フェア・ディーリングと公益の抗弁が主張されたというものである。Ungoed-Thomas 判事による判決では、公益の抗弁について「公益は、法における抗弁として、個人の権利（著作権を含む）をオーバーライドするものである。そこでオーバーライドされる権利とは、本来は優先されるものであり、また法により守られているものである。今日、法で認められているこのような公益は、国家に対する深刻かつ重大な性質を持つような悪事にまで拡張されるものではない」[19]と述べた。

　CDPA による 171 条 3 項の設定は、それまで判例において認められつつあった公益の抗弁の法理を一層発展させていくことができたという評価もある[20]。本稿ではこのあと、公益の抗弁が発展する過程で重要と考えられるいくつかの判例を以下に見ていく。

　なお、本稿は、公益の抗弁を中心に扱うものであるためそれ以外の点については議論を深めることはできないが、以下の二つの点についても確認をしておきたい。

　第一点は、イギリス著作権法の文脈における公益（public interest）の概念である[21][22]。イギリス著作権法では、それを抗弁とすることができるかどうかは別として、公益を考慮することは、1709 年に制定されたアン女王法の時代には既

　　守秘義務違反についてのみ論じられ、Hubbard v. Vosper [1972] 2 QB 84 では、著作権侵害についてはフェア・ディーリングの問題として処理された。
[19]　Beloff v. Pressdram, [1973] F.S.R. 33, 58.
[20]　Burell & Coleman は、この条文の簡潔な書きぶりは、公益の抗弁を制定法上認めているように見えるが、この章自体が既存の抗弁を留保するということを述べているに過ぎないと指摘している。Burell & Coleman, *supra* note (3) at 81.
[21]　GILLIAN DAVIES, COPYRIGHT AND THE PUBLIC INTEREST, (2nd ed. 2002) は、著作権法と公益の問題についてイギリスに限らず各国の議論を示し、特に Chapter 4 でイギリスにおける公益の議論について整理を行う。
[22]　イギリス著作権法における公益の議論について詳細に扱う邦語文献として、張睿暎「イギリス著作権法における公益（Public Interest）概念の変遷史」企業と法創造 4 巻 4 号 356 頁（2008 年）がある。張論文によれば、アン女王法制定からそれほど遠くない 18 世紀の判例において、すでに「公益（public interest）のために法律により付与された、独占またはコントロールのための制限された権利」であるという考えが現れていたという。また、前掲注(3)19 頁以下も参照。

◆第6章◆ イギリスにおける公益の抗弁について［渕　麻依子］

に見ることができるという。その後も、イギリスにおける判例や法改正の折々の場面において、公益という考え方が見られる。そして、CDPAにおいては、公益は、立法者が著作権の保護の態様や法定の例外の種類などを決める際のガイドラインとなるものであり、著作権の保護と「より大きい法益」の間のバランスを取るためのものとして位置づけられるという[23]。このような「公益」に対する配慮は、保護期間、フェア・ディーリングなどに見られる[24]。そして、公益は、本稿が対象とする公益の抗弁においてはより直接的に抗弁として機能することになるのである。

　第二点は、著作権侵害と同時に主張されている Breach of Confidence（守秘義務違反[25]）である。既に挙げた Beloff v. Pressdram 事件にも見られるように、公益の抗弁は、守秘義務違反に関する公益の抗弁と密接な関係にある。そして、公益の抗弁が主張される多くの事例において、著作権侵害、守秘義務違反のそれぞれに対して公益の抗弁が主張されるという構造になっている。そもそも、守秘義務の違反が認められるためには、(i)秘密とされている情報であること、(ii)守秘義務を生じさせるような状況で情報が伝達されていること、(iii)被告は、情報を無許諾で開示したか、あるいは許諾を得ていない目的のために情報を使用して伝達者に損害を与えたもの、であることが必要である。こうした情報を公開した場合に、その公開を正当化し、責任を免れるための抗弁として公益の抗弁が確立してきたのであり、その起源とされるのは1856年の Gartside v. Outram[26]であった。

　そして、守秘義務違反における公益の抗弁に関して、何が公益にあたるかについては、裁判所は次の要素を考慮に入れているという。(a)情報の性質、(b)開示しないことの重大な帰結、(c)秘密の保持の種類（態様）、(d)開示することに対する信念、(e)誰にその情報が開示されたか、(f)公共の利益と私的な利益のバランス、(g)その他の事情、の7つである[27]。この判決のあとも、現在に至

---

[23]　張・前掲注(22)361頁。
[24]　張・前掲注(22)361-362頁。
[25]　Breach of Confidence を何と訳するかはとても悩ましい問題である。本稿では横山・前掲注(3)に従い「守秘義務違反」という訳を採ったが、confidentiality と知的財産法の関係も含めて今後研究を続ける予定である。confidentiality と知的財産法の関係は、たとえば、Bentley & Sherman, *supra* note (3) at 1143 においてその一端が示されている。
[26]　[1856] 26 LJ (NS) Ch. 113.
[27]　Bently & Sherman, *supra* note (3) at 1181-1184.

293

◇第Ⅰ部◇　権利の内容・制限と利用許諾

るまで守秘義務違反の分野での公益の抗弁は脈々と発展し、今日においては、裁判所は、守秘義務違反における公益の抗弁がどのような状況で認められるかについて明確な基準を持っており、また、公益の抗弁が濫用されないようなセーフガードも存在しているという[28]。日本の知的財産法においてこれに類似する事例を探すならば、不正競争防止法による営業秘密開示行為における主観的要件（図利加害目的）の論点であろうかとも思われる[29]が、守秘義務違反に関する日本法との対比は今後の検討課題とする。

Ⅳ　公益の抗弁の発展

さて、本題に戻り、公益の抗弁が著作権法との関係ではどのように発展してきた法理であるかを見ていく。

著作権侵害の場面において公益の抗弁が認められるに至ったのは、高等法院においては1972年のBeloff v. Pressdramであったのは既に紹介したところである。つまり、著作権法の中での地位を確保するに至ったのは1709年にアン女王法が制定されて以来のイギリス著作権法の歴史においては古いことではない。しかしながら、著作権法と公益の抗弁の関係については議論の多いところであり、イギリスの裁判所における両者の関係の取り扱いについては、控訴院における以下の3つの判例の存在が鍵となったと言われている。

1　Lion Laboratories Ltd. v. Evans

公益の抗弁が著作権法において適用されることが控訴院において判断された最初の事例、すなわち、著作権法の世界に公益の抗弁を確定的に持ち込んだ事例としてLion Laboratories Ltd. v. Evans[30]は位置付けられる。この判決は1985年のものでありCDPAによる公益の抗弁の立法化以前の判決であった。

原告は1983年4月以降イギリス内務省により承認されていた電子機械を製造販売する業者である。この機械は、飲酒運転が疑われるドライバーの呼気をテストすることによりアルコールによる酩酊度をテストするために警察が用いるものである。被告1および2は、原告に雇用されていた当該機械に関する技

[28]　Burell & Coleman, *supra* note (3) at 91.
[29]　公益の実現を図る目的で企業の不正情報を内部告発する行為や労働者の正当な権利の実現を図る目的で、労使交渉により取得した保有者の営業秘密を、労働組合内部（上部団体等）に開示する行為などが挙げられる。
[30]　[1985] QB 526.

◆ 第6章 ◆ イギリスにおける公益の抗弁について ［渕　麻依子］

術者である。1984年1月と2月に被告らは原告の会社を退職し、その際に、原告の許可を得ることなく、その装置の精度に対する疑念を呈する機密の内部資料を持ち出した。それは、飲酒していないドライバーも飲酒しているような結果が出る可能性があるという情報を含む資料であった。この資料は、新聞において公表する目的で被告3および4に渡り、この機械の精度への疑念を含んだ新聞記事はすでに公表されていた。被告3および4は、この機械によってテストされるドライバーにとっては機械の精度の厳密性が最も重要なことであり、その記録に基づいて、ドライバーは告発され、おそらく有罪となるであろうから、公衆にとって、この機械の機能に問題があることは非常に重要であるという主張を行った。

　3月8日、原告は守秘義務違反および著作権侵害を理由に差止と損害賠償を求める訴訟を提起し、同日、Leonard判事により、被告3と4に対し一方的差止命令が、同月14日に暫定的差止命令が認められた。これに対して被告らにより控訴が行われたというのが本件の概要である。

　判決において Stephenson 判事は、一言で公益に関わる情報と言っても、それらの情報は、「公衆にとって関心のある情報（what is interesting to the public）」と「公衆に知らしめることが公共の利益となるもの（what is in the public interest to be made know）」の2つの種類があり、この2つは区別されるべきことを述べた。そして、裁判所は(1)公益の抗弁の適用があるのは、後者、つまり公衆に知らしめることによって公共の利益となりうる情報に関するものであること、(2)開示は、単に公になされるというよりは、適切な「筋」を通してなされるものであること、という点を明らかにしている[31]。

　さらに、Stephenson 判事は、公益の抗弁が適用される可能性がある2つの場面を整理している[32]。一つは、情報を公開することが純粋に公益に資する場面においてのみ適用されることである。そして、もう一つは、社会全体への公開というよりも適切な機関への公開について原則として適用されることである。

　なお、この判決の中で、公益の抗弁についてよりはっきりした見解を示したのは Griffiths 判事による補足意見である。Griffiths 判事は、守秘義務違反の分野ではすでに確立している公益の抗弁が、著作権の分野にも適用されるべきであることを明言した[33]。そして、数は少ないながらも、著作権に対して適用さ

---

(31)　[1985] QB 537.
(32)　[1985] QB 526, 537.

◇第Ⅰ部◇　権利の内容・制限と利用許諾

れた事例として 1969 年以降の 4 つの裁判例（Fraser v. Evans[34], Hubbard v. Vosper[35], Woodward v. Hutchins[36], British Steel Corporation v. Granada Television Ltd.[37]）を挙げている。

さて、結論としては、本判決は被告らの主張を認め、差止めは取り消されている[38]。既に述べたように、本判決が出された 1985 年には、公益の抗弁はまだ条文化されていなかった。そして、本判決がそれほど十分に公益の抗弁に議論したようには見られないと指摘されているが、冒頭に指摘した通り、この判決の後、1988 年に 171 条 3 項として条文化されたことには念のため注意が必要であろう。

2　Hyde Park Residence Ltd v. Yelland

次に Hyde Park Residence Ltd v. Yelland について見ることにしよう。Lion Laboratories v. Evans が、著作権侵害の場面でも公益の抗弁の適用があることを明らかにしたのに対し、本件の控訴院判決は、著作権法において公益の抗弁が果たす役割を狭く解し、公益の抗弁を制限する方向への判決を行ったものである。

原告は、ダイアナ元イギリス皇太子妃の交際相手であるアルファイド氏のセキュリティを担当する会社であった。被告は、The Sun 紙の編集者の関係者と原告の元従業員であった。1997 年 8 月、ダイアナ元妃とアルファイド氏は、アルファイド氏の所有する自宅を訪れた直後に自動車事故により亡くなったが、被告のうちの一人である元従業員が、二人が自宅を訪れた際のセキュリティビデオから静止画像を作った。

ダイアナ元妃らの死後、その真相をめぐって報道が過熱したが、一連の騒動の中で、元従業員はその静止画像を The Sun 紙に渡し、同紙はこれを公表した。こうした公表が、原告の持つ著作権の侵害にあたるか、そして公益とは何か、さらには、公益の抗弁の主張のもとに静止画像の公表は許されるかが争われたという事案であった。

---

(33)　[1985] QB 526, 550.
(34)　[1969] 1 QB 349.
(35)　[1972] 2 QB 84.
(36)　[1977] 1 WLR 760.
(37)　[1981] AC 1096.
(38)　[1985] QB 526, 546.

(1) 高等法院判決

　高等法院において[39]、Jacob 判事は、原告側代理人である Bloch 氏が主張する、公益の抗弁は存在しないという主張に基づき、過去の裁判例（検討の範囲はオーストラリアやカナダの裁判例にも及ぶ）、そして学説の対立も含めて詳細な分析を行っている。原告代理人が著作権侵害に対して最終的に公益の抗弁を認めた事例は存在しないとしたが、結論として、将来の国王の母親であるダイアナ元妃の死に関する情報にまつわる、被告らによる静止画像の公表には公共の利益があり、公益の抗弁が成立するとした。

　判示においては、公益の抗弁が著作権法に適用され始めた経緯、しかしながらその適用は限定的なものであるとした Beloff v. Pressdram の分析を行い、さらに、Lion Laboratories Ltd. v. Evans についても検討を行う。そして、代理人の主張に応じて、これらを含む先行する裁判例において各裁判官（反対意見も含む）が論じてきたことにも目配りを行った。そして、これらをふまえて、CDPA の制定前の議論と制定後の議論を区別すべきであることを指摘し、それでもなお、裁判所が公益の抗弁を適用することは正当化されるとした。

(2) 控訴院判決

　Yelland 事件の控訴院判決[40]は、結論においては、前審の高等法院とは真逆のものを示している。すなわち、控訴院判決では、公益の抗弁の成立を限定的にするような判決を下した。判決は Aldous 判事による。Aldous 判事は、代理人である Bloch 氏が主張する、著作権侵害に対して公益の抗弁は適用されないという議論について検討を行う[41]。著作権とは CDPA によって設定された知的財産権であることを確認し、CDPA はそれ自身の中に、権利者の同意をなく著作物を利用できる規定を持っていることを指摘している。第1部第3章の中に詳細にリスト化されているそれである。そこには、フェア・ディーリングや教育、図書館、行政のための利用などが含まれている。著作権の保護と公共目的のバランスは、そこでリスト化された規定の中ですでに図られているのである。そして、これらの規定は著作権をオーバーライドするものであるからこそ、詳細に規定されているということを指摘する。したがって、CDPA は、公共目的

---

[39]　[1999] EMLR 654.
[40]　[2000] EMLR 363.
[41]　*Id* at 380, 381.

◇第Ⅰ部◇　権利の内容・制限と利用許諾

のために、他者の財産権、ここでは著作権を侵害することを認めてはいないのである。したがって、CDPA 第 3 章の枠の外において公益の抗弁を認めるためには他のルートから行う必要があるとした。

また、もちろん公益の抗弁を完全に否定するとまで言い切るものではないため、権利制限規定と公益の抗弁の重なり合う部分について、それを正確にカテゴリー化したり定義づけたりことはできないことを Mance 判事が少数意見の中で述べている[42]。

3　Ashdown v. Telegraph Group Ltd.

このように Yelland 判決は、高等法院の判断をくつがえし、控訴院では、公益の抗弁について厳しい判断を下したという事案であった。続いて、問題となったのが、Ashdown v. Telegraph Group Ltd である[43]。1998 年に制定された人権法（the Human Right Act；HRA）の制定の後、控訴院が人権法の下ではじめて公益の抗弁に関する判断を行ったものが本判決である。原告は民主党の前党首 Ashdown であるが、彼が秘密裏に記録していたメモを含む資料について守秘義務を課した上でマスコミに渡していたところ、これを新聞社が公表してしまったため守秘義務違反と著作権侵害の両方で訴えたという事案であった。これに対して、被告である新聞社は、フェア・ディーリングと公益の抗弁の両方を主張し、応戦したのである。この時点においては、ヨーロッパ人権条約（European Convention on Human Rights；ECHR）も発効していたため、裁判所は、ヨーロッパ人権条約第 10 条の規定（表現の自由を保障するものである。具体的な内容については後述する。）に基づき、原告の 2 つの主張について、表現の自由に配慮した検討を行う必要に迫られていた。

(1) Ashdown 判決前夜の状況──1988 年人権法の制定

Yelland 判決と Ashdown 判決の判決がなされる合間をぬうような時期にイギリスの「憲法」を取り巻く状況に変化が生じていた。そもそも、イギリスは、単一の成文の憲法典を持たないという意味において、不文・軟性憲法の国である。人権や自由は法律によって保障され制限される。また、法律の司法審査権を備えていない[44]。

---

[42]　*Id.*, at 389.
[43]　Ashdown 事件を詳細に紹介した邦語文献として、横山・前掲注(3)32 頁以下。

◆第6章◆ イギリスにおける公益の抗弁について［渕　麻依子］

　こうした素地の上に、1951年に批准したヨーロッパ人権条約を国内法化するかたちで、1998年に人権法（Human Rights Act 1998）が制定され、表現の自由を含む基本権の保障が規定された。したがって、イギリス国内の裁判所が国内法規を解釈する場合にも、ヨーロッパ人権条約に適合するよう解釈するということになったのである。表現の自由に関する規定は、1998年人権法第1部条約〔ヨーロッパ人権条約〕に置かれる。

　第10条　表現の自由[45]
　1　すべての者は、表現の自由に対する権利を有する。当該権利は、公的機関による介入なく、国境に影響されず、意見を保持し、受領し、情報および思想を伝達する自由を含む。本条は国家が、法、テレビおよび映画業界に対して免許を要請することを妨げない。
　2　上記の自由の行使は、それが業務および責任を伴うものであることから、法によって規定され、かつ国の安全、領土の統一性、公共の安全の利益のため、無秩序および犯罪の防止のため、健康または道徳の保護のため、他者の名声または権利の保護のため、秘密に受領した情報の公表の防止のため、または司法部の権威および公正の維持のために民主的社会にとって必要な手続、条件、制約または刑罰に従わなければならない。

　1998年人権法の制定がCDPAの解釈にどのような影響を与えるかについては議論のあるところである[46]。そのうちの一つは、人権法はCDPAの解釈に特

---

[44]　イギリス憲法の特徴について、初宿正典＝辻村みよ子編『新解説世界憲法集第3版』〔江島晶子〕（三省堂、2014年）15頁による整理を参照した。
[45]　訳は前掲注(44)『新解説世界憲法集（第3版）』による。なお、原文も掲げておく。
Human Rights Act 1998, PART I The Convention Rights and Freedoms
Article 10 Freedom of expression
1 Everyone has the right to freedom of expression. This right shall include freedom to hold opinions and to receive and impart information and ideas without interference by public authority and regardless of frontiers. This Article shall not prevent States from requiring the licensing of broadcasting, television or cinema enterprises.
2 The exercise of these freedoms, since it carries with it duties and responsibilities, may be subject to such formalities, conditions, restrictions or penalties as are prescribed by law and are necessary in a democratic society, in the interests of national security, territorial integrity or public safety, for the prevention of disorder or crime, for the protection of health or morals, for the protection of the reputation or rights of others, for preventing the disclosure of information received in confidence, or for maintaining the authority and impartiality of the judiciary.

◇第Ⅰ部◇　権利の内容・制限と利用許諾

段の影響を与えないという考え方である。すなわちCDPAは権利者の保護と他者の表現の自由のバランスを既に織り込むかたちで制度設計されているのであり、人権法の制定後もこれまで通りの解釈を行っていけばよいという考え方である。こうした中で人権法の制定後、控訴院として初めてこの問題に取り組まなくてはならなくなったのが次に述べるAshdown事件である。

(2) Ashdown事件の概要

原告は、自由民主党の前の党首であるAshdown氏であり、被告はSunday Telegraph紙の発行人である。1997年選挙において労働党が勝利したのち、Ashdown氏と労働党党首Blair氏が出席した秘密会談を開催し、労働党と自由民主党の協力関係について話し合いを行った。原告は会談後にその内容を日誌に記し、秘密裏に管理していた。約2年後、原告が自由民主党の党首を辞任する際に、辞任後に上記内容を含む日誌を公表することを明らかにし、一部の新聞社や出版社にこの日誌を守秘義務のもと内々に示した。その内容が被告の記者にも届くところとなり、被告は上記日誌を含んだ記事を公表したのである。より具体的には、被告の記事には、原告の文書全体の5分の1ほどが同一または類似の言い回しが含まれていたため、原告は、守秘義務違反と著作権侵害を理由に被告を提訴したという事案であった。被告は、批評・論評を目的とするフェア・ディーリング（30条1項）、時事の報道を目的としたフェア・ディーリング（30条2項）、そして、公益の抗弁（171条3項）を主張した。

(3) 大法官部判決[47]

判決は、Morritt副大法官によってなされている。まずは、ヨーロッパ人権条約の規定なども丁寧に分析を行い、表現の自由を重んじる態度を示す。その上で、人権法とCDPAの権利制限規定（本事案では30条〔フェア・ディーリング〕と171条3項〔公益の抗弁〕）の関係についての見解を明らかにした。それによれば、現行の著作権法は、人権法の要請を満たすような規定を既に持っているのであり、それはベルヌ条約の各改正やヨーロッパにおける各種の指令にも適合するものである。したがって、人権法の制定によってCDPAの解釈を変える必要はなく、先例にしたがって解釈を行ってゆけばよいとし、まずはフェア・

---

(46)　横山・前掲注(3)31-32頁の分析も参照。
(47)　Ashdown v. Telegraph Group Ltd [2001] Ch. 685.

300

◆第6章◆ イギリスにおける公益の抗弁について［渕　麻依子］

ディーリングの成立について検討を行った。

　さらに、Yelland 判決を引いた上で、ここでも人権法の制定によって著作権法の解釈を変更する必要はないとし、公益の抗弁もその成立が認められるとしても先例に従って限定的であるべきであるとした。そして、本件の事案の下では公益の抗弁は成立しないとし、結論として、被告の著作権侵害を認めた。

(4) 控訴院判決[48]

　本件控訴院は、結論こそ原審と同じく著作権侵害を認めたものの、そのアプローチを異にするものであった。すなわち、人権法と CDPA の関係について、人権法の趣旨も考慮して次のように判示したのである。Phillips 判事は、この事案は 1998 年人権法と CDPA との関係を問うもの、具体的には著作権者と第三者の表現の自由との関係を問う上で重要な判例であるという理解を明らかにしている。そして、Yelland 判決をはじめとする先行する判決を検討しつつ、人権法の施行された後において従来の著作権法の解釈を修正する必要が生じる場合があるということを指摘した。著作権法は、その内側において既に表現の自由との調整機能を持っているのであり、通常は、著作権の保護を認めることによって表現の自由との抵触が問題となることはない。しかし、ごく限られた場合には、制定法における権利制限規定の存在にも関わらず、表現の自由に対する制約が正当化される場合があるとしている。具体的には、Yelland 事件控訴審判決は人権法の理念を実現するためには障害となる可能性があるが、裁判所はそれを避けて人権法 10 条により保護されるべき著作物が CDPA の権利制限規定によってもうまく保護されない場合には、公益の抗弁の出番となることを明らかにしたのである。

　もっとも、控訴院判決は公益の抗弁の存在こそ正当化したものの、その範囲や定義については明らかにしていない。このことが公益の抗弁の活用へと扉を開いたと評価されることにもなるし、一方で曖昧な状況を継続させる結果となったとも評価されることにもなるのである。

---

[48]　Ashdown v. Telegraph Group Ltd [2002] Ch. 149 (CA).

◇第Ⅰ部◇　権利の内容・制限と利用許諾

V　公益の抗弁の現在 —— Ashdown判決後の判決

1　Ashdown判決後の判決

　Ashdown判決を通じ、立法だけでなく裁判所としてもその適用へと道をひらいたかのように思われる公益の抗弁であるが、実際にはそれほど活用されているわけではないという[49]。その理由としては、Ashdown判決から10数年が過ぎたにもかかわらず、公益の抗弁のめざす真の機能と範囲が不明確であるという点が指摘されている[50]。それでは、具体的には、Ashdown判決後の裁判例はどのように展開しているであろうか。

　Ashdown判決のあと、公益の抗弁についてもっとも広く知られている事例のひとつがHRH Prince of Wales v Associated Newspaper Ltd[51]である。チャールズ皇太子が1997年6月から7月にかけて、中国への香港返還にあたり香港に赴いた際に私的に記した記録をThe Mail on Sundayというタブロイド紙が公表した件について、皇太子が、同紙を発行するAssociated Newspaper社を守秘義務違反および著作権侵害のかどで訴えた事案である。大法官部におけるBlackburne判事による判決も控訴院の判決も、ともに、本件においてフェア・ディーリングも公益の抗弁も成立しないとした。この判決で注目すべき点は、本来プライバシーの保護の可否を争うべきところで著作権が代替的に使われることの可否である。大法官部では著作権上の抗弁をこのように使うことは妥当でないことを示したが、控訴院ではこの点についてふれなかった。

　また、食品のラベルに関する著作権と商標権を持つ会社が原告となったのがUnilever PLC v. Griffin[52]である。イギリス特有の癖のあることで知られる食品（マーマイト）の商品名の分かるラベルデザインが、選挙活動の一環である番組で使用されたことについて訴訟となったものである。原告は商標のパッシングオフと同時に著作権侵害でも暫定的差止め（interim injunction）を求めたという事案である。著作権に関する主張について、Arnold裁判官は、次のように述べている[53]。どのような抗弁を用いることができるかは決して明らかではない

---

[49]　Griffith, *supra* note (4) at 75.
[50]　Griffith, *supra* note (4) at 76, 77.
[51]　[2006] EWHC 522 (Ch), [2006] ECDR 20.
[52]　[2010] EWHC 899 (Ch), [2010] FSR 33.
[53]　*Ibid*.

◆第6章◆ イギリスにおける公益の抗弁について［渕　麻依子］

が、十分に助言を受けた被告であれば、CDPA171条3項の公益の抗弁を主張するであろうことは想像できると述べている。しかしながら、本件については、公益の抗弁は役に立ちそうもないということも同時に述べている。こうしたArnold裁判官のコメントに対しては、学説からは171条3項の不確実な状況をよく示すものであるという指摘もなされた[54]。

2　学説の状況

このような状況のもと、学説が公益の抗弁をどのように受け止めるかについては、議論が分かれているように思われる。

(1) 賛成の立場からの見解

はじめに、公益の抗弁に肯定的な立場の見解を見てみよう。肯定的とはいえ、結論から言うと、公益の抗弁が適用される範囲はきわめて限定的であると解され、この点に関して言えば「一般的」規定と名乗るのは看板に偽りがあるような状況かもしれない。それでも公益の抗弁が必要であると考えるにはいくつかの理由がある[55]。第一には、個別の権利制限規定の限界の問題であり、第二には、表現の自由との抵触の問題である。後者の点からは、公益性の高い情報が「著作権」という殻をかぶることによって守られてしまう、すなわち、未公表であるというその一点を持って、どのような理由があってもその公表が著作権侵害となってしまう、そのことが第三者の表現の自由を脅かすことになるというものである。公表済みの著作物であれば、その報道等に対してフェア・ディーリングの規定が使うことができるが、未公表の場合には理由を問うことなく一律に著作権侵害とされてしまうのである[56]。

また、公益の抗弁という手段をとらなくとも、公益の抗弁が解決すべき問題は他の手段により達成可能ではないのかという観点からも、Burell & Colemanはいくつかの可能性を検討する[57]。

一つめは、伝統的なエクイティ上の主張を行うというものである。詐欺（fraud）やクリーンハンズ（clean hands）を主張するというものである。二つめ

---

[54]　Griffith, *supra* note (3) at 91.
[55]　Burell & Coleman, *supra* note (3) at 82.
[56]　横山・前掲注(3)36頁は、公益の抗弁を公表済みの著作物にまで拡張することを提言している。
[57]　Burell & Coleman, *supra* note (3) at 94-96.

には、金銭的賠償のみを認め、差止めは避けるというものである。しかし、差止めを認めないということには、いくつかの問題点があり、なにより、差止めを認めないといっても、被告は金銭的賠償を支払わなくてはならないのであり、それでは著作権と表現の自由との抵触の問題を解決したことにはならない[58]。あるいは、単に差止めを認めないということだけでは、情報を利用するものにとってセーフガードとなりうるわけでもないし、実際には裁判所がどのような場合に差止めを行わないのかという、情報を利用する者にとっての予測可能性の問題もある[59]。

(2) 反対の立場からの見解

一方で、公益の抗弁に対する反対する見解についても見ておこう。Burell & Coleman は、公益の抗弁反対論者の議論を大きく4つに整理する。以下、Burell & Coleman の整理に従って順番に見ていく[60]。

第一には、公益の抗弁はそもそも違法なもの (illegitimate) ではないかという点である[61]。この論点はさらに2つの問題点に分けることができ、一つめは、公益の抗弁を認めると、著作権者は、補償 (compensation) なくして、その権利を奪うことになるのではないかという点である。そして、二つめは、イギリスの批准する国際条約（ベルヌ条約やEU情報指令）との整合性を問うものである。

第二には、公益の抗弁はそもそも不適切なもの (inappropriate) ではないかという指摘である[62]。表現の自由に対するセーフガードとなるものは、立法府、すなわち議会が著作権法制定の過程で十分に考慮しているのであり、それは著作権制度の中に既に組み込まれているというものである。公益とは何かという問題を評価するのに裁判所は適切な機関であるとはいえないし、また、著作権と表現の自由というような難しい対立利益の調整についての判断を行うのは裁判所よりも議会のほうが適任であるという見解に基づく。

第三は、公益の抗弁は、本来的に不要 (unnecessaary) なものなのではないか

---

[58] *Id.* at 97.
[59] *Id.* at 98.
[60] Burell & Coleman の記述は後述する Laddie の議論に影響を受ける H. LADDIE, P. PRESCOTT AND M. VICTORIA, THE MODERN LAW OF COPYRIGHT AND DESIGNS, (2nd ed. 1995), 126-31.
[61] Burell & Coleman, *supra* note (4) at 103.
[62] Burell & Coleman, *supra* note (4) at 108.

◆第6章◆ イギリスにおける公益の抗弁について［渕　麻依子］

という指摘である[63]。この指摘もまた議会への信頼（裏返せば裁判所への不信ということもできるだろう）に基づくものである。議会が定めた著作権という権利の保護と例外（それらはCDPAにおける権利制限のリストとして本稿のはじめにおいて紹介したものである）へのバランスを裁判所は尊重すべきであり、そこへ介入する必要はないというものである。

そして、第四には、そもそも公益の抗弁は機能しない（unworkable）のではないかという指摘である[64]。コモンロー上の抗弁である公益の抗弁は、当事者にとってその結果が予測不可能なものであり、著作権制度を不確実なものにするという見解である。

このように、公益の抗弁をどのように考えるべきかという問題の難しさは、著名な概説書である The Modern law of Copyright and Designs[65]の改訂の過程おける記述の変化にもその一端をうかがうことができる。同書の第2版は、公益の抗弁について、司法による法の形成の危険を持つものであり、立法府が作り出す財産権への侵害となるものであるとの記述をも含んでいた[66]。しかし、同書の第4版では、公益の抗弁の持つ適用範囲の不明確さについて指摘しながらも、そうした記述を消してしまうなど揺れが見られるのである[67]。

また、EU社会情報指令（Information Society Directive）とのかねあいで、公益の抗弁がどのようにあるべきなのかという点も指摘されている[68]。EU社会情報指令は、指令が規定するもの以外に加盟国が独自の権利制限規定を設けることを禁止するものである。Yelland判決もまさにこの点を指摘しているところ

---

[63]　Burell & Coleman, *supra* note（4）at 109.

[64]　Burell & Coleman, *supra* note（4）at 111.

[65]　Laddieがイギリス著作権法における権威であり、裁判所に与える影響が大きいことはさまざまな点に見ることができる。たとえば、フェア・ディーリングの成立に関し検討すべき要因として挙げられる3つの要素、(1) 商業上の競合、(2) 先行する公表、(3) 利用した著作物の量と重要度などは、Laddie factorsと呼ばれ、裁判所でも用いられるものとなっている。また、本稿で挙げた裁判例の中でも、例えば、Ashdown判決においてもLaddieらの概説に即して分析を行った部分がある。

[66]　Laddie et al, *supra* note（60）at 127.

[67]　LADDIE, PRESCOTT & VITORIA, THE MODERN LAW OF COPYRIGHT AND DESIGNS（4th ed. 2014）at 844 [21.20]．ただし、書き改められた部分について、誰が執筆を行っていたかは明示されていない。また、この改訂の間に Laddie が亡くなった（2008年）ことには注意しておく必要があるだろう。

[68]　Burell & Coleman, *supra* note（4）at 105-108.

◇第Ⅰ部◇　権利の内容・制限と利用許諾

である。
　以上のようにCDPAの中に規定を持ちながらも、その運用について肯定的な議論と否定的な議論とのはざまで揺れ動いているのがイギリス著作権法における公益の抗弁の現状なのである。

Ⅵ　むすびにかえて ── 公益の抗弁から得られるもの

　ここまで見てきた通り、イギリスでもいまだ不確定要素の多いのが公益の抗弁である。しかしながら、公益の抗弁をより積極的に活用すべきであるという有力な論者による見解もある[69]。なにより、公益を図るという目的を有する場合には、具体的な利用の分量などの細かな態様を定めることなく著作権侵害に対する抗弁として機能するこの抗弁は、我が国の権利制限規定のあり方に対して示唆的なものとなる可能性を持つと考えられる。
　権利制限の一般規定に関して、我が国での議論の際には、常にアメリカのフェア・ユースが意識されていたことは周知の通りであり、それは今後も続くことは間違いない。しかしながら権利制限の方法について多様な選択肢を意識しておくことは我々の議論にとって大きな意味を持つと思われる。
　本稿のⅡにおいてCDPAにおける権利制限規定の概要を紹介したが、日本とイギリスの著作権法は、限定列挙された権利制限規定を持っているという点において共通した土台を持つ（アメリカの著作権法も目的・態様が詳細に定められた権利制限を持つものではある[70]が、やはり、フェア・ユースという権利制限の一般規定を持つ点で大きな違いがある）。また、我が国では、既存の限定的な権利制限規定では新しい著作物の利用等に柔軟に対応できないことを理由から、権利制限の一般規定の導入の議論が続けられている状況にあるのに対し、イギリスにおいても、フェア・ユース規定を導入しようという議論が以前から存在していた[71]。この点からも日本とイギリスは共通点を有しているといって良いだろ

---

[69] Grifith, *supra* note（4）at 95-102.
[70] 排他的権利の制限に関して、図書館および文書資料館による複製（108条）、一定のコピーまたはレコードの移転の効果（109条）、一定の実演および展示の免除（110条）、二次送信（111条）、一時的固定物（112条）という規定がある。これらは、日本法における権利制限規定と比べても、目的、利用の態様、その他の条件についてきわめて詳細に定められた規定である。
[71] Copyright and Designs Law; Report of the Committee to consider the Law on Copyright and Design (Cmnd. 6732) (1977). しかしながら、現在に至るまでイギリスの

◆第6章◆ イギリスにおける公益の抗弁について［渕　麻依子］

う[72]。本稿の冒頭でも指摘した通り、単にコモンローの国であるというのみならず、そもそも起源という点からみても、アメリカのフェア・ユースがイギリスにおける適法な縮約（fair abridgement）についての判例であったというルーツを持つにも関わらず、イギリスの論者は法制度の違いによりその導入の困難さを指摘する[73]。そして、今日においては、EUの法制度の枠組みとの整合性の観点からフェア・ユースの問題をどのように考えるかというより大きな問題に直面しなくてはならない。また、本稿で取り上げた判例や学説の状況が示すように、著作権法の中に条文上の根拠を持つにもかかわらず、公益の抗弁が揺るぎない地位を築いているとはいいがたい。しかしながら、我が国がしなやかな著作権法を目指すにあたり、そして、より柔軟な権利制限規定のあり方を探るにあたり、このようなイギリスの状況において行われる議論から得られるものは少なくないように思われる。

　同時に、公益の抗弁の問題の議論にあたって大きな問題となる、表現の自由との関わりという問題についてもイギリスの議論は大変に示唆的であろう。著作権法と表現の自由との関係をどのように考えるかは、現在日本においてももっとも活発に議論されていることのひとつである[74]。著作権者による権利行使によって、侵害を行ったとされる側がその表現行為を取りやめなくてはならないとすることは、同時に表現の自由へ制約を与えることもまた意味するのであり、この関係をどのように調整するかはとても重要な問題である。我が国の裁判例の中には、著作権行使が表現活動に与える反射的な影響について、それもまた著作権法の制度上織り込まれたものであると見るものもあるようだが、こうした問題についてさらなる検討が必要であることは言うまでもない。

　他方で、日本には守秘義務義務違反のような判例上の法理もなく、「公益」に関する議論が十分になされてきたとは言えないかもしれない。この点の検討についてもイギリスの議論は参考になるかもしれず、また、日本としても独自の検討を行うことが可能であろう。その検討は、必ずしも公益の抗弁に限られず、

　　　著作権法の中にフェア・ユースが導入されていないのは周知の通りである。
[72]　イギリス著作権法にフェア・ユースを導入する必要性と実現可能性（正確に述べるならば、いかに実現が不可能であるか）について、Burellらは1章を割いて論じている。Burell & Coleman, *supra* note (3)［Chapter 9］を参照のこと。
[73]　Burell & Coleman, *supra* note (3) at 249.
[74]　たとえば比良由佳理「デジタル時代における著作権と表現の自由の衝突に関する制度論的研究(1)-(4)」知的財産法政策学研究45-48号（2014-2016年）。

307

◇第Ⅰ部◇　権利の内容・制限と利用許諾

広く一般に著作権法の、あるいは知的財産法の議論を豊かにすると考えて間違いないだろう。

　以上、限定列挙された権利制限規定とアメリカ型の一般的な権利制限規定の「中間的」とも言える解決を示す公益の抗弁について見てきた。公益の抗弁に関するイギリスの議論から得られる示唆もふまえ、権利権限の一般規定の今後のあり方について、本論文集における他の論考ともあわせて議論を深めていきたいと考えている。

第7章 拡大集中許諾制度導入論の是非

今村哲也

I　はじめに

　これまで、著作物の創作と利用は、作家が著作物を創作し、出版社に出版許諾を与えるというように、創作者が新しい著作物を創作した後、あらかじめ想定している利用類型に関して、利用者に許諾を与えるということが多かったかもしれない。この場合には、仮に不特定多数の者に利用させる場合でも、あくまで権利者側がイニシアチブを有している（例：作家が、集中管理団体を通して、不特定多数の者に文献の複写を許諾する）。つまり、どのように利用されるかは、権利者側が、権利の円滑処理のためのスキームを用意しているのである。しかし昨今では、過去の著作物が蓄積したことが、デジタル化・ネットワーク化と相まって、過去に創作され利用されていた他人の著作物を、権利者が予め想定していないフィールドでの利用に関して、必ずしも権利者と接点のない第三者がイニシアチブをもって許諾を得たいと考える場面が、増加しているのである。このようなケースにおいては、作品がどのように利用されるかについて、権利者側が権利の円滑処理のためのスキームを用意していないことが多い（典型的には、権利者が集中管理団体に作品を登録していない場合）。こうしたケースでは、利用者は権利者と接点のない第三者であることが多いため、権利者に関する十分な情報を有しておらず、権利者と連絡を取るのが困難な場合が多い結果、権利処理のためのコストが相当高くなる。しかし、権利者側から一定のライセンス・スキームが用意されていたり、権利者情報を提供するシステムが用意されていたりすれば、権利者探索等のコストは社会全体として減少するはずである。権利処理のためのコストを社会全体として引き下げるためのライセンス・スキームの構築やその他の仕組みが、著作権制度の存立にとって極めて重要な課題である。本稿で論じる拡大集中許諾制度（extended collective licensing system. 以下、拡大集中許諾および同制度のことを略する場合にはECLと表現する）は、その新たな制度の1つとして、近時、注目を浴びている。

◇第Ⅰ部◇　権利の内容・制限と利用許諾

　本稿では、ECL について論じるが、論述の順序は次の通りである。まず、現代の著作物の利用許諾をめぐる新たな問題状況について整理し、ECL が注目を集めているに至った背景事情について述べる。次に、ECL の基本的内容について説明するとともに、近時、同制度を導入したイギリスの動向について触れる。そのうえで、ECL を導入することの意義について整理したうえで、同制度の導入をめぐる幾つかの主要な論点について批判的な検討を行う。ECL は、アーカイヴ・プロジェクトへの活用も期待されているが、米国の Pamela Samuelson 教授から、アーカイヴ・プロジェクトへの ECL の有効性について、きわめて懐疑的な見方が示されている[1]。最後に、以上の検討を素材として、同制度を導入することの是非について、結論と理由を述べることとする。

Ⅱ　著作物の利用許諾をめぐる新たな状況

　著作物を適法に利用するためには、原則として権利者から事前の利用許諾を得る必要がある。自らの行為の法的安定性を確保する上では、それが最も確実な方法である。権利者の許諾を得て利用する場合、利用者側には、著作権の存否を調査し、権利者が誰かを調査し、その者を探索したうえで申し出て、利用の交渉をする等のコストが生じる。他方、権利者側としても、照会があった場合には自らが権利者であることを明らかにし、また、利用者が容易に権利者を発見できるように予め利用許諾の準備があることを示し、更に、利用者の申し出に応じて交渉するなどのコストが生じる。それでも、特定の権利者が特定の利用者に対して、著作権者が想定している著作物の利用態様について許諾を与える場合、コストの面では、それほど大きな困難には直面しないだろう。権利者または利用者の人数の大小によって、コストは比例的に増加するとしても、基本的には、著作権制度が想定した前提の範囲内であるといえる。

　しかし、①特定の権利者が、不特定の利用者を対象として利用許諾を与える場合や、②特定の利用者が、不特定の権利者の著作物を利用する場合、③ある者が、不特定の利用者に不特定の権利者の著作物を利用させる場合には、著作権処理のコストが相当高くなる。そして、権利者または利用者の人数の大小に

---

[1] Samuelson, Pamela., 2016. Extended Collective Licensing to Enable Mass Digitization: A Critique of the U.S. Copyright Office Proposal. European Intellectual Property Review, 38(2), p75-82; UC Berkeley Public Law Research Paper No. 2683522. Available at SSRN: http://ssrn.com/abstract=2683522.

◆第7章◆ 拡大集中許諾制度導入論の是非［今村哲也］

よって、コストの大小も変動する。これらの場合に利用許諾を得たり、与えたりするには工夫が必要になる。①の場合、特定の利用行為について、集中管理団体を通して利用許諾を付与することが行われる場合がある。また、ソフトウェアの利用許諾契約におけるシュリンクラップ契約（ソフトウェア商品のパッケージを開封することで成立すると理解されている契約）やクリックオン契約（パソコンなどの画面上でアイコンをクリック等することにより成立すると理解されている契約）のように、その法的な有効性には議論があるものの、著作物の利用時に回避することが困難なかたちで利用許諾を締結させる方法も採用される。マス・デジタイゼーション（大量デジタル化）が、権利者から利用者へのコンテンツ提供という文脈で語られる場合、かなり前から[2]市場では一定の合理的な方法が案出されているといえる。

これに対して、利用者がイニシアチブを取る②の場合は、さまざまな問題を生じる。まず、権利者が少数であれば、利用者に権利者探索等の利用許諾を得るためのコストを負担させたとしても、それほど不合理ではないかもしれない。しかし、権利者がイニシアチブをとって利用者へ許諾を与える場合と異なり、利用者側としては、権利者を探索するのに多大なコストを要したり、相当な努力をしても発見できなかったりする場合も生じる（オーファンワークス問題[3]などといわれる）。他方、利用許諾を得なければならない権利者が多数の場合、著作権処理のために膨大なコストがかかる。しかも、権利者が少数の場合と同じように、権利者を発見できない場合も増加するはずである。もちろん、このような場合であっても、権利の集中許諾が発達している分野では、集中許諾制度がそれなりに有効に活用されるだろう。特に、利用許諾の対象とする著作物を特定せずに、集中管理団体が管理する著作権に係るすべての作品を許諾するブランケット・ライセンス（包括許諾）は、許諾手続の負担を軽減するものとして、様々な場面で活用されている。たとえば、音楽の分野における包括許諾の活用は、連日大量の楽曲を使用するため事前に利用楽曲を特定することがきわ

---

(2) シュリンクラップ契約の問題点について論じる論文は、我が国では1996年あたりからみられる。たとえば、吉田和夫「シュリンクラップ・ライセンス契約の法的性質」早稲田社会科学研究52号（1996年）49頁、山本隆司「講演録 シュリンクラップ契約の問題点」コピライト438号（1997年）2頁など。
(3) オーファンワークス問題の本質については、拙稿「オーファンワークス」コピライト661号（2016年）44頁参照。

311

◇第Ⅰ部◇　権利の内容・制限と利用許諾

めて困難ないし煩雑となる分野や、一定範囲の大手利用者により定型的な利用が反復継続される分野などにおいて用いられている[4]。しかし、ある分野の特定の集中管理団体がその分野のすべての著作物等を管理しているわけではないので、利用者からの許諾申請に対応できない場合が出てくる。ブランケット・ライセンスも、結局のところ、管理している著作物等に対してのみ、ライセンスを与えて一定額の利用料を徴収できるというだけである。基本的に、集中管理団体は、管理作品以外の対価を得ることはできないし、個別の権利者と管理委託契約を結ばなければならない以上、管理は常に完全なものとはなりえない。いかなる集中管理も網目は粗く、「疎ニシテ失ウ」のである。集中許諾制度の限界ともいうべき場面である。そうした場合、大量の利用許諾を得なければならない利用者には、相当なコストがかかることになる。一般的にいえば、「コストに見合わないビジネスはあきらめる」というのも、当然の選択肢となる。しかし、マス・デジタイゼーションが、利用者側のイニシアチブで権利者から許諾を得るという文脈で語られるとき、過去の著作物の利活用から生じる社会的利益の存在も考慮する必要がある。たとえば、デジタルアーカイブの構築とネットワークによる配信は、大きな社会的意義があることは否定できないだろう。

　ECL は、こうした集中許諾制度の限界を解決する方策のひとつとして、注目されている。平たくいえば、この制度は、上述の集中許諾制度の限界を解決してくれる。

　なお、③の状況、すなわち、ある者が、不特定の利用者に不特定の権利者の著作物を利用させる場合とは、たとえば、YouTube などのいわゆる「プラットフォーム」[5]がその利用者に第三者の権利に係る動画を投稿させる場合のようなケースを考えるとよいだろう。ただし、ここでいう場を提供する「ある者」は、必ずしも巨大なプラットフォームに限られるものではない。この場合、本来であれば、場を提供する者にとっても著作権処理のコストは相当高くなるはずである。しかし、こうしたプラットフォームは、場を提供しているにすぎな

---

[4] 紋谷暢男編『JASRAC 概論　音楽著作権の法と管理』(日本評論社、2009 年) 125 頁〔市村直也執筆部分〕。

[5] 福井健策『誰が「知」を独占するのか――デジタルアーカイブ戦争』(集英社新書、2014 年) 20 頁以下によると、「プラットフォーム」とは、億単位の膨大なユーザーや情報が集まるネット上の「場」をゆるく指す言葉と考えた上で、その中心として、グーグル、フェイスブック、アップル、アマゾンなどを挙げている。YouTube はグーグルの子会社である。

◆第7章◆ 拡大集中許諾制度導入論の是非［今村哲也］

いという立場を強調することにより、さまざまな法的枠組みを通して[6]、自らがその権利処理コストを負うことを巧みに避ける傾向にある。「他人の不法行為を利用して競争優位性を獲得したビジネスモデル」といわれている[7]。しかし、たとえば、JASRAC が YouTube と包括利用許諾契約を締結したように、権利者を代表する集中管理団体の発展が、巨大なインターネット上のプラットフォームに対して、権利者の利益を守るための防波堤としての役割を果たす可能性がある。そして、ECL は、基本的には集中管理団体の役割を強化するものであるから、③の状況について「ある者」としてのプラットフォームないし場の提供者に適切な対価を支払わせる有効な手段となり得ると考えられる。

Ⅲ　ECLの基本的内容

　拡大集中許諾制度（ECL）とは、「著作権法の規定（ECL 規定）に基づき、著作物の利用者（または利用者団体）と相当数の著作権者を代表する集中管理団体との間で自主的に行われた交渉を通じて締結された著作物利用許諾契約（ECL 契約）の効果を、当該集中管理団体に著作権の管理を委託していない著作権者（非構成員）にまで拡張して及ぼすこと（拡張効果）を認める制度」[8]のことをいう。北欧諸国（デンマーク、フィンランド、アイスランド、ノルウェー、スウェーデン）において、1960 年代から 50 年以上の実績のある制度であり、近時、イギリスでも導入された。
　ECL によれば、著作権の集中管理団体に権利管理を委託していない著作権者の著作物についても、一定の利用目的を持った利用形態については、許諾を与えることができる権限が特定の集中管理団体に付与されることになる。したがって、利用者がイニシアチブを取って、著作物を利用する場合において、権利

---

(6)　たとえば、我が国であれば、YouTube は、プロバイダ責任制限法（特定電気通信役務提供者の損害賠償責任の制限及び発信者情報の開示に関する法律）の「特定電気通信役務提供者」（法 2 条 3 項）に該当し、一定の要件をみたす限り、責任制限の対象になることが多い。

(7)　JASRAC と YouTube が包括契約を締結する前の論文であるが、浜田治雄・安田和史「動画配信サイトサービスと著作権侵害」日本大学知財ジャーナル 1 号（2009 年）159 頁は、「YouTube のサービスは、厳密には「他人の不法行為を利用して競争優位性を獲得したビジネスモデル」といえるため、現行法では対応が難しい以上、当該サービスの普及は認めざるを得ないかとも考えられるが、著作権者が対価を受け取れない状況を野放しにすれば、文化の発展を阻害しかねない」として、課題を指摘していた。

(8)　小嶋崇弘「拡大集中許諾制度」コピライト 649 号（2015 年）17 頁。

◇第Ⅰ部◇　権利の内容・制限と利用許諾

者側がその利用行為に対して積極的にライセンスを提供していなかったとしても、集中管理団体は、利用許諾を与えることができる可能性がある。なお、同制度は、オーファンワークスの利用円滑化を図ることを直接の目的としたものではないが、特定の作品の著作権者等が不明であっても、一定の利用目的との関係では ECL の対象に含まれるため、結果としてオーファンワークスの問題を克服できるという利点もある[9]。

　ECL は上記のような大胆な帰結を生じるため、ECL スキームが具備すべき共通する基本的内容として、次の点がある[10]。すなわち、①集中管理団体が ECL 契約の当事者となるための適格性を有していること、②集中管理団体と利用者の自主的な交渉を通じて ECL 契約が締結されること、そして、③ ECL 契約が対象とする著作物の種類および利用形式が著作権法上の ECL 規定の対象にふくまれていること、である。ただし、③に関しては、一般拡大集中許諾（一般 ECL）もあり、その場合、たとえばイギリスの例がそうであるように、ECL スキームの対象となる著作物や利用態様がどうなるのかということは、あらかじめ法定されていない。

　また、④非構成員の利益を守るためのセーフガードが用意されていることは、同制度においてきわめて重要な意味を有する。セーフガードの存在が、ECL 契約の効果を非構成員に及ぼすための実質的な正当化根拠のひとつとなるためである。具体的には、オプトアウト権が保障されていること、使用料分配に関する構成員との平等性、（ECL 契約の内容に満足できない場合の）個別の使用料請求権、集中管理団体との間で使用料額について合意が得られない場合の調整・仲裁申立ての制度が、セーフガードの要素となる場合が多いようである。

　ECL を活用する伝統を有してこなかったイギリスが新たに同制度を導入したことは、未だそれを導入していない諸国にとっては、壮大な社会実験の観察の対象となりうるものであり、有益な示唆をもたらす。以下、イギリスにおいて同制度を導入した沿革、制度の概要、運用の状況と評価について紹介する。

---

(9)　オーファンワークス問題の解決策としての拡大集中許諾について、米国における議論などを参照しながら論じるものとして、鈴木雄一「孤児著作物問題の解決策としての拡大集中許諾——米国著作権局の最近の提案を巡って」Nextcom21 号（2015 年）14 頁がある。

(10)　小嶋・前掲注(8)18-19 頁。

Ⅳ　イギリスにおけるECLの導入[11]

1　制度の沿革

　イギリスでは、2011年の連立政権誕生後、保守党のDavid Cameron首相の提案をきっかけとした政府の諮問に基づいて、カーディフ大学のIan Hargreaves教授が知的財産政策に関するレヴューを作成することとなり、2011年5月に「Digital Opportunity A Review of Intellectual Property and Growth」と題する報告書として公表された。知的財産庁（UKIPO）は、2011年8月に公表した最初の応答において、基本的にハーグリーヴス・レヴューの内容に沿った報告書を提出し[12]、更なる検討を進めることになった。具体的には、オーファンワークス（孤児著作物）、ECL、集中管理団体の業務実施規定、情報社会指令の範囲内での著作権例外規定（私的複製、非商業的研究、アーカイヴとパロディの問題を含む）、UKIPOによる著作権情報サービス[13]に関して、コンサルテーションの手続が進められ[14]、また、コンサルテーションと並行して、政府による現段階での影響評価（Impact Assessment）[15]も実施されるなどして、それぞれ法改正に至っている。

　同レヴューで提案されたECLについては、2013年に同制度を導入するためにイギリス著作権法に新たな規定を導入する規定も含んだ2013年の企業・規制改革法（ERR法）が成立した。ERR法は、イギリスの著作権法である1988年CDPA[16]（以下、CDPAとする）の116Bから116Dおよび附則2Aの1B条から

---

(11)　イギリスの制度概要については、作花文雄「マス・デジタル化時代における著作物の公正利用のための制度整備 —— 拡大集中許諾制度の展開・「Orphan Works」問題への対応動向〔前編〕」コピライト650号（2015年）50頁、一般財団法人ソフトウェア情報センター『平成27年度文化庁委託事業　拡大集中許諾制度に係る諸外国基礎調査報告書』（2016年）〔今村哲也執筆部分〕81頁がある。

(12)　HM Government, *The Government Response to the Hargreaves Review of Intellectual Property and Growth*, (Intellectual Property Office, 2011).

(13)　UKIPOが著作権法の解釈について法的見解を表明する権限の付与に関する問題であり、ハーグリーヴス・レヴューの10番目の提案に示されている。

(14)　HM Government, *Consultation on Copyright* (Intellectual Property Office, 2011).

(15)　古賀豪「英国の政府提出法案の立案過程 —— 英国内閣府の『立法の手引き』」レファレンス731号（2011年）91頁によると、影響評価書とは、「政策変更に当たっての可能な選択肢の影響の分析であり、対処すべきリスクや問題と可能な選択肢を、何もしない場合、立法以外の措置の場合等と比較して評価する」ものである。

◇第Ⅰ部◇　権利の内容・制限と利用許諾

1D条を新設し、ECLのスキームを国務大臣が定めることができるとする規定を導入するものであった。2014年にこれを実際に運用するためのECLに関する規則（以下、ECL規則とする）が成立した[17]（2014年9月11日成立、同年10月1日施行）。

　ハーグリーヴス・レヴューが、ECLの導入を支持した理由は、権利者の利益を維持しながら、著作物のライセンスをより効率的に行い、かつ作品を適法に使用する上で不必要な障害を取り除く可能性があると認識されたためである。すなわち、ECLは、オプトアウトベースの利用許諾により権利クリアランスの過程を簡素化することを目的としていた。政府がECLを導入することを決めた趣旨については、より具体的に、コンサルテーションに対する政府の回答において、以下のように示されている。「この政策は、ライセンシングの簡略化を促進するために作成されたが、副次的に、取引コストを削減し、申し込みの適法性を改善し、イギリスの著作権制度への信頼の強化をもたらす可能性がある。また、ECLにより、事実上のECLを運営している集中管理団体が法的な裏付けをもって運営できるようになり、ライセンサーとラセンシー共に法的安全性をもたらすことになる」[18]。すなわち、すでに多数の権利者を代表する集中管理団体がブランケット・ライセンスを運用している場合、実際のところECLに近いスキームを運用しているようであり（de fact ECLといわれる）、こうした団体がECLの許可を受ける機会が与えられることにより、適法な運営を行うことができるようになるということを意味する[19]。

2　制度の概要

　イギリスのECLは、対象の分野や利用形態を特化しない、いわゆる一般ECLを想定している[20]。ECLスキームを利用するかどうかは、その内容も含め

---

[16]　Copyright Design and Patent Act 1988, c.48 [CDPA].

[17]　The Copyright and Rights in Performances (Extended Collective Licensing) Regulations 2014, 2014 No. 2588.

[18]　IPO, Government response to the technical consultation on draft secondary legislation for ECL schemes, p.3.,〈https://www.gov.uk/government/uploads/system/uploads/attachment_data/file/309894/government-response-ecl.pdf〉（2016年2月27日所在確認）。

[19]　一般財団法人ソフトウェア情報センター・前掲注(11)〔今村哲也執筆部分〕（2016年）82頁。

[20]　一般ECLは、個別ECLを採用してきた北欧諸国でも導入されてきて、2008年デンマ

て、集中管理団体のイニシアチブによる。集中管理団体は、イギリス内でECLスキームを運用することを国務大臣（ビジネス・イノベーション・技能大臣[21]）に対して、書面により申請する（ECL規則5条）。国務大臣は、一定の基準およびセーフガードを充足しているかという観点から申請を審査し、ECLスキームを運用することの可否を判断して授権する（ECL規則4条(4)(a)-(f)）。ECLの対象となる著作物の種類や許容される利用行為は、集中管理団体の申請内容に基づいて、国務大臣が許可を与える（ECL規則4条(1)、(2)）。

　国務大臣の審査する具体的な条件は、①許可の時点で、権利管理団体が、申請段階にあるECLスキームの対象となる種類の著作物に対して、集中許諾によってライセンスを付与していること（ECL規則4条(4)(a)）、②申請段階にあるECLスキームの対象となる種類の著作物について、集中管理団体が代表として管理する範囲（代表性：representation）が相当程度に大きい（significant）こと（ECL規則4条(4)(b)）、③集中管理団体の業務実施規程が、非構成員の権利者の保護に関する基準を含め、二次的立法としての規則において指定されている基準（指定基準）[22]に適合していること（ECL規則4条(4)(c)）、④複数の著作物に対するオプトアウトの仕組みを含め、オプトアウトの仕組みが、権利者の利益を保護する上で適切であること（ECL規則4条(4)(d)）、⑤スキームを周知するための仕組み、正味ライセンス料[23]を分配するために非構成員の権利者と

ーク、2013年スウェーデン、2015年ノルウェー、2016年アイスランドが導入し、フィンランドは導入を検討中であるという。一般財団法人ソフトウェア情報センター・前掲注(11)（2016年）127頁。「北欧諸国では、技術の進展に伴ってECLが有益な分野が増加することに対応するためのものであると考えられており、新たな領域での一般ECLの活用が始まっている」（同131頁）のであるという。

[21]　Secretary of State for Business, Innovation and Skills, Department for Business, Innovation and Skills.

[22]　イギリスでは、集中管理団体の規律について自己規制（self-regulation）の制度が実施されている。そして、2014年に制定され、施行された2014年業務実施規程規則（The Copyright (Regulation of Relevant Licensing Bodies) Regulations 2014, 2014 No. 898）に基づき、集中管理団体は、指定された基準を遵守する業務実施規程（Code of Practices）を守りながら自己規制を行うことが必要となる。このミニマムスタンダードとしての指定基準は、構成員、ライセンシー、潜在的ライセンシーに対し、集中管理団体と取引をする場合のセーフガードを提供することを目的としている。なお、EU（欧州連合）では、2014年に集中管理団体に関する欧州指令が採択された（Directive 2014/26/EU）（Collective Rights Management (CRM) Directive）が、その実施のため、2016年に、2014年の規則は廃止され、新規則が制定された。

◇第Ⅰ部◇　権利の内容・制限と利用許諾

連絡を取るための仕組み、及び未分配の正味ライセンス料を分配するための仕組みが、非構成員の権利者の利益に照らし、申請段階にあるスキームにおいて適切であること（ECL 規則 4 条(4)(e)）、⑥集中管理団体が、申請段階にある ECL スキームについての必要な構成員の同意を取得していること（ECL 規則 4 条(4)(f)）、である。

なお、未分配のライセンス料は、集中管理団体が一定期間保持はするが、自由に利用することはできず、一定期間経過後は公的機関に移管することになる（ECL 規則 19 条参照）。国務大臣は、ECL スキームの許可の日から 8 年間、権利管理団体によって分配されなかった正味ライセンス料を保持しなければならない。国務大臣は、非構成員の権利者の便宜に資するよう、当該正味ライセンス料の一部又は全部を充当して、社会的、文化的、及び教育的活動に出資することを含め、正味ライセンス料の使途を決定することができる（ECL 規則 19 条(3)）。

3　運用の状況と評価

このようにイギリスにおける ECL の下では、ECL スキームの運用を希望する集中管理団体が自らそのスキームの内容を定めて、国務大臣にそれを申請して、審査を経て許可を受けることになる。ECL を運用するための規則は 2014 年 10 月に制定されたが、2016 年 3 月末の時点でまだ申請はない。ECL スキームを申請するための要件とそれを満たすための手続の複雑さに起因するとの指摘もある[24]。これに加えて、2014 年、EU では、集中管理団体に関する欧州指令が採択されたが[25]（CRM 指令）、イギリスでもこの指令を国内実施するための集中管理団体に関する新規則の制定が、2016 年にも予定されており、ECL スキームの申請を予定する集中管理団体も、新規則の制定とそれに連動する ECL の手続の修正を待っているようでもあった。これについては、2016 年 2 月に欧州

---

[23]　ECL 規則の定義規定によると、「正味ライセンス料」とは、著作物に関して拡大集中許諾スキームの下で権利管理団体が受領したライセンス料から、合理的な管理手数料を差し引いたものを意味する、とされている。

[24]　Mendis, D. and Stobo, V., 2016. Extended Collective Licensing in the UK − One Year On: − A Review of the Law and a Look Ahead to the Future. European Intellectual Property Review, 38(4), 219.

[25]　Directive 2014/26/EU of the European Parliament and of the Council of 26 February 2014 on collective management of copyright and related rights and multi-territorial licensing of rights in musical works for online use in the internal market.

◆第7章◆ 拡大集中許諾制度導入論の是非［今村哲也］

指令を導入する集中管理団体に関する新規則が導入されるとともに[26]、UKIPO は、アップデートされた ECL 申請のためのガイダンスの修正版を同年8月に公表している[27]。

　新制度の評価について、少なくとも現時点においては、デジタルアーカイヴ事業の推進など大量デジタル化の場面における活用のような新しいビジネスモデルにおける運用ではなく、むしろ、ブランケット・ライセンスを通して既に集中管理団体がリスク負担でやっている事実上の ECL スキームを合法なものとするという点に意義があると理解されているようである[28]。したがって、同制度の導入に対しては、既存のライセンス・スキームを有する集中管理団体からは肯定的な見方が多いようである。他方で、アーカイヴ団体からは、大量デジタル化の文脈では積極的に反対はしないものの、この制度がもつ現実のメリットについては疑問が呈されている。具体的には、アーカイヴ資料の多くは非商業的に提供されていることや、デジタル化の許諾を得る場合にも、通常の場合、権利者はライセンス料を請求しないことを考慮すると、ライセンス料の集中管理団体に対する支払いは、一部の文化的な機関にとって金銭的にみて最善の選択肢というわけではないという指摘がある[29]。ECL スキームの下でデジタルアーカイヴの配信事業を行う場合には、ライセンス料を支払わなければならなくなるが、そのことがかえって不利益になる可能性もあるのである。

V　ECLの導入論の意義

　イギリスでは、少なくとも現時点において、ECL スキームを新しいビジネスモデルの開拓に用いるというような積極的な動きは見られない。そもそも、ECL スキームは、これまで権利の集中管理が何らかの理由で発達してこなかっ

---

[26] The Collective Management of Copyright (EU Directive) Regulations 2016, 2016 No. 221.

[27] UKIPO, Extended Collective Licensing: application guidance 2016. ガイダンスの主な修正は、集中管理に関する新たな規則を遵守していることの宣言を要求する点にある。

[28] この点については、一般財団法人ソフトウェア情報センター・前掲注(11)〔今村哲也執筆部分〕（2016 年）82 頁参照。

[29] Deazley, R., and Stobo, V. (2013) Archives and Copyright: Risk and Reform. Working Paper. CREATe / University of Glasgow, Glasgow, UK. p. 37, Available at 〈https://zenodo.org/record/8373/files/CREATe-Working-Paper-2013-03.pdf〉（2016 年 3 月 30 日所在確認）。

◇第Ⅰ部◇　権利の内容・制限と利用許諾

た領域においては、役に立たない可能性が高い。すなわち、ある分野では、①著作物等のライセンスの市場が、権利の集中管理がなくても、適切に形成されてきた場合もあるであろうし、②権利制限／例外の存在によりライセンスが不要であったという場合もあるだろう。つまり、現状でも、すべての分野において、権利の集中管理が発達しているわけではないし、それが期待されているわけでもない。また、権利の集中管理が発達していない領域には、一般的に、最終的な利用段階での行為が、そもそも法定された利用行為に該当しないか、あるいは法定された権利の制限に該当するために、権利処理が不要であった状況があったものと考えられる。

　北欧諸国におけるECLについて、「各国に共通する規定としては、教育活動における複製、企業内複製、図書館・アーカイヴ・博物館による複製および公衆への提供、障害者のための映画および放送の複製、放送機関における番組アーカイヴの利用、番組の再放送」であり、さらに「ノルウェーおよびデンマークでは、視覚障害者のための放送における著作物の固定」、そして「デンマークでは、公衆へ提供された美術の著作物の複製」があるとされる[30]。これらをみると、教育活動における複製など、我が国では権利の制限規定で対応している著作物の利用態様も、含まれているようである。したがって、北欧諸国以外の諸国において、ECLを導入する場合、既存の制度との棲み分けが問題になる。ECLスキームは、基本的にライセンスのスキームであるため、既存の権利の制限規定よりも、利用者にとっては不利になる場合も考えられるので、集中管理団体がECLスキームを提供しても、既存の権利制限規定の方が無償で利用できるなど魅力的な内容であれば、集中管理団体と潜在的利用者との新たな契約はあまり期待できない。これは現在の集中許諾スキームでも同様の問題である。

　しかし、それでもECLの導入には一定の意義があると思われる。まず、過去の著作物の蓄積とデジタル化・ネットワーク化により、作品の新たな利活用の方法が増えた結果、最終的な利用段階での行為が、著作物の単なる「使用」ではなく、支分権の対象となる法定「利用」行為に該当する場合が増加してきた（アーカイヴによる過去の著作物の利活用やUGC：User-Generated Contents[31]など）。

---

[30]　小嶋・前掲注(8)18頁。
[31]　UGCとは、ユーザーが作り出したコンテンツである。UGCは、ユーザーが既存の著作物を素材に二次創作を行うことが多いので、著作権処理が大きな課題となる。福井健

また、利用する当事者やその場面は同様であっても、より効率的な方法が開発され、利用の態様が変化したため、法定の権利制限規定には該当しない場合が増えてきた。たとえば、教室で著作物の複製物を配布する場合、著作権法35条に該当する場合があるが、学内LANにアップロードする場合には、たとえセキュアなネット環境で生徒だけがアクセスできる場合であっても、同条には該当しない場合がでてくる。

　この点、集中管理の仕組みは、著作権制度が内在する権利・利用のフラグメンテーション（すなわち、著作権に各種の支分権があるとともに、利用行為が不特定かつ多数化してきたこと）に対する有効な策であった[32]。しかし、上記の状況における更なる権利・利用のフラグメンテーション化に対しても、ことごとく対応できるかは不明である。権利者が利用のイニシアチブを取る場合、権利者は集中管理を通して利用許諾スキームを用意するか、あるいは、何もしなければよいだけであったが、利用者の側がイニシアチブを取って、権利者が想定していなかった利用態様で著作物を利用する場合、集中管理の利用許諾スキームが用意されていない上に、利用者は権利者が何もしないことを期待することには法的リスクがあるため、利用許諾を得るための努力をしなければならないが、そのコストは過大となることも多いからである。

　新たな利用の登場ないし利用の不特定多数化は、著作物の利用に関する需要というパイの拡大ともいえる。このパイの分配について、必要となる利用許諾が経済的にみて効率的に行われるのであれば、許諾権としての著作権の存在を基礎として、市場に委ねてよいように思われる。すなわち、発生するコストを利用者に転嫁しても市場が成り立つのであれば、それで構わないように思われる。しかし、権利クリアランスのコストが過大で、利用者のイニシアチブによる新たな著作物の利活用が実現しない場合には、その間に、社会的利益が失われてしまう可能性があることを考慮しなければならない。

　ECLは、こうした問題状況を解決する手段のひとつとして、有効に活用でき

策・中川隆太郎「UGCと著作権：進化するコンテンツの生態系」IPマネジメントレビュー14号（2014年）4-9頁によると、現状の対策としては、①包括許諾契約、②広告収入分配システムがあり、より広範な取り組みとして、③パブリックライセンスがあり、その他、別の「仕切り」としていわゆる④暗黙の了解も存在するとされる。また、立法による解決としては、著作権法にパロディ規定を導入するという方策も考えられるという。

[32] Daniel Gervais, Extended Collective Licensing: A Significant Contribution to International Copyrighyt Law and Policy, Liber Amicorum Jan Rosén, 2016, p. 311.

◇第Ⅰ部◇　権利の内容・制限と利用許諾

る可能性がある。第一に、権利集中管理団体の既存のライセンス・スキームを補完するという点である。ある分野の大多数の作品を管理している集中管理団体が利用許諾スキームを提供する場合に、管理対象物ではない作品も適法に利用許諾できるようにすることである。既存のブランケット・ライセンスが、特定の集中管理団体が管理しているレパートリーだけでなく、ECL スキームにより当該団体の非構成員の作品も含むことになれば、既存のライセンス・スキームはより完全なものとなる。この点は、特にイギリスの関係者から ECL が好意的に指摘されている理由の一つである。

　第二は、既存の権利の制限／例外規定等で対応できなくなった「新たな利用」における著作権者の利益と社会的利益とのバランスを図る道具としての ECL という視点である。

　この点について注意を要するのは、ECL は、あくまで、数ある制度論のメニューの1つにすぎないという点である。たとえてみれば、万能の処方薬あるいはワンサイズ・フィッツ・オールの解決策ではない。薬や洋服がそうであるのと同様に、社会規範を提示するための形式も、その名宛人によって、受け入れやすいものと、受け入れにくいものとがあるはずである。実は、新たな利用が問題となっている領域の特徴として、規範の名宛人の性質が、著しく異なるということがある。すなわち、新たな利用について規範が問題となる領域（規範領域）には、エンド・ユーザーの規範領域（動画共有サイト利用者（その他、素人の二次創作／SNS での利用の分野）、「コンテンツ」へのフリー・アクセス、P2P によるシェア）と、専門家ユーザー（中間介在者含む）の規範領域（アーカイヴ、大量デジタル化、プロフェッショナルによる二次創作、データマイニング、動画共有サイト運営者）とがある。これらは、規範を読み解く能力あるいは求められる能力において格段の違いがある。それぞれの名宛人に適した、各種の社会規範の運用が必要となるだろう。この点は、本稿の最後でも言及する。ただ、いずれにしても、ECL は、少なくとも、新たな問題を解決する上での制度論のメニューの1つにはなり得ると思われる。この点に関して、Daniel Gervais 教授は、インターネットにおける大量のユーザーの利用はもはや止められないという許諾権に対する諦観から、「現時点で私が考え得る唯一の解決策は、大量のインターネット上のユーザーに対して、彼らがかかわるすべての創作、実演、発行、制作、そして著作権「コンテンツ」の利用を尊重して、ライセンスを与えることである」とし、それを実現するための最善の方法は、ECL を用いることであ

ること示唆している[33]。

　しかし、この制度にしても導入してすぐに万全の機能を果たすわけではなく、有効に機能させるには、解決しなければならない様々な問題点を抱えている。特に、Pamela Samuelson 教授が指摘するように、大量デジタル化プロジェクトについてこれを活用する上では、克服が難しい問題もあるようである。以下では、ECL を導入する場合に生じる一般的な問題点について、Samuelson 教授の批判のポイントも踏まえながら、検討を行う。

VI　ECLをめぐる論点

1　ECL 契約の拡張効果の法的根拠

　契約は原則として相対的効力しか有しない。しかし、ECL 契約の効果は、集中管理団体の非構成員に対しても及ぶ。非構成員は、オプトアウトしない限り、ライセンスの付与を負担しなければならない。このことをどのように正当化するのか。大別すると 2 つのアプローチが考えられる。1 つは、契約の相対的効力の例外を認めること、もう 1 つは、第三者の利用行為について違法阻却すること、である。

　契約の相対的効力の例外を認めることについては、具体的アプローチの種類として、第一に、労働協約のような団体協約を法律により第三者に拡張的に適用することが一般的な法文化がある場合において、自然に許容されるアプローチである場合もあれば、第二に、ECL 契約の拡張効果の幾つかの正当化根拠を積み上げることで、相対的効力の例外を認めていくというアプローチも考えられる。たとえば、前者の例について、北欧の制度では、著作権法の規定（ECL 規定）に基づき、ECL 契約に拡張効果が与えられている。この点、ベルギーの研究者によると、ベルギーの産業分野の文化として労働問題は団体協約によって解決が図られるといわれ、労使間をそれぞれ代表する非常に強力な団体が存在し、それらの合意した団体協約は法律によって第三者に対しても拡張されるので、ECL モデルはそのような団体交渉に関与している当事者の意図や経験に依存しているのだとされ、産業分野において団体協約が重要な役割を果たす背景を持たない国では理解しにくいのではないかという見方が示されている[34]。他

---

[33] *Ibid.*, p. 320.
[34] Strowel, Alain. (2011), The European "Extended Collective Licensing" Model, 34

◇第Ⅰ部◇　権利の内容・制限と利用許諾

方、後者の例として、イギリスでは、法律が国務大臣にECLの許可を与える権限を付与し、国務大臣がその権限に基づいて、集中管理団体による申請に対してECLスキームを運営する許可を与えるということで、形式的には正当化されているようであるが、その前提として、ECLにより実現される社会的利益、おおよびECL申請の要件の審査を通して、オプトアウトの保障などのセーフガードを含む各要件が充足されていること、また、これまで集中管理団体が運営してきた事実上のECLスキームを適法化することなどが、制度の実質的な正当性を担保しているものと考えられる[35]。

　契約の相対的効力の例外を認める、ということを正面から通すのは、既存の法体系との整合性[36]を緻密に審査する内閣法制局審査のフィルターを通りにくいかもしれない。では、このような方法は、我が国で採用できるだろうか。ECL契約の効果の拡張によって得られる効果は、結局のところ、非構成員の著作権が一定の範囲で制限されるという効果である。契約の拡張効果という手段を経由しているにしても、著作権法の規定によりECL契約の拡張効果が与えられているのだとすれば、法律による権利制限が許容される場合と同様に理解することも不自然ではない。また、イギリスも採用した一般ECLの場合でも、具体的なECLスキームを審査し許可するのは法律によって授権された国務大臣であるため、法律によって権利制限が許容される場合と同様に理解することもできるように思われる。とすると法規によって権利義務の内容を定めるという建前にすれば、法体系上、許容できる場合もあるように思われる。たとえば、我が国でも、著作権法においてECLスキームの内容を、包括的委任にならない範囲で政令に委任し（たとえば、著作権法において、ECLの内容について必要な事項は政令で定める、などと規定する）、集中管理団体によるECL申請に対して政府が認可した内容について、政令により規定するという方法も取り得るのではないかと思われる。著作権等管理事業者の業務等に関する内容にわたるため、

　　Colum. J. L. & Art 665.
[35]　イギリスにおける、集中管理団体の構成員ではない著作権者にECL契約の効果を及ぼすことの正当化根拠に関する調査について、一般社団法人ソフトウェア情報センター・前掲注(11)〔今村哲也執筆部分〕(2016年) 90-91頁参照。
[36]　内閣法制局審査では、具体的には、①法律として制定する必要性、②規則、手続等について、憲法を頂点とする既存の法体系との整合性を確認した上で、③表現の統一、④条文配列の論理的順序、⑤文書の正確さが厳格に審査されるといわれる。中島誠『立法学序論・立法過程論（第3版）』（法律文化社、2014年）81頁。

◆ 第7章 ◆ 拡大集中許諾制度導入論の是非［今村哲也］

著作権等管理事業法の改正も必要となるであろう。

　他方、第三者の利用行為を違法阻却することについては、事務管理法理を用いることが有識者から提案されている[37]。事務管理法理において、所在不明となった権利者を「本人」ととらえ、また、集中管理団体が事務管理者として登場する仕組みとして説明することで、民法の一般法理を具現した制度を著作権法の場面で構築する仕組みとして整理する考え方である。

　事務管理法理を根拠として制度を設計していくという見解については、相互扶助の考え方を基本とする事務管理法理において、許諾を与えるか否かという能動的な財産権の行使をその対象とすることが果たしてふさわしいのかという問題、すなわち、財産権に対する介入の程度として強すぎるのではないかという問題がある。また、集中管理団体が事務管理として許諾することについて、事務管理法理に基づき、許諾行為そのものを違法阻却の対象としたり（民法 698 条参照）、事務の管理に要した費用の償還を求めたりすること（民法 702 条参照）は説明できるが、事務管理者が第三者（著作物の利用者）に許諾を与えたことの効果が本人に帰属すること、すなわち、本人である権利者が第三者に許諾を与えたことになるということを説明することは、適用場面を限定すれば立法論として可能であるかもしれないが、現行法の解釈論としては難しいという問題点がある。事務管理は、事務管理者と本人との間の法律関係をいうのであって、管理者が第三者となした法律行為の効果が本人に及ぶ関係は事務管理関係の問題ではないと考えられているからである（最判昭 36・11・30 民集 2692 頁参照）。なお、著作物の利用者の利用行為それ自体も事務管理として構成できる状況であれば、その利用が適法であることを説明することはできるだろうが、その場合には、二次使用料を集中管理団体を通して徴収することが義務づけられているような場合を除いて、「集中管理」としての拡大集中許諾制度の問題として論じる必要性も低くなるだろう。

　以上に対して、実は、上記の事務管理法理を参照する見解は、著作物の利用を許諾し、対価を得て利益を確保するとの本人の推定的意思がある場面であることを前提とし、許諾権というよりも、報酬請求権の代行という部分に重点が置かれている。また、重要な点として、上記の見解は、オーファンワークスの利用という、権利者と集中管理団体および第三者の関係が、相互扶助の理念を

---

(37) 玉井克哉「行政処分と事務管理──孤児著作物問題の二つの解決策」Nextcom 21 号（2015 年）6-8 頁。

◇第Ⅰ部◇　権利の内容・制限と利用許諾

実現するのにふさわしいともいえる場面について展開された見解である。つまり、拡大集中許諾全般の正当化理由として、事務管理法理を援用しようとする見解ではない。そのため、効果帰属の問題を現行法の解釈論でも説明しうるものと考えるのか、それとも立法論を要するのかという問題は更なる議論が必要と思われるものの、前提としている問題との関係では、正鵠を得た理論的説明である評価することもできよう。

以上のように、説明の仕方はさまざまあるとは思われるが、ECLを運用していく法的な正当化根拠については、我が国の法体系上、それを見出すことが理論的に不可能とまではいえないように思われる。

2　ワンサイズ・フィッツ・オールの解決策ではないこと

利用者が活用しようとする1作品は、1類型の著作物のみによって構成される場合ばかりではない。ECLを導入したとしても、二次利用する予定の1つの作品にいくつもの著作物が含まれるために、処理しなければならない幾つかの権利がある場合、そのひとつひとつを個別に処理する必要があることに変わりない。たとえば、ある集中管理団体が、特定の類型の著作物の特定の支分権しか管理していないのであれば、その権利について許諾が得られたとしても、作品を全体として利用することはできない場合が出てくる[38]。

もちろん、1つの作品に、いくつもの同じ類型の著作物が含まれるのであれば、ECLスキームを利用することにより、ワンストップで権利処理が可能となるかもしれない。アーカイヴ・プロジェクトについても、同じ類型の著作物のみを処理するのであれば、ECLスキームは効果的に機能するだろう。

しかし、著作権法に例示されている著作物の類型にかぎっても、言語の著作物、音楽の著作物、舞踊・無言劇の著作物、美術の著作物などの類型があり、例示外の著作物も含めると、作品の使用するメディアによっては、いくつもの類型の著作物を含むことが考えられる。こうした場合、残された権利の部分については、通常の手続での利用許諾を得ることが必要であるため、結局のところ、ECLによって実現できる権利処理の効率性がどの程度意味のあるものであるのか疑問が生じることになりかねない。

この点に関する対応の方向性については、イギリスでの立法動向から有益な示唆を得ることができる。イギリスの2013年の企業・規制改革法では、ECL

---

[38] Samuelson, Pamela, *supra* note (1), p. 75-76.

◆第7章◆　拡大集中許諾制度導入論の是非［今村哲也］

だけでなく、オーファンワークスに関する利用許諾制度という、2つのスキームを国務大臣が定めることができるとした。オーファンワークスに関する利用許諾制度は、強制許諾制度の一種であるが、オーファンワークスという特定の問題に対応するものであり、ECL はより一般的にオプトアウトベースの利用許諾により権利クリアランスの過程を簡素化することを目的としたものである。そして、2014年の法改正で、アーカイヴに関する例外規定の拡大や、オーファンワークスのライセンス・スキームを運用する規則も制定した[39]。また、これと並行して、EU オーファンワークス指令を実施する規則[40]も施行されている。

　これらの制度はすべて相互に矛盾するものではない。オーファンワークスのライセンス・スキームと ECL の関係について、イギリス政府の報告書は[41]、ECL はオーファンワークスまたはその可能性のある著作物に関するライセンスの標準的な解決手段となることを意図したものではないとしている。ただし、ECL スキームはオーファンワークスを包含する場合もあり、またいずれも非独占的なライセンスを与えるにすぎないものであることから、両制度が併存して適用される場合があることも想定している。また、オーファンワークスのライセンス・スキームとオーファンワークス指令との関係については、イギリスのオーファンワークスのライセンス・スキームはその範囲と適用においてより広いものであり、当該指令にとって相互補完的なものとして設計されるとのことである。つまり、権利の制限を認めるオーファンワークス指令の制度と、イギリス独自のオーファンワークスのライセンス・スキームは併存することになる。

　また、ハーグリーヴス・レヴュー報告書では、デジタル世界における大量の作品の少額な取引に対応するシステムとして、デジタル著作権取引所を創設することが提案された[42]。このアイデアは、2013年になって、「著作権ハブ」とい

---

[39] The Copyright and Rights in Performances (Extended Collective Licensing) Regulations 2014, 2014 No. 2588; The Copyright and Rights in Performances (Licensing of Orphan Works) Regulations 2014, 2014 No. 2863.

[40] The Copyright and Rights in Performances (Certain Permitted Uses of Orphan Works) Regulations 2014, 2014 No. 2861.

[41] IPO, FACTSHEET — Orphan Works Licensing Scheme and Extended Collective Licensing (2014).

[42] Ian Hargreaves, Digital Opportunity: A Review of Intellectual Property and Growth, (An Independent Report by Professor Ian Hargreaves, May 2011) p. 12.

◇第Ⅰ部◇　権利の内容・制限と利用許諾

う名称のシステムとして始動している[43]。オーファンワークス問題との関係では、作品と権利者情報をできるかぎり紐付けすることで、著作権者不明状態になることを事前に防止するシステムとして機能しうる[44]。また、新たな強制許諾制度における入念な調査の要件との関係では、ポータルサイトである著作権ハブを用いた調査と入念な調査の要件の充足性との関連付けが模索されている[45]。

　ライセンスを前提として過去の著作物を利用円滑化するのであれば、ワンサイズ・フィッツ・オールの解決手段はなく、制度を構築し、運用するためのコストのことを考慮しながら、いくつもの「制度メニュー」を用意しておくことの必要性を示唆しているのではないかと思われる。

3　未公表の作品は対象にならないこと

　アーカイヴは、公表されているが未発行の作品も含めて、未公表（未発行）の言語の著作物や写真などを所蔵している場合も多いと考えられるが、未公表の著作物は、基本的に集中管理団体の管理の対象になっていないため、結局のところ、ECL スキームは、こうした素材のアーカイヴ化に関しては対応できないという問題点が指摘されている[46]。たとえば、JASRAC の運用では、「おつくりになった作品が、原則として過去１年以内に、日本国内で第三者によって利用されていること。あるいは、利用されることが確定していること」が必要とされている[47]。もちろん、集中管理団体の構成員が自らの未公表の作品を委託管理の対象とする管理委託契約を設けることもできるだろう。また、ECL スキームにおいても未公表のものを対象にし、オプトアウト可能にすることも考えうる。しかし、未公表の著作物一般を管理委託の対象とすることについては、構成員が同意するとは考えにくいし、また、非構成員についてだけ未公表の作品

---

[43]　The Copyright Hub のウェブサイト〈http://www.copyrighthub.co.uk/〉（2016 年 3 月 31 日所在確認）。著作権ハブの最近の動向に関しては、張睿暎「デジタルコンテンツの流通促進に向けた制度設計―― 韓国・英国のデジタル著作権取引所（DCE）構想および欧米の動向からの示唆」著作権研究 42 号（2016 年）117 頁参照。

[44]　The Copyright Hub Launch Group, The Copyright Hub: Streamlining copyright for the digital age（2013）, p. 7.

[45]　*Ibid*, p. 9.

[46]　Samuelson, Pamela, *supra* note（1）, p. 78.

[47]　JASRAC「著作者（作詞者・作曲者）：申込書類と費用のご案内」（2016 年 2 月 28 日所在確認）〈http://www.jasrac.or.jp/contract/trust/condition_1.html〉。

も対象とすることは、構成員と非構成員の平等性という観点からは問題があると思われる。未公表の作品をも対象とした ECL スキームは難しいと言わざるを得ないであろう。この点、イギリスでも、アーカイヴは主として個人的な文書（書簡、資料記録、未刊の原稿）のような収蔵物を有しているが、そうした著作物の著作権について、その分野の多数の代表性を主張できる集中管理団体はないのではないかという指摘がある[48]。

なお、一般的にアーカイヴにおいては、未公表の作品を収蔵していることも多いと思われるがこうした作品を公益目的でデジタル複製したりする場合において、そもそも権利者が不明ということで許諾を得られない場合が多いであろう。ただ、未公表のオーファンワークスが一切アーカイヴ化できないかというとそうでもない。ECL に関するものではないが、権利の制限・例外という方式でオーファンワークスの利用を許容する EU オーファンワークス指令においては、発行又は放送されたことがない著作物やレコードであっても、権利者の同意に基づいて、加盟国で設立されている公共のアクセスが可能な図書館等において一般にアクセス可能な状態であった場合には、権利者が、指令で限定されている一定の利用行為に反対をしないと合理的に考えられることを条件として、指令の対象となるオーファンワークスとなり得る（同第 1 条第 3 項）とする規定がある。つまり、未発行であっても非公開の状態でないオーファンワークスは、同指令の下で、デジタル複製等ができる余地がある。

4　ECL スキームを利用する集中管理団体をめぐる問題

第一に、集中管理団体がない分野では ECL スキームが運用できないという根本的な問題がある[49]。集中管理団体がない分野では、ECL スキームの導入において達成しようとする政策目的が実現できないという問題が生じるのである。そもそも当該分野では集中管理団体が不要であったので、発展してこなかったといえる場合もあるが、新しい問題状況、たとえば、アーカイヴ目的のための ECL スキームが必要であるというケースに対して、どのように対応するべきか。

---

[48] Deazley, R., and Stobo, V. (2013) Archives and Copyright: Risk and Reform. Working Paper. CREATe / University of Glasgow, Glasgow, UK. p. 49. Available at https://zenodo.org/record/8373/files/CREATe-Working-Paper-2013-03.pdf〉（2016 年 3 月 31 日所在確認）。

[49] Samuelson, Pamela, *supra* note (1), pp. 76-77.

◇第Ⅰ部◇　権利の内容・制限と利用許諾

　この問題は、具体的には集中管理団体のインフラ整備を誰が負担するのかという問題としてあらわれる。この点、イギリスでは、ECL スキームは申請したい集中管理団体が申請するのであって、そうした団体がないところでは ECL スキームは利用されないという立場のようである（単体の写真など）。そのことは、許可の時点で、集中管理団体、申請段階にある ECL スキームの対象となる種類の著作物に対して、集中許諾によってライセンスを付与していること（ECL 規則 4 条(4)(a)）を申請の要件としていることからも明らかである。すなわち、ECL スキームは、集中管理団体がない分野で集中管理を促進する手段としては認識されていない。イギリスの ECL も、基本的に、既存の集中許諾スキームの機能を拡大するかたちをとる。そのため、ECL の運営を最初に申請する団体は、既に集中許諾スキームを運営している集中管理団体となるものと予想されている[50]。ただし、将来的には ECL は、大量のデジタル化の取り組みを実現できる可能性があることを示唆する指摘もある[51]。しかし、当初からの目論見というよりも、将来的な副産物のようである。

　第二として、ECL スキーム運用時の集中管理団体の負担が過大であるため、利用主体が限定されるという問題がある。すなわち、非構成員である権利者の調査と徴収された使用料の分配は、集中管理団体が行うことになるが、「特に大量の著作物を利用する場合に使用料の負担が過大となる可能性があるため、同制度を活用して著作物を利用することができる機関は、一定程度の予算を有する大規模な機関に限定されてしまうおそれがある」[52]。

　この点、イギリスの制度に関しては、ECL スキームの管理費用は規則に従って統制されているし、分配されなかった収益は公的機関に最終的には渡されなければならないことから、制度を設定する金銭的なインセンティブは限られたものであると考えられること、また、許可を得るための手続もまたかなり面倒なものであるとの指摘がある[53]。ECL スキームの制度設計上、集中管理団体の発展を促進するような内容になっていないのである。ただ、これは、イギリスにおける集中管理は、長年にわたり強固に運用されてきたので、ECL の導入が大きな変化をもたらすとは考えられないということが前提になっている。日本

---

(50)　一般財団法人ソフトウェア情報センター・前掲注(11)101-102 頁。
(51)　一般財団法人ソフトウェア情報センター・前掲注(11)104-105 頁。
(52)　小嶋・前掲注(8)23 頁。
(53)　一般財団法人ソフトウェア情報センター・前掲注(11)101-102 頁。

で仮に導入するとした場合、集中管理団体その他の団体が、未分配収益を活用するなどのインセンティブ設計をすることは可能であるし、許可手続についても、より簡便にして ECL スキームに参入しやすい制度設計をすることも考えられる。

　ただ、いずれにしても、ECL スキームは、それ自体が何か新しいビジネスモデルを提案するというのではない。UKIPO は、「この政策は、ライセンシングの簡略化を促進するために作成されたが、副次的に、取引コストを削減するものである」ことを指摘するとともに、特に、「拡大集中許諾制度により事実上の拡大集中許諾スキームを運営している集中管理団体が法的な裏付けをもって運営できるようになり、ライセンサーとライセンシー共に法的安定性をもたらすことになる」[54]と述べているが、要は、既存の集中管理の制度を補完するという役割が主であると考えるべきであろう。

5　権利の制限・例外の範囲を縮小するものであるという懸念

　アメリカ著作権局が 2015 年 6 月に公表した『Orphan Works and Mass Digitization』でも[55]、大量デジタル化への対応策として、ECL の導入を前向きに検討する内容が明らかにされており、非営利教育目的及び研究目的の大量デジタル化のみを可能にする制限的な ECL のパイロット・プログラムの採用を提言している。しかしながら、これに対するパブリックコメントを整理した Authors Alliance[56]のウェブサイトにおける検証によると、米国著作権局に寄せられた 83 件のパブリックコメントのうち、明確に賛成した意見が 9 件にとどまっていたという結果が出ている。反対者からは、ECL スキームの導入は、権利制限としてのフェアユースに対する委縮効果になるなどの意見が寄せられたという[57]。これは、ECL は「ライセンス」であり、権利の制限規定を強行規定として

---

[54]　IPO, Government response to the technical consultation on draft secondary legislation for ECL schemes, p. 3,〈https://www.gov.uk/government/uploads/system/uploads/attachment_data/file/309894/government-response-ecl.pdf〉（2016 年 2 月 27 日所在確認）。

[55]　United States Copyright Office, Orphan Works and Mass Digitization: a report of the register of copyrights, June 2015, p.72,〈http://copyright.gov/orphan/reports/orphanworks2015.pdf〉

[56]　Authors Alliance, WHO CARES ABOUT EXTENDED COLLECTIVE LICENSING? Posted November 1, 2015,〈http://www.authorsalliance.org/2015/11/01/who-cares-about-extended-collective-licensing/〉（2016 年 3 月 31 日所在確認）。

◇第Ⅰ部◇　権利の内容・制限と利用許諾

おかないかぎり、ライセンスが発展するということは、権利の制限の範囲は縮小する可能性があるということであり、米国ではそれがフェアユースへの委縮効果として理解されたのである。

Ⅶ　結論：ECL──「著作権法の憂鬱」に対する処方薬の1つとして

本稿では、我が国において、過去の著作物の利活用をすすめていく場合に、ECLを導入することが適切な場面があるかどうかについて、同制度を導入したイギリスでの議論やこの制度を導入する意義について、その問題点を踏まえながら、検討を試みた。そこで、ECLの導入論の是非について、現段階での結論を述べることとする。

結論としては、ECLの導入は「是」としたい。

ただ、それによって何か新たな問題が解決するというわけではなく、制度メニューの1つとして取り入れても害はなく、少なくとも多少の有益性は認められ、また、この制度を用いたビジネスモデルの発展可能性もないわけではないからである。ECLはオーファンワークスの有効な解決策といわれることもあるが、その有効性も実は、既存の集中管理スキームが発達している分野に限られた話であり、そうでない分野において、オーファンワークスの問題を有効に解決し、新たなビジネスモデルを発展させていく手段とはなりにくいであろう。

ECLの導入のひとつの重要な利点は、既存の利用許諾スキームを網羅化することができる点にある。したがって、集中管理団体によって運営されている既存の利用許諾スキームがある場合、オーファンワークスの対応も進むであろう。また、1作品に含まれる著作物がすべて集中管理団体の管理対象となっている類型の著作物で占められる公表著作物を対象とするアーカイブ・プロジェクトも進みやすくなるであろう。ただ、現段階では、そのような分野や集中管理団体はあまり多く想定できないので、将来においてそのような可能性があるといえるにとどまる。

もっとも、集中管理団体は、プラットフォームの一極支配に対する防波堤としての大きな役割を果たすはずである。冒頭で述べたように、ある者が、不特定の利用者に不特定の権利者の著作物を利用させる場合、ある者は、あくまで「場」を提供するにすぎないという立場から、自らの責任を回避しようとする傾

---

(57)　パブリックコメントの詳しい分析については、一般財団法人ソフトウェア情報センター・前掲注(11)〔石新智規執筆部分〕117-126頁に整理されている。

◆　第7章　◆　拡大集中許諾制度導入論の是非［今村哲也］

向にある。また、そうした「場」では、法律や契約に疎いエンド・ユーザーを名宛人として、規範を提示しなければならないが、個々の権利者が網羅的にそれを行うことは相当な困難を伴う。集中管理団体を発展させることは、プラットフォームが支配する場において、エンド・ユーザーとの関係が問題となる場合に、集中管理団体が、権利者に代わってエンド・ユーザーに規範を提示するとともに、巨大プラットフォームに対してもそれらに対抗する有効な手段を打つことができるようになる。JASRACなくして、巨大プラットフォームであるYouTubeとの契約を通して、不特定多数のユーザーによる音楽の著作物の利用の対価を誰が徴収できるのだろうか。巨大プラットフォームに対する対抗軸としての集中管理団体の存在は、さまざまな分野において、今後ますます重要になってくると思われる。他方、集中管理団体の存在により、従来から存在する専門家ユーザーの規範領域においても、更にライセンス・スキームを展開することができる。

　最後に、まとめを述べる。本稿は、ECLの導入論の是非について、「害はないし、少し有益」という控えめな処方薬として、導入に反対しないという立場である。これは、「著作権法の憂鬱」[58]への処方箋を考える上で、重要な視点と考えている。著作物を利用するプレーヤーが多様化した今日、「①専門家ユーザー／エンド・ユーザーの規範領域の区別」を考慮するべきである。その場合、法律だけですべてが解決するのは困難であり、「②法律・契約・技術・モラル」といった各種の社会規範を適宜使い分ける必要があり、法制度においても「③制度論のメニュー」を、制度がより複雑になってそのことによるコストが増加しない範囲で、豊富に用意しておくことが妥当でないかと考える。

　権利制限の一般規定化（フェアユース導入）の議論の状況は、さほど進捗がないようにうかがえる。もしかすると近い将来に立法化されるかもしれないが、フェアユース導入も万能ではないし、市場が絶対的に失敗する領域を除いては、あくまで過渡的な抗弁だと考えられる。ライセンスが発達しうる領域でもフェアユースは必要かもしれないが、既にライセンス・スキームが存在する領域では、利用者のセイフティーネットとして機能する場合を除いて、フェアユースは基本的には不要である。もっともそうしたある分野のライセンス・スキームの発展状況に応じた時間的に可変性のある制限規定としてのフェアユースであ

[58]　中山信弘『著作権法（第2版）』（有斐閣、2014年）4頁。

◇第Ⅰ部◇　権利の内容・制限と利用許諾

れば、制度論のメニューに入れる価値は高い。

　現在、著作物の利用分野における規範の名宛人は多様化している。また、著作物の種類や利用の分野とその形態によって、問題状況は多種多様であり、ワンサイズ・フィッツ・オールの解決策はない。フェアユースであっても万能ではないのである。

　しかし、著作権法が「業法的」なものから、より普遍的な一般法へと脱皮したことから生じた「著作権法の憂鬱」は、比ゆ的にいえば、不治の病であるものの死に至る急性疾患ではないし、また、徐々に死に近づいていく慢性疾患でもないと思われる。適切な社会規範を処方することにより、デジタル化・ネットワーク化にともない生じた混沌状態が秩序のある状態になる過渡期を乗り越える必要がある。

　その際には、規範の名宛人に注意した制度設計を行うことが必要である。規範が問題となる領域を専門家ユーザーとエンド・ユーザーの規範領域に分けて、法律・契約・技術・モラルなどを有効に活用し、権利クリアランスの円滑化を実現するべきと思われる。難病の治療にたとえれば、治療効果を向上させつつ、副作用の軽減を目的として実施されるカクテル療法（多剤併用療法）に類する対応が必要となるだろう。更に、法律・契約という法規範に関して、制度論のメニュー[59]の拡充を検討することは、特に社会全体に不利益が生じるのでなければ、積極的に行うべきである。その意味で、本稿では、ECLの導入に賛意を示した。ECLの導入により、著作権は基本的に許諾権であるという建前はできるかぎり堅持することができる。オプトアウトしない限り、許諾権は報酬を得るだけの権利になってしまうが、オプトアウトする権利がある限り、完全な報酬請求権とはいえず、許諾権としての建前は維持できる。他方、個別具体的な権利制限を安易に拡充することは、著作権法35条の教訓に鑑みても[60]、ライセンス発展を阻害する安直な方策である。とりわけ、専門家ユーザーとの関係では、ライセンス・スキームの発達を促進させるような法制度設計が望まれる。

[59]　上野達弘「著作権法における権利の在り方――制度論のメニュー」コピライト650号（2015年）2頁。

[60]　今村哲也「教育機関における著作物の自由利用とライセンス・スキームとの制度的調整について――イギリスを例として」文化審議会著作権分科会・国際小委員会第1回（2014年9月10日）資料5, 1頁、今村哲也「著作権法35条の著作権制限規定の現代的課題」小泉直樹＝田村善之編『はばたき――21世紀の知的財産法　中山信弘先生古稀記念論文集』（弘文堂、2015年6月）643頁。

◆ 第 7 章 ◆ 拡大集中許諾制度導入論の是非［今村哲也］

　今問題となっていることのひとつは、情報革命[61]というべき程度に著作物の利活用の態様が変化し、かつ拡大したため、権利者の側で有効な利用許諾スキームを提供できていないことにある。しかし、許諾権という方式自体が、時代遅れの産物になってしまったわけではないだろう。基本的には、許諾権としての著作権を尊重しながら、権利者に対してその利用に応じた対価を還元するシステムの発展の余地を残すことができるようなタイプのライセンス・スキームを発達させていくことが求められるのではないだろうか。ECLは、そのようなライセンス・スキームの1つであるといえる。しかし、すべてを解決する魔法の杖ではないことはいうまでもないし、そのことはイギリスの例をみても、明らかである。

　以上のことから、制度論のメニューにECLを加えることを「是」としたい。

〔付記〕本研究はJSPS科研費23243017、26380150の助成を受けたものである。

---

[61] 田中辰雄「ぼくのかんがえたさいきょうのちょさくけんせいど──新しい方式主義の構想」（本書第1章所収）。

第 8 章 引用規定の解釈のあり方とパロディについて

横 山 久 芳

I はじめに

　著作権法は一定の要件の下で引用による利用について著作権の制限を認めている（32条1項）。引用規定は、数ある制限規定の中でも実務上問題となることの多い重要な規定であるが、他の制限規定に比べると、要件の抽象度が高く、解釈の余地が大きいため、その要件や適用範囲をめぐって、裁判例・学説上様々な見解が提示され、帰一するところがない状況にある。また、引用の解釈については、先例としてパロディ事件最高裁判決[1]（以下、「パロディ事件最判」という）が存在しているものの、同最判の評価をめぐって裁判例・学説の立場は大きく分かれており、そのこともまた引用規定の解釈の混迷を深める結果となっている。

　そこで、本稿は、引用規定に関する従来の議論を整理しつつ、引用規定の立法趣旨、及びパロディ事件最判の意義を明らかにし、適法引用の要件について具体的な検討を行おうとするものである。また、本稿は、パロディが批評的な引用に類似した性格を有することに着目し、パロディに引用規定を類推適用するための要件についても検討する。これらの検討を通じて、引用規定が著作権法の中でどのような役割を果たすべきかを明らかにすることが本稿の最終的な目的である。

　本書は、著作権法を取り巻く環境の変化に「しなやかに」対応可能な著作権制度のあり方を論じることを目的とするものとされる。この本書の目的との関係でいえば、本稿は、著作権法の引用規定をどのように、また、どの程度に「しなやかに」活用することができるかを探るものということができよう。

---

[1]　最判昭和55年3月28日民集34巻3号244頁〔パロディ事件上告審〕参照。

◇第Ⅰ部◇　権利の内容・制限と利用許諾

Ⅱ　従来の議論の整理

　本節では、引用規定をめぐる従来の裁判例・学説の整理を行う。従来の裁判例・学説は、以下の通り、パロディ事件最判の定立した引用の二要件をどのように評価するか、また、そもそも「引用」の概念をどう捉え、引用規定の適用範囲をどのように解するか、の二点において見解が大きく対立している。

1　引用の二要件について

　32条1項は、適法引用の要件として、①引用による利用であること（「引用要件」）、②利用された著作物が公表されていること（「公表要件」）、③引用が公正な慣行に合致していること（「公正慣行要件」）、④引用が目的上正当な範囲内に属すること（「正当範囲要件」）、を規定している。

　一方、旧法下の引用[2]の解釈に関する先例として、パロディ事件最判が存在する。同最判は、「引用とは、紹介、参照、論評その他の目的で自己の著作物中に他人の著作物の原則として一部を採録することをいうと解するのが相当であ」るから、「右引用にあたるというためには、引用を含む著作物の表現形式上、引用して利用する側の著作物と、引用されて利用される側の著作物とを明瞭に区別して認識することができ、かつ、右両著作物の間に前者が主、後者が従の関係があると認められる場合でなければならない」と述べ、「明瞭区別性」と「主従関係性[3]」が引用の成立要件となることを明らかにした（以下、これら二つの要件をまとめて「二要件」と呼ぶ）。

　パロディ事件最判は旧法下の事例に関するものであるが、同最判の「引用」の解釈は現行法においてもそのまま妥当するものと解され[4]、その後の裁判例

---

(2) 旧法30条1項2号は、「既ニ発行シタル著作物」を「自己ノ著作物中ニ正当ノ範囲内ニ於テ節録引用スルコト」は「偽作ト看做サス」と規定していた。

(3) なお、「主従関係性」の要件はパロディ事件最判が初めて言及したものではない。すでに東京地判昭和47年10月11日無体裁集4巻2号538頁〔民青の告白事件第一審〕も、「第三〇条第一項第二号にいわゆる「自己ノ著作物中ニ正当ノ範囲内ニ於テ節録引用スルコト」とは、自己の著作物中において従たる構成資料として、社会通念ないし公正な慣行上これを引用することが必要であると認められ、かつ、その必要とする範囲内で、公表された他人の著作物を自己の著作物の一部として利用することをいうものと解すべきである」（注：傍点筆者）と述べ、「主従関係性」を引用の要件と解釈していた。

(4) 同最判の調査官解説は、「本判決は、法（旧著作権法）についてのものであるが、現行の著作権法の解釈についてもそのまま参考になる」と述べている（小酒禮〔判解〕『最高裁判所判例解説民事篇昭和55年度』（法曹会、1989年）154頁参照）。

◆ 第8章 ◆ 引用規定の解釈のあり方とパロディについて ［横山久芳］

は、最判の二要件に基づき現行法の解釈を行ってきた。例えば、藤田嗣治事件控訴審判決[5]は、「「引用」とは、報道、批評、研究等の目的で他人の著作物の全部又は一部を自己の著作物中に採録することであり、また「公正な慣行に合致し」、かつ、「引用の目的上正当な範囲内で行なわれる」ことという要件は、著作権の保護を全うしつつ、社会の文化的所産としての著作物の公正な利用を可能ならしめようとする同条の規定の趣旨に鑑みれば、全体としての著作物において、その表現形式上、引用して利用する側の著作物と引用されて利用される側の著作物とを明瞭に区別して認識することができること及び右両著作物の間に前者が主、後者が従の関係があると認められることを要すると解すべきである」と判示している。このように、二要件に重点を置いて引用規定の解釈を行う考え方は、一般に、「二要件説」と呼ばれている[6]。

しかしながら、その一方で、学説では、二要件説に批判的な見解も存在した[7]。

---

[5] 東京高判昭和60年10月17日判時1176号34頁〔藤田嗣治事件控訴審〕参照。

[6] その他「二要件説」を採る裁判例として、東京地判昭和61年4月28日判時1189号108頁〔豊後の風呂事件〕、東京地判平成3年5月22日判時1421号113頁〔英語教材準拠録音テープ事件〕、東京地判平成7年12月18日判時1567号126頁〔ラストメッセージin最終号事件〕、大阪地判平成8年1月31日知的裁集28巻1号37頁〔エルミア・ド・ホーリィ贋作事件〕、東京高判平成10年2月12日判時1645号129頁〔第一審（東京地判平成8年9月27日判時1645号134頁）を引用〕〔四進レクチャー事件控訴審〕、東京地判平成10年2月20日判時1643号176頁〔バーンズ・コレクション事件〕、水戸地龍ヶ崎支判平成11年5月17日判タ1031号235頁〔飛鳥昭雄の大真実！？事件〕、東京高判平成12年4月25日判時1724号124頁〔第一審（東京地判平成11年8月31日判時1702号145頁）を引用〕〔脱ゴーマニズム宣言事件控訴審〕、東京高判平成12年12月25日判時1745号130頁〔第一審（東京地判平成12年2月29日判時1715号76頁）を引用〕〔中田英寿事件控訴審〕、東京地判平成16年3月11日判時1893号131頁〔2ちゃんねる事件第一審〕、東京地判平成16年5月28日判時1869号79頁〔国語ドリル事件〕、東京地判平成16年5月31日判時1936号140頁〔南国文学ノート事件〕、東京高判平成16年6月29日（平成15年（ネ）2467号・3787号・3810号）〔第一審（東京地判平成15年3月28日判時1834号95頁）を引用〕〔教科書準拠教材事件控訴審〕、東京地判平成19年4月12日（平成18年（ワ）15024号）〔創価学会写真ウェブ事件〕、東京地判平成21年11月26日（平成20年（ワ）31480号）〔エスト・ウエストオークションズ事件〕、東京地判平成22年1月27日（平成20年（ワ）32148号）〔月刊ネット販売事件〕、東京地判平成22年5月28日（平成21年（ワ）12854号）〔がん闘病マニュアル事件〕などがある。

[7] 飯村敏明「裁判例における引用の基準について」著作権研究26号（2000年）91頁、上野達弘「引用をめぐる要件の再構成」半田正夫先生古稀記念『著作権法と民法の現代的課題』（法学書院、2003年）307頁参照。

◇第Ⅰ部◇　権利の内容・制限と利用許諾

二要件は旧法を前提に導かれた要件であって、現行法の文言との関連性が乏しいことに加え、多種多様な考慮要素を主従関係の判断に包摂させることには限界があり、引用の適法性の判断を不明確なものとするおそれがあることから、現行法の下では、二要件に拘泥することなく、現行法の文言に即した判断を行うべきであるとするのである。

　このような学説の指摘を受けて、裁判例の中にも、二要件に言及しないものが登場するようになった。その嚆矢となったのが絶対音感事件第一審判決[8]である。同判決は、原告の翻訳に係る演劇台本の一部を被告書籍に複製引用する行為が複製権等の侵害に当たるかが争われた事案において、32条1項の文言をそのまま引用した上で、本件における被告の「複製行為が、適法な引用として許されるか否かを、本件の事実関係に照らして検討する」と述べ、「(1) 本件書籍の目的、主題、構成、(2) 引用複製された原告翻訳部分の内容、性質、位置付け、(3) 利用の態様、原告翻訳部分の本件書籍に占める分量等を総合的に判断すると、著作者である原告の許諾を得ないで複製して掲載することは、公正な慣行に合致しているとも、引用の目的上正当な範囲内で行われたものであるともいうことはできない」とした。また、創価学会写真ビラ事件第一審判決[9]も、32条1項の文言をそのまま引用した上で、一般論として、「他人の著作物を引用して利用することが許されるためには、引用して利用する方法や態様が、報道、批判、研究など引用するための各目的との関係で、社会通念に照らして合理的な範囲内のものであり、かつ、引用して利用することが公正な慣行に合致することが必要である」と述べ、引用の解釈において二要件を特に問題としない姿勢を明らかにしている。最近では、このように二要件説を採用しない裁判例が主流となりつつあるが[10]、学説では、二要件説に批判的な見解[11]と二要件

---

(8)　東京地判平成13年6月13日判時1757号138頁〔絶対音感事件第一審〕参照。
(9)　東京地判平成15年2月26日判時1826号117頁〔創価学会写真ビラ事件第一審〕参照。
(10)　東京高判平成16年11月29日（平成15年(ネ)1464号）（原判決〔東京地判平成15年2月26日判時1826号117頁〕を引用）〔創価学会写真ビラ事件控訴審〕、知財高判平成23年10月31日（平成23年(ネ)10020号）〔第一審（東京地判平成23年2月9日（平成21年(ワ)25767号・36771号））を引用〕〔都議会議員写真ビラ事件控訴審〕、東京地判平成24年9月28日判タ1407号368頁〔霊言DVD事件〕、大阪地判平成25年7月16日（平成24年(ワ)10890号）〔岡山イラスト事件〕、東京地判平成25年12月20日（平成24年(ワ)268号）〔毎日オークションカタログ事件〕、東京地判平成26年5月30日（平成27年(ワ)27499号）〔美術鑑定書Ⅱ事件〕、大阪地判平成27年9月24日（平成25年(ワ)1074号）〔ピクトグラム事件〕、東京地判平成28年1月29日（平成21年(ワ)21233号）

説を支持する見解[12]とが拮抗している状況にある。

2 引用概念及び引用規定の適用範囲について

著作権法は、引用の目的として、報道、批評、研究等の行為を挙げている。このことから、従来、引用というためには、報道・批評・研究等に類する目的で著作物を利用することが必要であると解されてきた[13]。具体的には、「報道」、「批評」、「研究」はいずれも表現活動としての性質を備えた行為であるから、報道、批評、研究等の目的に類する利用行為とは、表現活動を目的とした利用行為ということができるであろう。従前の裁判例・学説には、引用の要件として引用する側が著作物であることを要求するものが少なくないが[14]、これも、引用というためには、表現活動を目的として著作物を利用していることが必要で

〔風水事件〕など参照。

(11) 例えば、髙部眞規子『実務詳説著作権訴訟』（きんざい、2012年）274頁、小泉直樹『特許法・著作権法』（有斐閣、2012年）196頁、小倉秀夫・金井重彦『著作権法コンメンタール』（レクシスネクシス・ジャパン、2013年）624頁〔金井重彦・小倉秀夫〕、木下昌彦・前田健「著作権法の憲法適合的解釈に向けて――ハイスコアガール事件が突き付ける課題とその克服」ジュリスト1478号（2015年）51頁、半田正夫＝松田政行編『著作権法コンメンタール2（第2版）』（勁草書房、2015年）260-261頁〔盛岡一夫〕、駒田泰土・潮海久雄・山根崇邦『知的財産法Ⅱ 著作権法』（有斐閣、2016年）124頁〔潮海久雄〕など参照。

(12) 例えば、川原健司「引用の適法要件」東京大学法科大学院ローレビュー1号62頁（2006年）、茶園成樹「「引用」の要件について」コピライト565号（2008年）9頁、横山久芳「著作権の制限(1)」法学教室341号（2009年）144-147頁、島並良・上野達弘・横山久芳『著作権法入門』（有斐閣、2009年）168頁〔島並良〕、高林龍『標準著作権法（第2版）』（2013年）169頁、愛知靖之〔判批〕商事法務2035号（2014年）46頁、栗田昌裕「引用の要件について 下級審裁判例の再検討」同志社大学知的財産法研究会編『知的財産法の挑戦』（弘文堂、2013年）301-303頁、斉藤博『著作権法概論』（勁草書房、2015年）128-129頁など参照。ただし、二要件を現行法のどの要件に位置付けるかは論者によって異なる。

(13) 茶園・前掲注(12)13-14頁、斉藤・前掲注(12)130頁など参照。

(14) 前掲注(6)〔バーンズコレクション事件〕、前掲注(6)〔エスト・ウエストオークションズ事件〕、前掲注(6)〔がん闘病マニュアル事件〕、加戸守行『著作権法逐条講義（六訂新版）』（著作権情報センター、2013年）266頁、作花文雄『詳解著作権法（第4版）』（ぎょうせい、2010年）336頁、同「「引用」概念による公正利用と法制度上の課題――「美術品鑑定証書」事件における引用要件の混迷」コピライト（2011年）44頁（ただし、創作性などの評価において微妙な判断があり得る場合に例外的に32条1項の適用が認められる場合があるとする）、高林・前掲注(12)172頁、斉藤・前掲注(12)130頁など参照。

◇第Ⅰ部◇　権利の内容・制限と利用許諾

あるという考え方を前提とするものといえる。

　しかし、最近の新たな傾向として、「引用」の目的を極めて緩やかに捉える考え方が有力となりつつある。例えば、美術鑑定書事件控訴審判決[15]は、偽造防止を目的として絵画の鑑定書に鑑定対象となった絵画のコピーを添付する行為が引用に該当するかが争われた事案において、鑑定証書の偽造を防ぐためには、鑑定対象である絵画を添付する必要性・有用性が認められ、かつ、著作物の鑑定業務が適正に行われることは、贋作の存在を排除し、著作物の価値を高め、著作権者等の権利の保護を図ることにもつながることから、「著作物の鑑定のために当該著作物の複製を利用することは、著作権法の規定する引用の目的に含まれる」と述べ、適法引用の成立を認めている。「鑑定書の偽造を防止する」という目的は、表現行為と何ら関わるものではないが、著作物の利用を必要とし、かつ、著作権者の利益にも資する正当な利用目的であることから、許される引用の目的に含まれると判断されたのである。このような解釈は、引用の目的とは何かをあえて明らかにせず、問題となる利用の目的が著作権法上正当なものと評価し得るか否かという観点から引用の目的を判断するものといえる。かりにこのような解釈を推し進めていくならば、利用の目的が正当であって、かつ、利用の態様が相当なものであれば、適法な引用とみなすことが可能となり、引用規定を権利制限の一般条項として活用する余地が生じることになる。実際、学説においては、ネットオークションにおける対象商品の画像掲載や検索サイトにおける検索結果の表示等にも引用規定の適用を認める解釈が主張されている[16]。もっとも、このように「引用の目的」を緩やかに解釈する見解に対しては、引用規定の立法趣旨に反するものであるとして批判する見解も学説上有力である[17]。

---

[15] 知財高判平成22年10月13日判時2092号136頁〔美術鑑定書事件控訴審〕参照。

[16] 田村善之「著作権法32条1項の「引用」法理の現代的意義」コピライト47巻554号（2007年）15-16頁、同「検索サイトをめぐる著作権法上の諸問題(3)」知的財産法政策学研究18号（2007年）36頁、平澤卓人〔判批〕知的財産法政策学研究43号（2013年）315頁など参照。

[17] 茶園成樹〔判批〕L&T51号（2011年）92頁、井関涼子〔判批〕『平成22年重要判例解説』（2011年）334頁、張睿暎〔判批〕『新・判例解説Watch10号』（2012年）250頁、斉藤博〔判批〕判時2114号（2011年）177頁、愛知・前掲注(12)48頁、駒田他・前掲注(11)125-126頁〔潮海〕など参照。

Ⅲ 適法引用の要件の検討

本節では、前節で述べた現在の裁判例・学説の議論状況を前提として、適法引用の成立要件（公表要件を除く）について検討することとする。

1 引用要件

(1) 意義 ―― 引用要件は無用の長物か？

引用要件については、そもそもこれに積極的な意義を認めるべきか、という根本的な問題がある。学説では、引用を複製等と同義に解釈し、引用要件に特段の意義を認めない立場もあるし[18]、裁判例には、美術鑑定書事件控訴審判決[19]のように、引用要件を緩やかに解釈するものもある。32条1項は、適法引用の要件として、引用要件以外に、公表要件と公正慣行要件、正当範囲要件を規定しているが、これら三つの要件は利用の場面を特定するための要件ではなく、利用態様の公正性を担保するための要件であるから、引用要件に格別の意義を認めないとするならば、先に述べた通り、引用規定は公正な利用行為に広く適用可能な一般条項と捉え得ることになる[20]。引用要件の意義を否定する見解の狙いは、まさにそこにあるともいえよう。

しかし、このように引用要件の意義を否定する考え方は、少なくとも現行法の解釈論としては支持することができない。

32条1項は、「公表された著作物は、引用して利用することができる」と規定しており、わざわざ「引用」と「利用」を文言上区別している。これは、著作権法が、多種多様な著作物の利用行為のうち、所定の目的を有するもののみを「引用」と捉えていることを示唆するものといえよう。そして、32条1項がわざわざ「引用の目的」として、「報道」、「批評」、「研究」を例に掲げていることからすれば、同項の引用というためには、「報道」、「批評」、「研究」以外の目的でもよいが、少なくともこれらの目的に類する目的のために著作物を利用することが必要というべきであろう。具体的には、「報道」、「批評」、「研究」は、いずれも表現活動としての性質を備えた行為であることから、同項の引用は、表

---

[18] 飯村・前掲注(7)95頁、杉原嘉樹「「引用」の成否及び日本版フェア・ユースについて」学習院法務研究4号（2011年）111頁など参照。

[19] 前掲注(15)〔美術鑑定書事件控訴審〕参照。

[20] 横山久芳「著作権の制限とフェアユースについて」パテント62巻6号（2009年）52頁参照。

◇第Ⅰ部◇　権利の内容・制限と利用許諾

現活動を目的とした利用行為に限定して理解されるべきである。

　上述のような引用規定の拡張解釈が主張される背景には、権利制限の一般条項が存在しないという我が国著作権法に特有の事情が存在する。我が国では、特定の利用類型について個別の制限規定が設けられていない場合に、行為の社会的公正性に鑑みて非侵害との結論を導くためには、既存の個別規定を拡張解釈するよりほかにない。引用規定は、他の制限規定と比べて、要件の抽象度が高く、解釈の余地が大きいため、相対的にそのような拡張解釈に馴染みやすいものということができよう。

　しかしながら、引用規定は、他の制限規定と同様に、あくまで個別規定として制定されているものである。個別規定は、特定の利用の場面を前提として、著作権者と利用者の利害調整を行い、権利制限の要件を定めるものであり、引用規定もまた、特定の利用の場面を想定して各要件を定立しているものと解されるから、およそ引用規定が想定していない利用行為に引用規定の要件を当てはめて権利制限の可否を判断することは、やはり適切とは言い難い。引用の行為態様要件は、他の制限規定と比べてかなり抽象度が高く、ルールとしての明確性・安定性を欠くところがあるが、著作権法が引用についてあえてそのようなルールを規定したのは、引用が表現行為の一環として行われる行為であることから、表現の自由の優越性に鑑み、事案ごとに表現の自由の価値に配慮した柔軟な解決を可能にする趣旨と解される。そうだとすれば、そのような趣旨が妥当しない表現行為と無関係な利用行為についてまで引用規定の適用を認め、権利制限の可否の判断を裁判所の広範な裁量に委ねることは妥当でないといえよう[21]。また、32条1項は、適法引用の要件として公表要件を規定しているが、未公表の著作物を利用する場合であっても、利用の目的によっては権利制限を認めるべき場合があり得るから、引用という場面を離れて、公表要件を適用することもまた不適切というべきであろう。このように考えると、引用規定を一般条項的に解釈することは必ずしも適切とはいえない。公正な利用行為一般に権利制限を認めるためには、やはり権利制限の一般条項の導入が必要になってくるというべきである[22]。

[21]　32条1項の規定する行為態様要件は、アメリカのフェアユース規定と比べても抽象的にすぎるものであり、多様な利用行為の公正性を判断する基準として有効に機能しないと思われる。

[22]　引用規定の柔軟解釈の限界を指摘し、考慮要素を明示した受け皿規定としての一般条

以上によれば、引用要件には、引用規定の適用場面を特定するという積極的な意義が認められることになる。そして、まさにこのような観点からみた場合、パロディ事件最判が定立した二要件は、引用行為をその他の利用行為から区別する基準として適切なものと評価することができるように思われる[23]。以下では、引用要件としての二要件の意義を具体的に検討していくことにする。

(2) 明瞭区別性

引用行為をその他の利用行為から区別する第一の特徴は、著作物をあくまで他人の表現として利用することにある。ここから「明瞭区別性」要件が導かれる。すなわち、引用というためには、利用する側の表現に接する者が利用される側の表現を他人の著作物の表現として明確に区別して認識できることが必要である。利用する側の表現と利用される側の表現とが混然一体となっているため、利用する側の表現に接する者が両者を区別して認識することができず、利用される側の表現を、利用する側の表現の一部と認識するおそれがある場合には、引用とは認められない[24]。

著作権法自身も、引用に際して、明瞭区別性ある態様で著作物が利用されることを当然の前提としているように思われる。著作権法は、引用に際して、複製・利用の態様に応じ合理的と認められる方法・程度により、引用される著作物の出所を明示しなければならないと規定している（48条1項1号・3号参照）。これは、利用する側の表現に接する者が利用される側の表現に関心を持った場

　項の導入を主張するものとして、上野達弘「権利制限の一般規定――受け皿規定の意義と課題」（本書第3章）参照。

[23]　なお、二要件説を採る従前の裁判例では、二要件が、引用要件ではなく、（公表要件を除く）適法引用の要件として位置付けられることが多かったように思われる。しかし、引用の適法性を判断するためには、著作権者と引用者の細かな利害調整を行うことが必要となるところ、主従関係性のような漠とした基準でそのような細かな利害調整をすべて行うことは困難であるから、二要件はあくまで引用要件の下位基準と捉え、二要件とその他の要件を駆使して著作権者と引用者の利害調整をきめ細かく行っていくことが妥当であろう。そこで、本稿では、二要件を引用要件の基準と捉える立場を採用している。

[24]　前掲注(6)〔豊後の風呂事件〕は、他人の論文を自己の著書に転載するに当たり、同著書中に、他人の著作物を選び、巻頭に掲げた旨の記述はあるが、その題名の指摘もなく、どの論文が他人の著作物であるかが一読して容易に理解し得る体裁とはなっておらず、その転載の態様から、一般の読者をして、自己の著作にかかるものと解されてしまうおそれがあることから、明瞭区別性がなく、適法な引用とはいえないと判断している。

◇第Ⅰ部◇　権利の内容・制限と利用許諾

合に、出所明示を通じて元の著作物にアクセスできるようにすることにより、著作権者の利益に資することを目的としたものとされる(「出所明示の広告宣伝効果」)[25]。しかし、明瞭区別性を欠く態様で著作物が利用される場合には、利用する側の表現に接する者は、そもそもどの部分が他人の著作物に由来するものかを具体的かつ正確に把握することができないため、著作物の出所を明示しても、その広告宣伝効果が適切に発揮できなくなるおそれが大きい。出所明示の効果を実効あらしめるためには、利用する側の表現に接する者が利用される側の表現を他人の著作物に由来するものとして正しく認識することが必要であり、そのためには、引用に際して、明瞭区別性のある態様で著作物が利用されていることが不可欠となるであろう。このように、明瞭区別性は、引用行為が著作物を他人の表現として利用することから生じる要件として理解するのが妥当である[26]。

　明瞭区別性の有無は、利用する側の表現に接する者の認識に基づき、客観的、外形的に判断されることになる[27]。学術論文等で先行文献を引用する場合には、慣行として引用部分をかぎカッコで括るなど厳格な区別がなされることが多いが、そのような厳格な区別がなされていない場合でも、利用する側の表現に接する者が元の著作物の表現を特定して認識することができれば、明瞭区別性があると解してよいであろう。例えば、小説の中に、その時代情況を説明し把握させるために必要な作品として他人の詩歌を挿入することも、小説の読者が当該詩歌を他人の著作物の表現であると認識できる限りは、明瞭区別性があると解してよいであろう[28]。

---

[25] 田村善之『著作権法概説(第2版)』(有斐閣、2001年)261頁、茶園成樹「著作権の制限における出所明示義務」森泉章編『著作権法と民法の現代的課題　半田正夫先生古稀記念』(法学書院、2003年)344頁参照。

[26] 二要件説に批判的な見解においても、明瞭区別性は適法引用の当然の要件と理解されることが多い(例えば、飯村・前掲注(7)93頁など参照)。

[27] 例えば、東京高判平成14年4月11日(平成13年(ネ)3677号・5920号)〔絶対音感事件控訴審〕は、「被引用著作物が引用著作物と明瞭に区別されておらず、著作物に接した一般人において、引用著作物中にその著作者以外の者の著作に係る部分があることが判明しないような採録方法が採られている場合には、そもそも、同条にいう「引用」の要件を満たさない(注：傍点筆者)」と述べている。

[28] 加戸・前掲注(14)266頁参照。

(3) 利用目的の主従関係性

　引用行為をその他の利用行為から区別する第二の特徴は、自己表現を伝達するために著作物を利用しているということにある。すなわち、引用とは、著作物を利用する主たる目的が、著作物それ自体ではなく、著作物についての自己の表現を伝達することにあるものをいう。著作物それ自体を伝達することに主たる目的がある場合には、引用とは認められない。このように、著作物を利用する主たる目的がいずれにあるかを問う要件が「主従関係性」要件である。パロディ事件最判も、「引用とは、紹介、参照、論評その他の目的で自己の著作物中に他人の著作物の原則として一部を採録することをいうと解するのが相当である（注：傍点筆者）」と述べた上で、「引用にあたるというためには、…右両著作物の間に前者が主、後者が従の関係があると認められる場合でなければならない」としていることから、著作物の利用の目的から「主従関係性」要件を導いていると解し得る。

　この「主従関係性」要件の判断は、以下の三つのステップを経て行われる。第一に、表現活動を目的とした利用行為であるか、第二に、利用する側の表現は著作物を対象としたものであるか、第三に、著作物を利用する主たる目的が自己表現の伝達にあるか、である。以下、それぞれの内容を具体的に検討する。

① 表現活動を目的とした利用行為であるか？

　第一に、問題となる利用行為が表現活動を目的としたものであるかどうかが問題となる。既に述べたように、32条1項が、引用の目的として「報道」、「批評」、「研究」を例に掲げていることからすれば、引用とは、表現活動を目的とした利用行為をいうものと解するのが妥当である[29]。主従関係性の判断は、著作物を利用する主たる目的が自己表現の伝達にあるか、それとも著作物の表現それ自体を伝達することにあるかを問うものであるから、およそ表現活動を目的としていない利用行為は、主従関係性を判断する前提を欠くこととなり、引用とは認められないことになる。例えば、鑑定証書の偽造を防止する目的で鑑定の対象となった絵画を複製する行為は、本稿の理解によれば、そもそも表現活動を目的とした利用行為でない時点で、引用とは認められない[30]。

---

[29] 例えば、加戸・前掲注(14)266頁は、「(32条1項が) 引用の目的を、報道、批評、研究その他、と書いておりますのは、主たる例示でありまして、これだけには限りませんが、他人の著作物を自己の著作物中にもってくるだけの必然性が認められる創作目的がなければなりません（注：傍点筆者）」と述べている。

◇第Ⅰ部◇　権利の内容・制限と利用許諾

　もっとも、現行著作権法は、旧法とは異なり、利用する側の表現が著作物であることを特に要求していないため、利用する側の表現に著作物性が認められなくても、表現活動を目的としたものと解し得る限り、引用の成立の余地を認めるべきである[31]。現行法上著作物性は極めて緩やかに解釈されているため、利用する側の表現に著作物性が認められない場合は、表現活動を目的としたものとはいえないことが多く、通常は引用の成立が否定されることになると思われるが、報道目的の引用など、著作物性が認められなくても、正当な表現行為として引用の成立を認めるべき場合があり得るであろう[32]。

② **利用する側の表現は著作物を対象としたものであるか？**

　第二に、利用する側の表現が著作物を対象としたものであるかどうかが問題となる。これは、主従関係性要件の中の「関係性」を問うものである。すなわち、引用とは、著作物に対して表現行為を行うことにより、著作物と自己表現の間に紹介・参照・論評等の積極的な関係性を構築することをいう[33]。したがって、表現活動のために著作物が利用される場合でも、利用する側の表現が著作物に向けられたものでなければ、引用とは認められない。例えば、他人の絵画を批評する目的で自己の論文中に他人の絵画を複製する場合、論文は絵画を対象として表現されたものであるため、引用と認める余地があるが、小説の情景を描写する挿絵として他人の絵画を複製する場合には、小説は絵画を対象として表現されたものではないため、主従「関係性」を欠き、引用とは認められないことになる[34]。

---

[30]　本稿と同様、引用の成立を否定する見解として、茶園・前掲注(17)92頁、井関・前掲注(17)334頁、斉藤・前掲注(17)176-177頁、板倉集一〔判批〕知財管理61巻8号（2011年）1253頁、愛知・前掲注(12)46頁など参照。

[31]　利用する側の表現に著作物性は不要と解するものとして、前掲注(15)〔美術鑑定書事件控訴審〕、茶園・前掲注(12)16頁、横山久芳「著作権の制限(2)」法学教室342号（2009年）112頁、井関・前掲注(17)335頁、中山信弘『著作権法（第2版）』（有斐閣、2014年）326頁、愛知・前掲注(12)49頁、渋谷達紀『著作権法』（中央経済社、2013年）245頁、辰巳直彦『体系化する知的財産法下』（青林書院、2013年）414頁、岡村久道『著作権法（第3版）』（民事法研究会、2014年）240頁など参照。

[32]　田村・前掲注(25)246頁、愛知・前掲注(12)49頁など参照。

[33]　学説でも、引用が成立するためには、利用する側の表現と利用される側の表現の間に紹介・参照・論評等の関係が必要であると解するものが多い（茶園・前掲注(12)13-15頁、横山・前掲注(12)145-146頁、井関・前掲注(17)335頁、愛知・前掲注(12)47頁、木下＝前田・前掲注(11)52頁など参照）。

◆第8章◆　引用規定の解釈のあり方とパロディについて［横山久芳］

　このように、利用する側の表現が著作物を対象としていることを引用の要件と解する理由として、以下の二点を指摘することができる。
　第一に、利用する側の表現が著作物を対象とする場合には、著作物を利用する必要性・有用性が定型的に認められるということである。例えば、他人の絵画を批評する場合には、読者に批評の対象となる絵画の内容を把握させることが必要となり、その手段としては、批評の対象となる絵画を論文中に掲載することが最も簡便かつ効果的であるから、論文中に絵画を複製することが必要かつ有益であるといえる。他方、小説の情景描写を行う場合には、必ずしも挿絵として絵画を複製する必要はないし、挿絵として絵画を複製するにしても、小説家が自ら絵画を作成するか、第三者に絵画の作成を依頼すれば足りる。引用規定は、表現者が他人の著作物を利用することが相応しい場面で著作権の制限を認めるものであり、表現者が自ら表現することが相応しい場面で著作権を制限し、表現者が自ら表現する手間を省くことを可能とするものではない[35]。
　第二に、利用する側の表現が著作物を対象とする場合には、利用する側の表現と共に著作物の利用を認めることが著作物に関する情報の質的な多様化に寄与することになるということである。例えば、絵画を引用して批評する論文は、読者に、絵画を単独で鑑賞した場合には得ることのできない新たな情報や知見、洞察をもたらすことになるから、論文中に絵画の複製を認めることは、絵画に関する情報の質的多様化に寄与することとなる。一方、絵画を挿絵として掲載する小説は、読者に、絵画を単独で鑑賞した場合と同様の印象・効果を与えるにすぎず、絵画自体について何らかの新たな情報、知見、洞察をもたらすものではないから、小説中で絵画の複製を認めたとしても、絵画に関する情報の質

---

[34]　裁判例でも、利用する側の表現が著作物を対象としていない場合には適法引用の成立が否定されている。例えば、前掲注(6)〔南国文学ノート事件〕は、被告小説に原告の詩を掲載した目的が、原告の詩を批評したり、研究したりするためではなく、ある場面における主人公の心情を描写するためである場合には適法な引用とはいえないとしている。また、前掲注(10)〔ピクトグラム事件〕は、原告ピクトグラムを被告観光ガイドに掲載する行為が適法引用に該当するか否かが争われた事案において、被告観光ガイドは「本件ピクトグラムが有する価値を、本来の予定された方法によってそのまま利用するものであるということができ、他の表現目的のために本件ピクトグラムを利用しているものではないから、このような利用態様をもって、目的上正当な範囲内で行われた引用であるとはいえない」と判断している。

[35]　加戸・前掲注(14)267頁も、「自分で文章を書く代わりに便宜他人の文章をもって一部分を代替させたり」する行為は、およそ引用とはいえないと述べている。

◇第Ⅰ部◇　権利の内容・制限と利用許諾

的多様化に寄与することはない。後者の場合は、絵画の著作権者の利益を犠牲にしてまで表現者の利用の便宜を図る積極的な意義はないといえよう[36]。

　ところで、著作物を対象とした表現には、著作物の表現を対象としたものと著作物の内容（著作物が伝えようとする事実や思想・感情）を対象としたものがある。例えば、ある地域の風景を説明するために、風景写真を利用するという場合、説明の対象は、写真そのものではなく、あくまで写真の内容をなす風景である。このように、著作物の表現ではなく内容を対象とする場合にも、引用の成立を認めてよいかという問題がある[37]。この点については、著作物が内容と形式の双方から一体的に構成されているものであり[38]、著作物の内容を対象とした表現活動を行う場合にも、著作物を利用する一定の必要性・有用性が認められることから、内容と表現のいずれを対象とするかを問わず、広い意味で著作物を対象とするものと解し得る限り、引用が成立する余地を認めてよいと思われる[39]。もちろん、著作物の内容を対象とする場合には、著作物の表現を対象とする場合と比べて相対的に著作物を利用する必要性・有用性は弱まるが（同

---

[36]　この点、アメリカ著作権法のフェアユースの判断においては、「著作物の利用の目的及び性質」が考慮され（アメリカ著作権法107条参照）、問題となる利用行為が新しい表現、意味、又はメッセージを付加することにより元の著作物を変容させるものである場合（いわゆる「変容的な利用（transformative use）」）には、フェアユースが認められやすくなると解釈されている（Campbell v. Acuff-Rose Music, Inc., 510 U.S. 569, at 579 (1994)）。このような考え方は、我が国著作権法の引用の解釈においても参考になるものと思われる。

[37]　上野・前掲注(7)328頁参照。

[38]　最判昭和53年9月7日民集32巻6号1145頁〔ワン・レイニー・ナイト・イン・トーキョー事件上告審〕は、「著作物の複製とは、既存の著作物に依拠し、その内容及び形式を覚知させるに足りるものを再製することをいう（注：傍点筆者）」と述べている。

[39]　横山・前掲注(31)111-112頁参照。例えば、前掲注(6)〔脱ゴーマニズム宣言事件控訴審〕は、原告漫画に表現された原告の主張を批評する目的で被告書籍中に原告漫画の絵を掲載した行為について、「絵自体を批評の対象とする場合はもとより、原告の主張を批評の対象とする場合であっても、批評の対象を正確に示すには、文のみならず、絵についても引用する必要があるというべきであり、絵自体を批評の対象としていないから、絵について引用の必要がないということはできない」と述べて引用の成立を認めている。なお、イギリス著作権法における批評・論評目的のフェアディーリング（イギリス著作権法30条1項）の判断においても、著作物の表現形式（スタイル）に対する批評、論評のみならず、著作物の背景をなす思想やアイデア等に対する批評、論評もフェアディーリングの対象になると解されている（Hubbard v. Vosper [1972] 2 Q.B. 84, at 94など参照）。

一の内容を有する異なる著作物を利用しても引用の目的が達成できることが少なくない)、そのような事情は公正慣行要件や正当範囲要件の判断において考慮すれば足りるといえよう。

利用する側の表現が著作物を対象としたものであるか否かは、利用する側の表現に接する者の認識に基づき、客観的、外形的に判断されることになる。裁判例では、利用する側の表現と利用される側の表現とが同時ではなく1日又は数日の時間的間隔を置いて伝えられ、かつ、伝達媒体も異なっているという場合には、引用に当たらないとの解釈を示唆するものもある[40]。利用する側の表現と利用される側の表現とが物理的・時間的な一体性を欠く場合には、利用する側の表現に接する者が元の著作物との関係性を具体的に認識することができない場合が多いと思われるから、通常は、引用に当たらないものと解釈されることになろう[41]。

③ 著作物を利用する主たる目的が自己表現の伝達にあるか？

第三に、著作物を利用する主たる目的が自己表現の伝達にあるかということが問題となる。これは、「主従関係性」要件の中の「主従」を問うものである。利用する側の表現は、利用する側に固有の表現と利用される側の表現の双方から構成されているから、その双方を伝達する目的があることは明らかであるが、問題は、いずれの伝達にウェイトがあるかということである。利用する側に固有の表現を伝達することよりも、むしろ利用される側の表現を伝達することにウェイトがあると解される場合には、引用と認めることはできない。例えば、小説を丸ごと一冊複製した上で、最後に一言コメントが付されているにすぎない場合には、利用される側の表現を伝達することにウェイトがあることが明らかであるから、主従関係性を欠き、引用の成立が否定されることになる[42]。この「主従関係性」の判断は、利用する側の表現に接する者の認識に基づき、客観的、外形的に判断されることになる。

二要件説を採る従前の裁判例にも、このような観点から主従関係性の判断を

---

[40] 前掲注(10)〔霊言DVD事件〕参照（ただし、結論としては、公正慣行要件及び正当範囲要件を充たさないことを理由に適法引用の成立を否定している）。

[41] 大須賀滋「制限規定(1)——引用」牧野利秋他編『知的財産訴訟実務大系Ⅲ著作権法、その他、全体問題』（青林書院、2014年）184頁も参照。

[42] 加戸・前掲注(14)267頁も、「他人の著作物が大部分で自分のコメントがそれより少なく付いている程度のものは、引用の限度を超えている」と述べている。

◇第Ⅰ部◇　権利の内容・制限と利用許諾

行っているものが幾つか見受けられる。例えば、中田英寿事件判決[43]は、著名なサッカー選手である原告の半生をつづった被告書籍中に原告が中学時代に書いた詩が掲載されたという事案において、原告の自筆による原稿がそのまま全文掲載されていること、被告書籍には原告の詩の下部に「中学の文集で中田（注：原告）が書いた詩。強い信念を感じさせる。」のコメントが付されている以外は余白となっていること、本件書籍の本文中には本件詩に言及した記述は一切ないことを認定した上で、被告が被告書籍に原告の詩を利用したのは、原告の詩を紹介すること自体に目的があったものと解さざるを得ないと述べ、被告書籍のうち原告の詩が掲載された部分においては、その表現形式上、本文の記述が主、原告の詩が従という関係を認めることはできないとし、引用の成立を否定している。また、脱ゴーマニズム宣言事件控訴審判決[44]は、「意見主張漫画」である原告漫画に現れた原告の意見を批評する目的で原告漫画のカットを被告書籍中に多数引用したという事案において、採録された原告カットがそれ自体独立した鑑賞性を有するものであることを認めつつ、「原告カットの採録が被告書籍の読者に対して与える効果を総合すると、被告書籍中における原告カットの採録は、いずれも被告論説の対象を明示し、その例証、資料を提示するなどして、被告論説の理解を助けるものであり、他方、各原告カットがそれ自体完結した独立の読み物となるといった事情も存しないから、引用著作物である被告論説と被引用著作物である原告カットの間には、被告論説が主、原告カットが従という関係が成立しているものと認められる（注：傍点筆者）」とし、適法引用の成立を認めている。いずれの裁判例も、原告著作物の利用の主たる目的がいずれにあるかという観点から主従関係性を判断したものと解することができる。

(4) 主従関係性要件に対する批判

冒頭で述べたように、主従関係性要件については、引用の判断基準として曖昧で不明確であるという批判がなされている。しかし、これは、二要件説を採る従前の裁判例が専ら二要件に重点を置いた判断を行っていたために、主従関係性要件の下で、必要以上に多様な判断が行われていたことに起因するものである[45]。すなわち、従前の裁判例は、主従関係性要件を正当範囲要件から導く

---
[43]　前掲注(6)〔中田英寿事件控訴審〕の原判決引用部分参照。
[44]　前掲注(6)〔脱ゴーマニズム宣言事件控訴審〕参照。

◆第8章◆ 引用規定の解釈のあり方とパロディについて［横山久芳］

ものが多く、そのために、主従関係性要件の下で、利用の目的のみならず、利用の態様も含めた包括的・総合的な検討が行われることが少なくなかった[46]。しかし、著作権法は、まさに利用態様について検討する場として、引用要件とは別個に、行為態様要件（公正慣行要件・正当範囲要件）を設けているのであるから、主従関係性の判断においては、利用の目的のみを問えば足り、利用態様の当否について具体的な検討を行う必要はないというべきであろう[47]。このように、主従関係性要件を利用の目的を問う要件として純化するならば、現行法の要件相互の関係が明確となり、解釈の予測可能性も高まると思われる。

　なお、裁判例の中には、本稿にいう主従関係性の判断を正当範囲要件の下で行うものも存在する。例えば、ピクトグラム事件判決[48]は、原告ピクトグラムを被告観光ガイドに掲載する行為が適法引用に該当するか否かが争われた事案において、被告観光ガイドは「本件ピクトグラムが有する価値を、本来の予定された方法によってそのまま利用するものであるということができ、他の表現目的のために本件ピクトグラムを利用しているものではないから、このような利用態様をもって、目的上正当な範囲内で行われた引用であるとはいえない」と述べ、適法引用の成立を否定している。被告観光ガイドが原告ピクトグラムを対象として表現されたものではない以上、本稿によれば、被告の利用行為は主従関係性を欠き、そもそも引用に当たらないと解することになるが、判決は、被告の利用行為を一応引用と認めた上で、正当範囲内の引用とはいえないと解釈している。確かに、正当範囲要件は引用の目的との関係で判断されるものであり、正当範囲要件の下でも引用の目的が何かということが問題となるため、判決のように、主従関係性を欠く引用行為は正当範囲内の引用とはいえないと

---

[45]　上野・前掲注(7)308頁参照。

[46]　例えば、前掲注(6)〔脱ゴーマニズム宣言事件控訴審〕は、原告漫画のカットを多数採録した被告書籍について、原告の意見に対する批評、批判、反論を目的とするものであることを認定した上で、さらに、被告書籍に引用された原告カットが原告漫画のごく一部にすぎず、批評、批判、反論に必要な限度を超えて原告漫画の魅力を取り込んでいるものとは認められないと述べ、最終的には引用の目的・態様を総合的に考慮して主従関係性を肯定する判断を導いている。

[47]　もちろん、利用の目的を判断する際には、利用態様（利用する側の表現における利用される表現の採録の方法、態様等）を考慮する必要があるが、利用態様は引用要件との関係ではあくまで利用する側の表現に接する者の認識を明らかにするための間接的な事情にすぎないものと理解すべきである。

[48]　前掲注(10)〔ピクトグラム事件〕参照。

◇第Ⅰ部◇　権利の内容・制限と利用許諾

解釈することも不可能ではないだろう。しかしながら、利用目的の正当性と利用態様の相当性とは相互に関連しつつも質的に異なる問題であるから[49]、両者は基本的に区別して論じられるべきであると思われる。かつての二要件説は、利用の目的・態様の双方に関わる全ての問題を主従関係性の判断に集約させていたため、主従関係性要件が「パンク状態」にあるとの批判を受けていたが[50]、二要件を表面上排して、利用の目的・態様の双方に関わる全ての問題を正当範囲要件の下で検討しようとするならば、今度は逆に、正当範囲要件が「パンク状態」となり、曖昧で不明確な判断を招くことになってしまうであろう。

2　引用の行為態様要件
(1)　意　義

著作権法は、適法引用の要件として、公正慣行要件と正当範囲要件を定めている。一般に、権利制限の要件は、行為の目的の正当性を問う要件と行為の態様の相当性を問う要件から構成されているところ、引用については、行為の目的の正当性を問う要件として引用要件が、行為の態様の相当性を問う要件として公正慣行要件と正当範囲要件が規定されているものと解することができる。

引用規定の行為態様要件は、他の権利制限のそれ[51]に比べると、抽象的で中立的な内容となっている。これは、引用規定が著作物を対象とした表現活動を支援することを目的とした規定であり、引用者の表現の自由や一般公衆の知る権利を保障するという側面を有することから、著作権者側の事情のみならず、引用者側の事情を幅広く考慮し、柔軟に権利制限の可否を判断することができるようにしたものと解される[52]。引用規定の行為態様要件を解釈する際には、

---

[49]　この点、アメリカ著作権法107条も、フェア・ユースの考慮要素として、「利用の目的及び性質」と「利用が著作物の潜在的な市場や価値に与える影響」とをそれぞれ別個に掲げている。

[50]　上野・前掲注(7)332頁参照。

[51]　我が国著作権法の権利制限規定は、条約上のスリー・ステップ・テスト（ベルヌ条約9条2項、TRIPs協定13条、WIPO著作権条約10条参照）に基づき規定されている。スリー・ステップ・テストは、権利制限の条件として、「特別の場合」であって、「著作物の通常の利用を妨げず、かつ、その著作者の正当な利益を不当に害しない」ことを要求しており、文言上は、利用者の利用の便宜を図ることよりも、著作権者に生じる不利益を食い止めることをより重視しているようにみえる。我が国著作権法の権利制限規定も、著作権者に生じる不利益を重視して要件の定立がなされているものが少なくない（30条の2・35条など参照）。

◆第8章◆ 引用規定の解釈のあり方とパロディについて［横山久芳］

このような引用規定の趣旨に鑑み、引用者の表現の自由に配慮したバランスの良い解釈を行うことが求められることになる[53]。

(2) 公正慣行要件
① 意　義

　引用行為が適法であるためには、公正な慣行に合致することが必要となる。本稿のように、引用規定の目的を新たな表現活動の促進にあると解する場合には、引用規定は、表現者相互の利害調整を図る規定と捉えることが可能となる。表現者は互いに互いの表現を引用し合う関係にあるから、引用は、本来、著作権者を含めて全ての表現者に有用な表現手段であるということができる。それゆえ、学術研究の分野に見られるように、適切な引用のあり方について表現者間で基本的なコンセンサスが形成され、それが当該分野の慣行として定着するということも少なくないと思われる。このような慣行は、当該分野の実情を踏まえ、表現者間の自律的な利害調整の結果として成立したものであるから、引用行為が慣行に即して行われる場合には、著作者自身も当該引用行為を許容する余地が大きく、権利制限を認めたとしても、通常は、著作者のインセンティブを害することにはならないといえよう。また、当該分野において広く受け入れられた慣行が存在する場合には、表現者は、通常、当該慣行に従って引用行為を行うことになるため、慣行を基準に引用の適法性を判断することは、引用者の予測可能性を高めることにもなるであろう。したがって、問題となる行為態様について広く受け入れられた慣行が存在する場合には、当該慣行を適法引用の基準と捉えることが妥当であるということになる。これが公正慣行要件の趣旨である。

　著作権法は、条文上、「公正な」慣行に合致することを要求しているが、上述した公正慣行要件の趣旨に照らせば、当該分野において広く定着している慣行が存在する場合には、特段の事情（当該慣行が明らかに不合理であるか、あるいは、当該慣行を特定の事案に適用することが明らかに不合理であるという事情）がない

---

(52) 我が国著作権法の引用規定は、ベルヌ条約の引用規定（同条約10条1項）を受けて規定されたものと解されるが（茶園・前掲注(12)3頁参照）、同条約の引用規定も、我が国のそれとほぼ同様の内容となっている。

(53) 木下＝前田・前掲注(11)50頁以下は、引用規定の解釈において、表現の自由の価値を考慮した柔軟な解釈が重要であることを説く。

355

◇第Ⅰ部◇　権利の内容・制限と利用許諾

限り、慣行の公正性を認めてよいと思われる。

　裁判例も、慣行が存在する場合には、慣行の公正性を詳細に吟味せずに、慣行該当性の判断を行っているように見受けられる。例えば、絶対音感事件控訴審判決[54]は、出所明示をせずに行われた引用について、出所明示の慣行があることは当裁判所に顕著な事実であると述べた上で、「このような慣行が、著作権法32条1項にいう「公正な」という評価に値するものであることは、著作権法の目的に照らして、明らかというべきである」として、特段の検討をなすことなく慣行の公正性を認め、出所明示を欠く引用が公正慣行要件に反すると判断している。なお、同判決に対しては、出所明示が適法引用の要件でないこと[55]から、出所明示の有無を公正慣行要件の判断において考慮することは適切でないとの批判もある[56]。しかし、文献引用に際して出所明示が広く行われているのは、出所明示が法律上の義務かどうかとは関係なく、言語表現の分野において表現者間の利害調整が自律的に行われた結果ということができ、そうである以上、著作者は一般に自己の著作物が引用される際して出所明示がなされることを強く期待し、出所明示をしない引用行為を許容しないものと解されるから、特段の事情のない限り、出所明示の慣行に反する引用行為は、適法引用に当たらないと解するのが妥当であろう[57]。

②　問題となる行為態様との関係で参照されるべき慣行が存在しない場合

　問題となる行為態様との関係で参照されるべき慣行が存在しない場合には、裁判所は、社会通念に照らして引用の方法・態様が相当かどうかを判断することになる[58]。上述の通り、引用は、本来、著作権者を含めて全ての表現者に有益な表現手段となるものであるから、引用行為が社会的に相当な態様で行われる限り、著作者自身が当該引用行為を許容する余地が大きく、権利制限を認めた

---

(54)　前掲注(27)〔絶対音感事件控訴審〕参照。

(55)　32条1項は、出所明示を要件として規定していないから、出所明示を欠く引用でも、同項の要件を充たす限り、出所明示義務違反罪（122条）が成立することは別として、著作権侵害が成立することはない（加戸・前掲注(14)379頁、田村・前掲注(25)262頁、中山・前掲注(31)325頁など参照）。

(56)　茶園・前掲注(12)17頁参照。

(57)　横山・前掲注(31)114頁参照。

(58)　加戸・前掲注(14)265頁は、「公正な慣行に合致する場合といいますのは、健全な社会通念でご判断願うところであります」と述べている。また、高部・前掲注(11)274-275頁は、「未だ公正な慣行が確立されていない新しい分野においては、条理をもって慣行を認定することも必要であろう」とする。

◆第8章◆ 引用規定の解釈のあり方とパロディについて［横山久芳］

としても、通常は、著作者のインセンティブを害することにはならないと思われる。逆に、引用行為が社会的に不相当なものである場合には、著作者自身が正当な引用として許容するものとは解し難く、権利制限を認めることは著作者のインセンティブを過度に害することになるため、妥当でないといえよう。

　もっとも、このように、引用の態様が社会的に相当なものであることが必要となるとしても、その判断においては、表現の自由の価値が十分に考慮されなければならない。他人の著作物を批評等する場合には、挑発的な言辞が用いられるなど、批評の仕方が行き過ぎたものとなったり、著作者の制作意図を誤解して的外れな批評を行うといったことも珍しいことではない。引用による表現活動に少しでも不適切なところがあれば、社会的相当性を欠くとして違法と判断されることがあれば、引用による表現活動に過剰な萎縮効果が生じることになろう[59]。また、引用の適切さを厳密に判断することは、作品の芸術的・学術的な意義や価値を論じることにつながり、権利制限の可否が個々の裁判官の価値観に大きく左右されるおそれがあり、危険でもある。これらのことを考慮すれば社会的相当性を欠くことを理由に引用の適法性が否定される場合は、以下のような場合に限定されるべきである。

　第一に、引用する側の表現が専ら著作者等の特定個人を誹謗中傷するものであるなど、殊更に著作物の価値や評価を毀損する性質のものである場合には、社会的相当性を欠くものとして引用の適法性を否定すべきである。このような表現は、表現の自由の価値を考慮してもなお社会的に許容された限度を超えており、著作権者の犠牲の下にその創作を奨励すべきものとはいえないからである。

　第二に、引用する側の表現に特段の問題がない場合であっても、元の著作物の利用の態様の問題として、元の著作物の表現を改ざん・歪曲するなどして、元の著作物の制作意図を明白に害する態様で引用することは社会的相当性を欠くものとして引用の適法性を否定すべきである。引用とは、著作物を他人の表現として利用するものであるから、元の著作物の表現はその内容通りに正しく引用されることが必要であり、引用する側の表現に接する者が元の著作物の内容を誤解するような態様で引用し、元の著作物の価値や評価を毀損することは許されるべきではない。著作権法43条2号は、著作物を翻訳して引用するこ

---

[59]　茶園・前掲注(12)15頁、横山・前掲注(12)148-149頁参照。

◇第Ⅰ部◇　権利の内容・制限と利用許諾

とを認めつつ、翻案して引用することを認めていないが、これも、翻案が著作物の表現内容を実質的に修正、変更するものであることから、翻案による引用を認めた場合には、元の著作物の表現内容が誤って伝達され、元の著作物の価値や評価が害されるおそれが大きいということを踏まえたものといえよう[60]。

　例えば、創価学会写真ビラ事件控訴審判決[61]は、原告の機関誌に掲載された原告名誉会長の肖像写真を一部切除するなどして作成した写真ビラを、原告らを揶揄し、批判する文言と共に被告ビラに掲載したという事案において、被告の写真ビラは、「原告写真の被写体の上半身部分のみを抜き出し、原告写真の創作意図とはむしろ反対の印象を見る者に与えることを意図したことをうかがわせる…揶揄的な内容の吹き出しを付したものであるから、このような態様による写真の掲載を、「公正な慣行に合致」した引用と解することはできないとしている。同事案では、引用する側の表現が専ら特定人を揶揄する性質のものであることに加え、元の著作物の表現が改ざんされ、その本来の制作意図を明白に害する態様で利用されていたのであるから、公正慣行要件を欠くとする判断は妥当なものということができよう[62]。

(3) 正当範囲要件

　引用行為が適法であるためには、目的上正当な範囲内で引用することが必要となる。問題となる利用行為が引用要件を充たす場合には、著作物を利用する必要性・有用性が認められるが、利用の方法、態様によっては著作権者に過大な不利益が生じるおそれがあるため、利用の範囲に一定の制限を設けることとしたものである。

　「正当な範囲」の解釈について、立法担当者は、特に論文引用に関して、必要

---

[60] もっとも、翻案による引用を一律に否定してしまってよいかについては一考を要する。要約引用のように、引用に際して翻案を行うことが必要不可欠な場合もあるからである。肝要なことは、元の著作物の表現内容の正確性を担保することにあるのであるから、翻案による引用についても、元の著作物の表現内容の正確性が担保されているのであれば、適法引用の成立を認めてよいであろう。東京地判平成10年10月30日判時1674号132頁〔血液型と性格事件〕は、43条2号を確認規定と解釈した上で、要約引用について32条1項の適用を認めている。学説でも、同判決を支持する見解が多い（茶園・前掲注(12)16頁、横山・前掲注(31)113頁、作花・前掲注(14)337頁、中山・前掲注(31)328頁など参照）。

[61] 前掲注(10)〔創価学会写真ビラ事件控訴審〕参照。

[62] 横山・前掲注(12)149頁参照。

◆ 第 8 章 ◆ 引用規定の解釈のあり方とパロディについて ［横山久芳］

最小限度の引用でなければならないとしているが[63]、条文上、そのような限定はないし、およそ必要最小限の範囲でしか引用が認められないとすると、引用による表現活動が委縮し過度に制約されるおそれがある。引用規定が引用者の表現の自由を保障するという側面を有することに鑑みれば、「正当な範囲」か否かは、個別事案ごとに著作権者と引用者の利益バランスを考慮して決定されるべきである[64]。具体的には、引用の目的、引用される側の著作物と引用する側の表現の性質・内容、引用される側の著作物全体に占める引用される側の表現の量的割合や質的重要性、引用の方法・態様などを考慮し、問題となる態様で引用を行う必要性の程度と、問題となる態様で引用が行われた場合に著作権者が被る不利益の程度とを比較衡量して引用の可否を判断すべきである。

　例えば、小説や音楽については、批評等を行う際に作品全体を引用する必要に乏しい反面、個々の作品はそれ単体で一般市場における取引の対象となり得るため、作品全体の引用を認めると、著作権者の通常の利用と競合し、著作権者の不利益が大きなものとなる。ゆえに、作品全体を引用する行為は正当な範囲内の引用とは言い難いことになる[65]。これに対し、俳句のような短い文芸作品については、批評等を行う際に作品全体を引用する必要がある反面、個々の作品がそれ単体で一般市場における取引の対象となることは稀であるため（一般読者は句集等の形で俳句に接することが多い）、作品全体の引用を認めたとしても、著作権者の不利益は小さいものと考えられる。ゆえに、作品全体を引用する行為も正当な範囲内と評価されることになる[66]。他方、絵画については、俳句と同様、批評等する際には作品全体を引用する必要性が認められるが、絵画は、小説などと同様に、それ単体で一般市場における取引の対象となり得るものであるため、元の作品と同様の質的な態様で引用することを認めた場合には、

---

[63] 加戸・前掲注(14)267頁参照。

[64] 裁判例も、「正当な範囲」について比較的柔軟な解釈を行っているように見受けられる。例えば、前掲注(6)〔脱ゴーマニズム宣言事件控訴審〕は、「一般に著作物の引用は、…引用の要件を充たす限りにおいて、引用著作物の著者が必要と考える範囲で行うことができるものであり、…引用が必要最小限度のものであることまで要求されるものではない」と明確に述べている。また、近時の裁判例は、「正当な範囲」を、「社会通念に照らして合理的な範囲内のもの」と緩やかに解釈している（前掲注(15)〔美術鑑定書事件控訴審〕、前掲注(10)〔霊言DVD事件〕、前掲注(10)〔岡山イラスト事件〕、前掲注(10)〔ピクトグラム事件〕、前掲注(10)〔風水事件〕など参照）。

[65] 加戸・前掲注(14)267頁参照。

[66] 加戸・前掲注(14)267頁参照。

◇第Ⅰ部◇　権利の内容・制限と利用許諾

著作権者の通常の利用と競合し、著作権者の不利益が大きなものとなる。したがって、絵画については、作品全体の引用が認められるものの[67]、原作品の利用に代替し得る質的な態様で引用する行為は、正当な範囲内の引用とは評価できないことになる[68]。

3　小　括

　適法引用の要件について、これまでの検討結果を纏めると、以下の通りとなる。

　第一に、引用と認められるためには、問題となる利用行為が引用に当たることが必要である。そして、引用に当たるためには、①利用する側の表現に接する者が利用される側の表現を他人の著作物の表現として明確に区別して認識することができること（明瞭区別性）、及び、②著作物を利用する主たる目的が、当該著作物に関する自己の表現を伝達することにあること（主従関係性）、が必要となる。主従関係性は、①表現活動を目的とした利用行為であるか、②利用する側の表現は著作物を対象としたものであるか、③著作物を利用する主たる目的が自己表現の伝達にあるか、の三つのステップを経て判断される。また、明瞭区別性・主従関係性は、いずれも、利用する側の表現に接する者の認識を基準として、客観的、外形的に判断されることになる。

　第二に、引用が適法と認められるためには、問題となる引用行為が公正な慣行に合致することが必要である。問題となる引用の態様に関して広く受け入れられた慣行が存在する場合には、特段の事情がない限り、当該慣行が適法引用の成否の判断基準となる。一方、問題となる引用の態様に関して参照すべき慣行が存在しない場合には、社会通念に照らして引用行為の相当性を判断することになる。引用する側の表現が専ら特定人を誹謗中傷するものであるなど、殊更に著作物の価値や評価を毀損する性質のものである場合や、元の著作物の表現が改ざん、歪曲され、その制作意図を害する態様で引用されている場合には、社会的相当性を欠くものとして、公正慣行要件が否定されることになる。

　第三に、引用が適法と認められるためには、目的上正当な範囲内で引用を行うことが必要である。「正当な範囲」か否かは、個別事案ごとに著作権者と引用

---

[67]　加戸・前掲注(14)267頁参照。
[68]　もっとも、原作品の利用に代替し得る態様で絵画を引用する行為は、引用要件としての主従関係性を欠くと判断される場合も多いであろう（前掲注(5)〔藤田嗣治事件控訴審〕参照）。

◆第8章◆ 引用規定の解釈のあり方とパロディについて［横山久芳］

者の利益バランスを考慮して決定されることになる。具体的には、引用の目的、引用される側の著作物と引用する側の表現の性質・内容、引用される側の著作物全体に占める引用される側の表現の量的割合や質的重要性、引用の方法・態様などを考慮し、問題となる態様で引用を行う必要性の程度と、問題となる態様で引用が行われた場合に著作権者が被る不利益の程度とを比較衡量して引用の可否を判断すべきである。

Ⅳ　パロディについての検討

1　引用規定の適用の可否

　パロディとは、著作物を風刺、批判する目的でその表現を模倣しつつ、これに修正・変更等を加えて独自の表現として再構成したものをいう。パロディは、作品に接する者に風刺・批判の対象となる原著作物を想起させる必要があるため、原著作物の表現上の本質的特徴を利用するものが多いが、その反面、著作物を風刺・批判するという目的ゆえに、著作権者の許諾を得ることが困難なものである。そのため、パロディを著作権法上適法なものとするには、著作権の制限を認めることが必要となる[69]。しかし、我が国の著作権法には、パロディに関する権利制限規定がなく、また、アメリカ著作権法のような権利制限の一

---

[69]　これに対し、原著作物の表現上の本質的特徴を直接感得させない態様でパロディを創作すべきであるとする考え方もあり得る。例えば、東京地決平成13年12月19日（平成13年（ヨ）22103号）〔チーズはどこへ消えた？事件〕は、パロディについて原著作物との類似性があることを理由に翻案権侵害を認めた上で、「債務者らとしては債権者甲の著作権を侵害することなく本件著作物の内容を風刺、批判する著作物を著作することもできたのであるから、上記のように解したとしても不当にパロディーの表現をする自由を制限するものではない」と述べている。しかし、原著作物の表現上の本質的特徴を直接感得させない態様でパロディを創作しようとすると、作品に接する者に原著作物を想起させることが困難となったり、パロディの風刺・批評の効果が弱められることになるなど、パロディの創作に支障を来すおそれがある。パロディによる表現活動を実質的に保護するためには、一定の要件の下に著作権の制限を認めることが不可欠となろう。なお、学説では、パロディの個性的な特徴が強い場合には、原著作物の翻案や複製にあたらない（原著作物の表現上の本質的特徴を直接感得させるものではない）と解釈して著作権侵害を否定する見解も主張されているが（小泉・前掲注(11)182-183頁など参照）、パロディが原著作物の思想や価値観を大きく変容させるものであるという意味においていかに個性的なものであろうとも、作品に接する者に原著作物の表現上の創作性を認識させるものである限り、原著作物の翻案や複製ではないと解することは困難であろう。

◇第Ⅰ部◇　権利の内容・制限と利用許諾

般条項も存在しない。そのため、我が国では、パロディを著作権法上適法とする根拠として、引用規定の適用が論じられることが多い[70]。パロディは、既存の著作物を風刺・批判の対象とした新たな表現であるという意味において、批評的な引用と共通の性質を有するものといえるからである[71]。

　もっとも、筆者は、パロディについて引用規定を直接適用することは困難であると考えている。そもそもパロディは、著作物を他人の表現としてではなく、自己の表現の一部として取り込んで利用するものであるから、その性質上、著作権法の想定する本来的な引用とは言い難い。また、そのようにパロディが本来的な引用でないがゆえに、通常の引用の場合と同様に解する限りは、引用規定の要件を充たすこともまた困難である。具体的に言えば、パロディは、著作物を自己の表現の一部として取り込んで利用するものであるため、パロディに接する者が利用される側の表現を利用する側の表現と明確に区別して認識することができない場合が多いし、パロディは、原著作物の表現を改変し、しばしば原著作物の制作意図を害する態様で原著作物を利用するものであるから、公正慣行要件を充たすことも困難であろうと思われる。また、著作権法は、引用に際して引用される著作物の出所明示を要求しているが（48条1項1号・3号）、パロディについて出所明示を要求することはナンセンスな場合が多いであろう。

　しかしながら、上述の通り、パロディは、批評的引用と類似の機能を有するものであり、パロディに権利制限の余地を認めることは、著作物を対象とする表現活動を支援することにより、著作物に関する情報の質的な多様化を図ろうとする引用規定の趣旨にも沿うことになるから、パロディについても、解釈論上可能な範囲で引用規定の類推適用を認めるべきである。

　以下では、パロディに引用規定を類推するための要件について具体的に検討していくことにする。

---

(70)　パロディに引用規定の適用を認めるものとして、田村・前掲注(25)243頁、福井健策「著作権法の将来像――パロディ及びアプロプリエーション」渋谷達紀他編『知財年報2005』（別冊NBL106号）(2005年) 253頁、渋谷達紀『知的財産法講義Ⅱ（第2版）』（有斐閣、2007年）156頁、横山・前掲注(31)114-116頁、高林・前掲注(12)174頁、辰巳・前掲注(31)418頁、中山・前掲注(31)408-409頁、駒田他・前掲注(11)125-127頁［潮海］など参照。

(71)　パロディは、レトリックの分類上も「暗示引用」の一種と理解されているようである（佐藤信夫『レトリック認識』（講談社、1992年）265-266頁参照）。

2 類推の要件

(1) 類推の前提要件──パロディにおける主従関係性

　パロディについて引用規定の類推を認めるためには、問題となるパロディが引用規定の趣旨に沿うものであることが必要である。引用規定の趣旨は、先に述べた通り、著作物を対象とする表現活動を支援することにより、著作物に関する質的に多様な表現を確保することにあり、そのために、引用の要件として利用目的の主従関係性が必要とされることになる。そうだとすると、パロディに引用規定の類推を認める場合にも、このような意味での主従関係性があることが最低限必要になるものというべきであろう。すなわち、原著作物を利用する主たる目的が、原著作物それ自体ではなく、原著作物を風刺・批判する自己の表現を伝達することにあることが必要になると解すべきである[72]。

　パロディは、作品に接する者に原著作物を想起させる必要があるため、原著作物から借用した部分が作品の多くを占めることが少なくないが、それだけで主従関係性が否定されるわけではない。既に述べたように、主従関係性要件は、利用される側の表現と利用する側の表現とを単純に量的に比較して判断するものではなく、利用する側の表現に接する者が利用の主たる目的をどのように認識するかを問うものであるから[73]、原著作物から借用した部分が独自に付加した部分より量的に多くても、作品に接する者が他人の著作物を風刺・批判するためにその表現を利用していると明確に認識することができる場合には、主従関係性を肯定することが可能である。

　逆に言えば、パロディと銘打った作品であっても、作品に接する者が他人の著作物を風刺・批判するものであると明確に認識することができない場合には、主従関係性を欠き、引用規定の類推が認められないことになる。例えば、パロディ事件最判は、雪山をスキーヤーがシュプールを描いて滑降する様子を撮影した原告写真に巨大なタイヤの写真を合成して作成した被告写真について、主従関係性を欠くことを理由に引用の成立を否定している。同事案では、原告写真は著名なものではなく、被告写真を見ただけでは、被告写真が他人の著作物

---

[72] 横山・前掲注(31)115頁参照。
[73] パロディは、原著作物から借用した表現と独自に付加した表現の双方から構成されているため、その双方を伝達する目的を有することは明らかであるが、主従関係性の判断では、作品に接する者の認識を基準としていずれの表現の伝達にウェイトがあるかが問題となる。

◇第Ⅰ部◇　権利の内容・制限と利用許諾

を風刺・批判する目的で表現されたものであると認識することは困難であるから、パロディに引用規定の類推を認める本稿の立場においても、主従関係性を欠き、引用の類推は認められないものと判断することになろう[74]。

　パロディには、原著作物そのものを風刺・批判の対象とするものと、原著作物が体現する社会や価値観を風刺・批判の対象とするものがあるとされるが[75]、原著作物の表現も、原著作物が体現する社会や価値観も、いずれも原著作物を構成する要素となるものであるから、いずれを対象とするものであっても、類推の余地を認めてよいと思われる。原著作物の体現する社会や価値観を風刺・批判する場合には、原著作物を利用する必要性・有用性がさほど大きくない場合もあろうが（同一の内容を有する異なる著作物を利用しても、風刺・批判の目的を達成しうる場合が少なくない）、そのような事情は、公正慣行要件や正当範囲要件において斟酌すれば足りるであろう[76]。

　なお、パロディは、その性質上、著名な著作物を対象とするものが多いが、原著作物の著名性それ自体は類推の要件にはならないものと解すべきである。原著作物が著名でなくとも、作品の表現形式上、作品に接する者が他人の著作物を風刺・批判したものであることを認識できる場合には、類推を認めるべき

---

[74]　横山・前掲注(31)116頁参照。なお、本稿は、引用規定の類推により許容し得るパロディとはどのようなものかを論じるものであり、引用規定の類推が否定されるパロディについて、およそ法的保護の必要がないということを積極的に主張するものではない。一口にパロディといっても、その表現形態は多様であり、風刺・批判を離れ、観る者を笑わせることを意図した作品や、原作品に敬意を表しつつ作風を真似て制作された作品なども広い意味ではパロディということができる。例えば、フランスでは、このような広い意味でのパロディも一定の要件の下で権利の制限が認められているようである（長塚真琴「フランス著作権法におけるパロディ」著作権研究37号（2011年）61-63頁など参照）。このような広い意味でのパロディは、本稿の理解によれば、引用規定の類推を認めることは困難であるが、立法論としては、パロディのための個別規定を設けるか、あるいは、権利制限の一般条項を導入することにより、このような広い意味でのパロディについても一定の条件の下に権利制限を認めるという考え方もあり得るところであろう。

[75]　例えば、平成23年度文化庁委託事業『海外における著作物のパロディの取扱いに関する調査報告書』107頁では、パロディには、パロディ作品に用いられる原著作物自体を対象として批判・論評をするもの（「ターゲット型」と呼ばれる）と原著作物を手段として別の事象を批判・論評するもの（「ウェポン型」と呼ばれる）があると述べられている。

[76]　青木大也「著作権法におけるパロディの取扱い」ジュリスト1449号（2013年）60頁も、問題となるパロディがいずれに当たるかは程度問題として柔軟に検討すべき要素と捉えるべきとする。

である[77]。この点は、通常の引用行為について、元の著作物の著名性が引用の要件とならないのと同様である。もっとも、パロディは、通常の引用行為とは異なり、原著作物の表現を、他人の表現としてではなく、自己の表現の一部として取り込んで利用するものであるため、原著作物が著名でなければ、作品に接する者が他人の著作物を風刺・批判したものであると認識できない場合が多いと思われるし、逆に、原著作物が著名であれば、他人の著作物を風刺・批判したものであると容易に認識することができるであろう。その意味で、原著作物の著名性は、パロディについて、主従関係性を判断するための考慮要素になるものと解することができる。

パロディに主従関係性が認められる場合には、当該パロディは批評的引用と類似の機能を有することになるから、引用規定を類推する前提が認められることになる。その上で、最終的にパロディに引用規定の類推を認めるためには、通常の引用行為と同様に、行為態様要件を充たすことが必要となる。

(2) 公正慣行要件

パロディはもともと表現の手法が多様であり、一定の確立した手法に従って表現されるというようなものではないし、表現者が相互にパロディし合うという関係にもないため、著作権者とパロディ制作者との間で自律的な利害調整が行われるとは考えにくい。そのため、パロディについては、参照されるべき慣行が存在せず、社会通念に照らして表現態様の相当性を判断すべき場合が多いと思われる。しかし、その際には、パロディの特殊性が十分に考慮されなければならないであろう。

パロディは、通常の引用行為とは異なり、原著作物の表現を他人の表現としてではなく、自己の表現の一部として取り込んで利用するものであり、原著作物の表現を改変し、しばしば原著作者の制作意図に反する態様で原著作物を利用するものである。したがって、パロディについても、通常の引用行為と同様に、原著作者の制作意図を害しない態様で原著作物を利用することが必要と解するならば、パロディに引用規定の類推を認めることはおよそ困難となるであ

---

[77] 福井・前掲注(70)253頁も、「原作品が著名であることを絶対的条件とする必要はない」とし、「一般的な読者・視聴者が当該作品を見たときに、それが「何らかの既存の作品を利用している」ことを合理的に想像でき、かつ適当な方法で当該出所が明示されていれば最低限の許容性が認められるのではなかろうか」と述べる。

◇第Ⅰ部◇　権利の内容・制限と利用許諾

ろう。

　しかしながら、そもそも通常の引用行為の場合に元の著作物の制作意図を害しない態様で引用することが必要とされるのは、通常の引用行為が元の著作物を他人の表現として利用するものであるため、元の著作物の制作意図に反する態様で引用されると、引用する側の表現に接する者が元の著作物の内容を誤解し、元の著作物の価値や評価が毀損されるおそれがあるからである。これに対して、パロディは、上述の主従関係性の要件を充たすものである限り、作品に接する者が他人の著作物を風刺・批評したものであると認識することが可能であるから、原著作物が改変され、その本来の制作意図と異なる態様で利用されているということも当然に予期し得ることとなろう。そうだとすると、パロディについては、原著作物が改変され、その制作意図に反する態様で利用されていたとしても、主従関係性が充たされている限り、作品に接する者に原著作物の内容が誤解され、原著作物の価値や評価が毀損されるという不都合が生じることはないのであるから[78]、原著作物がその制作意図に反する態様で利用されているということは、それ自体としては、公正慣行要件を否定する理由とはならないものと解することができるであろう。

　したがって、パロディについては、専ら著作者等の特定個人を誹謗中傷するものであるなど、殊更に著作物の価値や評価を毀損する性質のものを除いて、公正慣行要件に反することはないということができよう。

(3) 正当範囲要件

　正当範囲要件については、パロディも通常の引用の場合と同様に解釈してよいと思われる。すなわち、問題となる態様で原著作物を利用する必要性の程度と問題となる態様で原著作物が利用された場合に著作権者が被る不利益の程度を比較衡量し、当事者の利益の均衡を失しない範囲で原著作物の利用が行われているかどうかを検討することになる。

　学説には、パロディが本来的な引用行為でないことから、通常の引用の場合と比べて許容される利用の範囲をより限定的に捉える見解もあるが[79]、パロデ

---

[78]　もちろん、パロディの風刺・批判の効果により原著作物の価値や評価が低下するということはあるが、そのような原著作物の価値や評価の低下は、通常の批評的引用の場合にも生じ得るものであって、原著作者において当然に甘受すべきものといえる。

[79]　例えば、田村・前掲注(25)243頁は、パロディに引用規定を適用するための要件として

◆ 第8章 ◆ 引用規定の解釈のあり方とパロディについて［横山久芳］

ィは、その性質上、原著作物の表現を多く利用する必要があるものであるから、許容される利用の範囲を過度に限定的に捉えると、パロディの制作が事実上困難となろう。他方で、パロディは、上述の主従関係性の要件を充たしている限り、作品に接する者が他人の著作物を風刺・批評したものであることを認識することが可能なものであるから、原著作物の利用と競合するおそれは低く、通常の引用の場合と比べてもパロディによって著作権者が被る不利益は小さいものと考えられる。したがって、パロディについては、風刺・批判の目的上合理的な範囲で原著作物が利用されていると認められる限り、正当範囲要件を充たすものと解してよいと思われる[80]。

(4) その他の問題

パロディは、著作権法の想定する本来的な引用行為と異なるため、パロディに引用規定の類推を認める場合には、それに伴って付随的な問題が生じることになる。

① 出所明示の要否

第一に、出所明示の問題である。パロディは、一般に、著名な著作物を対象として創作されるものであり、作品に接する者が原著作物を知っていることが想定されるため、原著作物の出所が明示されないことが多い。そのため、パロディに引用規定の類推を認めるとした場合に、著作権法上の出所明示義務（48条1項1号・3号）を課すべきかが問題となる。

この点、パロディは、原著作物への明示的な言及を避け、あくまで原著作物の存在を暗示する表現を通して、作品に接する者に原著作物を想起させることを特徴とする表現手法であり、通常の引用行為とは異なり、原著作物の出所を明示しないことに表現上格別の意義が認められるものである。したがって、パロディについて、通常の引用行為と同様に出所明示を要求することは、パロデ

「引用する側の著作物の表現の目的上、他の代替措置によることができないという必然性があること、必要最小限の引用に止まっていること、そして、著作権者に与える経済的な不利益が僅少なものに止まること」という三つの要件を挙げる。

[80] この点、旧法下の事例であるが、パロディ事件の原審である東京高判昭和51年5月19日無体集8巻1号200頁〔パロディ事件控訴審〕が、パロディにおける原著作物の利用の方法が社会的に受け入れられたものであり、客観的にも正当視される程度においてなされていれば、正当範囲要件を肯定することができるとしている点は、正当範囲要件の解釈として、妥当なものということができよう。

◇第Ⅰ部◇　権利の内容・制限と利用許諾

ィという表現手法に馴染まず、その目的や効果を著しく阻害することとなるおそれがある。他方で、パロディの対象とする原著作物が著名な作品であれば、原著作物の出所が明示されていなくても、作品に接する者は、通常、原著作物にアクセスすることが可能となるから、出所明示を欠いたとしても、著作権者に生じる不利益は小さく、著作権法の出所明示義務規定の趣旨を実質的に損なうことにはならないものと考えられる。これらのことに鑑みると、パロディについては、原著作物が著名であって、作品に接する者が一般に原著作物を知っていることが見込まれる場合には、出所明示は不要と解するのが妥当である。これに対して、パロディであっても、原著作物が著名でなく、作品に接する者が一般に原著作物を知っていることが見込まれない場合には、原則通り、出所明示が必要になると解すべきである。後者の場合は、原著作物の出所明示がなされない限り、作品に接する者が原著作物にアクセスすることができず、著作権法の出所明示義務規定の趣旨を損なうことになるからである[81]。

　なお、以上述べたことは、著作者の氏名表示権（19条1項）についても基本的に妥当するものというべきである。すなわち、原著作物が著名であって、作品に接する者が一般に原著作物を知っていることが見込まれる場合には、著作者名の表示を欠いたとしても、「著作者が創作者であることを主張する利益を害するおそれがない」と認められるから（19条3項）、著作者名の表示を省略するパロディの慣行に鑑み、氏名表示権侵害は成立しないものと解すべきである。これに対し、原著作物が著名でなく、作品に接する者が一般に原著作物を知っていることが見込まれない場合には、著作者名の表示がなされなければ、「著作者が創作者であることを主張する利益」が害されることになるため、氏名表示権の侵害が成立するものと解すべきである。

② **同一性保持権侵害の成否**

　第二に、同一性保持権の問題である。一般に、パロディは、原著作物を改変し、原著作者の制作意図に反する態様で原著作物を利用するものであるため、同一性保持権（20条1項）侵害の問題が生じ得る[82]。パロディに引用規定の類推

---

[81]　この点、青木・前掲注(76)61頁も、パロディについて一定の場合に出所明示を不要とする仕組みが必要であるとしつつ、原作品がすぐに想起できない場合の取扱いについては別途検討する必要があると述べている。

[82]　もっとも、金子敏哉「同一性保持権侵害の要件としての「著作物の改変」──改変を認識できれば改変にあたらない説」（本書第9章）は、著作物の改変を、改変に接する者が

368

◆第8章◆ 引用規定の解釈のあり方とパロディについて［横山久芳］

が認められるとしても、パロディに伴う原著作物の改変行為が別途同一性保持権の侵害になるとすれば、いずれにせよ権利者の許諾がない限り、パロディを適法に創作することが困難となる。そのため、同一性保持権の問題をどのように取り扱うかは、パロディにとって重要な問題である。

この点、著作権法は、著作者の意に反する改変がなされた場合でも、著作物の性質や利用の目的・態様に照らしてやむを得ないと認められる改変については、同一性保持権の適用を除外している（20条2項4号）。そこで、パロディについても、同号にいう「やむを得ない」改変として適用除外が認められないかが問題となる[83]。

立法担当者によれば、20条2項は、「真にやむを得ないと認められる改変を必要最小限度において許容しようとするもの」であるから、同項各号の規定は、「極めて厳格に解釈運用されるべき」であるとされる[84]。また、「やむを得ない」という言葉は、他に代替的な手段が存しないことをいうから、条文の文言に忠実に解釈しようとすれば、改変以外の方法によっても原著作物を利用する目的が達成できる場合には、「やむを得ない」改変とは認められないことになろう[85]。パロディにおける原著作物の利用の目的とは、原著作物を風刺・批判すること

「改変をされていないとの誤認」が生じる場合に限定し、著名なパロディの場合には、パロディに接する者が「改変をされていない」と誤認することはないから、そもそも「著作物の改変」がなく、同一性保持権侵害とならないとする解釈を提唱している。この解釈によれば、本稿にいう主従関係性の要件を充たすパロディについては、通常、「著作物の改変」がないことを理由に同一性保持権侵害の成立が否定されることになろう。

[83] パロディについて同号の適用の余地を認める立場として、染野啓子「パロディ保護の現代的課題と理論形成」法律時報55巻7号（1983年）41頁、佐藤薫「著作権法第20条第2項第4号の解釈と表現の自由権——パロディを中心として」著作権研究17号（1990年）138頁、高林・前掲注(12)174頁、横山久芳「法学へのアプローチ［Ⅱ］——『パロディ』から考える著作権法入門」法学教室380号（2012年）34頁、辰巳・前掲注(31)418頁、中山・前掲注(31)408頁など参照。なお、加戸・前掲注(14)177頁は、原著作物をパロディ化したことが一見して明白である場合には、著作者の意に反する改変がないことを理由に同一性保持権侵害を否定する。

[84] 加戸・前掲注(14)178頁参照。

[85] 例えば、知財高判平成22年3月25日判時2086号114頁〔駒込大観音事件控訴審〕は、被告の目的を実現するためには、改変行為による以外にも、代替的な方法が存しており、そのような代替的な方法と比較して、被告が選択した改変行為が、唯一の方法であって、やむを得ない方法であったとまではいえないから、20条2項4号の「やむを得ないと認められる改変」に当たらないとしている。

◇第Ⅰ部◇　権利の内容・制限と利用許諾

であるが、原著作物を風刺・批判する方法としては、パロディ以外の表現手法を採用することも考えられるし、パロディによる場合であっても、表現の方法、態様には様々なものが考えられるから、問題となる特定の方法、態様で原著作物を改変して利用することが「やむを得ない」ものであると主張することは実際上困難な場合が多いであろう。したがって、20条2項4号を厳格に解するならば、パロディについて同号の適用を認めることはおよそ困難なものとなる。

　しかしながら、著作権法は、立法担当者の示唆するように、必ずしも全ての場合に適用除外が厳格に解釈運用されることを想定しているわけではないと解される。例えば、建築物については、増築、改築、修繕、模様替えによる改変一般について適用除外が認められており（20条2項2号）、4号のように「やむを得ない」という条件が課されていないため、少なくとも文理上は、「増築、改築、修繕、模様替え」の範疇にとどまる限り、広く改変が許容されることになる[86]。また、プログラムについては、「より効果的に利用し得るようにするため」の改変について適用除外が認められているが、プログラムを非効果的に利用するために改変するということは通常考えられないため、プログラムの改変一般が広く許容されていると解することができるであろう[87]。このように、著作権法自身が、条文上、著作物の種類や利用の目的・態様を顧慮して適用除外の条件を柔軟に変えて規定していることを踏まえるならば、適用除外の一般条項である4号の「やむを得ない」の解釈においても、全ての場合に一律に限定的に解する必要はなく、著作物の種類や性質、著作物の利用の目的や態様に応じて、ある程度の幅をもって解釈することが許されるべきである[88]。

---

[86]　この点、東京地決平成15年6月11日判時1840号106頁〔慶応大学庭園移築事件〕は、2号を建築物の実用性に鑑みて設けられた適用除外規定と捉え、経済的・実用的な観点から必要な範囲での改変に限定して同号が適用されるとしたが、大阪地決平成25年9月6日判時2222号93頁〔希望の壁事件〕は、条文にそのような限定がないことから、個人的な嗜好に基づく恣意的な改変についても同号の適用を認めるべきであるとしている。中山・前掲注(31)512頁も、嗜好による改変を認めるべきであるとする。

[87]　中山・前掲注(31)514頁は、3号の新設により、「事実上プログラムには同一性保持権がなきに等しいことになった」と述べる。

[88]　この点、東京高判平成3年12月19日知的裁集23巻3号823頁〔法政大学懸賞論文事件控訴審〕は、「3号（注：現4号）の「やむを得ないと認められる改変」に該当するというためには、利用の目的及び態様において、著作権者の同意を得ない改変を必要とする要請がこれらの法定された例外的場合（現1号～3号）と同程度に存在することが必要である」とするが、この判旨を前提とするとしても、上述の通り、現2号・3号の適用

◆ 第8章 ◆ 引用規定の解釈のあり方とパロディについて［横山久芳］

　このように考えるならば、パロディに伴う原著作物の改変についても、「やむを得ない」改変と評価する余地が生じることになろう。すなわち、パロディは、他人の著作物を自己の表現の一部として利用するものであって、その作成過程で原著作物に改変が加えられることは当然に想定されるものであるところ、原著作物を風刺・批判するための改変の方法・態様には様々なものがあり得、そのどれを採用するかは作品の芸術性に関わる問題であるから、第三者が改変の適切さを厳密に判断することはそもそも困難である。したがって、本稿のように、パロディによる表現の自由を法的に保護すべきとの立場を採る限り、許容される改変の範囲はある程度広く択える必要がある。他方で、パロディは、原著作物の大きな改変を伴うものであっても、作品に接する者がパロディとして認識し得るものである限り、原著作物の表現内容が誤解され、原著作者に不当な評価が帰せられることはないため、著作者の人格的利益が過度に害されることにはならないものと考えられる。このようなパロディという表現手法の目的や性質を考慮すれば、原著作物の改変が風刺・批判のために行われたものと合理的に判断し得る場合には「やむを得ない」改変に当たると解するのが妥当であろう。他方、パロディであっても、原著作者の評価を殊更に貶める目的で改変が行われている場合や、パロディの風刺・批判の目的と無関係に改変が行われている場合には、「やむを得ない」改変には当たらないことになろう[89]。

V　最後に

　引用規定は、他の権利制限規定と比べて、抽象度が高く、解釈の幅の大きい規定となっている。しかし、引用規定も、他の制限規定と同様に、特定の利用の場面に適用される個別規定として立法化されたものであるから、その要件の解釈においては、同規定の立法趣旨が十分に考慮されるべきである。

　　範囲の広さに鑑みれば、現4号の「やむを得ない」の意義を必ずしも全ての場合に限定的に解する必要はないことになろう。
(89)　パロディに関するものではないが、例えば、前掲注(6)〔脱ゴーマニズム宣言事件控訴審〕は、被告が原告漫画の内容を批判する目的で原告漫画のコマの配置を一部変更しつつ掲載したことについて、適法引用の成立を認めて著作権侵害を否定しつつ、コマの配置の変更は「やむを得ないと認められる改変」に当たらないとして同一性保持権侵害の成立を認めている。コマの配置の変更は原告漫画の内容を批判するという引用の目的と無関係に行われているものであるから、引用の目的上「やむを得ない」改変とは言い難いであろう。

◇第Ⅰ部◇　権利の内容・制限と利用許諾

　引用規定の立法趣旨とは、一言でいえば、著作物を対象とした新たな表現活動を支援することにより、著作物に関する情報の質的な多様化を図ることにあるといえよう。著作権法は、著作者に著作活動へのインセンティブを与え、表現の豊富化、多様化を図ることを目的とするものであるが、引用規定は、まさにそのような著作権法の目的を側面から支えるものということができる。このような理解によれば、例えばパロディのように、本来的な引用行為に当たらない利用行為であっても、著作物に関する情報の質的な多様化に寄与する行為については引用規定の適用を認めることが可能となるであろう。その反面、社会的に公正な利用行為であっても、著作物に関する情報の質的な多様化に寄与しないものは、引用規定を適用することができないことになる。後者について権利制限を認めるためには、やはり権利制限の一般条項を導入することが不可欠であると思われる。

　権利制限の一般条項（いわゆる「日本版フェアユース規定」）については、かつて導入に向けて本格的な議論がなされたものの、結局、失敗に終わった[90]。しかし、現在、再び一般条項の導入に向けた議論が開始されようとしている[91]。もちろん、一般条項の導入には課題も多く、実現には相当の困難を伴うことが予想されるが、著作権法を取り巻く現在の激的な状況に鑑みれば、著作物の新たな利用形態が登場する度に後追いで個別規定を創設していくことには限界があり、一般条項による解決が必要になってくると思われる。これからの権利制限の議論においては、立法論として、一般条項の導入の是非、及びその制度設計のあり方を真摯に検討するとともに、そのような一般条項の導入を視野に入れつつ、各個別規定について、一般条項との役割分担を意識しながら、立法趣

---

[90]　平成21年・平成22年の知的財産推進計画において権利制限の一般条項（「日本版フェア・ユース」）の導入が提言され、平成23年の文化審議会著作権分科会において本格的な検討が開始されるに至った。同審議会では、完全な一般条項ではなく、一定の類型の利用行為について一般条項的な規定を設けるということで意見の一致をみたが（『文化審議会著作権分科会報告書（平成23年1月）』44-50頁参照）、平成24年改正では、そのような一般条項的な規定の導入も見送られ、結局、新たな個別規定が追加されるにとどまった。

[91]　平成28年の知的財産推進計画では、「デジタル・ネットワーク時代の著作物の利用への対応の必要性に鑑み、新たなイノベーションへの柔軟な対応と日本発の魅力的なコンテンツの継続的創出に資する観点から、柔軟性のある権利制限規定について、次期通常国会への法案提出を視野に、その効果と影響を含め具体的に検討し、必要な措置を講じる」と述べられている。

旨を踏まえた「しなやかな」解釈が求められることになるであろう[92]。

---

[92] 権利制限規定の解釈の問題ではないが、例えば、最判平成 14 年 4 月 25 日民集 56 巻 4 号 808 頁〔中古ゲームソフト事件上告審〕は、著作権法が映画の著作物の頒布権（26 条）について消尽を認める規定を設けていないにもかかわらず、映画の著作物であるゲームソフトの譲渡について頒布権の消尽を認めた。これは、劇場用映画と全く異なる流通形態を持つゲームソフトの登場という新たな事態に対して、頒布権の規定の趣旨を踏まえつつ、「しなやかな」解釈論を展開した好例ということができよう。

第9章 同一性保持権侵害の要件としての「著作物の改変」
―― 改変を認識できれば「改変」にあたらない説 ――

金子敏哉

I はじめに

1 本稿の概要

本稿は、同一性保持権（著作権法20条1項）侵害の要件としての「著作物の改変」[1]についての解釈論を展開するものである。

小説や漫画、論文の出版にあたり著作者の意に反してその作品の結末・結論が書きかえられて発行された場合、著作者の人格的利益は大きく害されよう。同一性保持権は、このような著作者の人格的利益を保護する重要な権利である。

他方で同一性保持権は、著作者がその意に反する「改変」を伴うあらゆる利用を禁止しうる手段ともなりうる。同一性保持権の過大な保護は、著作物の利用者の行動（例えば、私的領域における改変）の自由を過度に妨げ、さらにはパロディ等新たな創作活動を阻害するものとなりかねない[2]。

従来の通説は、複製物等の創作的表現への改変行為が直ちに20条1項の「著作物の改変」にあたると解しており、私的領域における複製物への改変、著名な作品の明らかなパロディ、翻訳・映画化、引用時の抜粋や出題時の下線等も「著作物の改変」に該当することとなる。しかしこれらの行為の全てが同一性

---

[1] 本稿において、「著作物の改変」あるいは「改変」と表記する場合には、同一性保持権の侵害の要件としての「著作物の改変」を意味する。
[2] 特に近年のデジタル技術の普及により、私人による既存の作品の改変を伴う利用が技術的には容易となった状況（田中辰雄「ぼくのかんがえたさいきょうのちょさくけんせいど――新しい方式主義の構想の構想」（本書第1章）I-1・I-2も参照）をふまえて、同一性保持権に関して様々な解釈論・立法論の検討がなされている。そのような検討の例として、知的財産研究所「EXPOSURE（公開草案）'94――マルチメディアを巡る新たな知的財産ルールの提唱」NBL514号（1994年）52頁以下、井上由里子「著作物の改変と同一性保持権」ジュリスト1057号（1994年）65頁以下、塩澤一洋「デジタル形式の著作物と著作者人格権の現代的解釈」法学政治学論究29号（1996年）415頁以下等を参照。

◇第Ⅰ部◇　権利の内容・制限と利用許諾

保持権の侵害となるとすれば、利用への制約の点で重大な問題が生じる。そこで従来の通説の下では、これらの行為のうち実質的に見て侵害を否定すべき場合については、「意に反」さないとの解釈や「やむを得ない」改変（20条2項4号）の解釈により対応すべきとの議論がされてきた。その中でも代表的な見解が、「やむを得ない」改変（20条2項4号）の柔軟な解釈により、権利者と利用者の利益の適切な衡量を行うべき[3]との見解である。

他方で、改変された表現を提示・提供する行為については、改変行為自体は完了しているものとして、「著作物の改変」に該当しないこととなる。そのため、改変された表現の提示・提供行為（特に113条1項のみなし侵害の対象とならない行為）につき同一性保持権の侵害の成否が問題となる。

このように従来の通説の下では、同一性保持権を巡る諸論点として、(1)私的改変、(2)パロディ、(3)翻訳・映画化等に伴う改変（著作権と同一性保持権の関係）、(4)権利制限規定の対象となる利用行為に伴う改変、(5)改変された表現の提示・提供行為の取り扱いが重要な問題となっている。

これに対して本稿は、これら諸論点に係る問題の真の所在は従来の通説が「著作物の改変」を、複製物等の（何らかの）創作的表現への改変行為ととらえてきたことにあると考えるものである。そして本稿は解釈論として、「著作物の改変」を以下の①・②・③のように限定して解釈すべきことを主張する[4]。

①　まず同一性保持権侵害の要件としての「著作物の改変」に該当するためには、無体物としての著作物の改変、すなわち、著作物の表現（がどのようなものであるか）についての社会における認識を変化させる行為であることが必要と解すべきである。複製物の創作的表現に何らかの改変行為が行われたとしても、無体物としての著作物を改変したものと評価できない場合、「著作物の改変」に該当しないものとして、他の諸事情を問わず同一性保持権の侵害が否定されるべきである。

②　さらに①の著作物の表現についての社会における認識を変化させる行為

(3)　上野達弘「著作物の改変と著作者人格権をめぐる一考察──ドイツ著作権法における「利益衡量」からの示唆 (1)(2完)」民商法雑誌120巻4・5号（1999年）748頁以下、6号（1999年）925頁以下参照。

(4)　以下の①・②・③の解釈は段階的なものであり、①をより限定した解釈が②、②のより具体的な判断基準が③となっている。段階的な主張とする趣旨は、②・③の解釈・基準までは支持できない論者にも、なお①の解釈論のレベルで賛同を得ることを願うためである。

◆第9章◆ 同一性保持権侵害の要件としての「著作物の改変」[金子敏哉]

のなかでも、改変された表現が提示・提供されること（造形芸術の原作品については例外的に改変行為自体）により、改変された複製物等に接した者に「改変をされていないとの誤認」を惹起する行為のみが「著作物の改変」に該当すると解すべきである。

　この②の解釈によれば、複製物等への改変行為が行われても、改変された表現に接する者がその改変の事実と改変の内容を正しく認識できる場合（例えば改変者自身しか改変に接しない場合、著名な作品のパロディと認識される場合）には、「改変をされていないとの誤認」が惹起されていないがために、「著作物の改変」に該当せず、およそ同一性保持権の侵害が否定されることとなる。すなわち、（改変に接する者が）改変を認識できれば（20条1項にいう）「改変」にあたらないと解すべきである。

　③　そして②の「著作物の改変」（「改変をされていないとの誤認」の惹起）の具体的な判断は、改変された表現に接する者を基準として、改変前の表現についての認識や確認可能性、改変と提示の態様に照らして、改変を正しく認識できるか否かのみによって判断すべきである。

　さらに本稿はこの判断基準により「著作物の改変」に該当しないと判断される場合を、類型化して提示するものである。すなわち、(A-1)私的領域で完結する（改変者自身しか改変された表現に接しない場合の）改変行為（造形芸術作品の原作品への改変を除く）、(B-1)改変された表現に接する者が改変前の表現を知っている場合（著名な作品のパロディと認識される場合等）、(B-2-1)改変及び提供・提示の態様から改変の事実と内容を認識できる場合（問題文に付された出題用の下線等）、(B-2-2-1)改変及び提供・提示の態様から改変の事実を認識可能であり、改変内容が当該改変として通常予測される範囲内であり、かつ、改変前の表現を確認可能である場合（翻訳に伴う改変等）には、およそ同一性保持権の侵害が否定されることとなる（以上が③の内容である）。

　本稿はこれらの解釈により、「著作物の改変」に該当しない行為類型を明らかにして私的改変・パロディに係る行動の自由領域を確保するとともに、「著作物の改変」に該当する場合の他の諸利益との衡量（「やむを得ない改変」の解釈）をより明確な指針の下で行い、著作権と同一性保持権の関係を整理しようとするものである。

◇第Ⅰ部◇　権利の内容・制限と利用許諾

2　記述の順序

本稿は、「著作物の改変」に関する本稿の解釈論の内容とその帰結をまず明らかにしたうえで（Ⅱ・Ⅲ）、本稿の意義（あるいは本稿から見た従来の通説の問題点）と検討課題（Ⅳ）について記述する。

まずⅡにおいては、「著作物の改変」をめぐる従来の通説と、著作者の社会的評価に影響を及ぼす改変のみを「著作物の改変」（又は同一性保持権の侵害）と解する見解[5]を踏まえたうえで、本稿の解釈の基本的な内容（上記①と②）を明らかにする。

続いてⅢでは、従来の通説の下での諸論点（(1)私的領域における改変、(2)パロディ、(3)翻訳・映画化等に伴う改変（同一性保持権と著作権の関係）、(4)著作権の制限の対象となる利用行為に伴う改変、(5)改変されたものの提供・提示行為）につき、本稿の解釈の下での取り扱いを検討したうえで、「「著作物の改変」についての具体的な判断基準（上記③）を類型化して提示する（Ⅲ）。

以上のように本稿の解釈論の内容を示したうえで、Ⅳでは、本稿の解釈論の意義（あるいは本稿から見た従来の通説の問題点）、本稿の背景にある同一性保持権の保護法益の理解、本稿の解釈に対し想定される批判・指摘（条文との整合性、「意に反して」や「やむを得ない」の柔軟な解釈による対応等）、検討すべき課題について論じる。

なお本稿は、同一性保持権をめぐる問題状況・解釈論全般を解説・検討するものではない。「著作物の改変」をめぐる議論[6]についても、本稿の主張（「改変をされていないとの誤認」を惹起する行為のみを「著作物の改変」ととらえるべき）の展開・検討に必要な範囲で言及するにとどめており、判例・学説を網羅的に検討するものではない。

3　本書における本稿の位置づけ

本書（『しなやかな著作権制度に向けて』）は著作物の創作と利用に関わる多種多様なプレイヤーの利害とフィールドの変化に「しなやかに」対応可能な著作

---

[5] 小倉秀夫「著作者人格権」高林龍他編『現代知的財産法講座Ⅱ　知的財産法の実務の発展』（日本評論社、2012年）285頁以下等。詳しくは後掲注(22)と対応する本文参照。

[6] 「著作物の改変」に関する主要な学説を概観するうえでは、飯田圭「著作者人格権——同一性保持権を中心に」ジュリスト1452号（2013年）82頁・83頁の整理が参考になる（ただし後述の著作者の社会的評価に影響を及ぼす改変のみを「著作物の改変」と解する見解については詳しく言及されていない）。

378

◆第9章◆ 同一性保持権侵害の要件としての「著作物の改変」［金子敏哉］

権制度のあり方について検討するものである。

　特に本書に収録された他のいくつかの論考では、著作権を中心に、権利制限規定の柔軟化（一般条項の導入、解釈による対応等）、利用許諾に係る制度設計により、著作権者の利益を確保しつつ、著作物の利用の円滑化を促進する提案が試みられている。

　もっとも著作物の利用に際しては、著作物の表現の一部を抜粋・変更する等の何らかの改変を伴う場合も少なくない。権利制限規定の拡充等により当該利用につき著作権の侵害の侵害が否定されたとしても、その改変が同一性保持権（著作権法 20 条 1 項）の侵害となれば、結局そのような改変を伴う利用行為は著作者の同意を得なければ行えないこととなる。他方で、著作権の侵害とならない利用行為に伴う何らかの改変を全て同一性保持権の侵害とならないと解することは、同一性保持権の制度趣旨を無に帰すものである。

　本稿は同一性保持権の解釈の面から著作物の利用の円滑化を図るものである。すなわち、侵害の入り口要件としての「著作物の改変」を「改変をされていないとの誤認」を惹起する行為に限定して解することで、このような誤認を惹起しない態様での著作物の利用（私的領域で完結する複製物への改変、著名な作品のパロディ、翻訳・映画化、引用時の抜粋等）はおよそ同一性保持権の侵害にあたらないことを明らかにし、著作権の制限等とあわせて利用の円滑化をより確かなものとするものである。

　また本書のテーマである「しなやか」な著作権制度の実現に向けては、一方において社会・技術の変化に対応可能な柔軟性を備えた規範が妥当すべき場合（例えば権利制限の一般規定等）と、他方において保護すべき利益・自由領域の確保の観点から、規範内容や考慮要素をより明確化することが課題となる場合（著作権侵害罪の構成要件の限定、個別制限規定の導入等）がある[7]。本稿はこのうち後者の明確化による「しなやかさ」の実現を目指すものである。すなわち、本稿は同一性保持権の保護法益と侵害要件に関わる「著作物の改変」の概念を、漫然と何らかの表現への改変ととらえるのではなく、「改変をされていないとの誤認」の惹起と限定して解することで、他者の自由領域を明確に確保しつつ、

---

(7) 著作権法における柔軟性と明確性の調和という観点から、権利制限・侵害判断・救済手段を巡る議論状況を検討するものとして上野達弘「著作権法の柔軟性と明確性」中山信弘編集代表『知的財産・コンピュータと法　野村豊弘先生古稀記念論文集』（商事法務、2016 年）25 頁以下参照。

◇第Ⅰ部◇　権利の内容・制限と利用許諾

他の諸利益との調整をより明確な指針の下で行う[8]ことにより、（本稿の立場から見て保護すべき）著作者の人格的利益をより実効的に保護することをも意図している。

Ⅱ　「著作物の改変」をめぐる従来の議論と本稿の基本的な立場

1　従来の通説

著作権法 20 条 1 項は、同一性保持権につき「著作者は、その著作物及びその題号の同一性を保持する権利を有し、その意に反してこれらの変更、切除その他の改変を受けないものとする。」ことを定めている。

従来の通説においては、複製物[9]中の創作的表現への改変行為や無形的な利用行為の際に行われた改変行為（以下、「複製物等への改変」と呼ぶ）が、「著作物の改変」に該当すると解されてきた

以上の理解のもとでは、私的領域における複製物等への改変、著名な作品のパロディ作品を創作する行為であっても、著作権法 20 条 1 項の「著作物の改変」に該当することとなる。そこで私的改変やパロディに関して侵害を否定すべき場合については、「意に反」さない改変[10]や「やむを得ない改変」（2 項 4 号）[11]

---

[8] 例えば 2 項 4 号は、従来の理解の下では複製物等への改変が「やむを得ない」といえるかが問題となるが、本稿の立場では、「改変をされていないとの誤認」を生じるとしても、なお「やむを得ない」改変といえるかが問題とされることとなる。

[9] 美術の著作物等の原作品への改変は、私的領域における改変であっても同一性保持権の侵害に当たると従来から解されている（後掲注(52)も参照）。また後述するように本稿の立場からも基本的に「著作物の改変」に該当することとなる。

　以下、私的領域における改変に言及する場合には、特に注記をしない限り、美術の著作物等の原作品への改変は含まないものとする。

[10] 例えば、複製物への私的改変につき著作者の通常の「意に反」さないことを理由として同一性保持権の侵害を否定する見解として、渋谷達紀『著作権法』（中央経済社、2013 年）539 頁、松田政行『同一性保持権の研究』（有斐閣、2006 年）220 頁注 168、高林龍『著作権法（第 2 版）』（有斐閣、2014 年）225 頁参照。これらの見解は、美術の著作物の原作品への改変（後掲注(52)参照）や後述のときめきメモリアル最判の事案については、著作者の「意に反」することを理由として侵害を是認するものである。

　またパロディにつき加戸守行『著作権法逐条講義（改訂六版）』（著作権情報センター、2013 年）177 頁は、「…パロディ形式あるいはもじり形式のものについては、既存の原作をパロディ化したり、もじったことが一見して明白であり、かつ誰にもふざけ茶化したものとして受け取られ、原作者の意を害しないと認められる場合については、形式的には内面形式の変更にわたるものであっても、同一性保持権の問題は生じません。」と述べ

◆ 第9章 ◆ 同一性保持権侵害の要件としての「著作物の改変」[金子敏哉]

にあたる等[12]の解釈論が試みられている。

　また同一性保持権と著作権（特に27条の権利）の関係に関して、翻訳・翻案等[13]の行為も「著作物の改変」に該当する[14]ため、特に翻訳権・翻案権の譲受人等による翻訳・翻案行為につき同一性保持権の成否が問題となっている[15]。

る。これに対して渋谷・前掲538頁はパロディにつき「通常は原著作者の意に反する改変となる」と述べている。

(11) 例えば複製物への私的改変につき、田村善之『著作権法概説（第2版）』（有斐閣、2001年）451頁（ただし、「通常、名誉感情を害さないと思料される変更」（後掲注(20)）参照についてはそもそも「著作物の改変」に該当しないとする）、中山前掲注(10)481頁（「意に反して」の柔軟な解釈や権利濫用等の一般法理等の対応策の中で、20条2項4号の活用が最も可能性が高いとする）、上野達弘「メモリーカードの使用と著作者の同一性保持権侵害等」民商法雑誌125巻6号（2002年）748頁以下（私的領域での改変の一事のみをもって同一性保持権の侵害を否定すべきではないが、4号該当性判断の考慮要素の一つとなるとする）等参照。

　パロディにつき染野啓子「パロディ保護の現代的課題」法律時報55巻7号（1983年）40頁以下、田村・前掲449頁（ただし、著作物以外の事件の風刺のために当該著作物を利用する必然性がある場合に限定した解釈である）、中山・前掲注(10)409頁（4号の「柔軟な解釈も可能であろう」とする）、横山久芳「引用規定の解釈のあり方とパロディについて」（本書第8章）Ⅲ-2(4)②（パロディにつき解釈論上可能な範囲で32条（引用）の類推適用を認めるべきとし、同一性保持権についても「やむを得ない」改変と評価しうる場合があるとする。後掲注(54)も参照）等参照。

(12) 作花文雄『詳解著作権法（第4版）』（ぎょうせい、2010年）246頁以下では、氏名表示権との規定ぶりの相違から、立法者としては公衆・提示との関連を問うことなく同一性保持権を保護すべきものと理解しつつも、私的領域での改変について、「法文上改変を許容する規定がないからといって、同一性保持権侵害と捉えるべきではなく、改変の具体的態様及びそれにより害され得る著作者の人格的利益の内容などを踏まえ、権利侵害と評価するだけの実質的な違法性が存するか否かという観点から捉えるべき」とする。なお引用等に伴う部分的利用については、後掲注(22)のように、著作者の社会的評価に影響を及ぼす改変のみを「著作物の改変」と解する趣旨の考え方も示している。

　また43条の援用可能性につき検討するものとして、岡邦俊『マルチメディア時代の著作権の法定』（ぎょうせい、2000年）63頁以下も参照。

(13) 複製権・上演権等も含め支分権の対象となる利用行為全般と同一性保持権の関係について考察する論考として、野一色勲「同一性保持権と財産権」紋谷暢男教授還暦記念論文刊行会『知的財産法の現代的課題』（発明協会、1998年）641頁以下を参照

(14) ただし加戸・前掲注(6)176頁以下は、いわゆる内面的表現形式と外面的表現形式を区別する見解に立ち、翻訳・映画化等に伴う必然的な改変（「外面形式」の変更）は同一性保持権が及ぶものではなく、「内面形式にわたる変更」（ストーリーの大幅な変更等）についてのみ同一性保持権が及ぶとする。ただ、現在の裁判例・学説においてはこのような内面形式・外面形式の区別による見解は一般的ではない。

381

◇第Ⅰ部◇　権利の内容・制限と利用許諾

　さらに引用（32条）時の要約・抜粋、入試問題の出題時（35条）の穴あけ・下線の付加等、権利制限規定の適用対象となる利用行為に改変が伴う場合[16]についても、著作権法50条により著作権の制限規定を直接同一性保持権に適用することはできないが、一定の場合に「やむを得ない改変」（20条2項4号）として許容すべきとの考え方が有力である。

　このように従来の通説の下では、(1)私的領域における改変、(2)パロディの他、(3)翻訳・編曲・変形・翻案（脚色・映画化等）（以下まとめて翻訳・翻案とする）に伴う改変（著作権（翻訳権・翻案権等（27条））と同一性保持権の関係をめぐる問題）、(4)著作権の制限の対象となる利用行為に伴う改変（引用時の要約・抜粋、試験問題における下線の付加・穴あけ等）について、基本的には「著作物の改変」にあたるものとしつつも、実質的には侵害を否定すべき場合について「意に反して」や「やむを得ない改変（2項4号）」等の解釈が論じられてきた。

　他方、従来の通説の下で形式的には「著作物の改変」に該当しないが、実質的には侵害を認めるべき場合があるものとして議論されてきたのが、(5)改変された表現を提示・提供する行為の取り扱いである。

　従来の通説は複製物等への改変行為自体を「著作物の改変」と解する以上、複製物等への改変行為の後に、改変者自身又は第三者が改変されたものを提供（改変された複製物の譲渡・貸与）・提示（改変された著作物を上演・演奏・公衆送信等する行為、改変された複製物の展示）する行為は、条文上は「著作物の改変」に該当しないとことになる。

　そのため従来の通説の下では、改変されたものを公衆に提供・提示する行為のうち、特にみなし侵害規定（著作権法113条1項1号（改変物の輸入）・2号（情を知った頒布・輸入・輸出等））の適用対象とならない行為（改変された著作物の放送・公衆送信・展示等）につき、改変にあたらないことを理由に解釈論としては侵害を否定する見解[17]と、改変にあたらないとしつつもなお同一性保持権の侵

---

(15)　具体的な解釈論上の対応の例については後掲注(74)(75)(76)を参照。

(16)　この論点について詳しく検討するものとして、作花・前掲注(12)410頁以下、野一色・前掲注(13)654頁以下、半田正夫＝松田政行『著作権法コンメンタール2（第2版）』（勁草書房、2015年）646頁以下〔深山雅也〕、松田政行「権利制限と著作者人格権の関係」中山編集代表・前掲注(7)255頁以下等を参照。

(17)　田村・前掲注(11)440頁以下（ただし改変者自身による提示・提供行為につき、差止・損害賠償の対象となることは認める）、高部眞規子「著作権の侵害主体について」ジュリスト1306号（2006年）129頁、中山・前掲注(11)494頁、石井茂樹「聖教グラフ写真ウ

◆ 第9章 ◆ 同一性保持権侵害の要件としての「著作物の改変」[金子敏哉]

害を是認する見解[18]等、議論が分かれている状況である[19]。
　このように従来の通説は、複製物等への改変行為を直ちに「著作物の改変」

　　　ェブ掲載事件」パテント61巻8号（2008年）79頁、横山久芳「観音像の仏頭部のすげ
　　　替え行為が、著作者の死亡後の人格的利益の侵害に当たるとし、著作権法115条の『名
　　　誉若しくは声望を回復するために適当な措置』等として、事実経緯を記載した広告文を
　　　新聞に掲載することが認められた事例──駒込大観音事件」判例評論626号（2011年）
　　　185頁以下（ただし改変後の公衆への提供・提示行為につき115条に基づく原状回復措
　　　置請求の余地を認めるべきとする）等を参照。
　　　　侵害を否定した裁判例については東京地判平成15年12月19日判時1847号95頁〔記
　　　念樹フジテレビ〕（改変された著作物の放送につき）、東京地判平成21年5月28日平成
　　　19(ワ)23883〔駒込大観音〕（改変された原作品の展示につき）等を参照。
[18]　上野達弘「他人の写真のウェブ掲載をめぐる引用および同一性保持権侵害の成否」速
　　　報判例解説2号（2008年）276頁は、改変された著作物を公衆に提示・提供する行為に
　　　つき、「著作物の改変」には該当しないが「著作物の同一性」を害するものとして同一
　　　性保持権の侵害に当たるとする考え方を示唆する。茶園成樹「インターネットと知的財
　　　産法」高橋和之他編『インターネットと法〔第4版〕』（有斐閣、2010年）275頁は、「同一
　　　性保持権は、公衆に提示・提供される著作物が『改変を受けない』ものであることを確
　　　保することも含むと解釈すべき」とする。半田正夫・松田政行『著作権法コンメンター
　　　ル1（第2版）』（勁草書房、2015年）822頁〔松田政行〕は、28条とパラレルな規定を
　　　同一性保持権に設けなかったことを「立法の過誤」としつつも、改変された著作物の利
　　　用も20条の権利の侵害となると解すべきとする。また飯田圭「同一性保持権──侵害
　　　の救済内容を中心に」論究ジュリスト9号（2014年）170頁以下も、立法経緯に照らし
　　　ても、20条の実質的な解釈として侵害に当たると解すべきとする。
　　　　裁判例においては、改変された複製物の頒布行為につき特に理由を示さず（頒布行為
　　　が「改変」にあたるか否かも言及せず）同一性保持権の侵害と判断したものがある（東
　　　京高判平成13年6月21日判時1765号96頁〔スイカ写真〕（改変された写真を掲載し発
　　　行した本人であることを理由に113条1項2号の「情を知って」が問題とならないこと
　　　も判示している）、東京地判平成16年5月31日判時1936号140頁、東京地判平成16年
　　　6月25日平成15(ワ)4779）。
　　　　これらに対し東京地判平成19年4月12日平成18(ワ)15024は、改変された著作物の
　　　公衆送信も「改変行為」にあたるとして同一性保持権の侵害を肯定している。また作花・
　　　前掲注(12)243頁以下は、20条の趣旨に照らし、改変された著作物の放送等の無形的利
　　　用行為ごとに著作物の改変がなされていると捉える余地があるとしている。
[19]　平成20年以前の裁判例・学説の状況について詳しくは、平澤卓人「被写体の行動を揶
　　　揄・批評するための写真の引用の可否──創価学会写真ウェブ掲載事件」知的財産法政
　　　策学研究17号（2007年）216頁以下を参照。同論文自身の解釈論としては、改変行為後
　　　の第三者による行為のうち、公に提供・提示される前に複製が行われる場合に当該複製
　　　を著作物の「改変」と評価し同一性保持権の侵害を認める立場を展開している（220頁以
　　　下の裁判例の検討及び223頁を参照）。

とらえるものであった。ただし一部の見解においては、複製物等への改変行為が「著作物の改変」に該当するとしつつも、些細な改変[20]等のように、表現に対する改変の程度が小さい場合については「著作物の改変」に該当しないとする解釈[21]も主張されている。

2 著作者の社会的評価に影響を及ぼす改変のみを「著作物の改変」等とする見解

他方で少数ながらも注目すべき見解として、複製物等への改変行為と20条1項の要件としての「著作物の改変」を明確に区別し、著作者の社会的評価に影響を及ぼす改変のみを「著作物の改変」と解すべきとする[22]、あるいはそのよう

---

[20] 例えば田村・前掲注(11)436頁は「通常の人間であれば、特に名誉感情を害されることがないと認められる程度の改変は、同一性保持権の問題を生じない」として、具体例として、東京地判昭和52年2月28日無体裁集9巻1号145頁〔九州雑記〕（映画製作者が映画の冒頭にタイトルフィルムを加えた行為、16ミリのフィルムを8ミリのフィルムに縮小・プリントした行為につき、共同著作者の一人である原告の「人格的利益を害さない」として、旧著作権法18条1項の同一性保持権の侵害が否定された事例）等に言及する。以上の記述は、条文のどの要件により「同一性保持権の問題を生じない」のかは明示していないが、記述の箇所としては「改変」の要件についてのものであることに鑑みると、「改変」にあたらないとの趣旨と解されよう。

また中山・前掲注(11)496頁は、些細な変更を非侵害とする理論構成として、「同一性保持権の制度趣旨から改変には該当しないと考えることも可能であろうし、また事例によってはそのような些細な改変は2項4号のやむを得ぬ改変と解することもできよう」と述べたうえで、「いずれにせよ同一性保持権を余りに厳格に解釈すると実に暮らしにくい世の中となってしまうので、常識的な判断が必要であろう」と述べる。

些細ともいえる改変につき、第一審と控訴審で判断が分かれた事例として東京高判平成3年12月19日知的裁集23巻3号823頁〔法政大学懸賞論文〕がある。第一審では、送り仮名の変更（例：「現われ」を「現れ」に）、読点の使い方（「…、等」を「等」に）や中黒（・）の読点に係る変更、改行の有無につき、「著作物の同一性」を害するものではなく、さらに、雑誌に掲載する上で「やむを得ない」ものであるとして同一性保持権の侵害が否定された。この点につき控訴審は、著作権法20条1項の「改変」とは「著作者の意に反して、著作物の外面的表現形式に増減変更を加えられないことを意味する」として、上記送り仮名の変更等は外面的表現形式に増減変更を加えたものであるとし、また「やむを得ない改変」を厳格に解釈すべきとの立場から、これらの点について同一性保持権の侵害を肯定している。

[21] このような解釈は、複製物等への改変と同一性保持権侵害の要件としての「著作物の改変」を区別するものである、しかしこれらの見解は、基本的には、複製物等への改変行為自体を「著作物の改変」ととらえる従来の一般的理解の枠内のものとして、本稿では整理している。

◆ 第9章 ◆ 同一性保持権侵害の要件としての「著作物の改変」［金子敏哉］

な改変についてのみ同一性保持権の侵害を認めるべきとする[23]見解が主張されてきた。

著作者名義説[24]や同一性保持権の侵害要件を「名誉声望を害する改変」に限定すべきとの考え方[25]も、このような見解のバリエーションの一つといえよう。

---

[22] 小倉・前掲注(5)285頁以下は、「著作物を通じた著作者自身の社会的な評価」を同一性保持権の保護法益と解し（286頁）、「著作物を通じた著作者の社会的な評価の変動を引き起こさないよう著作物の変更・切除などは、著作権法20条1項で禁止されている『変更、切除その他の改変』にはあたらない」（287頁）とする（その基本的な考え方は小倉秀夫「ときめきメモリアル著作権事件」CIPICジャーナル91号（1999年）61頁以下で示されていた）。ただしこの見解は、後述する改変行為と改変されたものの提示・提供行為についての記述（後掲注(27)）からすると、条文の文言解釈としては、複製物等への改変行為自体（ただしその改変の内容が著作者の社会的評価に影響を及ぼすものに限る）を条文の文言解釈としては「著作物の改変」と捉える見解である。

また作花・前掲注(12)411頁（作花文雄「著作権制限規定と著作者人格権」コピライト462号（1999年）125頁でも同様の見解が示されている）は、引用などの抜粋（部分的利用）に関する記述において、「本来、同一性保持権は、著作物を勝手に改変されることにより、当該改変された著作物を通して、作者の使用とした思想・感情に対して誤った受け止め方をされる恐れが生じたり、作者の創作能力を疑われたりすることを防ぐためのもの」と述べ、同一性保持権の保護法益の理解から、一部を抜粋して利用していることが明らかな場合には、20条1項による「著作物の同一性を保持するために規制される『切除』ではない」とも述べている。

[23] 岡村久道「ゲームソフトの改変のみを目的とするメモリーカードを輸入、販売した者の責任」村林隆一先生古稀記念論文集刊行会『判例著作権法』（東京布井出版）579頁は、「…同一性保持権は、自己が創作した原作品を通じ人格の反映として社会から受けるべき評価という人格的利益を保護することを目的とし、そうした社会的評価を受けることが妨げられるという事態を回避するために必要な限度において、その改変をコントロールしうる権利を著作者に付与したものと解される」とする。

大日方信春「著作物のパロディと表現の自由——憲法学の視点から」松井茂記他編『自由の法理 坂本昌成先生古稀記念論文集』（成文堂、2015年）842頁は、著作権・著作者人格権を「『言論市場での表現取引の適正さ』を確保するための制度的権利」と捉える立場から、同一性保持権により保護される著作者の主観的利益を「表現物を改変されることで著作者が自分のものではない表現で評価されないこと」と解し、「改変後の表現物が原著作者のものである、あるいは、同者も賛同している」との混同が表現の受領者に生じない場合には同一性保持権の侵害が否定されるべきとする（後掲注(111)も参照）。

[24] 塩澤・前掲注(2)432頁以下、塩澤一洋「著作物の改作的利用許諾契約と著作者人格権」法学政治学論究34号（1997年）178頁以下参照。改変された表現が元の著作者の名義の下で発表された場合に限り同一性保持権の侵害を肯定し、改変された表現が改変者の名義で発表された場合には同一性保持権の侵害を否定する見解である（ただしいずれの場合についても氏名表示権の侵害になるとする）。

385

◇第Ⅰ部◇　権利の内容・制限と利用許諾

これらの見解によれば、私的領域における複製物への改変行為自体は、著作者の社会的評価に影響を及ぼさないために類型的に同一性保持権の侵害が否定され[26]、改変された複製物が公衆に提供・提示された場合にはじめて同一性保持権の侵害が生じることとなる[27]。

[25] 立法論上の提言として知的財産研究所・前掲注(2)63頁参照。この考え方は、著作者の社会的評価に影響を及ぼす改変のなかでも、社会的評価を低下させる（名誉声望を害する）改変のみを侵害とする見解と整理される。また河島伸子「著作者人格権の不行使特約」知的財産法政策学研究29号（2010年）241・242頁も、ベルヌ条約上の保護を超える現行日本法の保護は、保護に係るコストが保護の有用性（詳しくは236・237頁を参照）を超え、社会的な厚生を損なっていることを指摘し、保護水準を下げるか、ベルヌプラス部分の不行使・放棄特約を有効とすべきことを指摘している

[26] 小倉・前掲注(5)289頁以下、岡村・前掲注(23)579頁（ただし585頁注27では、「解釈論として2項4号の適用で解決できる場合には、それによるべきことも考えられる」とする）参照。

[27] 小倉・前掲注(5)290頁以下は、複製物等への改変行為（のうち著作者の社会的評価に影響を及ぼすもの）自体を「著作物の改変」と解する（前掲注(22)）参照）立場から、改変されたものを公衆に提示・提供する行為を「著作物の改変」と解することは文言解釈の枠を超えるとし、「改変行為」と「著作者人格権（同一性保持権）侵害という結果」を分けて考えるべきとして、「改変行為と同時にまたは改変行為の後に、改変された著作物が公衆に提示・提供されたときに、同一性保持権が侵害され」「著作者人格権侵害罪は既遂に達する」と解する。

　また条文上のどの要件に該当する・しないとの点については特に言及せずに、私的領域における改変はその改変が公にされない限り同一性保持権の侵害にあたらないとする見解として以下のものがある。

　半田正夫『著作権法概説（第16版）』（法学書院、2015年）160頁は、著作者人格権と著作権の関係の記述において「著作物の変更それ自体は個人的利用の範疇に属し、だれにでも自由に許されるのであるから、著作者の同意を要しないことはもちろんである。だが、変更された著作物が複製等によって公に利用されるようになると、それは個人的利用の範囲を逸脱することになり、したがって著作者の同意を必要とする。」と述べている。

　斉藤博『著作権法（第3版）』（有斐閣、2007年）214頁は、私的領域での改変につきその成果物をデジタルネットに乗せるなどの公表をしない限り著作者人格権の侵害は論じえない、とする（なお斉藤博『著作権法概論』（勁草書房、2014年）には同趣旨の記述は見当たらないようである）。

　栗田隆「ゲームソフトの著作物と同一性保持権」佐々木吉男先生追悼論集刊行委員会『民事紛争の解決と手続　佐々木吉男先生追悼論集』（信山社、2000年）496頁以下は、私的生活領域において個人の自己の能力による改変行為については当該行動の自由を尊重して改変行為を容認せざるをえないが（原作品への改変の場合は別として）、改変された表現を公衆に提供・提示する行為は同一性保持権の侵害とすべきとする（他方、容易

◆第9章◆ 同一性保持権侵害の要件としての「著作物の改変」［金子敏哉］

　また改変されたものが公衆に提供・提示された場合にも、改変の内容等から著作者の社会的評価に影響を及ぼさない場合には、同一性保持権の侵害が類型的に否定されることとなる。引用時の抜粋や要約も、抜粋や要約であることが明白であり引用元の文章の趣旨を歪めたものではない場合には、同一性保持権の侵害とはならない。またパロディについても、当該作品に接する者にとってパロディであることが明白な場合[28]には、元の作品の著作物を通じた著作者の社会的評価を歪めるものではないために侵害が否定される[29]。

　後述するように本稿の解釈は、これら著作者の社会的評価に影響を及ぼす改変のみを「著作物の改変」等とする見解に、その問題意識と多くの帰結を同じくするものである。

　しかし例えば匿名の論文の出版の際に著作者に無断で結論が書き換えられ、その論文がもともとそのような結論であったと誤認される場合、その誤認が（匿名の論文ゆえに）著作者の社会的評価に及ぼさない場合にも[30]同一性保持権の侵害が認められるべきであろう。つまり問題とすべきは、「著作者」の社会的評価への影響ではなく、「著作物」についての社会の認識への影響[31]（そのうち特に、

　　に改変をなしえない措置が行われた著作物につき、専らその措置を潜脱するための物・プログラムを提供する行為については、同一性保持権を侵害するおそれがある行為に該当するとする）。

　　小泉直樹＝駒田泰土『知的財産法演習ノート（第3版）』（弘文堂、2013年）326頁〔駒田泰土〕は、私的改変につき「当該権利によって保障される法益の侵害もないと考えられる」としつつも、改変後の表現をネットで配信するための改変行為は規範的にみて私的領域内の改変にあたらないとする。

(28)　前掲注(10)における加戸・前掲注(10)からの引用部分を参照。
(29)　小倉・前掲注(5)289頁、大日方・前掲注(23)843頁以下を参照。
(30)　もっとも、著作者の社会的評価への影響を基準とする見解においても、匿名の論文の改変につき、将来著作者が名乗り出る可能性があることを理由に「著作物の改変」に該当するとの考え方が主張されるかもしれない。
(31)　椙山敬士『ソフトウェアの著作権・特許権』（日本評論社、1999年）27・28頁注29は、私的領域における改変に関して、個々の複製物に対する変更・操作は、「複製物に不可逆的な変更が加えられ、かつ、これが相当数社会に流出する場合」に限って同一性保持権の侵害となるべきとし、「複製物に対する可逆的変更は直ちに『著作物』に対する社会の認識を変えるには至らない」とする（もっとも、「著作者人格権は『著作物』が著作者の人格を反映しているので『著作物』がかくあると社会に認識される内容が変更される場合にのみ生ずる」とも述べている点は、著作者の評価に対する影響という趣旨にも読める）。

　　この他、著作者についての評価への影響か、著作物についての評価への影響かについ

◇第Ⅰ部◇　権利の内容・制限と利用許諾

改変をされたものが「改変をされていない」と誤認されること）であると思われる。

3　本稿の解釈の基本的な内容（解釈①②）

そこで本稿は、同一性保持権侵害の要件としての「著作物の改変」（あわせて「著作物の同一性」）につき、以下のように解すべきと考える。

まず従来の通説と同じく、被疑侵害者の行為が、元の著作物に依拠して行われ（依拠）[32]、改変後のものに元の著作物の「創作的表現」が残存しつつも（類似性）[33]、その創作的表現に変更、切除等の改変が行われている[34]表現について

ては明示していないが、改変が社会（における認識）への影響を及ぼす場合に侵害とすべきとの趣旨と解される見解として、金井重彦＝小倉秀夫編著『著作権法コンメンタール〔上巻〕』（東京布井出版、2000年）307頁〔藤田康幸〕、渡邉修「ゲームストーリーの改変」斉藤博＝半田正夫編『著作権判例百選（第3版）』（有斐閣、2001年）119頁（後掲注(46)参照）も参照。

[32]　楽曲Aに依拠せず、独立に類似の楽曲Bが創作され、楽曲Bが大流行した結果、楽曲Aが楽曲Bのアレンジと誤認される状態が生じたとしても、楽曲Aの「著作物を改変」したことにはならない。

[33]　最判昭和55年3月28日民集34巻3号244頁〔フォトモンタージュ〕の判示でいえば、元の著作物の「表現形式における本質的な特徴を直接感得」できることに該当する。

　38行の文章を3行に要約した結果、要約部分に元の文章の創作的表現が残存していない場合、当該要約の内容が元の文章の趣旨を誤解させるものであっても、同一性保持権の侵害とはならない（最判平成10年7月17日判時1651号56頁〔諸君！〕を参照）。

　造形芸術作品等の原作品を密室で完全に破壊する行為は、日本法における一般的な理解と同じく、本稿の解釈の下でも「著作物の改変」にあたらない（ただし、破壊の過程で創作的表現が一部残存している段階の行為については「著作物の改変」と評価する余地がある）。もっとも後述する造形芸術作品の原作品に対する社会的な認識（後掲注(53)と対応する本文）を重視すれば、そのような原作品の完全な破壊を著作物の同一性を致命的に害する行為と評価し、同一性保持権の侵害を是認する考え方もありえよう（この場合、依拠と類似性の要件は改変行為の開始時点で満たせば足りることとなろう）。澤田悠紀「建築作品の保存──所有者による通知の義務・作者による取戻の権利」（本書第10章）は、原作品の破壊につき、一律に「著作物の改変」に該当しないとして侵害を否定するのではなく、所有権者による通知の義務等を通じて所有者の利益と著作者の利益等の衡量を行う方向を示すものである。

[34]　東京地判平成18年3月31日判タ1274号255頁〔国語テスト〕は、一般論として、創作的表現への改変のみが同一性保持権の侵害となること、また「著作物の表現の変更が著作者の精神的・人格的利益を害しない程度のものであるとき、すなわち、通常の著作者であれば、特に名誉感情を害されることがないと認められる程度のものであるときは、意に反する改変とはいえ」ないことを述べたうえで、元の著作物（教科書に掲載された著作物）を国語テスト問題に掲載した際の変更の類型毎に侵害の成否を判断している。

◆第9章◆ 同一性保持権侵害の要件としての「著作物の改変」[金子敏哉]

のものである[35]ことは、本稿の見解の下でも20条1項の「著作物の改変」に該当する上での必要条件となる。

　本稿において「複製物等への改変」（複製物中の創作的表現への改変行為や無形的な利用行為の際に行われた改変行為）に言及する場合は、問題となる表現が以上の要件を満たすものであることを前提としている。従来の通説と異なるのは、本稿はこのような複製物等への改変行為自体が当然には「著作物の改変」には該当しないと解する点である。

　①すなわち、著作権法20条1項の「著作物…の同一性」を害する「著作物…の改変」とは、複製物等への改変行為全てを意味するものではなく、改変されたものを提供・提示する行為により著作物の表現（がどのようなものであるか）についての社会における認識を変容させることで[36]、無体物としての著作物の同一性を害し、無体物としての著作物の改変[37]を生じさせる場合を意味するも

　　このうち、元の著作物中の単語・文節・文章の削除・差し替え・加筆・空欄への置き換えについては、「文字による表現自体を変更」するものであるとして、「思想又は感情の創作的表現の同一性を損ない、原告らの人格的利益を害さないものとはいえない」ため同一性保持権の侵害に当たるとしている（20条2項1号、4号の主張も退けている）。

　　他方、挿絵や写真の付加・差し替え（元の文章において、文字による表現と挿絵・写真が不可分一体で分離できない特段の事情がある場合は別としている）、字体の太字への変更、傍線や波線の付加、段落の上部への番号の付加、欄外への教師用の注意書きの加筆については、文字による表現自体への変更に当たらないことを理由に、「文字によって表された思想又は感情の創作的表現の同一性を損なわせるとはいえない」と判断し、侵害を否定している。また挿絵・写真の付加については、「挿絵や写真の付加は，通常の著作者であれば，特に名誉感情を害されることがないと認められる程度のものであ」るとして著作者の人格的利益を害さないことも言及されている。

　　傍線の付加等についての本稿の解釈による取り扱いについては、後掲注(87)に対応する本文参照。
(35) 元の著作物の創作的表現を利用せずに、あるいは利用はしているが創作的表現への改変を行わずにその表現の趣旨・内容などを誤解させる行為（中山・前掲注(11)497頁参照。例えばある論文集に、Xの論文Aと、論文Aに言及するYの論文Bを、AとBが別物であることを明らかにしつつ掲載したが、論文Bの記載により論文Aの趣旨が誤解される場合）は、本稿の解釈の下でも「著作物の改変」に該当しない。
　　ただし改変を伴わないが趣旨等の誤解をもたらす著作物の利用は、その結果著作者の社会的評価を低下させたと評価できる例外的な場合には、113条6項の著作者の名誉声望を害する利用に該当する可能性がある。
(36) 前掲注(31)の各見解も参照。
(37) 自宅で美術の教科書に掲載されたモナリザの絵に髭を書き加えたとしても、無体物（著

389

◇第Ⅰ部◇　権利の内容・制限と利用許諾

のと解すべきである。そして無体物としての著作物を改変するものと評価できない場合、「著作物の改変」に該当しないものとして他の諸事情を問わず同一性保持権の侵害は否定されなければならない（以上が解釈①の内容である）。

　もっとも、著作物についての社会における認識の変容には、著作物のイメージの稀釈化等、様々なものを含意しうる。そこで本稿は①にいう「社会における認識の変容」をさらに限定して以下のように解すべきことをさらに主張する。

　②著作権法20条1項の（無体物としての）著作物の同一性の保持とは、自己の創作した著作物につき、（第三者により）改変されたものがあたかもオリジナルのものである（改変をされていないものである）との誤認をされないこと、との意味に解すべきである。

　また同様に、同一性保持権の侵害要件としての（無体物としての）「著作物の改変」とは、改変されたものを提供・提示する行為により（例外的に造形芸術の原作品の場合には原作品への改変行為自体により）[38]、「複製物等への改変に接した者に、そのように改変されたものを、オリジナルの作品である（改変をされていない作品）と誤認させる行為」（短くいえば、「改変をされていないとの誤認」の惹起）と解すべきである[39]。

　　作物）としての「モナリザ」に改変を加えたことにはならない。
(38)　後掲Ⅲ1(1)(b)の記述を参照。
(39)　同一性保持権の侵害について、改変がもたらす元の作品についての誤認を問題とすべきとの考え方は、従来の論考においても指摘されてきたものである。
　　例えば加戸・前掲注(10)177頁は、前掲注(10)で引用したパロディについての記述に続けて「そうではなくて、二次的著作物を通じて原作品がこんなものであるかという誤解を抱かせる恐れがあるような場合については、もちろん著作者人格権としての同一性保持権が働く」と述べている。
　　また作花・前掲注(12)411頁も、「本来、同一性保持権は著作物を勝手に改変されることにより、当該改変された著作物を通して、作者の表現しようとした思想・感情に対して誤った受け止め方をされるおそれが生じたり、作者の創作能力を疑われたりすることを防ぐためのものである」とし、抜粋引用につき当該抜粋部分が抜粋されたものであることが明らかな場合には、同一性保持権の保護法益が損なわれるものではないために、20条1項の「切除」に該当しないとする。
　　さらに半田＝松田・前掲注(16)647頁〔深山雅也〕は引用時の抜粋等に関する記述において、同一性保持権は、抜粋した（切除した残りの）「部分だけが公衆に提供ないし提示されることによって、その部分だけが著作物の全部であると誤認されることを慮り、かかる誤認を受けることのない人格的利益を保護する」ものであり、そのような保護法益

◆第9章◆ 同一性保持権侵害の要件としての「著作物の改変」[金子敏哉]

　それゆえ複製物等への改変が行われた場合であっても、改変された複製物等に接する者が他者による[40]改変を正しく認識することができる場合（改変があったことの認識に加えて、どのような改変がされているのかを認識することができる場合）、「著作物…の同一性」を害するものではなく、「著作物…の改変」に該当しないために、（意に反するか、2項の要件を満たすかを問題とするまでもなく）同一性保持権の侵害にあたらないこととなる。

　同一性保持権は上記の意味での「著作物の同一性」の保持に限って著作者の人格的利益を保護法益とし、改変をされていないとの誤認を惹起させる行為（「著作物の改変」）から著作者を保護するものである。著作者にあらゆる複製物等への改変を原則として禁止しうる権利を与えるものではない。また「改変をされていない」との誤認以外の「著作物についての社会における認識」を変化させる行為[41]も、同一性保持権の侵害要件としての「著作物の改変」には該当し

　　の理解に照らせば「部分的な利用であっても、それが部分的利用であるとわかるような態様であれば」同一性保持権の侵害とならないとする。
　　この他、平澤・前掲注(19)215頁注(43)も、「一部切除した著作物に接する者が、切除が行われたことを認識できるような切除の態様であれば、そもそも『改変』に該当しないと解する余地もある」ことを指摘している（ただし他方で、写真につきそのような態様について一律に「改変」に該当しないと解釈することは写真の同一性保持権が無意味なものとなりかねないとの懸念を示し、「諸要素を柔軟に勘案しうる点では、20条2項4号の解釈に反映させる方が適切であるように思える」と述べている）。
　　前述の著作者の社会的評価に影響を及ぼす改変のみを侵害とすべきとの見解も、実質的にはこのような誤認・誤解を問題とするものと解することもできよう。
　　本稿の立場は、これらの見解と基本的な考え方を同じくしつつ、諸論点毎の問題ではなく、「著作物の改変」の要件についての一貫した解釈論として展開するものである。
　　また田中辰雄「ぼくのかんがえたさいきょうのちょさくけんせいど～新たな方式主義の構想」も、その制度案の補足説明（Ⅲ-3(3)）において「作品内容を変えてしまってその作品と称する「改変」は、報酬請求権のもとでも人格権に基づいて差し止めができる」とする点では、本稿の解釈論と実質論の点では同様の立場といえよう（ただし、わいせつ・暴力的な形での利用については、田中論文と本稿の立場は若干異なる。後掲注(61)を参照）。
(40)　改変に接する者が改変前の表現を知っておりどのような改変がされているかを認識できる場合においても、当該改変が元の作品の著作者自身によって（あるいは著作者の意思に基づいて）行われたと誤認する場合には、（他者により）「改変をされていないとの誤認」を惹起するものとして、著作物の改変に該当することとなる（後掲注(81)に対応する本文参照）。
(41)　例えば、複製物等の改変の提示・提供行為が、「改変をされていないとの誤認」を惹起するものではないが著作物のイメージを稀釈化させる場合には、本稿の②の解釈におい

◇第Ⅰ部◇　権利の内容・制限と利用許諾

ないと解すべきである（以上が解釈②の内容である）。

　以上の解釈②の下での「著作物の改変」の具体的な判断基準（解釈③）は、諸論点（(1)から(5)）の取り扱いとあわせて、次章（Ⅲ）において詳述する。ただ、ここでは「著作物の改変」に該当する場合と該当しない場合の典型例のみを示しておく。

　Ｘの執筆した論文Ａの出版にあたり、出版者ＹがＡの表現を改変[42]し、改変した論文Ａ′を（改変についての注記もなく）Ｘに無断で雑誌に掲載した場合、Ａ′が掲載された雑誌を頒布する行為は、雑誌の読者にＡ′がオリジナルの論文（改変をされていない論文）であるとの誤認を生じさせるものとして、「著作物の改変」にあたる。論文Ａ及びＡ′が匿名であったとしても結論に変わりはない[43]。このように本稿の解釈の下で「著作物の改変」に該当する場合の典型例は、公表前に出版社や映画製作会社[44]等により著作者に無断で改変がされ提示・提供がされた事案となる。

　他方でＸの執筆した論文Ａが改変されないまま雑誌に掲載され出版された後、Ｚが図書館でＡをコピーし、自室でコピー中の表現に下線を付す等[45]の改変を行ったとしても、改変後の表現Ａ″に接する者がＺのみである限りは、Ｚに「改変をされていない」との誤認を生じないために、Ｚの行為は「著作物の改変」に該当しない。

　以上のように、本稿は、①複製物等への改変と同一性保持権侵害の要件としての「著作物の改変」を区別し、さらに、②「著作物の改変」とは、複製物等への改変に接した者に「改変をされていないとの誤認」を惹起することを意味するものと解すべきことを主張するものである。

　この本稿のこの②の立場をより端的に言い換えれば、（複製物等への改変に接する者が）改変を認識できれば（同一性保持権の侵害の要件としての）「著作物の

ては「著作物の改変」には該当しないこととなる。
[42]　改変の程度が小さい場合（前掲注(20)の〔法政大学懸賞論文〕の送り仮名、中黒、読点の位置の変更等）であっても、当該論文がもともとそのような論文であるとの誤認（「改変をされていないとの誤認」）を生じるものであれば、「著作物の改変」に該当する。
[43]　この点が、前述の著作者の社会的評価に影響を及ぼす改変か否かを問題とする見解と本稿の解釈の帰結の上での相違点となる。
[44]　後掲注(67)に対応する本文を参照。
[45]　改変の程度が著しい場合であっても、結論に変わりはない。

改変」にあたらない、とする見解（改変を認識できれば「改変」にあたらない説）である。

III　諸論点の検討と「著作物の改変」の判断基準

1　従来の通説の下で生じていた諸論点を通じた検討

　以上の本稿の解釈②（「著作物の改変」を「改変をされていないとの誤認」の惹起と解する解釈）によれば、従来の通説の下で生じていた諸論点に関する本稿の基本的な立場は以下のものとなる。

　(1)私的領域における改変、(2)パロディ・二次創作、(3)翻訳・翻案に伴う改変、(4)権利制限規定の対象となる利用行為に伴う改変のいずれも、「改変をされていないとの誤認」を生じさせるものでなければ（すなわち、改変に接する者が改変を正しく認識できれば）、「著作物の改変」に該当せず、他の諸事情の如何に関わらず、同一性保持権の侵害とはなりえない。他方これらの行為が、「改変をされていないとの誤認」を惹起する場合には、「著作物の改変」に該当するものとして、そのような「改変をされていないとの誤認」を生じさせる行為がなお「やむを得ない改変」といえるか（2項4号）等が検討されるべきこととなる。

　(5)改変されたものを第三者に提供・提示する行為は、「改変をされていないとの誤認」を惹起するものであれば、「著作物の改変」にあたり、同一性保持権の侵害となりうる。本稿の立場の下では、複製物等への改変行為そのものは基本的に（後述(1)(b)の美術の著作物の原作品等への改変行為を除き）「著作物の改変」にあたらず、改変されたものの提供・提示行為こそが「著作物の改変」に該当する。

　以上が本稿の基本的な考え方となるが、具体的な事例ごとの「改変」の成否（「改変をされていないとの誤認」が惹起されたか否か、「改変を正しく認識できる」か否か）については、より明確な判断基準が必要となる。

　本章では、本稿の解釈②を基礎とした諸論点における「著作物の改変」の成否を検討しながら、「著作物の改変」のより具体的な判断基準（解釈③）を明らかにする。

　なお以下の各論点における「著作物の改変」に関する検討内容は、「著作物の改変」についての後述する統一的な判断基準（解釈③）に結びついたものであり、必ずしも各論点特有のものではない点に留意頂きたい。

◇第Ⅰ部◇　権利の内容・制限と利用許諾

(1) 私的領域における改変など
(a) 複製物等への改変と「改変をされていないとの誤認」の惹起

　本稿の解釈のもとでは、私的領域における改変行為は、当該複製物等への改変を行った者しか当該改変に接しない場合、改変者自身は当該改変につき「改変をされていないとの誤認」を生じないために[46]、「著作物の改変」に該当しない。

　また改変者自身の他に、改変前の表現と具体的な改変の内容について正しく認識している者しか当該改変に接しえない場合[47]も、同様に「著作物の改変」に

---

[46] ゲームを家庭内で改造して（あるいはネット等から入手した改造されたセーブデータを用いて）一人でプレイする行為は、当該改変がストーリーや画面表示の大幅な変更を伴うとしても、改変者自身が改変を正しく認識している以上（渡邉修「ゲームストーリーの改変」斉藤博＝半田正夫編『著作権判例百選（第3版）』（有斐閣、2001年）119頁参照）、「著作物の改変」に該当しない。他方でそのようなプレイ動画を配信した結果、「改変をされていないとの誤認」を配信先に生じさせた場合には当該配信行為が「著作物の改変」にあたる。

　オンラインゲームのチート行為については、チート行為の結果が創作的表現に関わる改変と評価可能であり（単なるゲーム性に関わる改変が創作的表現の改変といえるかどうかは重大な問題であり、筆者は改変にあたらないと解するが）、かつ、他のプレイヤーにチート行為の結果について「改変をされていないとの誤認」を生じさせる場合には、「著作物の改変」と評価されることとなる。

　最判平成13年2月13日民集55巻1号87頁〔ときめきメモリアルメモリーカード〕について調査官解説（高部眞規子・最高裁判所判例解説民事篇平成13年度（上）126頁）は、最高裁の判断は、ユーザーの侵害行為をメモリーカードの輸入販売業者が幇助したとの理解と、（ユーザーの行為が侵害か否かについては判断せず）輸入販売業者自身がユーザーを手足として同一性保持権を侵害したとの理解の双方が可能であるとする。前者の理解については、本稿の立場からは、ユーザーが本来ありえないストーリー展開となることを認識していたとすればユーザーの行為を「著作物の改変」と評価することは不当となる（渡邉・前掲等、私的領域での改変につき侵害を否定する見解がすでに指摘するところである）。他方で、ストーリーの改変を生じさせるメモリーカードを広く流通においた結果、改変されたストーリーが本来のストーリー展開の範囲内であると例外的とは言えない範囲のユーザーが誤認していた場合（実際にその誤認が生じていたかは疑問であるが）には、当該「改変をされていない」との誤認を惹起した輸入販売業者の行為について不法行為責任を認めた判断は是認しうることとなる（調査官解説の挙げる後者の理解は、このような趣旨と解する余地もあろう）。

[47] 小泉直樹『特許法・著作権法』（有斐閣、2012年）158頁は、密室において著作者と二人きりの状況で著作者の目の前で行われる絵画や小説への改変行為につき、同一性保持権の侵害を否定すべきではないとする。

　本稿の立場においては、複製物への改変であれば（少なくとも、著作者が原作品や改

◆ 第9章 ◆ 同一性保持権侵害の要件としての「著作物の改変」[金子敏哉]

あたらない。

　当該行為が著作権法30条の「私的使用」の目的の範囲内であるか否かは重要ではない[48]。業務のために複製物等への改変を行ったとしても、改変者自身しかその改変に接しないのであれば、「著作物の改変」にあたらない。

　「著作物の改変」が生じるのは、第三者に対して、改変された複製物を提供・提示し、あるいは無形的な利用行為を通じて改変されたものを提示することで、行為の相手方に対して「改変をされていないとの誤認」を生じさせた[49]場合である。

　典型的には、改変された複製物等を公衆に提供・提示する行為がこのような意味での「著作物の改変」にあたる。ただし利用行為の相手方である公衆に「改変をされていないとの誤認」を全く生じさせない場合（例えば、マイナーな作品のファン500名の集いにおいて、当該マイナーな作品の明らかなパロディを部外秘ということで上映する場合）、当該提供・提示行為は「著作物の改変」に該当しない[50]。これら提供・提示行為の相手方が、改変前の作品をよく知っていた場合、あるいは、当該複製物等への改変の内容、提供・提示の態様（例えば出版された

　　変前のデータを保存していれば）、「著作物の改変」には該当しない。著作者の目の前で複製物を改変する行為は著作者に多大な精神的苦痛を及ぼす場合もあるであろうが、同一性保持権の侵害とするのではなく、目の前で複製物を燃やす・シュレッダーにかけること等と同様に、殊更に相手を侮辱し精神的苦痛を与える行為としての不法行為（あるいは侮辱罪）の成否として論じられるべきである。
(48)　本稿の解釈は、著作権法30条を同一性保持権に（類推）適用するものではないため、著作権法50条も本稿の解釈を採用する上で全く問題とならない。
(49)　Xが個人用のハードディスクに専ら自らが鑑賞するために改変した画像を保存していたところ、強制捜査を通じて警察官Yが当該画像を目にして、結果として「改変をされていないとの誤認」を生じたとしても、XがYの誤認を生じさせたものではないため、Xが「著作物の改変」を改変したこととはならない。
　　他方で警察官Yが、改変画像を同僚に見せた、あるいは記者会見でその改変画像を公表した結果、同僚や一般の公衆にたいして「改変をされていないとの誤認」を生じさせた場合には、Yが元の画像に係る著作物を「改変」したことになる（Yが改変の事実を認識していたかどうかは、損害賠償責任における故意・過失等の判断で問題となる）。
(50)　ただし直接の行為の相手方は改変の事実を認識していたとしても、当該改変がさらに改変の事実を認識しない第三者にも提示・提供されることにより「改変をされていないとの誤認」を惹起する蓋然性が認められれば、将来の「著作物の改変」による同一性保持権侵害のおそれがあるものとして、直接の相手方への提示・提供行為は差止請求の対象にはなりうる。

◇第Ⅰ部◇　権利の内容・制限と利用許諾

論文のコピーに手書きで書き込みがされている等）からどのような改変が行われているのかを認識できる場合には、「改変をされていないとの誤認」が生じないこととなる。

他方で私的領域における改変であっても、家族・友人に改変されたものを提供・提示したことにより、当該改変につき「改変をされていないとの誤認」を生じさせた場合、本稿の立場においては「著作物の改変」となる[51]。

(b) **改変行為自体が「著作物の改変」にあたる場合（造形芸術の原作品への改変等）**

以上のように改変の事実を認識している者（改変者自身等）しか目にしない限り、複製物への改変行為は「著作物の改変」に該当しない。それゆえ改変者の私的領域のみで完結する複製物への改変行為は同一性保持権の侵害とならない。

しかし美術の著作物等の原作品への改変行為については、多くの見解[52]が、私的領域において行われるものであっても、同一性保持権の侵害を認めるべき（あるいは一律に侵害が否定されるべきではない）としている。

これらの解釈は、特に絵画・彫刻等の造形芸術作品について、社会的な認識において原作品がオリジナルの著作物を示す唯一無二の存在として扱われていることを前提としているものといえよう。

本稿の解釈の下でも、そのような社会認識が認められる著作物の原作品（造形芸術作品の原作品への改変等）については、原作品への改変行為が「改変されたものがあたかもオリジナルのものである（改変をされていないものである）」との社会的な誤認を不可逆的に生じさせるもの[53]といえるものとして改変行為自

---

[51] 「著作物の改変」に該当することは認めたうえで、法は私的領域にまで立ち入るべきではないと解するのであれば、2項4号の「やむを得ない」改変等として侵害を否定すべきこととなる。

[52] 原作品には人格的利益の付着の度合いが大きいことを指摘する田村・前掲注(11)451頁、著作者の（通常の）意に反することを理由とする渋谷・前掲注(10)539頁、高林・前掲注(10)225頁等を参照。

[53] 渡邉・前掲注(46)119頁は、「世界にひとつしかないオリジナルを改変すれば、後世に改変された作品が伝わる可能性があるので、たとえ私的領域における改変であったとしても許されない」とする。岡邦俊「インタラクティブ映像と著作権」コピライト449号（1998年）17頁も、絵画の原作品を絵の具で塗り替える行為は、唯一の作品を永久に変えてしまうことを理由に同一性保持権の侵害としてよいとする（また岡邦俊「量産される複製物商品と同一性保持権」森泉章編集代表『著作権法と民法の現代的課題──半田

◆第9章◆ 同一性保持権侵害の要件としての「著作物の改変」[金子敏哉]

体が(改変者以外の者が当該改変に接していない時点においても)「著作物の改変」に該当するものと解すべきである。

またこのような改変された原作品を提供・提示する行為も、「改変をされていないとの誤認」の程度を一層強める行為として、別途「著作物の改変」と評価されることとなる。

(2) パロディ・二次創作など
(a) 改変に接する者とパロディであるとの認識

本稿の解釈の下では、パロディ作品を公衆に提供・提示する行為は、パロディ作品に接した者が元の作品を知っておりパロディと認識する限り、「改変をされていないとの誤認」を生じることはない[54]ため、「著作物の改変」に該当せず、同一性保持権の侵害となりえないこととなる。

他方でマイナーな作品のパロディを広く一般に公開した結果、当該改変に接した者の多くが元の作品をしらないために「改変をされていないとの誤認」を生じさせた場合には、「著作物の改変」に該当する。そのうえで、そのような誤認を生じさせたとしてもなお、当該マイナーな作品についてのパロディを行うとの目的に照らして「やむを得ない改変」といえるかがさらに論じられることとなる。

ここで問題となるのが、提供・提示行為の相手方のうちどの程度の人数・割合について「改変をされていないとの誤認」を生じた場合に、「著作物の改変」と評価するのかの点である。

この点について、行為の相手方に一人でもそのような誤認を生じさせれば、当該一人との関係で「著作物の改変」にあたるとした上で、「やむを得ない改変」

正夫先生古稀記念論集』(法学書院、2003年)127頁以下は、同一性保持権につき原作品への改変と大量に複製される商品への改変とを分けて論ずべきことを指摘する)。氏名表示権と対比して検討するものとして作花・前掲注(12)246頁以下を参照。

[54] パロディについて、このような誤認が生じないことを理由に同一性保持権の侵害を否定する見解につき、前掲注(10)の加戸守行の見解及び前掲注(29)と対応する本文を参照。
　また横山・前掲注(11)も、パロディに伴う改変が「やむを得ない改変」(20条2項4号)に該当しうる理由として、パロディに改変が伴うことは当然想定されることとともに、「作品に接する者が他人の著作物を風刺・批判したものであると認識することができる限り、原著作物の表現内容が誤解され、原著作者に不当な評価が帰せられることもない」ことを挙げている。

◇第Ⅰ部◇　権利の内容・制限と利用許諾

や損害論、差止請求権の制限等の枠組みで考慮する考え方もありうる。しかしそのような解釈では、どれほど著名な作品のパロディであっても、元の作品を知らない受け手が存在する以上、結局全てのパロディの提供・提示は「著作物の改変」に該当しうることとなる。

　本稿は、改変を伴う表現の創作とその流通の過度の委縮を避けるため、提供・提示行為の相手方のうち「例外的とは言えない範囲」[55]の者に「改変をされていないとの誤認」を生じさせる場合[56]に限り、「著作物の改変」に該当すると解すべきと考える。そして以上の解釈は、パロディの問題に限らず「著作物の改変」の解釈一般に妥当する。

　なお提供・提示行為の相手方が元の作品を知らなかった場合でも、改変の内容や提供・提示行為の態様（出典の表記等）[57]により当該作品がある作品を元にしたパロディ（や後述の二次創作）であると認識し、改変の内容がパロディとし

---

[55] 最判平成 23 年 12 月 19 日刑集 65 巻 9 号 1380 頁〔Winny〕における、ソフトの開発行為に対する過度の委縮効果を避けるとの配慮に基づく判示（「当該ソフトの性質、その客観的利用状況、提供方法などに照らし、同ソフトを入手する者のうち例外的とはいえない範囲の者が同ソフトを著作権侵害に利用する蓋然性が高いと認められる場合」）も参照。

　〔Winny〕最判を参照した趣旨は、同最判が本稿の解釈の根拠となるとの趣旨ではない（両者の問題としている状況・文脈は様々な面で異なる）。また内容的に同じものとする趣旨でもない。ただ過度の委縮効果の防止という視点は共通することと、最高裁が共犯論の判断基準となると考える程度には（本当にそれが妥当であるかは別として）「明確」であるともいえることを示す趣旨である。

[56] 最判昭和 55 年 3 月 28 日民集 34 巻 3 号 244 頁〔フォトモンタージュ〕の事案では、原告の写真は原告写真集に掲載・発行され、損害保険会社のカレンダーにも用いられていたものの、被告のモンタージュ写真（週刊誌にも掲載された）に接する者のうち例外的とは言えない範囲の者は原告の写真の存在を知らなかったものと考えられ、「改変をされていないとの誤認」を生じた事案と理解することもできよう（他方で、モンタージュ写真の改変態様や被告の日ごろの表現活動から、「改変をされていないとの誤認」は生じていないとの主張も可能であったかもしれない）。

[57] 提示・提供の態様が考慮される例としては、動画等の投稿サイト上の表示により、当該動画がどの作品のパロディであることが明示されている、あるいは明らかにわかる場合等があげられる。また、そのような表示を改変物の提示・提供者が行っていなくとも、同人誌即売会の特定の作品の二次創作作品が集められたブースで頒布する行為によりに、文脈上明らかに二次創作とわかる場合も同様である。

　動画内における二次創作との注記や、投稿サイト上の注記の取り扱いに関して、後掲本文（Ⅲ 1 (5)(b)）を参照

◆第9章◆ 同一性保持権侵害の要件としての「著作物の改変」[金子敏哉]

て通常想定される範囲内にとどまり、元の作品を(後日)確認することが可能な状況[58]であれば「改変をされていないとの誤認」は生じていないといえよう。

(b) 二次創作一般と著作物のイメージの希釈化・汚染

　ここまで複製物等への改変がパロディである場合について述べたが、本稿の解釈の下で「著作物の改変」の判断において重要なことは、ある改変が「パロディ」であるか否かではなく、「改変をされていないとの誤認」を惹起するか否か、である。パロディと認識される改変は、「改変をされていないとの誤認」を生じない場合の一例であるに過ぎない。本稿の解釈の背景にはパロディ等について類型的に同一性保持権の侵害にあたらないことを(できる限り)明確にするとの考慮があるが、それゆえにこそ、そもそもその定義等が議論をされている「パロディ」[59]か否かではなく、「改変をされていないとの誤認」の惹起を「著作物の改変」の判断基準としている。

　したがって、既存の作品を利用した二次創作一般[60](プロによるもの、アマチュアによるものを問わず)につき、当該作品が特定の作品の二次創作作品と認識され、改変とその内容を認識できる場合には、「パロディ」か否かを問わず、二次創作作品の提供・提示行為は「著作物の改変」に該当しない。

　それゆえ本稿の立場の下では、アニメや漫画、ゲームのキャラクターの画像の創作的表現を用いて、元の作品のイメージとは全く異なる、(ひどく)わいせつな表現[61]や(極めて)暴力的な表現による二次創作作品を提供・提示する行為

---

(58) 後述の判断基準③における(B-2-2-1)類型に対応する。「通常予想される範囲内」については後掲注(99)に対応する本文を、元の作品の確認可能性については後掲注(100)に対応する本文を参照。

(59) 著作権をめぐる解釈・立法においては著作権の侵害を否定すべき「パロディ」をどのようなものと理解・定義するかが重大な問題となっているが、本稿の「著作物の改変」の判断枠組みにおいては、「改変をされている」と正しく認識できるかどうかが問題となるのであって、侵害を否定すべきパロディとは何かを論じる必要性はない(「やむを得ない改変」の解釈においては別である)。

(60) いわゆる二次創作作品であっても、元の作品の創作的表現を用いていない場合には、当然ながら「著作物の改変」に該当しない。二次創作におけるキャラクターの利用について、著作権法上、創作的表現の共通性(「表現上の本質的特徴」の直接感得)が認められるべき場合がどのような場合かについての検討として、白田秀彰「マンガ・アニメ・ゲームにおけるキャラクターの本質的特徴について」(本書第15章)を参照。

(61) 東京地判平成11年8月30日判時1696号145頁〔どきまぎイマジネーション〕の事案(「ときめきメモリアル」の登場人物(藤崎詩織)と認識される図柄を用いて、当該人物が男子生徒との性行為を繰り返し行うことを内容とするアニメ)について、本稿の立場

399

◇第Ⅰ部◇　権利の内容・制限と利用許諾

も、「改変をされていないとの誤認」を惹起しない限り[62]、これらの作品を目にした著作者がどれほどの精神的苦痛を受けるとしても、およそ、「著作物の改変」にあたらないこととなる。

　本稿の帰結の中でも以上の点は、論者によっては大きな疑問が呈される部分となろう。そこで本稿の解釈のうち、解釈①の立場（著作物についての社会の認識を変化させる行為を「著作物の改変」）に賛同しつつも、解釈②（「改変をされていないとの誤認」の惹起）に限定せず、著作物のイメージについての稀釈化あるいは汚染（ポリューション）を惹起する行為を「著作物の改変」と捉える（そのうえで、救うべき「パロディ」等については「やむを得ない改変」として非侵害とする）見解も主張されるかもしれない[63]。

　しかしなお、本稿が「改変をされていないとの誤認」を惹起する行為のみを「著作物の改変」を解すべきとする理由は以下の二点である。

　第一に、著作物のイメージの稀釈化・汚染等を基準とすると何がそれにあたるのかが不明確となる。特にパロディ等のいわゆるトランスフォーマティブな利用形態（米国法においてフェアユースが適用される主要な類型の一つである）は、多くの場合著作物のイメージの何らかの稀釈化[64]を伴うものである。パロディ等について類型的に「著作物の改変」を否定し、同一性保持権の侵害にあたらないことを明確にする本稿の立場からは、このような基準は適切ではない。また裁判所に著作物のいかなる改変を「汚染」と評価するのかを判断させることも適切ではない。

の下では、「改変をされていない」との誤認が生じなければ（例えば、「どぎまぎイマジネーション」の購入者（のうち例外的とは言えない範囲の者）がときめきメモリアルを知っており、無断で作られた二次創作であると認識していたのであれば）、同一性保持権の侵害に当たらないこととなる（27条等の著作権の侵害には該当しうる）。

　他方で、田中・前掲注(39)では、その制度設計の提案の補足説明において「作品の品位・価値を著しく貶める場合は、人格権に抵触するとして差し止めを認める。具体的にはエロや暴力などへの利用、いかがわしい場面での利用などである。」としている。この立場は、同一性保持権にいう著作物の「改変」を、著作物のイメージの汚染（ポリューション）と捉える立場として整理することもできよう。

(62)　わいせつ・暴力的な改変が著作者自身によって行われたと誤信される場合には、本稿の解釈の下でも「著作物の改変」に該当する点について後掲注(81)に対応する本文参照。
(63)　後述の予備的主張としての稀釈化説（Ⅳ3）を参照。
(64)　いわゆるターゲット型のパロディは、まさに改変を通じて著作物の社会におけるイメージの変更を意図するものともいえる。

◆第9章◆ 同一性保持権侵害の要件としての「著作物の改変」[金子敏哉]

　第二に、このような著作物のイメージの稀釈化・汚染の防止についてのコントロールは、同一性保持権よりも翻訳権・翻案権（27条）等の著作権の及ぶ限りでのみ行われることが、権利制限規定の適用の面からも適切である。（著作権と同一性保持権の関係については(3)(b)でより詳しく述べる）。また著作者の名誉・声望を害する利用と評価できる場合[65]には、著作権法113条6項による著作者人格権の侵害ともみなされる。
　以上のように、同一性保持権は、著作物についての社会におけるイメージが稀釈化・汚染されることから著作者を保護するのではなく、自らの著作物の改変されたバージョンにつき「改変をされていない」との誤認を受けることから保護するものと解すべきである。

(3) **翻訳・翻案に伴う改変など（著作権と同一性保持権の関係）**
(a) **本稿の解釈の下での「著作物の改変」の有無**
　本稿の解釈によれば、翻訳・翻案等に伴う必然的な改変とその改変されたものの提供・提示行為は、原作が別に存在してその原作を翻訳している・映画化しているものと認識され、その他の点で「改変をされていない」との誤認を惹起するものでなければ、「著作物の改変」に該当しない。例えば英語の小説が日本語に翻訳されていること自体、ある小説が映画になっているということ自体は、それらが翻訳されたもの、映画化されたものと認識されれば、「著作物の改変」に該当しない。
　他方で、翻訳にあたり原文の表現・趣旨について誤訳をした・意訳と呼べる程度を超えて大幅に変更した[66]場合等、（例外的とは言えない範囲の）受け手が「翻

---

[65] もっともわいせつ・暴力的な二次創作作品について、それが著作者に無断で作られたものとして認識されている場合には、著作者の名誉・声望を害する（社会的評価を低下させる）ものには基本的には該当しないと思われる。
[66] 加戸・前掲注(10)177頁は、翻訳に際しての誤訳につき、翻訳に伴う必然的改変とはいえないことから、同一性保持権が問題となるとする。
　同一性保持権の侵害の判断において、誤訳等の点が考慮された事案として東京地判平成16年5月31日判時1936号140頁がある。この事件では、日本語の小説中に他人の中国語の詩を翻訳して利用した行為につき、32条1項の引用に該当しないとして翻訳権の侵害が肯定された。また同一性保持権については、無許諾の翻訳であることに加えて、「客観的にみて誤訳であるか，又は翻訳すべき語を翻訳していないものであるか，若しくは意訳の範囲を超えているものである」ことから、「意に反する改変といわざるをえない」とし、またこれら誤訳・意訳を超えたものであることから、「やむを得ない改変」（2項4

401

◇第Ⅰ部◇　権利の内容・制限と利用許諾

訳されているからにはある程度の意訳等はあるであろう」と考える以上の変更があるにもかかわらず、その点を特に注記せずに翻訳版を提供・提示したことにより、そのような変更について「改変をされていないとの誤認」を生じさせた場合には、「著作物の改変」に該当する。

　映画化についても、通常、映画について時間の都合等により原作のシーンが一部割愛されること等は映画を観賞する者が想定するところであるが、そのような範囲を超えて原作の内容が変更されていたことにより（原作を忠実に映画化したと称しながら、原作と正反対の結末となっている等）、映画の上映等を通じて受け手に原作もそのような内容であるとの誤認を生じさせた場合には、「著作物の改変」に該当する。

　そもそも既存の作品を翻訳・翻案等したものであるにもかかわらず、そのこと自体を認識できない形で提供・提示する行為は、そのような翻訳・翻案等がされた作品をオリジナルの作品（改変がされていないもの）と誤認させる行為であり、「著作物の改変」に該当する。

　また27条の翻訳・翻案等に該当しない（二次的著作物の創作に至らない）改変の場合にも、「改変をされていないとの誤認」の惹起の有無（改変を正しく認識できるか否か）が「著作物の改変」の判断基準となる。

　映画製作会社が、映画の著作者である監督に無断で、公開前の映画のシーンを一部削除する等の変更を行いながら、そのことを特に注記もせずに映画を上映した場合、観衆が改変前の作品を確認する機会が通常ないことも考慮すれば、観衆に当該映画について「改変をされていないとの誤認」を生じさせるものであり、「著作物の改変」に該当するものとなる[67]。

　他方で劇場用映画につきテレビ放送を行うにあたり、シーンの切り替わり等にCMを挿入する行為[68]や、映像に重ねて時刻やテロップ（「視聴者プレゼント

号）に該当しないと判断している。
　　本稿の解釈の下では、これら、誤訳や意訳の範囲をこえたものか否かの判断は、「著作物の改変」の要件の判断においてまず行われるべきこととなる。読者が通常の翻訳として想定する範囲内の意訳等は「著作物の改変」に該当しない。それを超えたものについては、「著作物の改変」に基本的に該当することとなる。誤訳は、通常、「著作物の改変」に該当するが、演奏技術の未熟さと同様に「やむを得ない改変」に該当する場合も多いであろう。
[67]　本稿の解釈の下で「著作物の改変」に該当する典型例である、公表前に無断改変がされた場合の提示・提供行為（前掲注(44)に対応する本文を参照）の一例となる。

402

◆第9章◆ 同一性保持権侵害の要件としての「著作物の改変」〔金子敏哉〕

のお知らせ」等）を表示する行為等[69]は、視聴者は通常その改変とその内容を認識できる以上、「著作物の改変」に該当しない。また白黒の名作映画に元が白黒であったものをカラーで着色して上映する行為も、事後的に着色されたことが注記などで認識可能であり、元の白黒の映画自体も別途鑑賞可能であることを

[68] 劇場用映画のテレビ放送時のコマーシャルの挿入が「改変」に該当しないと判断された事例として、東京地判平成7年7月31日知的裁集27巻3号520頁〔スウィートホーム〕がある。同判決は、「コマーシャルの挿入は、民間放送での長時間の映画放送にあたっては、避けられないものである」ことを挙げて改変を否定していた。同判決に対しては、上野・前掲注(3)120巻4・5号766頁により、改変を否定する理由が明らかではないとの指摘がされているが、本稿の立場からすれば、この事例は、視聴者が改変（コマーシャルが挿入されていること）を認識できるがゆえに「著作物の改変」に該当しないこととなる。

他方で同事件の控訴審（東京高判平成10年7月13日知的裁集30巻3号427頁）は、CMの挿入につき、「…挿入の回数、時間、挿入箇所等の内容によっては、当該劇場映画が視聴者に与える印象に影響を及ぼすものと認められるから、その態様如何によっては、著作権法20条1項に規定する「意に反」する「改変」に該当する場合があると解される」としている（結論としては、後述のトリミングと同じく、2項4号の「やむを得ない改変」として侵害を否定した）。

本稿の解釈の下でも、CMによる中断に伴い「改変をされていないとの誤認」が生ずる場合（例えば敵役が主人公に「私がお前の父だ、というのは嘘だ」というセリフのシーンにおいて、「私がお前の父だ」と「というのは嘘だ」の間に長いCMを挿入して放送した結果、例外的とは言えない範囲の視聴者が（CM中にトイレに行きCM後の冒頭のシーンを見逃す等して）敵役を主人公の父だと誤認する場合）には「著作物の改変」に該当することとなる。〔スウィートホーム〕の事案ではBGMが流れている途中にCMを挿入した点等を原告は問題としているが、その結果例外的とは言えない視聴者にまで「改変をされていないとの誤認」を生じさせたとえ言えるかどうかが判断されるべきこととなろう。

[69] 2Dの映像を自動的に3Dで視聴可能に変換する装置を提供する行為（中山・前掲注(11)515頁注56は変換行為につき「やむを得ない改変」とする）も、視聴者（装置の使用者）が当該映像はその装置により3D化されていると認識できるのであれば、「著作物の改変」を惹起せず、同一性保持権侵害の幇助行為等には該当しない。

スクリーンサイズの相違に対応するためのトリミング等についても、「トリミングがされていることによる変更」等を視聴者が正しく認識できる場合には、「著作物の改変」に該当しない。なお前掲注(68)の〔スウィートホーム〕事件では、トリミングについて第一審・控訴審ともに「著作物の改変」にあたるものとしたうえで、結論として「やむを得ない改変」として侵害を否定している。この事件のトリミングは、映画製作会社側により場面に応じて異なるトリミング手法が用いられていた事案であることからすると、放送当時の視聴者の一般的な認識に照らして「改変がされていないとの誤認」が惹起される可能性があったといえよう。

403

考慮すれば、「著作物の改変」に該当しない。

　以上、翻訳・翻案等及びその他の利用（創作的とは言えない改変の場合も含む）に伴う改変は、提示・提供の相手方を基準として、(i)当該利用に伴う改変がされていることが改変の内容、提示・提供の態様から明らかであり、(ii)当該改変が当該利用に伴う改変として通常[70]想定される範囲内[71]であり、(iii)改変前の表現を後に確認することが可能であり[72]、(iv)著作者自身又は著作者の意思に基づく改変とも誤認されない（この点は(c)で後述する）、との4つの条件を満たす場合には、「著作物の改変」に少なくとも該当しないといえよう（後述の判断基準③の(B-2-2-1)の類型を参照）。

　また(iii)の改変前の表現の確認可能性の条件を満たさない場合にも、TVの生放送番組中の時刻表示やテロップ等のように、改変態様自体から改変の内容と改変前の表現が十分認識できる場合（後述の判断基準③の(B-2-1)の類型を参照）にも「著作物の改変」に該当しない。

　以上の判断は、翻訳・翻案等特有のものではなく、パロディ・引用時の抜粋等についても同様の基準が妥当する。より一般的な「著作物の改変」の判断基準（解釈③）は後述の2で整理して示す。

(b) **著作権（翻訳権・翻案権等）と同一性保持権の関係**

　「著作物の改変」を何らかの改変行為と解してきた従来の通説の下では、翻訳権・翻案権等（27条）の権利内容（創作的な改変）は同一性保持権の権利内容（改変一般）に包含されるものとなっていた。また従来の裁判例においても、翻訳権・翻案権の侵害がある場合に、当然に同一性保持権の侵害を認めたものが少なくない[73]。そのうえで従来の通説は、著作者が翻訳・翻案の許諾をした場合

---

[70] 中山・前掲注(11)516頁は、翻案・引用等に伴う改変は「制度に当然内在する同一性保持権の制限」と解しつつ、「通常の翻案・引用などの範囲を超えて名誉・声望を害するものであるならば」侵害となるとする。

[71] 一般に、改変の内容的な程度が著しいほど（例えば、翻訳に当たり結末を書き換える等）、通常認識される範囲を超えることとなる。ただ他方で些細な改変であっても、誤訳等にように読者の想定外の「改変をされていないとの誤認」を惹起するものであれば「著作物の改変」に該当しうるものと解すべきであろう（以上につき、加戸・前掲注(10)177頁参照）。後掲注(99)も参照。

[72] 改変前の表現の確認可能性は、高度のもの（提示・提供行為の相手方が容易に確認できること）までは必要とすべきではないことにつき、後掲注(100)参照。

[73] 例えば東京地判平成2年4月27日判時1364号95頁〔樹林〕の判示（「…被告作品は、樹林に依拠し、これに変形を加えて製作したものであって、その製作行為は、原告が樹

◆第9章◆ 同一性保持権侵害の要件としての「著作物の改変」[金子敏哉]

の被許諾者による翻訳等、譲渡や強制執行により翻訳権・翻案権等が譲受人に移転した場合の譲受人による翻訳等について、「意に反」しないとの解釈[74]や「やむを得ない改変」に該当すること[75]、著作権制度全体の整合性[76]等を理由として侵害を否定してきた。

しかし法がこのように大幅に重複する内容の権利[77]を何の調整もせずにそれぞれ定め、しかも 27 条の権利が移転されて著作者とは別の主体に帰属することを予定していると解することは、譲受人等による翻訳・翻案の取り扱いだけではなく、第三者による翻訳・翻案との関係においても不合理であろう。

この点本稿の解釈の下では、翻訳・翻案(とその後の利用行為)は、その翻訳・翻案に伴う改変を正しく認識できるものであれば「著作物の改変」に該当しない。翻訳権・翻案権及び 28 条の権利と同一性保持権が内容的に重複するのは、「改変をされていないとの誤認」を生じる態様での(改変者の創作的表現が付加された)利用という例外的な場合のみである。

そして本稿の解釈によれば、被許諾者や翻訳権等の譲受人の行為であるか否かは、「著作物の改変」の判断に影響しない。翻訳権・翻案権を侵害する行為で

　林について有する翻案権及び同一性保持権を侵害するものと認められる。」)等がその例である。
　著作権侵害(複製権の侵害事例も含む)と同一性保持権侵害の両者を認めた裁判例について、著作者名義説の立場から批判的に検討するものとして、塩澤・前掲注(24)187 頁以下参照。また、従前の裁判例が翻案権侵害の事案について漫然と同一性保持権の侵害を認めていたことを指摘するものとして、小倉・前掲注(22)65 頁注 17 を参照。
(74)　例えば、渋谷・前掲注(10)539 頁参照。この見解は、明示的に、「無許諾の翻案に伴う改変は、原著作物の著作者の意に反する改変である」と述べている(538 頁参照)。
　なおこの見解は、翻訳は正確に行われれば原著作物の思想感情を改変するものではないとの理解のもとで、言葉の制約により「原著作物の思想感情が多少改変されるのは避けられないことであるが、翻訳者において原義に近づけるための誠実な努力が払われているならば、法的に判断して改変はないものと解すべき」(536 頁)とも述べている。
(75)　例えば、田村・前掲注(11)433 頁以下(20 条 2 項の解釈の方が穏当であろうとする)参照。ただし、翻訳権・翻案権侵害の場合には同一性保持権の侵害とすることを明示的に述べているわけではない。
(76)　例えば、中山・前掲注(11)506 頁参照。ただし、翻訳権・翻案権侵害の場合には同一性保持権の侵害とすることを明示的に述べているわけではない。
(77)　もっとも、譲渡権と複製権(複製権侵害物品の頒布行為についてのみなし侵害)、送信可能化権と複製権のように、支分権間での重複は現状存在しているところではある。ただこれらの権利が分属する状況は、理論的にはありえても、法が一般的に想定しているものとはいえないであろう。

あっても[78]、「改変をされていないとの誤認」を惹起するものでなければ、「著作物の改変」にあたらず、同一性保持権の侵害とはならないこととなる。

　同一性保持権を含む著作者人格権の制度趣旨は、著作権が移転された後（特に強制執行等により著作者の意に反して著作権を手放さざるを得なかった場合）にも、著作者になお留保される権利であることにある。従来の通説は、翻訳・翻案等あらゆる改変を「著作物の改変」と捉えることで著作者の人格的利益の保護を広く図ろうとしているが、他方で権利の譲受人等との関係では「やむを得ない」改変等を理由に大きく制約されるものとし、結局譲受人等に対してどのような場合に同一性保持権を行使できるのかが不明確なものとなっている。

　これに対して本稿の立場からは、著作者が同一性保持権を行使できるのは、著作権の譲渡の有無に関わらず「改変をされていないとの誤認」を惹起する行為に対してのみである。むしろ著作権の譲受人の利用行為によりこのような誤認が惹起された場合、同一性保持権の制度趣旨（著作権の譲渡後も著作者に留保される権原）に照らせば、著作権者の行為であることを理由として「やむを得ない」改変と解することは許されない（著作権の譲渡・許諾契約の内容として当該「改変」に著作者が同意していた場合は別である）。

　本稿の解釈の下での同一性保持権は「改変をされていないとの誤認」から著作者の人格的利益を保護するものであり、翻訳権・翻案権と28条の権利は二次的著作物の創作と利用についての譲渡可能な権利[79]である。二次的著作物の創作・利用がもたらす「改変をされていない」との誤認以外の著作物についての社会の認識の変更に対するコントロールは、同一性保持権ではなく、専ら著作権に基づく限りで行われるべきである（ただし、著作者の名誉・声望を害する利用については、別途著作者人格権の侵害とみなされる（113条6項））。

---

(78) 翻訳・翻案に必然的に伴う外面（的表現）形式の変更は、同一性保持権の侵害に当たらないとの見解〔加戸・前掲注(10)176頁参照。高林・前掲注(10)224頁も、改変についての黙示的な同意との解釈とともに、このような解釈を上げる〕は、論理的にいえば、翻訳権・翻案権の侵害者による行為についても、翻訳・翻案に伴う必然的な改変であれば、同一性保持権の侵害にあたらないことになるはずである。

(79) 著作権は財産権であるが、所有権と同じく（例：愛着のあるぬいぐるみ、秘密の日記の所有権）、権利の主体の人格的利益を保護するための手段としても機能するものである。もっとも他の主体の利益との調整が問題となる場合（特に共有）には、経済的利益を人格的利益よりも優先的に扱うべき場合も多いであろう（65条3項の解釈につき金子敏哉「著作権の共有に関する一試論——交渉の先送りとその後の対応策」日本知財学会誌9巻2号（2012年）18頁以下を参照）。

◆ 第9章 ◆ 同一性保持権侵害の要件としての「著作物の改変」[金子敏哉]

「改変をされていないとの誤認」の惹起の防止を超えて、広く著作物の稀釈化・汚染に対するコントロールを望む著作者[80]は、翻訳権・翻案権を無条件に手放すべきではなく、翻訳権・翻案権を強制執行の対象とされないよう努めるべきであろう。また翻訳・翻案等に係る許諾契約や著作権の譲渡契約において、契約当事者が（従来の通説を前提とした同一性保持権の解釈等により）わいせつ・暴力的な表現による利用については著作者にこれを禁止できる権原が留保されることを契約の前提としていた事案については、本稿の解釈の下では、著作権に係る許諾・譲渡の範囲自体を限定する、あるいは譲受人等が当該利用を行わ（せ）ないとの債務を著作者に対して負う旨の（黙示の）合意が存在したと解することとなろう。

(c) 著作者自身による改変（又は著作者の意思に基づく改変）との誤認

改変（翻訳・翻案等を含む）に接する者が改変前の表現を知っており、どのような改変がされているかを認識できる場合においても、提示・提供の態様により当該改変が元の作品の著作者自身によって行われた（又は著作者の積極的な意思に基づく改変）と誤認される場合（例えば無断翻訳にも拘らず著作者自身・著作者監修による翻訳と称した場合等[81]）には、「（他者により）改変をされていないとの誤認」を惹起するものとして、著作物の改変に該当する[82]ものと解すべきであ

---

[80] 映画監督等が「改変をされていない」との誤認が惹起されない翻案等についても自らの権利を有したいと考える場合には、参加約束の段階で、翻案権（の一部）等を映画製作会社から譲り受けるための交渉を行うべきこととなる。

もっとも公開前の映画について映画製作会社による改変が行われて上映された場合、通常、改変の事実を観衆が認識できないことに加えて、改変前の表現の確認可能性がないことから、本稿の立場のもとでも当該映画の上映は「著作物の改変」に該当することとなる（前掲注(67)に対応する本文を参照）。

[81] この他、大阪地判平成27年4月28日平成27（ワ）12757〔アダルトゲーム流用事件〕（原告が携帯ゲーム機用恋愛シミュレーションゲーム（以下、PSP用ゲーム）のために提供した原画が、PSP用ゲームの発売後、原告に無断で原画の部分がつぎはぎにされ裸体のイラストと組み合わされて露骨に性交を描写した場面に書き換えられ、わいせつなソーシャルゲーム（以下、R18版ゲーム。なおタイトル及び登場人物名はPSP用ゲームと同一であった）に流用された事案）では、改変の結果、「原告が改変後の本件R18ゲームについても原画を製作したとの印象や認識が広まった」ことを認定して、同一性保持権の侵害を認めている。

[82] 前述の著作者の社会的評価に影響を及ぼす改変のみを「著作物の改変」等と解する見解は、著作者自身による改変・著作者の意思に基づく改変との誤認が生じる場合に限って同一性保持権の侵害を認める見解として整理することもできよう。

◇第Ⅰ部◇　権利の内容・制限と利用許諾

る（後述の判断基準③の類型 B-3）。

　言い換えれば、改変を正しく認識できるものとして「著作物の改変」に該当しないと解されるためには、改変に接する者が、当該改変を行った主体が誰であるかを認識する必要はないが、著作者自身による改変と誤認しないことは必要となる。

　なおここでいう「著作者の意思に基づく改変」との誤認とは、著作者の積極的な意思に基づいて改変の具体的な内容が承認されたと誤認される場合を意味し、二次創作作品に対する黙認があること等についての誤認等は含まない。

(4) 引用や出題に伴う改変など
(a) 引用時の要約・出題時の抜粋等の取り扱い

　引用時の要約や一部抜粋は、その態様から、要約したものであることや一部抜粋であることが明らかであり、かつ、通常の要約や一部抜粋として想定される変更の範囲内（趣旨等を歪めるものではない）のものであり、さらに出典の表示等から引用元を確認可能といえる場合には、「著作物の改変」に該当しない[83]。

　試験問題において、原文の一部に下線を引き、穴埋め問題用の空欄を設ける行為、その試験問題を提供・提示する行為は、出題に伴いそのような改変が加えられていることが明らかな場合には、「著作物の改変」に該当しない。他方で出題に際し、十分な注記をせずに難解な単語を平易な単語を変更する[84]等して、当該変更について「改変をされていないとの誤認」を生じさせる場合には、当

---

[83] 小倉・前掲注(5)287頁以下参照。一部抜粋につき作花・前掲注(12)411頁以下も参照。両見解につき詳しくは前掲注(22)を参照。

　また小倉・前掲注(5)288頁は、38条1項の適用対象となる非営利・無料・無報酬での上演・演奏について、「上演または演奏には実演家の創意工夫が加わるのが通常であるから、元々の著作物が実際に上演ないし演奏されている通りのものであると誤認してその著作者を評価することは稀である」ことから、「元の作品に対する認識が歪められない程度に実演に際して創意工夫を加えること」は20条1項の「変更」にあたらないとする。

[84] 半田＝松田・前掲注(39)311頁〔丸石拓也〕は、穴あけや旧漢字を当用漢字に改めることは「やむを得ない改変」（2項4号）に該当するが、「表現が不適切だからとそれを勝手に修正する、難解な単語を平易な単語に置き換える等は許されない」とする。

　本稿の立場からは、旧漢字を当用漢字に改めることも、適切な注記がない場合には、試験問題に接する者にそのような変更がないとの誤認を生じさせるものとして、「著作物の改変」に該当することとなる（ただし、結論としては「やむを得ない改変」に該当する場合も多いであろう）。

◆第9章◆ 同一性保持権侵害の要件としての「著作物の改変」[金子敏哉]

該試験問題の提供・提示は「著作物の改変」に該当することとなる。
　本稿の解釈は、権利制限規定の適用対象となる利用行為が創作的表現への改変を伴う場合について、「改変をされていないとの誤認」を生じないもの[85]については、およそ「著作物の改変」に該当せず、同一性保持権の侵害に当たらないと解するものである。
　ただし本稿の解釈の下では、要約引用や試験問題の利用等が著作権の制限規定の要件を満たすものかどうか[86]は、これまで(1)から(3)につき述べてきたことと同じく、「著作物の改変」の有無の判断に影響しない（それゆえ著作権法50条は、本稿の解釈を採用する上で何らの妨げとならない）。上記の行為が著作権を侵害するものであっても、「著作物の改変」についての判断内容に変わりはなく、専ら「改変をされていないとの誤認」を惹起するものであるか否かが検討されるべきこととなる。

(b) 下線の付加等と創作的表現への改変

　なお下線の付加等については、行間の空白部分等においてなされたものでありそもそも創作的表現への改変と評価できないとして、従来の通説の下でも「著作物の改変」に該当しないとの解釈も可能である。裁判例においても出題時の

---

[85] 他方でこのような行為が、例外的とは言えない範囲の受け手に対して「改変をされていないとの誤認」を生じさせる場合には、そのような誤認（著作物の改変）が、権利制限規定を設けた法の趣旨に照らして「やむを得ない」（2項4号）ものといえるかが判断されることとなる。50条の解釈が問題となりうるのは、この2項4号の判断において権利制限規定（の趣旨等）を参照することの是非についてとなろう（なお筆者は、50条の存在は20条2項の解釈において権利制限規定の趣旨を参酌することを妨げないと解するが、それは本稿の「著作物の改変」についての解釈とはまた別の問題である）。

[86] 非営利・無料・無報酬での替え歌の歌唱であっても（38条1項参照）、営利目的の替え歌の歌唱であっても、聴衆が替え歌であることを認識できれば「著作物の改変」にあたらず、もともとそのような歌詞の歌であると誤認される内容・態様であれば、「著作物の改変」に該当する。
　前述の小倉・前掲注(5)288頁の38条1項の適用時の実演家による演奏上の創意工夫をめぐる解釈（前掲注(83)参照）は、38条1項が適用されない場合一般の取り扱いについては明示的に述べていない。ただし注35において、「実演にあたって著作者が個別的に許諾をしていないことが広く知られている場合」（JASRACによる許諾等）も同様と述べている。その記述と解釈の基本的な立場（前掲注(22)を参照）からすると、この見解は、当該演奏上の創意工夫につきもとの著作者が具体的な許諾を与えていたと誤信をさせる場合には、著作者の社会的評価に影響を及ぼすものとして20条1項の「変更」に該当するとの趣旨と解される。

◇第Ⅰ部◇　権利の内容・制限と利用許諾

下線の付加・太字への変更等は創作的表現への改変に該当しないと判断した事例[87]がある。

しかし下線が無断で付加された文章が、もともと下線が付加されていたと誤認される場合には、下線や傍線・太字部分は一般に筆者が強調する部分として理解されることに鑑みれば、本稿の立場を前提とせずとも、「著作物の改変」に該当すると解すべきであろう。試験問題の場合、これに接する者は、問題文の態様から出題のために事後的に下線を付されたと通常は認識可能であることから「著作物の改変」に該当しない。

ある表現の周辺・前後（の空白）に何らかの表現が付加された場合に、元の創作的表現に対する改変ととらえるか、それとも創作的表現以外への改変に過ぎないと解するかの判断が難しい場合もあろう（この論点は従来の通説の下でも生じる）。

この点本稿の解釈によれば、「創作的表現への改変」か否かと「改変をされていない誤認」を惹起するものかを、あわせて「著作物の改変」の該当性として判断する（付加後の表現に接する者が、元の創作的表現にそのような付加部分が元々付されていたと誤認するかどうかを判断する）ことで行うべきこととなる。

(5) 改変されたものを提供・提示する行為
(a) 基本的な考え方

(1)で述べた通り本稿の解釈の下では、（造形芸術の原作品への改変を例外として）改変行為それ自体ではなく、第三者に対して改変されたものを（改変を正しく認識できない態様で）提供・提示する行為が、「改変をされていないとの誤認」を惹起するものとして、「著作物の改変」に該当する。

提供・提示の相手方は「公衆」である必要はない。家族・親友1名への提供・提示であったとしても、当該相手方との関係で「改変をされていないとの誤認」を惹起した場合には、「著作物の改変」に該当する。

他方で提供・提示の相手方が「公衆」であったとしても、行為の相手方のうちの例外的とは言えない範囲の者に「改変をされていない」との誤認を生じさせなければ、(1)及び(2)で述べたとおり、「著作物の改変」には該当しない。

改変されたものの提供・提示行為を、改変者自身が行う場合はもちろん[88]、改

---

[87]　前掲注(34)の〔国語テスト〕参照。
[88]　前掲注(17)の田村・前掲注(11)の見解を参照。

◆第9章◆ 同一性保持権侵害の要件としての「著作物の改変」[金子敏哉]

変の事実を認識していない第三者が行う場合にも、当該行為の結果、「改変をされていないとの誤認」が惹起されれば、提供・提示行為は「著作物の改変」に該当し、同一性保持権の侵害となりうる。ただし当該第三者は、改変の事実を認識していない以上、同一性保持権侵害行為についての故意は認められず、また過失も、通常人であれば改変をされていることに容易に気づくような事案を除けば、否定されることとなろう[89]。

他方で、行為開始時点では改変の事実を認識していなかった第三者についても、提供・提示行為の将来の継続については差止請求の対象とすることが適切である（差止・廃棄請求が被告にとって過度な負担をもたらす場合には、差止請求権の制限の一般論か、次に述べる注記等による調整によるべきであろう）。

(b) 改変についての注記

改変されたものの提供・提示行為にあたり、改変をされていることについての注記が付されていた場合、提供・提示行為の相手方は何らかの改変が行われていること自体は認識可能である。しかし注記のみからは改変の具体的な内容までは明らかではない場合、注記の一事をもって当然に「著作物の改変」を否定することはできない。

もっとも、適切な注記の存在は、「改変をされていないとの誤認」の惹起の可能性を低くし、さらに改変前の表現に受け手がアクセスすることが可能である場合等の事情とあわせることで「著作物の改変」に該当しない、あるいは「やむを得ない改変」（注記までしているのであれば、他の事情と併せて考えると「やむを得ない」誤認である）にあたる、と評価されることもあろう。

そのため改変されたものの提供・提示行為に係る差止・廃棄請求については、被告が適切な注記を付すことを条件として提供・提示行為の継続が認められる（差止請求を棄却し、115条の請求として適切な注記や改変に関する説明などを被告に義務付ける[90]、あるいは被告側が注記を将来も継続して付すことが確実といえる場

---

[89] 改変者に限らず、第三者による公衆への改変されたものの提示・提供行為を同一性保持権の侵害としつつ、過失判断で調整すべきことを示唆する見解として、作花・前掲注(12)244頁、飯田・前掲注(18)172頁参照。

[90] 知財高判平成22年3月25日判時2086号114頁〔駒込大観音〕は、仏像の頭部のすげ替えにつき諸事情を勘案し、115条に基づき事実経緯についての広告の掲載に係る請求のみを認め、原状回復請求や公の展示行為の差止請求については棄却した。
　この結論は本稿の立場からは、広告等の掲載により改変の事実と経緯が周知されさえすれば、「改変」（改変をされていないとの誤認の惹起）の度合いが小さくなり、頭部の

◇第Ⅰ部◇　権利の内容・制限と利用許諾

合には将来についての「著作物の改変」を否定する等）場合もあろう。
　(c) **本稿の解釈の下での113条1項1号・2号の意義**
　なお本稿の解釈の下で、著作権法113条1項1号・2号の同一性保持権「の侵害となるべき行為により作成された物」とは、不可逆的な改変が加えられた造形芸術作品の原作品と、改変と提供・提示行為が同時に行われかつ相手方に対して「改変をされていないとの誤認」を生じさせつつ作成された複製物を意味することとなる。
　もっとも、いずれの物についても、113条1項によるまでもなく、当該原作品・複製物を提供・提示する行為は「改変をされていないとの誤認」を新たに惹起すれば「著作物の改変」として同一性保持権を侵害するものとなりうるのである。その点では、端的に113条1項は譲渡権等と同じく同一性保持権への適用を基本的に予定しておらず、実質的な意義は小さいと解してもよいであろう(91)。

2　「著作物の改変」の具体的な判断基準（解釈③）
(1)「著作物の改変」の判断基準
　以上、(1)から(5)の諸論点について検討してきたことも踏まえて、「著作物の改変」（そのうち(92)特に「改変をされていないとの誤認」の惹起の有無）について、その具体的な判断基準③を類型化して示せば以下のようになる。

（A）改変行為それ自体（改変者以外の第三者への提供・提示を伴わない場合）
　（A-1）造形芸術作品の原作品等以外への改変
　　→改変者自身は、改変とその内容を正しく認識しているため、「著作物の改変」に該当しない。

　　すげ替えに関わる諸事情との衡量により「やむを得ない改変」（2項4号）又は60条但書により展示行為の継続による同一性保持権の侵害が否定されるものとして、展示行為の差止請求は棄却し、広告の掲載に係る請求のみを認めた事案と理解できる（ただし、一時的な新聞広告よりも、仏像のそばにわかりやすく表示をする等の方がより「改変」の度合いを小さくするものであるようにも思われる）。
(91)　113条1項の適用を認めた場合、本文で言及した「物」の頒布行為について、新たな「改変をされていないとの誤認」を惹起しない場合にも同一性保持権の侵害とみなす点で意義を有することとなる。
(92)　本稿の解釈の下でも、依拠・類似性・創作的表現への改変であることが、「著作物の改変」に該当するための必要条件であることは、Ⅱ3の冒頭で述べたとおりである。

412

◆第9章◆　同一性保持権侵害の要件としての「著作物の改変」［金子敏哉］

（A-2）造形芸術作品の原作品等への改変
　→造形芸術作品の原作品等、原作品がオリジナルの著作物を示す唯一無二の存在として社会認識上扱われている結果、原作品への改変行為により、「改変されたものがあたかもオリジナルのものである（改変をされていないものである）」との社会的な誤認を不可逆的に生じさせるものといえる場合には、「著作物の改変」に該当する。

（B）改変されたものを第三者に提供・提示する行為
　提供・提示の相手方を基準として、改変の態様や提供・提示行為の態様等に照らして、「改変をされていないとの誤認」を惹起するものである場合には「著作物の改変」に該当する。改変者自身による行為か第三者による行為かは問わない。
　提供・提示の相手方が公衆であるか否かも問わない。ただし、提供・提示の相手方が複数人の場合、相手方のうち「例外的な範囲とは言えない」者に「改変をされていないとの誤認」を惹起した場合にのみ、「著作物の改変」に該当する。

（B-1）提供・提示の相手方が改変前の表現を知っている場合
　→提供・提示の相手方は、改変を認識することができるので、「改変をされていないとの誤認」を惹起せず、「著作物の改変」に該当しない。
（B-2）提供・提示の相手方が改変前の表現を知らない場合
　（B-2-1）改変の態様等から改変がされていることと改変の内容を認識できる場合
　→「改変をされていないとの誤認」を惹起せず、「著作物の改変に該当しない。
　（B-2-2）改変の態様等からある作品を改変している（パロディである、翻訳・翻案等がされている等）ことは認識できるが、表現がどこまで改変をされているのか（改変の内容）を直接には認識できない場合
　　（B-2-2-1）改変の内容が提供・提示行為の相手方からみて当該改変（パロディ、翻訳・翻案等）に伴うものとして通常予測される範囲内であり、かつ、改変前の作品を後に確認することが可能である場合
　　→「改変をされていないとの誤認」を惹起せず、「著作物の改変」に該当しない。

◇第Ⅰ部◇　権利の内容・制限と利用許諾

　　　(B-2-2-2)(B-2-2-1)以外の場合[93]
　　　　→「改変をされていないとの誤認」を惹起するものである。
　　　(B-2-3) 改変の態様などから、ある作品を改変していること自体が認識できない場合
　　　　→「改変をされていないとの誤認」を惹起するものである。
　　(B-3) 提供・提示行為の相手方が（改変前の表現を知っているか否かに関わらず）著作者自身による改変、又は、著作者の積極的な意思に基づく改変と誤認する場合
　　　→「（他者により）改変をされていないとの誤認」を惹起するものであり、「著作物の改変」に該当する。

　以上の「著作物の改変」の判断においては、著作者の（通常の）意思、権利制限規定の趣旨・改変の経緯（その他そのような改変を許容すべき諸事情）、改変行為や提供・提示行為が著作権を侵害するものであるか否かは「著作物の改変」の判断において全く考慮されない。むしろ考慮するべきではない。
　本稿の解釈において重要なことは、「著作物の改変」の有無は、専ら、創作的表現への改変（が提示・提供されること）により、改変された表現に接する者を基準として「改変をされていないとの誤認」が惹起されるか否か、のみによって判断されるべきことである。
　受け手が改変を正しく認識できる限り、そのような改変が著作者の意に反するか否か、社会にとって望ましい（許容すべき）ものか否か等を問わず、「著作物の改変」に該当しないものとして同一性保持権の侵害は否定されるべきである（著作権・その他の著作者人格権の侵害の成否は当然別の問題である）。他方で、受け手が改変を正しく認識できないために、「改変をされていないとの誤認」が生じる（「著作物の改変」に該当する）場合にはじめて、他の諸利益との衡量（改変

---

[93]　2016年3月22日のシンポジウムでの報告の時点では、改変が通常予測される範囲内のものであるか、または、改変前の表現を後日確認可能な場合のいずれかに該当すれば「著作物の改変」に該当しないと解していたが、その後研究会での指摘を踏まえて、両者の条件を満たす場合（上記(B-2-2-1)）につき「著作物の改変」に該当しないとの見解に改説した。
　　もっとも、この二つの条件のいずれかを満たす場合には、改変の程度が小さいものとして、他の諸利益・諸事情との衡量により「やむを得ない改変」と認められるべき場合も多いであろう。

◆ 第9章 ◆ 同一性保持権侵害の要件としての「著作物の改変」［金子敏哉］

を許容すべき諸事情の考量）を行い、そのような誤認がなお「やむを得ない」改変といえるのか（20条2項4号）等が判断されることとなる。

(2)「改変を認識できる」か否かの考慮要素

以上の本稿の解釈を、端的に「改変を認識できれば『改変』にあたらない説」と称する趣旨は、上記の(A-1)、(B-1)、(B-2-1)、(B-2-2-1)の場合（改変を認識できる場合[94]）について、類型的に「著作物の改変」に該当しないものとして、同一性保持権の侵害となりえないことを明示することにある。

このうち(A-1)は改変行為者自身しか改変に接しない場合、(B-1)は改変に接する者が改変前の表現を知っている場合[95]であり、(B-2-1)は改変態様[96]から改変前の表現を認識できる場合である。これらの類型については、考慮要素は比較的明確といえよう。

これらに対して(B-2-2-1)は、何らかの改変がされていることは認識できるが、改変態様自体からは改変前の表現・改変の内容を認識できない場合(B-2-2)について、改変内容が「当該改変（パロディ、翻訳・翻案等）に伴うものとして通常予測される範囲内」であり、かつ、「改変前の作品を後に確認することが可能である」場合[97]について、「著作物の改変」に該当しないとするものである。

この(B-2-2-1)に関して本稿の解釈は、「改変を認識できる」ことの意味について他の類型と比較してより規範的に理解している。すなわち、改変に接した者がその場ですぐに改変内容を認識できなくとも、ある程度の改変がされていること自体は認識し、改変前の表現を確認しようと思えば後日改変の内容を確認できる状況であれば[98]、「改変をされていないとの誤認」を惹起したものとは

---

[94] 注記（(5)の記述参照）に関して述べたように、本稿の解釈により「著作物の改変」に該当しないためには、単に何らかの改変がされていることが受け手により認識される（改変「と」認識できる）だけでは十分ではなく、改変の内容（改変前の表現）まで（後に確認すること等により）認識可能である（改変「を」認識できる）ことが必要となる。

[95] 著名な作品のパロディの配信（(2)参照）や、マイナーな作品のファンの集いにおける当該マイナーな作品のパロディの上映（(1)参照）等。

[96] 出題用の下線の付加（(4)参照）、テレビ放送時のテロップ・CMの挿入（(3)参照）等。

[97] (3)で言及した翻訳・映画化を巡る事例と基準(i)(ii)(iii)を参照。また(2)の、受け手が元の作品自体は知らなかったが、ある作品のパロディであることを認識できる場合についての記述（前掲注(58)に対応する本文）も参照。

[98] 森村進『財産権の理論』（弘文堂、1995年）179頁は、現行法の同一性保持権の内容に疑問を呈する文脈において、「別人がたとえその作品を変更しても、著作者本人の名を騙

◇第Ⅰ部◇　権利の内容・制限と利用許諾

いえない、との考え方に立つものである。他方で、改変内容が実際には当該改変に伴うものとして通常予測される範囲を超えている場合、改変に接した者は改変の程度は通常予測される範囲にとどまると誤解したままとなるため、「改変をされていないとの誤認」を惹起したものと評価されることになる。

　この(B-2-2-1)の判断における考慮要素のうち、改変内容が「当該改変に伴うものとして通常予測される範囲内」か否かの点は、提示・提供行為の態様により相手方がどのような改変が行われていると認識するかによって異なることとなる。原作を忠実に映画化したことがうたわれている場合と、原作のパロディムービーであることを明示している場合[99]とでは、「通常予測される範囲」は当然異なる。

　また改変前の表現の確認可能性については、高度のもの（提示・提供行為の相手方が容易に確認できること）までは必要とすべきではない。すでに絶版となっている書籍（日本においては一般的とは言えない言語）からの抜粋・翻訳による引用であっても、出典が明記され、海外の図書館等から原文のコピーを取り寄せ、当該言語の専門家に依頼すれば誤訳の有無を確認できる程度であれば、十分に確認可能性の条件を満たすものと解するべきである[100]。

　このように本稿の解釈においても、特に(B-2-2-1)における「当該改変（パロディ、翻訳・翻案等）に伴うものとして通常予測される範囲内」や「改変前の作品を後に確認することが可能である場合」等において、「著作物の改変」に関する規範的な判断が必要となる。

　っているのではなく、元来の著作物とその著作者の名前を明示しており（つまり、氏名表示権が守られており）、そして変更を受けていないその作品が入手可能である限り、著作者と著作物との間の人格的関係は何ら断ち切られていないのだから、その別人の行為は著作者人格権の侵害ではない」と述べている。変更前の表現の確認可能性を本来あるべき人格権侵害の考慮要素とする趣旨と解されよう。

(99)　パロディ・二次創作として提供・提示される場合には、基本的に「通常予測される範囲」は広範なものとなる（大幅な改変でも「通常予測される範囲」に含まれる）。

　しかしパロディ・二次創作に伴うものとは想定されない改変（例えば、原作自体がそのような表現であると誤信させるような些細な改変）については、「通常予測される範囲」に含まれないこととなる。

(100)　基本的には、改変元の出典が明記され、改変前の表現による複製物が「その性質に応じ公衆の要求を満たすことができる相当程度の部数」作成され、頒布された場合（著作権法3条の発行の定義も参照）には、確認可能性の条件を満たすものと推認してよいであろう。

◆第9章◆ 同一性保持権侵害の要件としての「著作物の改変」[金子敏哉]

但しこの規範的な判断は、もっぱら改変に接する者を基準として、「改変をされていないとの誤認」が惹起されるか否か（改変を正しく認識できるか否か）として行われるものであり、著作者の精神的な苦痛の度合いや改変を許容すべき諸事情との衡量を「著作物の改変」の判断において行うものではない。

(3)「著作物の改変」に関する主張・証明責任

著作権法20条1項の条文の構造からすれば、「著作物の改変」に該当することを根拠づける事実の主張・証明責任は、著作者側が負うこととなる。

本稿の解釈は、1項の「著作物の改変」を「改変をされていないとの誤認」の惹起と解すべきとする立場である[101]。しかし本稿の主張する「著作物の改変」の判断基準（解釈③）の中でも、特に提示・提供行為の相手方を基準とした認識（可能性）や表現の確認可能性が問題とされていることからすれば、「著作物の改変」に該当する（「改変を認識できない」）との判断を根拠づける事実の全てについて著作者側に主張・証明責任を負わせることは妥当ではない。

そこで実際の運用としては、著作者は(B)改変された表現が被告によって第三者に提示・提供された事実を主張・証明すれば、被告側が、提示・提供行為の相手方が改変前の表現を以前から知っていること(B-1)や、改変態様から改変前の表現を認識できること(B-2-1)、改変内容が通常想定される範囲内であることや改変前の表現を確認可能であること等(B-2-2-1)について主張・証明責任を負うと解することが適切であろう。

Ⅳ 本稿の解釈論の意義と課題

以上、本稿の「著作物の要件」の解釈（以下、本解釈）の内容とその帰結と判断基準を詳述してきた。本稿が従来の通説よりも本解釈を妥当と考える理由は、端的にいえば上記の帰結と判断基準の妥当性の点にある。

以下では本稿による検討のまとめとして、本解釈の意義（同一性保持権の保護法益等、本解釈の背景となる考え方も含む）についての筆者の理解を示すとともに、想定される批判、検討すべき課題等についても検討する。また最後に、本稿の解釈を全面的には支持するには至らない論者に向けて、予備的な解釈論の提案を行う。

---

[101] 本稿が、同一性保持権侵害の入口要件としての「著作物の改変」を限定解釈する趣旨につき後掲注(130)に対応する本文参照。

◇第Ⅰ部◇　権利の内容・制限と利用許諾

1　本解釈の意義
(1) 同一性保持権の保護法益の明確化
　従来の通説は、名誉権や同一性保持権に係るベルヌ条約6条の2（著作者の名誉声望を害する（社会的評価を低下させる）改変・利用に係る権利）との相違から、同一性保持権の保護法益を著作物の改変からの著作者の主観的な人格的利益の保護と解してきた[102]。また起草担当者の見解等[103]ではこれに加えて、特に60条（死後の人格的利益の保護）に関連して、国民の文化的所産の保護の視点も挙げられている。

　そして本稿も、同一性保持権の保護法益を「著作物の改変」からの著作者の主観的な[104]人格的利益の保護と解する。ただ従来の通説と異なるのは、何らかの改変からの保護ではなく、改変された表現につき「改変をされていないとの誤認」がなされることに限定して、このような誤認から著作者の人格的利益を保護するものである。

　著作権法は著作物に対する著作者の思い[105]の全てを保護するものではない。

---

[102] 例えば斉藤博『著作権法（第3版）』（有斐閣、2007年）153頁以下、田村・前掲注(11)433頁、中山・前掲注(11)495頁以下（ただし499頁以下では再検討の必要性も指摘している）。

[103] 加戸・前掲注(10)174頁以下、松田・前掲注(10)10頁参照。このような文化的所産の保護を同一性保持権の保護法益とする見解に対する批判の例として、田村・前掲注(11)433頁（著作者の意が侵害の判断基準となっていることを指摘する）、中山・前掲注(11)・500頁（ごく一部の文化的遺産となる著作物とは別として、著作物一般につき文化的所産の保護という観点から根拠づけることは困難とする）がある。

[104] 本解釈は、著作者の名誉・声望を害さない場合にも同一性保持権の侵害を認めるものであり、なおベルヌ条約を上回る保護を認める立場である。
　名誉声望を害する改変のみを同一性保持権の侵害とする解釈・立法は、本稿の立場からも妥当なものとはいえない。何らかの改変が行われた著作物について、著作者が同一性保持権の侵害を主張しているのに、社会的評価が向上したことを理由として侵害を否定することは、著作者に一層の精神的苦痛を及ぼすこととなろう。

[105] 例えば本稿の執筆に当たり、筆者はいくつかの記述において読者の一笑を得ることを願っているが、それが果たされなかったとしても法がそのようなこだわりを直接に保護することはない。またそのような記述が稚拙な記述として批判されることは、筆者にそれなりの精神的な苦痛を及ぼすかもしれないが、当然甘受すべきものである。
　他方で出版に当たり筆者の意に反してそのような記述が無断で削除されていた場合には、「著作物の改変」に該当し、結果として本稿に対する社会的評価が（削除しなかった場合と比べて）向上したとしても、同一性保持権の侵害と認められる可能性がある（そしてその限りで、筆者の上記のこだわりも結果として著作権法により保護される）。

◆第 9 章 ◆ 同一性保持権侵害の要件としての「著作物の改変」［金子敏哉］

法がある利益に保護を与えることが正当化されるのは、その利益の保護が他者の行動の自由に及ぼす影響を勘案した上で、当該利益の保護が個人の人格の独立・発展にとってなお不可欠・重大なものであるか（いわゆる権利論的なアプローチ）、あるいは、そのような利益の保護が社会にとって望ましい帰結をもたらす場合（いわゆる政策論的なアプローチ）に基本的には限られよう[106]。

著作者人格権のうち、公表権（18 条）は著作者にとって自己の著作物を世に示すか否かの決定権であり、内心の自由（憲法 19 条）にも関わる著作者の重大な人格的利益を保護するものである。また既に著作者等により公表された著作物の利用には権利が及ばないために他者の行動の自由への制約も小さい。

また氏名表示権（著作権法 19 条）は、著作者としての社会的評価を受ける機会を保障し[107]、著作者名の表示[108]による著作物と著作者の紐帯[109]を保護するものであり、公表権と同様に重大な人格的利益を保護するものである。氏名表示権の保護が社会にもたらす帰結の観点からみても、著作者としての評価（とそれに伴う収入等の増加）への期待は著作物の創作への主要なインセンティブの一つであり、氏名表示権の保護は著作物の創作を促進し[110]、文化の発展を促す意義も有する。また真の著作者が誰かということは社会的にも重大な関心事項であり、（真の著作者が望む限りにおいて）氏名表示権はそのような社会的な利益の確保にも資するものである。そして氏名表示の取り扱いが適切に行われる限り（19 条 2 項、3 項も参照）他者による著作物の利用を妨げない点で、（過剰差止め等の問題を除けば）他者の行動の自由への制約もそれほどには大きくない。

そして本稿の解釈の下での同一性保持権も、自己の創作した表現が無断で改変されているにも拘らず、改変後の表現があたかもオリジナルのものである（改

---

[106] 従来の自然権とインセンティブ論との対比を、権利論と政策論との対比として整理すべきことについて栗田昌裕「『著作権の制限』の判断構造（一）」民商法雑誌 144 巻 1 号（2011 年）2 頁以下を参照。
[107] 小泉直樹「著作者人格権」民商法雑誌 116 巻 4=5 号（1997 年）598 頁以下参照。
[108] 著作者が無名の著作物としての扱いを望む場合には、プライバシー権と同様の利益を保護するともいえる（ただしその保護は、著作物の公衆への提供・提示行為等に伴い著作者名を表示しないことに限られるため、それ以外の形で匿名・変名の著作物の真の著作者を議論することは氏名表示権の侵害とはならない）。
[109] 中山・前掲注(11)489 頁参照。
[110] 無名・変名に係る氏名表示権の意義につき、大日方信春『著作権と憲法理論』（信山社、2011 年）37 頁は、無名・匿名での言論市場への参入も許すことが、言論市場の豊饒化につながることを指摘している。

419

◇第Ⅰ部◇　権利の内容・制限と利用許諾

変をされていない）と誤認される、という重大な人格的利益[111]の侵害から著作者を保護するものである。また、著作者以外の者により改変された表現を改変されていないものとして提示・提供する行為を原則として禁止することは、表現を巡る公正な議論の基盤（表現の自由市場）を構築する上で[112]、社会的にも意義のあることである（そしてそれゆえに、著作者死後の「著作物の改変」が刑事罰等によって禁止されている）。またこのような誤認を惹起しない著作物の利用はおよそ同一性保持権の侵害とならないため、他者の行動の自由との抵触も少ない。

　これに対して従来の通説は、同一性保持権の保護法益・侵害要件に関わる「著作物の改変」を、本稿のように限定して理解せず、何らかの（あるいはあらゆる）表現への改変行為と捉えてきた。従来の通説の下での同一性保持権は、何らかの改変を伴う[113]著作物の利用を、原則として（著作者の意に反さない場合と、「やむを得ない改変」等の2項各号に該当する場合を除いて）禁止できる権能を著作者に認めるものである。公表権・氏名表示権と比較してもあまりに散漫で広漠とした著作者の主観的利益を保護の対象とするものであり、このような著作権の内容とも大幅に重複する権利を別途同一性保持権として認めるべき理由も、またそのような利益を広く保護することが社会にいかなる便益をもたらすのかも

---

(111) この利益に係る権利は著作者の憲法上の基本権、精神的自由権の一つと位置づけることもできると考えているが、より詳細な検討は別の機会に委ねたい。大日方・前掲注(23) 842頁以下は、同一性保持権を改変された表現を著作者によるものと誤認されない利益を保護するものと捉え、消極的表現の自由（表出者の自発的ではない表現を強制されないこと）の一つとして位置付けている。

なお松田・前掲注(10)3頁以下も、同一性保持権を精神的自由権の一つと位置づけ、名誉・声望を害する改変ではなく著作者の意に反する改変を侵害とした趣旨について、著作物の社会的評価を裁判所に判断させるべきでないこと（5頁）と、利用者に対する行為規範としての性質（6頁以下）を指摘する。名誉・声望を害する改変に限定すべきでないとの点は、本稿も結論を同じくする点である（前掲注(104)参照）が、他方で、（本解釈における「著作物の改変」を超えて）何らかの改変一般を禁止することまで著作者の精神的自由権と理解することは適切ではない。同書は、自らのアプローチを「自由権的著作権思想」と称するが、著作者の精神的自由権の保護を主張する上では、利用者・後発創作者の精神的自由権（とりわけ表現の自由）にもまた十分な配慮を行わなければならない。

(112) 大日方・前掲注(110)37頁では、同一性保持権を「同意のない著作物の改竄を禁止することで、言論市場における表現の取引を歪曲させないための権益」と位置づける。

(113) 著作物全部のデッドコピーによる利用を除き、著作物の利用には何らかの改変（一部抜粋等）を伴うものともいえる。

◆第9章◆ 同一性保持権侵害の要件としての「著作物の改変」〔金子敏哉〕

明らかではない[114]。そして何より、他者の行動の自由（特に表現の自由[115]）と大幅に抵触するものとなっている。

　勿論、従来の通説も他者の自由との抵触を意識し、私的改変、パロディ等の諸論点につき「やむを得ない」改変の解釈による対応等を検討してきた。しかしその結果として、結局いかなる改変に対して著作者の人格的利益が保護されるのかが不明確な状況ともなっている。

(2)　「著作物の改変」の限定解釈による自由領域の確保

　ある行為が「著作物の改変」に該当しなければ、著作者の意に反するか、やむを得ないか等を論じるまでもなく、同一性保持権の侵害にあたらない[116]。このように「著作物の改変」は同一性保持権侵害の入口となる要件である。

　従来の通説は、創作的表現に対する何らかの改変が「著作物の改変」に該当すると解してきたために、私的改変、パロディ、翻訳・翻案等に伴う改変につき「やむを得ない」改変等に該当するかを巡って複雑な議論が行われている。この複雑な議論状況は、著作物の利用者・後発創作者にとっての自由領域（著作物の利用のうち、同一性保持権の侵害とならない場合）を不明確なものとし、特に表現活動への委縮の点で重大な問題を含むものである。

　そして現行法上、故意による同一性保持権の侵害は刑事罰の適用対象である（119条2項1号）。また著作者の死後も、限定された要件の下ではあるが（60

---

[114] 河島・前掲注(25)236頁は、ベルヌ条約レベルの保護との対比の文脈においてであるが、同一性保持権の保護法益を「著作者のこだわり」とする従来の理解に対して、（著作権と著作者人格権との）「権利の分属という一般的にコストのかかる制度を創設・維持するに足る保護利益であるかどうかは疑わしい。」として疑問を呈している。

[115] 小倉・前掲注(5)285頁以下は、従来の通説に対して、同一性保持権が第三者の表現の自由を大いに制限するものであることに照らせば、主観的なこだわり等を保護法益としたものと解すべきではないとし、「著作物を通じた著作者自身の社会的な評価」を同一性保持権の保護法益と捉えるべきことを主張する（前掲注(22)に対応する本文も参照）。

　本稿は、同一性保持権の保護法益を明確に限定して把握すべきとの点で、この指摘に賛同するものであるが、前述のとおり、著作者の社会的な評価ではなく、著作物についての「改変をされていないとの誤認」の惹起に限定し、著作者の主観的な利益を保護するものである。

[116] ただし、「著作物の改変」についての従来の通説のもとで、改変された表現の提示・提供行為につき、一部の見解は「著作物の改変」に該当しないとしながらも「著作物の同一性」を害するとして侵害を認める解釈を展開している（前掲注(18)参照）。

◇第Ⅰ部◇　権利の内容・制限と利用許諾

条）、「著作物の改変」は刑事罰の適用対象となる（120条）。従来の通説の下での同一性保持権の解釈（例えば、本稿のコピーへの書き込みにつき、「やむを得ない改変」[117]かどうかが問題とされる）が、刑事事件における運用[118]に耐えるほどの処罰範囲の明確性と妥当性を有するものとは言い難い。

　これに対し本稿は、前述の同一性保持権の保護法益の理解から、入口要件として[119]の「著作物の改変」の要件を改変された表現の提示・提供行為による「改変をされていないとの誤認」の惹起との意味に限定して解釈すべきことを主張するものである。

　そしてこの「著作物の改変」の有無の判断は、前述の類型化された判断基準

---

[117] 刑事裁判においては20条2項4号に該当しないことの証明責任も検察官が負うことから問題はない、との主張に対しては、取調べにおいて被疑者が「なぜこの改変がやむを得ないといえるのか」と問い詰められている状況を想像すべきことを指摘しておく。

[118] なお筆者は、著作権侵害罪の刑事罰の適用対象を、デッドコピー又はこれに準ずる行為類型（「原作のまま」での利用や翻訳等）に限定し、さらに（法解釈も含め）非侵害と信じることに相当の理由がある場合には免責する立法を行うべきとの立場である（金子敏哉「著作権侵害への刑事罰の適用のあり方——民事と刑事の役割分担に向けて」（2015年3月24日のシンポジウム「著作権・表現の自由・刑事罰」での講演原稿参照。http://www.kisc.meiji.ac.jp/~ip/archive.html より入手可能。なお2016年4月1日時点で国会提出中のTPP対応の著作権法の改正案では、非親告罪となる範囲を限定しようとするものであるが、本来は構成要件自体を明確に限定すべきである）。公表権や氏名表示権についても、刑事罰の適用対象は同様にデッドコピー又はこれに準じる事案に限定すべきである。

　他方同一性保持権については、当然ながらデッドコピーに限定することはできないが、本稿による「著作物の改変」の解釈によれば、処罰範囲の明確性と妥当性を一定程度確保することができよう。

[119] 入口要件による自由領域の確保を志向する解釈論の一つとして、近年の米国における商標的使用論（混同のおそれの要件とは別個に、入口要件としての「商標的使用」（被告の行為が原告の商標を商品・役務の出所表示として使用していることを要件とする解釈）が主張されたが、広い支持を受けることはできなかった（議論状況につき詳しくは、金子敏哉「米国商標法における混同と商標的使用」日本工業所有権法学会年報37号（2013年）95頁以下を参照）。この商標的使用論に対する批判の一つとしては、商標的使用の判断の考慮要素が混同のおそれの判断と内容的に重複する部分が多く、明確とはいえないことが指摘されていた（同103頁参照）。

　これに対して本稿の「著作物の改変」の解釈は、他の要件（著作者の「意」に反するか否か）と重複するものではなく、また改変を許容すべき諸事情との考量も（「著作物の改変」の判断では）行わない点で、入口要件としての役割を明確にしようとするものである。

(Ⅲ2）の下で、専ら、改変された表現に接する者を基準として「改変をされていないとの誤認」が惹起されたか否かによって行われる。著作者の意思、改変を許容すべき他の諸事情（パロディの社会的意義）等は、「著作物の改変」の有無の判断においては前述のとおり一切考慮すべきではない。「改変をされていないとの誤認」が惹起されない場合には、他の諸事情を考慮せず、一律に同一性保持権の侵害を否定することで、他者の行動の自由領域を明確に確保しようとするものである。そして、「改変をされていないとの誤認」が惹起された場合にはじめて、他の改変を許容すべき諸事情に照らして、そのような誤認が「やむを得ない」といえるかを検討すべきである。

(3) 同一性保持権と著作権の関係の整理

本解釈は、同一性保持権と著作権（翻訳権・翻案権等）の関係を明確に整理するものである。このことは、既にⅢ1(3)(b)において詳述したとおりである。

従来の通説は、何らかの改変を「著作物の改変」と捉えるために、翻訳権・翻案権等の権利内容が同一性保持権の権利内容に包含されている。そしてこの状況への対応のため、翻訳権・翻案権の譲受人に対して同一性保持権が（「やむを得ない改変」の解釈等により）大幅に制約されるものと解している。しかしこのような理解は、著作権を手放したのちも行使可能な権原としての著作者人格権の制度趣旨に矛盾するものともいえよう。

本稿の立場は、同一性保持権の権利内容は、著作権を強制執行により意に反して手放さざるを得なかった著作者が、著作権者による著作物の利用行為に対しても行使可能なものとして構成されるべきであり、そしてその権利内容は、著作権の譲受人（や譲受人から利用許諾を受けた者）に対する場合と、他の者（著作権の侵害者も含む）に対する場合とで、譲渡・許諾契約時の著作者の改変に係る同意の点を除き、変わるべきではないとする。本稿は、以上の考えを前提に、「改変をされていないとの誤認」の惹起がされた場合にのみ、著作権と同一性保持権の内容が重複しうるとの解釈を採用するものである。

(4) 諸論点への一貫した解釈による対応

従来の通説の下では、複製物等への何らかの改変行為を「著作物の改変」と解してきたために、諸論点（私的領域における改変、パロディ、翻訳・翻案との区別、権利制限規定との関係、改変されたものの提供・提示行為の取り扱い）について、

◇第Ⅰ部◇　権利の内容・制限と利用許諾

複雑な議論がされてきた。

　本稿の解釈は、これら諸論点ごとにアドホックな対応を行うのではなく、「著作物の改変」を「改変をされていないとの誤認」と解する解釈論と、前述の保護法益の明確化により、諸論点について一貫した解釈を行うものである。このような一貫した解釈による明確さも、本稿の解釈の意義ということができよう。

2　想定される批判・指摘、検討すべき課題
(1) 条文との整合性

　従来、私的領域における改変や改変された表現の提供・提示行為の取り扱いを巡り、公表権（18条）や氏名表示権（19条）の規定ぶりと異なり、同一性保持権（20条）は、著作物の公衆への提供・提示を適用対象とする文言がないことが問題とされてきた。また権利制限規定については、50条により「著作者人格権に影響を及ぼすものと解釈してはならない」ことが明記され、また引用については43条2号により「翻訳」のみが言及されていること等も、同一性保持権の解釈において問題となってきた。本稿の解釈に対しても、これらの条文との整合性が問題点として指摘されるかもしれない。

　しかし本稿の解釈、特に前述の具体的な判断基準（③）からすれば、これらの条文は何ら妨げとなるものではなく、むしろ本稿の解釈と整合的なものである。

　20条1項において公衆への提供・提示が条文上要件とされていない理由は、公衆への提供・提示は同一性保持権侵害の必要条件でも十分条件でもないためである。本稿の解釈によれば、造形芸術作品等の原作品への改変行為[120]や、家族や親友への提示・提供行為であっても「改変をされていないとの誤認」を惹起させる場合には「著作物の改変」に該当する。他方で公衆への提供・提示であっても、公衆が改変を正しく認識できれば「著作物の改変」に該当しない。

　また従来の通説の下では、改変されたものを公衆に提示・提供する行為という、まさに著作者の人格的利益の侵害を実質的に生じ、拡大させる行為につき、同一性保持権の侵害に当たらない（あるいは条文の文言を若干離れて侵害を認める）とする解釈がされてきた。しかし、本稿のもとでは、（典型的には）提供・提示行為を「著作物の改変」と解することとなり、実質的な考慮と条文の文言を整合的に解釈するものである。

　権利制限規定の適用の有無等は、本稿の解釈の下での「著作物の改変」の解

---

[120] 作花・前掲注(12)247頁の指摘も参照。

◆第9章◆ 同一性保持権侵害の要件としての「著作物の改変」［金子敏哉］

釈に影響しない以上、50条は本稿の解釈を採用する上で何ら妨げとならない。むしろ、引用時（32条）の抜粋・要約、試験問題としての利用（36条）に伴う改変等、権利制限規定の適用対象となる利用行為について何らかの改変を伴うことが当然に想定されるにもかかわらず、著作権法がそれらについて明確に調整する規定を設けなかったことは、本稿の解釈等のように、権利制限規定の適用対象となる利用行為に伴う改変は、通常は（「改変をされていないとの誤認」を惹起する例外的な場合[121]を除き）、「著作物の改変」に該当しないことを前提としたものと理解することが、著作権法体系全体として整合的である。

翻訳権・翻案権と同一性保持権との関係についても、両者の権利内容が重複する場合を例外的なものと解することが法体系全体として整合的であることは先に（Ⅲ(3)(b)）述べたとおりである。

113条1項の適用対象となる場合と権利内容の重複については、氏名表示権（19条）の場合と同様である。

もっとも、本稿の解釈において「改変を『著作物の改変』ではない」と述べる点につき、条文の文言から違和感を覚える読者もいるかもしれない。しかし法律上の用語を、規範的に限定して解釈することは通常の解釈手法である（何らかの意味でわいせつな表現が、全て刑法上の「わいせつ」に該当するわけではない）。また些細な改変等をめぐる議論において、何らかの改変があっても20条1項の「著作物の改変」に該当しないとの解釈はすでに示されているところである[122]。

それでもなお、「著作物の改変」の要件の解釈として行うことに躊躇を覚えるのであれば、同一性保持権の侵害要件・保護法益としての「著作物の同一性」について、著作物の改変行為等により「改変をされていないとの誤認」を惹起されないことと解する（著作物の改変を認識できれば「同一性」を害さないとする）解釈もあろう。

他方で、「改変をされていないとの誤認」を、「やむを得ない改変」やその他の違法性阻却の一つの考慮要素としてのみ扱う解釈については、後述するよう

---

[121] 他方で、教科書用図書への掲載時の用語・用字の変更等のように、類型的に、「改変をされていないとの誤認」を生じやすい場合（教科書を読む生徒が、元の著作物の表現を確認する可能性はそれほど高くはない）については、明文の規定（20条2項2号）を設けて対応している。

[122] 前掲注(20)、前掲注(14)を参照。

◇第Ⅰ部◇　権利の内容・制限と利用許諾

に、本稿は反対する立場である。

(2) 他の解釈論による対応との比較

　従来の通説の下での諸論点（特に私的領域における改変やパロディ等）について、本稿の解釈のように「著作物の改変」を限定して解釈するのではなく、「意に反」してとの要件の解釈や、「やむを得ない改変」の柔軟な解釈（又は、その他の利益衡量による違法性阻却）による対応の方が望ましい、との指摘が考えられる。

　しかし本稿は、以下の理由から、これらの対応は不適切、または不十分であると考える。

(a)「意に反」するの解釈による対応

　前述のように、私的領域における改変やパロディ等での利用について、（通常の）著作者の「意に反」しないことを理由に侵害を否定する解釈[123]がある。

　しかしこのような解釈のうち、まず、20条1項の「意」を著作者の主観的な意思と解する立場においては、当該著作者の主観的な意思に反する場合には、私的領域における改変やパロディ等が全て同一性保持権の侵害となりうることとなる。例えば、本稿につき仮に「一切の書き込みを禁じる（コピーであっても）」との一文があれば、コピーに下線を引く、趣旨不明な記載に疑問符を付す行為が行えないというのは、私的領域等における活動の自由を大幅に阻害するものであろう。

　そこで20条1項の「意」を、当該著作者の主観的な意思ではなく、当該分野の平均的な著作者などを想定し、客観的な「意」（あるいは通常の「意」）に反するといえる場合にのみ同一性保持権の侵害に当たるとする見解[124]も主張されている。些細な改変や私的領域における改変につき、通常、名誉感情を害さない

---

[123]　前掲注(10)参照。

[124]　「意に反して」の要件について、著作者の主観的な意思を問題とするのではなく、客観的な観点から検討すべきとする見解として、野一色・前掲注(13)677頁（「同一性保持権の主張が許される範囲は、当該改変を著作者の意に反しているとすることが社会的にも承認される場合に限定される」とする）、渋谷・前掲注(7)537頁以下（「個々の著作者の意思を忖度するだけでなく、改変された著作物の種類や、同一分野の著作者の平均的な認識も考慮して判断すべき」とする）、作花・前掲注(12)242頁（「その分野の著作者からみて、常識的に、そのような改変は著作者の意に反するものと通常言えるかどうかという観点から判断すべき」とする）等がある。

◆第9章◆ 同一性保持権侵害の要件としての「著作物の改変」［金子敏哉］

と思料される程度の変更については、20条1項の「著作物の改変」に該当しないとする見解[125]も、その判断基準としては、これら客観的な「意」を問題とする見解に近いものといえよう。

しかし、その判断基準となる客観的な「意」の内容が不明確であることに加え[126]、当該著作者は訴訟を提起するほどに「意」に反したと主張しているにもかかわらず、常識的に見れば「意」に反さないとの判断をすることは、当該著作者の人格的利益を一層害するものともなりかねない点で不適切である。

本稿の解釈は、同一性保持権の侵害要件としての「著作物の改変」を、「改変をされていないとの誤認」を惹起する行為と限定したうえで、「意に反して」の要件については当該著作者の主観的な意思・こだわりと解し、「改変をされていないとの誤認」を受けないことについての当該著作者の人格的利益を保護するものである。

(b)「やむを得ない改変」（2項4号）の柔軟な解釈のみによる対応

本稿の冒頭でも述べたとおり、同一性保持権の侵害については、従来厳格に解釈されがちであった2項4号の「やむを得ない改変」を柔軟に解釈し、著作者の人格的利益とその他の主体の諸利益との衡量を適切に行うべきとの解釈[127]が有力である。そして本稿の筆者も、そのような4号の柔軟な解釈を支持するものである。

そこで本稿の解釈に対して、「改変をされていないとの誤認」が惹起されない場合を一律に「著作物の改変」に該当しないとするのではなく、2項4号の「やむを得ない改変」の解釈等において「改変をされていないとの誤認」の惹起の可能性を考慮要素の一つとし、他の諸事情との衡量により同一性保持権の侵害の成否を判断すべき、との指摘が考えられる。

しかし本稿は、この指摘のように「改変をされていないとの誤認」（あるいはこれを包含する、改変された表現に接する者の認識に与える影響）を、「著作物の改

---

[125] 田村・前掲注(11)436頁、451頁参照。
[126] もっとも、同様の不明確さは本稿の解釈にも見られるところである。
　　ただし本稿の判断基準③におけるやや規範的な判断（「例外的とは言えない範囲の者」「当該改変（翻訳・映画化等）に伴うものとして通常予測される範囲内」「改変前の作品の表現を（後日）確認することが可能な状況において行われた場合」）は、著作者側の通常の意思を問題とするのではなく、改変されたものを提供・提示された者を基準としてその通常の認識等を問題とする点が異なる。
[127] 前掲注(3)参照。

◇第Ⅰ部◇　権利の内容・制限と利用許諾

変」（又は「著作物の同一性」）の要件の問題としてではなく、20条2項4号やその他の総合考慮による違法性阻却事由の考慮要素の一つとしてのみ扱う解釈に、以下の三つの理由から反対する。

　第一の理由は、4号の柔軟な解釈等の総合考慮のみによる侵害判断は本稿の解釈に比してその判断基準が不明確なものとなり、表現活動や私的領域における活動に対して過度の委縮を及ぼしかねない点である。

　本稿の立場は「改変をされていないとの誤認」が惹起されない場合（改変された表現に接する者が改変の事実とその内容を正しく認識できる場合）、他の諸事情の如何を問わず、「著作物の改変」に該当しないものとして同一性保持権の侵害を否定すべきとするものである。

　これに対し総合考慮のみによる解釈の場合、改変とその内容が正しく認識できる事案においても他の諸事情（改変の内容、改変に至る経緯等）を勘案して同一性保持権の侵害が是認されうることとなる。その結果、本稿の解釈によれば類型的に侵害が否定されるべき行為につき侵害となる可能性が生じるとともに、その侵害判断の基準・考慮要素は不明確なものとなる[128]。

---

[128] 例えば東京地決平成28年4月7日平成28(モ)40004〔著作権判例百選・保全異議〕の事案（同事件の著作者の認定・類似性の判断には疑問があるが（金子敏哉「判批」判例解説Watch 11号（2016年）268頁参照）、債権者Xが著作権判例百選「（第4版）」の共同著作者の一人であり、「（第5版）」は「（第4版）」の二次的著作物であるとの裁判所の認定を前提として以下論じる）については、「（第5版）」の読者は「（第5版）」が「（第4版）」を改訂したものと認識するであろう以上、X自身が改訂を行ったと誤認される事情がなければ、本稿の解釈の下では他の事情を考慮するまでもなく「（第5版）」の刊行は「著作物の改変」に該当しないものとして同一性保持権の侵害を否定すべき事案と位置付けられる（類型(B-1)又は(B-2-2-1)。特に「（第4版）」が刊行済みであるために改変前の表現が認識されている・確認できることが以上の判断において重要な点となる）。
　他方「やむを得ない」改変（2項4号）の総合衡量のみによる場合、改変に至る経緯・改変の正当性・改変に対する著作者の思い等の諸事情が考慮されうるために、極めて複雑な判断となる。〔著作権判例百選・保全異議〕でも、債務者Y（出版社）側は、①百選の性質上改訂に伴う改変は20条2項4号の「やむを得ない改変」である、②Xが「耐え難い改悪」とする部分は極めて一般的な配列であり「やむを得ない改変」との主張をしているが、裁判所はXの同意を得られるような変更の工夫のための努力をY側がしたとは認められないこと、改変以外の改訂の方法（追補等）があり得ることを挙げて退けている（なお同事件でY側は、名誉・声望を害する改変のみを侵害とすべきとの主張もしたがこれも退けられている）。
　しかし同一性保持権は、著作物の改訂を原則として（「やむを得ない」場合等を除いて）禁止できる権利ではない（改訂の決定権は、翻案権の権利内容である）。改訂に対して同

428

◆第9章◆ 同一性保持権侵害の要件としての「著作物の改変」[金子敏哉]

　それゆえに本稿は、20条2項4号による利益衡量の判断に先立って、入口要件としての「著作物の改変」を行うべきこと[129]を主張するものである[130]。
　第二の理由は、著作物の利用分野における規範の名宛人が多様化し[131]、万人が他人の著作物を改変することが容易となった[132]現在の状況においては、私的領域における改変・パロディ等が2項4号により「やむを得ない改変」として許容されることが仮に法の専門家には認識できる[133]としても、私人等が自己の行為について「やむを得ない改変」（2項4号）との文言の下で委縮せずに活動を行うことができるとは言い難いであろう。
　本稿の解釈は、「改変をされていないとの誤認」を惹起する行為のみが「著作物の改変」にあたると解し、改変されたものに接する者が改変を認識できれば、20条1項の「著作物の改変」におよそ該当しないことを明確に示そうとするものである。改変された表現を「改変をされていない」と誤解されるような形で提示・提供をしてはならない、との規範は、著作権法の知識を十分には有さない主体の規範意識にも整合するものと思われる。
　そして、4号の柔軟な解釈のみによる対応を本稿が不十分と考える第三の理

　　　一性保持権を行使できるのは、改訂版が「改変をされていないとの誤認」を惹起する形で提供・提示される場合に限られると解すべきである。以上の本稿の立場からすれば、〔著作権判例百選・保全異議〕の裁判所の判断は、通説の判断枠組み自体の問題点を示すものといえる。
(129)　田村・前掲注(11)452頁注1も、上野・前掲注(3)による、従来の解釈が徒に20条2項4号を厳格に解していたとの指摘を「至当」としつつも、「しかし、20条2項4号という名分を与えたからといって、直ちに判断が明確になるわけではない…。同号に持ち込む前に既述の幾つかの関門を設けた方が、各場面での解釈の方向性が明らかとなろう」と指摘している（ここでいう「既述」の関門の一つが、前掲注(20)等の通常の名誉感情を害さない改変が「著作物の改変」に該当しないとの解釈である）。
　　　本稿の解釈もまた、入り口要件としての「著作物の改変」を「改変をされていないとの誤認」の惹起と解することで、「関門」の存在を明らかにしようとするものである。
(130)　本稿が、「改変をされていないとの誤認」の惹起を、同一性保持権の要件である「著作物の改変」の内容とする趣旨は、2項4号の判断とは別個の入り口要件として判断をすべきとの趣旨にとどまり、「改変をされていないとの誤認」の惹起との評価を根拠づける事実の主張立証をすべて著作者が行うべきとの趣旨ではない（前掲注(101)に対応する本文を参照）。
(131)　今村哲也「拡大集中許諾制度導入論の是非」（本書第7章）7. 結論の指摘を参照。
(132)　デジタル技術の普及に関して前掲注(2)を参照。
(133)　なお現実には、法の専門家にとっても、どのような場合に「やむを得ない改変」といえるかについて共通の理解があるわけではない。

◇第Ⅰ部◇　権利の内容・制限と利用許諾

由は、「やむを得ない改変」との文言との整合性である。

　同一性保持権の侵害の判断において、著作者の利益のみを専ら保護するのではなく、他の諸利益との衡量が適切に行われるべきことは、現在の同一性保持権をめぐる議論においてほぼ共通の了解となりつつある。それでもなお、「やむを得ない改変」との文言の下でそのような衡量を適切に行うことの限界が指摘されている[134]。

　他方本稿の解釈の下での２項４号の判断は、「改変をされていないとの誤認」を惹起する行為であるが、それでもなお、他の諸利益との衡量において「やむを得ない改変」と評価できるものであるか、との判断枠組みにおいて行われることになる。

　創作的表現への何らかの改変につきすべて「やむを得ない改変」か否かを問題とするのではなく、「改変をされていないとの誤認」を惹起する行為に限ってなお「やむを得ない改変」といえるかを判断する本稿の立場の方が、条文の文言や構造とより整合的なものである。

　そして本稿の解釈は、「やむを得ない改変」の解釈により明確な指針を与えるものとなり[135]、同一性保持権により本来保護すべき著作者の人格的利益（「改変をされていないとの誤認」からの保護）をより実効的に保護する面でも意義があるものといえよう。

(3) 従来の議論との連続性

　本稿の解釈は、従来の通説の下での「著作物の改変」とは大きく異なるものであり、従来の議論との連続性を重視する立場からは採用することは難しい、との指摘も想定される。

　確かに、本稿の解釈論は同一性保持権の侵害を巡る判断枠組みを従来の通説から大きく変えることを意図するものである。また解釈による帰結の点でも、

---

[134] 例えば松田・前掲注(10)257頁の指摘等を参照。
[135] 例えば翻訳権・翻案権の譲受人等による行為であるか否かは、本稿の解釈の下では、同一性保持権の制度趣旨（著作権の譲渡後も著作者に行使可能な権原であること）に鑑み、「やむを得ない」改変か否かの考慮要素とはおよそならない。
　他方で著作権の譲渡・許諾契約の際に、「改変」についての著作者の同意が含まれていたかどうかは本稿の解釈の下でも（不行使特約の成否や著作者の「意」の解釈につき）なお問題となりうる（ただ、「改変をされていないとの誤認」を惹起する態様での利用まで著作者が許容していたか、との判断となる）。

430

◆第9章◆ 同一性保持権侵害の要件としての「著作物の改変」[金子敏哉]

いくつかの点(特にわいせつ・暴力的な改変等も「改変をされていないとの誤認」が生じなければ非侵害とする点)等において、従来の通説とは大きく見解を異にする。

しかし従来の通説の下でも、私的領域における改変について侵害を否定すべきこと[136]や、パロディや引用時の抜粋等の個別の論点の検討においては、元々の作品が当該改変されたものと誤認されるか否かを問題とすべきことがすでに指摘[137]されてきた。また、著作者の社会的評価に影響を及ぼすべき改変のみを「著作物の改変」等と解する見解が従前から主張されてきたことも先に述べたとおりである。本稿の解釈は、これらの議論の延長線にあるものに過ぎない。

また本稿の解釈を採用しても、同一性保持権侵害の成否が争われた主要な裁判例の多くについて、直ちに異なる結論をもたらすものではない[138]。

例えば最判昭和55年3月28日民集34巻3号244頁〔フォトモンタージュ〕の事案については、被告のモンタージュ写真に接する者の多くは改変前の写真のことを知らなかったことが推察され、出典等も明記されず改変前の表現を確認する機会も十分にないことを考えれば、本稿の解釈の下でも「著作物の改変」に該当しうる事案[139]である。

最判平成13年2月13日民集55巻1号87頁〔ときめきメモリアルメモリーカード〕の事案については、最高裁の判断をユーザーの私的改変による同一性保持権侵害を被告が幇助したと理解すれば、本稿の解釈からは最高裁の判断は誤りとなる。他方で、被告がストーリーの改変を生じさせるメモリーカードを広く流通に置いた結果、例外的とは言えない範囲のユーザーに、本来のストーリー展開がそのようなものであると誤認させたといえる場合には、被告の行為により「改変をされていないとの誤認」を惹起したものとして不法行為責任の判断を是認しうることとなる[140]。

また出版前に無断で改変が行われた東京高判平成3年12月19日知的裁集23巻3号823頁〔法政大学懸賞論文〕は、高裁の判断のとおり、些細な改変[141]で

---

[136] 特に、改変者自身は改変内容を認識できることを理由とする前掲注(46)の渡邉修の見解を参照。

[137] 前掲注(39)を参照。

[138] もっとも、本稿の解釈の下での従来の裁判例の事案の取り扱いの網羅的な検討を行ったものではない。網羅的な検討については、別の機会に行いたいと考えている。

[139] 前掲注(56)を参照。

[140] 前掲注(46)参照。

431

◇第Ⅰ部◇　権利の内容・制限と利用許諾

あろうと改変前の表現について誤解される蓋然性が高いものであり、本稿の解釈の下でも当該雑誌の出版は「著作物の改変」に該当する（「やむを得ない」改変か否かは本稿の解釈の射程外である）。

このほか、改変の態様から「著作物の改変」に該当しないと判断した裁判例（東京地判平成7年7月31日知的裁集27巻3号520頁〔スウィートホーム〕におけるCMの挿入についての判断[141]、東京地判平成18年3月31日判タ1274号255頁〔国語テスト〕における傍線部の付加等に関する判断）は、本稿の解釈の下でも妥当するものである。

他方、本稿の解釈により従来の裁判例と帰結の点で大きく変わりうるのは、東京地判平成11年8月30日判時1696号145頁〔どぎまぎイマジネーション〕等、改変に接する者に「改変をされていないとの誤認」は生じないであろうが、著作者の意には大きく反することが推察される事案である。また改変された表現の提示・提供行為が同一性保持権の侵害となるか否かについて裁判例は分かれているが、本稿によれば提示・提供行為こそが「著作物の改変」として同一性保持権の侵害となる。

(4) 結論の妥当性

本稿による解釈上の帰結の中でも、特にひどくわいせつな・暴力的な改変について、「改変をされていないとの誤認」が生じない場合に同一性保持権の侵害が否定される点につき、著作者の人格的利益の保護の観点から疑問が呈されるであろうことと、そのような疑問に対する本稿の立場は既に（Ⅲ1(2)）述べた通りである。

ただし本稿が、（「改変をされている」ことが明らかな）著作物のイメージの稀釈化・汚染一般については著作権が及ぶ範囲でのみ対応すべきと主張する点について、出版社等の流通事業者（特に著作権の譲受人）に対する著作者の保護の観点から、著作者が著作権を譲渡した場合にも何らかの改変を伴う利用を広く「著作物の改変」と認めたうえで、個別事情に応じて改変の同意の有無や「やむを得ない」改変の成否を判断すべきことがなお指摘されるかもしれない。

しかし、このような解釈は実質的には、翻訳・翻案等及びこれに伴う利用に

---

[141]　前掲注(20)(42)参照。
[142]　控訴審の判断との異同も含め前掲注(68)を参照。第一審・控訴審とも「著作物の改変」に該当すると判断したトリミングの点については前掲注(69)を参照。

◆第9章◆ 同一性保持権侵害の要件としての「著作物の改変」［金子敏哉］

ついての拒否権をその行使できる範囲も不明確なまま著作者に常に留保させるものとなる。本稿の立場は、同一性保持権に基づく拒否権を行使できる範囲を、流通事業者等による無断の改変を伴った利用行為により「改変をされていないとの誤認」が惹起された場合に限定するものである。流通事業者（特に著作権の譲受人）に対する著作者のその他の保護については、その必要性も含めて、基本的には翻訳・翻案等に関わる契約一般の問題として議論をすべきと考えるものである。

　この他、本書の執筆段階において指摘を受けた点として、同一性保持権の侵害を理由とする差止請求訴訟が提起され、当該訴訟に関する報道が大々的に行われた結果、口頭弁論終結時においては元の作品、改変後の作品ともに著しく著名となっており、改変後の作品の提示・提供につき、もはや「改変をされていない」との誤認が生じない状況となった場合の取り扱いが指摘された。このような場合については、本稿の立場からは、将来の侵害のおそれがない（「改変をされていないとの誤認」が生じない）ものとして差止請求等は否定され（原状回復請求権（やそのための廃棄請求権）を認めるべきかどうかは本稿の検討の対象外である）、過去の「改変」についての損害賠償責任のみが認められることとなる。もっとも実際には、不正競争防止法2条1項1号の「混同のおそれ」の判断と同様、多少の報道では、「改変をされていないとの誤認」が生じない状況とまでは言い難いであろう。

　もっとも、以上の点を含む本稿の解釈が、社会に対して望ましい結果をもたらすことについての実証的な裏付けを本稿が示しているわけではない。同一性保持権の侵害を、「改変をされていないとの誤認」に限定する本稿の解釈が、他の解釈論よりも社会にとって望ましい帰結をもたらす（筆者は現時点ではそのように考えているが）かどうかについては、より客観的な分析枠組みによるさらなる検討の必要があろう。

3　予備的主張としての稀釈化説

　以下ではいわば予備的主張として、本稿の解釈②・③の内容までは支持できないとする読者（特に、私的改変については侵害を否定すべきだが、わいせつ・暴力的な翻案等につき同一性保持権の侵害の可能性を認めるべきとする論者）に向けて、少なくとも、従来の通説ではなく、解釈①（著作物の表現についての社会の認識を変容させる行為を「著作物の改変」ととらえる見解）に基づき、以下の解釈論（稀

433

◇第Ⅰ部◇　権利の内容・制限と利用許諾

釈化説）を採用すべきことを提案する。

　すなわち同一性保持権の侵害要件としての「著作物の改変」を、改変を通じて著作物の表現についての社会の認識を変更させる行為（解釈①）のうち、改変された表現の提示・提供行為による著作物のイメージの稀釈化（又はさらに限定して汚染）と捉え、また同一性保持権の保護法益をこのような稀釈化・汚染からの著作者の人格的利益の保護と捉える解釈である（二次創作の検討（前掲Ⅲ 1(2)Ⅳ 2(2)(b)参照）等において示唆した見解である）。

　この稀釈化説による場合、従来の通説と異なり、私的領域における改変の多くは稀釈化・汚染を生じないため「著作物の改変」に該当しないこととなり、この限りで自由領域を明確化することとなる。また改変された表現の提示・提供行為自体を「著作物の改変」と評価しうる点も、本稿の解釈と同様である。また、「著作物の改変」（稀釈化・汚染）の有無を判断し、稀釈化・汚染が生じない場合には侵害をおよそ否定し、稀釈化等の存在がある場合にはじめて他の諸利益との衡量を行う（その稀釈化が「やむを得ない」か）との判断枠組みも、本稿の解釈と基本的には軌を一にする。

　他方でパロディ・二次創作、翻訳・翻案等に伴う改変、引用・抜粋に伴う改変については、本稿の解釈と比べれば、稀釈化・汚染の有無を問題とする点で「著作物の改変」に関する判断基準が不明確となり、基本的には「著作物の改変」を否定するというよりや「やむを得ない改変」の判断によるべき場合が多いこととなる（しかし逆にいえば、わいせつ・暴力的な改変等を同一性保持権の侵害と評価しうる点で本稿よりも広く著作者の人格的利益を保護しつつ、諸事情との衡量によるより柔軟な解釈が可能となる）。また著作権との関係も不明確なものとなる[143]。この稀釈化説の下では、「著作物の改変」となる稀釈化（汚染）とは何か、同一性保持権と著作権の関係、パロディ等の具体的な取り扱いを明らかにすることが課題となる。

　これらの不明確さゆえに本稿は稀釈化説に立たない（前掲Ⅲ 1(2)、Ⅳ 2(2)(b)参照）。しかし何らかの改変を「著作物の改変」ととらえる従来の通説に比べれば、

---

[143] 稀釈化説の下でも本稿の解釈による判断基準③の類型化は判断の基本的な指針としては有用であろう。ただし、改変に接する者が改変前の表現を知っていれば本稿の解釈の下では（造形芸術の原作品への改変行為と元の作品の著作者自身による改変と誤認される場合を除く）「著作物の改変」は生じえないが、稀釈化説の下では「改変」に該当しうる。

◆第9章◆ 同一性保持権侵害の要件としての「著作物の改変」［金子敏哉］

自由領域の確保、保護法益と判断枠組みの明確化、改変された表現の提示・提供の取り扱い等の点で稀釈化説の方がなお妥当と考えるものである。また従来の通説を支持してきた論者にとっては、帰結等の点で本稿の解釈よりも採用しやすいものであろう[144]。

V おわりに

　以上、本稿は同一性保持権の侵害要件としての「著作物の改変」を、改変された創作的表現を提供・提示すること（造形芸術作品の場合は原作品への改変行為）により、当該改変された表現に接した者に「改変をされていないとの誤認」を惹起する行為と解すべきことを主張するものである。

　本稿の解釈によれば、改変に接する者が改変の事実と内容を認識できる場合には、「著作物の改変」に該当しない。すなわち、(A-1) 私的領域で完結する（改変者自身しか改変された表現に接しない場合の）改変行為（造形芸術作品の原作品への改変を除く）や、(B-1)改変された表現に接する者が改変前の表現を知っている場合（著名な作品のパロディと認識される場合等）、(B-2-1)改変及び提供・提示の態様から改変の事実と内容を認識できる場合（問題文に付された出題用の下線等）、(B-2-2-1)改変及び提供・提示の態様から改変の事実を認識可能であり、改変内容が当該改変として通常予測される範囲内であり、かつ、改変前の表現を確認可能である場合（翻訳に伴う改変等）には、およそ同一性保持権の侵害が否定されることとなる。

　以上の解釈により本稿は、著作物の何らかの改変を伴う利用につき自由領域を明確にしようとするものである。

　私的領域における改変、パロディ、引用・出題に伴う改変は、改変を行うことが「やむを得ない」から（あるいは、改変を行うことについて正当な理由があるから）、同一性保持権の侵害が否定されるべきなのではない。そもそもこのような改変は、「改変をされていないとの誤認」を惹起しない限り、同一性保持権により保護すべき著作者の人格的利益を害するものではないために、改変の理由の如何を問わず、「著作物の改変」に該当しないものとして同一性保持権の侵害が否定されなければならない。

---

[144] 稀釈化説や本稿の解釈①についてもなお賛同できない論者に対しては、20条2項4号のやむを得ない改変の判断において「改変をされていないとの誤認」の惹起の有無を（決定的ではないが）主要な考慮要素とする解釈を提案する。

◇第Ⅰ部◇　権利の内容・制限と利用許諾

　本稿は「著作物の改変」について一つの解釈論を提示したものに過ぎない。本稿は、本稿の主張する解釈について歴史的・比較法的な検討を行うものではない。また実証的な分析等によってその妥当性を検討するものでもない。本稿の解釈の妥当性、理論的な位置づけについては検討すべき課題は多い。それでもなお、本稿による検討が同一性保持権を巡る議論にとって有益なものとなる部分があれば幸いである。

　〔付記〕　本稿は、JSPS科研費「コンテンツの創作・流通・利用主体の利害と著作権法の役割」（基盤A、課題番号23243017）の研究成果である。
　　本稿の執筆にあたり、前田健准教授、渕麻依子研究員から度々のコメントを頂き、上野達弘教授、田村善之教授には貴重なご指摘を頂いた。また2016年3月22日のシンポジウムにおける筆者の報告に対する登壇者・参加者から頂いたコメントと、北海道大学知的財産法研究会や同志社大学知的財産法研究会での議論から大きな示唆を受けている。ここに重ねて御礼を申し上げる。

第10章 建築作品の保存
── 所有者による通知の義務・作者による取戻の権利 ──

澤 田 悠 紀

I 問題提起

　わが国において、裁判所が著作物性のある建築作品の所有者の権利について言及した事例はきわめて数が少ない。そのなかでも、20条2項2号のリーディング・ケースとされているのが、いわゆる〔ノグチ・ルーム事件〕[1]である。東京地方裁判所は、この〔ノグチ・ルーム事件〕決定の傍論部分において、建築物の所有者はその個人的な趣味嗜好による改変をしてはならない旨を示した。すなわち、建築物という実用目的のある物については、その実用性が発揮できない等の事情がある場合にはそれを改善するための改変が許されるものの、かかる事情とは無関係に趣味嗜好に基づき行われる改変は許されないとしたのである。この基準によれば、雨漏りや倒壊の危険のある建築作品については、その所有者が雨漏りや倒壊を未然に防ぐに合理的と考えられる範囲内での修復を施すことは、20条における侵害行為には該当しないことになろう。他方、所有者が自己の趣味嗜好に基づき、建築作品の色を塗り替えたり形を変えたりすることは、同条における侵害行為に該当するものと考えられる。

　しかしながら、この〔ノグチ・ルーム事件〕において示された基準は、大阪地方裁判所において否定される。大阪地方裁判所は、いわゆる〔希望の壁事件〕[2]において「著作物性のある建築物の所有者が、同一性保持権の侵害とならないよう増改築等ができるのは、経済的、実用的な観点から必要な範囲の増改

＊本稿においては、原則として、建築および美術の著作物の原作品を「作品」、また、それを創作した者を「作者」と表記する。

(1) 東京地決平成15年6月11日判時1840号106頁。私見については、澤田悠紀「著作物の原作品の破壊・一部復元による著作者人格権侵害 ── ノグチ・ルーム事件」ジュリスト1324号（2006年）128-131頁参照。
(2) 大阪地決平成25年9月6日判時2222号93頁（平成25年（ヨ）第20003号）。私見については、澤田悠紀「庭園・建築物と著作者人格権」著作権法研究40号（2014年）197-213頁参照。

◇第Ⅰ部◇　権利の内容・制限と利用許諾

築であり、かつ、個人的な嗜好に基づく恣意的な改変ではない場合に限られるとすることは、建築物所有者の権利に不合理な制約を加えるものであり、相当ではない。……同号の文言に特段の制約がない以上、建築物の所有者は、建築物の増築、改築、修繕又は模様替えをすることができると解される」としたのである。この基準に従えば、建築作品に雨漏りや倒壊のおそれがある場合は言うまでもなく、そのおそれが無い場合においても、所有者は自己の趣味嗜好に基づき、いつでも自由に建築作品の色を塗り替えたり形を変えたりすることが許されることになる。

　もっとも、大阪地方裁判所はここで「建築物の所有者は建築物の増改築をすることができるとしても、一切の改変が無留保に許容されていると解するのは相当ではなく、その改変が著作者との関係で信義に反すると認められる特段の事情がある場合はこの限りではないと解する余地がある」とした。本件においては、最終的に「信義に反すると認められる特段の事情があるとまではいえない」と判断されたものの、具体的に「信義に反すると認められる特段の事情」とはどのような事情を指すかについては、必ずしも明らかにされておらず、また、この「信義に反すると認められる特段の事情」が、20条2項2号の考慮要素として位置づけられているのか、あるいは、本号とは別の考慮要素として示唆されているのかという点についても、明らかではない。

　では、建築作品の所有者は、いかなる場合にその建築作品に手を加えることが許されると考えるべきか。例えば、所有者が建築家に対しこれを事前に通知し、改変や破壊の前に写真撮影や複製を行う時間的余裕を充分に与えた場合はどうか。あるいは、建築家に対し、無償あるいは材料費を超えない額において、作品またはその部分を取り戻させる機会を事前に与えた場合にはどうか。この点、諸外国の事例を参考として検討する。

Ⅱ　フランス

　著作権に関する国際条約である「文学的及び美術的著作物の保護に関するベルヌ条約」の創設（1886年）に際し主導的立場をとったフランスにおいて、建築作品をめぐる利益の調整は、著作権法上、いかにしてなされてきたか。以下、検討する。

◆ 第10章 ◆ 建築作品の保存 ［澤田悠紀］

1　条　文
日本国著作権法20条に対応するフランス著作権法L.121-1条は、次の通り定める。

§L121-1: L'auteur jouit du droit au respect de son nom, de sa qualité et de son œuvre.

作者は、自己の氏名、自己が当該作品の作者であること（qualité）、及び、当該作品に対する尊重（respect）を要求する権利を有する。

では、作品に対する「尊重（respect）」とは、具体的にどのようにして実現されうるか。

2　裁判例
フランスでは、作品に対する「尊重」が争われる多くの裁判例において、いわゆる権利濫用の法理（la théorie de l'abus de droit）が用いられていることが確認される。以下、主な裁判例を3つ取り上げる。

(1) ジュヴィシーのフレスコ画事件（1934年）
ジュヴィシーにある礼拝堂の内部に描かれたフレスコ画をめぐる事件[3]である。同礼拝堂の臨時司祭であったM神父は、当該礼拝堂に、Wの費用により、画家Lに宗教画を描かせた。M神父は、このことについて、礼拝堂の所有者である教区協会に連絡することなく、また、事前にその許可を得ることもなかった。1931年、助任司祭であるQ神父は、M神父に対し、宗教画が「いかがわしい」ものであるとして、全面的消去を行う旨を通知した。M神父は、3ヶ月以上に及ぶ沈黙の後、命じられた措置に抗議した。しかしながら、最終的にQ神父は、司教の正式な指令に基づき、別の画家に命じて、当該宗教画に石灰を塗布させた。そこで、画家LおよびWが、Q神父に対し損害賠償請求したというのが、本件事案の概要である。

ここで、ヴェルサイユ民事裁判所[4]は、Q神父が、当該石灰の塗布について、画家LおよびWに通知することも、彼らの許可を得ることもなくこれを実行し、また、彼らに宗教画を撤去し輸送する機会すら与えなかったことを主たる

---

(3) Trib. civ. Versailles, 23 juin 1932（DH 1932.487）; Paris, 27 avr. 1934（DH 1934.385）
(4) Trib. civ. Versailles, 23 juin 1932（DH 1932.487）参照。

◇第Ⅰ部◇　権利の内容・制限と利用許諾

理由として、Q神父に金1フランの損害賠償の支払を命じた。

　これに対し、パリ控訴院[5]は、①所有権（le droit de propriété）はその本来の性質（les attributs naturels）としてその物を処分し破壊する権利（le droit de disposer de la chose et de la détruire）を含む　②画家LおよびWは、Q神父の受任代表者あるいは担当者としての資格を立証できず、また、教区協会の明示的あるいは黙示的同意も立証できなかった　③画家LおよびWは、Q神父が彼らに石灰の塗布を通知することも、彼らの許可を得ることもなく、当該宗教画を撤去し輸送する機会すら与えなかったと訴えるものの、Q神父と画家LおよびWの間には如何なる法的関係も存在しないとし、画家LおよびWの主張をすべて退けた。

　ここで、パリ控訴院が、①所有権はその本来の性質としてその物を処分し破壊する権利を含む　として画家LおよびWの訴えを退けたことにより、その後、フランスにおいて、現在のわが国における圧倒的多数の立場と同様「作品の破壊は作者の権利を侵害しない」とする解釈が生ずることになる。フランスにおいてこの立場をとる者の多くが、本件パリ控訴院判決の判旨に立脚している[6]。

　しかしながら、本件の具体的事案の内容を精査することなく、これを法的枠組として抽出することには慎重でなければならない。すなわち、本件事案において問題となったのは、建築物の所有者の許可なくその壁に描かれた宗教画であるという点で、本件はいわゆる落書き（graffiti）の事案類型[7]に近いものである。パリ控訴院は、Q神父と画家LおよびWの間に如何なる法的関係も存在しないことを前提として、建築物の所有権の基本原則を述べたにすぎないとも評価しうる。

　この点を考慮すれば、本件パリ控訴院判決の射程を、権限ある建築物の所有者により依頼され制作された建築部分の改変ないし破壊にも及ぼすべきかにつ

---

(5)　Paris, 27 avr. 1934（DH 1934.385）参照。

(6)　Conseil d'État, 3 avr. 1936（DP, 1936.3.57, concl. M. le Comm. du Gouvern. Josse, note Waline）; Cons. Préfecture Montpellier, 9 déc. 1936（Gaz. Pal., 1937.I.347）においても、作品を破壊した被告側は、本件パリ控訴院判決の結論部分を引用し、作品の破壊は非侵害であるべき旨を主張している。

(7)　落書き（graffiti）の事案類型についての代表的な論考として、CAROL ROSE, PROPERTY AND PERSUASION: ESSAYS ON THE HISTORY, THEORY, AND RHETORIC OF OWNERSHIP (NEW PERSPECTIVES ON LAW, CULTURE, AND SOCIETY) (1994) を参照。

440

いては、疑問の残るところである。実際、フランスにおけるその後の事案においては、所有者による通知の義務の存在や、著作者の作品取戻の権利の存在を、示唆すると評価しうるものがある。

(2) **スクリーヴ事件（1975年）**
　レンヌにあるショッピング・センターのホール内に設置された噴水をめぐる事件[8]である。
　1971年、SCIは彫刻家Sに対し、ショッピング・センターのホール内の、建築家によって指定された場所に設置すべき噴水（以下、本件噴水）の構築を発注した。本件噴水は、強化され彩色されたプラスチックから成り、水を受ける水盤から仮設天井までの高さが約5.5メートルであった。全体は水盤の上に乗った高さ約1.8メートルの一連のパイプと、天井から地上約2メートルまで下がっている一連のパイプとによって構成され、水の動きはそのあいだの空間で行われる設計であった。
　本件噴水の本受け取りは1972年5月25日に行われ、1973年1月8日に彫刻家Sに通知された。本受け取りの翌月、彫刻家Sへの通知なきまま、本件噴水はショッピング・センターから撤去された。そこで、彫刻家Sが原状回復および損害賠償を求めて訴訟を提起したというのが、本件事案の概要である。
　ここで、パリ大審裁判所[9]は「本件噴水をショッピング・センターのホールに維持すれば、被告会社が正当に強調した通り、非常に重大な危険をもたらすことは明白であり、……特に、水盤の深部の脆弱さは、プラスチックを素材とするパイプが大きく当該水盤の外にはみ出しているという事実とあいまって、通行人、特に子供に、深刻な転倒の危険をもたらしていた。同時に、大量の飛沫の発生の可能性から、感電の危険があった。法廷手続において、彫刻家Sは、顕著な不具合は修復可能であり、契約によれば、水盤と下部パイプ群の台座と水道工事ならびに上部パイプ群を支える構造の構築は被告会社の責任であるため、被告会社はいかなる場合にもこの修復を行う義務があったと主張したが、正当ではない。……被告会社は、芸術家の人格権を侵害することなしには、噴

---
(8) Trib. gr. inst. Paris, 14 mai 1974 ; Paris, 10 juill. 1975（D. 1977. 342, note Colombet; RTD com. 1976. 359, obs. Desbois Traité, n° 456 ; RTD civ. 1977. 740, obs. Nerson et Rubellin-Devichi ; RIDA, janv. 1977, p. 118, note Françon）
(9) Trib. gr. inst. Paris, 14 mai 1974（D. 1977. 342）参照。

◇第Ⅰ部◇　権利の内容・制限と利用許諾

水にわずかの修正を加えることもできない。もしそれを行えば、同社は芸術家により非難される根拠を生じさせることになる。それ故に、SCI が本件噴水を撤去した事実については、いかなる非難も受けない」として、被告による撤去の妥当性を認めた上で、次のように判示した。

「さらに、彫刻家 S が、発生した問題について通知を受けず、噴水の撤去が完了した後に既成事実を突きつけられた、と訴えても正当ではない。実際、設備の不具合……の重大さは、……作者が関与しても修復しうる程度のものではなく、いずれにしても、事故が起こる前に噴水を撤去することが急務であると被告会社には思われた可能性がある。上記の理由により、当裁判所は、撤去につき予め彫刻家 S と協議しなかったという事実により被告会社に責任を負わせることはできない。結論として、彫刻家 S の訴えを却下し、訴訟費用を彼の負担とするのが妥当である」。

ここで、パリ大審裁判所は、所有者が作者に作品撤去の通知をせず、予め協議を行わなかったことによる責任を、所有者に負わせることはできないとしている。もっとも、前掲〔ジュヴィシーのフレスコ画事件〕が graffiti の事案類型であることからその判決の射程は限定されると考えられるのと同様、本件判決の射程もまた、事案の特殊性により、やや限定されるのではないかとも考えられる。すなわち、本件においては、公共施設内に設置された作品により、多数の者が「転倒の危険」や「感電の危険」に曝されており、「事故が起こる前に噴水を撤去することが急務であると被告会社には思われた可能性がある」と認定されている。公衆への危険がなく、撤去が急務と思われない作品についても、作者への通知なしに作品撤去することが一般的に認められるかについては、この判決からは必ずしも明らかではない。

なお、パリ控訴院[10]は、パリ大審裁判所判決を確認したうえで、次のように判示した。「本件訴訟においては、また 1971 年 3 月 8 日の契約に示された両当事者共通の意思によれば、彫刻家 S による当該作品は、直接的かつ本質的に、購入者により排他的で利己的に受容されるためのものではなく、ショッピング・センターのホールを飾るためのものであった。換言すれば、その場所は、たとえ私有地であっても、広く公衆に、顧客に、あるいは通常の買い物客に、公開されており、また公開され続けるべき場所であり、そのような特別な場所への

---

(10)　Paris, 10 juill. 1975〔D. 1977. 342〕参照。

配置は、作者とSCIの両者によって望まれたものであり、慣習と良識が求める通常の結果として、作品が妥当な期間にわたり、通常それが置かれるべき環境と形態において保たれることを要求する。それにより作者は、彼のものであると同時にショッピング・センターのものでもあるところの公衆に対して、自己の証を保持しうるのである。一方的に、かつ彫刻家Sに通知もせずに、その完成と受け渡しから時間もおかずに、これを正当化し得るいかなる事実状況もなくこれを客観的に不可抗力と評価し、それと同一視しうる強制をもされない状況において本件噴水の取り壊しを強行したSCIは、固有の権利の過剰の、それゆえ濫用的な観念によって、1971年3月8日の契約に悪意なく違反した。したがって、SCIの行為は非行であり、1957年3月11日法の6条に規定された、彫刻家Sの名前およびその資格と作品を保護するところの人格権を、直接に侵害したと判断する。よって、彫刻家Sには噴水の強制的再建ではなく、直接に受けた損害に対する賠償のみが認められ、係争事実の諸要素を勘案し、その金額を1万フランとする」。

　パリ控訴院においては、作品について「一方的に、かつ……通知もせずに……取り壊しを強行」した所有者による権利濫用が認められている。

(3) グルノーブルの枕木事件（1976年）

　グルノーブルの市立公園に設置された屋外彫刻をめぐる事件[11]である。なお、本件はいわゆる建築物ではないが、一般公衆に開放されている屋外の場所に恒常的に設置されているものとして、建築物に類する（日本国現行著作権法45条・46条および前掲〔ノグチ・ルーム事件〕[12]〔希望の壁事件〕[13]参照）と考えられるため、ここで取り上げる。

　1967年5月、R氏は、使用済みの鉄道枕木をボルトで組み立て、彫刻《トーテム》（以下、本件彫刻）を制作した。本件彫刻は、制作当初より、その組み立ての方式から、劣化の危険にさらされていた。4年間にわたり悪天候にさらされた後、本件彫刻には数多くの欠陥が発見され、その垂直方向にも水平方向にも展開する構造体は、作品の個性を改変することなくこれを補強することが不可能であり、また危険であるとグルノーブル市により判断され、公園から撤去さ

---

[11] Trib. adm. de Grenoble, 18 Feb. 1976 (RIDA 91 (1977) 116, note Françon).
[12] 前掲注(1)参照。
[13] 前掲注(2)参照。

◇第Ⅰ部◇　権利の内容・制限と利用許諾

れた。R氏は、原状回復と損害賠償を求めて訴訟を提起した。

　ここで、グルノーブル行政裁判所は、次のように判示した。「R氏は、鉄道の使用済み枕木を使って作品を構築することを決定し、その木材に何ら保護措置を加えず、公園（parc public）内で悪天候に曝され続けることを承知していた以上、その作品が永久不滅であることを期待することは出来ない。それどころか、彼が使用した材料の性質と状態を考慮すれば、その作品が長期にわたる展示に耐えられる堅牢性を示していないということを彼はよく知っていた。グルノーブル市長は、かかる条件下で、作品につき特別の監視をせざるを得なかった。そうである以上、原告は本訴訟固有の状況下において、市長が公的責任（responsabilité de la commune）を果たす行為により非行を犯したと主張することは出来ない。

　以上により、R氏の彫刻は、1971年3月に達していた荒廃の状態において、公衆に対する危険となっていたことは明らかである。従って、市長には、適切な措置を執り、起こり得る事故を回避する義務があった。よって、市長が市条例（code de l'administration communale）97条の規定に基づく権限により彫刻の撤去（enlèvement）を命じたのは正当である。本件作品の撤去は、人々に示され専門家の鑑定により立証された危険を、唯一の動機としていた。撤去は、枕木で出来た《トーテム》を賞賛者が鑑賞できるように展示され続けた4年間の最後に至り、初めて実施された。当該作品を安全が脅かされない限り長期にわたって歩行者の目に公開し続けたことにより、グルノーブル市長は、公衆の安全の必要性と、芸術家の創造的天才およびその作品に対する尊重とを、両立させた（a concilié）のである。上記の全ての点に照らし、R氏の請求は却下されなければならない」[14]。

　本件は、公衆に対する作品の危険性が認められる点において、前述〔スクリーヴ事件〕と類似の事案であるといえる。また、〔スクリーヴ事件〕において「慣習と良識が求める通常の結果として、作品が妥当な期間にわたり、通常それが置かれるべき環境と形態において保たれることを要求する」と判示されたところ、本判決は「当該作品を安全が脅かされない限り長期にわたって歩行者の目に公開し続けたことにより、グルノーブル市長は、公衆の安全の必要性と、芸術家の創造的天才およびその作品に対する尊重とを両立させた」としている。

---

[14]　Trib. adm. de Grenoble, 18 Feb. 1976 (RIDA 91 (1977) 116, note Françon)

公的性質を有する作品には、いわば「妥当な期間」にわたる展示の要求があり、それが満たされたか否かもまた、所有者による作者への通知義務についての判断に際し考慮要素となることを示唆するものである。

3　検　討
　フランス著作権法において、作品は「尊重」されるべきものと規定されている（L.121-1条）。そして、作品が「尊重」されているか否かの判断にあたっては、作品を扱う側の権利濫用が、多く検討の対象とされる。
　権利濫用の法理については、一般的に、濫用の判断基準が必ずしも明確ではないとして、その法的不安定性が指摘される。また、本稿が検討の対象とする事案の類型においては、所有者が自己の行為の正当性を立証しなければならいという点において、作者よりも不利な立場に置かれる点も指摘される。この点、フランスにおいては、学説により、作者と所有者の利益調整のための検討要素として、主に3つのものが導き出されている。
　第一に、作品における実用的性質の有無という点である。作品が実用的性質を帯びている場合、最早その機能を果たすことが不可能となった際には、所有者はそれに手を加えるであろうことを作者は予期しなければならないと考えられる。この点から、建築作品においては、純粋芸術と比べて、建築家が改変を予期しなければならない範囲は比較的大きいと解されるようである。
　第二に、所有者を作品の改変ないし破壊に至らしめた原因である。所有者がもっぱら作者を害する目的でその作品を改変ないし破壊したことが明らかであれば、所有者は所有権を濫用的に行使したと考えられ、作者はそれに対抗できると解釈する。所有者は、適法な動機なくしては作品を改変ないし破壊することを許されないと解する立場が圧倒的多数である。
　第三に、作品が、いわゆる「公的な場所」のために制作されたものか、あるいは、「私的な場所」のために制作されたものか、という点である。ここで、フランス著作権法研究における「公的な場所」とは、〔グルノーブルの枕木事件〕における公園（parc public）のように、地方公共団体の所有するものに限定されず、〔スクリーヴ事件〕におけるショッピング・センターのように、一般公衆に開放されているもの[15]もこれに含まれる。「公的な場所」のために制作された作品は、その作品のpublicへの提供を前提とする存在であるため、「私的な場所」

---
[15]　日本国現行著作権法45条および46条参照。

◇第Ⅰ部◇　権利の内容・制限と利用許諾

のために制作された作品と比べて、作者の同意なしにありのままの作品の公開を打ち切ることについて、より厳格に判断される傾向にある。

　最終的に、以上のような観点から、作品の所有者は、作品の改変ないし破壊を行うにあたり、作者にその旨を事前に通知すべきこと、また、作者に対し、購入時の金額もしくはその制作にかかった材料費の支払を条件として、作品を取り戻す機会を提供すべきことが、学説において徐々に定式化されることになる[16]。この条件を満たさずに作品を改変ないし破壊した所有者には、所有権の濫用的な行使があったものと看做すことで、権利濫用の法理における基準の不明確性および所有者の地位の不安定性を克服しようとするものと捉えることも可能である。

Ⅲ　ドイツ

1　条　文

作品の改変について、ドイツ著作権法 14 条は、次の通り定める。

§ 14　Entstellung des Werkes
Der Urheber hat das Recht, eine Entstellung oder eine andere Beeinträchtigung seines Werkes zu verbieten, die geeignet ist, seine berechtigten geistigen oder persönlichen Interessen am Werk zu gefährden.

§ 14　作品の改変
作者は、その作品の改変（Entstellung）その他の侵害（Beeinträchtigung）で、作品に関する精神的又は人格的な利益を損なうと評価されるものを禁止する権利を有する[17]。

また、作品への接近について、

§ 25　Zugang zu Werkstücken
(1) Der Urheber kann vom Besitzer des Originals oder eines Vervielfältigungsstückes seines Werkes verlangen, daß er ihm das Original oder das Vervielfälti-

---

[16]　20 世紀半ばから、既にかかる学説を見ることができる。初期のものとして、Henri Desbois, Le droit d'auteur en France (3e éd.) 1978, 505, n° 460 等参照。

[17]　ドイツ著作権法研究において第 14 条の Beeinträchtigung とは何を意味するかが議論されている以上、この語にどのような日本語をあてるかは難しい問題である。本論文においては、さしあたり「侵害」と訳すことにする。

gungsstück zugänglich macht, soweit dies zur Herstellung von Vervielfältigungsstücken oder Bearbeitungen des Werkes erforderlich ist und nicht berechtigte Interessen des Besitzers entgegenstehen.
(2) Der Besitzer ist nicht verpflichtet, das Original oder das Vervielfältigungsstück dem Urheber herauszugeben.

§ 25　作品への接近
(1) 作者は、その作品の原作品又は複製物（des Originals oder eines Vervielfältigungsstückes seines Werkes）の占有者に対して、作品の複製物又は翻案物の製作に必要な場合において、占有者の正当な利益に反しない限り、その原作品又は複製物に自らが近づくことができるよう求めることができる。
(2) 占有者は、その原作品又は複製物を作者に引き渡すことについて義務を負うことはない。

と定める。

　なお、フランス法の条文においては作品の「尊重」（L.121-1条）が規定される一方、ドイツ法の条文においては作品の「改変その他の侵害」を禁止する構成がとられていることから、日本における通説と同様、作品の「改変」は禁止されるものの「破壊」は禁止されないとする解釈がとられる可能性が、ドイツ法においては相対的に高いことが考えられる。

　実際に、作品の改変は侵害であるが破壊は非侵害であるとする解釈はドイツにおいてはかつて根強く、その解釈の歴史を辿れば、19世紀末まで遡ることができる[18]。

---

(18) J. KOHLER, DAS AUTORRECHT (1880) 等参照。なお、ドイツにおける建築家の権利については、EBERHARD HENSSLER, URHEBERRECHTSSCHUTZ BEIM WIEDERAUFBAU ZERSTÖRTER BAUWERKE (1954); JOHANN GERLACH, DAS URHEBERRECHT DES ARCHI-TEKTEN UND DIE EINRÄUMUNG VON NUTZUNGSRECHTEN NACH DEM ARCHITEKTENVERTRAG (1976); HERBERT BEIGEL, URHEBERRECHT DES ARCHITEKTEN: ERLÄUTERUNGEN ANHAND DER RECHTSPRECHUNG (1984); CHRISTINE VON SCHILDT-LUTZENBURGER, DER URHEBERRECHTLICHE SCHUTZ VON GEBÄUDEN (2004) 等参照。特に、建築物の所有者と建築家との権利の相克についての近年の研究として、BETTINA C. GOLDMANN, DAS URHEBERRECHT AN BAUWERKEN: URHEBERPERSÖNLICHKEITSRECHTE DES ARCHITEKTEN IM KONFLIKT MIT UMBAUVORHABEN (2005); PHILLIPP BANJARI, UMGESTALTUNGEN AM WERK DER BAUKUNST DURCH DEN EIGENTÜMER: HERLEITUNG, ANWENDUNG UND ÜBERPRÜFBARKEIT DES GRUNDSATZES DER ERFORDERLICHKEIT (2012)

◇第Ⅰ部◇　権利の内容・制限と利用許諾

2　学　説
(1) ADAC 事件以前

　ミュンヘンにある ADAC（全ドイツ自動車倶楽部）事務総局の建築物および庭園をめぐる事件（以下、〔ADAC-1 事件〕）[19]である。1972 年から 1973 年にかけて、芸術家 H は ADAC 事務総局の建築物と庭園を合わせてデザインした。その建築物と庭園には、彫刻、Farbwege[20]、絵画等が用いられていた。1977 年初頭、ADAC は芸術家 H の同意を得ることなく、この建築物を増改築するとして、入り口ゾーン、地面レリーフ、入り口の内外にある絵画等を撤去した。この ADAC による行為が、総体としての作品（Gesamtwerk）の完全性（Integrität）を損なうとして、芸術家 H は、改変の排除を求める訴訟を提起した。ミュンヘン地方裁判所は、作品の改変を排除するためには、①改変された作品の原状回復　②改変された作品の廃棄　という 2 つの方法があると判示した。

　この判決を受けた被告 ADAC は、改変の排除を行う方法として提示されたこの二つの選択肢のうち、②を選択する。具体的には、ADAC 事務総局より撤去した 2 つの彫刻を、国防軍に提供し、国防軍はこれを射撃訓練に用いて粉砕したのである。

　この、国防軍によるこれら彫刻作品の破壊は、マスメディアにより詳細に報じられ、ドイツ国内に少なからぬ衝撃をもたらした。ドイツ芸術同盟第一議長は、これは連邦首相が介入すべき事件であると指摘した。これにより、従来、著作権法に詳しい者にしか知られていなかった、「改変」は侵害であるが「破壊」は非侵害であるとするドイツ著作権法における通説は、ドイツ国内において広く人々の知るところとなる。マスメディアは「患者を治療しても、患者の頭を弾丸で打ち抜いても、いずれにしても患者はもはや痛みを感じることはない、とするような議論」[21]などと批判を展開し、世論からも批判を受けることにな

---

[19]　Rechtskräftiges Urteil des LG München I vom 8. Dezember 1981, FuR 1982, S. 510

[20]　Farbwege は、本件を紹介した戸波美代「著作物の廃棄と著作者人格権」森泉章編『著作権法と民法の現代的課題　半田正夫古稀記念論集』（法学書院、2003 年）145 頁において「彩色路」と訳されている。作品としては、机の上に載る程度の大きさの、木と金属からなる彫刻のようである。

[21]　"Diese Argumentation läuft darauf hinaus, daß man einen Patienten operieren kann oder ihm gleich eine Kugel durch den Kopf jagen, so oder so hat er dann keine Schmerzen mehr..." Helmut Schneider, *Verändern verboten, vernichten erlaubt*, DIE ZEIT, 23 Aug. 1982, S. 30.

るのである。

　芸術家Hは、追って、ADACが〔ADAC-1事件〕判決に従い2つの彫刻を撤去・破壊したのは著作者人格権の侵害にあたるとして、訴訟を提起した（以下、〔ADAC-2事件〕）[22]。ここで、ミュンヘン地方裁判所は、当時既に70年前のものであったライヒ裁判所判決[23]の一部を直接引用したうえで「ライヒ最高裁判所のこれらの検討に付け加えるべきことは何もない。芸術家と所有者の間の利益状況は、この間、何も変わってはいない」[24]として、芸術家Hの請求を棄却した。本判決において参照された、70年前の事件とは、個人の私邸の階段ホールの壁に描かれた裸のセイレーンについて、その私邸の所有者が別の画家に依頼して着衣させたことが問題となったものである。問題となる事実が大幅に異なる事案に対する判決の枠組を、ミュンヘン地方裁判所は、ここで直接引用したことになる。

　この〔ADAC-1事件〕〔ADAC-2事件〕の結末がドイツ国民に与えた衝撃を契機として、通説を見直そうとする論考が多くみられるようになる。21世紀以降、「ライヒ裁判所の論述を十分熟慮せず継承することは、最近ようやく克服され、避けられるようになった」[25]とされるように、破壊を非侵害と解することは、学説においても、また、多くの裁判所においても、避けられる傾向にある。したがって、今日においては、所有者が作者と協議するなどの一切の義務を免れるために作品を破壊するという選択肢は、必ずしも有効な手段とはいえない。

(2) ADAC事件以降

　次に、今日の具体的な学説状況に至るまでの歴史を確認する。

　19世紀末より作品の破壊を非侵害と解する学説が存在していたことについては、前述の通りである[26]。ドイツにおける学説の多くは、従来、かかる学説や、〔ADAC-2事件〕において参照された1912年のライヒ裁判所判決[27]等を参照しつつ、作品の改変は侵害であるものの、破壊は非侵害であるとする説を展

---

[22]　Nichtrechtskräftiges Urteil des LG München I vom 3. August 1982, FuR 1982, S. 513
[23]　RG, Urteil vom 8. Juni 1912, RGZ 79, S. 397.（第一審ベルリン第1地方裁判所・第二審ベルリン上級地方裁判所）
[24]　Nichtrechtskräftiges Urteil des LG München I vom 3. August 1982, FuR 1982, S. 514.
[25]　Christoph Schmelz, *Die Werkzerstörung als ein Fall des § 11*, UrhG, (2007) S. 566
[26]　前掲注(18)参照。
[27]　RG, Urteil vom 8. Juni 1912, RGZ 79, S. 397.

◇第Ⅰ部◇　権利の内容・制限と利用許諾

開していた。

　他方、かかる通説的見解に反対した少数説も、〔ADAC-1事件〕〔ADAC-2事件〕以前より存在した。例えば、1950年代には、既にUlmerが作品の破壊を非侵害とする学説を批判したうえで「あらかじめ材料費を越えない対価による取り戻しを申し出ることなく、作品を故意に破壊することを禁止する」[28]との記述を残している。

　〔ADAC-1事件〕〔ADAC-2事件〕以降は、作品の破壊もまた作者の権利を侵害するという認識、1950年代にUlmerが提唱した学説、隣国フランスにおける議論の蓄積等を前提として、所有者から作者に対する通知の義務および作者による作品の取戻の権利について、さまざまな論考が著されることになる。なお、ドイツにおいては、現在も作品の破壊を侵害とすることに消極的な立場も存在するものの、かかる立場を牽引する論者においても「価値の高いオリジナルの廃棄を阻止し、[作者が所有者に対して]材料費を支払うことにより、[作品を]引き取る権利を認める、というのは議論に値する」[29]とする考えもみられるようである。

　ドイツにおける学説の展開を細かく議論することは紙幅の関係により許されないため、ここでは、学説の転換期において先駆的な役割を果たしたと考えられる〔ADAC-1事件〕〔ADAC-2事件〕の直後に公表されたSchackの論考[30]を引用することにする。「作品を廃棄（vernichten）しようとする所有者の意図については、その通知義務（Informationspflicht）が必要不可欠である。……通知義務の法的根拠は、法に定められた保護義務（民法242条）[31]にあり、著作権法25条により認められた、作者と作品の占有者または所有者（Besitzer/Eigentümer des Werkstücks）との特別な結び付き（Sonderverbindung）という枠組に基づくものである。所有者に対しいかなる負担を請求できるかについては、本質的には、対象の原作品（Werkoriginal）が何百回も複製されるリトグラフであるのか、僅かな数のみ鋳造されるブロンズ作品であるのか、あるいは（たとえば油彩画の

---

[28] EUGEN ULMER, URHEBER-UND VERLAGSRECHT（1. Aufl. ed.）(1951), S. 200

[29] BÜSCHER/DITTMER/SCHIWY, GEWERBLICHER RECHTSSCHUTZ, URHEBERRECHT, MEDIENRECHT（2011）§ 14 Rn. 7（Haberstumpf 執筆部分）

[30] Haimo Schack, *Geistiges Eigentum contra Sacheigentum*, GRUR（1983), S. 57.

[31] ドイツ民法典§ 242 Leistung nach Treu und Glauben: Der Schuldner ist verpflichtet, die Leistung so zu bewirken, wie Treu und Glauben mit Rücksicht auf die Verkehrssitte es erfordern.

ような）唯一無二の作品（Unikat）であるのか、という点により決定される。所有者における通知義務は、いずれにしても、現存する唯一の原作品を所有している場合に、その原作品に対する作者の接近権を越えるものではない。」「さらに一歩進めて、所有者は作者に対し原作品を無償で返還することを正当に義務付けられるべきだ、とも考えられるかもしれない。しかしながら、これは、作品への接近権から直ちに帰結する訳ではなく、作者にとって作品への接近は『常にお膳立てされているべきもの』ではない。著作権法25条は、作者にいかなる所有権譲渡についての権利も与えておらず、単に複製を作成しあるいは作品に手を加える機会を与えているに過ぎない。」「原作品の廃棄に先立って作者に作品の取り戻しの機会を提供する義務の根拠は、むしろ、信義誠実の原則（das Verbot unzulässiger Rechtsausübung）（民法242条）にある。所有者が作者の意に反して作品を廃棄する（vernichten）とき、作品の破壊（Zerstörung）の唯一の影響は作者に対する侵害であり、これは、所有者による権利濫用および公序良俗違反にあたる（rechtsmißbräuchlich und sittenwidrig）。所有者は作品を贈与することも作者に取り戻しの機会を与えることも可能であり、そのようにすれば、民法826条[32]により損害賠償責任を負うことはない。」

3 検討

　作品の所有者が、その所有する作品の改変ないし破壊を行うに際し、これを作者に通知する義務、またその際に、作者が作品を部分的にであれ取り戻すことができる権利については、ドイツにおいてもフランスと同様、既に数十年にわたる議論の蓄積がある。この両国における議論の蓄積は、その後、著作権について立法を行った諸外国の議論に、少なからぬ影響を与えたと考えられる。

Ⅳ 諸外国の立法

　1990年代以降に著作者人格権についての包括的規定を置いた国々においては、これまでに検討したフランスおよびドイツにおける通知の義務および取戻の権利について多く明文化されているのを目にすることができる。以下、カナダ・米国・スイス・オーストラリアの順に、その条文を確認する。

---

[32]　ドイツ民法典§826 Sittenwidrige vorsätzliche Schädigung: Wer in einer gegen die guten Sitten verstoßenden Weise einem anderen vorsätzlich Schaden zufügt, ist dem anderen zum Ersatz des Schadens verpflichtet.

◇第Ⅰ部◇　権利の内容・制限と利用許諾

1　カ ナ ダ

作品の改変について、カナダ著作権法28.2条は、次の通り定める。

28.2(1) The author's right to the integrity of a work is infringed only if the work is, to the prejudice of the honour or reputation of the author,
(*a*) distorted, mutilated or otherwise modified; or
(*b*) used in association with a product, service, cause or institution. Where prejudice deemed
(2) In the case of a painting, sculpture or engraving, the prejudice referred to in subsection (1) shall be deemed to have occurred as a result of any distortion, mutilation or other modification of the work. When work not distorted, etc.
(3) For the purposes of this section,
(*a*) a change in the location of a work, the physical means by which a work is exposed or the physical structure containing a work, or
(*b*) steps taken in good faith to restore or preserve the work

　カナダ著作権法において特徴的であるのは、絵画や彫刻や彫版に対して変更切除その他の改変がなされた場合には、作者の名誉声望の侵害があったものと看做す、としている点である（28.2(2)）。さらに、作品の修復や保存に向けたgood faith に基づく手続きがとられた場合には、作品の改変は無かったものとされる（28.2.(3)(b)）点に、特徴がある。

　カナダにおいては、1880年には既にMignaultが作品の改変も破壊もともに作者の権利の侵害であるとしていたように、かかる行為が侵害にあたるとの認識は、フランスやドイツに遅れをとらず、確立されていたようである[33]。1988年に著作者人格権を拡充する法改正が行われる際には、destruction clause を文言に取り入れるかについて激しい議論が交わされた結果、法の文言は distortion, mutilation or other modification となったものの、特にフランス語を母語とする研究者らによる学説の蓄積から、作品の破壊も改変の一形態として解される傾向が強くなり、作品の破壊を行う際には good faith に基づき作者にその旨を通知し、作者がその複製を行ったり取り戻しをしたりする機会を与えることが重要と認識されるに至るといわれる[34]。

---

[33]　Pierre-Basile Mignault, *La Propriété Littéraire* (2nd article), 2 LA THÉMIS 367, (1880) 等参照。

[34]　Ysolde Gendreau ed., AN EMERGING INTELLECTUAL PROPERTY PARADIGM: PERSPECTIVES FROM CANADA, p. 181 以下参照。

一例として、1999年のトーテムポールをめぐる事件がある[35]。彫刻家Vは、10のトーテムポールからなる記念碑的彫刻を制作し設置したが、その所有者が、土地所有権の移転に伴い、当該彫刻作品の全撤去を決定し、その約80％を破壊して箱詰めにしたという事案である。そこで、彫刻家Vは、所有者に対し、原状回復および損害賠償を求めて提訴した。

ケベック州高等裁判所は、彫刻家Vが作品の破壊につき所有者からの通知を受けなかったことについて言及したうえで、本件destructionは28.2 (2) の侵害に該当し、作者の名誉声望の侵害にあたると判示し、「市場価値125,000カナダ・ドル」の損害賠償を認めた。なお、当該彫刻作品について、原告（彫刻家V）主張の市場価値は725,000カナダ・ドル、被告（所有者）主張の市場価値は30,000～60,000カナダ・ドルであったところ、最終的に認められた125,000カナダ・ドルについては、実際の市場価値よりも高いとする専門家の評価も少なくないと報じられている[36]。果たして、被告がgood faithにより彫刻家Vに対し事前に破壊を通知し、彫刻家Vによるトーテムポールの写真撮影や取り戻しの機会等を与えていたならば、異なる判断がなされたであろうか。今後、より詳細な検討が求められる。

2　アメリカ

アメリカ合衆国においては、1990年、Visual Artists Rights Act（通称：VARA）が立法され、美術や建築にまつわるmoral rights（著作者人格権）の包括的規定が置かれた。従来、州法やコモン・ローにより保護されてきた作者のmoral rightsの一部が、VARAにより初めて連邦著作権法に規定されたことになる。

改変ないし破壊についての106A(a)条は、次の通り定める。

---

(35)　*Armand Vaillancourt v. Carbone 14*, RJQ490（Que.S.C.）491, 1999.

(36)　事件についての報道として、Jocelyne Lepage,《*Vaillancourt retrouve sa sculpture en morceaux dans un container*》, La Presse, 2 mars 1994, p.E1; Robert Levesque《*L'《affaire Vaillancourt》 rebondit: Gilles Maheu accuse Armand Vaillancourt de mauvaise foi dans cette histoire de sculpture soi-disant démolie*》, Le Devoir, 18 Mars 1994; Jocelyne Lepage,《*Le conflit Vaillancourt-Carbone 14: les choses s'enveniment*》, La Presse, 18 mars 1994, p.C3; Gilles Maheu,《*Conflit entre Vaillancourt et Carbone 14: Gilles Maheu donne sa version des faits*》, La Presse, 19 Mars 1994; Yves Boisvert,《*Victoire du sculpteur Vaillancourt: Carbone 14 et Scéno plus devront lui verser 125 000 $ pour avoir par mégarde détruit une de ses oeuvres*》, La Presse, 9 Janvier 1999 等参照。

◇第Ⅰ部◇　権利の内容・制限と利用許諾

17 USC § 106A - Rights of certain authors to attribution and integrity
(a)Rights of Attribution and Integrity.-Subject to section 107 and independent of the exclusive rights provided in section 106, the author of a work of visual art-
(1) shall have the right-
(A) to claim authorship of that work, and
(B) to prevent the use of his or her name as the author of any work of visual art which he or she did not create;
(2) shall have the right to prevent the use of his or her name as the author of the work of visual art in the event of a distortion, mutilation, or other modification of the work which would be prejudicial to his or her honor or reputation; and
(3) subject to the limitations set forth in section 113(d), shall have the right-
(A) to prevent any intentional distortion, mutilation, or other modification of that work which would be prejudicial to his or her honor or reputation, and any intentional distortion, mutilation, or modification of that work is a violation of that right, and
(B) to prevent any destruction of a work of recognized stature, and any intentional or grossly negligent destruction of that work is a violation of that right.

ここでは、作者の名誉声望を害すべき intentional distortion, mutilation, or other modification が禁止され、さらに、work of recognized stature については、明文により destruction をも禁止されている。そのうえで、条文上参照される 113(d)条は、次の通り定める。

17 USC § 113 - Scope of exclusive rights in pictorial, graphic, and sculptural works
(d)
(2) If the owner of a building wishes to remove a work of visual art which is a part of such building and which can be removed from the building without the destruction, distortion, mutilation, or other modification of the work as described in section 106A (a)(3), the author's rights under paragraphs (2) and (3) of section 106A (a) shall apply unless —
(A) the owner has made a diligent, good faith attempt without success to notify the author of the owner's intended action affecting the work of visual art, or
(B) the owner did provide such notice in writing and the person so notified failed, within 90 days after receiving such notice, either to remove the work or to pay for its removal.
For purposes of subparagraph (A), an owner shall be presumed to have made a diligent, good faith attempt to send notice if the owner sent such notice by

registered mail to the author at the most recent address of the author that was recorded with the Register of Copyrights pursuant to paragraph (3). If the work is removed at the expense of the author, title to that copy of the work shall be deemed to be in the author.

　すなわち、ここでは、建築物の所有者が diligent, good faith attempt により作者に通知を行ったものの、その通知が到達しない場合（113(d)(2)(A)）、または、かかる通知が到達したものの、通知の到達後90日以内に、作者が取り戻しをせず、あるいは、取り戻しのための費用を負担しなかった場合（113(d)(2)(B)）には、作者の権利が制限される旨が定められている。

3　スイス

　フランス・ドイツおよびイタリアと伝統的に往来の比較的多いスイスにおいて、初めて著作者人格権の包括的規定が置かれたのは、1992年のことである。ここでは、前述したフランスおよびドイツにおける長年の議論の蓄積を参照したうえで立法された、スイス著作権法上の規定を確認する。

　著作権についての国際条約である「文学的及び美術的著作物の保護に関するベルヌ条約」は、その名のとおりスイスのベルヌにおいて締結されたものである。スイスもまた、これに1887年から加盟していたものの、いわゆる著作者人格権については、従来、民法典における人格や名誉声望あるいはプライバシーに関する規定などにより保護していたため、著作権法に特別の規定を置いていなかったとされる[37]。スイス法が注目される機会は多くないが、法理論的に興味深いものがあるのみならず[38]、複数の公用語をもつことから、それぞれの言語を用いる諸外国の法を客観的に比較検討する視座を得るにも興味深い。ここでは、紙幅の関係から、条文を全公用語により示すことが難しいため、条文の日本語訳を示したうえで、重要と思われる語について（　）内に原語（仏語・独語・伊語）の表記をする。

---

[37]　スイス著作権法の改正についての日本語の論考として、久々湊伸一「新スイス著作権法とその特色」小樽商科大学45巻4号（1995年）153-184頁参照。

[38]　「国際政治的な見地からはその影響力が少ないところからわが国ではそれほど注目されていないが、学界には、A. Troller や Kummer, Rehbinder のような著作権法のみならず、法理論から見ても権威ある学者がおり、この国における著作権研究は盛んであるので、改正法の法理論的な面での堅固さが見られる」久々湊伸一「新スイス著作権法とその特色」小樽商科大学45巻4号（1995年）153-154頁。

◇第Ⅰ部◇　権利の内容・制限と利用許諾

まず、作品の改変についての一般的な条項は次のとおりである。

§11「作品の完全性（intégrité de l'œuvre/Werkintegrität/Integrità dell'opera)」
1　作者は、以下のことを決定する権利を専有する：
a. 作品を改変することが許されるか。また、いつ、どのような改変であれば許されるか。
b. 作品が、二次的作品の創作のために利用されること又は集合的作品のなかに含められることが、許されるか。また、いつ、どのような態様であれば許されるか。
2　第三者が、作品を改変し又は二次的作品の創作のために利用することを、契約又は法律により認められている場合においても、作者は、その人格を侵害するあらゆる作品の歪曲（altération/Entstellung/alterazione）に対し、反対することができる。
3 作品のパロディーあるいはパロディーに匹敵するヴァリエーションを創作するために、既存の作品を用いることは妨げられない。

なお、作品の改変のうち、建築作品の改変については、別途、権利の消尽（epuisement de droits/Erschöpfungsgrundsatz/principio dell'esaurimento dei diritti）について定めた12条のうち、その3項に定めがある。

§12
3　建設された建築作品については、所有者はこれを改変することができる。但し、第11条第2項に該当する場合はこの限りではない。

さらに、作者と所有者との権利の調整をはかるために、次のような条文が存在する。

§14「アクセス（accéder/Zutritt/accedere）および展示（exposer/Ausstellung/esporla）の権利」
作品の有形的基体（exemplaire de l'oeuvre/Werkexemplar/esemplare dell'opera）を所有又は占有する者は、その作品の有形的基体への作者のアクセスが、作者の権利（droit d'auteur/Urheberrecht/diritto d'autore）の行使のために必要であり、かつ正当な自己の利益が妨げられない限りにおいて、これを許容しなければならない。
2. 作者は、優越する利益が証明される場合には、スイス国内における展示のために、作品の有形的基体の貸渡しを要求することができる。
3. （貸し出す際の）引渡しは、作品の複製物が損傷なく返却されることについての保証の給付（la fourniture de sûretés/Leistung/prestazione）に係らしめることができる。作品の有形的基体を損傷なく返却することができない場合、作者は過失のな

◆第 10 章 ◆ 建築作品の保存 ［澤田悠紀］

い場合であっても責任を負う。

作品の完全性（intégrité, Integrität, integrità）に対する権利との関係においても、この 14 条 3 項における作品の完全性（ラテン系言語において intact〔仏〕および intatto〔伊〕）の維持の規定は注目に値する。なお、作品の破壊については次のように定められる。

> § 15「破壊（destruction/Zerstörung/distruzione）からの保護」
> 原作品の唯一の有形的基体（unique exemplaire original d'une œuvre/Originalwerken, zu denen keine weiteren Werkexemplare bestehen/ opera di cui esiste un solo esemplare originale）の所有者が、作品が維持されることに関して作者に正当な利益があると認めざるを得ない場合には、所有者は、作者に前もって取り戻し（reprendre, Rücknahme, riprenderlo）を提案することなく当該作品を破壊してはならない。所有者は、これに関して材料費を超える価額を請求することはできない。
> 2. 作者が作品を取り戻すことができない場合、所有者は、作者が適切な方法により原作品の有形的基体を複製することを可能にしなければならない。
> 3. 建築作品に関しては、作者は、作品の写真を撮影し、作者の会計により図面の複製物（copies, Kopien, copie）の引き渡しを要求する権利のみ有する。

フランスおよびドイツにおいては、作品の所有者が作品を破壊しようとする際には、作者に前もって通知をし、その作品を取り戻す機会を与えなければならないとする議論がなされてきたものの、未だその立法をみない。この点、スイスが両国における議論の蓄積を参照し、先んじて立法化したことは、注目に値する。

4 オーストラリア

最後に、オーストラリアにおける立法を確認する。オーストラリア著作権法に著作者人格権についての包括的規定が置かれたのは、2000 年のことである。

改変について、オーストラリア著作権法 195AI 条は、次のように定める。

> § 195AI
> Author's right of integrity of authorship
> (1) The author of a work has a right of integrity of authorship in respect of the work.
> (2) The author's right is the right not to have the work subjected to derogatory treatment.

457

◇第Ⅰ部◇　権利の内容・制限と利用許諾

そのうえで、以下の場合には、作者の権利は侵害されないと定められる。

§ 195AT
Certain treatment of works not to constitute an infringement of the author's right of integrity of authorship
(1) The destruction of a moveable artistic work is not an infringement of the author's right of integrity of authorship in respect of the work if the person who destroyed the work gave the author, or a person representing the author, a reasonable opportunity to remove the work from the place where it was situated.
(2) A change in, or the relocation, demolition or destruction of, a building is not an infringement of the author's right of integrity of authorship in respect of an artistic work that is affixed to or forms part of the building if:
(a) the owner of the building, after making reasonable inquiries, cannot discover the identity and location of the author or a person representing the author; or
(b) if paragraph (a) does not apply-the owner complies with subsection (2A) in relation to the change, relocation, demolition or destruction.
(2A) This subsection is complied with by the owner of a building in relation to a change in, or the relocation, demolition or destruction of, the building if:
(a) the owner has, in accordance with the regulations and before the change, relocation, demolition or destruction is carried out, given the author or a person representing the author a written notice stating the owner's intention to carry out the change, relocation, demolition or destruction; and
(b) the notice stated that the person to whom the notice was given may, within 3 weeks from the date of the notice, seek to have access to the work for either or both of the following purposes:
(i) making a record of the work;
(ii) consulting in good faith with the owner about the change, relocation, demolition or destruction; and
(c) the notice contained such other information and particulars as are prescribed; and
(d) where the person to whom the notice was given notifies the owner within the period of 3 weeks referred to in paragraph (b) that the person wishes to have access to the work for either or both of the purposes mentioned in that paragraph-the owner has given the person a reasonable opportunity within a further period of 3 weeks to have such access; and
(e) where, in the case of a change or relocation, the person to whom the notice was given notifies the owner that the person requires the removal from the work of the

author's identification as the author of the work-the owner has complied with the requirement.

すなわち、作品の所有者が、その所有する作品を破壊等する場合には、作者に対し予めその旨を通知し、作品の取り戻し等のための reasonable opportunity を与えるべきことが定められている。

このように、大陸法系諸国はもとより、英米法系諸国においてもまた、作品所有者による通知の義務、作者による取戻の権利が定められていることがわかる。

V　おわりに

現在、わが国の著作権法研究における圧倒的多数の見解からは、建築物の所有者はこれをいつでも自由に破壊することができると解される。したがって、建築作品を修復すれば第20条「改変」に該当し侵害行為とされるおそれがあるところ、破壊すれば何時でも非侵害とされる。本稿においては、今日、このような著作者人格権の解釈が諸外国において必然とは考えられていないことを、まず確認した。そのうえで、今日、多くの国々において、所有者が作品を改変ないし破壊をする際には、その旨を作者に通知し、作者がその作品の複製をしたり、あるいは材料費を超えない額で取り戻したりする機会を与えるべきとする考えが、明文あるいは学説により導かれていることを確認した。

この点、わが国では、大阪地方裁判所が〔希望の壁事件〕[39]において「建築物の所有者は建築物の増改築をすることができるとしても、一切の改変が無留保に許容されていると解するのは相当ではなく、その改変が著作者との関係で信義に反すると認められる特段の事情がある場合はこの限りではないと解する余地がある」と判示したことからすれば、所有者が作者に通知することなく改変を行った場合、また、それにより、作者に写真撮影や複製を行う時間的余裕を充分に与えなかった場合や、作者に無償あるいは材料費代における作品またはその部分の取戻の機会を与えなかった場合には、「信義に反すると認められる」と解する余地も、必ずしも否定されないと考える。

今後、わが国においても、改変および破壊を一元的に侵害行為と把握したう

---

(39)　前掲注(2)大阪地決平成25年9月6日（平成25年（ヨ）第20003号）。

◇第Ⅰ部◇　権利の内容・制限と利用許諾

えで、所有者による通知の義務や、作者による作品取戻の権利を、立法化する道筋もあり得よう。それにより、建築作品という「文化的所産」の「公正な利用」(1条)をめぐる協議ないし対話がより活性化することは、「文化の発展」(同条)に資するものと考えられる。作者がその作品を失う前に、部分的にせよ、修復・複製・取戻等する機会を得られる一方、所有者もまた所定の通知を行えば、改変ないし破壊を許容されるとする解釈は、法的安定性の観点からも、作者および所有者の双方にとってメリットがあると考えられる。本稿は、この点につき、主として海外の事例を検討したものであり、これを土台として、今後は、日本法における解釈あるいは立法の可能性についてより具体的な検討を進めたい。

◆ 第Ⅱ部 ◆

著作権法における実証と理論

第11章 アジアにおける海賊版マンガから正規版への移行過程と残る諸問題[1]
——台湾とタイの事例を中心に——

藤本由香里

I はじめに

「クール・ジャパン」＝日本のアニメやマンガが海外で人気といわれ、海外で放映・翻訳出版されて海外ファンを増やすようになって久しい。

それと同時に、古くは紙媒体の海賊版マンガや、アニメの海賊版DVD／MP3が、そして最近では電子海賊版の隆盛が、正規版の売れ行きを阻害する要因だとずっと言われてきた。

現在、電子海賊版による被害はかなり深刻なものとなっているが、一方、紙媒体の海賊版マンガに関しては、台湾ではかなり早い時期に一掃され、現在では、韓国・タイなども含め、正規に出版されれば規制にひっかかるようなエロティックな作品や、やおい・BL（男性同性愛を描いた女性向けの作品）等の作品をのぞいて、新刊市場で海賊版をみかけることはまずない[2]。

1、この、アジアにおける紙媒体での海賊版マンガから正規版への移行は具体的にどのようにして行われたのか。
2、そこでは、著作権の規定や各種の法・条約の規定はどのような役割をはたしたのか。
3、正規版への移行の後でなお残る問題とは何か。

本論文では、以上の3点について、主に、①当時の日本の出版社の版権担当者、②かかわった版権エージェント、③現地の海賊版および正規版出版社、の

---

[1] 厳密には、正規許諾を得ていない出版物すべてが「海賊版」であるとは言えない。万国著作権条約やベルヌ条約などの国際著作権条約に加入していなければ、外国の著作権を守る義務はなく、80年代までのアジアでは実際にそうした国が多かった。しかし条約加入の時期は国によって違うということもあり、ここでは便宜上、そうした「非正規版」出版物も含めて「海賊版」という表現を使っている。
[2] 筆者自身が渡航して市場調査を行った時の経験および版権エージェント・現地正規版出版社の証言などによる。

『しなやかな著作権制度に向けて』（信山社、2017年3月）

◇第Ⅱ部◇　著作権法における実証と理論

三者へ取材して相互の証言内容の裏付けをとり、その過程を明らかにしていく。

なお、本論文の取材・調査にあたっては、文科省の科学研究費補助金・基盤研究Ａ「コンテンツの創作・流通・利用主体の利益と著作権法の役割」（代表：中山信弘。課題番号：23243017）の助成を受けていることを記しておく。また一部、科学研究費補助金・基盤研究Ｃ「海外における日本マンガ受容の実態と流通形態」（代表：藤本由香里　課題番号：22520153）における調査で得られた知見を用いている部分もある。

Ⅱ　1980年代末までのアジアの状況と日本の出版社の対応

1　1960年代～1980年代におけるアジアの状況

アジアにおいて日本のマンガが海賊版として読まれ始めるのは、国によってバラつきはあるとはいえ[3]、およそ60年代後半からのことである。これらは主に貸本屋等で流通していたが[4]、80年代後半になると、『ドラゴンボール』等、アニメで大きな人気をはくした強力なコンテンツの存在や、国際的な圧力によりアジアでの著作権法改正の動きがその頃から活発化したことなどを背景に、80年代末から90年代初めにかけて、まず台湾を中心とする東アジアで正規版版権獲得の動きが起こり[5]、90年代半ばからその動きが東南アジアにまで飛び火していく。

ここでまず押さえておかなくてはならない重要な事実は、通常考えられているイメージとは違って、「海外からの日本マンガの正規版権獲得の流れは、海賊版（非正規版）を出していたアジアの出版社の側から起こったのであり、けっして日本側が海賊版をとがめだてたり、積極的に正規版への移行を促した結果ではない」ということである[6]。

---

[3] たとえば共産圏である中国（中華人民共和国）やベトナムで日本マンガが盛んに読まれ始めるのは20年以上遅れて、ようやく90年代になってからのことである。

[4] 東アジア・東南アジアを問わず、アジアには貸本屋が多い。これは欧米とは違うアジアの特徴である。ちなみに筆者はこれまでアジアでは、中国（北京・上海・蘇州・杭州・広州）・香港・台湾・韓国、タイ、ベトナム、インドネシア、シンガポール等でマンガの市場調査を行ってきた。

[5] この経緯については後に詳述するが、おおざっぱに言えば、アジアにおいては60年代後半から日本の海賊版マンガが読まれ始め、80年代末から90年代にかけて正規版化の流れが起きるという流れであることは、たとえば国際交流基金が2001年に主催した展覧会「コミックinアジア」図録における各国の報告を読めば概要をつかむことができる。

464

◆第11章◆ アジアにおける海賊版マンガから正規版への移行過程と残る諸問題［藤本由香里］

むしろ後述するように、台湾が激烈に正規版化に動き始める90年代初めまでは、日本側はむしろ現地から正規版権の申し込みがあってもなかなか対応できないか、初手からまったく相手にせず、けんもほろろに断る、という対応が一般的であった。

2　なぜ日本の出版社は、正規版化に積極的ではなかったか

では、なぜ日本の出版社は、正規版化に積極的ではなかったのだろうか。これにはさまざまな理由がある。

(1) 体制の未整備

まず当時は、出版社の中に版権（＝著作権）を扱う専門の部署や担当というものが存在せず、海外版権を扱える受け皿そのものがなかったこと。

例外は講談社で、戦後すぐ社長に就任した第4代社長・野間省一が社長室の隣に国際室をつくるほど海外市場に対して積極的であった。しかしそれも当初は、日本文化を正しく海外に紹介するというようなビジョンが主で、マンガの翻訳が視野に入っていたわけではない。しかし、70年代末のイタリアでの『キャンディ・キャンディ』のヒットあたりから、講談社ではマンガの海外展開も少しずつ視野に入れ始めていた[7]。

しかし、その他の出版社では、90年代初め当時、集英社でも小学館でも版権専門の部署はなく、「編集総務」が庶務の一環として扱うような体制であり、伸び始めた海外市場に本格的に対処できるような準備はまだ整っていなかったのである。

(2) 手間と利益の不均衡

しかし、日本の出版社が当時、正規版化に積極的でなかったのは、なんとい

---

[6] 台湾の東立出版社の范萬楠社長、当時の集英社の版権担当だった永井英男、講談社の版権担当だった阿久津勝のインタビューのほか、タイのSIAM INTER MULTIMEDIA社の取締役副社長・Virat Teekaputisakul（後述）も、海賊版について一度も日本側から注意を受けたことはないと語っている。

[7] 講談社側の事情については主に、講談社国際室での当時の版権担当・阿久津勝の話による：2015年12月21日、東京・中野区の喫茶店にて対面インタビュー。80年代末までの講談社が、海外マンガ市場としては「主に欧米（への輸出）に専念していた」ことは、後述する久保隆志のレポート（『創』1994年8月号53頁）にも同社国際室長・笠原隆（当時）の談話として示されている。

◇ 第Ⅱ部 ◇　著作権法における実証と理論

っても、「アジア諸国と日本の経済格差が大きく、割に合わない」というのが一番大きな理由であろう。体制が整っていなかったのも、積極的に事業に乗り出しても、「面倒な割に利益があがらない」からだろう。

　また、アジア諸国から正規版権獲得の申し出が始まった80年代後半から90年代の初めといえば、日本のマンガ市場がすさまじい勢いで膨張していく時期である。既存の雑誌の部数も伸びるが、新しい雑誌も次々と創刊されていく。どんどん拡大していく国内市場への対応で手いっぱいで、国内とは1桁どころかときに2桁の部数の差があり、貨幣価値も数倍小さい国外市場に振り向ける余力はなかったと考えられる。

　しかも80年代末から90年代初めにかけて、いわゆる「有害コミック」問題、そして同時期に「黒人差別をなくす会」等による差別表現糾弾の動きも起きる。「黒人差別をなくす会」の抗議対象には、手塚治虫の作品や、鳥山明『Dr. スランプ』、秋本治『こちら葛飾区亀有公園前派出所』などの作品も含まれており、「総務」としての部署であれば、そちらへの対応に追われるという状況でもあった。こうした中では、80年代末から正規版権獲得の要請が強くなっていったとしても、なかなかそちらに力を振り向けることは難しかった[8]。

　また、80年代後半からチラホラと正規版権獲得の申し出があったと言っても、現地出版社側の大きな動機は、正規契約をすることによって1日でも早く人気作の最新のデータを手に入れて他社の海賊版に勝ちたい[9]、という理由が大きく、ただでさえ忙しい中で、わずかな利益のために発売前の作品のデータを渡す手間はとても割に合うものではなかった[10]。

　加えて、アジアでは一般的に性表現や暴力表現[11]の許容範囲が日本より厳しく、正規版を出すとしたらそれに合わせた表現の修正が必要になる。もしくは表現が問題にならないような作品だけを許諾するかである。それほど大きな理由ではないかもしれないが、こうした表現の修正要求への対応もまた、たいした利益でもないのに手間ばかりかかる、と出版社が版権許諾に積極的になれな

---

(8)　集英社の編集総務としての当時の版権担当・永井英男の話による：2015年12月25日電話インタビュー。26日追加電話インタビュー。
(9)　後述するタイのケースにも出てくるが、正規版が海賊版に勝つための最大の武器は「早さ」である。
(10)　講談社の当時の版権担当・阿久津勝の話による（前掲注(7)）。
(11)　集英社の永井によれば、海外からの引きが多い『少年ジャンプ』の作品では、性表現よりもむしろ暴力表現の修正を求められることが多かったという。

い理由の一つだっただろう。

(3)「文化侵略」という問題

　三つめは政治的な背景である。東アジアでは政府が基本的に、日本の出版物輸入に制限をかけていた。かつて植民地だったことからくる、いわゆる「文化侵略」への恐れである。

　たとえば韓国では、1998年になってやっと金大中が「日本の大衆文化解禁の方針」を打ち出してマンガも解放へと向かうが、逆に言えば、それまでは韓国への日本の大衆文化の輸入は基本的には禁止されていたということである。韓国では、日本のマンガが韓国を舞台に翻案され、キャラクター名がすべて韓国の名前になっている海賊版マンガ（時には正規版マンガ）が多かったが、そこにはこうした政治的背景もあったと考えられる[12]。とはいえ、1998年までの韓国ではいっさい日本マンガの正規版契約がなされていなかったかといえばそんなことはなく、1987年に韓国が万国著作権条約に加入したことをきっかけに、少しずつ正規版版権の輸入が開始されていった。

　また台湾でも、1993年までは日本の大衆文化の直輸入は基本的に禁止されており、マンガ出版は許可制で、日本マンガの翻訳はそれとわからないように台湾風に改変して出版することが一般的であったという[13]。

　中国（中華人民共和国）では、外国のマンガ、コミックに関しては現在も非常に厳しい輸入制限がなされており、正式な版権契約がなされるのは、外国作品は年間わずか10タイトルに限られる。明文化されているわけではないが、

---

[12] 韓国では日本のマンガをなんでも"韓国化"してしまうことが問題であり、「正規版であっても『舞台や登場人物が"韓国化"されることが多い』」という話が、ジャーナリスト久保隆志による当時のレポートに、白泉社の酒井俊朗編集管理室次長（当時）の話として出てくる（久保隆志「アジアを席巻する日本マンガの超絶パワー」『創』1994年8月号、52-59頁。とくに58頁）。また、正規版契約が成立しようとしていた『キャプテン翼』も、ぎりぎりになって「やはり韓国の話として出したい」と主張され、契約が白紙に戻ったことがあることを、翌年のレポートで久保が、前出の集英社・永井英男の話をもとに紹介している（久保隆志「"世界標準"化進む日本式の「漫画文法」」『創』1995年10月号、62-69頁。とくに66-67頁）。筆者自身も、韓国化された日本マンガの海賊版を多数目にしたことがある。

[13] たとえば、李衣雲「台湾の漫画審査制度と日本漫画のアンダーグラウンド化展開」（『国際マンガ研究4　日本マンガと「日本」』京都精華大学国際マンガ研究センター、2014年、pp.13-23）。

◇第Ⅱ部◇　著作権法における実証と理論

日本マンガは例年、そのうちの年間5タイトル[14]。尖閣諸島国有化問題で日中関係が悪化した時期には日本マンガの正式契約は1冊も許可されなかったらしい。

　こうした状況の中では、日本側が東アジアに積極的に日本マンガの版権を売り込むことは、「文化侵略」のそしりを免れなかったことは想像に難くない。こうした政治的背景は、日本側が版権売り込みに積極的でなかった一つの理由だろう。

　各社の担当者に聞くと、「文化侵略」なんてたいそうなことは考えていなかった、というのだが、実際に正規版が動き出した時には各社とも、日本マンガの翻訳作品だけでなく、その国の作家のオリジナルのマンガ作品も必ず載せるように要請しており、「文化侵略」という言葉でなくとも、各社とも「将来のマンガ文化の発展のためにも、日本側からの一方的な作品輸出にならないように」と考えていたことがわかる。

　アジアにおいて日本のマンガの正規版権の輸出が一気に進んだ時期の直後に書かれた久保隆志のレポート「"世界標準"化進む日本式の「漫画文法」」(『創』1995年10月号)ではこの点を強調して、「それというのも、各出版社は"文化侵略"との批判を最も恐れているからで、許諾に関してはオファーがあったら検討する、という姿勢を貫いている[15]」(傍点筆者)としている。出版社が積極的にアジアに版権を売りにいかないのは、「文化侵略」という非難を最も恐れているからだ、という見解である。

(4) ベルヌ条約等に加盟していない

　法的にはこれが理由として一番大きいだろうが、そもそも80年代までのアジアで、ベルヌ条約や万国著作権条約に加盟していた国の方が少なかった。すなわち、これらの国で正規の版権契約なしに日本のマンガを出版しても、違法とは言えないということである。

　前出の久保隆志の一つ前のレポート「アジアを席巻する日本マンガの超絶パワー」(『創』1994年8月号「特集・マンガ大国ニッポン」52-59頁)でも、「アジア

---

(14)　中国において小学館・集英社の版権を扱っていた上海Vizでの聞き取りによる：2010年6月14日、上海の同社にて対面インタビュー。同様の証言は複数の中国でのマンガ出版関係者から得ている。
(15)　久保・前掲注(12) (1995年) 64頁。

◆ 第11章 ◆ アジアにおける海賊版マンガから正規版への移行過程と残る諸問題 ［藤本由香里］

での"海賊版"横行を放置していたのは何故か」という問いに対し、講談社国際室の笠原隆室長（当時）が、「最も活発だったのは台湾でしたが」と前置きして、「この国は海外出版物の（著作権）保護を定めた『ベルヌ条約』にも『万国著作権条約』にも参加していません。ですから、道義的にはともかく、法的には"違法行為"を働いていたわけじゃない。しかも、日中国交回復以来、正式な国交もないわけですから」と語っており、久保がそれを受けて、「（日本側は）アレコレと口出しをする立場になかった、というのである。こうした認識はほかの出版社も同様で…」と続けている。

ちなみに、
　韓国：1987年に万国著作権条約に加盟。ベルヌ条約加盟は1996年。
　中国：1992年にベルヌ条約と万国著作権条約に加盟
　台湾：そもそも「国」と認められていないため、条約に加盟できない
というのが当時の東アジアの状況であった。ところが、中国が国際著作権条約に加盟した1992年に、台湾で大きな変化が始まる。そしてその変化の結果がじつは、日本のそれからの海外版権の契約システムの基礎を形造っていくことになる。

それでは次に、台湾で起こったその変化の過程と日本の出版社の対応を見てみよう。

Ⅲ　台湾における海賊版から正規版への移行過程

1　台湾における海賊版出版：1960〜1980年代

台湾において日本マンガの海賊版出版が盛んになったのは、1966年に台湾で始まった「漫画審査制度」の影響が大きい。台湾マンガの黄金期と言われる1960年代の台湾では武俠マンガ[16]が盛んで、台湾の作家が多数活躍していた。ところがこれが「暴力表現が多く子供の教育に悪い」という話になり、マンガはすべて政府（国立編訳館）による事前検閲を受けなければならなくなった。これが「漫画審査制度」である。これ以降、台湾のマンガはなかなか審査を通らなくなり、台湾マンガ出版の数が減り、出版社は日本マンガを下敷きにした海賊版作品を多数出版するようになり、これが非常によく売れて、数において台湾産のマンガを凌駕してしまったという[17]。

---
[16]　いま香港で盛んであるような、カンフーなどを使った格闘マンガ。基本的に青年向け。

◇第Ⅱ部◇　著作権法における実証と理論

　とはいえ、日本語に訳された台湾の論文を読んでも資料を見ても、なぜ「漫画審査制度」の結果、日本マンガの海賊版が多く出回るようになったのかもう一つよくわからなかったのだが（日本マンガは海賊版だったので審査を免れた、というわけではない）、1960年代に活躍していたマンガ家（范藝南）で、のちに台湾を代表するマンガ出版社である東立出版社を創業した范萬楠[18]の話によれば、事情は以下のようなことであったらしい。

　「漫画審査制度」の結果、自分も含め、台湾のマンガ家たちの描くマンガ作品がなかなか審査を通らなくなり、台湾のマンガ家たちはやる気をなくしてしまった。実際、苦労して作品を描いても出版されるめどが立たないのでは食べていけないので、転業する作家が続出し、作品数も減っていった。そこで、台湾のマンガよりも子供向けに見える日本マンガを下敷きにして、そこから日本風の要素を抜いて真似描きすれば審査を通るのではないか、というアイディアが生まれ、実際にやってみたらすんなりと審査を通った。とくに1975年、日本マンガを中国語訳して連載する『漫画大王』という雑誌が復刊され、そこに掲載された主に小学館の子供向けマンガ作品が絶大な人気をはくし、雑誌は十数万部売れるようになった[19]。これを機に、次々と参入者が現れるようになり（77年に東立出版を設立した范萬楠社長もその一人）、70年代末から日本マンガブームが起こって、日本マンガ（の海賊版）が台湾のマンガを数の上でも圧倒的に凌駕するようになった[20]。

――――――――――

[17]　たとえば、李衣雲（2014）の記述（前掲注（13））。李によれば、漫画審査制度の元になった法律「偏印連環漫画補導方法」はすでに1948年に制定されており、「すべての漫画が検閲の対象となり、通過したものだけが出版可能というルール」が定められていたが、この修正版が1962年に公布され、本格的に稼働し始めたのが1966年からだという。台湾の「漫画審査制度」と、それがいかに台湾の漫画に壊滅的な影響を与えたかについては、馬世儀『失われた文化のかけら〜台湾マンガ産業の20世紀』（原題：失落的文化破片〜台湾漫画産業的20世紀）というDVDにも詳しい。

[18]　1960年代に「范藝南」の名前でマンガ家として活躍。1966年の漫画審査制度の影響で漫画家として作品を発表する場を次第に失っていき、日本マンガの翻訳出版に転向。1977年に東立出版を設立。范萬楠社長への対面インタビューは、同社で2014年11月18日に行った。本論文の范萬楠社長の証言の記述は基本的にその時のインタビューによる。

[19]　台湾の人口は1992年時点で2千万人強。日本の6分の1くらいだった。（台湾政府発表の統計資料による。中華民國統計資訊網（行政院主計處）National Statistics, Republic of China (Taiwan)：http://eng.stat.gov.tw/point.asp?index=9）

[20]　これは李衣雲（前掲注（13））の記述とも一致する。李の論文の中には、資料として、

◆第11章◆　アジアにおける海賊版マンガから正規版への移行過程と残る諸問題［藤本由香里］

　李雲衣（2014）によれば、その後、この状況に対する反発から台湾漫画家の牛哥によって「漫画清潔運動」が起こり、検閲のスピードも遅くなって、審査に通る海賊版日本マンガの数はしだいに減っていったが、1987年7月、戒厳令が解除され、同年12月に「漫画審査制度」も廃止される。
　これを機に、日本マンガの海賊版は再び勢いを盛り返し、それまでの100頁程度の薄い本ではなく、日本と同じ180頁くらいの厚さで、紙もそれまでよりはいいものを使い、装丁やデザインも工夫して出版されるようになる。この頃には政治の統制もかなり緩んできていたので、それまでは意識して消されていた「『日本の手掛かり』はようやく取り除かれなくなり、台湾の読者も読んできたマンガが日本漫画だとわかるようになった」[21]。
　一から創作する台湾のマンガは、「漫画審査制度」がなくなったからといってすぐにかつての力を取り戻すにはいたらなかったが、すでに作品のある日本のマンガは簡単に大量に手に入り、人気のタイトルは20～30社が争って出し、出版の早さや価格でしのぎを削るようになる。こうなると、むしろ日本の出版社と正規版契約をして人気タイトルを独占する方がいい、という考え方が出てくる。そこで東立出版のように、日本に正規版権獲得の交渉に出かける出版社もちらほらと出てきたが、前章で述べたような理由で日本側からの正式許諾はなかなかもらえない[22]。仮に1、2冊許可しても海賊版には対抗できないというのがその理由で、実際、集英社の版権担当だった永井英男も、当時はまだ体制も整っておらず、版権許諾といっても契約のひな形もないため、「許諾の申し込みがあっても門前払い」というのが現状だったと語っている[23]。
　以上が、1980年代末から90年代初めにかけての台湾における日本マンガの海賊版隆盛の状況であった。次項では、この状況が90年代初めに一挙に変わ

　　範萬楠社長が書いた、範萬楠「漫画市場分析」（『中華民国85年出版年鑑』〔中国出版公司、1996年〕2-23～2-34頁）が挙げられている。
[21]　李衣雲（前掲注(13)）による。直接引用部分は22頁。
[22]　範萬楠社長の話によると、初めて正規版権獲得の交渉のために日本を訪れたのは1982年のことだが、その時は貸本屋が対象の1000部くらいの部数だったので、日本側からはまるで相手にしてもらえなかった。その後も何度か正規版権獲得の交渉に日本を訪れたが、いずれもけんもほろろだったという。ただし91・92年になると、後に注で触れる講談社『AKIRA』や、白泉社の成田美名子作品のように、単行本で出版社から正式許諾が下りた作品も少数ながら存在する。
[23]　前掲注(8)：筆者による電話インタビュー。

◇第Ⅱ部◇　著作権法における実証と理論

ることになった、その背景を検討する。

2　1992年6月、台湾著作権法改定
(1) 改定前夜の状況

　1992年に講談社国際室に移動し、東アジアの国際版権を担当するようになった阿久津勝は、〈講談社百年史によせて：ヒアリング〉の中で、当時を振り返ってこう語る。

　「1992年の2月、台北のブックフェアに出張しました。じつは、その少し前から台湾の多くの出版社やエージェントが講談社も含め日本の同業他社に押しかけていましたので、何らかの状況の変化を感じていましたが、台北に来てみるとまさに事態はその通りで、台湾の著作権法改正案が開示され、討議されている最中で、出版会の大きな話題になっていました」(24)。

　1992年2月当時、阿久津はまだ国際室に移動する前で、講談社・国際文化フォーラムに所属していたが、中国語ができる彼はそれまでも、台湾や中国からみの案件になると通訳や仕事を依頼されることが多かったという(25)。実際、その1年くらい前から、台湾からの正規版権取得の依頼が目に見えて増えてきており、当時、集英社の編集総務という立場で海外版権を担当していた永井英男も、その頃から版権許諾の申し入れが急に増え、91年秋くらいに、MAC（MSCチャイナ）というエージェントから「台湾の出版社を全部まとめるからエージェントとして任せてくれないか」という話があったと語る(26)。

　阿久津によれば、台湾の大きな変化は他社も感じていて、2月の台北ブックフェアのあと、講談社・小学館・集英社の3社で3社懇(27)を設立。台湾からの激

---

(24) 〈講談社百年史によせて：ヒアリング　ライツ事業局・阿久津勝氏（筆者注：2004年当時）〉。講談社百年史編纂のための、社史編纂室での2004年9月17日付インタビュー記録（内部資料）。ちなみに、この1992年2月の台北ブックフェアでは、講談社が『AKIRA』の正式版権を東立出版に下すことを発表して話題になった。

(25) 前掲注(7)：当時の講談社の版権担当・阿久津勝への筆者による対面インタビュー。以下同。

(26) 前掲注(8)：当時の集英社の版権担当永井英男への電話インタビュー。以下同。

(27) 当時、集英社の版権担当だった永井によれば、まもなくこの3社に白泉社も加えた4社懇とすることを集英社が要請（実際、白泉社は比較的早い時期に成田美名子の作品について東立出版に正式許諾を下している）。その後、秋田書店が加わって5社懇となり、後に7社懇となり、次第に増えて最終的には13社懇になったという。だが、ここでは、初期対応の判断に最も力の大きかった「3社懇」として記述する。

◆第11章◆ アジアにおける海賊版マンガから正規版への移行過程と残る諸問題［藤本由香里］

しくなった版権許諾の要請に対し、出版社がまとまって対応策を協議していくことになった。

(2) 背景 ── アメリカからの改革要請

ではなぜこの時期に台湾は大きな著作権法改正に踏み切り、業界が騒然となったのだろうか。「その背景にはアメリカからの圧力があったらしい」というのは、筆者が2014年11月14〜18日に台湾で調査を行った際、複数の業界関係者から聞いた話である。なかにはそれを否定する見解もあったが、東立出版の范萬楠社長は、「アメリカからの圧力は確かにあった」と語っていた[28]。当時の台湾はWTO加盟の意思をもっており、それをにらんで著作権法の改正を進めていったという（実際の台湾のWTOへの加盟は2002年）。

また、阿久津勝も前出の〈講談社百年史によせて：ヒアリング〉の中で、「著作権法改正の動きはどうして出てきたのか。主役はアメリカでした。当時、日本をはじめ、NIESとかNICKSといわれたアジア諸国は、対アメリカ貿易で大きな黒字をだしていました。アメリカは製造業ではこれらアジア諸国に太刀打ちできなくなっていたのです。そこで、圧倒的な競争力を誇る伝家の宝刀『知財』に、ちゃんと金を払えと、今まで以上の強い圧力をかけてきました。台湾もこの圧力にこたえざるを得なくなった、というのが著作権法改正の直接のきっかけと考えています」。

また、先述の久保隆志の1994年のレポートの中でも、台湾における海賊版の隆盛について述べたあとで、「ところが、二年前に事情は一変する。きっかけになったのは、九二年六月に実施された台湾（国内）の著作権法改正である。それまで野放し状態だった海外出版物の"盗版"には、罰金だけではなく体刑をもって臨むというのがその内容。これを機に、台湾の"海賊版出版社"は次々と正式契約に走ることになる」[29]。その背景として、講談社国際室の笠原隆室長（当時）の言葉が次のように続く。「個々の出版社としては、海賊版の出版（による儲け）で十分な資本の蓄積が出来ていたこと。さらにグローバルな事情としては、"スペシャル301条項"に代表される、知的所有権に関するアメリカからの圧力もあったようです」[30]。

---

[28] 前掲注(18)：筆者による范萬楠社長への対面インタビュー。
[29] 久保・前掲注(12)（1994）54頁。
[30] 同上。

473

◇第Ⅱ部◇　著作権法における実証と理論

表1：スペシャル301条（知的財産問題）の指定国

	①優先国	②優先監視国	③監視国
1989年5月	なし	インド、タイなど8か国	日本など17か国
1989年11月	なし	インド、タイなど5か国	日本など20か国
1990年1月	なし	インド、タイなど4か国	日本など20か国
1991年4月	インド、タイ、中国	ブラジル、EC、豪	日本など20か国
1992年4月	インド、タイ、台湾	ブラジルなど9か国	日本など22か国
1993年4月	インド、タイ、ブラジル	EC、豪など10か国	日本など17か国
1994年6月	中国	日本など8か国	韓国など18国
1995年4月	なし	日本など8か国	中国など24か国
1996年4月	中国	日本など8か国	豪など25か国
1997年4月	なし（中国：306条監視）	インドなど10か国	日本など36か国
1998年5月	パラグァイ（中国：306条監視）	インドなど15か国	日本など32か国
1999年4月	なし（中国、パラグァイ：306条監視）	インドなど16か国	日本など37か国
2000年5月	同上	インドなど16か国	韓国など37か国

資料：USTR外国貿易障害年次報告書より作成

出典：高倉成男『知的財産法制と国際政策』（有斐閣、2001年）132頁より引用。

　"スペシャル301条項"、すなわち米国の1974年通商法301条とは、「米国の貿易に不利益を与えている外国の不公正な慣行（個別案件）について、調査・交渉を行い、これが整わないとき（相手国が改善しないとき）、報復関税や輸入規制などの対抗措置をとることができるというもの」で、「知的財産に関する二国間交渉において、当時米国がターゲットとしたのは貿易競争力を付けたアジアNIESとラテン・アメリカ諸国」であった[31]。〔高倉、2001〕
　NIESとは、Newly Industrializing Economies 即ち新興工業地域のことで、アジアでは韓国・台湾・香港・シンガポールがこれにあたる。つまり工業の振興著しいこれらの地域の輸出圧力に対して、アメリカが「知的財産権を守れ」と

---
[31] 高倉成男『知的財産法制と国際政策』（有斐閣、2001年）128頁の解説。

◆第11章◆ アジアにおける海賊版マンガから正規版への移行過程と残る諸問題［藤本由香里］

要求することで対抗するという構図である。

　"スペシャル301条項"による知的財産権をめぐっての二国間交渉が本格化するのは1990年代になってからで、改善要求の強い順に、①優先国、②優先監視国、③監視国の三つの段階が定められているが、①優先国が初めて指定されたのは1991年4月で、対象は、インド・タイ・中国。そして翌1992年4月には、インド・タイに加えて、まさに台湾が、アメリカから知的財産権改善の優先国に指定されている[32]（表1）。

　中国が91年にアメリカから優先国の指定を受け、翌92年にベルヌ条約と万国著作権条約に加盟して優先国の指定から外れていることを見ても、92年にアメリカから知的財産権をめぐる二国間交渉の優先国に指定された台湾が、国内の著作権法改正に至る強い圧力をアメリカから受けていたとしても不思議ではない。むしろ1992年6月の台湾の著作権法改正の背景には、アメリカからの知的財産関連法整備に関する強い圧力があったと考えるのが妥当であろう。

　そしてこれが、台湾の海賊版マンガ出版社に、日本マンガの正式版許諾を求めて一斉に日本の出版社の門戸を叩く、という行動を促すことになったのである。

(3) 難航する版権許諾交渉

　じつは、台湾の改正された著作権法の中でも、知的財産権を優先的に保護しなければならない国の中に日本は入っていなかった。講談社の版権担当だった阿久津は〈講談社百年史に寄せて〉のヒアリングの中で、「私の記憶に間違いがなければ日本は、完全な保護対象国ではなくて日本で出版後1ヶ月以内に台湾で翻訳本が出版されれば著作権を保護するという、ほとんど役に立たない内容でした」と語っている[33]。この点については集英社の版権担当だった永井英男も同様の記憶を語る[34]。実際、1992年に改定された台湾の著作権制度の4条1号の規定はそのようになっている。

　「台湾著作権法4条は、外国の著作物の保護について次のように定める。

　『外国人の著作物は、次の各号に掲げるいずれかの条件を満たす場合には、この法律によって著作権を享有することができる。ただし、立法院の議決によっ

---

(32) 高倉・前掲注(31)132頁掲載の表28B「スペシャル301条（知的財産問題）の指定国」。
(33) 前掲注(24)：〈講談社百年史に寄せて：ヒアリング〉。
(34) 前掲注(8)：筆者による電話インタビュー。

◇第Ⅱ部◇　著作権法における実証と理論

て承認された条約又は協定の規定に別段の定めがある場合には、その規定による。
　一　著作物が、中華民国の領域内において最初に発行される場合、又は中華民国の領域外において最初に発行された後30日以内に中華民国の領域内において発行される場合。ただし、この条件は、その外国人の本国が同一の状況の下で中華民国国民の著作物を保護することが正式に立証される場合にのみ、適用される。
　二　条約、協定、外国の国内法及び規則又は慣行に従い、中華民国の国民の著作物が、当該国において著作権を享有する場合』[35]」〔前田、2002〕
　前田はこれに続けて「日本の著作物等の保護は、4条2号でも読めるように思われる。日本は、『TRIPS協定』という条約・協定により、中華民国（台湾）国民の著作物等を保護しているからである」としているが、日本と台湾との間で「TRIPS協定」が発効したのは台湾がWTOに加入した2002年以降のことであるから、1992年当時はまだ、4条2号により日本国民の著作物が保護されることはなく、4条1号しか有効ではなかったと考えられる。
　にもかかわらずなぜ、台湾の海賊版マンガ出版社は一斉に日本の出版社から正式版権許諾を受けようと動いたのか。
　講談社の版権担当だった阿久津はこう語る。
「このころはマンガが非常に儲かっていた時代でした。こうした中での著作権の改正の動きですからマンガ出版社はあせりました。このままでいくと、もしかしたら「金のたまご」のマンガが出版出来なくなってしまうかもしれない、と強い恐怖心を抱いていたことは容易に想像できます。これが、最初に申し上げた日本の出版社への訪問ラッシュにつながったのだと思います」
「また、内的な条件もそろっていました。当時の台湾は韓国をはるかにしのぐ高い国民所得がありました。教育水準も高く、人々は多少高くてもいいものが手に入れたい、というレベルに達していたのです」[36]
　また、阿久津は、当時の台湾の出版社には、著作権への理解もある程度あったという[37]。

---

[35]　前田哲男「台湾における日本の著作物等の保護について」コピライト499号（2002年）22頁。
[36]　前掲注(24)：〈講談社百年史に寄せて：ヒアリング〉。
[37]　前掲注(7)：筆者による対面インタビュー。

◆第11章◆　アジアにおける海賊版マンガから正規版への移行過程と残る諸問題　[藤本由香里]

　しかし、台湾側から始まった、日本の出版社の正式許諾を取りたいという交渉は難航した。それ以前から、日本に版権の正式許諾を取りに行っても門前払いというのが一般的だったが、台湾から正式許諾を求めてたくさんの出版社が日本に押し寄せるようになり、3社懇で共同して討議するようになっても、日本の出版社はまだ対応を決めかねていた。今までのようにとりあえず断るのでなく、ここで態度を決めて正規版契約へと移行した方がいいのはわかる。しかし相手はずっと海賊版を出していた出版社だ。「はい、そうですか。では正式契約に移りましょう」というわけにはいかない。ではいったいどうすればいいのか──？
　日本側は、講談社・小学館・集英社の3社懇を中心に一斉に許諾をおろすことにより台湾の正規版化を進めることではおおむね合意していたが、それまでが海賊版出版だったことにどう対処するかは各社の判断にまかされており、それぞれ対応が違っていた。
　東立出版の范萬楠社長によれば、本格的に交渉を始めてから、正式に許諾が下りるまでに、半年から1年はかかったという。しかもその過程では、台湾側の非常に大きな決断があった。

3　台湾海賊版マンガ"撲滅"へ

(1)「海賊版全冊、絶版・回収・焼却」要請

　ここで、「東立出版」という会社について少し説明しておく。東立出版は、1960年代に人気マンガ家だった范藝南＝范萬楠が1977年に台南で設立した会社で、1978年、ちばてつや「おれは鉄兵」（海賊版）の大ヒットで会社の基礎を築き、79年に台北に移る。1989年、雑誌『少年快報』を創刊。これは、『少年ジャンプ』『少年マガジン』『少年サンデー』『少年チャンピオン』のいいとこどりの雑誌（もちろん海賊版だからこそこんなことができた）で、爆発的な人気となり、23万部という台湾マンガ雑誌史上最高部数を達成。その圧倒的な人気と市場シェアを背景に、同年から海賊版出版社の談合組織である「漫画連盟」（海賊版であることによる、むやみな競合・価格競争を避けるために、大手がくじ引きで各社の出版物を決める寄合）の元締めとなる。当時の台湾では日本文化の直輸入は禁止されていたから、もちろん海賊版の元になる日本マンガの原本の台湾への持ち込みも禁止。范萬楠社長は日本から苦労して原本となるマンガを台湾に持ち帰ってきて、漫画連盟の成立以前から、東立で出さない作品は他社に譲った

477

◇第Ⅱ部◇　著作権法における実証と理論

りしていたらしい[38]。92年時の東立のシェアは45％。一時は雑誌も含めた市場シェアは7〜8割だったのではないかとも言われ[39]、いわば業界の親分、「台湾海賊版漫画の帝王」とでもいうべき存在であった。

　その東立の范萬楠社長は当然、日本側との版権交渉の中心人物でもあったわけだが、先述したように、日本側との交渉は遅々として進まない。日本側が「元海賊版出版社をどう扱うか」を決めかねていたからだが、交渉の過程ではずいぶん厳しいやり取りもあったらしく、「正式許諾を申し出るなら海賊版を全冊処分してからにしろ」という要請も聞かれたという。そしてまた実際に、「海賊版出版物の絶版、全冊回収および焼却」も出版社から求められた。

　このままではらちが明かない ──。范萬楠は決意し、それまでお金を刷っているのかというくらい儲かっていた海賊版出版を一切停止した。単行本も、未曾有の部数で大成功していた『少年快報』もあらゆる出版物を一切停止である。もちろん他の出版社は通常通り海賊版を出版し、市場に流通させている。しかし東立は何も売るものがなくなって数ヶ月 ──。数億の赤字を出し、毎日妻には泣かれ、取次には猛反対されて、それまでの流通網を再編成することになったという。当時、社員70人に加え、取次300人が東立の出版物によって生活していたのだ。そこまできて、「このままでは本当に東立が潰れてしまう」と「ようやく日本側が本気になった」と范萬楠は語る[40]。

　しかしどうしてそこまでしたのか？　そこまでする必要はなかったのでは？　という筆者の問いに対し、范萬楠の答は、「今は儲かっていても海賊版を続けても後がないと思った[41]。ぐずぐずしていて、正規版権を他社に取られたら終わりだ。なんとしても誠意を見せて許諾してもらう必要があった[42]」「それに自分

---

[38]　当時、東立の顧問だった荒川信一の話による（2014年11月16日、台北の日本料理店にて筆者が荒川に対面インタビュー）。また、講談社の阿久津も范社長から日本マンガの原本を台湾に持ち込むときの苦労話をたびたび聞かされたという。

[39]　前掲注(24)〈講談社百年史に寄せて：ヒアリング〉。

[40]　前掲注(18)：筆者による対面インタビュー。

[41]　「このまま海賊版を続けていても後がない、このビジネスは長くは続かない」というのは、阿久津が范社長に会うたびに言っていたことらしい。しかし、「当時の状況では正式契約をすることイコール素材を早く提供しなければならないということで、これは当時我々側が対応できるような状態にはありませんでした」（阿久津：前掲注(24)〈講談社百年史に寄せて：ヒアリング〉）。

[42]　この認識は、当時、東立出版の顧問だった荒川信一が、当時の東立の決意として筆者に語ったことと一致する（前掲注(38)）。

478

◆ 第11章 ◆ アジアにおける海賊版マンガから正規版への移行過程と残る諸問題［藤本由香里］

は元マンガ家だから、できることなら作者にちゃんと対価を払いたいと思っていた」[43]。

　こうして日本側との契約交渉が本格的に進み始め、1992年8月末に契約が成立し、『少年マガジン』の台湾版として『少年快報』が東立出版で復刊。それからほとんど間をおかずに『少年ジャンプ』の台湾版として二誌[44]、『宝島少年』が東立出版から、『熱血少年TOP』が大然文化から、それぞれ創刊されることになる。これらはすべて"提携誌"で、他社の作品は載せない契約。単行本も基本的に、その作品が載った雑誌の出版社に許諾する、という形である。

　ただし小学館ではこのような"提携誌"主義を取らず、作品ごとの"単品契約"であったという。しかも、前出の久保（1994）のレポートで、小学館インター・メディア部の鈴木俊彦部長（当時）が語るところによれば、「海賊版対策として、他社が雑誌形態の（フロー）部分を重視しているのに対し、ウチはコミックス（ストック）分野の方を重視しています。契約に際しても、過去に出版された総ての海賊版のリストと現物見本を提出してもらい、総て絶版にした上で、在庫についても一切売らない、よそに流さない、店頭在庫も回収するという点を確約してもらっています」[45]とかなり厳しい方針である。

　東立出版はその後も1年かけて海賊版を回収し、1年かけて焼却して、焼却証明書や焼却の証拠写真を日本側に提出した[46]。

　1992年に著作権法を改正した時点でも、当時の台湾は国際著作権条約に加盟していたわけではなく、日本の著作権を保護する義務を負ってはいなかった。しかもそれまで日本側は海賊版の存在を知りつつもそれを放置し、許諾要請が来ても基本的には断っていた。それを考えると、当時の日本側の要求は少々厳しすぎるように思えるが、これはどういう事情だったのだろうか。

　当時、編集総務として集英社の版権担当だった永井はこう語る。「日本側は基本的に、まず海賊版の出版をやめてもらってから交渉のテーブルに着きましょう、というスタンスでした。やはり、ずっと海賊版を出し続けていた出版社

---

[43] 前掲注(18)：筆者による范社長への対面インタビュー。
[44] 『ジャンプ』はあまりにも人気作品が多いためか、雑誌を二つに分けて許諾し、二誌を競わせることを基本としている。
[45] 久保・前掲注(12)（1994）56-57頁。
[46] 范萬楠社長へのインタビュー（前掲注(18)）。当時、集英社の永井英男は提出された焼却証明書や証拠写真を確認したと語っている。講談社の阿久津も范社長から、「こんなにたいへんだったんだ」と焼却写真を見せられたことがあるという。

479

◇第Ⅱ部◇　著作権法における実証と理論

に正式な許諾を下すことを著者や編集者が納得してくれるだろうか、という懸念は大きかったですね。『海賊版でずっと儲けてきた会社だよな』というのがありますから、作家さんに説明するときにきちんと説明できるか、というのが問題だった。ですからなんらかの形で、『きれいになった』、海賊版をクリーンアップした、という形を示してもらう必要があった。」[47]

そこで集英社では焼却証明書を確認し、それほど大きな額ではなかったが、集英社の主だった作品のここ1〜2年の正式ロイヤリティの3掛けという形で賠償金も払ってもらったという。

講談社では、中国語ができる阿久津が以前から范萬楠社長と定期的に会う機会があり、その人柄やノウハウを高く評価していた[48]こともあって、比較的早い時期から、基本的に許諾は出す、賠償金は要求しない、しかし謝罪はしてもらうし、代わりに正規契約時の原稿料はそれなりの額をもらう、という方針だったようだ。これは、それまで『少年マガジン』の編集者が長かった阿久津が、おそらく著者も編集者もなんとか説得できるだろうという感覚を持っていたことが大きかった[49]。

しかし、その阿久津でさえ、「当時は『どうせクオリティーは悪いんだろ』『どっちみちたいした金にならないんだろ』『海賊版出版社をそんなに簡単に許していいのかよ』等の考えも根強かったわけで、我々国際室は『まず、著作権表示をちゃんとしてもらうことが重要で、お金に関してはあまり期待しないでいただきたい』『著作権の部分に関しては、ちゃんとコントロールしますのでとにかくやらせてみてください。市場があるのは間違いありませんから』ということで編集サイドの理解を求めました。編集が了解してくれたときはうれしかったですね」[50]と語っているところをみると、それまでの「海賊版出版社」に許諾を出すことに対する社内および著者への説得は、正式版許諾に踏み切ろうとす

---

(47) 前掲注(8)：筆者による電話インタビュー。永井は、「今考えてみると台湾には少し厳しすぎたかもしれない」とも語っている。日本にとっては台湾が本格的な版権対応の初めてのケースだったために、いろいろな面で試金石になった側面が大きいようだ。

(48) 「なぜなら、彼自身の性格から絶対に変な裏切りはしないだろうこと、（中略）なにより、客観的に見て、東立の経営基盤・マンガ出版のノウハウ・マンガへの理解度はなにをとっても同業他社より抜きんでていたのです」(前掲注(24)〈講談社百年史に寄せて：ヒアリング〉)

(49) 前掲注(7)：筆者による対面インタビュー。

(50) 前掲注(24)〈講談社百年史に寄せて：ヒアリング〉

る各社にとって、かなりの山場だったことが推察される。

いずれにせよ、これによって日本は、マンガの海外版権ビジネスに初めて本格的に乗り出していくことになるのである。

(2)「1年後に9割が正規版化」するまでのノウハウ

ようやく日本側からの正式許諾が下り始めて、東立出版と、当時それを追う出版社だった大然文化[51]の2強2社を中心に、日本側と協力して台湾における海賊版一掃対策に乗り出すことになった。

基本の戦略としては、出版社が共同して[52]大量の版権を下すことで、海賊版を駆逐するというものである。当時、東立がシェア45％、大然のシェアが35％と、東立と大然だけで、市場のほとんど（8割）を占めていた[53]ので、その2社を中心に許諾することで、海賊版を取次に置かなくさせた。

もちろん両社が海賊版出版を止めることは当然として、最大の対策は、取次に対して流通で海賊版を扱わないよう、両社を通じて要請する、というものだった。つまり、海賊版を扱う取次には東立・大然の本は一切売らない、と宣言するのである。取次としても、市場の8割を占める商品を止められてはかなわないから、海賊版の市場への流通を止めることになる。

また、日本側の3社懇（当時は7社懇？[54]）のようなものを台湾側にもつくることを要請し、初代会長を東立の范萬楠社長が務め、会長は1年交代として、そこに加盟している大手の5～7社（東立・大然・長鴻・青文・尖端・中国時報出版…等）には一切海賊版を扱わないようにさせた。

集英社では新聞広告という手段も活用し、東立と、また大然と組んで、それ

---

[51] この会社はのちに不正な経理処理が発覚して小学館・集英社から訴訟を起こされ、現在は倒産してしまっている。台湾での調査中にあちこちで「あそこの会社は問題があってねえ…」と聞いたが、前掲注(24)の〈講談社百年史に寄せて：ヒアリング〉資料の中にも「ちなみに、小学館・集英社は版権料不払いと海賊版出版を理由に、本年（筆者注：2004年）春、大然との契約を破棄。現在、両社は大然を告訴中」との記述がある。東立は元海賊版出版社といっても、見事なくらいきちんとした会社だったといえるが、海賊版出版社の中には、機を見るに敏ではあっても、こうしたたぐいの出版社があることは残念ながら事実である。

[52] 最初の3社懇はしだいに4社になり5社になり7社になって、最終的には13社懇くらいになった。

[53] 阿久津の資料による。

[54] 同前。

◇第Ⅱ部◇　著作権法における実証と理論

ぞれ主要新聞3紙に広告を出し、正式に許諾したタイトル名を列挙して、これらのタイトルは東立あるいは大然との間で正規契約がなされているので海賊版は認められない、ことを業界および読者にアピールした[55]。

これらの手段により、約1年で、海賊版は許容できる範囲（1割以下）まで消滅したという。この認識に関しては、東立の范萬楠、講談社の阿久津、集英社の永井の三者とも一致している。

当時、まだ若い十代のマンガファンであり、長じてからはいくつかの台湾の出版社でマンガ編集者をしていた王凱平の話によれば[56]、海賊版が消えるまでには1年ではなく2年くらいかかったのではないかという。しかし1年半から2年を過ぎるころには正規版への入れ替えが進み、台湾ではほとんど海賊版をみかけることはなくなったそうだ。

ちなみに、王によれば、当時、海賊版は1冊50元、ただし店の割引で35元で売られていたものが、正規版になって1冊60元になった。が、印刷も紙質もよくなり、「まともなものが出るようになった」という印象を受けた。それまでの海賊版では、作者やキャラクター名が中国人名で、前半は本編、後半は同人作品という単行本もよくあったという。

当時の台湾では「人々は多少高くてもいいものが手に入れたい、というレベルに達していた」という阿久津の言葉を裏書きするような証言である[57]。

4　正規版権許諾時代の始まり

(1) 香港への波及

台湾と香港はともに繁体字・縦書き・右開きの中国語文化圏であり[58]、そのため、1960年代の半ばから台湾で出版された日本マンガの海賊版が香港にも流入し、大きな人気をはくすようになった。とくに90年代初頭には日本アニメとその関連商品が続々と香港に上陸し、当時、日本のマンガといえばほとんどが台湾からの海賊版で、主に貸本として香港に広まっていたが、この人気を見た

---

[55]　この方式はのちにタイでも採用されて効果を上げた（後述）。
[56]　2014年11月15日、台湾の高雄で開かれた世界漫画サミットの会場でインタビュー。
[57]　前掲注(36)。
[58]　これに対して、中国（中華人民共和国）は、簡体字・横書き・左開きの中国語文化圏。文字の方向はともかく、そもそも使われる漢字の種類が違う。繁体字とは、日本でいう旧字体の漢字で、簡体字とは、日本の漢字よりももっと簡略に記号化した漢字の形。中国は国家の方針として1950年代に簡体字に改めた。

◆第11章◆　アジアにおける海賊版マンガから正規版への移行過程と残る諸問題［藤本由香里］

香港の中小出版社も海賊版の出版に参入したため、香港でも貸本屋やマンガ専門店が次々と開店する状態だったという[59]。

こうした中で、台湾に起こった強い正規版化への波は、すぐに香港にも波及していった。

村中（2001）は、香港でも台湾と同時か、台湾の著作権法改正に先んじる形で香港の出版社が日本に大挙して押しかけ、正式に日本の出版社との間で翻訳出版の契約を結んだ、ととれる書き方をしているが、先に見た通り、台湾からの強い正式版権許諾要請に応じる形で講談社・小学館・集英社が3社懇をつくり、初めて本格的に著作権ビジネスに対応していったものの、台湾との正式版許諾交渉はかなり難航した。出版社にとって台湾の方が香港よりはるかに大きな市場だったことを考えると、まず台湾、それに少し遅れて香港の正規版化が進んだとみる方が妥当であろう[60]。

ただ、当時は『ドラゴンボール』等のスーパーコンテンツがあり[61]、香港の出版社にしても、できれば正規版権を取得して利益を独占したいという希望は強く、正規版権獲得の要請が来ていたことは確かである[62]。少し遅れたといっても交渉はそれほど間をおかず、ほぼ同時に進んでいったとみていいだろう（台湾の許諾が92年夏、香港への許諾は同年秋）。

まず、海賊版時代から香港にも流通網を持っていた東立出版が、『少年マガジン』の提携誌として台湾で出版することになった『少年快報』を、香港では『新少年』として出版するという正式契約を講談社との間に結んだ。一方、集英社

---

[59] 村中志津枝「香港漫画の歩み」『アジアINコミック展図録』（国際交流基金アジアセンター、2001年）39-44頁．該当の記述は、39、41頁。

[60] 当時、講談社国際室で香港および東南アジアの版権担当だった吉羽治（現在、講談社ライツ・メディアビジネス局局長）は、「台湾では正規版化に大きく動いているけれど、香港はやらないの？」と香港の出版社に聞いたという記憶を語っている。2015年12月25日、講談社にて対面インタビュー。

[61] 村中・前掲注[59]（2001）によれば、『ドラゴンボール』は、香港で1巻あたり18万部と驚異的な売れ行きだったという。

[62] 集英社の永井は、90年秋ごろに一度、目の前に現金を並べて、「韓国・台湾・香港の『ドラゴンボール』の版権をこれで売ってくれ」と言われたことがあるという。

英国領だった香港も当時アメリカが対抗しようとしていたNIESの一つであり、知的財産に関する交渉優先国ではなかったが、91年に優先国に指定された中国が翌92年にベルヌ条約と万国著作権条約に加盟しており、92年に優先国指定された台湾と併せて、米国からなんらかの要請を受けていたとしても不思議ではない。

◇第Ⅱ部◇　著作権法における実証と理論

は、香港でも台湾と同じく『少年ジャンプ』のコンテンツを二誌に分けて許諾するという形をとり、同誌の提携誌として、『EX-am』（カルチャー・コム）、『少年画王』（自由人出版）という二誌が創刊されたが、台湾の『熱血少年 TOP』も香港に輸入されていたという[63]。人気の『ドラゴンボール』は、のちに、自由人出版の不振もあって、香港の人気マンガ家・馬栄成の出版社である天下出版に正規版権を下すことになった。

その後、香港での海賊版に関しては台湾ほど短期間で市場から消えたわけではなく、台湾の正規版が香港で水貨（密輸入品）として流通する[64]などの問題もあったようだが、香港でもこの時点から、正規版化への流れが決定的になっていった。

(2) 韓国の状況

ここで韓国の状況についても触れておく。

韓国では、金大中大統領による開放政策が始まる1998年までは、日本の大衆文化の輸入は基本的には禁止されていたが、1987年という、アジアの中では比較的早い時期に万国著作権条約に加盟した韓国は、その頃から熱心に日本を訪れて正規版権の許諾を求めるようになった。

当時、集英社の海外版権を担当していた永井英男によると、韓国の正式版許諾要請は他国とは熱心さが違い、集英社として最初の大きな海外版権許諾は、1992年1月1日付で韓国に許諾した『ドラゴンボール』だったという。これは当時の部長による決断だった。

その後、集英社は当時の韓国におけるマンガ出版の二強だった「ソウル文化社」と「大元」という二つの出版社に分けて版権を許諾するようになる。コンテンツを二つの会社に分けて契約すると、お互いに競争しあってうまくいく、というのは、このあたりからきた経験則だったのではないかと永井は語る。集英社とこの二つの出版社の仲介にあたったのは、小学館が日韓辞典を発行した

---

[63] 久保・前掲注(12) (1994)。これも注(64)の水貨（密輸入品）だった可能性もある。

[64] 久保・前掲注(12) (1995) 66頁。白泉社の内山晴人編集管理室次長（当時）の話として「最近の香港で問題なのは、台湾で出版されている正規版が、裏ルートで海賊版として出回っていること」だと語られているが、この「裏ルートの海賊版」というのは、「水貨」（密輸入品）のことだと考えていいだろう。実際、香港にとって「水貨」は大きな問題だった。

◆第11章◆　アジアにおける海賊版マンガから正規版への移行過程と残る諸問題［藤本由香里］

時のエージェントだった信元企画だった。

　この韓国の二大出版社による版権許諾交渉の「粘り強いを通り越したしつこい攻勢」に関しては、講談社の阿久津もその記憶を語っている。「1993・4年ごろの韓国も、マンガは出版すれば儲かるというよき時代」で、韓国を代表するマンガ出版社二社が、「儲かることが確実なマンガ版権の購入をめざして講談社や日本のマンガ出版社に大攻勢をかけていました」[65]。

　しかし韓国は、当時日本文化の輸入が基本的には禁止ないしは制限されていたこともあって、先述したような日本作品の"韓国化"（キャラクターの名前や舞台を韓国に変えてしまう）の傾向が著しかったばかりでなく、早く出版しようとするあまり契約前出版というフライングもよくあることだったり、セールスレポートもちゃんとしていなかったり……で、韓国との版権ビジネスにはかなりの苦労があったようだ。こうした中で講談社は、最終的には大元系の鶴山文化社を韓国におけるビジネスパートナーとして選んでいく[66]。

　いずれにせよ、韓国の出版社が他国と比較にならないほど熱心で、足繁く日本にやってきていたことは確かなようで、台湾のようなドラスティックな形ではなかったが、韓国でもしだいに、海賊版から正規版への移行が確実になされていった。実際、中古市場ではかつての"韓国化"された海賊版も多く目にするが、現在の韓国では、新刊市場で海賊版を目にすることはまずないと言っていい状況になっている。

(3) 台湾との契約が正規版契約のひな形に

　台湾の著作権法改正を機に（その背景には"スペシャル301条項"によるアメリカからの圧力があったことは先述の通りである）、台湾からの正規版権獲得の要請が高まり、それまで版権許諾に消極的だった日本は、まずは講談社・小学館・集英社の"3社懇"という形で、のちに複数の出版社が連合して、これに対応していくことになった。これを機に、日本マンガの本格的な正規版権許諾時代が始まったと言えるが、なんといっても大きかったのは、この時の対応を通じて、各社の海外版権許諾に対する態度の基盤が確立し、契約のひな型ができていった

---

[65]　前掲注(24)〈講談社百年史に寄せて：ヒアリング〉。
[66]　集英社が基本的に2社をメインの許諾先に選んで競わせるのに対し、講談社はその国でメインとなるビジネスパートナーを決めて、多くの作品はその会社と組んでやっていく、というのは今も続く基本的な傾向である。

◇第Ⅱ部◇　著作権法における実証と理論

ことである。

　たとえば、現在アジアでの単行本の印税契約は、日本と同じ「刷り部数」の7〜10％がデファクト・スタンダードとなっている。これは当時、日本は日本の契約をもとに提案し、台湾は台湾で、もとは海賊版の出版社なのでそれまで正規の印税を支払ったことがなく、「正規版権というのはそんなものなのだろう」というのですんなり決まったのだという[67]。一方、じつは欧米では「売れ部数」を基準に印税を払うのが一般的である（その代わり欧米の場合は、最低保証金であるアドバンス（＝前払い金）で厳しい交渉を行う）。

　雑誌の場合は、1ページいくらの版権料を支払うことになるが、これは円建てで、税金・為替リスクは先方が負担した。台湾の場合、『少年快報』だけで版権料が月に1千万円を超え、90年代の後半には、台湾からの版権収入だけで年間数億円が講談社に支払われていたという[68]。これは売り上げではない、純粋な版権収入である。

　事情は講談社だけでなく集英社や他社の場合も同じで、台湾はこれから10年以上、2000年代の半ば頃にアメリカやフランスに抜かれるまで、ずっと日本にとってマンガにおける海外著作権収入第1位を維持し続けていた[69]。つまり、台湾における海賊版から正規版への移行は、システムの構築という面だけでなく、純粋に経済的な面でも、日本に大きな利益をもたらしたわけである。

　じつは1992年というのは、台湾だけでなく、海外版権がいっせいに動き始めた年でもあった。ヨーロッパにおける日本マンガブームの一つの皮切りとも言える、スペインからの『ドラゴンボール』許諾要請が集英社のファックスに連続して入り始め、それが海外版権エージェントであるタトル・モリ　エイジェンシーに持ち込まれたのも1992年。そして、日本マンガの海外版権にとっての次の市場となる東南アジア、具体的にはタイから、正規版権を求めて出版社が来日したのも1992年である。

　それでは続けて、タイにおける、海賊版マンガから正規版への移行過程を見ていこう。

---

[67]　前掲注(24)〈講談社百年史に寄せて：ヒアリング〉。
[68]　前掲注(24)〈講談社百年史に寄せて：ヒアリング〉。
[69]　講談社吉羽治から示された資料、集英社永井の話、日本のマンガの輸出版権を長く扱ってきたタトル・モリ　エイジェンシーの資料等による。

◆第11章◆　アジアにおける海賊版マンガから正規版への移行過程と残る諸問題［藤本由香里］

Ⅳ　タイにおける海賊版から正規版への移行過程

1　1960年代後半〜1990年代初頭のタイにおける海賊版状況

　タイにおいて最初に日本マンガがそれと認識されたきっかけは、1966年にテレビで日本アニメ『少年忍者風のフジ丸』が放送されたことだという。同年、そのマンガ版が海賊版として出版され、これがアニメの人気とあいまって、その後、日本マンガが相次いで翻訳出版される流れができていったというのである[70]。とはいえ、まだ印刷技術がそれほど発達していなかったこともあって、この時期から1980年代までの海賊版マンガは、日本マンガの版面の単純な複製ではなく，地元の作家が原版を模倣して描く形式のものだったらしい。トジラカーン・マシマ（2014）によれば、「当時は印刷技術が決して高いわけでもなく、原作のマンガを入手することだけでも困難であったため、出版されるのはタイ人の手による描き直し海賊版である。それらの中には原作を模写したもの、テレビ番組を見た記憶に基づいて描き起こしたもの、キャラクターを借用してオリジナルのストーリーを展開するもの等、様々なバリエーションがあった。後の海賊版のように機械的な単純複製ではなく、この時期の海賊版は印刷原盤を描き起こすというプロセスが必ず含まれる点が共通した特徴である[71]」

　それが印刷技術の発達によって、マシマが第2種海賊版と呼ぶ機械的な単純複製＝「日本マンガのコピーを原本とした複製」へと移行するのは、1980年代のことであった。この時も、その人気がテレビ放映される多様なアニメの人気を背景にしていたことは共通しているが、80年代になると以前にもまして海賊版市場は急速に拡大した。マシマによれば、「描き手の技量が重要だった第1種海賊版時代に比べると複製作業が容易になったため、多くの中小出版社が海

---

[70]　2012年8月23日〜30日に行った、筆者と、京都大学博士課程に所属するタイからの留学生であるトジラカーン・マシマによるタイのマンガ市場調査時の聞き取り調査による。海賊版マンガ第1号が本当に『風のフジ丸』だったかどうかは確認できていないが、タイの海賊版マンガ出版はテレビでの日本アニメ放映を追う形で始まったものであり、当時バンコクにあった日本の書店で、「ある出版社が何冊かマンガを見つけ、それが映画で見た物語と同作品であることに気付いたところからはじまった」という説については、SIAM社のヴィラット・ティーカプティサクルが、「啓発と破壊〈タイ〉」中央公論2000年9月号（1396号、中央公論新社）217-219頁の中で「納得のいく説」として紹介している。

[71]　トジラカーン・マシマ「タイコミックスの歴史」『国際マンガ研究4　日本マンガと「日本」』（京都国際マンガ研究センター、2014年）85-117頁。引用は91頁。

◇第Ⅱ部◇　著作権法における実証と理論

賊版市場に参入する。その結果、市場に出回る海賊版マンガの量は大きく跳ね上がった。海賊版マンガを揃えた個人経営の書店、いわゆる海賊版マンガ専門店が登場し、日本マンガ専用の販売ルートが成立したのもこの海賊版の大量流通に起因するものだったといえる[72]」。

　その結果、70年代に日本マンガの海賊版が人気を得た頃から始まった、タイにおける「上の市場」と「下の市場」の乖離はなお一層加速されていった。

　ここでいう「上の市場」とは、主に首都バンコクを中心とした「テレビ放送と海賊版および派生的なオリジナル作品によって支えられる市場で、主に中流以上の若者（10〜20代）が購買層である」。もう一つの「下の市場」とは、上の「（日本）マンガスタイル」の作品には吸収されなかった作家や読者たちによる、タイ全土に広がる「『1バーツコミックス』[73]やバンルーサーン社のギャグ雑誌[74]といった読み捨ての安価なマンガの市場である。こちらは低所得、低学歴の労働者層が読者の大半を占めていた」[75]。

　さて、では日本マンガに関してはこうした海賊版100％の状況から、タイはなぜ正規版化に舵を切っていったのだろうか。そこには意外なきっかけがあった。

2　「海賊版を出し続けると裁判になるぞ」

　2012年8月に筆者がトジラカーン・マシマとともにタイに調査に行ったとき、複数の業界関係者から語られた話があった。

　1991〜92年ごろ、「アドバンスコミュニケーション」という華僑系の会社が、「日本マンガの版権はすべて私たちが管理する。海賊版を出し続けると裁判になるぞ」と宣言し、業界が騒然となったというのである。

　信じないところは信じなかったが、万一本当だったら対処が必要だ、という

---

(72)　トジラカーン・マシマ、同前。引用は97頁。

(73)　地方の露店や雑貨店・薬局などで広く売られている小ぶりの薄いマンガ冊子。ホラー的な題材が多い。値段は1バーツ、3バーツ、5バーツと上がっていき、現在は「5バーツコミックス」である。

(74)　バンルーサーン社が出している『カイ・ファロー』『マハーサヌック』といった、週刊の風刺ギャグマンガ誌。基本的には読み捨てであるが、1バーツコミックスとは違い、作家性を前面に打ち出し、週刊誌として非常に高い人気を誇っている。現在、1冊15バーツで売られている（2012年8月のタイ調査時にバンルーサーン社も訪問）。

(75)　トジラカーン・マシマ、前掲注(71)。直接引用は96頁。「上の市場」「下の市場」に関しては、この他にも数回記述があり、それを筆者がまとめる形で記述している。

◆第11章◆ アジアにおける海賊版マンガから正規版への移行過程と残る諸問題 [藤本由香里]

ので、当時、日本マンガの海賊版出版社としては最も大手だったSIAM INTER MULTIMEDIA社（以下SIAM社）が1992年7月、日本マンガの正式版権契約を求めて来日し、海外版権のエージェントであるタトル・モリ エイジェンシーを訪ねてくることになった。なぜタトル・モリ エイジェンシーだったかといえば、社長同士が面識があり、当時タトルが集英社のマンガ版権を扱い始めていたことを知っていたかららしい。

このとき、「なぜ正規版権契約がほしいのか？」という問いに対するSIAM社の答は、「正規版にしてできれば契約を独占したい。でないと値下げ競争になって誰も儲からない」というものだった。タトル・モリ エイジェンシーの担当者・荻野千草（現・同社取締役）はこれを聞いて、「これは本音だ、信用できる」と思ったという。「著作権を守りたいから」等ときれいごとを言われたら、何か裏があるのでは…？ と思ったかもしれない、と[76]。

SIAM社のヴィラット・ティーカプティサクル（Virat Teekaputisakul）取締役副社長はこう語る。「タイでは、1980年代初めから日本マンガの翻訳出版が本格化し、『ドラえもん』などが非常によく売れた。80年代後半からは『ドラゴンボール』がブームとなり、当時は海賊版として十数社が出していました。海賊版を確実に売るためには、日本で発売と同時に掲載誌を買って、なるだけ早く出すことが肝心です。一番早く読めるものに読者は飛びついて買う。でも、それに出遅れたら価格競争になります。『こっちの方が安い！』——そうなると、先に出したものも価格競争に巻き込まれることになり、結局は誰も儲からない」[77]。

SIAM社は正規版権を取得することによってそこから頭一つ抜け出したいと希望したわけだが、当時、出版社はいずれも台湾・香港・韓国の正規版化で手いっぱいだ、ということで、状況が落ち着くまで待ってくれと言われてそのまま帰国することになった。

ちなみにSIAM社のティーカプティサクルは、自ら日本に赴くまで日本側から海賊版について注意されたことはないと語っている。これはタイで海賊版を出していた他の出版社（BongKoch社等）への取材でも同様の証言であった。

1992年7月といえば、まさに台湾の正規版化の契約交渉が佳境に入っている

---

[76] 2012年8月10日タトル・モリ エイジェンシーにて、筆者による対面インタビュー。
[77] 2012年8月29日、SIAM社にて Virat Teekaputisakul 取締役副社長に対面インタビュー（通訳：トジラカーン・マシマ）。彼は業界の生き字引と言われる人物だという。

◇第Ⅱ部◇　著作権法における実証と理論

時で、当時は版権担当者の人数もごく少なく、とてもいっぺんに相手にできるような状況ではなかったのは、先に見た通りである。

　また、その状況を知ってタイの経緯を見ればわかってくることがある。タイの動きのきっかけになった「アドバンスコミュニケーション」社は、Chinese Daily Newspaper という華僑系の新聞社のオーナーの関係者だったようなのだが、華僑系であれば当然、台湾での著作権法改正とそれに伴う正規版権化への激しい動きは耳に入っていたはずだ。香港も同時に動いている、というのも知っていただろう。

　結果的に、この会社が「すべての版権を管理する」というような契約事実はなかったが、某大手出版社の代表取締役と知人だったのは確からしく、おそらく何かの折に「今、東アジアの海賊版対策がたいへんで…」という話が出たのに対し、「じゃあ、タイはうちの会社が引き受けますよ」と、正式な契約依頼ではないのに、タイの海賊版出版社に対して「版権はすべて自分たちが管理する」と宣言してしまった、ということだったのではないだろうか。

　ともあれ、台湾の著作権法改正に端を発した東アジアの正規版化の波が、意外な形で東南アジアにまで飛び火していったのは確かなことのようである。

　ちなみにタイのベルヌ条約加入は早く、ベルヌ条約のベルリン改正規定（1908年）に、翻訳権については留保しつつ、1931年に加盟し、ベルヌ条約パリ改正規定（1971年）にも加入しているが、著作権制度は未整備で、その後、タイがWTOの設立条約に加盟し、TRIPs協定に拘束されることになったため、1994年に現行の著作権法が制定され、翌1995年3月21日に施行された[78]。ちなみにタイのWTO正式加入は1995年1月1日である。

　つまり、1992年から94年のこの時期は、タイにおいても海外との関係をにらみつつ、国内著作権法の整備を図っていた時期といえる。

　アメリカとの関係はどうかといえば、タイはこの時期、1991年・92年・93年と、3年連続で"スペシャル301条"の「優先国」に指定されている[79]。

　1947年から87年まで続いた戒厳令下で、出版の許諾が長く政府の手に握られていた台湾とは違って、タイでは業界関係者への取材においてアメリカからの圧力や著作権法改正の話題が出ることはなかったが、タイもこの時期ちょう

[78]　以上、「タイにおける著作権侵害ハンドブック」（文化庁発行、2012年）1頁の記述による。
[79]　高倉・前掲注(31)。本稿に引用したⅢ2(2)の表参照。

◆第11章◆ アジアにおける海賊版マンガから正規版への移行過程と残る諸問題［藤本由香里］

ど"スペシャル301条"を背景としたアメリカからの知的財産保護交渉の最優先国の一つとして、WTO加入をにらみながら、国内の著作権関連法の整備、実態の改善を進めていくべき時期であった。

3 タイにおける「海賊版との闘い」
(1) 1994年8月、『少年ジャンプ』正式許諾

　さて、1992年にタイのSIAM社が正式許諾を求めてやってきた2年後の94年8月、東アジアの正規版化の過程も落ち着いてようやく体制が整い、東南アジアにも大きな正規版化の波が訪れることになった。タイにおける『少年ジャンプ』の正式許諾である。正規版権を下したのが、SIAM社とNATION社というどちらも新聞社系の出版社であったこともあり、タイで『少年ジャンプ』が正規版として創刊されたというのは、当時、大きな新聞記事にもなっている。

　この時も集英社は『少年ジャンプ』のコンテンツを二つに分けて2社に許諾して競わせる形をとり、SIAM社から『C・KiDs』、NATION社から『BooM』という、それぞれコンテンツの異なる二つのタイ版『少年ジャンプ』を創刊することになった。

　SIAM INTER MULTIMEDIA社というのは、「SIAM SPORTS」というスポーツ紙を親会社に持つ、日本マンガの海賊版出版社としては最大手だった会社で、80年代初めから日本マンガを出版していて独自の流通ルートを持ち、日本マンガ出版に関しては大きなノウハウの蓄積を持っていた。

　一方のNATION社というのは、「NATION」という大きな総合新聞社の出版部門で、1992年に「ディズニーコミックス」を出版したところから社業が始まった。内容はミッキーマウスのバイリンガルコミックスで、もちろん正規版コミックスである。当時、正規版はほとんど出ておらず、そこにミッキーのコミックスを出したら人気が出たという。他に正規版権が取れる人気作品が何かないかというので、93年に日本側と交渉開始。94年に契約が成立し、コミックスの版権がほしければ「まず雑誌で出してくれ」と言われたという[80]。

　つまり、一方のSIAM社には蓄積してきたマンガ出版のノウハウと確立した流通ルートがあるが、元は海賊版の出版社。他方のNATION社は出版社としては新興でマンガ出版の経験は少ないが、今まで正規版のみを出してきて手が

---
[80] 2012年8月28日、NATION社にて出版部門の責任者および数人の編集者、流通の担当者に対面インタビュー（通訳：トジラカーン・マシマ）。

◇第Ⅱ部◇　著作権法における実証と理論

汚れていない——という選択だった。注目の『ドラゴンボール』の正式版権はNATION社に許諾。SIAM社では正式契約の成立と同時に、海賊版在庫をすべて断裁したという。「けじめですから」と、SIAM社のヴィラット・ティーカプティサクル取締役副社長は語る[81]。

　さて、こうしてタイにおける『少年ジャンプ』二誌が創刊されたわけだが、それまでの経験から「海賊版を圧倒するには出版の早さが勝負」ということを学んでいた集英社は、最初の申し込みから2年間の準備期間をへて、最強の少年誌『少年ジャンプ』を梃子に、早期に海賊版を一掃すべく、思い切った作戦に出る。

(2) 半年間限定——日本より10日早い『少年ジャンプ』

　期間限定で、ではあるが、『少年ジャンプ』をタイで、日本で売られる最新号よりも早く出版されるようにしたのである。しかも1日2日のレベルではない。一時は10日も早い発売であった。

　SIAM社のティーカプティサクルが言うように、海賊版に勝つにはなんといっても「早さ」が勝負。とにかく創刊したばかりの時に思い切って早く出して海賊版を圧倒するという作戦であった。まさに正規版の出版社にしかできないことである。

　『少年ジャンプ』のように何百万部も出ている雑誌だと、印刷にも製本にも、当然それなりの時間がかかる。また、北海道から沖縄まで、日本全国同じ日に発売しなければならず、当然、輸送にかかる日数も考えなければならない。とくに当時の『少年ジャンプ』は650万部近く出ていたから、印刷・製本だけでも今の2倍以上時間がかかっていたはずで、その頃の『少年ジャンプ』の最新号の最初の1冊は、発売日の1週間前にはもうできていた。「青焼き」と呼ばれる印刷前の最終版（責了紙）はそれより前、当時は発売2週間前にはもうできていた、とタイの出版社はいう[82]。

　この責了紙を発売2週間前の月曜日に日本からタイに飛行機で送る。翌火曜

---

(81)　前掲注(77)：著者による対面インタビュー。
(82)　基本的にNATION社での聞き取りによる（前掲注(80)）。同様のことは、当時の『少年ジャンプ』の編集長だった堀江信彦にも確認した（2014年10月25日、明治大学中野キャンパスにて行われた「熊本県市長会連携講座 中野・熊本・吉祥寺：『熊本』のマンガ凝集力～あの、元『少年ジャンプ』編集長と語りあう、街とマンガ」打ち合わせ時）。

492

◆第11章◆ アジアにおける海賊版マンガから正規版への移行過程と残る諸問題［藤本由香里］

日の朝から突貫工事で翻訳、火曜夜には責了。それから印刷・製本して、その週の金曜日には、日本ではその10日後の月曜日にしか発売されない、最新も最新のタイ版『少年ジャンプ』がバンコクの書店の店頭に並ぶ——という筋書き[83]。

海賊版は「早さ」が勝負！ 海賊版時代も、発売されたら即店頭で入手してファックスで送るという手段ばかりでなく、輸送途中で抜き取る、製本所から数冊盗む等の方法で、少しでも早く人気作品の最新回を載せようとする海賊版出版社もあったらしい。しかし、正規版のこの圧倒的な早さでは、海賊版出版社はとうてい太刀打ちできない。

ことわっておきたいのは、この「日本より10日早い少年ジャンプ」は、あくまでも海賊版撲滅のための一時的な措置だったということである。海賊版が激減したことを確認したのち、約半年ほどで通常の発売日に戻された。しかし、その効果は絶大だったという。

(3) タイにおける海賊版撲滅対策

とはいえ、「タイは台湾とは違って、正規版が始まってもなかなか海賊版が減っていかなかった」と集英社の永井は言う[84]。それでも、タイの海賊版は段階的に確実に減っていき、タトル・モリ エイジェンシーの荻野によれば、今ではなんと、市場の97％が正規版だという。

では、タイにおいて、徐々にとはいえ海賊版を正規版へと置き換えていくにあたって、具体的にはどのような方策がとられたのだろうか。

正規の契約をしたマンガの単行本を出版する場合、まず「『＊＊』の版権をとりました。海賊版出版は止めてください」という新聞広告を出す。これは集英社が台湾でも、東立・大然と組んでやった方法である。タイの場合は、SIAM社もNATION社も親会社が新聞社だから、そこはやりやすい。

これでたいていのところは止めてくれるというから、タイの海賊版出版は悪質ではない。また、正規版の出版社も、まだ他の出版社による海賊版の市中在庫がある最初の方の巻は正規版の部数を少なめに刷り、海賊版がなくなる頃から部数を増やしていくという。正規版を出したからといって海賊版の市中在庫

───────────
(83) 基本的にNATION社で聞いた話による：前掲注(80)。ただしSIAM社もこの海賊版早期撲滅作戦期間中は同じスケジュールだった：前掲注(77)。
(84) 前掲注(8)筆者による電話インタビュー。

493

◇第Ⅱ部◇　著作権法における実証と理論

廃棄や流通の停止・回収までは求めない。たしかに時間はかかるだろうが、これは敬虔な仏教国である「ほほえみの国・タイ」らしい、かなり同業者に優しいやり方である。

　もし、まだそれでも出し続けている海賊版出版社があれば、電話をするか、弁護士から手紙を送る（業界はみな顔見知りなので、どこの誰かはわかっている）。万一、それでもやめない場合は、印刷所を把握して、印刷所に電話をし、印刷を止めなければ警察に連絡すると伝える……しかしここまでいくことは、まずないという[85]。

　こうした方法で、SIAM 社が来日した 92 年時点では 100％ だったタイの日本マンガの海賊版は、しだいに正規版に置き換わっていった。海賊版の割合の変化は、具体的には、

　　2002 年　少年マンガ 30％、少女マンガ 80％
　　2004 年　少年マンガ 10％、少女マンガ 30％
　　2008 年　全体の 10％ が海賊版（＝おもに BL）
　　2009 年　全体の 5％ が海賊版にまで減少

現在では 97％ が正規版。海賊版で出ているのは、性描写のある BL やレディースコミックなど、タイでは正規版で出版しにくい特殊なジャンルに限られるという[86]。

　この感覚は、筆者が 2012 年にタイのマンガ市場を調査した時の経験とも一致する。

　つまり、タイ版『少年ジャンプ』の創刊を皮切りに、早さを武器にして、まずは少年マンガから正規版への移行が進み、海賊版業者は少女マンガジャンルへと逃げていった。その後、少女マンガジャンルでも 2002 年以降は急激に正規版への移行が進み（2012 年の調査では、海賊版から正規版に移行した少女マンガに強い出版社、BongKoch 社にも取材した）、その結果、今の時点で海賊版として出されているのは、いずれにしてもタイでは出版許可がでなかったり、採算が

[85]　細かくは SIAM 社からの聞き取りによる。前掲注(77)。
[86]　タトル・モリ エイジェンシーの荻野千草が定期的にタイに出張した際に市場を目視して定点観測した推計値の推移。2013 年 1 月 29 日、TKP 大手町カンファランスセンターで開かれた文化庁主催「タイにおける著作権侵害セミナー」における荻野の報告「海賊版マンガとの闘い ――『週刊少年ジャンプ』を例に」資料による。この荻野の報告にも、タイの現地出版社での取材と一致する、タイにおける海賊版との闘いの過程が詳しく記述されている。

◆第11章◆ アジアにおける海賊版マンガから正規版への移行過程と残る諸問題［藤本由香里］

合わなかったりする、BL マンガやレディースコミックのアンソロジーに限られている。

じつはタイでは、講談社は集英社よりも 1 年早く、1993 年に正規版出版を始めている。93 年の早い時期に先述の SIAM 社とビブンキ社が相次いで訪ねてきたそうだが、講談社がタイでのパートナーに選んだのはビブンキ社だった。吉羽によれば、市場としてはタイは台湾の半分くらいの大きさであり、東南アジアの他の国はタイの足元にもおよばないという[87]。その講談社でも、タイで確実に海賊版は正規版に置き換わっていった。

「早さ」を武器にして攻める、タイで集英社がとった方法は、他国の海賊版対策でも応用できそうだが、一方で、タイの出版界が成熟していたこと、お互いに顔見知りだったことも、この劇的な変化を支えた要因だったようにも思える。出版業界が成熟していると、日本がそうであるように、ネットの海賊版も比較的広がりにくい[88]。インターネットと紙の海賊版が混在するベトナムで、なかなかドラスティックな正規版化が進まないのを目にするとそう思わざるをえない。

4　ベトナムの海賊版状況
(1)　ベトナム児童出版の危機を救った『ドラえもん』
ここでベトナムの状況についてもふれておく。

ベトナムは 1975 年のベトナム戦争終結以来、共産主義国であり、出版や言論などが政府の手で統制されていたこともあって、日本のマンガが入るのも他国

---

[87]　講談社のライツ・メディアビジネス局局長、吉羽治からの聞き取りによる。前掲注(60)。
[88]　ただ、最初の調査から 4 年後の 2016 年 9 月 28 日～10 月 5 日、別の調査（科学研究費補助金・基盤研究 B「MANGA ＜スタイル＞の海外への伝播と変容」（代表：藤本由香里　課題番号：15H03178）のために再びタイを訪れたところ、4 年の間にスマートフォンの普及が爆発的に進み、電子海賊版の問題はタイにおいても深刻さを増していた。ネット文化の進展は雑誌の衰退を生み、4 年前は各駅にあった雑誌や単行本を売る小規模書店的なキヨスクがなくなり、その流れの中でタイ版「少年ジャンプ」二誌のうちの一つだった『BooM』が 2014 年 3 月で廃刊。残った『C・KiDs』は、2015 年 1 月から「Express」と銘打って、日本版「少年ジャンプ」と同時発売を開始。付録をつけたり、イベントを行ったり、雑誌を継続するためのさまざまな努力を重ねたが、ついに、ちょうど調査に訪れた 2016 年 9 月末で『C・KiDs』も廃刊。1994 年の創刊から 22 年間続いた歴史の幕を閉じた。

◇第Ⅱ部◇　著作権法における実証と理論

より数十年遅く、90年代の初めに日本マンガが入るまでは、ベトナムには、1コマのマンガはあっても、コマを割って物語を語るストーリーマンガはなかった、とするのが定説であった[89]。

　大東文化大学の加藤栄准教授によれば、1960年代から75年まで続く北ベトナムのバオカップ時代においては、ベトナムの出版は国の年間出版計画に基づいて本が作られる国家丸抱えの時代であったが、その後段階的に補助金が減らされ、1986年、「ドイモイ」と呼ばれる大解放時代が到来する。出版社への補助金が打ち切られたのは1989年。これによって、それまで国家の計画に従って本を作り、作った本はすべて国家が高額で買い取ってくれていた時代から、出版社はいきなり、それまで一度もやったことがない、市場を相手に自ら需要を喚起して商品を流通させて販売する、という世界に突入していくことになった。

　若い人口が年々増加していくベトナムにあって国内唯一の児童書出版社であったキムドン社も例外ではなく、国家の保護があった1957年〜87年には、年間100点、200万部の本を出版していたものが、開放政策後の1987年〜92年には、出版点数がなんと年間15〜20点に激減。ところがまた1993年に急増し、年間223点、900万部という今までに例を見ない数字をたたき出す[90]。この間にいったい何があったのか。

　じつはこの数字を支えたのは、1992年末から刊行され始めた『ドラえもん』の海賊版であった。先に述べた通り、それまでベトナムではコマを割って描くストーリーマンガの存在は一般的には知られていなかったが、売れ行きの不振に困ったキムドン社があるセミナーで会ったタイの出版社に相談したところ、タイでは『ドラえもん』が非常に人気なので出版してみたらどうかというアド

---

[89]　日本マンガ学会　海外マンガ交流部会　第3回例会「そもそも『海外マンガ』とは何か!?──グローバル化するコミック事情の最前線」の中での大東文化大学・加藤栄准教授による講演「ベトナムのマンガ事情」（2011年3月6日、於：京都国際マンガミュージアム）による。ただし、筆者が科学研究費補助金・基盤研究C「海外における日本マンガ受容の実態と流通形態」（代表：藤本由香里　課題番号：22520153）の助成により2012年3月15日〜3月26日にベトナムで調査を行った際、ベトナム南部のバリア・ブンタウ省で、1980年代の終わりにはアメコミ風のストーリーマンガ（コミックス）が描かれていたことを発見する。アメリカ軍が駐留していたころの影響がこういう形で残ったのだろうが、南北統一後は北ベトナムを基盤とする国営出版から南の出版文化は締め出されてしまったようなので（同調査におけるキムドン社の話。注(91)参照）、掘り起こしをすれば、南ベトナムには少数でも別の文化があった可能性がある。

[90]　以上、加藤栄の講演による。前掲注(89)。

◆第11章◆ アジアにおける海賊版マンガから正規版への移行過程と残る諸問題［藤本由香里］

バイスをもらった。なにせ初めての試みなので半信半疑ながら、タイ版から翻訳してベトナム語版の『ドラえもん』を出したところ、これが売れに売れたというわけである。1週間で4万部、3か月で30万部、1年で100万部、2006年までに累計5千万部というから驚異的な売れ行きである[91]。

　当時、ベトナムには著作権の概念は薄く、ベルヌ条約にも加盟していなかったため（ベトナムのベルヌ条約への加盟は2004年、WTO加盟は2007年[92]）、当初『ドラえもん』は海賊版（＝非正規版）で出されたが、あまりの売れ行きが評判となり、小学館から申し入れがあって、1995年に小学館から正式な翻訳権を取得し、小学館をはじめとする日本マンガの他の出版物も出版していくようになった。

　この際、それまでに出された海賊版（＝非正規版）の未払いの版権料が問題となったが、当時のベトナムでは、ベトナムのお金を国外に持ち出すことが禁止されていたこともあって、著作者の藤子・F・不二雄の意向により、非正規版時代の印税はすべてベトナムの子供たちのための「ドラえもん基金」として寄付をすることになった。この決定により、キムドン社は「ドラえもん基金」に10億ドンを寄付。これに小学館も同額の10億ドンを寄付し、合計20億ドンが「ドラえもん基金」の原資となる。「ドラえもん基金」はベトナムに小学校を建てたり、什器を補充したりという目的で使われ、今でもベトナムではずっと藤子・F・不二雄は尊敬され続けており、著作も多数書店に並んでいる[93]。

(2)「ベルヌ条約」締結以降も多いベトナムの海賊版

　『ドラえもん』の大ヒット以来、ベトナムで日本マンガは海賊版として爆発的に広がったが、ベトナムが2004年にベルヌ条約に加盟し、各出版社が正式許諾を取るようになって、海賊版は急激に減っていったという[94]。実際、ベトナム

---

[91] JETRO調査レポート「ベトナムにおけるコンテンツ市場の実態」（2009年3月）、および筆者による、2012年3月22日ハノイ・キムドン社での聞き取り調査による。出席者はキムドン社副社長他。大東文化大学准教授・加藤栄も同席。通訳はVKCO:京都大学―ベトナム国家大学ハノイ共同事務所の新江利彦共同所長（当時）。

[92] 小野昌延＝岡田春夫編『アジア諸国の知的財産制度』（青林書院、2010年）612頁。

[93] 筆者によるキムドン社からの聞き取りによる（前掲注(91)）。『ドラえもん』基金については、2008年4月、当時の小学館国際版権部からも話を聞いたことがある。

[94] JETROレポート・前掲注(91)。ただしJETROのレポートは、ベトナムのベルヌ条約加盟を2005年としている。

497

◇第Ⅱ部◇　著作権法における実証と理論

では、「ベルヌ条約に加盟したので」という声を、出版関係者だけではなくファンの若い人からも頻繁に聞いた。ベルヌ条約に加盟した際、政府からすべての出版社に対し、「海賊版をやめて版権の正式許諾を取るよう」要請があったらしい[95]が、ベトナムにせよ、台湾にせよ、政府が出版を許可制にしている、あるいは近年まで許可制にしていたところでは、出版関係者も読者も、政府の動向に敏感にならざるを得ない、ということではないだろうか。

しかし、ベルヌ条約締結以来、大手出版社は海賊版を出さなくなり正規版化が進んだとはいえ、実際にはベトナムには今でも多くの海賊版マンガが存在する。筆者も調査中にベトナムの市場で多数目にした。中には表紙と中身がまるで違う本などもあったくらいである。

逆に、TV会社の系列会社でアニメで放映される作品を多く出しているTVM社では、自社の出版物に「100％正規版」という文字を目立つように入れている。海賊版の多いベトナムでは、逆にこれが信用できるという「売り」になるのだという。実際、TVM社が自社の出版物に「100％正規版」をうたって出版業に乗り出してから、それまで70％だった海賊版の割合が、40％にまで減ったという。「『私たちは正しいものを買っている』というファンの意識を高めていくのが大事」だとTVM社は語る[96]。

しかし逆に言えば海賊版がそれだけ多いということで、TVM社のThoによれば、ベトナムでは、正規版が出ていない間は海賊版を出してもOKだが[97]、正規版が出版されているものは海賊版を出してはいけないという決まりがある。だが、この決まりもきちんと守られておらず、『NARUTO』の海賊版を出した会社があったので抗議したこともある。違反すると賠償金を払わなければならないので、注意すれば一応やめてくれる。だが時には、警察に頼んで踏み込もうとしても、警官が相手方から賄賂をもらっていてなかなか相手にしてくれないということもあるという[98]。

戦争の終結が日本よりも30年遅かったベトナムは若い国であり、近年の経

---

[95] タトル・モリ エイジェンシーの荻野千草の教示による。
[96] 筆者によるTVM社Thoへの対面インタビュー。2012年3月16日、ベトナム・ホーチミンのTVM社にて。通訳は『NARUTO』の翻訳者であるViet。
[97] この法的根拠を探したが該当するものは見つからなかった。単に業界の了解がそうなっているだけの可能性がある。
[98] TMVのThoによる。前掲注(96)。

498

◆ 第11章 ◆ アジアにおける海賊版マンガから正規版への移行過程と残る諸問題［藤本由香里］

済成長が著しく、古いものと新しいものが混然一体となって同居している。また、2012年の調査で見聞した限り、出版物の流通はかなり未整備であった。そんな中で、電子海賊版の存在もベトナムでは大きな問題になっている。実際、国家大学ハノイ講師のファム・クアン・フン（Pham Hoang Hung）の研究によれば、ハワイの若者がマンガを読む手段としてとくに高校生・大学生で突出して多いのが「インターネット」である[99]。

中国でもそうであるが、言論の国家統制がある共産主義国家では、若者たちは自由な空間を求めてインターネットを愛用し、そこで無料の海賊版コンテンツに出会う。先述したような事情で正規版の出版が極端に制限されていることもあって、電子海賊版の天国ともいえる状況だった中国では、後述する通り、現在、有料配信への転換がかなり進んできている。一方でベトナムの状態は、紙媒体についても電子媒体についても混沌としていて、ホーチミンではJETROの隣に海賊版通りがあることにも象徴される通り、海賊版がかなりの割合で存在している状況といえるだろう。

V　なお残る問題

1　「電子海賊版」という大問題

以上、見てきた通り、紙媒体・電子媒体を問わず海賊版が流通しているベトナムや中国のような国もあるとはいえ、関係者の努力もあって、紙媒体の海賊版はほぼ撲滅に向かっているのが現状である。しかし一方で、インターネット上の電子海賊版による被害は一層深刻さを増している。

とくに被害が大きいのが、国土が広いために紙媒体よりも電子メディアの方が利便性が大きい中国とアメリカ。それと重なるが、言語圏が広く複数の国にまたがっている、中国語圏・英語圏・そしてスペイン語圏である。

電子海賊版問題の深刻さは、そのマンガやアニメが違法アップロードされる国ばかりでなく、その言語を理解できる人であれば、国境を越えて共有されて

---

[99] 2012年3月24日・25日、ベトナム・ハノイで、国際交流基金ベトナムと、「女性とマンガ」プロジェクトの共催で行われた"Women & Manga: Connecting with Cultures beyond Japan"での国際ワークショップにおけるPham Hoang HungによるKeynote Lecture（2012年3月24日、於：ハノイ・女性文化交流センター）。アンケート対象はハノイ市内に住む若者で、アンケート数は526枚。小学生から社会人までを含むが、多くは高校生と大学生。

◇第Ⅱ部◇　著作権法における実証と理論

しまうところにある。

　たとえば、中国で多数のコンテンツが違法アップロードされて国外からも簡単にアクセスできれば、簡体字と繁体字の差があるとはいえ、台湾や香港の人もネットで見るようになる[100]。

　アメリカ、あるいは英語圏のどこであれ違法アップロードされれば、英語が自由に読める人が多い北欧でもフィリピンでもインドでもシンガポールでも香港でも、あるいは世界のどこであっても、英語が読める人ならば、そのコンテンツをネットでタダで見ることができる。

　スペインで違法アップロードされれば、ほぼ中南米全土で閲覧可能となり、逆に南米でアップロードされても同じことである。

　また、紙媒体の海賊版の場合は、安いとはいえ、少なくとも読者はお金を出して買っていた。また紙質なども正規版とは差があったから、経済的に余裕ができるようになれば、いいものにお金を払うという移行もしやすかったと言える。しかし電子海賊版は「無料」であり、「ネットで読めるものはタダが当たり前」という現在の文化的前提を突き崩すのは、なかなか難しいという現実がある。

　このように、電子海賊版の深刻さは紙媒体の海賊版とは質が違い、その被害は何倍も大きいと言える。では、現状を見てみよう。

(1) 改善されつつある中国の海賊版状況

　まず、海賊版といえば中国、というイメージは一般的に大きい。確かに中国では、前述したように輸入規制が厳しく、日本マンガの正規版は実質的に年間5タイトル以下しか許可されないこと[101]、また国土が広いことによる流通の問題、激しい所得格差の問題などもあって、一時は紙媒体の海賊版マンガがおびただしい量と種類で流通していた[102]。

---

[100]　実際、中国で電子海賊版があふれるようになって、台湾でのマンガの売り上げは激減し、今まで日本マンガの翻訳出版をやってきた香港のある出版社では、ここ2〜3年は、一つも日本マンガの新規許諾を求めていないという。許諾を得て正規版を出してもわりにあわなくなったからである（2016年10月18日、正文社の呂学章社長に同社で取材）。

[101]　前掲注(14)。

[102]　ある時期までの中国の海賊版状況とそれが持つ「パワー」については、遠藤誉『中国動漫新人類』（日経BP社、2008年）に詳しい。また、2008年に筆者が広州を訪れた際にも、行政主体の正式な動漫祭（アニメ・マンガ・フェスティバル）においてさえ海賊版

◆第11章◆ アジアにおける海賊版マンガから正規版への移行過程と残る諸問題 ［藤本由香里］

　中国ではすべての出版物は許可制で、新聞出版総署から「書号」と呼ばれる番号を交付してもらわなければならないことになっている。逆にそれがない海賊版はすぐにわかるのだが、たとえ正規版を出しても、すぐに正規版をコピーした海賊版が出回ってしまう[103]、と出版社を嘆かせていた。小学館などではそれを回避するために、たとえば人気の『名探偵コナン』に関しては、ある時期から表紙に、複製が非常に難しい特殊な色のインクを使い、奥付に、コピーすると飛んでしまう薄い透かし画像を印刷することで、海賊版はすぐにそれとわかるような工夫をしていたくらいである[104]。

　正式出版物が数えるほどで値段も高く、所得格差が激しい中国においては、海賊版の存在が日本マンガの爆発的な人気へとつながった側面も否めないが、近年、中国政府は紙媒体の海賊版マンガの取り締まりを強化している。その結果、かつては北京にも有名な海賊版通りがあって、所狭しと道端で売っていたという海賊版マンガは、2010年の北京ではすでに見つけることができなかった。同年の上海でも海賊版を探すことは困難で、「売人」が来るのを路上で待ち、路地奥のビルの前まで連れていかれて、示されるリストから選んで、ビルの中のどこかの部屋から持ってきてもらうという、ほとんど麻薬売買なみの取引だったこともある。紙媒体の海賊版マンガは、少なくとも都市部では、そのくらい急速に市場から消えている。

　かわって台頭してきたのが、インターネットの電子海賊版である。現在ではマンガの海賊版の主流はインターネットに移ったと言っていい。こちらはファンが翻訳してネットにアップする膨大な量のURLがネット上に存在し、日本企業による対策は非常に難しい（とはいえ、後述するように、「グレートファイアウォール」と呼ばれる、人力による膨大なネット監視・削除システムを持つ中国政府が本気になれば、一掃することは可能だと思われる）。

　最近では、スクエア・エニックスが、中国の大手海賊版サイト＆スマートフ

　　グッズが多数売られ、星城という日本でいえば大手町のような地下鉄のターミナル駅に行政主導で建設された動漫特区（アニメ・マンガ中心のショッピングセンター）の中の書店でも堂々と、ほとんどが海賊版の日本マンガが売られているのを目撃している。一方で、その熱気はたいへんなもので、行政の規制が厳しい中国においては、海賊版の存在がなければ日本マンガやアニメにこれほどの人気がでなかったのもまた事実である。
[103]　もちろんその場合は書号もコピーされる。
[104]　前掲注(14)の際の聞き取りによる。筆者は、そうした対策が施された中国版コミックの現物も実際に所蔵している。

◇ 第Ⅱ部 ◇　著作権法における実証と理論

図1：侵害対策 —— 違法配信対策 ——

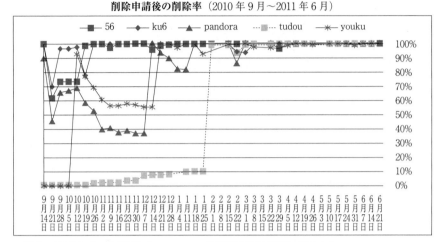

出典：CODA（一般社団法人コンテンツ海外流通促進機構）資料より

ォン向けアプリ「マンガコン」を運営するオリエンタルコミックスに対して訴訟を起こし、ネット上に謝罪文を掲げさせると共にリンクを取り下げさせることに成功したり[105]、株式会社アムタスが、少年画報社、厦門優莱柏網絡科技有限公司、中国通信事業者のアニメ・マンガ関連部門、中国政府機関などと共同で、電子コミックのアジアにおける海賊版排除と正規ライセンス保護を目的に「アジア版権保護連盟」を設立したり[106]、といった動きも出てきている。また、集英社が2013年から、中国最大手の配信会社であるテンセントと組んで、「海賊版駆逐」を掲げて、すでに中国で正規版の許可がおりているジャンプ系のコミックスの独占電子配信を始めたことも大きな動きである[107]。このように中国では

---

[105] スクエア・エニックスHP「中国での海賊版電子コミックに関する著作権侵害訴訟について」（2016年4月19日）：http://www.jp.square-enix.com/company/ja/news/2016/html/8e7f8f822fa56e68a3ca0c776d4d0e8f.html

[106] @pressニュース「電子コミックのアジアにおける海賊版排除と正規ライセンス保護を目的に『アジア版権保護連盟』を設立」（2015年9月24日）：https://www.atpress.ne.jp/news/75121

[107] 毎日新聞社 MANTANWEB「集英社：海賊版駆逐目指し中国で電子コミック配信『ONE PIECE』『NARUTO』など」（2013年1月17日）：http://mantan-web.jp/2013/01/17/20130117dog00m200043000c.html

502

◆第11章◆　アジアにおける海賊版マンガから正規版への移行過程と残る諸問題［藤本由香里］

業界と政府が「脱海賊版化」に大きくかじを切り始めている印象がある。
　より変化が顕著なのがアニメの電子海賊版の状況である。中国政府は2006年からゴールデンタイムにおける日本アニメの放映を禁止[108]し、その後、禁止時間は拡大され、現在、日本アニメのテレビ放映は、中国では実質的に禁じられている状態である。じつは中国ではマンガよりアニメの方がはるかに高い人気なのだが[109]、テレビ放映ができない以上、その人気は主にネットの海賊版によって支えられている。中国版 YOU TUBE ともいえる大手動画サイトYouku（優酷）や Tudou（土豆）が、その主な舞台であり、日本の著作権者がいくら抗議を申し入れても違法アップロードが削除されることはほとんどなかった。しかし、2011年1月、劇的な変化が起こった。継続して海外における海賊版の排除に取り組んできたCODA（コンテンツ海外流通促進機構）の資料（図1）によると、2011年1月25日を境に、それまでほとんど変化がなかった取り下げ申請後の違法配信の削除率が突然100％近くにまで上がったのである[110]。つまりこの日を境に、違法配信の削除申請があればほぼ100％取り下げる方針に変わったということだ。
　なぜそのような変化が突然起こったかといえば、Youku（優酷）や Tudou（土豆）が合併して株式上場をすることになり、上場して海外からの投資も募るとなれば、海賊版コンテンツが蔓延している現状ではいかにもまずい、という判断があったことが一つ。また、2011年1月、中国政府から、ネットでの海賊版に対して厳しい処置をとるようにというお達しがあったという（上記の上場問題が背景にあるのかもしれない）。そうしたことが、この大きな変化の背景にあるのだろう[111]。これを受けて2011年夏ごろから、これらの中国大手動画サイトとの間にアニメの正規配信の契約が結ばれ[112]、かなり大きな著作権料が日本の企業に入るようになったらしい。
　中国では政府の意向は絶対である。ごく最近も、〈2015年7月10日に国家版

---

[108]　遠藤・前掲注(102)参照。
[109]　この傾向は北へ行くほど顕著で、古くからのマンガ文化を持つ台湾や香港に近い、中国南部の広州などでは、マンガ文化も根強い。
[110]　2012年3月30日、北京調査出張の際、日中経協北京事務所の青崎氏とともにCODAの担当者に面談。資料を入手。
[111]　前掲注(110)の聞き取り調査に加えて、IT関係者、北京清華大学の動漫研究会のメンバーやOBなどに取材。
[112]　前掲注(110)の聞き取りによる。

503

◇第Ⅱ部◇　著作権法における実証と理論

権局が「オンライン音楽著作権規制キャンペーン」に関する通達を行い、音楽配信プロバイダーに向けて違法配信全作品の削除を指示〉[113]したということがあった。これを見ても、中国政府が海賊版撲滅の方向に動いていることは確かであり、中国の状況は今後大きく変わることも予想される[114]。

(2) アメリカ＝最大の著作権侵害国？

このように中国が海賊版の禁止と正規版化へと大きく舵を切る現在、日本のマンガ・アニメにとって、最大の著作権侵害国は、皮肉なことに知財大国アメリカであるとも言える。

実際、アメリカにおける日本マンガの売り上げは、2007年をピークに激減していき、2012年までの5年間で市場は半減してしまう[115]が、これは、「アグリゲーターサイト」と呼ばれる、アメリカにおける電子海賊版の大規模サイトが出現・拡大した時期と一致する[116]。

---

[113] 前掲注(106)の記事より引用。

[114] しかし習近平政権になってからメディアへの締め付けは厳しさを増しており、2016年3月、ついに外国企業によるインターネットコンテンツの配信が禁止された。(日経コンピュータ Degital「中国、3月10日より外国企業のコンテンツ配信を禁止へ」：http://itpro.nikkeibp.co.jp/atcl/ncd/14/457163/022401277/) これは純粋な外国企業だけでなく、中国との合弁企業による配信も含まれており、これによって日本コンテンツの正規配信そのものが非常に難しくなったといえる。中国資本の国内企業と提携すればコンテンツ配信を行うことができるが、その場合は事前に政府当局の認可を得る必要があり、サーバーやストレージシステムを中国本土に置くことが求められるという。政府の規制により正規配信が難しくなった以上、電子海賊版がまた力を持つことも予想される。

[115] ニューヨークコミコンで毎年発表されるICv2のwhite paper統計や、JETRO調査レポート『米国コンテンツ市場調査　アニメ・マンガ編 (2011-2012)』(2013年3月)、『特集＊検証・Cool Japan』一橋ビジネスレビュー東洋経済58巻3号(2010年冬号、東洋経済)、等の資料による。

[116] むしろこの激減はリーマンショック(2008年9月)の影響が大きいのでは？という見方もあると思われるが、日本マンガの売上が激減する一方、いわゆる「アメコミ」はこの間、堅調に推移するとともに、映画化の効果もあって、むしろ大幅に市場を伸ばしている。また、リーマンショックの前から日本マンガ市場が減り始めていることを考えあわせると、やはりマンガ市場の激減には、電子海賊版の大規模化の影響が大きいと考えられる。アメリカにおける日本マンガの普及の最大の功労者だった、元ボーダーズ(アメリカの大規模書店チェーン)の仕入れ担当で、現Yen Pressの代表者兼編集長カート・ハスラーもこの見方をとっている(2015年11月5日、Yen Pressにて対面インタビュ

◆第11章◆ アジアにおける海賊版マンガから正規版への移行過程と残る諸問題［藤本由香里］

　アメリカにおけるマンガの電子海賊版（スキャンレーション）の歴史もともとはファン活動の一環として始まり、初期の頃は、早く読みたいファンのために、日本語ができるファンがまだ訳されていない作品を翻訳してそれぞれのサイトにアップするというものだった（それ以前は手渡しで直接データをやり取りしていた）。1990年代から2000年代初め頃までは、「正規版が出たらすぐにネットから取り下げる」というルールも存在し、こうした活動によって金銭的な利益を得ない、という暗黙の了解もあった。この時期には版元もファン活動の一環として理解し、むしろファンの裾野をひろげ、ファンコミュニティを発展させるプラスの部分も多い活動として評価し、黙認していた。

　しかしそれが徐々に変わってくる。椎名ゆかりによれば、最大の変化は、2007年頃からの「アグリゲーターサイト」と呼ばれる電子海賊版の大規模サイトの登場である。これらのサイトが従来のファンによるスキャンレーションと違うところは、これらのサイト自身で翻訳を行っているわけではなく、ファンによるマンガの翻訳を、インターネットの自動収集で、アップ日時の一番早いもの優先で集め、一つのサイトにリンクを大量にまとめて掲載する。つまり、ファンはそこへ行けばたいていのマンガがタダで読めることになる。もちろん著作権者には一銭も払わないし、正規版が出たら取り下げるというルールも存在しない(117)。完全に違法アップロードを助長する、著作権侵害の疑いの高いサイト(118)でありながら、中には閲覧するファンから会費をとり、企業から広告料

　　一）。それに加えて、アメリカにおける紙媒体の不振と、それに伴う北米における日本マンガの売り上げの30%を担っていた大規模書店チェーン・ボーダーズの経営破綻と倒産（2011年）は、日本マンガの売り上げ減と電子海賊版の隆盛に拍車をかけたといえる。
(117)　以上の歴史認識に関しては、基本的に、北米のマンガ状況の専門家である椎名ゆかりが2011年7月7日に、本科研費・基盤研究A「コンテンツの創作・流通・利用主体の利益と著作権法の役割」による研究会（於：明治大学グローバルフロント）で発表した「英語で流通する日本産アニメ・マンガのファンサブ＆スキャンレーションの歴史と現状」、および2011年7月26日にサンフランシスコのViz Mediaで筆者が行った、同社上席副社長（当時）・成田兵衛への聞き取りをベースにしているが、もし認識に間違いがあれば、それは筆者の責任である。
(118)　しかし、このようなリーチサイトは、直接に違法アップロードを行っているわけではなく、単に違法アップロード先へのリンクを大量に集めているだけの間接侵害であるため、法的に責任を問うのが難しいという見方もある。ただし、白田秀彰などは「著作権侵害コンテンツのリンクを紹介するサービスを運営している事業者側が負う法的リスクとしては、(1)著作権法違反のほう助犯として刑事罰（懲役および罰金）に科せられる場合がある、(2)不法行為（著作権侵害）のほう助者として共同不法行為責任（連帯責任）

◇第Ⅱ部◇　著作権法における実証と理論

をとって、かなり巨大な金額を自分たちの利益にしていたサイトもあるらしい。
　これらのアグリゲーターサイト（大規模リーチサイト）が出現して数年たつと、版元も電子海賊版を、収益を阻む大きな問題であると考えるようになり、2010年6月、Yen Press、VIZ Media、TOKYOPOP、Virtical、スクエアエニックス、デジタルマンガ協会加盟の36社、タトル・モリ・エージェンシーが提携して、こうしたサイト（とくにOne Manga、Manga Fox）に対し、「我々は戦う用意がある」と宣言した。訴訟を共同で行うということである。
　これによりいったんは巨大サイトは姿を消したが、ほとぼりがさめるとまた復活したという[119]。あまりにも堂々と目立つ活動になっているので、正式な配信だと思って閲覧しているファンも多いと思われる。
　そしてアメリカの電子海賊版の現状は、以前にもまして深刻さを増している。2015年4月に訪問した講談社USAによれば[120]、電子海賊版に関しては、叩いてもまた復活するいたちごっこで、また、本社や著者の判断を仰がなくてはならないことも多く[121]、なかなか手が回らないのが現状であるらしい。一方で、アメコミに関しては、著作権が出版社自身に帰属するシステムであることもあ

────────
を負わされるおそれがある」としている（ITメディアニュース：「『YouTube人気動画リンク集』は合法か」2006年10月27日：http://www.itmedia.co.jp/news/articles/0610/27/news029.html）。
　リーチサイトによる間接侵害の問題に関しては、文化庁の「文化審議会著作権分科会法制問題小委員会」でも何度か議論に上っており、安田和史「リーチサイトの運営者にかかる著作権侵害の責任に関する考察」（知財ジャーナル（2014年）57-68頁）などいくつかの論文も書かれている。リーチサイトの場合、違法性が認められても、著作権侵害の幇助については差止請求の対象とならないとの理解が有力であること、仮に差止が認められるとしても「当該リンク」だけであり、多くのリンクを集めた悪質なサイトにどう対応していけるのかなど、課題は多い。
(119)　前掲注(117)のViz Mediaのマンガ部門の責任者・成田兵衛への聞き取りおよび2015年3月17日に行なった同社での聞き取り（後述。注(123)）による。One Mangaは現在では姿を消したが、Manga Fox（そしてそのミラーサイトであるManga Here）は今でも継続しており（ただしVizからの再三の削除要請により、Vizライセンス作品については現在は少なくとも北米では閲覧ブロックされている）、また別の大規模サイトが目立つ形で現れてきているという（後述）。
(120)　2015年4月2日、講談社USAにて作田貴志・小出花菜に面談インタビュー
(121)　2015年1月から施行された改正著作権法には電子出版に関する出版権の創設が盛り込まれ、これで出版社が電子海賊版に対して対抗する権利を持つことが容易になったと言われたが、それは親会社である講談社の権利であり、現地法人である講談社USAの権利には及ばないという。

506

◆第11章◆　アジアにおける海賊版マンガから正規版への移行過程と残る諸問題［藤本由香里］

って、こまめな訴訟を繰り返すことで、ネットの海賊版は見えるところからはほぼ一掃されたという。

　講談社USAが相談した専門の弁護士によれば、2010年にViz MediaやYen Pressなど日本マンガを扱う多数の出版社が共同して海賊版サイトに抗議したようなやり方は、目立つがあまり効果的な方法ではない。なぜなら、共同でやろうとすると、どうしても単発的になるからだ。一番効果があるのは、コンスタントに削除要請を継続して行い、悪質なら訴訟をする、という行為を繰り返していくことで、実際、マーベルやDCなどアメコミの出版社はその方法でほとんどの電子海賊版を駆逐してしまった。そのように、アメリカにおける海賊版対策で最も有効なのは、こまめな抗議や訴訟を繰り返すことだが、現状では、残念ながら出版社にはそれだけの余裕がない[122]。

　一方でViz Mediaは、この間、より積極的に電子海賊版との闘いを行ってきた[123]。

　2010年の共同抗議のあと、2011年9月にも、日本のデジタルマンガ協会と共同で弁護士を雇い、Viz Media, Vertical, Yen press, Square Enixで共闘を組んでいるが、日本側の署名を集めるのに時間がかかり、あまり足並みはそろわなかったという。その後、2012年初頭からアメリカ版「少年ジャンプ」を、電子マガジン「WEEKLY SHONEN JUMP ALPHA」として毎週配信を始めるにあたり、2011年末からより本格的に電子海賊版対策をするための弁護士を立てて、2012年1〜3月の間に、mangastream.com／mangareader.net／mangafox.com（後にmangafox.meとなる）等の海賊版サイトへの警告を毎日何度か集中して行い、大きな反電子海賊版キャンペーンをはった。

　またさらに、1年後の2013年1月からジャンプの人気作品を、日本での発売と同時に英語での同時配信を始めるにあたり、2012年12月から電子海賊版対策の会社と契約した。具体的には、インターネット上にある電子海賊版を自動収集して、こまめに抗議してはクローズさせる対策会社である。

---

[122]　ただし、完全なデッドコピーであるアメコミの電子海賊版と、基本的にファンが翻訳してサイトにアップする日本マンガの電子海賊版とでは、訴訟の仕方も、配慮すべき点も違ってくる。ファンの気持ちは尊重しつつ、いかに悪質なところを排除するかが問題となるだろう。

[123]　以下の2段落の記述は、2016年3月17日、サンフランシスコのViz Mediaでの聞き取りによる。同席したのは、Viz Mediaの上席副社長Leyla Aker、法務担当 高橋雅子、ライセンス担当 門脇ひろみ・高田泰江。

◇第Ⅱ部◇　著作権法における実証と理論

　違法アップロードをプロバイダーに通告すれば、アメリカのDMCA（デジタル・ミレニアム著作権法）で、プロバイダーは侵害があったという有効な通告を認知した場合、速やかにこれに対応しなければならないと決まっているので[124]、1回はネットから消える。別のプロバイダーのところに移るだけなのだが、相手にとっても取り下げてプロバイダーを変えるのは面倒なので、一定の効果はある。しかし、そうやって抗議をしていっても、違法サイトは、立ち上がっては消え、立ち上がっては消え…きりがない。

　また、現在、大手の電子海賊版サイトであるManga Readerとそのミラーサイトである Manga Panda はかなり資本力がある会社がバックにあるという噂で、それに訴訟で対抗していくのはかなり厳しい。加えて、こうしたサイトをコピーして別に拡散するようなサイトもあり、今はそれが簡単にできるようになっている。このように、インターネットの技術の発達とローコスト化で、電子海賊版の状況は、以前より深刻度を増している。

　これらの状況を踏まえると、海賊版対策専門の弁護士を何人か雇って、その費用を国が負担することができれば、それが最も有効な「クール・ジャパン」予算の使い方になるのではないかと思えてならない。それと同時に、TPPの締結をいうなら、このような状況に対し、国家として、アメリカにおける日本マンガ・アニメの電子海賊版の横行に堂々と抗議すべきではないだろうか。

　アメリカがアジアと違うのは、お金がないから、あるいは正規版が手に入らないから海賊版を利用するのではなく、「ネット文化はフリーが当然」「タダで読むのがかっこいい」、あるいは元経産省知的財産権法改正担当だった三原龍太郎も怒りをもって指摘するように、「俺たちは大企業の裏をかいている。だからクール」というような意識があることだ[125]。実際には、出版社が著作権を

---

[124]　アメリカのデジタル・ミレニアム著作権法（DMCA）では、著作権の侵害があった場合、プロバイダーの責任が免除されるための条件として、プロバイダーが著作権侵害の事実をまったく認識していないか、あるいは、知った場合には直ちに対処することを求めている。当該の条文は、512条(c)-(1)-(A)(iii)「かかる知識もしくは認識を得た際、速やかに当該素材を除去しもしくはアクセスを解除するための行為を行うこと」（条文の翻訳は、CRIC（公益社団法人著作権情報センター）HP、外国著作権法→アメリカ編、デジタル・ミレニアム著作権法、山本隆司訳：http://www.cric.or.jp/db/world/america/america_c5.html#512 による。

[125]　三原龍太郎『ハルヒ in USA』（NTT出版、2010年）最終章、具体的には246-262頁。なお、「」内の言葉は筆者のまとめであり、三原の記述の直接引用ではない。

◆第11章◆ アジアにおける海賊版マンガから正規版への移行過程と残る諸問題 ［藤本由香里］

持っているアメリカとは違い、日本では作家自身が著作権者であること、アニメやマンガの出版社は巨大な利益をあげる大企業ではないことは意識されていない。事実、アメリカでは、国際学会などでも研究者が、研究対象の作品を海賊版サイトで読んでいるということを堂々と、しかもどこか誇らしげに公言することに驚くことがある。

　三原が指摘するように、日本のコンテンツの著作権は「米国において『内国民待遇』を受けていない」し、アメリカ人はアメリカという権力に守られて、どうせ日本が著作権侵害に抗議してくることなどないとタカをくくっている[126]。国家による抗議も含め、このような意識を変えていくことの必要性が強く感じられる。

　その場合、紙媒体の海賊版から正規版への移行の際にいくつかの国で行われた「新聞広告（あるいは、TVやネット広告）による大々的な告知」も有効かもしれない。それを政府が支援することも役に立つだろう。たとえば極端な話、違法アップロードのリンクを集めている、いくつかの代表的な大規模リンクサイトに意見広告を出して、そこから違法コンテンツにアクセスするファンに訴える、という方法だって考えられるのである（サイト側は断るだろうが）。

　もちろん純粋なファンによるアップロードも多いことは否定しないが、アメリカにおける電子海賊版には、日本に対する侮り、あるいはコンテンツの収益構造に対する無理解も見え隠れしており、そこにはっきりと抗議し、意識改革を促していくことも大切なのではないだろうか。

　逆に、それと同時に、「少しでもコンテンツを見るのならば課金されて当然」というような態度でなく、ある程度はフリーでコンテンツを見ることができる空間や期間、あるいは部分を設けることも必要である。

　そうしたバランスが、最終的には、ネットにおいても、ファンとコンテンツホルダーとのお互いによりよい関係を構築していくことに繋がっていくと考えられる。

(3) **スペイン語圏・その他**

　もう一つ、特定の国ではないが、中国語・英語についで電子海賊版が目立つのがスペイン語圏である。スペイン語圏はスペインだけでなく、ポルトガル語

---

[126] 同前。

◇第Ⅱ部◇　著作権法における実証と理論

圏のブラジルをのぞく南米全土に広がり、またアメリカ合衆国にもスペイン語を母語とする人は多い。一説によるとアメリカの全人口の４分の１近くをスペイン語人口が占めるという。

　じつはスペインにおける日本マンガ市場の推移は、アメリカに驚くほどよく似ており（2007年をピークにして、その後下がっていく。スペインには冊数ベースのデータしかないため、08年の落ち方はアメリカに比べそれほどでもないが、冊数も09年から10年にかけて急落する）[127]、この裏には電子海賊版の隆盛があるのではないかと推測できる。また、スペインの経済はリーマンショックによって壊滅的な影響を受けており、スペイン国家統計局が発表した2012年第４四半期の雇用統計によると、失業率は26.02％、若者の失業率はなんと60％を超えている。この経済状態が、無料で読める電子海賊版に走らせたのは否めないだろう。

　スペインのマンガ市場は、流通がキヨスク（ニューススタンド）中心のためか、他のヨーロッパ諸国に比べると、薄いパンフレット状のアメコミの比重が高く、2002年の統計ではアメコミが半分近くを占めていた[128]。しかし2013年に筆者が調査を行った際[129]には、キヨスクでアメコミを見ることはほとんどなく、おいてあるのは、大きな厚紙で目立つように作られた台紙の上に、薄い冊子のアメコミや日本マンガに子供向けのおもちゃがセットになった商品ばかりであった。不況と電子海賊版の影響でまったく本が売れなくなったため、2012年からこういう商品形態に移行したのだという。書店でも豪華本や限定本が目立ち、１冊の単行本に、マンガ単行本複数冊が入るコレクション用の化粧箱がセットされた商品も目立つように売られていた。つまりこれを買って、続刊も購入して付属の化粧箱に収納していってほしい、とする商品である。日本ではシリーズが完結して初めて化粧箱入り全巻セットが売られることが多く、その時にはすでに単行本をバラで買ってしまっている人が多いのを考えれば、読者に親切な工夫だといえる。読むだけなら電子海賊版で用が足りてしまう。そこをなんとかして購買に結びつけるための付加価値を商品につける工夫がさまざまに凝

[127]　JETRO調査レポート「スペインにおけるコンテンツ市場調査」2012年５月。
[128]　「シンポジウム　世界の日本マンガ事情」マンガ研究12号（日本マンガ学会編）（2007年）。フェデリコ・コルピによるスペインのマンガ事情の報告による。
[129]　2013年10月30日〜11月６日、スペインのバルセロナのサロン・デル・マンガと書店・出版社、マドリードの書店を調査。バルセロナでは出版社プラネタ・デ・アゴスティーニのDavid Hernando、ノルマ・エディションのAnabel Espada、サロン・デル・マンガのコーディネーターでマンガ研究家のMarc Bernabeに対し聞き取り調査を行った。

◆第11章◆ アジアにおける海賊版マンガから正規版への移行過程と残る諸問題［藤本由香里］

らされているのだ。アメリカでもこのところ豪華版や大判のコミックスが目立つのは、同様の理由によるのであろう。

　一方、それほど広い言語圏をもたず、また紙媒体でのマンガ市場が元からしっかりとあったフランスやタイ、あるいは日本国内などでは、電子海賊版による被害や業界の危機感は比較的少ない。やはり中国、そしてアメリカでの電子海賊版の横行にどうやって歯止めがかけられるかが、これからの鍵であると思える。

(4) まとめ

　紙媒体の海賊版を駆逐した方法が、そのまま電子媒体でも有効であるとは言えないが、「海賊版を制するのは〈速さ〉が最大の鍵」だというのは紙も電子も共通している。近年では主要コンテンツに関しては、紙媒体と電子版を同時発売するというやり方が一般的となり、さらに日本語だけでなく、英語や他の言語でも同時配信することも行われるようになった。アニメでも同時配信化が進みつつあり[130]、このサイマル配信化は、電子海賊版に一定の歯止めをかけつつあるように思われる。

　また、元海賊版の担い手だったところを使って正規版に置き換える、という手法についても、元海賊版サイトだったクランチロール（Crunchyroll）が、北米を代表する正規版アニメ・マンガの配信サイトになって業績を伸ばしていること、また中国においても、かつては海賊版アニメであふれていたYouku（優酷）やTudou（土豆）がそのまま正規版サイトに移行して、現在では日本側に利益をもたらしていることも象徴的である。

　これらに加えて、先述したように、国の支援によって、こまめな削除要請と悪質なサイトへの訴訟のためのバックアップ体制を整え、あるいは大々的な新聞広告で訴えるなどして、侵害国には国としても適切な抗議をすることで相手の意識を変えていくことも求められていると考えられる。

2　許諾のスピードと積極性

　これまで見てきたように、「海賊版対策は早さが勝負」というのは鉄則だが、

---

[130] 紙媒体のマンガは発売と同時に電子配信しても、未発売の雑誌が運送途中で計画的に抜かれたりするのに対し、アニメの場合は放送より先にデータが流出することはまずないので、数か国語を同時配信すれば、海賊版との速さの勝負においては有利である。

511

◇第Ⅱ部◇　著作権法における実証と理論

「日本側の許諾は遅すぎる」というのは、さまざまな国で聞かれる嘆きの声である。同時に、日本は遅いが韓国は早いので、韓国の方が仕事がしやすい、という声もよく聞く。

　また、最初の許諾を出すか出さないかの判断だけでなく、いったん正規版の契約が成立しても、「日本の場合は、細かいことにまでいちいち許可が必要であり、しかもその返事がなかなか来ない。あれは何とかならないのか」という声も、ほんとうにあらゆる国で聞くと言っていい。

　単行本の表紙デザインの細かいところに始まって、正規版の広告を出すにも、何かフェアをやるにしても、その細かいデザインのいちいちについて、すべて日本の出版社から許可を取らなければならない。しかもその返事が遅いので、販売機会を逃すこともしばしばだ。正規版の契約をして、現地市場をより理解しているのは現地の出版社なのだから、売り方や宣伝の方法、それに伴うデザインなどはもっと任せてくれてもいいのではないか、というのが現地の正規版版元の言い分である。

　日本では作家に著作権があるので、海外版の細かいこともいちいち作家に確認をとる。また作家は忙しいから、原稿アップのタイミングを見計らっていると返事が遅くなってしまう、ということなのだろう。だが、最初の契約の時に、「細かいことは現地に任せる、しかしそれで問題が生じた場合には訂正を要請できる」という契約書を作ってしまうわけにはいかないのだろうか。

　日本では雑誌や新聞での作品の紹介や評論の際も、少なくとも表紙でなく中の絵を使うときには、著者や出版社の許可を取るのが一般的である[131]。だがこれもフランスの著作権法では、

「第122の5条　著作物が公表された場合には、著作者は、次の各号に掲げることを禁止することができない」
として、その3号に
「(3) 著作者の名前及び出所が明示されることを条件として、
　(a) 要約及び短い引用が挿入される著作物の批評、評論、教育、学術又は報道と

[131]　もちろん引用であれば許可は必要ないのだが、「作品の中でもとくにこの場面でなくてはならない」と主張できるかどうかの判断がつきにくいためか、あるいは後で揉めないようにという判断のためか、新聞社も出版社も、作品中の図版を使うときには図版使用の許可を取るのが慣例のようになっている。ちなみに筆者は、そうした出版社の不安も慮って、日本語で論文や評論を書くときには、引用「許可願い」ではなく、引用の「お知らせ」を送り、問題があれば期日までにお知らせください、とする方法をとっている。

◆第11章◆ アジアにおける海賊版マンガから正規版への移行過程と残る諸問題［藤本由香里］

しての性質によって正当とされるそれらの要約及び短い引用
(b) 新聞雑誌の論説紹介」[132]

とあり、いちいち許可を求めなくてもいいことが明文化されている。正式契約をしている翻訳本の広告のデザイン等についても同様だという。いちいち細かいことにまで許可を求めさせる日本も、そのくらいの著作権の制限は設けてもいいのではないか。

もっとも、フェアユースの既定があるはずのアメリカでは、論文を執筆した場合、ほぼ例外なく、「すべての図版の引用の許可」を「必ず書面で」とるように強く要請されるのが一般的である[133]。これは、アメリカのフェアユースの規定があまりに抽象的で、許容される範囲の具体的な記述がないために、裁判をしてみないと何が認められるのかの判断ができず、訴訟大国のアメリカでは、絶対に訴訟にならないという保証がなくては怖くて出版できない、ということらしい。最近では日本でもフェアユースの導入が議論されることが多いが、アメリカのこうした現状を考えると、現状の「著作権の制限」範囲の具体例の列挙は残しつつ、それに加えて「フェアユースと認められる場合」という一項を付け加えた方がいいように思われる。

最後に、ある国の著作権エージェントの方が、日本とディズニーのライセンシーに対する態度を比較して語った印象的な言葉をあげておく。

「ディズニーは確かに著作権に厳しいが、契約してくれる相手はお客様だ、という基本姿勢がある。だから顧客が契約しやすいように予め制度設計されていて、たとえば〈お姫様シリーズの文房具〉なら、ノートならこれらのサンプルの中から、鉛筆ならこれだけあるサンプルから、ペンケースならこちらから……というように、選択肢が豊富に用意されている。それに対して日本は、相手が具体的に何か案を出してくるのを漫然と待っていて、相手が出してきたアイディアに対して、あれはダメ、これはダメ、これだけなら許可してもいい、

---

(132) フランス著作権法の条文の翻訳は、CRIC（公益社団法人著作権情報センター）HP、外国著作権法→フランス編、知的所有権法典、大山幸房訳：http://www.cric.or.jp/db/world/france/france_c1.html#122 による。
(133) これは筆者自身の複数の経験でもあるし、周囲の研究者の一致した体験でもある。当然ながらみな困っている。

◇第Ⅱ部◇　著作権法における実証と理論

と文句をつける」

　いかがだろうか。どちらが将来的に発展するコンテンツ戦略のモデルであるかは一目瞭然だろう。

　本稿でも見てきたように、日本のコンテンツ政策はそもそもの初めから、待ちの姿勢が強かった。自らの方針をもって積極的に売り込むというより、常に「相手が申し出てきたことにどう反応するか」というスタンスだったのである。つまり、慎重に判断して、「断る」か「許可する」かの二択しかない。そうした場合、失敗するのを怖れて判断は消極的になりがちである。

　つまり、日本では著作権は基本的に、「断る権利」であると考えていて、「活用してなんぼの権利」であるとは考えていない。そこが他国、とりわけアメリカとの大きな違いではないだろうか。

　歴史的に見てこうなった理由があるのはよくわかるが、日本のそうした姿勢もそろそろ、スピード感を持った積極路線に変換すべき時にきているのではないか。いや、すでにその変化が始まっていることを信じたいものである。

〈参考資料〉

ITメディアニュース：「YouTube 人気動画リンク集」は合法か（2006年10月27日）：http://www.itmedia.co.jp/news/articles/0610/27/news029.html

井奈波朋子「フランス著作権制度の概要とコンテンツの法的保護」『デジタルコンテンツ協会報告書』（2006年）第4章：http://shou-law.com/wp-content/uploads/2016/05/051124DCAJ.pdf

遠藤誉『中国動漫新人類』（日経BP社、2008年）

大山幸房訳「フランス著作権法」CRIC（公益社団法人著作権情報センター）：フランス編：http://www.cric.or.jp/db/world/france/france_c1.html#122

小野昌延=岡田春夫編『アジア諸国の知的財産制度　山上和則先生古稀記念』（青林書院、2010年）

久保隆志「アジアを席巻する日本マンガの超絶パワー」創1994年8月号（特集：マンガ大国ニッポン）52-58頁

同 "世界標準"化進む日本式の『漫画文法』」創1995年10月号（特集・マンガ王国の翳り!?）62-69頁

国際交流基金アジアセンター『アジアIN コミック展』図録（2001年）

『国際マンガ研究4　日本マンガと「日本」』（京都精華大学国際マンガ研究センター、2014年）

夏目房之介『マンガ世界戦略』（小学館、2001年）

国立国会図書館「インターネット上の著作権侵害に関する各国の法制度」ISSUE BRIEF NUMBER 747（2012.4.5.）：http://dl.ndl.go.jp/view/download/digidepo_3487281_po_0747.pdf?contentNo=1

◆第11章◆ アジアにおける海賊版マンガから正規版への移行過程と残る諸問題［藤本由香里］

JETRO調査レポート「米国コンテンツ市場調査アニメ・マンガ編（2011-2012）」（日本貿易振興機構（ジェトロ）海外調査部調査企画課）（2013年3月）
同「ベトナムにおけるコンテンツ市場の実態」（2009年3月）
同「スペインにおけるコンテンツ市場調査」（2012年5月）
辛如意「台湾における日本マンガの現地化および受容」国際文化フォーラム17号（2001年3月）
「シンポジウム世界の日本マンガ事情」マンガ研究12号（日本マンガ学会編）（2007年）
高倉成男『知的財産法制と国際政策』（有斐閣、2001年）
『特集＊検証・Cool Japan』一橋ビジネスレビュー東洋経済58巻3号（2010年冬号、東洋経済）
トジラカーン・マシマ「タイコミックスの歴史」『国際マンガ研究4 日本マンガと「日本」』（京都国際マンガ研究センター、2014年）85-117頁
藤本由香里「東南アジア・マンガ紀行ベトナム編」コミックマーケットカタログ84（2013年）1372-1379頁
文化庁『タイにおける著作権侵害対策ハンドブック』（2012年）
同『台湾における著作権侵害対策ハンドブック』（2004年）
同「文化審議会著作権分科会法制問題小委員会平成24年第6回議事次第：http://www.bunka.go.jp/seisaku/bunkashingikai/chosakuken/hosei/h24_06/index.html
同主催「タイにおける著作権侵害セミナー」（2013年1月29日、於：TKP大手町カンファランスセンター）における、タトル・モリエイジェンシーの荻野千草による報告「海賊版マンガとの闘い──『週刊少年ジャンプ』を例に」資料。
前田哲男「台湾における日本の著作物等の保護について」コピライト（社団法人著作権情報センター）499号（2002年）
三原龍太郎『ハルヒ in USA』（NTT出版、2010年）
本山雅弘「各国の著作権法制（第4回）台湾」コピライト（社団法人著作権情報センター）474号（2000年）
安田和史「リーチサイトの運営者にかかる著作権侵害の責任に関する考察」知財ジャーナル（2014年）57-68頁：http://www.law.nihon-u.ac.jp/publication/pdf/chizai/7/04.pdf
山本隆司「プロバイダー責任制限法の機能と問題点」コピライト495号（社団法人著作権情報センター）（2002年）
同訳「アメリカ『デジタル・ミレニアム著作権法』」CRIC（公益社団法人著作権情報センター）：外国著作権法→アメリカ編：http://www.cric.or.jp/db/world/america/america_c5.html#512
李衣雲「台湾の漫画審査制度と日本漫画のアンダーグラウンド化展開」『国際マンガ研究4日本マンガと「日本」』京都精華大学国際マンガ研究センター、2014年）13-23頁

第12章 いわゆる「著作権教育」の観察と分析から得られる著作権制度の現状と課題について

小島 立

I はじめに

　本稿は、いわゆる「著作権教育」の観察と分析から得られる著作権制度の現状と課題について検討する。本稿の筆者がこのような作業を行うのは、「著作権教育」にどのような主体が関わるとともに、その教育の中で、著作権制度についてどのような「語られ方」がなされているのかということの観察と分析を通して、現在の著作権制度を理解する上での何らかの手がかりを得ることができるのではないか、と期待するからである。なお、本稿において「著作権教育」という言葉で指し示す対象は、主に初中等教育段階における著作権についての

＊　本稿の執筆に際しては、「著作権教育」に関係する複数の団体の関係者に聞き取り調査を行った。具体的には、公益社団法人著作権情報センター（片田江邦彦氏、2015年11月26日）、一般社団法人日本レコード協会（楠本靖氏、丹野祐子氏および見世梨沙氏、2015年11月26日）、一般社団法人日本音楽著作権協会（牧昭宏氏、北沢光氏および寺内恒太氏、2015年11月26日）、文化庁著作権課（堀口昭仁氏、2015年12月4日）、公益社団法人日本文藝家協会（長尾玲子氏、2015年12月4日）である。貴重なご教示を下さった皆様に心から御礼申し上げる。

　「知的財産教育」に積極的に取り組んでいる山口大学の状況については、木村友久教授から直接お話を伺う機会を得た（2016年1月4日）。この場をお借りして厚く御礼申し上げる。研究・技術計画学会九州・中国支部第12回研究会（2016年1月10日に九州大学で開催）においても、「知財人財育成の普遍化を考える」というテーマが設定され、山口大学で行われている「知的財産教育」について学ぶことができた。

　また、本稿の執筆の過程では、明治大学「コンテンツと著作権法」研究会（2015年11月27日）、大阪大学知的財産センターIPrism研究会（2016年1月6日）において、本稿の構想について報告する機会を得た。両研究会において貴重なご意見を下さった出席者の皆様に深く御礼申し上げる。

　加えて、2016年度前期に開講した九州大学法学部の知的財産法の授業において、「著作権教育」について検討する機会を得たことで、本稿の筆者の考えを整理するとともに、一歩進めることができた。授業における質疑応答に参加してくれた受講生にも深く感謝申し上げたい。

『しなやかな著作権制度に向けて』（信山社、2017年3月）

◇第Ⅱ部◇　著作権法における実証と理論

教育活動や啓蒙普及活動であり[1]、本稿の考察の中心は、そこで用いられている教材やパンフレット等において、著作権法や著作権制度についてどのような「語られ方」がなされているのか、ということである。

　本稿は、科学研究費補助金基盤研究（A）「コンテンツの創作・流通・利用主体の利害と著作権法の役割」（研究代表：中山信弘、研究期間：2011年度～2015年度）の研究成果の一つとして公表される予定となっているが、本稿の筆者は、本共同研究の問題意識について、自分なりに次のように理解した上で、本共同研究に参加してきた[2]。すなわち、著作権法に関係するアクターと当該アクターの利害が多様化するとともに、著作物が生み出され、世の中に送り出されて、そして享受される[3]環境に変化が見られる中で、私たちはいかにして、より良い著作権制度を設計すべきなのか、ということである。

　デジタル技術やネットワーク技術の進展に伴い、ユーザーが作品を生み出すとともに、インターネットを介して発信を行うことが容易になっているなど、本共同研究が取り上げる「コンテンツの創作・流通・利用主体」、とりわけ、従来は「利用」に従事するとされてきた私たち「ユーザー」の置かれている状況は大きく変化している。この現状においては、著作権は私たちの生活において日常的に関係するものとなっているといっても過言ではなく、私たちが著作権についての基本的な「ものの考え方」を習得することが望まれていることは事実であろう。

　私たちが著作権についての「ものの考え方」を形作る際には、家庭における教育、学校教育、課外活動、「習い事」などに加えて、メディアによる報道、各種団体による啓蒙活動、インターネット上で得られる情報など、様々なものが影響しているはずである。本稿は、その中でも、いわゆる「権利者団体」[4]が関

----

(1) 高等教育における「知的財産教育」または「著作権教育」については、山口大学における取り組みが参考になる。参照、木村友久「大学における知財教育普遍化モデルの紹介──知財の戦略的活用を担う人材育成」コピライト650号（2015年）36頁。

(2) 本共同研究の内容については、http://www.kisc.meiji.ac.jp/~ip/research/contents.html を参照。

(3) 本稿では、知的成果物が「生み出され、世の中に送り出されて、享受される」ことを、知的成果物の「創出、媒介および享受」と表現することもある。ある知的成果物が「世の中に送り出される」という表現は、内藤篤『エンタテインメント契約法〔第3版〕』（商事法務、2012年）で度々用いられる表現（例えば、同書6頁）に依っている。

(4) 本稿において後述するとおり、「権利者」という言葉で指し示される主体の置かれている状況も様々であり、そうであれば、「権利者団体」がどのような「権利者」の利益を代

◆第12章◆ いわゆる「著作権教育」の観察と分析から得られる著作権制度の現状と課題について［小島　立］

係してきた「著作権教育」に焦点を当てた検討を行うことにより、現在の著作権制度についてどのような理解がなされているのか、ということの一端について明らかにすることを目指す。

　さらに、現在の「著作権教育」を分析するとともに、それをどのように改善するべきなのかということを論じるためには、本稿の筆者が著作権制度をどのように理解しているのかということについても明らかにすることが望ましいであろう。したがって、本稿は、現在の「著作権教育」に対する検討とともに、本稿の筆者が現段階において著作権制度をどのように理解しているのかということを併せて示すことを目指すものでもある。

　上記の目標を達成することを目指して、本稿の記述は以下のように進める。第1に、「著作権教育」が求められている背景事情について考察する。第2に、「著作権教育」でなされている取り組みや、そこで用いられている教材の内容について観察する。第3に、前述の観察を踏まえて、現在の「著作権教育」のあり方や問題点を抽出する。第4に、現在の「著作権教育」が抱える問題点を改善するために、いかなる方策が考えられるかということについて、著作権の基本構造についての本稿の筆者の理解を踏まえながら検討を行う。最後に、本稿で行った分析から見えてきた「『著作権教育』の難しさ」について述べる。

II　「著作権教育」が求められている背景事情について

1　初中等教育における「著作権教育」の位置づけ、および、著作権関連の制度改正の観点から

　「著作権教育」が必要とされている背景事情について知るためには、初中等教育で取り上げられる内容に加えて、著作権法改正をはじめとする著作権関連の制度改正における政府の対応が手がかりとなる[5]。

　　　表しているのかといった疑問が生じるところである。一般的な意味での「権利者団体」とは、差し当たりは、公益財団法人著作権情報センターのウェブサイトの「関係団体・機関リスト」〔http://www.cric.or.jp/db/list/index.html〕に掲げられている団体のことを指すと考えておいてよいであろう。

(5)　大和淳「『学校における著作権教育のアンケート調査』の結果をどう読むか――著作権教育に関する社会的要請はどう変化しているのか、学校はどう対応していくのか」コピライト655号（2015年）55頁。学校現場においては、特許法などの産業財産権法に重点を置いた「知的財産教育（知財教育）」の取り組みも見られる。この点については、日本知財学会知財教育分科会編集委員会編『知財教育の実践と理論――小・中・高・大での

519

◇第Ⅱ部◇　著作権法における実証と理論

　第1に、初中等教育の段階における「著作権教育」について概観する。中学校の学習指導要領を見ると、「技術・家庭」の「情報に関する技術」において、「情報通信ネットワークと情報モラル」[6]について指導すべきこととして、「著作権や発信した情報に対する責任を知り、情報モラルについて考えること」[7]が掲げられるとともに、「情報通信ネットワークにおける知的財産の保護の必要性についても扱うこと」が記されている[8]。

　また、高等学校の学習指導要領においても、いくつかの科目で著作権に関連する教育がなされることが期待されている。例えば、「情報」の「情報の活用と表現」においては、「情報の信頼性、信憑性及び著作権などに配慮したコンテンツの作成を通して扱う」こととされているし、「情報社会の課題と情報モラル」においては、「知的財産や個人情報の保護などについて扱い、情報の収集や発信などの取扱いに当たっては個人の適切な判断が重要であることについても扱うこと」と書かれている[9]。また、「音楽」においても、「音楽に関する知的財産権などについて配慮し、著作物等を尊重する態度の形成を図るようにする」という記述が見られる[10]ことに加えて、「農業」、「工業」、「商業」といった専門科目においても、著作権についての教育が行われることが期待されている[11]。

　　知財教育の展開』（白桃書房、2013年）を参照。
(6)　「情報モラル」とは、「情報社会で適正な活動を行うための基になる考え方と態度」（文部科学省「教育の情報化に関する手引」（2010年10月）117頁〔http://www.mext.go.jp/component/a_menu/education/detail/__icsFiles/afieldfile/2010/12/13/1259416_10.pdf〕）を指し、「道徳」の授業において扱われるとともに、中学校以上では各教科においてもその内容に触れることが求められている。また、中央教育審議会『道徳に係る教育課程の改善等について（答申）』（2014年10月21日）10頁〔http://www.mext.go.jp/b_menu/shingi/chukyo/chukyo0/toushin/__icsFiles/afieldfile/2014/10/21/1352890_1.pdf〕においても、「情報モラル」などの「現代社会を生きる上での課題の扱いを充実することが必要」であるとされている。
(7)　文部科学省「中学校学習指導要領」（平成20年3月（平成22年11月一部改正））86頁〔http://www.mext.go.jp/a_menu/shotou/new-cs/youryou/chu/__icsFiles/afieldfile/2010/12/16/121504.pdf〕。
(8)　中学校学習指導要領・前掲注(10)87頁〔http://www.mext.go.jp/a_menu/shotou/new-cs/youryou/chu/__icsFiles/afieldfile/2010/12/16/121504.pdf〕。
(9)　文部科学省「高等学校学習指導要領」（平成21年3月）101頁以下〔http://www.mext.go.jp/component/a_menu/education/micro_detail/__icsFiles/afieldfile/2011/03/30/1304427_002.pdf〕。
(10)　高等学校学習指導要領・前掲(9)77頁。

◆第 12 章◆ いわゆる「著作権教育」の観察と分析から得られる著作権制度の現状と課題について ［小島　立］

　第 2 に、著作権関連の制度改正がなされた際の「著作権教育」に関係する政府の対応について概観する。いわゆる「知的財産立国」の方向性を示すものとして策定された「知的財産戦略大綱」（2002 年 7 月 3 日）では、「創造性を育む教育・研究人材の充実」を進めるべく、「児童・生徒に対する知的財産教育の推進」という項目において、初中等教育における「知的財産教育」の重要性が謳われている⑿。

　また、2012 年の著作権法改正においては、いわゆる「違法ダウンロードの刑事罰化」（著作権法 119 条 3 項）がなされた⒀。その際の改正附則 7 条 2 項では、「国及び地方公共団体は、未成年者があらゆる機会を通じて特定侵害行為の防止の重要性に対する理解を深めることができるよう、学校その他の様々な場を通じて特定侵害行為の防止に関する教育の充実を図らなければならない」⒁と規定されており、文化庁が一般向けに加えて、子ども向けの Q&A を公表していることが注目される⒂。

⑾　「農業」における「著作権教育」については、高等学校学習指導要領・前掲注(9)108 頁以下。「工業」における「著作権教育」については、高等学校学習指導要領・前掲注(9)138 頁以下。「商業」における「著作権教育」については、高等学校学習指導要領・前掲注(9)189 頁以下。

⑿　知的財産戦略大綱においては、「知的財産教育の推進」として、「児童・生徒に対する知的財産教育の推進」と「大学生一般に対する知的財産教育の推進」が掲げられている。「児童・生徒に対する知的財産教育の推進」においては、「2002 年度以降、知的財産意識の啓発、創造性の重要性に関する教材、副読本の提供など、初等・中等教育における知的財産に関する教育の推進を図るとともに、教職員に対する知的財産制度のセミナーの実施等により、知的財産に関する教育手法の研究等、教育者の知的財産制度に関する知識向上を図る。（文部科学省、経済産業省）」と書かれている。知的財産戦略大綱については、https://www.kantei.go.jp/jp/singi/titeki/kettei/020703taikou.html を参照。

⒀　いわゆる「違法ダウンロードの刑事罰化」については、「著作権法の一部を改正する法律（平成 24 年改正）について（解説）」20 頁以下を参照〔http://www.bunka.go.jp/seisaku/chosakuken/hokaisei/h24_hokaisei/pdf/24_houkaisei_horitsu_kaisetsu.pdf〕。

⒁　「特定侵害行為」とは、平成 24 年の改正附則 7 条 1 項によれば、著作権法「第 30 第 1 項（新法第 102 条第 1 項において準用する場合を含む。）に定める私的使用の目的をもって、有償著作物等（新法第 119 条第 3 項に規定する有償著作物等をいう。以下同じ。）の著作権又は著作隣接権を侵害する自動公衆送信（国外で行われる自動公衆送信であって、国内で行われたとしたならば著作権又は著作隣接権の侵害となるべきものを含む。）を受信して行うデジタル方式の録音又は録画を、自らその事実を知りながら行って著作権又は著作隣接権を侵害する行為」のことである。

⒂　参照、「違法ダウンロードが罰則の対象となることについて知っておきたいこと（子ど

521

◇第Ⅱ部◇　著作権法における実証と理論

2　いわゆる「法教育」との関係について

　また、「著作権教育」は、それが著作権法という法制度を抜きにして語ることができない以上、いわゆる「法教育」とも関係する[16]。「法教育」とは、「法律専門家ではない一般の人々が、法や司法制度、これらの基礎になっている価値を理解し、法的なものの考え方を身に付けるための教育を特に意味するもの」[17]であり、「法曹養成のための法学教育などとは異なり、法律専門家ではない一般の人々が対象であること、法律の条文や制度を覚える知識型の教育ではなく、法やルールの背景にある価値観や司法制度の機能、意義を考える思考型の教育であること、社会に参加することの重要性を意識付ける社会参加型の教育であることに大きな特色がある」[18]といわれる。

　「法教育」の必要性が増している背景には、裁判員制度をはじめとする「国民の司法参加」の重要性が高まっていることが挙げられる[19]。2001年に公表された「司法制度改革審議会意見書」では、「国民的基盤の確立」という項目において、「分かりやすい司法の実現」として、「基本法制の改正の早期実現に期待するとともに、司法の運用もまた国民の視点に立った分かりやすいものとする配慮がなされることが望まれる」とともに、「司法教育の充実」として、「学校教育等における司法に関する学習機会を充実させることが望まれる。このため、

　　　も用）」（2012年7月24日）〔http://www.bunka.go.jp/seisaku/chosakuken/hokaisei/download_qa/pdf/dl_qa_child_ver2.pdf〕。「違法ダウンロードの刑事罰化」がなされた際の著作権法改正の附則7条は、広く「国民に対する啓発等」を求めており、文化庁は一般向けのQ&Aも公表している〔http://www.bunka.go.jp/seisaku/chosakuken/hokaisei/download_qa/pdf/dl_qa_ver2.pdf〕。

[16]　「法教育」については、法教育研究会『我が国における法教育の普及・発展を目指して——新たな時代の自由かつ公正な社会の担い手をはぐくむために』（2004年）〔http://www.moj.go.jp/content/000004217.pdf〕、大村敦志＝土井真一編著『法教育のめざすもの——その実践に向けて』（商事法務、2009年）、大村敦志『「法と教育」序説』（商事法務、2010年）、同『法教育への招待——法学から見た法教育』（商事法務、2015年）、ジュリスト1266号の「特集 法教育の充実を目指して」、ジュリスト1353号（2008年）の「特集加速する法教育」、ジュリスト1404号（2010年）の「特集 法教育と法律学」などを参照。

[17]　法教育研究会・前掲注(16)5頁。

[18]　法教育研究会・前掲注(16)5頁。

[19]　「国民の司法参加」が有する意義については、三谷太一郎『政治制度としての陪審制——近代日本の司法権と政治』（東京大学出版会、2001年）から多くを学んだ（なお、本書については、2013年に増補版が出版されている）。

◆第 12 章◆ いわゆる「著作権教育」の観察と分析から得られる著作権制度の現状と課題について［小島　立］

教育関係者や法曹関係者が積極的役割を果たすことが求められる」という記述が見られる[20]。また、「法教育」についての報告書のタイトルに示されている「自由かつ公正な社会の担い手をはぐくむ」という視点は、広い意味での「市民教育」や「シティズンシップ教育」、「主権者教育」などの趣旨とも重なるものである[21]。

　デジタル技術とネットワーク技術の進展によって、従来は専ら「ユーザー」という形で位置づけられていた情報の享受者である私たちも、ソーシャルメディアを通じたコミュニケーションに代表されるように、著作物を生み出し、世の中に広め、そして享受する営みに関係する状況が増している。このような現代社会においては、著作権法はもはや単なる「業法」ではなく、「万人」に関わる法となっている。「違法ダウンロード刑事罰化」の際に文化庁が子供向けの Q&A を作成して公表したことの背景には、子どもたちがデジタル環境に日常的に接している現状と、そこで引き起こされる可能性のある社会的問題の一端を見ることができる。

　このような現状に鑑みると、将来における社会の担い手である子どもたちが著作権制度について基本的な理解を有していることが望ましいという事実は否定できないであろう。そして、子どもたちに対する「著作権教育」がなされる際には、著作権法が法制度の一部を構成する以上、「法教育」、「シティズンシップ教育」、「主権者教育」などの理念が「著作権教育」にも反映されるべきである[22]。

---

[20]　司法制度改革審議会『司法制度改革審議会意見書──21 世紀の日本を支える司法制度』（2001 年 6 月 12 日）の「Ⅳ 国民的基盤の確立」を参照〔http://www.kantei.go.jp/jp/sihouseido/report/ikensyo/iken-4.html〕。

[21]　「市民教育」や「シティズンシップ教育」については、経済産業省『シティズンシップ教育と経済社会での人々の活躍についての研究会報告書』（2006 年）〔http://www.akaruisenkyo.or.jp/wp/wp-content/uploads/2012/10/hokokusho.pdf〕、大村敦志「フランスの市民教育と法生活」大村・前掲注(16)法と教育 30 頁以下〔初出、2009 年〕、川本隆史「公民科教育・市民性の教育・法教育──『法と倫理をつなぐもの』をめぐるパーソナルな覚書」大村＝土井・前掲注(16)) 224 頁以下などを参照。「シティズンシップ教育」については、蓮見二郎准教授から貴重なご教示を得た。記して感謝申し上げる。

　　また、「主権者教育」については、『『常時啓発事業のあり方等研究会』最終報告書──社会に参加し、自ら考え、自ら判断する主権者を目指して～新たなステージ「主権者教育」へ～』（2011 年）〔http://www.soumu.go.jp/main_content/000141752.pdf〕を参照。

[22]　田村善之「法教育と著作権法──政策形成過程のバイアス矯正としての放任との相剋」

◇第Ⅱ部◇　著作権法における実証と理論

　「法教育」との関係を踏まえて「著作権教育」について論じる先行研究は、「著作権によって禁止されるのはこのような行為だろうと一般に考えられている著作権法と、実際の著作権法の条文との間には無視しがたい乖離が認められる」[23]と指摘するとともに、この「ズレ」を著作権法に関する「政策形成過程のバイアス」のためである、と論じている[24]。著作権法の条文を厳格に適用すると「著作権侵害」となりうる行為であっても、それに対して権利者が積極的に権利行使を行っていない領域があるという指摘が見られることは事実である[25]。

　上述した「ズレ」が社会に存在すると主張される理由の1つには、著作権制度が少なくともこれまで、一般の有権者と政治家が強い関心をもたない「ロー・セイリアンス（low-salience）」の分野であると考えられてきたことが影響しているかもしれない[26]。「ロー・セイリアンス」の分野の特徴は、一般的に以下のとおりであるといわれる。第1に、主として特殊利益に関わる政策分野であり、一般の有権者にとって政策の効果は広く薄く影響するにすぎない。第2に、選

　　ジュリスト1404号（2010年）35頁。また、岡本薫『小中学生のための初めて学ぶ著作権』（朝日学生新聞社、2011年）は、「著作権というものは、実は『みなさんが大人になったときに、日本人は、自由と民主主義を使いこなせるのか？』── という、日本全体の将来に影響する『非常に大きな問題』と、深く関係している」（同書232頁）という観点から執筆されている。
(23)　田村・前掲注(22)39頁。
(24)　著作権の「政策形成過程のバイアス」に関する議論の詳細については、田村善之「日本の著作権法のリフォーム論 ── デジタル化時代・インターネット時代の『構造的課題』の克服に向けて」知的財産法政策学研究44号（2014年）25頁。
(25)　いわゆる「二次創作」の分野においても、様々な著作物の利用に対して、権利者が権利行使を差し控えている傾向が見られるという指摘が見られる（福井健策『18歳の著作権入門』（ちくまプリマー新書、2015年）は、著者自身の豊富な実務経験に裏打ちされた著作権法についての優れた入門書であるが、同書185頁以下にその旨の指摘が見られる。その他に、田村・前掲注(24)76頁以下は、「最後の砦としての寛容的利用」について論じている）。もっとも、権利者が権利行使を控えて黙認しているから利用者による著作物の利用が事実上許されている（いわゆる「寛容的利用（tolerated use）」）という「消極的」な説明については、もし権利者が権利行使を行ったらどうなるのかという事態を考慮すると問題が残るように思われる。ある態様における著作物の利用が社会的に認められるべきであれば、そのような利用を正当化できるような、より「積極的」な説明が求められるはずであると本稿の筆者は考えており、その説明をいかに「理論化」するのかということが、著作権法学と著作権法研究者に求められているといえる。
(26)　著作権の制度改正のあり方について、政治学の観点から検討を加えたものとして、京俊介『著作権法改正の政治学 ── 戦略的相互作用と政策帰結（木鐸社、2011年）。

挙区を越えた利益に関わる。第3に、イデオロギーとはほぼ無関係な政策分野である[27]。

しかし、「環太平洋パートナーシップ（TPP）協定」に関する議論をはじめ、知的財産権が国際通商の局面でも従来以上に重要性を増している現代社会においては[28]、国内外の政治家、官庁、利益集団の三者（さらに、この中にも複数のアクターが存在する）の相互作用を検証する必要性が増している。近時のTPPに対する対応において、非親告罪化が「二次創作」の分野に及ぼす影響についてかなり高い関心が寄せられたことなどは、これまで「ロー・セイリアンス」の分野であるとされてきた著作権法の分野における議論の構造の観点からも興味深い[29]。「著作権教育」が適切な形でなされることは、私たちが著作権の政策形成過程に関心を持つ可能性を高めるとともに、その政策形成過程に私たちの声を反映させていくという観点からも重要であろう。そのような「著作権教育」を行うことは、「法教育」、「シティズンシップ教育」、「主権者教育」などが目指す目標とも合致するはずである。

III 「著作権教育」の現状について

以下では、「著作権教育」の現状について観察を行うべく、著作権制度に関係する団体の具体的な取り組みの内容に加えて、主に「著作権教育」や著作権に

---

[27] 京・前掲注(26)5頁以下。
[28] 国際的な知的財産権制度の動向やそこでの様々なアクターの活動について、国際政治学の観点から分析したものとして、西村もも子『知的財産権の国際政治経済学――国際制度の形成をめぐる日米欧の企業と政府』（木鐸社、2013年）。
[29] 文化審議会著作権分科会法制・基本問題小委員会『環太平洋パートナーシップ（TPP）協定に伴う制度整備の在り方等に関する報告書』（2016年2月）では、「著作権等侵害罪の非親告罪化については、一律に非親告罪化するのではなく、著作権等侵害罪のうちいわゆる海賊行為（著作物等の市場と競合する海賊版による侵害行為）のように、被害法益が大きく、また、著作権者等が提供又は提示する著作物等の市場と競合するため著作権者等の事後追認等により適法化されることが通常想定できない罪質が重い行為態様によるものについて、非親告罪とすることが適当である」（同報告書15頁）、「非親告罪の対象とすべき著作権等侵害罪を、著作権者等の著作物等の提供又は提示に係る市場と競合する場合に限定することが適切である。換言すれば、市販されている漫画や小説を基に二次創作作品を作成する等、著作権者等の著作物等の提供又は提示に係る市場と競合しない行為態様については非親告罪の対象外とすることが適切である」（同報告書16頁）といった記述が見られる〔http://www.bunka.go.jp/seisaku/bunkashingikai/chosakuken/hoki/h27_09/pdf/shiryo_1.pdf〕。

◇第Ⅱ部◇　著作権法における実証と理論

ついての啓蒙普及活動の中で用いられている教材やパンフレットなどを取り上げる。

1　『5分でできる著作権教育』（著作権情報センター）

「著作権教育」において積極的な取り組みを行っているのは、公益社団法人著作権情報センターである（以下、「著作権情報センター」という）。著作権情報センターは、「著作権制度の普及活動および著作権制度に関する調査研究等を通じて、著作権および著作隣接権（以下「著作権等」）の適切な保護を図り、もって文化の発展に寄与することを目的として様々な活動を行っている公益社団法人」[30]である。

初めに紹介するのは、著作権情報センターが公表する『5分でできる著作権教育』という教材において示されている「著作権教育の段階的指導モデル」[31]である。この指導モデルは、「著作権に関する指導を考えるとき、教員は『どのような場合に権利者に無断で利用できるか』に関心が向きがち」なのではないかという現状認識に基づいて、「児童・生徒に対して著作権への興味・関心を高める活動を行う際には、著作権制度全体を俯瞰しながらポイントを押さえて指導を行うことが必要」であるという問題意識から作られたものである[32]。その上で、この指導モデルは、「児童・生徒の発達の特徴を念頭に置いて、この内容は

---

[30] 著作権情報センターの概要については、http://www.cric.or.jp/about/index.html を参照。著作権情報センターの正会員は、一般社団法人コンピュータソフトウェア著作権協会、協同組合日本映画監督協会、一般社団法人日本映画製作者連盟、一般社団法人日本映像ソフト協会、一般社団法人日本音楽作家団体協議会、一般社団法人日本音楽事業者協会、一般社団法人日本音楽出版社協会、一般社団法人日本音楽制作者連盟、日本音楽著作家連合、一般社団法人日本音楽著作権協会、協同組合日本脚本家連盟、公益社団法人日本芸能実演家団体協議会、一般社団法人日本作詞家協会、公益社団法人日本作曲家協会、一般社団法人日本雑誌協会、協同組合日本シナリオ作家協会、一般社団法人日本写真著作権協会、一般社団法人日本書籍出版協会、一般社団法人日本美術家連盟、公益社団法人日本複製権センター、公益社団法人日本文藝家協会、日本放送協会、一般社団法人日本民間放送連盟、および一般社団法人日本レコード協会の 24 団体となっている〔http://www.cric.or.jp/about/doc/seikaiin_meibo_27.pdf〕。

[31] 公益社団法人著作権法情報センター（CRIC）＝一般社団法人日本教育工学振興会（JAPET）「5分でできる著作権教育——すべての先生が気軽に取り組むための Web 教材」（2011 年）3 頁。この教材の内容は、http://chosakuken.jp/step.html において見ることができる。

[32] 著作権法情報センター（CRIC）＝日本教育工学振興会（JAPET）・前掲注(31)3 頁。

これくらいの段階から指導の中に取り入れるようにしてはどうか、と考えて構成した」、とされている(33)。

紙媒体で配布されている『5分でできる著作権教育』の「指導事例サンプル」で示されている具体的な教育内容を掲げると、以下のとおりである(34)。

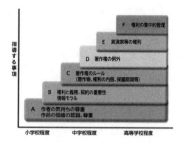

出典：「著作権教育の段階的指導モデル」〔http://chosakuken.jp/common/images/img_step_1.jpg〕

小学校3・4年（社会）：「友だちの撮った写真をホームページに使う」（段階的指導モデルのA）

小学校5・6年（家庭）：「小物入れやエプロン作りで、アニメのキャラクターを利用する」（段階的指導モデルのA）

中学校：「歴史上の人物についてレポートを作成する」（段階的指導モデルのA、B、C）

中学校：「インターネットを通じて情報を発信する」（段階的指導モデルのB、C）

高等学校：「レポートを作る」

高等学校：「許諾の取り方を知る」

また、紙媒体の教材で取り上げられている最初の2つの事例、すなわち、「友だちの撮った写真をホームページに使う」（Web事例02、「著作権の段階的指導モデル」のA）と「小物入れやエプロン作りで、アニメのキャラクターを利用する」（Web事例09、「著作権の段階的指導モデル」のA）における「『著作権教育』のねらいと指導のポイント」については、以下のように書かれている。

---

(33) 著作権法情報センター（CRIC）＝日本教育工学振興会（JAPET）・前掲注(31)3頁。なお、「児童・生徒の発達の特徴」という点については、中学校における「道徳」の指導において、「生徒の発達の段階や特性等を考慮し、…（略）…道徳の内容との関連を踏まえて、情報モラルに関する指導に留意すること」（中学校学習指導要領・前掲注(7)116頁）と書かれていることとも符合すると思われる。

(34) 著作権法情報センター（CRIC）＝日本教育工学振興会（JAPET）・前掲注(31)4頁以下。「指導事例サンプル」は、http://chosakuken.jp/example_list.html にも「校種・教科別授業案」として掲げられている。

◇第Ⅱ部◇　著作権法における実証と理論

「友だちの撮った写真をホームページに使う」における「『著作権教育』のねらいと指導のポイント」[35]
・写真など作品には著作権があり、勝手に使ってはいけないことを知らせる。
・作品には作者の工夫や苦労が込められていることに気付かせ、黙って使うことの問題点に気付かせる。
・了解をもらえば使えることを知らせる。
・了解のもらい方を身につける。
・了解をもらったことでより良い作品になったことを体験させる。

「小物入れやエプロン作りで、アニメのキャラクターを利用する」における「『著作権教育』のねらいと指導のポイント」[36]
・キャラクターにはそれを考え、作った人がいて、著作権があることを理解する。
・作った人の工夫や苦労に気付かせ、他の人の作品を尊重する
・参考にするのはよいが、そっくり真似をしてはいけないことを理解させる
・自分の作品には使えるが発表はできない
・オリジナル作品を作ることに価値があることを理解させる

2　「著作権教育実践事例募集」（著作権情報センター）

著作権情報センターが行っている取り組みとして次に取り上げるものは、「著作権教育実践事例募集」である。これは、2006年度から2014年度にかけて、「著作権制度が広く社会一般に普及・定着するためには、初等中等教育段階において著作権に関する基礎的な知識を身につけてもらうことが重要であるとの観点から」募集がなされたものである[37]。

募集された作品の中から、「著作権の理解や尊重に役立つ『優秀な事例』や『モデルとなる事例』を広く教育関係者に紹介し、今後の「著作権教育」において

---

[35]　著作権法情報センター＝日本教育工学振興会・前掲注(31)4頁〔http://chosakuken.jp/common/pdf/el/ver04_02el_shakai_small.pdf〕。
[36]　著作権法情報センター＝日本教育工学振興会・前掲注(31)6頁〔http://chosakuken.jp/common/pdf/el/ver04_09el_katei_small.pdf〕。
[37]　公益社団法人著作権情報センター「著作権教育の実践事例」募集事業「著作権教育の実践事例　趣旨」〔http://www.cric.or.jp/education/jissenrei.html〕。なお、この事業は、旧著作権法制定100周年（1999年）を記念して設立された「著作権法百年記念基金」をもとに実施されたものである。

活用して」もらうために、ウェブサイト上で入賞事例の紹介がなされている。例えば、第10回の最優秀賞に輝いた石川県金沢市立小坂小学校の取り組みは、「みんなの作品を大切に～守りたくなる気持ちを生み出す著作権教育～」というものである[38]。

3 「学校における著作権教育のアンケート調査」（著作権情報センター＝日本教育情報化振興会）

著作権情報センターが行っている取り組みの1つとしては、学校教育現場における「著作権教育」についてのアンケート調査が挙げられる。これは学校教育の現場で「著作権教育」が行われる際に重要な役割を果たす教員が、著作権についてどのような意識を持っているのかを把握するために、平成16年度、平成22年度および平成26年度に行われたものである[39]。

これら3回のアンケートの分析結果も公表されているが、そこでは学校における「著作権教育」に関する社会的要請が、「教育活動を行う教員が、著作権の侵害となる行為を行わないよう」ということから「児童生徒に対して著作権に関する理解を深めさせる」ということに変化してきている[40]、という問題意識に基づいてアンケートの分析がなされている。

4 『場面対応型事例集──著作権教育5分間の使い方』（文化庁著作権課）

著作権法の所管官庁である文化庁も「著作権教育」に関わっている[41]。本稿

---

[38] この取り組みの詳細については、http://www.cric.or.jp/education/jissenrei10/kosaka/index.html を参照。過去の優秀事例については、http://cric.or.jp/education/jissenrei.html に挙げられているほかに、川瀬真監修（大和淳＝野中陽一＝山本光編）『先生のための入門書 著作権教育の第一歩』（三省堂、2013年）53頁以下にも収められている。

[39] これらのレポートについては、㈳著作権情報センター（CRIC）『学校における著作権教育アンケート調査報告書』（2004年12月）〔http://www2.cric.or.jp/copyright/H16report.pdf〕、（社）著作権情報センター（CRIC）『学校における著作権教育アンケート調査報告書』（2011年3月）〔http://www2.japet.or.jp/copyright/H22report.pdf〕、公益社団法人著作権情報センター（CRIC）『学校における著作権教育のアンケート調査報告書』（2015年6月）〔http://www2.japet.or.jp/copyright/H26report1.pdf〕で見ることができる。この事業も、「著作権法百年記念基金」をもとに実施されたものである。

[40] 大和・前掲注(5)28頁。また、著作権法百年記念基金事業ワーキンググループ『著作権法百年記念基金事業報告書』（2015年10月）9頁〔大和淳執筆〕も参照〔http://www.cric.or.jp/about/doc/hyakunenkinen.pdf〕。

◇第Ⅱ部◇　著作権法における実証と理論

では、このうち、文化庁著作権課が公表している『場面対応型事例集 —— 著作権教育5分間の使い方』[42]を取り上げる。この教材は、小学校、中学校および高等学校における各教科の教育に加えて、学校行事等を含めた様々な教育活動において著作権が問題となりそうな事例を挙げ、著作権に関する関心と理解を深めることを目指すものとなっている。

そこでは、先に紹介した著作権情報センターの『5分でできる著作権教育』と同様に、著作権に関する指導を行う際には、子どもの発達段階に応じ、以下の点をねらいとして話しかけることとされており、同書の「はじめに」に続く「著作権に関する指導をするにあたって」という部分において、以下の記述を見ることができる[43]。

①　人がそれぞれの思いを込めて創作した作品を尊重する気持ちを持つようにすること

②　他人の作品を勝手に使うのではなく、了解を得て使うことが必要なことに気づかせること

③　他人が創作した作品を利用するとき（特に、個人的な利用を越えて利用するとき）には、自分の作品が使われたときにどう思うかということを考えてみること

④　他人の了解を得るということは一種の契約であり、それは社会のルールであることを理解させること

5　「学校その他の教育機関における著作物の複製に関する著作権法第35条ガイドライン」（著作権法第35条ガイドライン協議会）

教育現場における様々な活動においては、著作物を複製して利用することが少なくない。このような状況においては、「学校その他の教育機関における複製等」について定める著作権法35条が適用される可能性がある。教育現場においてなされる著作物の複製については、「権利者側の各団体」が「協力して」、

---

[41]　文化庁著作権課が公表する「著作権教育」の教材については、http://www.bunka.go.jp/seisaku/chosakuken/seidokaisetsu/kyozai.html で見ることができる。

[42]　文化庁著作権課『場面対応型指導事例集 —— 著作権教育5分間の使い方』〔http://chosakuken.bunka.go.jp/1tyosaku/kyouiku/sidoujireishu/pdf/all.pdf〕。なお、この教材には出版年とページ番号が付されていない。したがって、本稿においては、この教材の裏表紙の次から数えたページ数をページ番号として掲げている。

[43]　文化庁著作権課・前掲注(42)2頁。

著作権法35条についての「ガイドライン」を作成している⁽⁴⁴⁾。

2004年の著作権法改正によって、「学習者による複製、遠隔地での授業への公衆送信等」が著作権法35条によって認められることになった。その審議経過において、「当事者間の協議においては、改正法施行までに、利用者側の協力を得つつ、権利者側で第35条但し書きにある『著作権者の利益を不当に害することとなる場合』に該当するか否かのガイドラインを作成すること」とされていたため⁽⁴⁵⁾、「権利者側」がこのガイドラインを作成するに至った。

このガイドラインにおいては、「権利者側としては、教育機関の各現場において当ガイドラインの趣旨を理解され、著作権法に照らして適切な著作物の利用が促進されることを強く希望するものであります。ただし、教育現場における著作物利用の重要性については、権利者も十分認識しているところです。」という記述が見られる。

6 「入試問題に関する要望書」（日本文藝家協会）

教育現場における著作権の問題と深く関わる団体の1つに公益社団法人日本文藝家協会がある。日本文藝家協会とは、「作家、劇作家、評論家、随筆家、翻訳家、詩人、歌人、俳人等、文芸を職業とするものの職能団体」である⁽⁴⁶⁾。

学校で用いられる教科書に文芸家の作品が数多く収められていることに加えて、入学試験問題において文芸家の作品が利用されることも珍しくない。教科書への掲載や入学試験における著作物の利用については、著作権法33条（教科用図書等への掲載）、著作権法33条の2（教科用拡大図書等の作成のための複製等）、著作権法36条（試験問題としての複製等）といった権利制限規定が関係する。

---

(44) 著作権法第35条ガイドライン協議会「学校その他の教育機関における著作物の複製に関する著作権法第35条ガイドライン」（2004年3月）〔http://www.jbpa.or.jp/pdf/guideline/act_article35_guideline.pdf〕。「著作権法第35条ガイドライン協議会」の構成メンバーは、有限責任中間法人学術著作権協会、社団法人コンピュータソフトウェア著作権協会、社団法人日本映像ソフト協会、社団法人日本音楽著作権協会、社団法人日本雑誌協会、社団法人日本書籍出版協会、社団法人日本新聞協会、社団法人日本文藝家協会、および、社団法人日本レコード協会である。また、当該ガイドラインには、「その他の主な関係団体連絡先」として、社団法人教科書協会、社団法人日本写真著作権協会、社団法人日本図書教材協会、日本放送協会、社団法人日本民間放送連盟、および、社団法人日本複写権センターも掲載されている。
(45) 著作権法第35条ガイドライン協議会・前掲注(44)参照。
(46) 日本文藝家協会については、http://www.bungeika.or.jp/bungeika.htm の記述を参照。

◇第Ⅱ部◇　著作権法における実証と理論

　日本文藝家協会はこれまで、「入試問題に関する要望書」を繰り返し公表するとともに、学校現場にも配布している⁽⁴⁷⁾。この「要望書」には、「毎年、国語に関しては、各校および教育委員会などに著作権を尊重し、出典明記をするなどの要望を配布させていただいておりましたが、英語における和文英訳、社会科における長文の出題などでは全く配慮がなされていないことが明らかになりました」という現状認識⁽⁴⁸⁾が書かれるとともに、「試験の実施のためにやむを得ないと認められる範囲以上に作品を改変しないこと」を教育現場の関係者に求めている⁽⁴⁹⁾。

7　「ハッピーミュージックサイクル」（日本レコード協会）

　「著作権教育」については、ここまで取り上げたものに加えて、一般社団法人日本レコード協会が公表している「ハッピーミュージックサイクル」⁽⁵⁰⁾が挙げられる。日本レコード協会は、「レコード業界全般の融和協調を図り、優良なレコード（音楽用CD等）の普及、レコード製作者の権利擁護ならびに、レコードの適正利用のための円滑化に努め、日本の音楽文化の発展に寄与することを目的として」⁽⁵¹⁾おり、レコード製作者が会員に名を連ねている⁽⁵²⁾。

⑷⁷　例えば、平成28年度の「入試問題に対する要望書」（2015年9月）については、http://www.bungeika.or.jp/pdf/20150902.pdf を参照されたい。この「要望書」の宛名が、「各学校長殿」と「同入学試験問題作成ご担当者殿」となっていることから、学校現場に配布されているのであろうということが想像される。また、過去の「要望書」については、http://www.bungeika.or.jp/statements_index.htm を参照。

⑷⁸　本稿の筆者が、日本文藝家協会の長尾玲子氏から聞き取り調査（2015年12月4日）を行った際にも、入学試験において、文芸家の作品を数行ごとに「切り刻み」、それらを「つなぎ合わせる」といった形での利用がなされたこともあると伺った。

⑷⁹　平成28年度の「入試問題に対する要望書」（2015年9月）については、http://www.bungeika.or.jp/pdf/20150902.pdf を参照。「要望書」の中には、「試験の実施後速やかに、使用した作品の著作者（著作権者）または当協会が著作権管理をしている場合は当協会（以下同様）に、試験問題用紙を添えて報告していただくようお願いします」と書かれている。本稿の筆者が奉職する九州大学においても、入学試験の実施後に、本部の入試課から各部局に対して、「入学試験問題における文芸家の作品の使用について」の報告を行う依頼がなされている（2016年3月29日付け）。

⑸⁰　「ハッピーミュージックサイクル」については、日本レコード協会「守ろう大切な音楽を♪」の「音楽創造のサイクル」の説明を参照〔http://www.riaj.or.jp/f/image/leg/lovemusic/index_il003L.jpg〕。

⑸¹　日本レコード協会の概要については、http://www.riaj.or.jp/f/about/outline.html?target=menu1 を参照。

◆第 12 章◆ いわゆる「著作権教育」の観察と分析から得られる著作権制度の現状と課題について［小島　立］

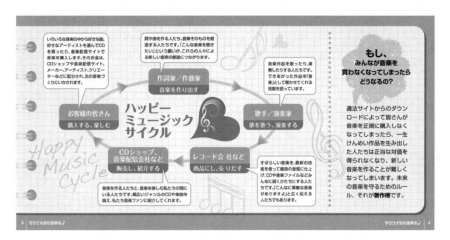

出典：日本レコード協会「守ろう大切な音楽を♪」の「音楽創造のサイクル」より〔http://www.riaj.or.jp/f/image/leg/lovemusic/index_il003L.jpg〕

　この「ハッピーミュージックサイクル」では、音楽業界に関係する様々なアクターとして、「購入する、楽しむ」役割を担う「お客様の皆さん」、「音楽を作り出す」役割を担う「作詞家／作曲家」、「歌を歌う、演奏する」役割を担う「歌手／演奏家」、「商品にし、売りだす」役割を担う「レコード会社など」、そして、「販売し、紹介する」役割を担う「CD ショップ、音楽配信会社など」が挙げられている。私たちが違法サイトからのダウンロードによって音楽を正規に購入しなくなってしまったら、「ハッピーミュージックサイクル」を支えることが難しくなってしまうとともに、著作権は「未来の音楽」を守るためのルールとして機能しているという説明がなされている。

　また、日本レコード協会は、広報啓発活動の１つとして、中学生や高校生がレコード会社を訪問する職場訪問などにも積極的に対応するとともに[53]、著作権啓発映像「未来の音楽のために」の中で、著作権についての解説に加えて、

---

[52]　日本レコード協会の会員については、http://www.riaj.or.jp/about/member.html を参照。
[53]　日本レコード協会が仲介する形で行われたレコード会社の職場訪問について、2014 年度の実績によれば、中学校 529 校 4,880 名、高等学校 147 校 1,949 名となっている。ご教示下さった日本レコード協会広報部の楠本靖氏、丹野祐子氏および見世梨沙氏に御礼申し上げる。

533

◇第Ⅱ部◇　著作権法における実証と理論

レコード会社の業務紹介を行っている[54]。そこでは、A&R[55]、レコーディング・エンジニア、宣伝（プロモーター）、配信担当、営業（販促・営業）といった業務に従事するレコード会社社員が、自己の仕事の内容を紹介している。このように、日本レコード協会としては、音楽がリスナーの手元にどのように届けられるのかということについて、「ハッピーミュージックサイクル」を具体的かつ分かりやすく説明しようという試みを行っている。

Ⅳ　現在の「著作権教育」に見られる特徴の観察から得られること

ここまで、「著作権教育」に関して、各種の団体が行っている取り組みや、そこで用いられている教材やパンフレットなどの内容について概観してきた。本稿における以下の叙述においては、そこでの観察を通して、現在の「著作権教育」に見られる特徴を抽出することを試みる。

1　「モラル」や「倫理」の要素が強調されているのではないか？

著作権情報センターや文化庁著作権課が提供する教材においては、「著作権教育」の初期の段階から（あるいは、初期の段階ほど）、「モラル」や「倫理」の要素が強調されているように思われる。

例えば、『5分でできる著作権教育』の「著作権教育の段階的指導モデル」においては、指導の初期の段階において、「作者の気持ちの尊重」や「作品の価値の認識、尊重」（「著作権の段階的指導モデル」のA）や、「情報モラル」（「著作権の段階的指導モデル」のB）という記述が見られる[56]。

その後に続く具体的な「指導事例サンプル」においても、「友だちの撮った写真をホームページに使う」（Web事例02、「著作権の段階的指導モデル」のA）では、「作品には作者の工夫や苦労が込められていることに気付かせ、黙って使うことの問題点に気付かせる」、そして「小物入れやエプロン作りで、アニメのキャラクターを利用する」（Web事例09、「著作権の段階的指導モデル」のA）では、「作った人の工夫や苦労に気付かせ、他の人の作品を尊重する」ということが、

---

[54]　The Record vo.672（2015年11月）11頁〔https://www.riaj.or.jp/riaj/open/open-record!file?fid=1264〕。

[55]　A&Rとは、「アーティスト・アンド・レパートリー」の略であり、アーティストを発掘して、育成するとともに、どのような形で売り出すのかということと、当該アーティストに合う楽曲の発掘や制作などにも従事することを任務とする。

[56]　著作権法情報センター（CRIC）＝日本教育工学振興会（JAPET）・前掲注(31)3頁。

◆第12章◆ いわゆる「著作権教育」の観察と分析から得られる著作権制度の現状と課題について［小島　立］

「『著作権教育』のねらいと指導のポイント」に書かれている[57]。

また、文化庁著作権課が公表している『場面対応型指導事例集 —— 著作権教育5分間の使い方』も、「倫理」や「モラル」を強調しているように感じられる。この教材においても、「人がそれぞれの思いを込めて創作した作品を尊重する気持ちを持つようにすること」や「他人が創作した作品を利用するとき（特に、個人的な利用を越えて利用するとき）には、自分の作品が使われたときにどう思うかということを考えてみること」といった記述が見られる[58]。

2　「作者の気持ちの尊重」や「作品の価値の認識、尊重」から、作品を「黙って使うことの問題点」に直結した説明がなされているのではないか？

次に見られる特徴は、「著作権教育」の教材の中に、他人が作った作品の価値を尊重する、あるいは、作者の気持ちを尊重するということから、作品を「黙って使うことの問題点」[59]に直結した説明がなされていると思われるものが存在することである。

例えば、『5分でできる著作権教育』の「友だちの撮った写真をホームページに使う」（Web事例02、「著作権の段階的指導モデル」のA）の「指導事例サンプル」においては、「作品には作者の工夫や苦労が込められていることに気付かせ、黙って使うことの問題点に気付かせる」、「了解をもらったことでより良い作品になったことを体験させる」という記述が、「『著作権教育』のねらいと指導のポイント」に見られる[60]。

しかしながら、「作者の気持ちの尊重」や「作品の価値の認識、尊重」が重要であることと、当該作品を「黙って使うことの問題点」とは、論理必然にはつながらないはずである。過去の作品やその創作者を尊重しているがゆえに、「オマージュ」や「本歌取り」といった形で、過去の作品をもとに新たな作品が創作される場合があることを、私たちは歴史的事実として知っている[61]。また、「パロディ」には、原作品を批判する意図が含まれているはずであるが、「パロ

---

(57)　著作権法情報センター（CRIC）＝日本教育工学振興会（JAPET）・前掲注(31)4頁および6頁。
(58)　文化庁著作権課・前掲注(42)2頁。
(59)　著作権法情報センター（CRIC）＝日本教育工学振興会（JAPET）・前掲注(31)4頁。
(60)　著作権法情報センター（CRIC）＝日本教育工学振興会（JAPET）・前掲注(31)4頁。
(61)　社会における模倣の意義については、寺本振透論文（本書第16章）を参照されたい。

◇第Ⅱ部◇　著作権法における実証と理論

ディ」の創作者が原作品を軽んじているのであれば、当該原作品をもとにした「パロディ」の創作を行うことはないはずである[62]。現代の「二次創作」についても、そのほとんどは原作品のファンたちが行っているものであり、原作品に対する敬意なしには起こりえない現象のはずである。これらの新たな作品が作られる営みは、原作品の創作者（または当該原作品の著作権者）に「無断」でなされるものが多いはずであるが、だからといって、原作品やその創作者が尊重されていないというわけではないであろう。

　また、上記の「友だちの撮った写真をホームページに使う」（Web 事例 02、「著作権の段階的指導モデル」A）の「『著作権教育』のねらいと指導のポイント」には、「了解をもらったことでより良い作品になった」という記述が見られる[63]。しかしながら、原作品をもとにして新たな創作がなされた場合に、原作品の創作者の「了解」を得たことが、新たに創作された作品の「良さ」と直ちに結びつくとは思われない。確かに、ある原作品をベースに作られた新たな作品に原作者が「お墨付き」を与えたほうが、新たな作品の評価が上がる場合もあるだろう[64]。しかし、逆に、原作者が新作品に対して「拒絶反応」を示したがゆえに、新たな作品への注目が高まり、結果的に新たな作品に対する社会的な評価が高まる場合もあるだろう[65]。原作者の「了解」を得たほうが「より良い」作品になるかどうかという点については、一義的には決められないはずである。

3　「真似をする」ことは望ましくないという考え方が、児童や生徒に植え付けられてしまう可能性はないのだろうか？

　『5 分でできる著作権教育』では、「小物入れやエプロン作りで、アニメのキャ

---

[62]　パロディについては、リンダ・ハッチオン（辻麻子訳）『パロディの理論』（未来社、1993 年）、同（片渕悦久＝鴨川啓信＝武田雅史訳）『アダプテーションの理論』（晃洋書房、2012 年）などを参照。著作権法におけるパロディの位置づけについては、文化審議会著作権分科会法制問題小委員会パロディワーキングチーム『パロディワーキングチーム報告書』（2013 年）を参照。

[63]　著作権法情報センター（CRIC）＝日本教育工学振興会（JAPET）・前掲注(31) 4 頁。

[64]　原作者がパロディに対して「好意的」な反応を示す場合がありうることを示すものとして、「北斗の拳、ガラスの仮面…原作者公認パロディはココまできた！」（2013 年 4 月 15 日）〔http://ddnavi.com/news/134554/a/〕。

[65]　著作権法の観点から「適法」と評価されるパロディが存在し、それが社会的に受け入れられた場合であっても、それらの「二次的」な作品の中に、原作者が「不満」や「拒絶反応」を示すものがありうることは想像できる。

536

◆第12章◆ いわゆる「著作権教育」の観察と分析から得られる著作権制度の現状と課題について［小島　立］

ラクターを利用する」（Web 事例 09、「著作権教育の段階的指導モデル」のＡ）の「『著作権教育』のねらいと指導のポイント」において、「オリジナル作品を作ることに価値があることを理解させる」と書かれている[66]。この記述は「教育」の観点に照らして妥当なものであろうか。

　「学ぶ」という言葉は「真似ぶ」から派生していると言われることもあるように、私たちの学びの過程においては、先人の業績を「模倣」するプロセスが必ず存在する[67]。学問研究、芸術、スポーツ、料理、そして工芸などの「職人芸」を含め、人間が知的活動の所産を生み出すプロセスにおいては、「師匠」や「先達」のもとで修行し、先人の技やテクニックを「盗む」ということは珍しくない[68]。とりわけ「著作権教育」がなされる義務教育の段階においては、児童や生徒は、先人の残した技を真似ることを通じて基本的な技能に習熟することを疎かにしてはならないはずであり、その「模倣」のプロセスを経て初めて、「オリジナル作品を作ることに価値がある」ということの意味について実感することが可能になるはずである。

　また、いわゆる「工芸」の領域などにおいては、名もなき職人たちが伝統に基づき、共同体的な環境において、無心に行うものづくりこそが優品を生み出すのであり、そこでの創作がなされる際の条件は美術の対極に位置するという見解もある[69]。このような見解は、「ものづくり」における「オリジナリティ」や「クリエイティビティ」とは一体いかなる営みであり、「オリジナリティ」や「クリエイティビティ」がいかなる条件に支えられているのか、といった問いを私たちに投げかける。上記の「小物入れやエプロン作りで、アニメのキャラクターを利用する」（Web 事例 09、「著作権教育の段階的指導モデル」のＡ）の「『著

---

[66] 著作権法情報センター（CRIC）＝日本教育工学振興会（JAPET）・前掲注(31) 6 頁。
[67] 佐々木毅『学ぶとはどういうことか』（講談社、2012 年）80 頁以下は、「学ぶ」ということは、「知る」、「理解する」、「疑う」、「超える」という 4 段階から構成されると論じる。このうち、「知る」ということについて論じた箇所では、「初等・中等教育は『学ぶ』というよりは基本的に『勉強』という言葉が適当な世界である。それはお手本があり、基本的にはそれを模倣する世界である」と書かれている（同書 82 頁）。
[68] Richard E. Caves, Creative Industries: Contracts between Art and Commerce (Harvard University Press 2000) は、序章に続く具体的な記述（同書 19 頁以下）において、"Artists as Apprentices" というタイトルのもとで分析を行っている。この分析は、アーティストが「創造性」を発揮するに至る上で、「見習い教育（apprenticeship）」を経ることが多いという事実を示している点で重要である。
[69] 柳宗悦『工藝の道』（ちくま学芸文庫、1994 年）58 頁以下。

◇第Ⅱ部◇　著作権法における実証と理論

作権教育』のねらいと指導のポイント」において、「オリジナル作品を作ることに価値がある」ということを教えることは、児童や生徒が「ものづくり」の世界の多様性や、それぞれの「ものづくり」を支える考え方の多様性を受け入れることを妨げる可能性はないのだろうか、という点において気がかりである。

4　「著作権の例外」についても、「著作権教育」の初歩の段階で取り上げるべきではないのだろうか？

「著作権教育の段階的指導モデル」の説明においては、教育現場の教師にとっては、著作物を「権利者に無断で利用できるか」ということに目が向きがちである、という記述が存在する[70]。この記述からは、以下の2点を指摘することができるように思われる。

第1に、この記述からは、「著作物の無断利用は一般的に好ましくないことである」という価値判断が見え隠れするように感じられることである。第2に、この記述からは、教育現場で教育活動に従事する「教師」が権利制限規定の適用を受ける場面がしばしば見られるという現状について、「権利者」または「権利者団体」の側が、何らかの「不信感」を持っている可能性があるのではないか、という事実が観察されるということである。

以下の叙述では、前述した第1点目の問題について検討する。利用者の行為が著作権の制限（著作権法30条以下）に該当する場合には、利用者は著作権者に「無断」で、著作物を「合法」に利用できる。権利制限規定が適用されるケースは、指導レベルのD（6段階のうちの第4段階）の「著作権の例外」に位置づけられている。6段階のうちの第4段階に「著作権の例外」が配置されているという事実に鑑みると、そこには「著作権の例外」を「著作権教育」の初歩の段階で取り上げるべきではないという配慮が見受けられるように思われる[71]。

しかし、教育現場における様々な活動においては、著作権法35条（学校その他の教育機関における複製等）や38条（営利を目的としない上演等）などの権利制限規定の存在が重要であるとともに、教育においては、児童・生徒に引用（著作権法32条）を適切に行わせることも指導せねばならない。また、初中等教育の段階における「学び」の過程においては、その中に「模倣」を行う契機が多く

---

[70]　著作権法情報センター（CRIC）＝日本教育工学振興会（JAPET）・前掲注(31)3頁。
[71]　川瀬ほか・前掲注(38)11頁も、「『例外規定』は上級者コース」という説明を行っている。

538

◆第12章◆　いわゆる「著作権教育」の観察と分析から得られる著作権制度の現状と課題について［小島　立］

含まれていることについても前述したとおりである。

　このような教育現場における著作物の利用の実情に鑑みると、権利制限規定が適用されるケースについて、「著作権教育」において、「著作権の『例外』」として位置づけることが適切なのだろうか、という疑問も湧いてくる。

5　教育現場における権利制限のあり方について、関係するアクターの間で、「共通理解」や「信頼関係」が構築されているとは言えないのではないか？

　以下の叙述は、先に挙げた第2点目の問題点に関わる。すなわち「権利者」または「権利者団体」と、教育現場の間で、果たして「共通理解」や「信頼関係」が構築されているのだろうか、という疑問である。

　教育現場において、「学校その他の教育機関における複製等」（著作権法35条）、「試験問題としての複製等」（著作権法36条）、「営利を目的としない上演等」（著作権法38条）といった権利制限規定が適用される状況があることは珍しいことではない。しかし、「権利者団体」の側は、教育現場における著作物の利用のあり方について神経をとがらせているようであり、例えば、「学校その他の教育機関における複製等」（著作権法35条）についての「ガイドライン」において示された内容からも、「権利者団体」の懸念を窺い知ることができる[72]。入試問題における著作物の利用について、日本文藝家協会が繰り返し「要望書」を出しているということも、権利者側の「苛立ち」を示す証左の1つと捉えることが可能かもしれない。

　本稿執筆の過程において、本稿の筆者が「権利者団体」の関係者に行ったヒアリングにおいても、教育現場における教員の「著作権意識」に対する懸念を耳にした。その内容は、教育現場において、著作権法35条や38条をはじめとする権利制限規定が存在していることから、教員の著作権に対する「遵法意識」が低く、本来認められるべき水準を超えた著作物の無断利用がなされているのではないかという危惧である。

　「著作権教育」が、学校教育現場において、教員が主体となってなされるものである以上、教員の著作権に対する認識について「権利者団体」が不信感を抱

---
[72]　著作権法第35条ガイドライン協議会「学校その他の教育機関における著作物の複製に関する著作権法第35条ガイドライン」（2004年）〔http://www.jbpa.or.jp/pdf/guideline/act_article35_guideline.pdf〕。

◇第Ⅱ部◇　著作権法における実証と理論

いていることは、「著作権教育」を進める上での障害になりうる。また、デジタル技術やネットワーク技術の進展に伴い、学校現場におけるICT技術を活用した教育についても議論が進められているところであるが(73)、教育現場の「著作権意識」に対する「権利者」または「権利者団体」側の不信は、新しい技術の導入を妨げる方向に働きかねず、引いては教育の質を高めることを妨げる可能性も否定できない。教育現場における権利制限のあり方について、関係するアクターの間において、どのようにして「共通理解」や「信頼関係」が形成されるべきなのかということが、私たちに問われているといえるであろう。

6　著作権の存在理由や、著作権が社会において果たしている機能についての説明が手薄なのではないか？

「著作権教育」の教材が行う説明の基本的なトーンが「モラル」や「倫理」を強調した「禁止教育」となっているように見受けられる理由の1つには、著作権制度の存在理由や正当化根拠について、初中等教育の段階で噛み砕いて教えることが難しいからかもしれない。

しかし、この問題点については「対案」もありうる。すなわち、日本レコード協会が提唱する「ハッピーミュージックサイクル」のように、児童や生徒に分かりやすい形で、著作物がどのような形で生み出され、世の中に送り出されて、そして享受されるのかということや、その「サイクル」を「ビジネス」として成立させるために、どのような役割を果たす主体が社会に存在するのかという説明を行うことも可能ではないか、ということである。

そのような「ビジネス」の実態に則した説明を行うことによって、社会において著作権が果たす機能について、「モラル」や「倫理」に頼らない形での正当化を行うことも可能となるであろう。むしろ、そのほうが結果的には、より多くの社会の構成員が、著作権の必要性についての「納得感」を得る可能性が高まるとともに、教育現場における著作権のあり方について、関係するアクターでの「共通理解」を構築することにも資するのではないかと思われる。

Ⅴ　「著作権教育」を行う上での基本的視座はいかにあるべきか？

ここまでは、「著作権教育」に関する各種の取り組みや、そこで提供されてい

---

(73) 例えば、『ICT活用教育など情報化に対応した著作物等の利用に関する調査研究報告書』（2015年3月）などを参照。

540

る教材の内容を概観し、現在の「著作権教育」に見られる特徴を抽出することを試みた。

以下では、その観察をもとに、現在の「著作権教育」をより良いものとするためには、どのような基本的視座に基づいた説明を行うべきなのか、ということについて検討する[74]。

1 著作権の存在理由についてどのように説明すべきなのだろうか？

著作権の存在理由については、成果開発を適度に促進するために必要だからだという「インセンティブ論」や、人はその知的創作物に対して権利を主張できるはずであるという「自然権論」といった形で説明されることが一般的であったように思われる[75]。この際に主に注目されてきたのは、知的創作物が「生み出される（創作される）」局面であった。しかし、これらの「インセンティブ論」や「自然権論」に基づく説明は、著作権の存在理由や、社会において著作権の果たしている機能を説明するに際して十分に説得的なものだろうか、というのが本稿の筆者の問題関心である。

著作権は文化的表現[76]に関係するものであるが、文化的表現を生み出した者

---

[74] 本稿の筆者は、これまでにいくたびか、文化的表現の多様化を果たす上で、著作権がいかなる役割を果たしうるのかということについて検討し、その検討結果を公表する機会を得てきた。現時点における本稿の筆者の理解については、小島立「知的成果物の多様性と知的財産法」小泉直樹他編『はばたき──21世紀の知的財産法 中山信弘先生古稀記念論文集』（弘文堂、2015年）36頁、小島立「私的活動の自由」法学教室426号（2016年）20頁も併せて参照されたい。また、本稿の内容の一部については、日本文化政策学会第9回年次研究大会の特別公開シンポジウム1「隣接領域からの文化政策研究への接近」（2016年3月5日）における山田奨治教授のご報告に対し、本稿の筆者が「学会代表質問者」として行ったコメントの一部に依拠している。

[75] 田村善之『著作権法概説（第2版）』（有斐閣、2001年）6頁以下をはじめ、著作権法についての代表的な体系書や教科書にも、そのような記述が見られる（例えば、中山信弘『著作権法（第2版）』（有斐閣、2014年）20頁など）。「インセンティブ論」と「自然権論」の意義については、横山久芳「知的財産法の生成と創設」長谷部恭男＝佐伯仁志＝荒木尚志＝道垣内弘人＝大村敦志＝亀本洋編『岩波講座 現代法の動態 第1巻 法の生成／創設』（岩波書店、2014年）93頁以下も参照。

[76] 本稿における「文化的表現」という言葉は、「文化的表現の多様性の保護及び促進に関する条約」（いわゆる「文化多様性条約」）で用いられているものに対応している。文化多様性条約において、「文化的表現」とは、「個人、集団及び社会の創造性から生じ、かつ、文化的コンテンツを有する表現をいう」とされている（文化多様性条約4条3項）。「著作物」とは、「思想又は感情を創作的に表現したものであつて、文芸、学術、美術又

◇第Ⅱ部◇　著作権法における実証と理論

は、それを享受する者によって当該文化的表現が享受されてはじめて、当該文化的表現を生み出した者として認知される。例えば、ある小説を執筆した者は、「読者」が存在してはじめて、「小説家」または「作家」として、社会的に認められる。

　これまでの歴史において、文化的表現を生み出す者（例えば、著作者）は、文化的表現を自力で世の中に送り出す「リソース（資源）」[77]を持ち合わせておらず、文化的表現を世の中に送り出す者（媒介者またはメディア）が有するリソースに専ら依存してきた[78]。また、出版社[79]が一般的に複数（または多数）の作家の作品を世に送り出す役割を果たしていることからも分かるように、文化的表現の媒介者が「ビジネス」としてその営みを行う際には、一般的に複数（または多数）の文化的表現の媒介に関わることが多い。そして、著作権法が関係する文化的表現の多くは、一品制作や少数制作のものを除けば、その多くが平準化された品質をもつ「作品」や「商品」として、複製物や公衆送信の形で多数の享受者に送り届けられる[80]。

　もっとも、媒介者が取り扱う文化的表現の全てが市場で人気を獲得できるわけではない。媒介者が取り扱う文化的表現を世の中に送り出す際に供給するリソースは、それが供給される「事前」の段階では、「事後」に「回収」が可能かどうかが分からないという点でリスクを抱えている。しかし、一定以上の確率で、ある文化的表現が市場において人気を獲得すれば、媒介者はそこから生じる増殖されたリソースをもとに、自らの「経営」を将来にわたって成り立たせることができるようになるかもしれない。また、上述した「事前」の段階における「リスク」を分散させるという観点からも、媒介者が複数（または多数）の

は音楽の範囲に属するもの」（著作権法2条1項1号）であり、前述の「文化的表現」の一部が著作物として保護される資格を有すると理解して構わないであろう。

[77]　ここでの「リソース」には、物資や資金のほか、人的なリソース（いわゆる「ヒューマン・キャピタル（人的資本）」）や、あるアクターと別のアクターをつなぐことができるリソース（いわゆる「ソーシャル・キャピタル（社会関係資本）」）などが含まれる。

[78]　デジタル技術とネットワーク技術の進展によって、より多くの者が自ら文化的表現を生み出すとともに、インターネットを介して世の中に送り出すことが容易になってきていることは確かである。

[79]　「出版者」と「出版社」の違いについては、半田正夫「出版の法理 ── 出版契約に関する実態調査を手がかりとして」同『著作権法の研究』（一粒社、1971年）243頁。

[80]　「著作権」の英訳が「コピーライト（copyright）」であることは、本文の記述を裏づけるものであろう。

◆第12章◆ いわゆる「著作権教育」の観察と分析から得られる著作権制度の現状と課題について［小島　立］

創作者の作品を取り扱うことには理由があるともいえる。

　媒介者が取り扱う文化的表現のなかで、ある文化的表現が「作品」や「商品」として「マスマーケット」に広まり、非常に高い人気を博すに至った状況では、その成功に乗じて、当該作品や商品の「模倣品」を販売しようとする追随者が現れることは珍しくない。ここにおいて、それらの追随者と追随品を「一網打尽」に市場から排除できる可能性をもつ「武器」として、著作権の威力が最大限に発揮される。

　市場において高い人気を獲得できる文化的表現を生み出すことができる「スーパースター」はごく一握りである。しかし、こういった「スーパースター」の手になる「ベストセラー」（あるいは「ブロックバスター」）があるおかげで、現在は相対的に「売れ行きの悪い」著作者や、将来的に「スーパースター」になるかもしれない著作者の文化的表現についても、媒介者がビジネスとして取り扱うことができるという側面もあるはずであり[81]、結果的に、現在は相対的に「売れ行きの悪い」著作者や、将来的に「スーパースター」になるかもしれない著作者の生み出す文化的表現が世の中に出るチャンスを得ている可能性もある。その意味では、著作権は、媒介者が「投資」を行う際の「ポートフォリオ」の構築を後押しする役割を果たすことを通じて、文化的表現の多様性に貢献しているという見方も可能であろう。

　このように考えると、著作権が「創作活動へのインセンティブ」を与えるものであるという見方は、必ずしも間違っているともいえないものの、文化的表現が生み出される状況のすべてに当てはまるとも言い切れないように思える。また、「自然権論」に基づく説明についても、著作権が社会において果たしている機能について明らかにしているかどうかという点については未知数であろう。著作権は、一次的には、文化的表現の媒介者に対する支援という機能を果たしており、ある著作物に関する「事後」の段階における「分け前」は、創作者と媒介者の「力関係」で決まるという説明が、より正確であるようにも思える[82]。

---

[81]　売れ行きの点では「ベストセラー」に及ばなくても、社会的に有意義な「作品」や「商品」を世の中に送り出しているということによって、媒介者への「信頼」が高まる効果もありうるだろう。

[82]　この「分け前」の分配をより確実なものにするための「引当」として、リソースの供給者は著作権の譲渡を受けたり、利用許諾（いわゆる「ライセンス」）を受けたりする（こ

◇第Ⅱ部◇　著作権法における実証と理論

現在の「著作権教育」においては、「作者」の気持ちを尊重する[83]という方向性の記述に見られるように、ある文化的表現を「生み出した者」に焦点を当てた記述がなされているものが散見される。しかし、上記の分析からは、創作者だけではなく、媒介者にも光を当てた説明を行うべきではないかということが見えてくる。

2　「権利者」と「権利者団体」とはいかなる存在であり、現在の「著作権教育」において、誰の利益が代弁されているのか？

ここまでの分析を前提にするならば、個々の著作者にとっての著作権の意味は一義的には決まらないということも自ずと明らかとなる[84]。なぜならば、例えば、著名な作家にとっての著作権と、駆け出しで無名な「作家の卵」にとっての著作権は、媒介者に対する「力関係」を前提にするならば、現時点において同一の機能を果たしてはいるとは思われないからである。現段階において著名な作家にとっては、ある文化的表現を生み出すことは、一定以上の収益や名声をはじめ、将来的な「リソース」の増殖を見込める可能性が高いであろう[85]。しかし、「作家の卵」にとっては、むしろ積極的に作品を「読者」に届けることを優先し、自分に無断で複製がなされてそれが社会に拡散したとしても、自分の知名度が上がることのほうを望むかもしれない[86]。

れらの法形式の詳細については、小島立「知的財産とファイナンスについての基礎的考察」民商法雑誌149巻4・5号（2014年）444頁以下）。また、職務著作（著作権法15条）が適用される場合にも、リソースの供給者である媒介者は著作権および著作者人格権を確保することができる。

[83]　例えば、文化庁・前掲注(42)2頁には、「人がそれぞれの思いを込めて創作した作品を尊重する気持ちを持つ」という記述が見られる。

[84]　この事実は、田中辰雄論文（本書第13章）が提唱する「著作権取引所」構想において、著作者が置かれている利害状況によって、どのような権利の内容のメニューを選択するのかという選択が異なる可能性が示されていることとも関係する。また、前田健論文（本書第2章）が「権利者の態度の多様化」として論じている内容も、この事実と符合する。

[85]　もっとも、そこで生み出された文化的表現が社会において低い評価しか得られない場合には、当該作家がそれまで著名であったとしても、経済的な成功を得ることもできないかもしれないし、社会や業界における「名声」にも悪影響をもたらす可能性があることは事実である。

[86]　例えば、「無名の作家」の作品が世の中に送り出される際に出版社という媒介者が介在していたというような場合には、著作者と媒介者の戦略が一致しないこともあるだろう。当該作品の「無断複製」が世の中に横行すれば、出版社が既に投じたリソースを回収できないかもしれないし、出版社のビジネス戦略が撹乱されることになるかもしれないか

◆第12章◆ いわゆる「著作権教育」の観察と分析から得られる著作権制度の現状と課題について［小島　立］

　さらに、著作権の帰属という点についても、文芸作品のように著作権が著作者に残っていることもあれば、映画のように媒介者である映画会社が著作権を保有することもある。この違いは、いわゆる職務著作（著作権法15条）や映画の著作物についての権利の帰属（著作権法16条および29条）などの規定に基づいて定まる場合も少なくないが、予め契約によって創作者から媒介者に著作権の移転が決まっていることも珍しくない[87]。著作権が誰に帰属するのかという問題は、一般的な傾向としては、創作の過程におけるリソース、とりわけ「投下対象たるコンテンツの利用によって回収されることを意図されたお金」である「リスクマネー」[88]に相当するリソースを誰が負担しているのか、ということと深く関係するとともに、当該知的成果物を用いた「ファイナンス」における当事者の「力関係」にも大きな影響を与える[89]。

　ここまでの分析から見えてきたことは、文化的表現が生み出される過程や、それが世の中に送り出される過程において、著作者が媒介者に対してどれほどのリソースを依存しているのか（別の言い方をすれば、創作者が媒介者に対してどの程度の強い交渉力を有しているのか）、という事情によって、創作者にとっての著作権の意味合いは自ずと異なるという事実である。また、そこで問題となっている文化的表現の特徴や、その文化的表現が生み出されるプロセスにおけるリソースの供給のあり方によって、「権利」が自然人に帰属するか、それとも法人に帰属するかということも異なってくる。

　そうであるならば、私たちが一般的に用いる「権利者」という言葉についても再考する必要が生じる。「権利者」や「権利者団体」という言葉は、社会的にも、また、著作権法や著作権制度に関係する文献においても、比較的よく用いられるものの、「権利者」とは一体いかなる利害状況に置かれた者を指すのか、そして、いわゆる「権利者団体」は、いかなる「権利者（たち）」の利益を代弁しているのか、ということが問われなければならないはずである[90]。

　　らである。
[87]　著作隣接権の1つである「実演家の権利」の移転がなされている実態については、前田哲男「音楽産業とその関係者──著作隣接権とは」紋谷暢男編『JASRAC概論──音楽著作権の法と管理』（日本評論社、2009年）231頁。
[88]　内藤・前掲注(3)26頁。
[89]　この問題の詳細については、小島・前掲注(82)415頁を参照されたい。
[90]　「権利者団体」があらゆる「権利者」の利害を代弁するものではないという事実は、著作権の保護期間の延長について議論された審議会（著作権分科会過去の著作物等の保護

545

◇第Ⅱ部◇　著作権法における実証と理論

　そして、この視点は、「著作権教育」に従事する「権利者団体」の行動を分析する際にも求められる。これまでの「著作権教育」の主要な担い手は「権利者団体」であったが、彼らが提唱する「著作権教育」の内容がいかなる「権利者」の利益を代弁しているのかということが問題とされなければならないはずだからである。

3　著作権は、あらゆる文化的表現の創出、媒介および享受を支援できるツールではないはずであるとともに、著作権の果たす機能について考える際には、文化的表現の多様性に対する配慮が必要とされるのではないか？

　社会で生み出される文化的表現が、著作物（著作権法2条1項1号）の要件を満たす限りにおいて、当該文化的表現は著作権による保護を受ける資格を有する。その限りにおいては、著作権制度は全ての文化的表現に対して保護の可能性を開いているという意味において、「平等」かつ「民主的」であるように見えるかもしれない[91]。

　しかし、前述の考察からも分かるように、真の意味での著作権の「受益者」は誰なのかと問われるならば、それは平準化された品質のもとで大量生産され、複製物や公衆送信のルートを介して世の中に送り出される「商品」としての文化的表現が人気を獲得した場合において、当該「商品」としての文化的表現を世の中に送り出した媒介者と、媒介者に対して強い交渉力を有する当該文化的表現の創作者である、という実態が観察される。いわゆる「権利者」の全てが

と利用に関する小委員会（第3回）：平成19年5月16日）の場において、劇作家である平田オリザ氏が行った発言に照らしても明らかである。平田氏は、「私は文芸家協会の会員でもありますが、文芸家協会は確かに、保護延長に賛成という要望を出していますが、理事会で決められており、私たちに配られる資料は、もう保護延長ありきという資料しか配られておりません。それは明らかに公平を欠くような誘導的なものだったと私は感じております。他団体も、そういうものがあるのではないかと危惧しております。あくまで会員全員の公平な判断を示すような資料を配付した上で、アンケート調査なりをした上で決議をして頂く。もちろん、これは各団体の執行の過程で民主的な判断はなされていると思いますので、それを否定するものではありませんが、それを強い意見として、創作者がみんな、保護延長を願っているというような言い方をされますと、多少、それは留保したいと思います」と述べている。

[91]　例えば、映画の著作物における頒布権（著作権法26条）のように、ある特定の著作物について特別な効力が認められる場合もあるが、その点についてはここでは捨象する。

◆第12章◆ いわゆる「著作権教育」の観察と分析から得られる著作権制度の現状と課題について［小島　立］

この恩恵に直接的に預かる「受益者」ではない以上は、「権利者」や「権利者団体」という言葉で語られる存在は必ずしも「一枚岩」ではない。

　また、著作物としての保護を受けうる文化的表現にも多種多様なものが含まれており、そこでの創作や媒介のあり方は、当該文化的表現が関係する「業界」や「コミュニティ」ごとに異なるとともに、当該「業界」や「コミュニティ」ごとの「慣習」、「慣行」、「規範」などが存在する。つまり、著作権という「武器」が与えられても、排他権を常に行使する形でその効力を常に最大限に用いようとするのか、それとも、その「武器」の力を背景に、当事者たちが自主的なアレンジメントを行い、著作権法のルールに「修正」を加えるのかといった選択は、それぞれの文化的表現に関係する「業界」や「コミュニティ」の当事者に委ねられている部分がかなり大きいといえる[92]。

　また、先に分析したとおり、文化的表現の創出、媒介および享受のあらゆる局面において著作権がうまく機能するとは限らない。著作権は、文化的表現が「商品」や「作品」の形で、複製物や公衆送信という「マスメディア」のルートを介して「マスマーケット」に拡散する際に最大限の威力を発揮するということは先に見たとおりである。そうであるならば、その条件が妥当しないような文化的表現については、著作権による支援が適しているかどうかについては未知数のはずであり、むしろ著作権が前提とする「ものの考え方」を適用しないほうが、よりよい帰結をもたらす可能性があるかもしれない[93]。

　このように、著作権法について考える際には、文化的表現の多様性に配慮することが必要とされるはずであるし、その視点は「著作権教育」にも反映されるべきであろう。文化的表現に関わる「業界」や「コミュニティ」ごとに「模倣」に対する考え方が違うはずであるという事実に鑑みれば、文化的表現の差

---

[92] いわゆる「オープンソース」や「クリエイティブ・コモンズ」においても、著作権の存在を前提に、当事者たちが自生的な秩序を構築することが目指されている点が注目される。この点については、Ryu Kojima, *Free and Open Source Software (FOSS) and Other Alternative License Models in Japan*, in Axel Metzger (ed.), Free and Open Source Software (FOSS) and other Alternative License Models: A Comparative Analysis (Springer 2015), pp.271.

[93] 著作権法による規律が及ばないほうが好ましいかもしれない文化的表現の一例として、伝統的文化表現や伝統的知識といったものが想定される。この問題点については、小島・前掲注(74)知的成果物の多様性と知的財産法 42 頁以下で若干の検討を行ったことがある。

異を無視して、一律の「禁止教育」を行うことは避けられるべきではないかと思われる。

4 文化的表現の多様性に配慮した権利制限のあり方について、どのように考えるとともに、「著作権教育」のなかで教えるべきなのか？

　文化的表現に関係する「業界」や「コミュニティ」の重要性や、文化的表現の多様性に配慮することの意味については、本共同研究の検討課題の1つでもあった、いわゆる「二次創作」などにおいても重要であるとともに、著作権の制限のあり方にも関係する。

　「二次創作」については、権利者が権利行使を控えて「黙認」しているから利用者による著作物の利用が事実上許されている（いわゆる「寛容的利用（tolerated use）」）といった説明がなされることがある[94]。しかし、もし権利者が権利行使を行ったらどうなるのかという可能性を考慮すると、そのような「消極的」な説明には問題が残るようにも思われる[95]。ある態様における著作物の利用が社会的に認められるべきであるというコンセンサスが得られるのであれば、当該態様における利用を正当化できるような、より「積極的」な権利制限についての説明がなされるほうが望ましいであろう。また、そのためにも、当該態様における著作物の利用に従事する者が形成する「コミュニティ」の関係者は、当該態様における利用が正当化されるべきであるということを社会に訴え、より広い範囲でのコンセンサスが得られるように努めなければならないであろう。その可能性を模索する上では、差し当たり、以下の2つの方向性が考えられる。

　第1には、先に論じた、ある「業界」や「コミュニティ」の「慣習」や「慣行」の意義について検討を深めることである。例えば、いわゆる「俳句添削事件」の控訴審判決[96]においては、俳句の世界における「添削」の「慣習」が、著作権法20条の定める同一性保持権の規定に優先することが認められた。「俳句添削事件」は、ある「業界」や「コミュニティ」の「慣習」や「慣行」が公序良俗に反しない場合には、当該「慣習」や「慣行」が国家法である著作権法に優先して適用される可能性を示しているという点において注目に値する（民法

---

[94] いわゆる「寛容的利用」については、前掲注(25)を参照。
[95] この懸念については、本稿の前掲注(25)において既に記したとおりである。
[96] 東京高判平成10年8月4日判時1667号131頁［俳句添削事件控訴審］。

90条および92条を参照）[97]。

　第2には、権利制限規定の活用のあり方について考察を深めることである。著作権侵害訴訟において、権利制限規定に該当する事実を主張する被告側の訴訟活動は「抗弁」に位置づけられる[98]。仮に複製権侵害が主張された場合に、そこで権利制限規定の適用を望む者は、複製という事実について争っている（いわゆる「否認」）わけではない[99]。当該事案における攻撃防御においては、被告側が複製という事実が存在することを認めつつも、そこで行われている複製は、例えば、私的使用のための複製（著作権法30条）に当たるとか、引用（著作権法32条）に当たるとか、あるいは、学校その他の教育機関における複製（著作権法35条）に当たる、といった形の主張を行うことになるはずである。

　つまり、権利制限規定には、著作物の利用がなされた場合であっても著作権侵害とはならない社会的な「コンテクスト」が示されており、その「コンテクスト」が社会的な意義を有することが是認されているからこそ、当該権利制限規定が存在しているはずである[100]。そして、ここで論じた内容は、個別規定型の権利制限規定にだけ当てはまるものではない。いわゆる一般条項型の権利制限規定であっても、その適用を望む者は、そこで問題とされている著作物の利用態様が社会的に見て「フェア」であるとか、「正当な」はずであるといった事実を、より抽象的な不確定概念を用いて権利制限を定めている条文の構造に即しながら、主張立証しなくてはならないことに変わりはないはずだからである[101]。

---

[97]　知的財産法を取り巻く「慣習」、「慣行」、「規範」などの問題については、小島・前掲注(74)知的成果物の多様性と知的財産法44頁以下を参照。

[98]　権利制限規定について、著作権侵害訴訟における主張立証責任の観点から検討を加えるものとして、寺本振透編集代表『解説改正著作権法』（弘文堂、2010年）194頁以下〔寺本振透＝深津拓寛執筆〕。

[99]　実際の裁判例においては、被告側が「保護範囲」についての「否認」と、権利制限規定の適用を求める「抗弁」という両方についての主張立証活動のあり方が重なり合うことは珍しくない。典型的な事例としては、「雪月花事件」（東京地判平成11年10月27日判時1701号157頁、東京高判平成14年2月18日判時1786号136頁）や「絵画鑑定書事件」（知財高判平成22年10月13日判時2092号136頁）などを挙げることができる。

[100]　本稿の筆者は、武蔵野美術大学造形研究センター研究成果報告書別冊『芸術と法』（2013年）46頁以下において、この問題について若干の指摘を行ったことがある。この指摘は、2012年10月13日に武蔵野美術大学で開催されたシンポジウム「芸術の多様な局面と法」の際の討論におけるものである。

◇第Ⅱ部◇　著作権法における実証と理論

権利者が権利行使を控えて「黙認」しているために、利用者による著作物の利用が事実上許されているという「寛容的利用」という状態が存在するのであれば、そのような態様における著作物の利用を推進したいと考える当事者は、その現状に満足するのではなく、「寛容的利用」のもとで「息継ぎ」ができている現状を好機と捉え、自らが行う著作物の利用の「コンテクスト」や、自らの「コミュニティ」の活動を支える「慣習」や「慣行」に社会的な意義が存在するのだという正当化を行う不断の努力が必要であろう。

ここまで論じたことは、文化的表現の多様性に配慮した形で権利制限規定の意義をどのように捉えるのかという問題であった。その問題意識によれば、「著作権教育」において、権利制限は「著作権の『例外』」と位置づけられるべきなのかということも問われるべきである。また、「著作権教育」における「教育的効果」を考慮するならば、権利制限規定については、文化多様性が有する意義と並行する形で取り上げられることが望ましいはずであり、「著作権教育」の初期の段階で触れられるべきであるという見方も十分に成り立つであろう。

5　教育現場において、より良い「著作権教育」が行われるためには何が求められるのか？

先に論じたように、教育現場における著作物の利用については、「権利者」または「権利者団体」の側が不信感を抱いている可能性があるのではないか、という事実が観察された。しかし、教育現場における日々の著作物の利用に従事するとともに、「著作権教育」を行う主体が教育現場の教師であるということに鑑みれば、このような不信感が存在することは好ましいことではない。

興味深いのは、「権利者団体」の中には、現在の著作権法35条が定める権利制限の範囲が諸外国に比して広いということに加えて、諸外国では教育目的の著作物の複製等の利用に対して何らかの補償が行われていることが多い、とい

---

(101)　条文の定める要件がより具体的である個別規定型の権利制限規定のもとでの主張立証活動に比べて、一般規定型の権利制限規定については、当該権利制限規定の適用によって恩恵を受ける利用者が、権利制限規定が定めるであろう「フェア」であるとか、「正当である」といった不確定概念に対応する具体的事実の主張立証責任を負うという点で、個別規定型の権利制限規定の場合と比べて、主張立証の際の困難さが増すことが予想される。そうであるとすると、一般規定型の権利制限規定が著作権法に設けられることによって、これまで違法とされた利用行為が合法になるのではないかという危惧は、実際の訴訟においてどの程度顕在化するのだろうか、ということが議論されるべきであろう。

◆第12章◆ いわゆる「著作権教育」の観察と分析から得られる著作権制度の現状と課題について［小島　立］

う認識を示している団体が存在することである[102]。現在の権利制限の多くは無償であるが、有償の権利制限を導入すべき類型を増やすべきかどうか、そして仮にそうする場合に、どのようなスキームを構築して行うべきなのか、という議論は、ICT 技術を教育現場で活用する際の著作物の利用をはじめ[103]、著作権法の制度設計のあり方として活発な議論が展開されている[104]。

　もっとも、教育現場における著作物の利用について、仮に有償による権利制限を導入するとした場合に、そのコストの負担は誰が行うべきなのだろうか。「教育の質」を維持または向上させるためには、著作物の利用の際に無用な「足かせ」が課されることは望ましくないはずである。その点に鑑みると、教育現場で日々の教育活動に従事する教師が著作物を利用する際に、教師自ら、あるいは、教師が所属する学校として追加的なコストを支払うことや、それを「受益者」である児童・生徒（結果的には、その保護者たち）に負わせることは妥当だろうか。ありうる選択肢の1つとしては、学校を運営する地方公共団体がそのコストを負担するという可能性も考えられるが、学校が存在する地方公共団体の財政状況によって著作物の利用に格差が生じ、引いては「教育の質」におけるバラツキを助長する可能性もある。

　このように「受益者」や、学校が立地する地方公共団体にコストを負担させることは、「教育の機会均等」（憲法26条1項、教育基本法3条などを参照）の考え方と抵触することともなりかねないし、とりわけ「義務教育」（憲法26条2項、教育基本法5条、学校教育法21条などを参照）の段階においては、その理念に照らして問題が少なくないように思われる。国家が文化政策として「教育の質」を保証するという観点に立つならば、仮に教育現場における著作物の利用について有償による権利制限を導入する場合であっても、国家が「公益負担」の形でコストを負担することが検討されなければならないであろう[105]。

---

[102]　一般社団法人日本書籍出版協会「教育の情報化に関する著作権法見直しに対する意見」（2015年7月31日開催の文化審議会著作権分科会法制・基本問題小委員会における提出資料）〔http://www.bunka.go.jp/seisaku/bunkashingikai/chosakuken/hoki/h27_03/pdf/shiryo_2.pdf〕。

[103]　前掲注(73)ICT 活用教育など情報化に対応した著作物等の利用に関する調査研究報告書などを参照。

[104]　例えば、上野達弘「著作権法における権利の在り方──制度論のメニュー」コピライト650号（2015年）2頁。

[105]　著作物の利用における「公益負担」の問題については、電子出版の時代における公共

◇第Ⅱ部◇　著作権法における実証と理論

6　著作者人格権の果たす機能についてどのように考えるべきか？

　本稿におけるここまでの分析において着目したのは主に著作権であり、そこでは、著作権の果たす機能が、創作者や「権利者」の置かれている状況によって異なる可能性があることが示された。

　それでは、著作者人格権の果たす機能についてはどうであろうか。著作物と著作者の「結びつき」が維持された形で著作物が世の中に送り出されない限りは、著作者の知名度や声望が高まることが期待できないという状況にあるため、著作者人格権に対する保護の要請は、著作者一般にとって高いといっても間違いではなさそうである[105]。

　現在では、著作者が一定の条件で著作物の利用や改変を許すという条件を付して著作物を社会に広める手段として、いわゆる「オープンソース」や「クリエイティブ・コモンズ」といったものも幅広く利用されている。そのような形で著作物の利用を促進したいと考える者であっても、著作物と著作者の「結びつき」が明示されていることは重要であり、そうでなければ、自らの社会的な評判や名声を高めることも難しくなる。著作物の複製や改変の可能性を含め、著作物を世の中に広めることに対して積極的な役割を果たすクリエイティブ・コモンズ・ライセンスにおいても、「作品のクレジットを表示する」という項目が必ず含まれていることは、著作者人格権の中の「氏名表示権」（著作権法19条）が果たす機能を考える上で示唆的である[107]。

　著作者と著作物の「結びつき」を確保する役割を果たす権利は、前述した氏名表示権（著作権法19条）と同一性保持権（著作権法20条）が担っており、多様な形で著作物の創出、媒介および享受がなされる現代社会においては、これら2つの権利が果たす役割の重要性に鑑みるならば、「著作権教育」のなかで取り

　　　図書館の役割についての検討において、少しだけ触れたことがある。小島立「電子出版——出版者及び公共図書館の観点から」知財研フォーラム90号（2012年）76頁参照。
(106)　クリエイティブ・コモンズ・ライセンスの詳細については、「クリエイティブ・コモンズ・ライセンスとは」〔http://creativecommons.jp/licenses/〕を参照されたい。
(107)　この点は、著作者人格権が果たす機能に「経済的」な要素があるのではないか、という指摘とも関係する（例えば、西村あさひ法律事務所＝相澤英孝『知的財産法概説〔第5版〕』（弘文堂、2013年）210頁、河島伸子「著作者人格権の不行使特約——法と経済学における分析」知的財産法政策学研究（2010年）237頁以下の記述などを参照）。著作者としては、一般的には、経済的な利益であれ、社会における名声であれ、自分の「資源（リソース）」を増殖させることを望むはずであり、著作者人格権がそのコントロールを行う際に用いられる「武器」の1つであるという事実は間違っていないはずである。

◆第12章◆ いわゆる「著作権教育」の観察と分析から得られる著作権制度の現状と課題について［小島　立］

上げられることが望ましいであろう[108]。

　著作者と著作物の「結びつき」を確保するという著作者人格権が果たしている機能については、『5分でできる著作権教育』の「著作権教育の段階的指導モデル」において強調されている「作者の気持ちの尊重」や「作品の価値の認識、尊重」という要素とも合致する[109]。その意味では、著作者人格権の保護という点については、素朴な法感情に照らしても受け入れやすいのではないかということが想像される。

Ⅵ　「著作権教育」の「難しさ」

　ここまでの記述では、本稿の筆者が著作権の基本構造をどのように理解しているのかということを示しつつ、より良い「著作権教育」を行うためにはどのようなことを考えなくてはいけないのかということについて検討を行った。以下では、ここまでの叙述を踏まえて、本稿の筆者が感じる「著作権教育」の「難しさ」について述べて、本稿の検討を締めくくりたい。

1　「文化」と「金」の問題

　第1に、「著作権教育」だけに限られることではないかもしれないが、私たちの中に、いわゆる「文化」の領域に「金」の話を持ち込むことへの躊躇[110]が存在している可能性があり、それが「著作権教育」のあり方に一定の影響を与えているのではないかという、本稿の筆者が抱いている仮説についてである。

　本稿では、著作権の存在理由や、著作権の果たす機能を明らかにするために、主に創作者と媒介者の間でなされる「リソース」のやり取りに注目しながら観察を行った。この観察は、著作権に基づくアクターの間での「リソース」のやり取りは、広い意味での「パトロナージ」の問題なのではないかという本稿の筆者の仮説に基づくものであるが[111]、この点が現在の「著作権教育」において明

---

[108]　中山信弘『著作権法（第2版）』（有斐閣、2014年）489頁は、氏名表示権について論じる箇所の冒頭において、「著作者の氏名表示は著作者と著作物とを結ぶ紐帯であ」ると述べる。また、同一性保持権の解釈については、金子敏哉論文（本書第9章）を参照されたい。

[109]　著作権法情報センター（CRIC）＝日本教育工学振興会（JAPET）・前掲注(31)3頁。

[110]　この問題についての貴重な研究としては、ハンス・アビング（山本和弘訳）『金と芸術——なぜアーティストは貧乏なのか』（grambooks、2007年）がある。

[111]　この点については、小島・前掲注(82)429頁以下、小島・前掲注(74)知的成果物の多様性と知的財産法39頁以下。

◇第Ⅱ部◇　著作権法における実証と理論

示的に語られることは稀であるように見受けられる。

　文化芸術に対する1つの「ものの考え方」としては、例えば、19世紀イギリスの作家William Hazlittが述べたように、「芸術とは天才を意味し、天才は職業にはなじまない」というものが存在する[112]。ここでHazlittが述べている内容は、確かに「ロマン主義」的な「孤高の天才」という芸術家観と合致するものであろう。しかし、古今東西の事例を見ても、文化的表現が生み出され、世の中に送り出される際には、ほぼ必ずといって良いほど「パトロン」が存在した。現代社会においても、文化芸術活動に従事する者は、よほどの「有閑階級」でないかぎりは、公的な助成や篤志家からの「フィランソロピー」といったものに頼るか、あるいは、何らかの「組織」に属しながら活動を行うことは珍しくない。著作権制度が、文化的表現が生み出され、世の中に送り出されて、享受される一連のプロセスに関係するアクターに対する「介入」を行う制度の1つであることに鑑みると、著作権制度は、広い意味での社会における「パトロナージ」の営みを支える一翼を担っているといっても間違いではないであろう。

　加えて、「グローバル化」や「地方創生」といった諸課題に対する関心が高まりつつある現代社会においては、「文化多様性」や「多元主義」といった問題に対応する重要性がよりいっそう増しつつある。そのような状況においては、多様な文化的表現が社会で享受されるために、様々な文化政策手段の長所と短所を見極めつつ、それらをどのようにして組み合わせていくのかという問題設定の重要性がよりいっそう高まっているはずである。このような複雑さを増しつつある現代社会の中で、著作権制度がどのような役割を果たすべきなのかということについて考える際には、あらゆる文化政策手段に「パトロナージ」の要素が埋め込まれているという事実から目を背けることはできない。そうであれば、「著作権教育」においても、「文化」と「金」の問題を避けて通ることはできないはずである。

2　「著作権教育」を行う際の前提条件についての検討

　第2に、本稿の筆者が問いたいのは、より根本的に、「著作権教育」を行う際の前提条件についての検討が求められているのではないかということである。

---

[112]　Marjorie Garber, Patronizing the Arts (Princeton University Press 2007), p.17. この問題については、小島立「著作権と表現の自由」新世代法政策学研究8号（2010年）260頁以下においても論じたことがある。

◆第12章◆ いわゆる「著作権教育」の観察と分析から得られる著作権制度の現状と課題について［小島　立］

　本稿の筆者が示すような著作権に対する理解をもとに「著作権教育」を行うためには、その前提条件として、「ファイナンス」や「投資」といった事柄に対する一定の理解が必要なのではないかという指摘を、本稿を執筆する過程で行った関係者に対するヒアリングの中で受けたことがある[113]。

　そこで、その指摘を踏まえ、初中等教育において「ファイナンス」や「投資」といった観点が扱われているのか、あるいは明示的には語られていなくても、その観点がどこかに盛り込まれていないだろうか、ということについて、本稿の筆者なりに検討することとした。参照したものは、以下に掲げるとおり、初中等教育における「社会科」の教科書について、本稿の筆者が居住する福岡県で採択されているシェアトップ3のものである[114]。

- 小学校3・4年生の「社会」の教科書の上巻および下巻（東京書籍、日本文教出版、および教育出版の発行したもの）[115]
- 小学校5年生の「社会」の教科書の上巻および下巻（東京書籍、日本文教出版、および教育出版の発行したもの）[116]
- 小学校6年生の「社会」の教科書の上巻および下巻（東京書籍、日本文教出版、および教育出版の発行したもの）[117]
- 中学校の「公民」（東京書籍、教育出版、および日本文教出版の発行したもの）
- 高等学校の「現代社会」（東京書籍の発行したもの、実教出版の『最新現代社会』、および、実教出版の『高校現代社会』）

---

[113] この指摘は、日本音楽著作権協会におけるヒアリングの際に、牧昭宏氏（日本音楽著作権協会広報部部長）からなされたものである。本稿の筆者の「ファイナンス」についての理解は、小島・前掲注(82)415頁以下を参照。

[114] 福岡県内における各教科の教科書採択のシェアについては、福岡県教科図書株式会社で情報を得た。そして、各教科について、福岡県における採択率トップ3の教科書を入手した上で調査を行った。

[115] 小学校学習指導要領によると、小学校3・4年生の「社会」では、地域社会について学ぶことが期待されているようである〔http://www.mext.go.jp/a_menu/shotou/new-cs/youryou/syo/sya.htm#3_4gakunen〕。

[116] 小学校学習指導要領によると、小学校5年生の「社会」では、国土や産業について学ぶことが期待されているようである〔http://www.mext.go.jp/a_menu/shotou/new-cs/youryou/syo/sya.htm#5gakunen〕。

[117] 小学校学習指導要領によると、小学校6年生の「社会」では、歴史、政治、国際理解について学ぶことが期待されているようである〔http://www.mext.go.jp/a_menu/shotou/new-cs/youryou/syo/sya.htm#6gakunen〕。

◇第Ⅱ部◇　著作権法における実証と理論

・高等学校の「政治・経済」(東京書籍の発行したもの、実教出版の『高校政治経済』、および、実教出版の『最新政治経済』)

　これらの教科書を参照した限りでは、「金融」について若干の記述は見られるものの、「ファイナンス」や「投資」といった営みについての説明がなされている箇所を見つけることはできなかった。このような「社会科」の教科書の記述に鑑みると、著作権制度のあり方について、本稿のような記述を行う上で十分な前提知識が初中等教育において提供されているようには思われない。
　前述したとおり、著作権制度が「パトロナージ」のメカニズムの1つであるということに鑑みれば、著作権制度についての「語り」の中には、何らかの意味での「ファイナンス」や「投資」といった要素が埋め込まれていなければならないのではないかと思われる。しかし、日本の初中等教育においては、「ビジネス」における「ファイナンス」や「投資」といった営みをダイナミックに語るという意識が希薄であり、そのことが引いては、著作権制度について私たちがより良い説明を行うことを妨げているのではないかというのが、本稿の筆者の抱いた感想である。

Ⅶ　結　語

　「著作権教育」について論じた先行研究は、「規範に対する内的視点を獲得し、法の実効性を高めるためには、単純に著作権法によりある行為が違法とされていることを示すだけではなく、その理由を示すことが望まれる」[118]と論じていた。しかし、本稿の筆者として、現在の「著作権教育」についての観察と分析を行ってみた限りでは、上述の「理由」について説得的な説明がなされているとは言えないのではないかという結論に至った。
　本稿における検討から明らかになったことは、より良い「著作権教育」を行うためには、著作権制度の機能や正当化根拠について、私たち知的財産法の研究者が分かりやすく伝えることに尽きるのではないかということである。著作権制度の役割について、一人でも多くの社会の構成員の「納得」を得られるようにするためにも、知的財産法の研究者に課せられた責任は極めて重たいという事実を改めて実感しつつ、筆を擱くこととする。

---

[118]　田村・前掲注(22)41頁。

第13章 フェアユースの是非
——クリエイターの意見——
田中辰雄

　権利制限の一般規定いわゆるフェアユースを日本に導入する試みは、権利者団体の反対でついえてきた。しかし、調査してみるとクリエイター自身は権利制限に前向きであり、フェアユース導入に積極的である。フェアユース導入に前向きなクリエイターは7割弱に達しており、この数値は少々クリエイターの類型を変えても変わらない。プロでもアマでも、創作作品が音楽でも画像でも、企業所属でもフリーでも、7割近い人がフェアユース的な権利制限の導入に賛成する。権利者団体の見解とクリエイター自身の見解は大きくずれている。意見がずれる理由は、審議会におけるフェアユースの議論の仕方がフェアユースの趣旨からずれているためと考えられる。フェアユースの論拠は社会全体の利益の最大化と市場の失敗にあるが、審議会の議論はそれを踏まえていない。クリエイターとの意見のずれを修正しようとするなら、審議会での議論の仕方自体を変える必要がある。

I 問題意識 ── クリエイターとフェアユース

　デジタル化とネットワーク化を背景に、クラウドサービスでいつでもどこでもコンテンツが利用可能になり、また一般ユーザがアマチュアのクリエイターとして情報発信できるようになって、ユーザの便益は大きく向上した。ただ、それに伴いコンテンツの利用をより柔軟にしてほしいという要求が出てくるようになった。
　たとえば、クラウドサービスは、コンテンツをサーバに置き、どこからも利用できるようにするが、一見すると公衆送信との見分けが難しいため、厳格に

---

* 本研究は科学研究費基盤研究A「コンテンツの創作・流通・利用主体の利害と著作権法の役割」課題番号23243017の一環として行われたものである。
** コメントを下さった基盤研究の研究会の参加者の方々に感謝をささげたい。特に中山信弘氏と金子敏哉氏には的確な助言をいただいた。この場を借りて御礼を申し上げる。

『しなやかな著作権制度に向けて』（信山社、2017年3月）

は権利者から許諾を得る必要がある。しかし、もしひとつひとつのコンテンツについて権利者から許可をとるとなるとコスト的にひきあわず、ビジネスが立ち上がらない（城所（2013））。また、アマチュアクリエイターの多くはYouTube動画や同人市場のように、既存作品を使った二次創作であり、法的には権利者から許可を得る必要がある。しかし、個人が権利者から許可を得ることは現実的ではなく、もし法を厳格に守れば、アマチュアクリエイターの市場はすべて消失しかねない。

　これらの問題を解決し、コンテンツ産業を振興させユーザの便益を高めるためには、一定の条件のもとでコンテンツの無許諾利用を認めるのが有効である。実際、著作権の世界には一定の条件のもとで著作物を無許諾で利用できる制度があり、フェアユース、フェアディーリング、あるいは（著作権の）権利制限などと呼ばれる。特にこれらのなかでフェアユースと呼ばれる制度は強力であり、日本への導入が論争の的になってきた。本稿の目的は、このフェアユースの導入についてクリエイター自身がどう考えているかを明らかにし、著作権のあり方についての政策決定に資することである。

　まず、フェアユースについての理解と日本の現状を整理しておく。フェアユース、フェアディーリング、あるいは（著作権の）権利制限などの用語はいずれもコンテンツの無許諾利用をさしている。これらは無許諾利用の条件の付け方で2種類に区別できる。ひとつは一般的な要件をならべて、実際の判断は裁判所にならう一般規定型で、もう一方は具体的な権利制限事例を法律に明示する個別列挙型である。

　アメリカでは一般規定型がとられており、これがフェアユースと呼ばれている。公共性や権利者への被害が無いなど4つの一般的要件を用意し、それらを満たすかどうかを裁判所がその都度判断する。具体的には次の4要件が考慮される。(1)利用目的が非営利あるいは公共的である、(2)著作物に創造性が乏しく、単なる事実の記述である、(3)利用されている部分が一部である（主として引用の場合）、(4)オリジナルの著作者の収入あるいは潜在的収入に被害を与えない。フェアユースと認められるためにこれらの4要件をすべて満たす必要はない。どれを重んじるかは裁判所の裁量にまかされており、裁判所の総合判断としてフェアユースか否かが決められる。いわば利用の合法非合法の境目にグレーゾーンをつくり、判例で柔軟に対応することで世の中の変化に対応しようという制度がこの一般規定型のフェアユースである（上野（2007）、田村（2010））。

これに対し、フランスやドイツ等の大陸型の国は、個別列挙型をとる。具体的な権利制限規定を列挙する方法で、たとえば、キャラクターグッズの企画書を書くときに、企画書にキャラクターの写真を貼るのは無許諾でよい、というように具体的な個別事例を念頭に法に条文を追加していく[1]。この個別列挙方法では、グレーゾーンが少ないため、裁判をしなくても違法合法の区別がつきやすいという利点がある。日本はこの個別列挙型をとっている。

　一般規定型と個別列挙型は一長一短をもち、長く共存してきた。しかし、デジタル化とインターネットが急激に普及し、作品の新しい利用形態が次々と生じる中で、個別列挙型の欠点と一般規定型の利点が強く意識されるようになってきた（中山（2009））[2]。

　クラウドサービスの事例はすでに述べたとおりである。これと同様の事例は過去にもあり、よく知られているのは検索エンジンの事件である。検索エンジンは、データベースをつくるときにウエブサイトの中身を自社のサーバにコピーして解析するので、一時的にせよ複製をつくることになる。アメリカではフェアユースがあるためにこの複製は合法との抗弁が可能で、グーグルなどの検索ビジネスの飛躍的な成長を助けた。しかし、日本では検索エンジンでの複製は個別列挙されていないので、合法とは言い切れず（田村（2007））、これが一因となって、日本では検索エンジンビジネスの立ち上がりが遅れた。日本で検索エンジンでの複製が個別列挙されて合法化されたのは2009年の著作権法改正の時であるが、議論が始まった時は時すでに遅く検索エンジンでのグーグルの覇権が確立した後であった（城所（2008））。このようにコンテンツについての新しい技術革新は著作権法に触れることが多く、個別列挙の法改正を待っていては、世界との競争に戦わずして敗れることになる。

　アマチュアクリエイターの事例は、単に一部のアマの事例ではなく、広く国民全体のインターネット上での創作活動に関わる。インターネットの登場で、写真を加工し、歌をうたい、文章をアップする国民は飛躍的に増えた。誰もが

---

(1)　実際の法律ではキャラクターグッズの企画書など固有名詞は使わず、法律用語に言い換えられて一般化はされている。ただし、法の制定段階では具体的な適用事例の検討がなされており、現実の法の運用は、その解釈に沿って行われる。したがって、個別列挙方式は事実上、極めて限定的となる。

(2)　政府からでた報告書としては、知財本部のデジタル・ネット時代における知財制度専門調査会報告書、2008年が詳しい。https://www.kantei.go.jp/jp/singi/titeki2/houkoku/081127digital.pdf、2015/10/5確認。

◇第Ⅱ部◇　著作権法における実証と理論

創作して情報発信できるようになったことは人類史上始めてであり、国民にとって大きな便益であろう。さらに、無数のアマがいるからこそ、そこから優れたプロが登場しており、アマ市場はプロのためのインキュベーターを果たしている。マンガにおけるコミケ等同人市場はその顕著な例である（出口=田中秀=小山編、2009）。しかし、これらの活動のかなりの部分は既存のコンテンツを無許諾で利用していて著作権法違反であり、法的基盤は弱い（平木他（2014））。フェアユースがあればこれらの活動の一部を法的に擁護できる道が開ける。

フェアユースがあることでコンテンツの利用が促進され、新しいビジネスが生まれることを定量的に示した研究もある。Ghafele and Gibert（2012）は、シンガポールにおいてフェアユースの導入によって著作権の関連産業の売り上げが増加、あるいは少なくとも減少していないと報告した。田中（2014）は台湾についてフェアユース導入後にコンテンツ産業の売り上げが増加したことを見出している。

このように一般規定による権利制限すなわちアメリカ型フェアユースは、デジタル化とネット化が急激に進む中で新しい利用方法への対応を可能にした。これをうけて、最近ではアメリカ以外の国でフェアユースを導入する動きがある。たとえば台湾は1992年、韓国は2011年にアメリカ型の一般規定のフェアユースを導入した。日本でも法学者からフェアユースを導入すべきではないかという意見が見られるようになった（たとえば、フェアユース研究会（2010））[3]。

しかしながら、日本での一般規定型フェアユースの導入は何度か政策課題にあがったが、いずれも、権利者団体の強い反対があって、審議会の段階で見送られている。その理由は、そもそも権利制限の一般規定を導入しなければならないほどの重大な問題は生じていないというものである。フェアユースでできることは契約ベースでもできるとし、フェアユースの必要性自体を否定する。またフェアユースを口実にして居直り侵害行為者が蔓延するという心配や、権利者側に訴訟コストが発生するとの声もある[4]。

(3) また、政策バイアスの視点から一般規定型のフェアユースを導入すべきという意見もある。田村（2010）は、個別列挙型は立法府で決めるため、ロビー団体の影響を受けやすくなり、一般ユーザの意見が反映されなくなるというバイアスがかかることを指摘した。これに比べ、一般規定型は司法の場で決めていくためロビー団体の影響を受けにくく、そのぶん一般ユーザの意見も考慮されやすいとしている。

(4) 文化庁長官官房著作権課、平成22年、「文化審議会著作権分科会法制問題小委員会権利制限の一般規定に関する最終まとめ」

◆第13章◆　フェアユースの是非［田中辰雄］

　その結果、2012年の著作権法改正で認められた権利制限は、先に述べたキャラクターグッズの企画書の例やDVDの修理の時に一時的に複製をつくることを認める等きわめて限定的な事例にとどまり、一般規定型フェアユースとはほど遠いものにとどまった（田村（2010）、山本（2012））。権利制限についての審議会の議事録を読めば、多くの権利者団体が一般規定によるフェアユースに強い反対意見を述べており、アメリカのような一般規定型のフェアユースは日本ではとうてい受け入れられないかのように見える[5]。

　しかし、著作権に関しては、権利者団体が個々の権利者たちすなわちクリエイターの意見を代弁しているとは限らないことに注意する必要がある。たとえば、2005年ごろ著作権保護期間延長が話題になった時、多くの権利者団体が保護期間延長に賛成したが、同じ時期にかなりの数のクリエイターが保護期間延長に反対する団体を結成し、権利者側の賛否は真二つに割れた（田中・林（2008））。日本で保護期間延長が見送りになったのは、このように権利者側の意見が割れたことが大きい。フェアユースの場合にもクリエイター個々人の意見は権利者団体とは異なる可能性がある。そこで、本稿ではクリエイター個々人がフェアユースについてどう思っているかをクリエイターへのアンケート調査で調べた。フェアユースは概念の理解が難しいため。権利制限の実例をいくつかあげ、それらが可能になることに賛成か反対かを尋ねる方法をとった。

　その結果、驚くべきことに、クリエイターの7割近くは権利制限の拡大に賛成している事がわかった。すなわちフェアユースに賛同する可能性が高いクリエイターが7割程度いることになる。反対者は2割程度にとどまる。審議会等での議論とは大きく異なり、クリエイターの圧倒的多数はフェアユース導入に賛成である可能性が高い。

　さらにこの結果はクリエイターの属性にはよらない。プロでもアマでも、創作作品が音楽でも画像でも文章でも、企業所属でもフリーでも、6～7割が賛成で反対が2割以下という結果は変わらない。人格権重視の人ではフェアユース

---

　　http://www.bunka.go.jp/seisaku/bunkashingikai/chosakuken/bunkakai/32/pdf/shiryo_3_1.pdf、2015/10/5確認。フェアユース導入反対論の要約としては高田（2010）を参照。
[5]　たとえば、著作権分科会　著作物等の適切な保護と利用・流通に関する小委員会平成26年第7回（2014年10月31日）の議事録を参照
　　http://www.bunka.go.jp/seisaku/bunkashingikai/chosakuken/hogoriyo/h26_07/、2015/10/5確認

◇第Ⅱ部◇　著作権法における実証と理論

への支持がやや減るが、それでも減少はわずかで、6割弱はフェアユース導入に賛成であり大勢は動かない。すなわち、クリエイターの7割近い人がフェアユース導入を支持しそうだという本稿の結果は、クリエイターの属性によらない頑健な結果である。

　すでに述べたように審議会の場では権利者団体がフェアユース導入に強い反対意見を述べており、審議会全体としてフェアユース導入には否定的である。クリエイターの意見と審議会の意見は大きく食い違っていることになる。

　この食い違いの原因は、審議会での問題設定がフェアユースの趣旨からずれている点に求められる。フェアユースは、社会全体の利益が増え、かつそれが市場の失敗のために市場取引では実現できない時に認められる。クリエイターは現実にそのような状況を感じるがゆえに7割が賛成に回る。しかし、審議会での議論では、社会全体の利益は考慮せず、また利益があったとしても市場の失敗を考えないため、すべて市場取引（契約）で解決できると結論付ける。審議会のこのような問題設定ではそもそもフェアユースを否定する結果しか出てこない。クリエイターと審議会での議論のずれを埋めるためには、審議会での議論の仕方自体を変える必要があるだろう。

Ⅱ　調査対象者の抽出とそのプロフィール

　調査のためにはクリエイターを抽出する必要がある。クリエイターへのアンケート調査は田中（2015）が日米比較の点から行っており、そこではインターネット調査会社のモニターの中から、創作活動をした個人をスクリーニングで選びだしている。本稿でもインターネット調査会社のモニターからクリエイターを抽出した。20代～50代までのモニターに対し、次の問いに「はい」と答えた人を抽出した。

　問　あなたは過去1年の間に、音楽、イラスト、漫画、動画、記事・小説などの創作物を作成して一般に公表しましたか？　公表は、営利、非営利問わず、またウエブサイトや同人誌での公表を含みます。
　　　1　はい　　2　いいえ

　営利、非営利を問わないので、収入を得ていないアマチュアも含まれる。調査対象のクリエイターをプロだけでなくアマまで含めたのは、すでに述べたように多くのアマがいてこそ、そのなかからプロが育ってくるためである。アマ

◆ 第13章 ◆ フェアユースの是非 ［田中辰雄］

表1　サンプルのプロフィール （単位は%、n=1091）

PQ1　あなたはその創作活動で収入を得ていますか？

1=創作は主たる収入源で、それで生活している	16.0
2=副業として創作から収入を得ている（主たる収入源は他にある）	15.1
3=副業とまでは言えないが多少の収入を得ることはある	22.5
4=過去に収入を得たことがあるが最近は得ていない	12.9
5=過去も今も収入を得たことは無い	33.5

PQ2　あなたの主たる創作物は何でしょうか？

1=音楽（作曲、演奏など）	19.9
2=画像（漫画、イラスト、絵画、写真など）	29.7
3=動画（映画、アニメ、プロモーションビデオ、MAD など）	7.3
4=文章（記事、小説、論説、エッセイなど）	32.4
5=その他（ゲーム、ウエブサイトなど）	10.7

PQ3　フリーでしょうか、勤め人でしょうか

1=制作会社など企業に勤めている	28.3
2=独立している（フリー）	65.4
3=自分の会社を持っている	6.3

PQ4　あなたは「フェアユース」を知っていますか？

1=どういうことか知っている	35.5
2=聞いたことがあるが、どういうものかは知らない	34.3
3=知らない	30.3

PQ5　年齢

10代	1.3
20代	23.4
30代	34.5
40代	25.5
50代	15.4

PQ6　性別

男	61.8
女	38.2

がすそ野を構成している事例としてはマンガの同人市場が有名だが、これはマンガ同人に限らない。インターネットの普及に伴い、音楽やゲーム、小説などでもアマが多数の作品をネットで発表し、その中からプロが育つという回路ができつつある。著作権が創作の動機付けであり文化の発展を目指すものなら、プロを志して努力するこれらアマの意欲も考慮しなければならない。発表場所を既存の商業媒体だけでなくウェブや同人誌も含めたのも同様の趣旨である。

スクリーニングの際にはフェアユースについての認知について割り付けを行

◇第Ⅱ部◇　著作権法における実証と理論

った。世の中におけるフェアユースの認知は必ずしも高くない。フェアユースを知らない人ばかりになると意識調査の趣旨が理解されにくいため、フェアユースを知っている人を優先的にサンプリングした。使った調査会社はマイボイス社で、スクリーニング対象は3万人、そのなかに上記のクリエイターに該当する人は2502人おり、ここからフェアユースを知っている人を優先して1091人を選んだ。調査時点は2015年2月である。彼らのプロフィールは表1にまとめた。

　まず、プロとアマの比率を見るために、創作活動で収入を得ているかどうかをたずねた。PQ1がその結果で、創作が主たる収入源と答えた人が16％、副収入と答えた人が15.1％いる。以下の分析ではこの2者をあわせてプロと呼ぶことにする。残りの3つの選択肢は、収入を得ていないか、得ていたとしても限られており、アマと呼ぶことにする。この分類によれば、今回のサンプルではプロは3割、アマは7割となる

　創作活動の分野はPQ2で見るように画像と文章がそれぞれ3割と多い。画像とはマンガやイラストであり、文章とはウェブ上などに書く記事・エッセイ・小説などである。音楽も2割存在しており、この3つで8割を占める。動画とゲームはそれぞれ1割程度である。動画とゲームが少ないのは、ある程度のプログラミング技能が必要であり、また制作がひとりでは完結せずチーム作業が必要などのハードルが高いためと考えられる。

　クリエイターの勤務形態としては、企業に属する人と独立してフリーの人がいる。これを尋ねたのがPQ3で、今回のサンプルでは、独立している人が66％と圧倒的に多い。これはアマの人が7割と多いためと考えられる。著作権についての意識はその人がフリーかどうかも影響する可能性があるため、フリーかどうかを属性として配慮しておく。

　フェアユースの認知状況を尋ねた結果がPQ4である。選択肢は3通りで、1)どういうことか知っている、2)聞いたことはあるがどういうものかはわからない、3)知らない、の3つから選んでもらった。すでに述べたようにスクリーニングの段階で、3)の知らないを選んだ人を減らすようにサンプリングしており、その結果としてほぼ3等分されている。

　割り付け前（n = 2502）では、フェアユースを知っていると答えたクリエイターは17％、名前は聞いたことがあると答えたクリエイターが17％、知らないと答えたクリエイターは65％であった。割り付けを行った結果（n = 1091）では

ほぼ3等分されているので、知っている人を約2倍に、知らない人を約半分にウエイトをつけてサンプリングしたことになる。この割り付けによる影響を考慮するため、以下では属性別に分けた集計を行って結果の頑健性を確認していく。ただし、後に見るようにフェアユースを知っているかどうかによってフェアユースの賛否はほとんど変わらなかったので、結果としてはこの割り付けの影響はごく軽微である[6]。

年齢は30代がやや多く、50代がやや少ない。男女別では男性が6割、女性が4割である。

Ⅲ　フェアユース導入の賛否

まず、関心の的であるフェアユースへの賛否を尋ねる。ただし、表1のPQ4に見るように我々のサンプルではフェアユースについて、訊いたことがあるが中身を知らない/まったく知らないが合わせて6割にもなるので、まずフェアユースについて説明を行う必要がある。

ただ、フェアユースの説明を短時間で行うのは難しい。アメリカでの4要件を示してもほとんどの人は何のことかわからない。権利制限の具体例を出して説明するしかないが、何がフェアユースに当たるかはこれから判例で決めていくべきもので、当然のことながら確定した具体例は出せない。そこで、本アンケートではわかりやすさを優先させて、世上よく話題になる権利制限的な利用事例を列挙し、フェアユースがあるとそれらが認められる可能性があるとして、それに賛同するかどうかを聞いた。

以下がフェアユースの説明文である。少し長いが重要な部分なので引用する。

☆以下にフェアユースについての説明を述べます。これを読んでからお答えください。

フェアユースとは、利用目的が非営利だったり、著作者への損害が小さい場合など

---

[6] 別の言い方をすると、フェアユースの認知度合いが違ってもフェアユース賛否がほとんど変わらないため、認知度合いを重みづけにしてウェイトバックしても結果は変わらない。社会調査で割り付けを行った場合はウェイトバックする事が多いが、今回の場合、結果はかわらない。また、今回の場合そもそもウエブモニターがクリエイター全体のランダムサンプルになっているかも不明なので、ウェイトバックの意義は乏しい。そこで本稿ではさまざまの属性別に分けて集計して結果の頑健性を確認する方法をとった。

◇第Ⅱ部◇　著作権法における実証と理論

に、著作者の許可なしで作品を利用できることです。日本では導入されていませんが、海外では導入している国があります。導入された場合、以下の利用例は著作者の許諾なしにできるようになる可能性が高いです
　1）学校など教育現場で書籍の一部をコピーして使う
　2）自作動画に市販曲の BGM つけて YouTube などで公開する
　3）アマチュアバンドが市販曲を演奏して YouTube などで公開する
　4）facebook などに本や映画の感想を書く際に、作品の画像の一部を貼り付ける
　5）既存作品を組み合わせた MAD、コラージュ、リミックスなどをウェブで公開する
　6）コミケなどの同人活動で市販作品の二次創作を配布する。
　7）自宅の蔵書を業者に頼んですべて電子書籍化してもらう
＃なお、フェアユースが導入されても上記すべてが直ちに合法化されるわけではなく、実際にフェアユースにあたるかどうかは、営利的か、被害があるかなどに照らして一つ一つ裁判所の判断で決めていくことになります。

　この説明はわかりやすさを優先させたため、フェアユース全般の説明と日本での導入効果が混在し、法律的には正確性を欠いている面がある。まず、(1)(3)(4)はすでに個別の権利制限などで認められているので、フェアユースが入ったことで新たな変化が起こるわけではないという批判が考えられる。また逆に(2)(5)(6)(7)は権利の制限度合いが強すぎてフェアユースが入っても認めらないという見解がありうるだろう。以下、この２点について検討しておく
　まず(1)の教育での利用は、日本でのフェアユース導入の効果としてはミスリーディングかもしれない。教育での利用は個別の権利制限で日本でも認められており、日本にフェアユースが導入されても新たな変化はないからである。ただ教育利用はフェアユースの典型としてどの著作権解説本にも上げられている例であり、この事例はフェアユースの一般的理解のために説明文に入れたものである。
　(3)(4)はフェアユース導入で変化がありうる。(3)は JASRAC 管理楽曲を演奏して YouTube とニコニコ動画にアップする限りは両者に包括契約があるので可能であるが、管理楽曲外の曲、あるいはこの２つのサイト以外には演奏はアップはできない。フェアユースが導入されるとすべての楽曲について演奏を一般サイトにアップすることが可能になるので変化は起こる。最近よく話題になる拡大集中許諾制度とは、まさにこの変化を狙って提案された制度である。(4)の映画の写真を貼る行為は、引用の要件を守れば現在でも可能であるが、引

◆ 第13章 ◆ フェアユースの是非［田中辰雄］

用の要件は厳しいためフェイスブックやツイッターでの画像貼り付けはあまり行われていない[7]。実際、2016年にツイッターがGIFアニメを貼れるように仕様変更した時、アメリカではGIF貼り付けはフェアユースで可能であるが、日本では違反になるという記事が出たことがある[8]。フェアユースが導入されるとより緩い条件での引用ができるようになりうるので変化はあるだろう。

(2)(5)(6)(7)が権利制限としては強過ぎてフェアユースを導入しても認められないという批判もあるかもしれない。これについては次の2点を反論したい。まず確かにすべて認められることはないだろうが部分的にならフェアユースとして認められる可能性はある。たとえば大きな売り上げをあげている二次創作、あるいは市販曲をフルにBGMに使うことは、フェアユースが導入されても認められないだろう。しかし、逆に言えば売り上げの小さい二次創作や市販曲の一部だけをBGMに使うことはフェアユースとして認められうる。そのようなグレーゾーンでの線引きを裁判で決めていくのがフェアユースであり、その点は説明文の最後に「すべてが直ちに合法化されるわけではなく……」述べてあるとおりである。

なにより重要なのは、仮にこれらの事例が権利制限として強すぎるとしても、本稿の結論が強まることはあっても弱まることはないことである。本稿の結論はクリエイターの大半がフェアユース導入に賛成だということである。説明で使った権利制限の事例が強すぎるとすると、クリエイターはそのような強すぎる権利制限にすら賛成したのであるから、弱めた権利制限ならもっと賛同するはずである。つまり本稿の結論は強まりこそすれ、弱まることはない[9]。

---

[7] 引用は分量的に引用する側が多く、引用される側が小さくなければならないという主・従の関係が必要で、かつ引用する必然性、すなわち引用しなければ自分の意図を伝えられないという必然性がいる。この基準をそのままあてはめると、単に「面白かった、しびれたよ」と書いて映画の場面を貼ったものが引用とされるかどうかは疑問である。実際、次に述べるツイッターでのGIFアニメの貼り付けは日本では著作権法上違法ではないかと言う懸念が出た。

[8] 「TwitterのGIFアニメ添付機能が「著作権侵害」に？ 米国では「フェアユース」」ITmediaニュース、2016年2月25日、http://www.itmedia.co.jp/news/articles/1602/25/news085.html、2016年5月20日確認。

[9] 論理的には強い権利制限なら賛成だが弱い権利制限なら反対だというクリエイターが多数派ならこの推測は成り立たない。しかし、自らの権利が制限されることに対してそのように考える人は稀であろう。またもしそのようなクリエイターが多数派なら、その時点で本稿の結論は支持されることになる。

◇第Ⅱ部◇　著作権法における実証と理論

　以上をまとめて(1)の事例以外は本稿の結果に大きな悪影響はないだろうと考える。本稿の調査の趣旨は、クリエイターが自らの権利が制限されるフェアユースに前向きかどうかを調べることである。従って、フェアユースが導入されると起こりうる変化の方向が理解できれば調査の趣旨は伝わる。フェアユースを導入すると現在は違法とされる利用形態のいくつかが合法化されうるということが理解できれば賛否を問うことができる(10)。

　なお、このフェアユースの説明の仕方による誘導的なバイアスがあったかどうかを検証する方法がひとつある。それはフェアユースを事前に知っていた人と知らなかった人で差があるかどうか調べることである。もし、ここでの説明が誘導的でバイアスをもたらすとすれば、その影響は事前の知識が無い人の方が大きいだろう。ゆえにフェアユースを知っていた人と知らない人に分けて結果に差があるかどうかを見ればよい。のちにこれを試みる。

　また、もうひとつの誘導の可能性として、全体としてこの説明はややフェアユースを肯定する方向にバイアスがかかっている恐れがある。フェアユースが導入されれば「○○という利用ができる」という表現になっており、フェアユースが導入されると「○○という利用がされる」という表現でないからである。この点も後にプロとアマに分けることで影響を検討する。

以上の考察のもとに、問いをたてる。フェアユースの是非を問う問いは次のような形である。

　　問：日本にはフェアユースの制度はありません。日本でもフェアユースを導入し、コンテンツを許諾なしに利用できる範囲を広げるべきという意見があります。この意見に賛成ですか。反対ですか

---

(10)　もとより、なにがフェアユースに含まれるかを事前に決めることは難しい。フェアユースは違法合法の間にグレーゾーンをつくり、裁判の判例で線引きを決めていく制度なので、事前の線引きが難しいからである。たとえば日本にフェアユースが入ったとして二次創作がどれくらい認められるかどうかについては法学者の間にも意見の相違がある。二次創作作品は販売されて金銭が動き、元の作品の翻案であることが明らかである以上、フェアユース規定があってもほとんどがフェアユースと認められないという意見もあれば、アメリカの判例で出たトランスフォーマティヴ［変容的］な利用と考えれば、二次創作のほとんどがフェアユースになりうるという見解もありうる。したがって、なにがフェアユースに含まれるかについて皆が納得する事例を出す事は困難である。ただし、それにもかかわらずフェアユースが導入されると権利制限が拡大するという\いわば"変化の方向"は確かであり、それが理解できればフェアユースの賛否を問う事はできる。

◆第13章◆ フェアユースの是非［田中辰雄］

図1 日本にはフェアユースの制度はありません。日本でもフェアユースを導入し、コンテンツを許諾なしに利用できる範囲を広げるべきという意見があります。この意見に賛成ですか。反対ですか。

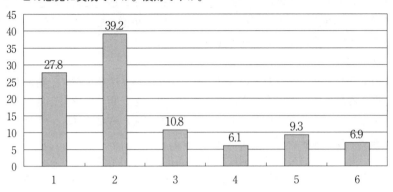

1＝賛成
2＝どちらかと言えば賛成
3＝どちらかと言えば反対
4＝反対
5＝賛成とも反対ともいえない
6＝わからない

2015年2月、クリエイター調査，n=1091

1 賛成
2 どちらかといえば賛成
3 どちらかといえば反対
4 反対
5 賛成とも反対ともいえない
6 わからない

選択肢は賛成から反対まで4段階とし、それ以外に5賛成とも反対ともいえない、6わからない、を用意した。図1がその結果である。

　ここで注目すべきは、賛成と、どちらかといえば賛成をあわせた賛成が67％（＝27.8＋39.2）に達していることである。実に7割弱の人が賛成している。反対は17.9％（＝10.8＋6.1）で2割以下である。審議会等で権利者団体が一様にフェアユース導入に反対を述べたこととは好対照をなしている。このようなウエブ調査には誤差がつきものであるが、7割対2割という比率の差は大き

◇第Ⅱ部◇　著作権法における実証と理論

く、少々の誤差修正でひっくり返る差ではない。

　クリエイターの7割弱がフェアユースに賛成という結果はどれくらい頑健だろうか。考慮すべきことは二つある。ひとつはすでに述べた説明の仕方によるバイアスの可能性である。もう一つはサンプルが偏っている可能性である。我々のサンプルは、フェアユースを知っている人を多めに集めておりランダムサンプルではない[11]。

　このような設問の仕方あるいはサンプリングのバイアスを補い、結果の頑健性を高めるため、いくつかの方法でクリエイターを分類して賛否を見てみることにする。どのような分類をしても結果の大勢が変わらなければ、サンプリングの偏りの影響はないだろうと推測できる。

　まず、フェアユースの認知別に見よう。認知は今回のサンプリングで割り付けをした変数で、3通りの類型がある。フェアユースを知っている/名前は聞いたことがある/知らない、の3類型である。この認知別に分けたときの賛否の分布を見てみる。

　この検証は、先に述べたフェアユースの説明の仕方によるバイアスをチェックする目的がある。もし、この調査でのフェアユースの説明がフェアユースを肯定する方向に誘導的であるなら、これまでフェアユースを知らずにいたいわば"無知"な人は、すでに知っている人よりいわば"誘導"されやすく、設問にひっぱられてフェアユースへの賛成が多いことになるだろう。したがって、フェアユースを知らなかった人のほうに賛成が多いという結果が出れば、設問による誘導があったことの傍証となる。

　図2がその結果である。類型が3とおりあるので、折れ線グラフで表した。黒塗りひし形（◇）がフェアユースを知っている人、白抜き四角（□）が名前は聞いたことがある人、白抜き三角（△）が知らない人である。一見してわかるように、全体として認知度合いにかかわらず、パターンはよく似ている事がわかる。フェアユース導入に賛成の人は、どの類型でも7割近くに達しており、フェアユース賛成は認知の差にはよらない。すなわちクリエイターの7割がフ

---

[11]　そもそもクリエイターという調査対象は母集団が定義しにくく、ランダムサンプル自体が困難である。プロとアマの比率はこのサンプルでは3対7（割り付け前のサンプルでは15%対85%）であるが、これが世の中に存在するすべてのクリエイターの比率を正しく反映しているかどうかを確かめるすべはない。そもそも「すべてのクリエイター」自体が定義しにくいからである。

◆第13章◆ フェアユースの是非［田中辰雄］

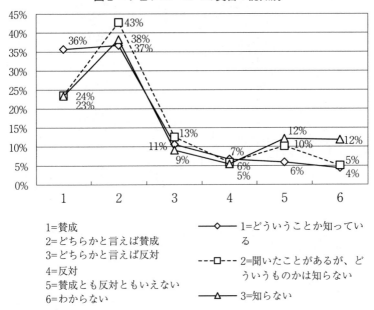

図2　フェアユースへの賛否：認知別

1=賛成
2=どちらかと言えば賛成
3=どちらかと言えば反対
4=反対
5=賛成とも反対ともいえない
6=わからない

——◇—— 1=どういうことか知っている
---□--- 2=聞いたことがあるが、どういうものかは知らない
——△—— 3=知らない

ェアユース賛成という結果は、フェアユースの認知の程度によらない頑健な結果である。

　ここで、小さな違いではあるが、フェアユースを知っていると答えた人では、積極的な賛成意見が多くなっている。1番の賛成を選んだ人は、フェアユースを知っている人では36％で、名前だけ知っている人・知らない人の28％より有意に高い。先に述べたように、設問前に行ったフェアユースの説明がフェアユースを肯定する方向に誘導的であるとすると、フェアユースを「知らない」人の賛同が強くなるはずである。現実は、それとは逆になっており、説明による誘導はないか、あったとしても限定的だったと考えられる。

　なお、説明の仕方による誘導がないことの傍証として、別の聞き方をした調査でも同様の結果が得られていることも指摘しておきたい。田中（2015）では、クリエイターに対して、ウェブに自分の作品が貼られることについてどう思うかと尋ねているが、7割のクリエイターが肯定的だったとしている（田中（2015），図7）[12]。

571

◇ 第Ⅱ部 ◇　著作権法における実証と理論

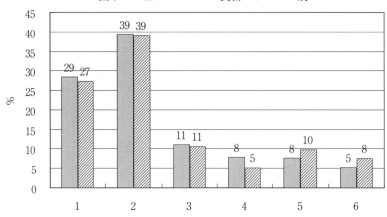

図3　フェアユースへの賛否：プロアマ別

1=賛成
2=どちらかと言えば賛成
3=どちらかと言えば反対
4=反対
5=賛成とも反対ともいえない
6=わからない

2015年2月、クリエイター調査，n=1091

　また、フェアユースを知らない、あるいは名前だけ知っているという人では、5の「賛成でも反対でもない」、あるいは6の「わからない」が増えている事も注目される。よく知らないのであれば態度決定に慎重になるのは自然なことである。逆に考えると、認知がすすめれば、フェアユース賛成がさらに増える可能性がある。
　次に、プロとアマの差を見よう。我々のサンプルではアマが7割と多い。アマは二次創作などで人の作品を利用する立場にあり、また収入も少ないのでフェアユース導入に賛成であろう。しかし、プロはフェアユースの恩恵が少ない

(12)　「だれかがWeb上にあなたの作品の一部分を（歌詞のさび、マンガの1ページ、映画ゲームの1シーン）をアップすることについてどう思うか」とたずねたところ、7割のクリエイターが「個人・非営利なら良い」、「引用として認める」など容認的であった。「WebのBGMにあなたの音楽を流す」ことについても6割程度のクリエイターが容認的である（田中 (2015)）。この2つの問いでは、設問に特に誘導はなく、それでも同じような結果が得られている。したがって、今回の問いで誘導の影響はあったとしてもわずかであろう。

◆ 第13章 ◆ フェアユースの是非 [田中辰雄]

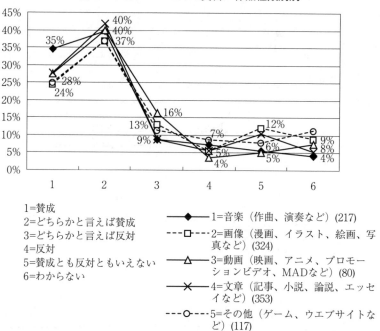

図4　フェアユースへの賛否：作品種類別別

1=賛成
2=どちらかと言えば賛成
3=どちらかと言えば反対
4=反対
5=賛成とも反対ともいえない
6=わからない

──◆── 1=音楽（作曲、演奏など）(217)
- - -□- - - 2=画像（漫画、イラスト、絵画、写真など）(324)
──△── 3=動画（映画、アニメ、プロモーションビデオ、MADなど）(80)
──×── 4=文章（記事、小説、論説、エッセイなど）(353)
- - -○- - - 5=その他（ゲーム、ウエブサイトなど）(117)

のでフェアユースに反対するのではないだろうか。このチェックは、すでに述べたように設問が「利用できる」という肯定的な表現になっていることの影響をチェックする目的もある。もし、プロとアマの間で見解の差が多ければ、フェアユースの説明が作品を利用する側の表現（〜という利用ができる）だった場合と、利用される側の表現（〜というように利用される）で違いが出うるからである。

この可能性を見るためにプロとアマに分けて賛否を集計した。図3がそれである。塗りつぶしがプロで、斜線がアマである。一見して明らかなようにほとんど差が無い。プロとアマの間で意見の相違は全く見られず、プロでもアマでもフェアユース導入に7割が賛成である。プロとアマでは収入の違い、二次創作への関わり等で立場の違いがあるが、フェアユース導入については、それらはまったく影響していないことがわかる。したがって、説明文の「できる」、「される」の表現上の差の影響は少ないだろうと推測される。

573

◇第Ⅱ部◇　著作権法における実証と理論

図5　フェアユースへの賛否：フリー・会社所属

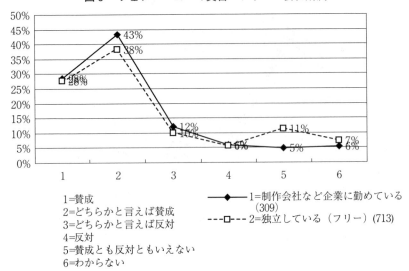

さらに追加でいくつかの分類分けを行っておく。クリエイターの作品の種類別でもみておこう。画像、音楽、文章、動画といった作品種類別に意識の差があることはないだろうか。フェアユースに賛成するのは特定の分野だけとか、ある特定分野だけが導入に反対するというような傾向はないだろうか。これを見るため、図4に創作作品の種類別での賛否をグラフにした。一見して明らかなようにパターンはほとんど同じであり、創作作品の分野による差は無い。フェアユースへの7割の賛同は、どのような創作作品を作っているかにかかわらない頑健な結果である。

最後にフリーか会社所属で違いがあるかどうかも見てみよう。フリーの人は会社からの法務からのバックアップを受けられず、また作品の売り上げと自身の収入が直結するという特徴がある。この特徴の結果として、フリーの人はフェアユース導入に積極的になる可能性と消極的になる可能性の両方の可能性が考えられる。図5がフリーかどうかで分けてみた結果であるが、ここでも差が見られない。クリエイターが会社所属でもフリーでもフェアユースへの賛同比率は7割で変わらない。

ここまで、フェアユースを知っているかどうか、プロかアマか、創作物の種

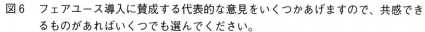

図6 フェアユース導入に賛成する代表的な意見をいくつかあげますので、共感できるものがあればいくつでも選んでください。

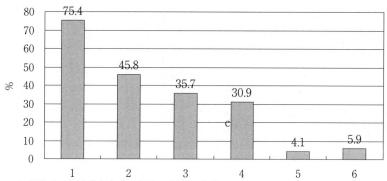

1＝著作者に損害を与えない限り、作品は多くのユーザに利用されるべきだから
2＝創作は先人の著作物をある程度は借用して行うものだから
3＝コンテンツを利用した新しいビジネスが生まれやすくなるから
4＝インターネット時代には誰もが多少は創作活動を行うから
5＝それ以外
6＝わからない

2015年2月、クリエイター調査

類、フリーかどうかなどの違いがフェアユースへの賛否に影響するかを見てきたが、結果はいずれも影響していない。分類を変えてもフェアユース導入に賛同する人が7割である事実は動かない。したがって少々のサンプリングバイアスや説明文の誘導があったとしても、フェアユース導入に賛成する人が過半数という事実は動かないだろう。クリエイターの大半がフェアユース導入を容認するのは、設問方法やサンプリングによらない頑健な事実と考えられる。

3 フェアユース導入賛否の理由と回帰

次にフェアユース導入の賛否の理由を見てみる。フェアユース導入に賛成と答えた731人に、フェアユース導入に賛成する理由を用意した4つの選択肢からいくつでも選んでもらった。図6がその結果である。複数回答なので合計は100％を超える。一番多く選ばれたのは「著作者に損害を与えない限り、作品は多くのユーザに利用されるべきだから」という答えである。著作権法は創作者の収入確保と同時に創作物の利用促進を唱っており、その趣旨からして妥当な結果である。ついで「創作は先人の著作物をある程度は借用して行うものだ

◇第Ⅱ部◇　著作権法における実証と理論

図7　フェアユース導入に反対する代表的な意見をいくつかあげますので、共感できるものがあればいくつでも選んでください。

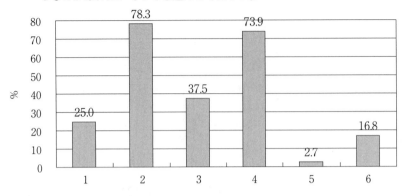

1=現状のままで特に問題があるわけではないから
2=インターネット時代には違法コピーが蔓延しており、それがさらに増えるから
3=著作者の収入が減ると思うから
4=著作者の知らないところで不本意な使われ方をされる恐れがあるから
5=それ以外
6=わからない

2015年2月、クリエイター調査

から」という点に支持があつまっている。次代の創作のためには現在の創作物の利用に制限を加えない方がよいという意見で、これもフェアユース擁護の観点からよく指摘される。3番目は新しいビジネスが生まれやすくなるという意見で、企業側からはこの利点が指摘されることが多い。4番目はインターネットの普及で創作活動が広く一般人に広がったことを論拠とするものである。一般人は既存の作品をもとに二次創作的に作品を作ることが多く、これを支援したいという意見と解釈できる。

　一方、フェアユース導入に反対する理由は図7にまとめた。フェアユースに導入に反対と答えた184人に複数回答で選んでもらった。反対理由としては2の「インターネット時代には違法コピーが蔓延しており、それがさらに増えるから」が最も多く、違法コピー蔓延が進むことの懸念が大きい。また4の「著作者の知らないところで不本意な使われ方をされる恐れがあるから」もそれにほぼ並んでいる事が注目される。この不本意な使われ方というのは、エロや暴力への改変など権利者の意に沿わぬ使い方への拒否反応と考えられる。これは財産権的というより人格権的な観点からのフェアユース反対意見であろう。こ

576

◆ 第13章 ◆ フェアユースの是非 ［田中辰雄］

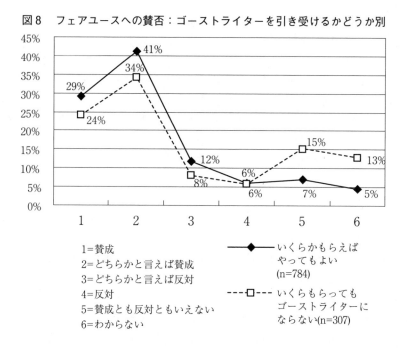

図8　フェアユースへの賛否：ゴーストライターを引き受けるかどうか別

1＝賛成
2＝どちらかと言えば賛成
3＝どちらかと言えば反対
4＝反対
5＝賛成とも反対ともいえない
6＝わからない

──◆── いくらかもらえばやってもよい(n=784)
－－□－－ いくらもらってもゴーストライターにならない(n=307)

の二つは7割以上の人がフェアユースに反対する理由としてあげており、フェアユース導入反対の主要な理由である。3の著作権者の収入が減るは4割弱で意外と低い。なお、1の現状のままで特に問題があるわけではないからというのは、審議会で権利者団体等からフェアユース導入への反論としてしばしば挙げられている点である。しかしここに見るように、クリエイターの共感はほとんど得ていない。これは注目すべき点であり、後にクリエイターと権利者団体の意見のずれを検討する時にとりあげる

　ここでフェアユース導入反対理由として4の不本意な使われ方を嫌うという人格権的な側面が強調されているのは注目に値する。人格権的側面の影響をさらに詳しく見るため、クリエイターを、財産権的立場を重視するか、人格権的立場を重視するかで二つに分けた。分ける基準はゴーストライターを引き受けるかどうかで行った。ゴーストライター的な仕事をしてくれという依頼があったとき、高額の報酬があれば引き受けるかどうかを尋ねると、784人は報酬によっては引き受けると答えたが、307人はどれだけもらっても拒否すると答え

た。前者は財産権的、後者は人格権的と考えられる。これで二分したときのフェアユースの賛否が図8である。

　図8を見ると、ゴーストライターになってもよいという財産権重視のクリエイターでは、フェアユースに賛成するのは70%（＝29＋41）である。一方、いくらもらっても拒否するという人格権重視のクリエイターでは、フェアユース賛成派は58%（＝24＋34）に低下する。人格権を重視する人は相対的にはフェアユースの導入に慎重であることがわかる。フェアユースを導入すると無許諾で利用されることが増えるので、不本意な使われ方をされるリスクはどうしても高まる。これが賛成者を減らしていると考えられる。

　但し、人格権重視の人も、フェアユース導入に積極的に反対しているわけではない。導入反対の3と4を足すと、財産権重視者は20%（＝12＋8）、人格権重視者は18%（＝8＋8）で、ほとんど差が無い。人格権重視派は5「賛成とも反対とも言えない」と6「わからない」が多く、いわば態度を決めかねているようである。すなわち、人格権重視派はフェアユース導入に関して判断がつかず、迷っている状態にある。もし日本でフェアユースを導入するなら、人格権的な側面を重視するクリエイターをどう説得するかがひとつの鍵になるだろう[13]。なお、人格権重視者でも58%すなわち6割弱の人がフェアユース導入に賛成しており、大勢としては賛成が多数派であることは変わらないことも確認しておきたい。

　人格権以外にもフェアユース導入の是非に影響を及ぼす要因がないだろうか。たとえば年齢、性別や教育水準、報酬など一般的な属性の影響も考えられる。そこで最後に確認の意味を含めてすべての変数をいれて回帰を行った。表2がその結果である。フェアユースに賛成か反対かを0と1でとったロジット回帰である。

　説明変数について補足する。「ゴーストライター金額」は、通常の何倍の金額をもらえればゴーストライターになってもよいかを9段階の指数で表したもの

---

[13] フェアユースと人格権との関係を論じた文献は多くない。フェアユースの本場であるアメリカで著作者人格権が日本より限定的にしか認められないためである。しかし、数少ないアメリカの事例を検討した松川（2009）を参考に考えると、人格権的な配慮をフェアユースと組み合わせることは可能であろう。具体的には、クリエイターの名誉声望を（主観的にだけではなく客観的に見ても）傷つける改変はフェアユースと認めないとしておけばよい。

◆第13章◆ フェアユースの是非［田中辰雄］

表2　フェアユースの賛否へのロジット回帰

被説明変数：	フェアユース導入賛成		フェアユース導入反対	
	[1]	[2]	[3]	[4]
ゴーストライター金額	-0.024**	-0.023**	0.000	-0.001
	-(4.66)	-(4.51)	-(0.10)	-(0.15)
プロダミー	0.007	0.001	0.018	0.018
	(0.23)	(0.04)	(0.69)	(0.69)
フリーダミー	-0.018	-0.019	-0.020	-0.017
	-(0.56)	-(0.61)	-(0.82)	-(0.70)
年齢	-0.001	-0.001	0.001	0.001
	-(0.88)	-(1.01)	(1.09)	(1.24)
性別（女性＝1）	-0.013	-0.008	-0.005	-0.005
	-(0.41)	-(0.25)	-(0.18)	-(0.20)
報酬	-0.009	-0.009	0.010*	0.009*
（8段階）	-(1.27)	-(1.24)	(1.81)	(1.72)
教育	-0.012	-0.008	-0.015*	-0.018**
（5段階）	-(1.09)	-(0.74)	-(1.71)	-(1.97)
ジャンル音楽		0.105**		-0.034
		(2.76)		-(1.16)
ジャンル動画		0.046		-0.001
		(0.84)		-(0.01)
ジャンル文章		0.081**		-0.048*
		(2.31)		-(1.78)
ジャンルその他		-0.010		0.010
		-(0.20)		(0.26)
n	1077	1077	1077	1077
疑似R2	0.0216	0.0293	0.0126	0.0172
Log Likelihood	-669.3402	-664.095	-484.657	-482.412

係数はdp/dx　有意水準　***1％, **5％, *10％　　ジャンルダミーは画像が基準

である。1段階目が1倍（通常報酬でもやる）で、しだいに金額があがって8段階目は通常報酬の20倍になる。最後の9段階はいくらもらってもやりたくない、である。このゴーストライター金額は人格権を重視する度合いを表す。「報酬」はクリエイターとしての報酬金額の指数で、過去5年間で最も収入の多かった年の年収を無から1000万円以上までの8段階の指数で答えてもらった。また「教育」は中学校卒から大学院卒までの5段階の指数である[14]。ジャンル

---

(14)　それぞれの段階の区分は次のとおりである。ゴーストライターは1＝1倍（同額でよい）、2＝2倍、3＝3倍、4＝4～6倍、5＝7～9倍、6＝10倍程度、7＝15倍程度、8＝20倍程度、9＝いくらもらってもやりたくない。報酬の区分けは、1＝収入なし、2＝～20万未満、3＝20万～50万未満、4＝50万～100万未満、5＝100万～200万未満、

◇第Ⅱ部◇　著作権法における実証と理論

ダミーは画像（マンガ、イラストなど）を基準にとった。

　回帰式[1][2]は、被説明変数をフェアユースに賛成（賛成あるいはどちらかといえば賛成をあわせたもの）を1とした場合の回帰である。回帰式[3][4]はフェアユース反対の人を1としたときの回帰である（わからない、答えない、の選択肢があるので賛否の回帰係数は対称的にはならない）。なお、表の係数は確率への貢献分 dp/dx であり、それぞれの変数の1単位の変化に対して、賛成する人が割合としてどれだけ増えるかを表している。

　回帰式[1]で強調すべきは人格権以外の属性変数が有意でないことである、プロかアマか、フリーか会社所属か、年齢、性別。報酬水準のいずれも有意ではない。このことはジャンル変数を追加した回帰[2]でも変わらない。つまり、フェアユースへの賛同は、これら属性に依存しない。ここまで述べてきた結果、すなわちクリエイターのフェアユースへの賛同は、属性によらない頑健な結果であることが再度確認される。

　有意な変数もみておく、まず、回帰[1]で有意なのはゴーストライター金額だけである。符号はマイナスなので、人格権を重視する人ほどフェアユースへの賛成が減ることを示している。ただし、フェアユース反対を被説明変数とする回帰[3][4]ではゴーストライター金額は有意ではないので、人格権重視だとフェアユースへの反対が増えるわけではない。ということは人格権重視の人はわからない・答えないと選択する傾向あることを意味している。すなわち、人格権重視の人は反対しているのではなく、フェアユースについての判断を保留しているのであり、図8で得た結果が確認される。係数は回帰[1]では-0.024 で、これは9段階の指数なので、両端では 0.024*8 = 0.192 の差がある。すなわち人格権を最も重視する人は、全く重視しない人にくらべて、態度を保留する人が、割合として2割程度多くなる。言い換えると、いくらもらってもゴーストライターをやりたくない人は、通常の報酬でゴーストライターをするという人より、フェアユースの賛否を保留する人が割合として2割多いということである。

　ジャンル変数を見ると、回帰[2]で音楽と文章が正の値で有意であり、フェアユースへの賛同者が多い。特に文章の場合は回帰[4]でフェアユース反対がマイナスに有意なので、その傾向がさらに強まる。このダミーの基準は画像なの

---

6 = 200万〜500万未満、7 = 500万〜1000万未満、8 = 1000万〜である。教育水準は1 = 中卒、2 = 高卒、3 = 専門学校高専卒、4 = 大学卒、5 = 大学院卒である。

◆第13章◆　フェアユースの是非［田中辰雄］

で、イラストレーター・マンガ作家などに比べて、音楽クリエイターと物書きはフェアユースに賛同する割合が高いことになる（係数は0.105と0.081なので1割程度高い）。音楽クリエイターにフェアユース賛成者が多いのは曲のリミックスをつくったり、人の曲を演奏したりして、他の人の作品を利用することが多いからと解釈できる。音楽クリエイターの数を一挙に増やした「初音ミク」の影響も考えられる。もの書きにフェアユース賛成者が多いのは、他人の作品を引用その他で使うことも多く、逆に自分の書いたものが人に使われても被害を受けることが比較的少ない（文章の引用は現時点でも比較的普通に行われている）という事情のためと推測される。

　報酬は回帰[3][4]では有意であり、報酬が高いほどフェアユース反対が増える。報酬が高い人は、自分の作品が他人に使われることによる減収額が大きいと考えれば、自然な反応である。係数は0.01で指数は8段階なので、報酬1000万以上の人では報酬ゼロの人より、1割弱（7%）フェアユース反対の人が増える。また、教育は回帰[3][4]でマイナスに有意であり、教育水準が上がるほどフェアユース反対が減っている。大学院卒では中卒より5%強（0.015*4＝0.06）フェアユース反対が減る。フェアユースはやや複雑な概念なので理解には一定の教育水準が必要である。教育水準があがってフェアユースの理解が進んだクリエイターではフェアユースへの反対が減ると解釈できる。なお、全体を通じて係数が有意なケースでも変化幅は1割程度なので、クリエイターの大勢がフェアユース導入に賛成という結論はゆるがない。

　最後にサンプリングバイアスの影響を確認するため、フェアユースの認知別に回帰を行う。今回のスクリーニングでは認知別に割り付けを行っており、フェアユースの認知がバイアスを作り出しうる要因だからである。表3がその推定結果で、表1の回帰[1]にあたる推定結果のみ記した。係数の有意性についてはどの認知グループも大差がないことがわかる。人格権のみが有意であとはほとんどが有意ではない。係数も押し並べて小さい。なお、フェアユースを知らないと答えたグループ（回帰[7]）のみ年齢が有意になっており、年齢が上がるにつれてフェアユースに反対の意見が増える傾向がある。ネットに親しんだ若いクリエイターではネット上のさまざまの脱法的利用方法をフェアユースとして認めたいという気持ちがあるのに対し、高齢者ではそのような意識が乏しいからではないかと推測される。いずれにせよ全体の傾向としては、フェアユースの認知別にグループ分けしても回帰結果に大差はない。すなわち、クリエ

◇第Ⅱ部◇　著作権法における実証と理論

表3　フェアユース賛成へのロジット回帰：フェアユース認知別

被説明変数： グループ分け	フェアユース導入賛成		
	知っている [5]	名前だけ [6]	知らなかった [7]
ゴーストライター金額	-0.023**	-0.019**	-0.026**
	-(2.73)	-(2.08)	-(2.81)
プロダミー	0.044	0.018	-0.027
	(0.89)	(0.28)	-(0.43)
フリーダミー	-0.014	0.071	-0.087
	-(0.29)	(1.27)	-(1.40)
年齢	0.002	0.001	-0.005*
	(0.68)	(0.45)	-(1.77)
性別（女性＝1）	-0.084	0.007	0.053
	-(1.58)	(0.13)	(0.93)
報酬	-0.013	-0.006	-0.007
(8段階)	-(1.22)	-(0.51)	-(0.49)
教育	-0.003	-0.016	-0.009
(5段階)	-(0.16)	-(0.90)	-(0.44)
n	385	366	326
疑似R2	0.0305	0.0151	0.0409
Log Likelihood	-220.5779	-231.432	-208.14

係数はdp/dx　有意水準　***1％、**5％、*10％

イターの7割近くがフェアユース導入に賛成というのは、フェアユースの認知によらない頑健な結果である。

　ここまでクリエイターがフェアユース導入の賛成であることを見てきた。さまざまな方法でクリエイターを分類し直しても、フェアユース導入を支持する意見は常に6〜7割に達しており、はっきりとした多数派である。フェアユース導入への反対者はどの分類でも2割程度にとどまる。フェアユースは著作権の権利制限であり、クリエイターの権利が制限されることであるにもかかわらず。これだけの支持が集まるのは驚くべきことである。

Ⅳ　審議会とクリエイターの意見のずれの原因

1　意見のずれはどこから生じたか

　このようにクリエイターの大勢はフェアユース導入に賛成する。しかしながら、著作権に関する審議会では、フェアユースに反対する見解が優勢で、とくに権利者団体のほとんどがフェアユース反対に回っている。その際の反対の度

◆ 第13章 ◆ フェアユースの是非［田中辰雄］

合いは強く、議論すら成立してない。次にあげるのは、2014年に「著作物等の適切な保護と利用・流通に関する小委員会」で行われた議事録からの抜粋である[15]。いずれもユーザ代表からフェアユースの提案がなされた時、権利者団体などから出た反応である。

「この小委員会で議論すべきものが，いわゆるフェアユースに近いような，そういったものではないはずだと思っております。」

「ここはフェアユースの議論をする場ではないと僕も思っていますので、……」

「前回の小委員会は欠席しましたが，当日配付された資料や議事録を確認したところ，フェアユースなどの一般的な権利制限規定を導入すべき、（具体的にどのような内容を指しているか不明であるが）柔軟性のある規定を導入すべきといった議論が唐突になされていることを知りました。」

いずれも議論をする気がないことがわかる。これより前の2012年に権利制限についてのワーキンググループの報告があって、そこでフェアユースの導入見送りが決まっており、それをまた持ち出すのかという気持ちだったのかもしれない。しかし、この分科会のテーマは著作物の適切な保護と利用・流通であり、フェアユースは利用・流通を促進する有力なアイデアである。それが上記の発言に見るようにフェアユースは最初から議論の対象になっていない。権利者団体には、フェアユースへの強い拒否反応がある。この3つの発言のうち一つは文化庁の著作権課の人の発言であり、文化庁としてもフェアユースに否定的なスタンスを取っていることがうかがえる。

しかし、本調査で見たようにクリエイター自身に尋ねるとフェアユース導入に7割近くが賛成である。審議会におけるこの拒否反応の強さと、7割のクリエイターが導入に賛成という事実はあまりにかけはなれている。このずれはなぜ生じたのだろうか。大半のクリエイターが賛同するフェアユースを、審議会は、特に権利者団体はなぜここまで強く拒否するのであろうか。

この問いに十分に答えるにはまた別の調査を必要とする。しかし、意見のず

---

(15) 文化審議会、著作権分科会・著作物等の適切な保護と利用・流通に関する小委員会 平成26年第7回ならびに第8回、http://www.bunka.go.jp/seisaku/bunkashingikai/chosakuken/hogoriyo/h26_07/、2015/10/5確認。
http://www.bunka.go.jp/seisaku/bunkashingikai/chosakuken/hogoriyo/h26_08/、2015/10/5確認。

◇第Ⅱ部◇　著作権法における実証と理論

れはあまりに大きく、仮説的でもなんらかの答えを用意するべきであろう。本稿では、ひとつの仮説的な答えを考察してみたい。

　そのための手がかりとして、フェアユースに反対する理由について考えてみる。審議会での議論[16]や今回の調査を踏まえてフェアユース導入への反対意見を整理すると以下のようになる。

　(1) 立法事実がない（フェアユースで実現できることはライセンス契約で実現できる）

　(2) 居直り侵害の可能性（フェアユースを口実としてあるいは勘違いして違法コピーが蔓延する）

　(3) 訴訟費用が増える（フェアユースは判例で決めていくので訴訟が頻発する）

　(4) クリエイターの意に沿わない使われ方をされる（エロ・暴力等）

我々は、クリエイターに比べて権利者団体がきわめて強く反対する理由を探している。したがって、この4つのうち、権利者団体が特に強く主張し、かつクリエイターがあまり気にしていないものが意見の相違の原因の候補となる。順に見ていこう。

　まず、(4)のクリエイターの意に沿わない使われ方というのは、権利者団体は審議会などでほとんど取り上げていないので、候補から落としてよい。(2)の居直り侵害は、クリエイターも図7に見るように、導入反対者の8割の人が違法コピーの蔓延を反対理由にあげており、権利者団体とクリエイターで大きな見解の相違があるとは思われない[17]。

---

[16] 文化審議会著作権分科会法制問題小委員会、権利制限の一般規定ワーキングチーム「権利制限一般規定ワーキングチーム　報告書」平成22年1月、http://www.bunka.go.jp/seisaku/bunkashingikai/chosakuken/hosei/h21_07/pdf/shiryo_3_2.pdf、2015/10/5確認

[17] 違法コピーを心配する点は同じでも、権利者団体の方がより強くこの点に反応する可能性はある。権利者団体の代表者はクリエイターではなく、出版社・映画会社・テレビ局・新聞社などの人であり、いわばメディア企業の利益を代表しているからである。ライブパフォーマンスなど作品以外の収入源があるクリエイターより、作品の権利だけで商売をするメディア企業の方が権利擁護に熱心になりやすい（Gayer, and Shy, (2006)）。また、クリエイターは自分が他のクリエイターの作品を利用して再創造することもあるのでフェアユースの恩恵を感じるのに対し、メディア企業はそのような恩恵を感じにくい。
　しかしながら、ライブ収入のようなライセンス以外の収入の比率が高いのは音楽家のそれも一部だけにとどまる。また、審議会ではメディア企業の代表ではなく、個々のクリエイターの集まりである実演家団体もフェアユース反対で足並みをそろえており、フ

(3)の訴訟費用は今回の調査ではクリエイターには訊いていないので、論理的にはこれが意見のずれの原因になっている可能性はある。すなわち、クリエイターは訴訟費用を気にしてないが、権利者団体がこの訴訟費用問題を気にかけてフェアユースに反対している可能性である。

しかし、訴訟費用の負担が重く感じられるのはむしろ個々のクリエイターであり、権利者団体ではない。権利者団体の代表は企業に属する人も多く、その場合、会社が戦ってくれるので個人クリエイターより法廷闘争に強い立場にある。また、実態としてもフェアユースを導入した台湾・フィリピン・韓国等で、フェアユースについての訴訟が頻発して訴訟費用が増えたという事実は知られていない。権利者団体が訴訟費用の問題をクリエイターよりはるかに深刻に憂えているという可能性はないわけではないが、あるとしてもその度合いは限定的であろう。少なくともそれだけを理由にこれだけの大きな意見のずれが生じたとは考えにくい。

最後に、(1)の立法事実がない（フェアユースが無くても契約で実現できる）という点を検討しよう。これは審議会での検討でフェアユース導入が見送られたときの最大の理由である。フェアユースに関するワーキンググループは、その冒頭に立法事実があるかどうかを最大の検討課題にあげ、立法事実が無いことを持ってフェアユースをしりぞけている。すなわち、特にフェアユースという立法を行う必要はなく、現状で問題はないと結論付けている。

そして、この点についてはクリエイターと意見の相違がみられる。今回の調査で、フェアユース導入に反対する理由として「現状で特に問題はないから」という選択肢を選んだのは 25% にすぎなかった（図7参照）。クリエイターはフェアユースに関して、現状で問題なしとは考えていないようである。ここに審議会での議論とのずれがある。ここを掘り下げていこう。権利者団体あるいは審議会は、立法事実がなく、フェアユースがなくても問題はないと考えているが、クリエイターはそうではない。これはなぜだろうか。この問いに答えるため、そもそもフェアユースの論拠から考察していくことにしよう。

2　フェアユースの論拠

フェアユースの論拠は Gordon (1982) の市場の失敗の議論がよく知られてい

ェアユースに反対するのはメディア企業だけではない。メディア企業という要因だけで、7割の賛成と議論の拒否という極端な意見のずれを説明するのは難しいだろう。

◇第Ⅱ部◇　著作権法における実証と理論

る[18]。彼の議論を少し簡略したうえで検討してみよう（Gordon の議論は村井 (2015) が詳細にまとめている）。フェアユースが成立するためには次の二つの条件が満たされる必要がある[19]。

(1) フェアユースを認めることで社会全体の利益が増えること
(2) 市場の失敗があって、市場取引ではその利益が十分実現できないこと

(1)の条件は、利用者の利益が増え、かつ権利者の利益が減らないかあるいは減っても軽微にとどまるときに成立する。このとき、権利者の誘因に悪影響をあたえることなく利用者の利益が増えるから、社会全体の利益が増加する。アメリカにおけるフェアユース判定の4条件のうち、第4条件では権利者の利益が損なわれないことがあげられており、これがこの条件に対応する。第4条件の重要性は Beebe (2008) の実証研究でも示されており、フェアユースであるための最重要な要件である[20]。ただし、この条件(1)だけでは十分ではない。社会全体の利益が増えるとしても、それを市場取引で実現できるならフェアユースは必要ないからである。市場取引でその利益を十分に実現することができない

---

[18] フェアユースの論拠としては最近では変容的利用（transformative use）があげられることもある（Leval (1990)）。変容的利用とは、パロディのように元の作品に手を加えて新たな意味を創造している利用方法のことである。著作物の利用が変容的であればフェアユースに該当するとされる。日本の場合、コミケ等の二次創作がこの変容的利用に該当する可能性がある。Netanel (2013, 2014) は、2005年以降は変容的利用をフェアユースの論拠にすることが増えていると述べている。

　ただ、変容させずにそのまま利用するケースでもフェアユースに該当することは多いので（図書館のコピー等）、変容的利用は市場の失敗理論を代替する論拠ではなく、補完する論拠であろう。また、経済理論的には、変容的利用は、フェアユースで無許諾利用された作品が新たな作品（価値）を作り出すという意味で外部性の一例と見なせる。だとすれば変容的利用を市場の失敗の一例と解釈することもできる。以上を踏まえ、本稿では議論の単純化のため、フェアユースの論拠を市場の失敗一つに絞って論じる。

[19] Gordon (1987) はフェアユースであるかどうかを判定するための3段階テストを提唱している。3段階とは、(1)市場の失敗がある、(2)フェアユース導入で利用者の利益（社会の利益）が増える、(3)そのとき権利者の利益（すなわち創造の誘因）が大きく阻害されない、の3要件である。このうち本稿の議論のためには(2)利用者の利益と(3)権利者の利益を分ける必要性がないので、両者をあわせて社会全体の利益とした。

[20] Beebe (2008) はアメリカのフェアユース判決を集めて、4つの条件のうちどれが使われたかを実証的に調べた。その結果もっとも多くつかわれたのが、第4条件の権利者の利益を侵害しないことであったとしている。

何らかの事情、すなわち市場の失敗があってはじめて、フェアユースの導入が正当化される。

　たとえば、図書館で本の一部のコピーを取ることはフェアユースとされる。条件(1)に照らすと、図書館でコピーを取ることは利用者側の利益になる。権利者の側からするとその分、本の売り上げが減少するかもしれないが、その減少が軽微で利用者の利益の方が大きいなら、社会全体の利益は増える。こうして条件(1)は満たされる。

　しかしこれだけでは不十分で、このコピーが市場の失敗のために契約による市場取引では実現されないことを示す必要がある（条件(2)）。図書館の場合、市場の失敗は取引費用の存在と外部性である。市場取引で実現しようとすれば、個々人が本の作者あるいは出版社に許可をとることになる。その際の「取引費用」は巨大となり、結果として個人は誰もコピーしなくなるだろう。

　また、図書館でのコピーには、研究者から一般人までの社会の広い範囲の人々の知的活動を促進するという社会的価値がある。この社会的価値は個々人の利益を超えた外部効果なので、市場取引では十分に実現できない。すなわち個人がライセンス契約すると、コピーの利用量は、社会的最適水準より低くなる。取引費用と外部性、この二つの市場の失敗が図書館でのフェアユースの論拠となる。

　市場の失敗の例としては、他に権利者が多すぎることによるアンチコモンズの悲劇などが知られており、広義には独占やカルテル等の反競争的行為も含まれる。さらに著作権特有の市場の失敗として、批評やパロディなど権利者が嫌う利用方法もあげられる。フェアユースの導入はこれらの市場の失敗への対処策と理解することができる。

　フェアユースを市場の失敗で基礎づける試みはその後もさまざまの形で続いている。たとえば、Loren (1997) はライセンス契約の仕組み（いわゆる著作権のクリアランスセンター）を用意して取引費用を削減できても、公共目的に貢献するという外部性があればフェアユースは正当化できると論じた。Depoorter and Parisi (2002) は、ネットの普及で取引費用が下がっても、アンチコモンズの悲劇という市場の失敗は残っているとしてフェアユースを擁護している[21]。

(21)　アンチコモンズの悲劇とは、ある著作物の権利が複数の人に共有されている場合、その数が多すぎて彼らの合意を取ることが難しくなったり、彼らが個別利益を主張する結果ライセンス料が高騰するなどして、結果としてその著作物の利用が進まなくなってし

◇第Ⅱ部◇　著作権法における実証と理論

3　立法事実と社会的混乱

　ここで議論を戻し、審議会等でフェアユース導入が見送られる際の主要な論拠である立法事実がないという議論を検討してみよう。立法事実がないというのは、立法する必要があるほどの問題がないということである。仮に必要があるとしても民間の契約で実現できるとも述べられている。結論から述べると、この議論は、フェアユースの論拠たる上記2条件とは相いれない異質な議論である。

　第一に、立法事実がないとはどういうことか。審議会のワーキンググループの報告書の冒頭から引用する。報告書では、フェアユース（報告書の用語では「権利制限の一般規定」）導入の利点欠点を列挙したあと、次のようにまとめる。

> 「……、立法的な対応が必要であると判断するためには、権利制限の一般規定がないことにより、実際に社会的な混乱が生じている等の立法事実があるのかという点について、手順を踏んで充分に検討することが必要であるとの意見で一致した。」[22]

これによれば、フェアユースがないことで「実際に社会的な混乱が生じていること」が立法事実である。すなわち、"フェアユースがないことで社会的な混乱が生じる"ならフェアユースを導入するという立場をとっている

　しかし、フェアユースがないことで社会的な混乱が生じることはない。フェアユースのない国はたくさんあり、そこで社会的な混乱が生じているわけではないからである。考えてみれば当たり前のことである。そもそもフェアユースは社会的な混乱があるから導入されたわけではない。フェアユース導入の第一の論拠は条件(1)にあるように社会的な利益の最大化である。これは著作権法のそもそもの目的が、権利者と利用者の利益をバランスさせて文化の発展に寄与することにあるからである。この目的の最大化のためにフェアユースがある。審議会がフェアユース導入の条件として文化の発展ではなく、社会的混乱が必要とした時点で、フェアユース導入は見送られたのも同然であった。

　立法事実として社会的混乱が必要だというのはおそらく刑法や民法ではその

まう現象をさす。もしその著作物にフェアユースが適用できれば許諾は必要でなくなるため、一挙に利用が進む。

[22] 文化審議会著作権分科会法制問題小委員会、権利制限の一般規定ワーキングチーム「権利制限一般規定ワーキングチーム　報告書」平成22年1月、page 3。
http://www.bunka.go.jp/seisaku/bunkashingikai/chosakuken/hosei/h21_07/pdf/shiryo_3_2.pdf、2015/10/5 確認。

とおりなのであろう。刑法や民法には最大化すべき目的が明示されていないからである。その場合、トラブルがなければ特に法律を動かす必要はなく、何らかの問題が生じて初めて立法の必要が生じるというのは自然な発想である。これに対して著作権法はその第一条でその目的を述べている。すなわち「……文化的所産の公正な利用に留意しつつ、著作者等の権利の保護を図り、もつて文化の発展に寄与することを目的とする」と述べる。言い換えると利用者と権利者の利益をバランスさせて文化の発展に寄与することが目的である。ならば、その目的を最大化するように立法していくのが自然であり、フェアユースは条件(1)から考えて、すぐれてこの目的に沿って設置された措置であった（Laval (1990)）。それにもかかわらず、審議会のワーキングチームは、出発点でフェアユースの導入には、"それがないために社会的混乱が起きているという立法事実"が必要だという立場をとった。これがそもそもの分岐点であり、ワーキングチームがフェアユースを否定する結果になった理由と思われる。

ただし、ワーキンググループの外に目を向けて著作権に関する審議会の議論全体をみると、利用者の利益あるいは社会全体の利益が議論されなかったわけではない。その場合、フェアユースでできることは契約でできるという反論がなされている。次にこの点を検討する。

4　市場の失敗の無視

審議会で立法事実を示せと言われたとき、フェアユース導入側はフェアユースがあればこういうことができるという形でフェアユースの利益を示している（フェアユースがなければ社会的混乱が生じるという事までは当然ながら示せない）。このときフェアユースがあればやれる事は、権利者との契約でもできるという反論がなされている。再び「著作物等の適切な保護と利用・流通に関する小委員会」（第8回）の議事録より引用する。

　「……権利者の許諾なく実施できるようにしてほしいと主張している各サービスのほとんどは、権利者との契約によって対応すべきものであり、フェアユース規定や柔軟性のある規定の導入につながるものではありません。」

権利者との契約でできるならフェアユースは必要ないというのはその通りである。自作の動画に市販曲のBGMをつけたいなら、その曲の権利者から許諾をもらえばよい。クラウドサービスをしたいならコンテンツの権利者に許諾を

◇第Ⅱ部◇　著作権法における実証と理論

もらえばよい。確かに論理的にはそのとおりである。
　しかしながら、ここには重大な視点が欠けている。それは市場の失敗がないと最初から決めていることである。権利者から許諾をとるためには取引費用がかかる。個人が作った動画にBGMを着ける際に許諾を得なければならないとすれば、大半の個人はその手間に二の足を踏むだろう。クラウドサービスの際、許諾を得る対象は広範なので、手間が膨大となり取引費用が巨額となる。実際、現実にそのような契約は行われてない。取引費用だけではない。すでに述べたように外部効果、アンチコモンズの悲劇、独占寡占など市場の失敗の源泉はいくつか示せる。これらを検討したうえであるフェアユース案件について市場の失敗は無いと結論付けたのなら、その案件をフェアユースと認めなくてよい。しかし、審議会の議論では、その利用方法は契約でもできるはずだ、で議論を打ち切っており、市場の失敗が真剣に検討された形跡がない。論理的には契約でもできるはずだと述べた段階で、実際にもできるかのように議論を打ち切っている。これは市場の失敗が無いと前提することに等しい。すでに述べたようにフェアユースの条件(2)は市場の失敗があることであった。最初から市場の失敗が無いと決めたならフェアユースが認められるはずがない。
　こうして審議会での議論はフェアユース導入に反対する意見が圧倒的になったと考えられる。第一に、フェアユースがないと社会的混乱が生じるという立法事実があるかといえば見当たらない。第二にフェアユースに利益があるとしても、市場での契約で実現できる（市場の失敗を無視すれば必ずできる）。したがって、フェアユースは必要ない。このような見解にたつとき、フェアユース導入を求める主張は、単にただで利用させろというわがままで理不尽な要求と見えることになる。実際、権利者団体の中にはフェアユースを求める理由がまったく理解できないと不思議そうに述べる向きが見られる[23]。

---

(23)　たとえば次のような発言がある。「それを、権利者の不利益にはならないのだからという，非常に抽象的で不確かな理屈の上で，…中略…，そういうフェアユース規定の導入が必要だという主張をなさる理由が全く分からないんですね。」「日本の基幹産業とも言える，そういった業界の団体がここまでアナーキーな主張をされるということについて，いったいどういう背景があるのかなと，非常に不思議な思いを持ってうかがっていました。これ以上，ここでこの話を議論する必要はないのではないかというふうに思います。」著作権分科会　著作物等の適切な保護と利用・流通に関する小委員会、平成26年第7回（2014年10月31日）http://www.bunka.go.jp/seisaku/bunkashingikai/chosakuken/hogoriyo/h26_07/、2015/10/5確認。ここでは議論は全く成立していない。相手

590

◆第13章◆ フェアユースの是非 ［田中辰雄］

5 クリエイターの見解

　これに対して、クリエイターは現実を生きている。彼らにとって、フェアユースが想定する利用方法に、社会全体としての利益があることは日々の実感である。たとえば、個人の動画クリエイターは自作動画に自由に市販曲のBGMをつけられればよいのにと思う。その曲のクリエイターの方も個人が非営利でやるくらいの利用なら実質的被害はなく、むしろ宣伝になり、さらに自分もたくさんの楽しい動画を見られた方がよいと考える。クラウドサービスを提供したい事業者は権利者への悪影響は軽微で、ユーザの利益の増加の方が大きいと確信している。こうしてクリエイターにとってはフェアユースによる利用事例が権利者の利益を侵すことなく、社会全体の利益を増やすことは実感である。つまり、条件(1)はクリエイターの実感として満たされる。

　そしてこれらの利用が市場取引では実現できないこと、すなわち市場の失敗があることも彼らにとっては自明である。非営利の個人動画クリエイターがBGMの使用許諾をとることはありそうにない。そのような市井の個々人とのライセンス契約市場は立ち上がったことがない。クラウドサービスを行う事業者がすべてのコンテンツの権利者からライセンスを取ることも難しい。いずれも取引費用が大きすぎて、市場取引が成立しない。すなわち、市場は失敗する。こうして条件(2)もクリエイターの実感として満たされる。

　クリエイターの7割がフェアユース導入に賛成なのは、このように条件(1)(2)が満たされていることを実感として感じているからと考えられる。すなわちクリエイターは社会全体として有益な利用法があり、かつ市場の失敗のためそれが市場取引では実現できないことを実感として感じている。ならば、それを実現可能にしてくれるフェアユースに支持が集まるのは自然である。それゆえ7割近くの人の支持が集まったと考えられる。これに対し、審議会では条件(1)(2)を最初から考えない。社会全体としての利益の拡大を考えず、立法事実として社会的混乱があるかどうかを考える。市場の失敗を考えず、市場取引で論理的にできるなら実際にもできると考えて議論を終了する。このように考える限り、フェアユースを不要と判断するのもまた自然である。こうしてクリエイターの意見と、審議会での主要意見（その中には権利者団体も含まれる）は大きく食い違うことになったと考えられる。

　の言う事が全く理解できず不思議そうに相手の顔を見るというのは、議論のための基本前提がずれている時に起こる現象である。

◇第Ⅱ部◇　著作権法における実証と理論

6　意見のずれを埋めるために

　クリエイターと審議会での議論に大きなずれがあることを見てきた。このずれを埋めるためにはどうしたらよいだろうか。基本的にはどちらかがどちらかに従うしかない。

　まず、クリエイターが審議会に従う方法を考えてみる。この場合、クリエイターが社会全体としてフェアユースに利益があると感じているとしても、社会的混乱が無い以上、フェアユースをあきらめてもらうことになる。社会全体の利益があるならライセンスでやってもらい、ライセンス契約ができないならそれは市場の失敗のせいではなく、そもそも必要がなかったか、あるいは努力が足りないからと思ってもらう。現在の状況はこれに近い。この解決策は、すでに述べたように、フェアユースの論拠(1)(2)を最初から否定する立場である。

　もう一つの方法は、逆に、審議会がクリエイターに従う方法である。この場合、立法事実の中に、社会的混乱ではなく、社会全体としての利益があるという条件(1)と、その利益が市場取引で実現できないという条件(2)を入れてもらう。この2点を検討作業に加えることで、クリエイターの持っている問題意識に応えることになる。この2点を検討したうえで、フェアユースを必要とする論拠が乏しいとなれば、フェアユースを導入しなくてよい。フェアユースの本来の趣旨からすればこちらの議論の仕方が望ましいあり方であろう。

Ⅴ　結論

　アメリカ型の一般規定によるフェアユースを日本に導入する試みは、審議会では強い拒否反応にあって実現しそうもない。これまでの経緯を見る限り、日本でのフェアユースの導入はありえないことのように思えるかもしれない。しかし、実はクリエイター自身はフェアユース導入に賛成である。フェアユース導入に賛成するクリエイターは6割から7割に達しており、この数値は少々クリエイターの類型を変えても変わらない。プロでもアマでも、創作作品が音楽でも画像でもなんでも、企業所属でもフリーでも、7割近い人がフェアユースの導入に賛成する。フェアユース導入に賛成するクリエイターの方がずっと多いという事実は、調査サンプルの取り方には寄らない頑健な結果と考えられる。

　クリエイターの7割が賛成するにもかかわらず、審議会等でフェアユースへの拒否反応が強いのは、議論の仕方がフェアユースの趣旨からずれているから

◆第13章◆　フェアユースの是非［田中辰雄］

と思われる。フェアユースは社会全体の利益を増やすことを目的とし、それが市場の失敗で実現できない時に適用される。しかし、審議会の議論では立法事実を社会全体の利益ではなく社会的混乱に求め、また市場の失敗を最初から無いものと考えている。この議論の仕方では、最初からフェアユースを否定する結論しか出てこない。クリエイターとの意見のずれを埋めるには、フェアユースの立法事実に社会全体の利益の最大化を加え、市場の失敗を検討課題に含める必要があるだろう。

〈参考文献〉

Beebe, Barton, 城所岩生（訳）「米国著作権法フェアユース判決（1978-2005年）の実証的研究（1）（2）」知的財産法政策研究21号（2008年）117-167頁、同22号（2009年）北海道大学（2008、2009年）163-199頁

Depoorter, Ben and Francesco Parisi, "Fair use and copyright protection: a price theory explanation," *International Review of Law and Economics* 21, pp. 453-473, 2002, USA

Gayer, Amit and Oz Shy, "Publishers, artists, and copyright enforcement," Information Economics and Policy 18(4), pp. 374-384, 2006, USA

Ghafele, Roya and Benjamin Gibert, "The economic value of fair use in copyright law: counterfactual impact analysis of fair use policy on private copying technology and copyright markets in Singapore," MPRA Paper No. 41664, 2012, Germany, http://mpra.ub.uni-muenchen.de/41664/

Gordon, Wendy J., "Fair Use as Market Failure: A Structural and Economic Analysis of the "Betamax" Case and Its Predecessors," *Columbia Law Review*, 82(8), pp. 1600-1657, 1982, USA

Leval, Pierre N. 1990 "Toward a Fair Use Standard," *Harvard Law Review* 103 (5) pp. 1105-1136, USA

Loren, Lydia Pallas, "Redefining the market failure approach to fair use in an era of copyright permission systems," *Journal of Intellectual property law* 5(1), pp. 1-58, 1997, USA

Miceli, Thomas J. and Richard P. Adelstein, "An economic model of fair use," *Information Economics and Policy* 18 pp. 359-373, 2006, USA

Netanel, Neil Weinstock、石新智規・井上乾介・山本夕子訳「フェアユースを理解する（1）（2）」知的財産法政策学研究43号（2013年）1-44頁、同44号（2014年）141-182頁

上野達弘「著作権法における権利制限規定の再検討――日本版フェアユースの可能性」コピライト560号（2007年）

城所岩生「著作物の複製・再利用を広く認める「フェアユース」規定を導入せよ」エコノミスト2008/9/16号（2008年）80-83頁

城所岩生『著作権法がソーシャルメディアを殺す』（PHP研究所、2013年）

経済産業省「我が国のクラウドサービスにおける競争環境等の整備についての検討」（「電子商取引及び情報財取引等に関する準則」の検討に関するクラウド研究会、2012年）、http:

593

◇第Ⅱ部◇　著作権法における実証と理論

//www.meti.go.jp/committee/summary/ipc0004/pdf/020_s01_00.pdf
高田寛「著作権法におけるアメリカ型フェアユース規定導入の限界についての一考察」Sanno University Bulletin 31(1) pp. 1-12, 2010
田中辰雄「フェアユース導入はコンテンツ産業にプラスかマイナスか」GLOCOM Review October 2014、国際大学グローバル・コミュニケーション・センター（2014年）
同「クリエイター側は著作権保護をどうみているか ── 日米国際比較」著作権研究41号（著作権法学会）（有斐閣、2015年）
田中辰雄=林紘一郎編『著作権保護期間 ── 延長は文化を振興するか？』（勁草書房、2008年）
田村善之「検索サイトをめぐる著作権法上の諸問題(1)(2)(3・完)」知的財産法政策学研究16号（2007年）、73-130頁、17号（2007年）、79-124頁、18号（2007年）、31-68頁（北海道大学）（2007年）
同「日本版フェアユース導入の意義と限界」知的財産法政策学研究32号（2010年）、pp. 1-44、北海道大学（2010年）
出口弘=田中秀幸=小山友介編『コンテンツ産業論 ── 混淆と伝播の日本型モデル』（東京大学出版会、2009年）
デジタル・ネット時代における知財制度専門調査会「デジタル・ネット時代における知財制度の在り方について」（内閣府知的財産戦略本部、2008年）、https://www.kantei.go.jp/jp/singi/titeki2/houkoku/081127digital.pdf
中山信弘「著作権法改正の潮流」コピライト578号（2009年）pp. 13-14
平木康男他「コミケと著作権」パテント67巻9号（日本弁理士会）（2014年）37-46頁
フェアユース研究会『著作権・フェアユースの最新動向 ── 法改正への提言』（第一法規株式会社、2010年）
松川実「フェアユース法理と著作者人格権」青山法学論集51巻1・2号（2009年）363-386頁、
村井麻衣子「フェア・ユースにおける市場の失敗理論と変容的利用の理論(2)」知的財産法政策学研究46号（北海道大学）（2015年）95-132頁
山本隆司「2012年改正著作権法の内容 ── フェアユースはどこまで認められたか」、ビジネス法務（中央経済社）（2012年）

第14章 マンガ・アニメ・ゲームの人物表現における類似判定に関する調査報告[*][†]

白田秀彰

1 調査の目的

本報告は、コミックマーケット88（以下「コミックマーケット」を「コミケ」、また特定のコミケたとえば「コミックマーケット88」を「C88」と表記）[(1)]に出展された作品のうち、とりわけ二次的著作物が多いと思われる種類から、無作為抽出した400作品の同人誌を調査し、それらが実際に著作権侵害と言いうるのかを評価することを目的としている。

コミケに出展されている作品は、一般に「同人誌」と呼ばれている。これは商業目的でない小集団による小冊子を意味している。この同人誌のなかには、ある商業作品の愛好者たちが、その商業作品から派生させた独自作品を発表しているものがある。これを本論では「二次創作」と呼ぶ。二次創作のなかには、原作の保護要素を翻案した著作権法でいう「二次的著作物」もあるが、原作の要素のうち著作権で保護されない「アイデア」のみに依拠する独自作品が存在する。こうしたものを含めて「二次創作」を定義する。たとえば、ある小説で表現されたキャラクターを用いて、別の物語を執筆した場合、それは二次的著作物ではなく独立した作品となる。

---

[*]本研究は科学研究費補助金基盤研究（A）「コンテンツの創作・流通・利用主体の利害と著作権法の役割」（課題番号23243017）の助成を受けたものである。

[†]明治大学米沢嘉博記念図書館の職員の方々にさまざまな協力をいただいたことを厚く感謝する。同図書館が同人誌を収蔵管理していなければ本調査は全く不可能だった。とりわけ山田俊幸氏には、調査の便宜および問い合わせに対する回答などで多大なご支援をいただいたことを記す。

(1) コミックマーケットに関する統計的資料については、コミックマーケット準備会公式の「コミックマーケット88アフターレポート」(http://www.comiket.co.jp/info-a/C88/C88AfterReport.html)に依拠している。また、コミックマーケットに参加している人々の属性等については、「コミックマーケット35周年調査調査報告」(http://www.comiket.co.jp/info-a/C81/C81Ctlg35AnqReprot.pdf) および、『コミックマーケット40周年史/40thCOMICMARKETCHRONICLE』（コミケット、2015年）に依拠している。

『しなやかな著作権制度に向けて』（信山社、2017年3月）

◇第Ⅱ部◇　著作権法における実証と理論

　コミケに出展する場合、出展者は、主催者に対して必ず販売する同人誌の見本を一冊ずつ提出しなければならない。これを「見本誌」と呼び、見本誌は主催者であるコミックマーケット準備会が保管していたが、2010年からこれら見本誌は、明治大学米沢嘉博記念図書館（以下「米沢記念図書館」と表記）にて一定期間公開されされることになった。本調査は、C88に提出され、米沢記念図書館に保管されていた同人誌を調査対象としている。

　この場合の著作権侵害の評価については、マンガ・アニメ・ゲーム（以下「MAG」と表記）が「絵画の著作物」と「言語の著作物」の組み合わせであることを前提としつつ、主として「絵画の著作物」の要素に焦点をあてる。絵画の類似性の判断は、一頁を見るだけでも可能であるのに対して、物語全体における類似性の判断は、調査対象となる同人誌の原作について知らなければ不可能だからだ。またこの場合、厳密にはキャラクターに著作権が生じるのか、という別の法的論点が関わっているが[2]、本論ではこの点については直接取り上げず、別論で検討したい。

　MAGにおいては、様式的に描かれた人物表現（以下「キャラ」と表記）[3]が重要な要素となっている[4]ことが一般的に認識されているが、浮世絵に描かれた

---

[2] 報告者自身としては、「キャラクターの著作権」については否定的だ。社会的事実および商取引において一般的に容認され、判例でも容認していると読めるものがあることは理解しているが、法文に基づかない疑似著作権が拡大していくことは、言論表現の自由と著作権法の均衡という観点からみて、その自由を不合理に制約すると考えるからだ。

[3] MAGにおける人物表現は、通常「キャラクター」と呼称され、その短縮形が「キャラ」と呼ばれる。したがって、その両者については特に違いが意識されない場合が多い。
　著作権法の思考様式では、とくに小説における人物表現を基礎として、小説中の人物描写、その人物の会話などから読者が想定する人格であるキャラクターは、表現よりも一段抽象度が高いものとして、アイデアの領域にあると判断され、著作権法の保護対象ではないという説明が一般的である。
　一方、キャラクターとキャラを異なった意味付けで用いる立場も存在する。伊藤剛『テヅカ・イズ・デッド』（NTT出版、2005年）は、物語を基礎として、その物語の文脈において描かれ、読者が想定する人格である「キャラクター」と、そのキャラクターを表象するものとして、線画等で描写された人物図像である「キャラ」を区別する。この場合、キャラは物語から切り離された存在として、物語とは独立に取り扱いうる。また、別の文脈の物語に同一のキャラを登場させることもできる。
　本研究で問題としている類似性は、まさにこの意味における「キャラ」が多様な文脈において描かれる二次創作を問題としている。

[4] MAGの領域においては、物語としての完成度や評価とは独立して、そこで描かれる

◆ 第14章 ◆ マンガ・アニメ・ゲームの人物表現における類似判定に関する調査報告 ［白田秀彰］

　様式化された人物画と同様に、その様式を理解しないものには画一的に見える表現である「キャラ」について似ている似ていないの判定には一般性があるのか否か、似ていると判定される場合どのような要素に基づいているのか、といった基本的な部分についての調査がなされていない[5]。

　また、MAGにおけるキャラには、その二次元の絵画から想起され、あたかも三次元の造形的モデルとして把握される抽象的なキャラクターが区別され得、後者のキャラクターについては、その三次元の造形的モデルから派生する幅広い表現が、いわゆる「キャラクター」として商取引の対象とされている現実がある。本論では、後者を「キャラクターモデル[6]」と呼んで区別する。

キャラが受容対象として扱われている。場合によっては、物語は問題とされず、キャラが主たる価値となっている場合すら存在する。大きなキャラクターグッズ市場の存在がこれを裏付ける。たとえば、「2012年キャラクター商品小売市場規模1兆5,340億円、昨対比4.5％減」http://markezine.jp/article/detail/17928.
　また、そのキャラは、記号的表現とその記号が指し示す意味が集合した過去の作品群から、必要に応じて抽出され合成され再利用される記号の集合体として存在しているという指摘がある。東浩紀『動物化するポストモダン』（講談社現代新書、2002年）、同『ゲーム的リアリズムの誕生』（講談社現代新書、2007年）。ただし、ここでの「記号」という用語の厳密さについては、立ち入らないこととする。すなわち、本調査は、キャラが原作から抽出され、多様な文脈で描かれる二次創作分野において、キャラに著作権法でいうところの類似性が存在するか否か、また、抽出され合成される記号は、著作権法でいうところの表現と言いうるかを問題としている。

(5) 類似性に関する考察としては、たとえば、山田奨治『日本文化の模倣と創造』（角川選書、2002年）第一部Ⅰ「似ているとはどういうことか」において、浮世絵で描かれた人物の顔を計量的に評価するなどの方法が紹介されている。とくにキャラの類似性については、たとえば、中川雄貴、坂本博康「色構造のグラフを用いたアニメキャラクター画像間の類似度測定」情報処理学会火の国シンポジウム、Mar.2013、https://www.ipsj-kyushu.jp/page/ronbun/hinokuni/1002/B-4/B-4-3.pdf があるが、良好な結果は出なかった旨が報告されている。ただ、同論文のなかで、アニメキャラクターが二次創作においてさまざまなデフォルメを受けるゆえに、色構造の類似性に着目したという記述は、本研究の結果において、回答者がキャラの類似性評価において、図形的な類似性よりも、「髪の色」に着目しているという事実とも符合しており、興味深い。

(6) 本論では、二次元で表現されたものを三次元化した抽象的な造形を、キャラクターモデルと呼称する。プラモデルや人形は、キャラクターモデルの具体的表現であることになる。

◇第Ⅱ部◇　著作権法における実証と理論

〈Part Ⅰ〉2013 年調査

2　調査の目的

　本調査の初年度である 2012 年には、C81 に出展された全ての作品中、二次的著作物が多いと思われる種類のなかから、任意抽出した 100 種の同人誌を調査し、それらが実際に著作権侵害と言いうるのかを評価する予備調査を行った。

　これは、2012 年の「マンガ・アニメ・ゲーム関連同人誌における類似性に関する基礎調査報告」（以下「2012 年調査」と表記）として、研究会内で報告された（未公表）。この基礎調査に対しては、同人誌の類似性の評価が、調査員の主観に依存していることが研究会内で指摘された。これについては、調査基準を具体的・段階的に示した調査票を作成し、調査員に調査基準に関する事前説明を行ったことで、十分に解決していると報告者は考えていた。しかし、一般的な評価の様子を見ることで、調査員の評価の信頼性を確認することは必要であろう。

　このため、100 作品を標本とする 2012 年調査を踏まえ、コミケにおける著作権侵害の割合を推計するにあたって、統計的に有意であると考えられる 400 作品[7]を標本とする調査を将来行う前提として、キャラの類似性評価に存在する一般的傾向を明らかにすることを目的に、今回の類似判定調査（以下、「2013 年調査」と表記）を行うことにした。

　この調査には、次の付随的な目的がある。第一に、400 作品についての調査を担当しうる「一般的評価傾向」をもつ人物を把握し、次回の調査員を選抜するための基礎情報とすること。第二に、著作権法実務・判例におけるの類似性評価の基準についての知識がある回答者と、知識がない回答者の類似性評価の基準の違いをみることで、著作権法についての専門的知識をもつ専門家の側に、どのような類似性評価基準の偏向があるかをみることができること。

3　調査の手法

3.1　イラスト表の作成

　以下の作業は、2013 年 7 月〜9 月にかけて、武蔵野美術大学の 3 年生を中心

---

[7]　調査計画時に概算として算出した標本数である。

◆第14章◆　マンガ・アニメ・ゲームの人物表現における類似判定に関する調査報告［白田秀彰］

とし、報告者を含めた集団で意見を交換し合いながら行った[8]。収集・選抜・配列の過程で作業者集団のもつ偏向や臆断が入っている、という批判はありうるだろう。しかし、「絵画の技巧」という計量的な評価手法になじまない要素については、美術大学の学生集団の評価に一定の合理性があると判断するほかないと考える。

いくつかのキャラを選定する。この場合、知名度が高いと思われるキャラと知名度が低いと思われるキャラを混在することで、原作品に関する知識が、どの程度類似性評価に影響を与えるかを見ることができるだろう。キャラ選抜にあたっての根拠および目的は以下のとおり。

イラスト表A　知名度が高く、確定した原本が存在するキャラとして、「初音ミク[9]」を採用した。初音ミクは、音声合成ソフトウェアのパッケージに描かれたイラストがオリジナルであることは確実である。また、緩やかな利用許諾条件で二次創作が容認されたため、テレビやネットで多数の図像を目にする機会があり、男女を問わず認知度が極めて高いと考えられる。

イラスト表B　知名度が低く、確定した原本が存在しないキャラとして、『東方Project[10]』中のキャラである「レミリア[11]」を採用した。東方Projectにも、創

---

(8)　武蔵野美術大学デザイン情報学科での、報告者による「知的財産権」に関する講義の受講生を中心として、MAG文化に関する知識や経験をもっている学生7名（女性6名、男性1名）で、イラスト表作成にあたった。

(9)　本来は、コンピュータ上の音楽作成作業で用いる音声合成ソフトウェアとその音源のパッケージの名称である。メロディや歌詞を入力することで、実際に歌手を準備することなく歌を歌わせることができるため人気を集めた。ソフトウェア販売会社が、声だけではソフトウェア利用者に親しまれないと判断したため、パッケージには女性の立ち姿のイラストが添えられ、簡単な人物像設定がなされた。本研究では、この女性の立ち姿のイラストから抽象的に把握されたキャラである「初音ミク」を対象としている。

(10)　1996年当時大学生であったZUN氏によって創始され、継続的に発表されているコンピューター用ゲームの一連の作品と、その作品の世界観やキャラや音楽を基礎として展開する、他の創作者たちの二次創作作品群を指す。ZUN氏は大学卒業後も同人サークルである「上海アリス幻樂団」名義で継続的に作品を発表しており、膨大な数のキャラを生み出した。ZUN氏による公式の世界観および人物像の設定は大まかなものであり、他の創作者たちはそれぞれの解釈で世界観や人物像の設定を展開し、さらに膨大な二次創作作品群を生みだしている。Wikipedia.

(11)　東方Projectのキャラの一つ。基本の設定は「10歳にも満たない幼女の姿をもつ、500年以上生きている吸血鬼」とされている。Wikipedia.

◇第Ⅱ部◇　著作権法における実証と理論

作者である ZUN 氏が描いた原本は存在するのだが、この作品についていえば、膨大な二次的著作物や二次創作物が存在しており、原本がもつ特権的地位は、ほとんど意識されなくなっている。そういう観点からすれば、かなり抽象度の高い観念的なキャラであるといえる。

イラスト表 C　キャラの判定にそのキャラの顕著な特徴に着目して判定を行う傾向がある、と推測されたので、その特徴が見やすい金髪（金髪を描くために黄色で着色された髪）に赤いリボンをつけたすべて異なるキャラを集め、これを一覧とした。『美少女戦士セーラームーン[12]』中のキャラである「セーラービーナス」を仮の原本として示した。

イラスト表 D　様式化されたキャラに対する一般的な評価として、「みな同じ顔に見える」というものがある。そこで、同一作品中に多数のキャラが描かれ、それらの描き分けができていないのではないか、と評価されうる作品として『アイドル・マスター[13]』を採用し、その中でも顔立ちが似ていると評価されているキャラを 5 種類選定した。

　続いて、原本であるキャラを描いたとされる様々な二次創作イラストをインターネット上から集めた。インターネットから集める理由は、それが原本から派生したイラストを集めるのに簡便であることと、他の媒体によって収集するよりも網羅的かつ一覧的であるからだ。美術大学の学生たちに手分けして収集してもらい、これをいったん集めたうえで、重複するイラストを排除し、目的に沿って使用するイラストを選抜していった。

　集めたイラストは、イラスト表 A、B については、

---

[12] 1992 年から少女漫画誌『なかよし』に連載されたマンガである竹内直子『美少女戦士セーラームーン』を原作とする同時進行的に公開されたアニメ。少女が変身し戦闘する「戦闘美少女＋魔法少女」系列の類似作品の先がけとされる。少女のみならず成人男性層にも広く受け入れられ社会現象化したと評されている。Wikipedia.

[13] バンダイナムコゲームズ社が 2005 年から稼働を開始したアーケード用ゲーム。女性アイドルをプロデュースするゲームで、多数の少女キャラが登場する。3D CG として描画する必要上、また、アーケードゲームとして万人に親しまれるため、キャラ群には、親しみやすく癖のない顔立ちが採用された。これを理由として、基本的に少女キャラ群の顔立ちはそれぞれ似ている。アーケードゲームとしての成功を基礎に、家庭用ゲーム機へと展開され、また、マンガやアニメやソーシャルゲームへも展開している。このため、近年さらにキャラの数が増加している。Wikipedia.

・技巧として優れていると評価しうるもの
・技巧として一般的と評価しうるもの
・技巧として稚拙であると評価しうるもの
・原本とは異なるものを描いていると評価しうるもの

の四つの水準で分類し、さらに、
・ポーズや画面構成が類似しているもの
・色彩や全体的な印象が類似しているもの
・画風が異なるがキャラがもつ属性が共通しているもの
・画風が似ているがキャラが持つ属性が変更されているもの
・まったく異なっている絵であるが当該キャラとされているもの

という五つの基準に合致すると思われるものを選抜し、横5枚、縦4段に規則性なく配列することにした。

　イラスト表Cについては、同じ特徴を備えたすべて異なるキャラを描いたイラストを収集し、横5枚、縦4段に配列することにした。

　イラスト表Dについては、最上段に選定した5種類のキャラの原本を配列し、二段目以降は、それら5種類のキャラを描いたとされるイラストを収集し、上記の四つの水準で選抜し、さらに、
・共通の衣装を着ている絵を各1枚
・ばらばらの私服を着ている絵を各3枚
・原本と似たポーズをしている絵を1枚

を選抜または新たに作成し、横5枚、縦5段に規則性なく配列することにした。

　実際に使用されたイラスト表A〜Dについては、著作権処理の問題があり、その図像データを本論には添付していない[14]。

3.2　質問項目の作成

　下記のような質問進行表に沿って質問と回答が行われた。回答は、マークシートへの記入で行われた。これを集計したものが調査の標本となる。

---

[14] 参照の必要がある場合は、個別に問い合わせ頂けば、対応する。

◇第Ⅱ部◇　著作権法における実証と理論

3.3　項目に関する解説

質問進行表

●回答用紙の1-12の欄について以下の問に答えてください。

1．性別/1. 男性　2. 女性
2．年齢年代/1. 10歳代　2. 20代　3. 30歳代　4. 40歳代　5. 50歳代
3．学部/1. 人文学　2. 美術　3. 法律　4. 理工学　5. その他
4．過去1年間、アニメ・マンガ系イベントに出かけた回数/1. 0回　2. 1～2回　3. 3～4回　4. 5～6回　5. 7回以上
5．過去1年間、意識して視聴したアニメの本数/1. 0本　2. 1～4本　3. 5～10本　4. 10～20本　5. 20本以上
6．過去1年間、継続して読んだマンガの本数/1. 0本　2. 1～4本　3. 5～10本　4. 10～20本　5. 20本以上
7．イラスト集A左上のキャラクターを知っていますか？　1. Yes　2. No
8．イラスト集B左上のキャラクターを知っていますか？　1. Yes　2. No
9．イラスト集C左上のキャラクターを知っていますか？　1. Yes　2. No
10．イラスト集D最上段のキャラクターをいくつ知っていますか？　1. 2. 3. 4. 5.
11．自分でこうしたイラストを描きますか？　1. Yes　2. No
12．家族にこうしたイラストを好きな人はいますか？　1. Yes　2. No

●それぞれのイラスト集の左上に示されているイラストが原本です。イラスト集A、B、Cについて、その原本のイラストに似ていると思うイラストを下のイラスト集から選んで、その番号に対応する欄の「1」をマークしてください。イラストの番号は16から始まっています。番号を間違わないように注意してください。

●原本と似ていると判断して「1」をマークした図像について、いかなる点で似ていると判断したのか、以下のとおり回答してください。このとき、先ほどの似ていると判断した「1」のマークについては変更しないようにしてください。
原本と構図やポーズが似ている場合は「2」をマークしてください。
原本と色合が似ている場合は「3」をマークしてください。
原本と顔が似ている場合は「4」をマークしてください。
原本と服装等の特徴が似ている場合は「5」をマークしてください。
複数のマーク欄をマークしても構いません。

●イラスト集Dについて、最上段の5つのイラストが原本です。その下のイラスト集について、たとえば、(1)のキャラクターを描いたイラストだと考えた

◆ 第14章 ◆ マンガ・アニメ・ゲームの人物表現における類似判定に関する調査報告［白田秀彰］

> 場合には「1」をマークしてください。同様に(2)-(5)のキャラクターについても該当する数字をマークしてください。

3.3.1　回答者の属性について

項目1〜3は、回答者のおおよその属性を知るためのものである。

項目4〜6は、回答者がどの程度、MAGについて詳しいかを知るためのものである。回数の階層については、この分野について詳しいだろうと推測される大学2〜3年生の意見を取り入れて調整した。

項目7〜12は、質問への回答に影響を与えるだろう事前の知識の有無について知るためのものである。

3.3.2　類似判定について

1〜12の項目について質問をした後に、イラスト表A〜Cについて、直感的に似ていると思われるものを選ばせた。このとき、続いて「なぜ似ていると思うのか」という質問が予定されていることは伝えていない。それゆえ、回答者は理由について考えることなく直感的に「似ている」ものを選んだと考えてよいだろう。

仮に、回答者の類似判定がなんらかの一定の基準で行われているなら、調査での結果は、同じ類似・非類似の並びになるはずである。すなわち、これを画像的に表現すると、明暗差の明確な図として描かれる。逆に、類似判定に個人の主観や恣意的判断がつよく影響しているなら、これを画像的に表現すると、明暗差の乏しい灰色の図として描かれる（具体的には606頁を参照のこと）。

この作業が終了した後、続いて、直感的に「似ている」と判断しマークした欄についてのみ、どういう要素で似ていると判断したのか、複数回答を許してマークさせた。この質問項目については、選択肢2〜5に該当しない場合はマークしないように指示したため、それ以外の理由での類似判定については回答を得られていない。

イラスト表Cについては、実際には「金髪＋赤リボン」という特徴のある属性のみで集めた「すべて原本と異なるキャラ」のイラストから構成されているため、回答者がキャラの特徴に従って類似判定をしている場合には、かなり多くのキャラがマークされることになり、回答者がキャラについての知識に従って類似判定をしている場合には、マークがされない結果になることを想定した。

さらに、イラスト表Dについては、最上段に原本として(1)〜(5)のキャラを

◇第Ⅱ部◇　著作権法における実証と理論

提示し、以下の 76 番〜100 番までのイラストについて、どのキャラを描いたイラストであるかを識別させた。回答者がキャラの特徴に従って類似判定をしている場合には、その類似判定はおおよそ同じになるはずで、また、回答者がキャラの描かれた「顔」に従って類似判定をしている場合には、その類似判定は不定となることを想定した。

3.4　質問の実施

　計画では、質問は 50 人以上の回答者を集めた会場 2、3 箇所で、報告者の指揮のもとに一斉に行われるはずだった。実際には、最大でも 30 人程度の回答者しか集められず、以下の表のように異なった会場で、異なった日に質問回答が行われることになった。

- ・第 1 回　武蔵野美術大学 2013 年 10 月 10 日（小平市）
- ・第 2 回　法政大学 2013 年 10 月 29 日（町田市相原）
- ・第 3 回　一橋大学 2013 年 11 月 13 日（国立市）
- ・第 4 回　法政大学 2013 年 12 月 9 日（町田市相原）
- ・第 5 回　明治大学 2014 年 1 月 9 日（神田駿河台）

　このように質問回答の一斉性が崩れてしまったため、会場ごとの個別要素が回答に影響している可能性がある。
　また、この調査は、性別がおおよそ均衡し年齢が幅広く分散していることが望ましかったが、調査対象を集める場合、大学に依存することが避けられず、20 歳代が大半を占める結果となった。MAG を消費する年齢層とおおよそ合致していることから、この標本の偏りは、致命的な問題とはならないと判断するが[15]、次回以降、たとえば交通至便な会場を設定する、または謝金を増額するなどして、より幅広い年齢から標本を集めたいと考えている。

---

[15]　アスキー総合研究所が提供する「MCS2013」というサービスで、年代別の MAG へのアクセス率がグラフ化され閲覧可能だが、年間 20 万円程度の高額なデータベースであるため、アクセスしていない。

◆第 14 章 ◆ マンガ・アニメ・ゲームの人物表現における類似判定に関する調査報告 ［白田秀彰］

4 調査結果

回答者の属性については**表1**を、回答結果については**図2**を参照のこと。

4.1 回答者の属性について

全標本数は 177 であった。男女比は、男性 100、女性 77 であり、約 5：4 となる。年齢分布は予想通り、大部分が 20 歳代であり、続いて 10 歳代が多数であり、これだけで標本の大部分を占めている。これについては、次回（2014 年）の調査で 30 歳代以上の標本を増やしたいと考えている。とはいえ、2014 年調査で予定されているような講義や解説を行った後に質問回答を行う場合、2013 年調査の結果との相違が、年齢層の違いによって生じたものか、あるいは講義や解説の影響として生じたものかの判別が難しくなるため、調査を実行するにあたっても工夫が必要になるだろう。

回答者の知的背景となる専攻分野に関する回答では、人文系：美術系：法律系で、おおよそ 4：1：1 となっており、調査会場の影

表1：2013 年回答者属性

男性	100	56.5%
女性	77	43.5%
年齢 10 代	44	24.9%
年齢 20 代	127	71.8%
年齢 30 代	3	1.7%
年齢 40 代	2	1.1%
年齢 50 代	1	0.6%
人文学	112	63.3%
美術	26	14.7%
法律	25	14.1%
理工学	0	0.0%
その他	14	7.9%
イベント 0 回	107	60.5%
イベント 1-2 回	45	25.4%
イベント 3-4 回	12	6.8%
イベント 5-6 回	6	3.4%
イベント 7 回以上	7	4.0%
アニメ 0 本	30	16.9%
アニメ 1-4 本	72	40.7%
アニメ 5-10 本	27	15.3%
アニメ 11-20 本	25	14.1%
アニメ 21 本以上	23	13.0%
マンガ 0 本	27	15.3%
マンガ 1-4 本	64	36.2%
マンガ 5-10 本	41	23.2%
マンガ 11-20 本	20	11.3%
マンガ 21 本以上	25	14.1%
A キャラを知ってるか？	175	98.9%
B キャラを知ってるか？	83	46.9%
C キャラを知ってるか？	150	84.7%
D 何人？1 人	21	11.9%
D 何人？2 人	50	28.2%
D 何人？3 人	14	7.9%
D 何人？4 人	2	1.1%
D 何人？5 人	15	8.5%
自分で書くか	39	22.0%
家族が好きか	56	31.6%

◇第Ⅱ部◇　著作権法における実証と理論

図2：2013年回答結果　※「C」は対照差の値

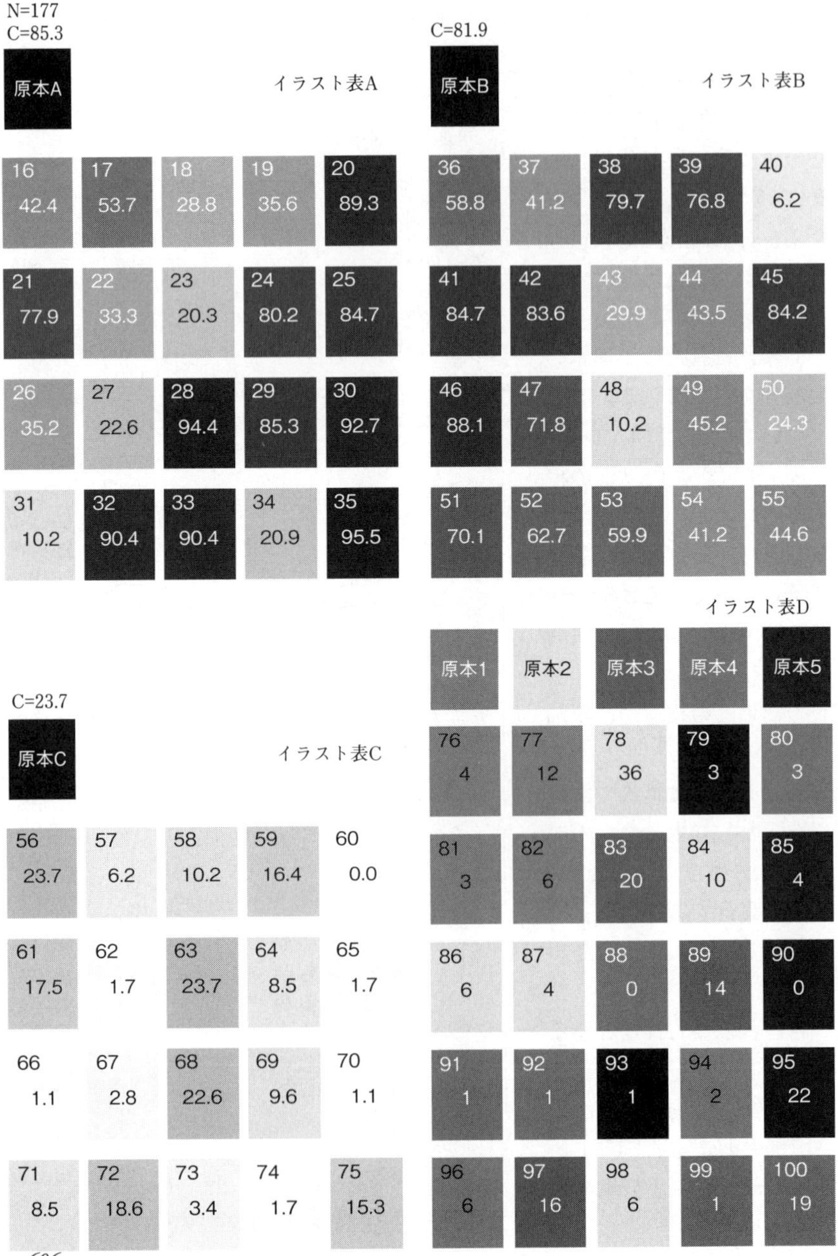

N=177
C=85.3

原本A　　　　　　　　　　イラスト表A　　C=81.9 原本B　　　　　　　　イラスト表B

16 42.4	17 53.7	18 28.8	19 35.6	20 89.3	36 58.8	37 41.2	38 79.7	39 76.8	40 6.2
21 77.9	22 33.3	23 20.3	24 80.2	25 84.7	41 84.7	42 83.6	43 29.9	44 43.5	45 84.2
26 35.2	27 22.6	28 94.4	29 85.3	30 92.7	46 88.1	47 71.8	48 10.2	49 45.2	50 24.3
31 10.2	32 90.4	33 90.4	34 20.9	35 95.5	51 70.1	52 62.7	53 59.9	54 41.2	55 44.6

イラスト表D

原本1　原本2　原本3　原本4　原本5

C=23.7

原本C　　　　　　　　イラスト表C

76 4	77 12	78 36	79 3	80 3

56 23.7	57 6.2	58 10.2	59 16.4	60 0.0	81 3	82 6	83 20	84 10	85 4
61 17.5	62 1.7	63 23.7	64 8.5	65 1.7	86 6	87 4	88 0	89 14	90 0
66 1.1	67 2.8	68 22.6	69 9.6	70 1.1	91 1	92 1	93 1	94 2	95 22
71 8.5	72 18.6	73 3.4	74 1.7	75 15.3	96 6	97 16	98 6	99 1	100 19

◆ 第14章 ◆ マンガ・アニメ・ゲームの人物表現における類似判定に関する調査報告 ［白田秀彰］

響が顕著にあらわれた。これを均衡あるものとするためには、大学以外の一般的な会場を用いるなどする必要があるだろう。

　アニメ・マンガ関連のイベントに参加した回数で、回答者のこの領域への積極的関与の程度を評価できると考えた。おおよそ半数がイベントに参加する程度の関与がないことがわかった。

　過去1年に意識的に見たアニメの本数については、1本から4本程度がおおよそ半数で、その残が全く見ない層から21本以上みているとする愛好者層までおおよそ均等に分散している。過去一年に意識的に読んだマンガの本数についても、同様の傾向が見える。このことから回答者は、おおよそ一般的なアニメ・マンガの需要程度に対応していると考えられる。

　調査前に、イラスト表に取り上げたキャラを知っているか否かについては、初音ミク（イラスト表A）についてはほぼ全員が知っており、設定目的を達したと評価できる。しかし、あまり知名度がないと判断したレミリア（イラスト表B）についても、半数の回答者が知っていたと回答しており、比較対象として設定した目的には適切でなかったかもしれない。金髪＋赤リボンのキャラ（イラスト表C）については、20歳前後の回答者にとって、著名な「セーラービーナス」を原本として選択したため、これについても予想外に多くの回答者が知っていたと回答している。すると、この「原本を知っている」という判断が、続くイラストの類似判定に影響したことは容易に推測できる。すなわち、「似ていない」との判断に結びつく可能性が高くなる。

　アイドル・マスター（イラスト表D）については、5人のキャラ中、2人のみ知っていると回答する数が一番多い。この種の作品については、キャラを「知っている」と回答する段階で、実質的には同じ顔の描写に対して、髪型等の要素の違いからキャラを識別できる読解力を持っていると考えられる。このため、調査の回答者は、的確にキャラを識別するものと予測される。

　「アニメ・マンガ的イラストを自ら描くか」という質問については、22％が「描く」と回答している。自ら描く回答者であれば、キャラを構成している記号的文法[16]について十分に理解しているはずで、類似判定についてその文法におい

---

[16] MAGにおける表現が、現実をそのまま描写したものではなく、現実を記号的に記述したものであることは、しばしば指摘される。キャラの心情を表現するために利用される、表情を示す記号や、汗や動作を示す補助的記号など、独特の記号体系が成立している。相原コージ・竹熊健太郎『サルでも描けるまんが教室』（ビッグコミック・スピリッ

◇第Ⅱ部◇　著作権法における実証と理論

て正確に判断するだろうことが予想される。「アニメ・マンガ的イラストを好む家族がいるか」という質問については、32％が「そうである」と回答している。回答者が、そうしたイラストについて親しむべき環境にあるか否かを評価しようとしている。

4.2　初音ミクについて

※以下の数値については、小数第二位を四捨五入した数値である。

初音ミクについては、回答者の 99.9％が「知っている」と回答した。

4.2.1　対 照 差

もっとも似ていないと評価されたイラストは、31 番（以下「○○番」はすべてイラスト番号を示す）である。この 31 番は、初音ミクと関連が深い「ブラック・ロック・シューター」という別のキャラ[17]である。回答者の 1 割は、これが別キャラだと認識できなかったことになる。「初音ミク」として描かれたイラストのなかでもっとも似ていないと評価されたのは 23 番で、これを似ていると評価したのは、回答者の 20.3％である（以下「○○％」は、すべて「似ている」と評価した値を示す）。一方、もっとも似ていると評価されたのは、35 番で、95.5％である。したがって、初音ミクでの類似度の幅は、20.3％〜95.5％である。類似度の最高値と最低値の差を以下「対照差（contrast）」と表現する。したがって、初音ミクの場合の対照差は 75.2 となる。この値は「似ている・似ていない」が明確であり、評価のブレが少ないと大きくなり、逆に評価のブレが大きいと小さくなると考えられるため、回答における回答者全体の評価の一貫性の指標となると考える。

ツ、1989-1992 年）第 3 回で、竹熊はこの絵による記号または言語の体系を「漫符」と名付けた。また、夏目房之介『マンガはなぜ面白いのか――その表現と文法』（NHK ライブラリー 66、1997 年）87-89 頁でも、マンガを絵によって記述された記号の集合体ととらえている。

[17]　もともと初音ミクとは異なるキャラのイラストとして 2007 年に発表されていた。このキャラに着想を得て、音声合成ソフト「初音ミク」を用いて曲が作られ、さらにこれに元のイラストの創作者が映像を作成し、「ブラック★ロックシューター」と題された動画として動画投稿サイト「ニコニコ動画」で発表された。これが大きな反響をえたため、少なからぬ視聴者は、ブラック・ロック・シューターを初音ミクから派生したキャラだと誤解したとされている。Wikipedia.

◆ 第14章 ◆ マンガ・アニメ・ゲームの人物表現における類似判定に関する調査報告 ［白田秀彰］

4.2.2 考　察

問題になるのが、20番である。20番は、原本を左右反転し、原本の色のうち緑を赤茶色に変更しただけの、実質的に原本と同一図像であって、色という要素を除いて評価すれば、100％となるはずのものである。しかし、20番は89.3％である。これは、1割の回答者が左右が反転し、色が異なっている場合、似ていないと評価したことを示している。一方、35番は原本とポーズ、顔立ちが異なっているにも関わらず類似性評価が高いことから、回答者はキャラのポーズや顔が似ていなくても類似性を認識することがわかる。

23番は、初音ミクとして描かれたことは間違いないが、色合い、ポーズ、衣装等の要素で異なっており、別のキャラとして認識されるのが妥当といえるものである。が、画力（絵画の技術しての巧拙）は高度に巧みなものである。一方、（創作者には失礼だが）もっとも画力が稚拙であると評価しうる24番については、髪型と色合いが類似しているせいか、80.2％を得ている。したがって、画力の高低は、類似性評価に強い影響を与えないと評価できる。

純粋に図像としての類似について評価するのなら、20番89.3％、25番84.7％、32番90.4％（以上三つを「図像的類似群」と呼ぶ）が類似度が高い。ここで着目したいのは、同程度に評価された、29番85.3％、30番92.7％、33番90.4％の三つのイラスト（以上三つを「SD化図像群」と呼ぶ）である。これらは、SD化[18]または、二等身（三頭身）化と呼ばれるような、極端な身体のデフォルメが行われていて、図像としての類似性は全くないと評価してよい。しかし、類似性評価が高いということは、キャラについては、図像以外の要素が類似性評価の鍵となっていることがわかる。

また、注目すべきは21番である。これは『クレヨンしんちゃん』[19]の画風を用いて描かれた初音ミクのイラストである。画風とポーズが異なっていることから、図像的にはまったく別のものと評価されるものだが、77.9％を得ている。これは、キャラの要素を押さえていれば、画風が異なっていても類似性を認識することを示している。

---

(18)　SDは、Super Deformeの頭文字で極端に等身を変形したという意味である。
(19)　1990年から『漫画アクション』で連載された漫画臼井儀人『クレヨンしんちゃん』を原作とする1992年から継続的に放送されているアニメ作品。Wikipedia.この作品に登場するキャラの図像には顕著な特徴があり、画風をパロディしやすい作品の一つである。

◇第Ⅱ部◇　著作権法における実証と理論

4.2.3　どの要素に着目して類似を見ているか

原本と似ていると評価されたイラストについて、どの要素に着目して似ていると判断したのか回答を得た。複数回答を認めたので、その合計を比較する意味はない。ここでは、それらの「似ていると判断した要素」を単純に合計したもので、全体の傾向をみる。

初音ミクの場合、構図やポーズ509、色合い1167、顔486、服装等1434となっており、おおよそ1：2：1：3で、特徴的な服装が初音ミクと認識するときの手がかりになっていることがわかる。これは、初音ミクの特徴的な服装ではない図像である、16、17、18、19、23、26、27、34番を似ていると評価する割合が低いことと対応している。逆に言えば、初音ミクの類似性の評価において「顔が似ている」ことは重視されていないことがわかる。

4.3　『東方プロジェクト』のレミリアについて

『東方プロジェクト』のレミリアについては、回答者の46.9％が「知っている」と回答した。このキャラについては、事情がやや特殊である。先に述べたようにオリジナルのキャラ図像が存在するにも関わらず、膨大な二次創作図像が存在し、レミリアというキャラについては、キャラの特徴をなす要素のみが存在しており、「原本」と呼びうるものが実質的に存在しない状況にある。この調査では、ある二次創作図像を原本Bとして掲げることで、原本が不明瞭な状況での類似性評価を調べることにした。

推測するに、回答者は特徴となる要素を手掛かりに類似性を認識することになると思われる。これは、図像的類似性を中心とする著作権法の類似性とは、かなり異なった結果をもたらすだろう。

4.3.1　対照差

もっとも似ていないと評価されたイラストは、40番で、これを似ていると評価したのは、回答者の6.2％である。この40番は、キャラの特徴の根幹をなすと思われる特徴的な襞の多い帽子と衣装を着用しておらず、キャラの身体的特徴を成す蝙蝠状の羽を背に着けて、青い髪、赤い瞳をそなえるにとどまる。キャラが「衣装」という変更可能な要素を変更した図像であるので、キャラ本体の特徴は維持されているのだが、似ているとは評価されなかったことがわかる。一方、もっとも似ていると評価されたのは、46番で、これを似ていると評価したのは、回答者の88.1％である。したがって、レミリアの場合の対照差は81.9

610

となる。

4.3.2　考　察

　高い類似性評価を獲得した41番84.7%、42番83.6%、45番84.2%、46番88.1%は、キャラの全身像を説明的にわかりやすく描き、しかもポーズも比較的単純な立ち姿であり、キャラの特徴的な衣装や身体的特徴をすべて備えた図像である。すなわち、原本Bとの類似性ではなく、抽象的なキャラの設定や全体的な認識に沿って類似性評価が行われていることがわかる。一方、44番は、特徴的な襞の多い帽子ではなく、デザインが異なるつばがまっすぐで幅広の帽子をかぶった図像である。これへの類似性評価は43.5%であり、これもまた、抽象的な要素さえ満たしていれば、細かな表現についてはあまり拘泥しないという類似性評価の傾向がみられるかもしれない。

　さらに、43番は、絵画表現としては他のイラストと異質であり、恐怖や嫌悪の感情をもたらすことをある程度意図して、黒い背景にキャラ図像が描かれたものである。したがって、図像的には原本Bとまったく異なるものであるし、しかもキャラの特徴となる襞の多い帽子や衣装が画面中に十分には描かれていない。それにもかかわらず29.9%を獲得したことは、報告者としては意外であった。その理由については検討の必要があろう。

4.3.3　どの要素に着目して類似を見ているか

　レミリアの場合、構図やポーズ227、色合い1118、顔409、服装等1556となっており、おおよそ1：4：2：6で、特徴的な服装がレミリアと認識するときの手がかりになっていることがわかる。これは、イラスト表Bで、レミリアの特徴である服を着ていない図像である40、43、44、48番を似ていると評価する割合が低いことと対応している。このキャラは、オリジナルが確定しがたい二次創作の集合体として存在しているので、顔の類似性がほとんど意味をなさないことも、服装をキャラ識別の手がかりとする傾向を強化していると思われる。

4.4　金髪＋赤リボンのキャラについて

　金髪＋赤リボンの原本として掲げた『美少女戦士セーラームーン』のセーラービーナスは、回答者の84.7%が「知っている」と回答した。先に述べたようにこのキャラは、回答者の年齢層においてかなり著名なキャラであり、回答者の識別能力が高いことが予想される。また、金髪＋赤リボンという属性に着目して集められたイラスト表Cのキャラたちは、実際にはすべて異なるキャラで

611

◇第Ⅱ部◇　著作権法における実証と理論

あり、仮に正解があるとすれば、「すべて似ていない」すなわち0％となるはずのものである。したがって、これに類似性をみた回答者は、キャラの特徴的属性である「金髪＋赤リボン」を類似性評価の手がかりとしてることになる。

4.4.1　対照差と考察

　図像的に評価すれば、原本Cと、ポーズや構図（ウェストより上で、斜め右を見ている）が似ていると評価しうるのは、56番、61番、68番であり、ほかはすべてポーズや構図としては異なっている。もっとも似ていないと評価されたイラストは、60番で、これを似ていると評価した回答者はいなかった。0％となる。この60番は、キャラの特徴の根幹をなすと思われる幅広の赤リボンではなく、細いリボンであることのみが異なっている。しかし、63番も60番と同様に細いリボンを描いているのにも関わらず、23.7％を獲得している。これはどこから来た差であろうか。

　63番は、リボンの幅のみならず、画風や顔立ち服装も異なっているが、原本Cと体と手のポーズが似ており、見方によっては、原本Cのキャラがさらに右を向いた連続画像とみることができる。すると、アニメ・マンガ的キャラの類似性については、「連続する画像」とみることができることも、重要な要素になりうることが示唆されている。

　一方、最も似ていると評価された図像は、56番23.7％、63番23.7％である。したがって、金髪＋赤リボンの場合の対照差は、23.7となる。さて、56番も63番と同様に、原本Cのキャラが表情を変えて、よりキャラに接近したアップの図像になっていると見ることのできるものである。これも「連続する画像」としての類似性が認識されているのではないかと考えられる。類似したポーズの68番については、22.6％である。ポーズが類似しているが、68番は背景が黒く、背景が白い原本Cとは「連続する画像」として認識しにくかったことが、やや評価が低い理由かもしれない。

4.4.2　どの要素に着目して類似を見ているか

　金髪＋赤リボンの場合、構図やポーズ36、色合い209、顔107、服装等140となっており、おおよそ1：5：3：4で、色合いが類似性を認識するときの手がかりになっていることがわかる。もとより、金髪＋赤リボンという目立つ特徴で集めた図像であるため、服装等の特徴が最多となると推測していたが、意外にも色合いが重視された。すなわち、リボンであるよりも、金髪と赤の組み合わせが類似性を判定するときの手がかりになったようだ。

612

◆第14章◆ マンガ・アニメ・ゲームの人物表現における類似判定に関する調査報告［白田秀彰］

イラスト表Cでみると、原本Cのキャラが鮮やかな黄色で金髪を表現していたため、金髪表現として鮮やかな黄色を用いていないイラスト58、60、62、65、67、69、70、71、73、74番については、類似性を認める割合が低いことがわかる。すると回答者は、「金髪」という抽象的な記号ではなく、より具体的な「色彩」で類似性を認識していることになる。

4.5 『アイドル・マスター』のキャラについて

『アイドル・マスター』は、少女像とみることのできるきわめて多くのキャラが登場する、MAG作品である。多くのキャラが登場するにも関わらず、その「顔」の変化に乏しく、顔以外の要素でのキャラの特徴づけを行っている典型例として採用した。

一方、アイドル・マスターのキャラは、そのゲームの性質上、キャラの衣装がさまざまに変化することになっている。これは、先の初音ミクやレミリアのように特徴的な衣装によって、キャラの識別ができないことを意味している。キャラの衣装が異なっていれば、同一の顔であっても、まったく別の図像として扱われることになるが、回答者が、この顔は同じで服装が異なっている図像を同一のキャラと認識するか否かが調査の目的ということになる。

イラスト表Dは、これまでの調査の回答方法と異なり、最上段に「公式キャラ」図像を5つ並べ、76番から100番の二次創作として描かれた画像のキャラが、公式キャラの(1)〜(5)のいずれであるかを識別させるものである。集計一覧では、色でその図像が公式キャラ(1)〜(5)のいずれとして描かれたかを示し、中央に表示されている数字は、「誤答」した数である。すなわち、誤答数が多いということは、キャラの識別ができなかったことを意味している。

図像としての類似性は、76番から100番まで、ほとんどないと評価できるものであり、仮に回答者が図像としての類似性で識別を試みた場合、回答不能であるはずのものである。しかし、回答者は、かなりの高確率でキャラの識別を実行しており、図像としての類似性ではなく、何らかの特徴を手掛かりにキャラの類似性を認識していることがわかる。

もっとも誤答が少なかった数は88番と90番の0人であり、もっとも誤答が多かったのが78番の36人であった。これは、総回答数のうち、20.3%が誤ったことになる。次いで誤答数が多かったのが、95番であり22人12.4%、続いて83番の20人11.3%である。これらのことから、回答者の8割以上は、実質

◇第Ⅱ部◇　著作権法における実証と理論

的には同じ顔のキャラを、髪型のみの特徴で識別していることになる。

　78番の誤答が多かった理由は、78番は公式キャラ(2)を描いたものであったにも関わらず、78番のポーズの関係で、公式キャラ(2)の特徴を成す、大きくカールしたツインテール[20]の髪型のうち、片側が描かれていなかったため、片側に寄せたポニーテール[21]の髪型が描かれた公式キャラ(1)と混同したものと思われる。そうであるなら、誤答した回答者は、髪型のみを頼りにキャラの識別を行っていることになる。これは、83番でも同様であり、実際には公式キャラ(3)を描いた図像であるが、公式キャラ(2)とポーズが似ており、かつツインテールがカールしているように見えるように描かれていることが理由だろう。

　95番の誤答については、実際は特徴的なアホ毛[22]を備えた公式キャラ(5)を描いた図像であるにも関わらず、公式キャラ(1)が備えた特徴的なリボンが大きく描かれていたため、公式キャラ(1)と混同したものと推測される。

4.6　調査のまとめ

　イラスト表A〜Cの対照差については、初音ミク75.2、レミリア81.9、金髪＋赤リボン23.7となっている。ほぼ全員が知っていた初音ミクに比して、半数しかそのキャラを知らなかったレミリアのほうが、「似ている・似ていない」の判定がやや一貫していたといえるかもしれないが、有意と考えることは難しい。金髪＋赤リボンについては、もとより全体的に「似ていない」と評価されており、判断が一貫しなかったというよりは、一貫して別のキャラであると認識された結果となったと考えられる。むしろこの場合、まったく別のキャラに対しても、23.7％すなわち1/5以上の解答者が「似ている」と評価したことを重視すべきだろう。

　これまでの調査結果から推測できた事項を整理すると以下のとおり。

　MAGのキャラについては、図像そのものの類似性ではない基準で類似が認識されている。キャラの顔やポーズが異なっていても、画が技術的に拙劣であったとしても、画風が異なっていも、類似であると認識される。逆に言えば、キャラの本質は、キャラを構成している構成要素であることになる。このキャ

---

[20] 長い髪を頭の左右で編まずに振り分けた髪型。
[21] 長い髪を後頭部で編まずに一つに束ねた髪型。
[22] MAG的表現の一つとして、はねた髪の描写としてアンテナまたは触覚状の髪が描かれるキャラが多くみられる。このはねた髪のことを「アホ毛」と呼ぶ。理由は不明。Wikipedia。

◆第14章◆ マンガ・アニメ・ゲームの人物表現における類似判定に関する調査報告［白田秀彰］

ラを構成している要素は、髪型・髪の色(23)、特徴的な服装や持ち物である。とくに、原本が確定していないキャラについては二次創作する上での特徴のまとまりである設定に依存しているので、具体的な描写ではなく抽象的な要素が具備されていれば、細かな表現についてはあまり意識されていない。しかし、それら諸特徴のうち服装や持ち物は、場合によっては、別の服を着用していたり持ち物を持たない場面もありうるので、本質的な構成要素とは言い難い。それゆえ、キャラについては、髪型・髪の色が識別上の重要な手がかりとして用いられている。これは、髪の色が異なると似ていないと評価する回答が多いことからも裏付けられる。

　また、キャラは多くの場合アニメーションとして描かれる場合が多いため、また、回答者がそれらのアニメーションに慣れているため、キャラを「連続して変化する画像の一つ」として認識している可能性が指摘できる。すなわち、あるポーズと別のポーズが連続して変化する動画を構成する一つの静止画として認識しうる場合、それらを似ていると認識する(24)。

5　結　論

　この調査から、次のことが仮説として導ける。
- 調査結果にみる対照差から判断するに、著作権法の類似性評価基準について知識を持たない一般的な回答者であっても、自己の内部にある基準に従って一貫した類似性評価ができると考えられる。
- 著作権法における判例や学説を知らない場合、回答者は、法が侵害を認める類似性よりもかなり広く類似性を見る。すなわち、より広く侵害を認識する。コミケ等の同人市場が著作権侵害物ばかりであるという評価は、ここから生じたものと考えられる。
- 回答者がキャラの類似性を認識するにあたって手がかりとしているのは、

---

(23)　MAGのキャラにおいて、およそ現実的でないさまざまな髪の色が表現されるのは、キャラを区別するために必要だったから、というのが理由だろうと推測される。一方、主要キャラでない登場人物（モブ mob）は、黒や暗い茶色など常識的な髪の色である場合が多く、この文脈では、変わった色の髪であることが、重要なキャラであることを表現しているとみることもできる。

(24)　伊藤・前掲注(3)89頁において、マンガを構成する要素として「キャラ」「コマ構造」「言葉」を掲げ、それらが時間的な連続を記述するものと説明している。「キャラとは「絵画」とは違い、「動き」すなわち時間的継起性を孕んでいる」。

◇第Ⅱ部◇　著作権法における実証と理論

第一に「髪型・髪の色」の表現であり、第二にそのキャラの特徴を成す「服装・持ち物」である。逆にキャラの描写そのものである図像の類似性については、あまり意識していない。図像の類似性を問題とする著作権法の基準と異なった基準が用いられている。
・回答者は、キャラを動画の一場面として認識する傾向が強いため、二つの異なった図像が、連続して変化するポーズの異なる瞬間であると認識しうる場合は、その二つの図像を似ていると認識する傾向がある。

　キャラにおける類似性とは、図像の類似性ではなく、「キャラの特徴を成す抽象的な設定の類似性」と「髪型・髪の色の表現の類似性」であり、異なった図像であっても時間的に変化する動画の異なる一瞬だと認識すれば類似性を見ることから、著作権法にいう「表現」や「本質的特徴の表現」といえるだけの具体性を欠いている。「髪の色」に表現の特徴を見ることは難しく、「髪型」もまた服装や持ち物と同様に形態が変化する抽象的な表現であるからだ。
　仮に、キャラに著作権法の保護を与えた場合、類似した表現を広範に侵害として扱わざる得なくなり、保護の範囲や強さが過剰になる恐れが強い。たとえば、金髪＋赤リボンのキャラに著作物性があるとすれば、ほかの作品は、もはや金髪＋赤リボンを要素とするキャラを利用できないことになるだろう。
　一方、キャラは具体的な図像ではなく、象形文字に近い抽象的な表現であると考える場合、キャラの特徴を成す抽象的な設定は、一般的なアイデアであることから、また具体的な表現の水準たりえないことから、著作権法の保護の対象にはならないことになるのではないか。

〈Part Ⅱ〉2014年調査

6　調査の目的

　2013年調査で、75種類のイラストについて、20歳を中心とする177名の回答者がどのように類似・非類似を評価・判定しているかについて結果をえた。
　これについては、標本数が少ないことと、標本の年齢層が偏っていることが研究会内で指摘された。標本数が少ないことは、2013年前半に調査にもちいるイラスト票を作成し、2013年後半に調査を行ったために時間的に不足していたことが理由であり、標本の年齢層が偏っていることは時間的制約のため、勤務

◆第 14 章 ◆ マンガ・アニメ・ゲームの人物表現における類似判定に関する調査報告［白田秀彰］

校の学生を対象とせざる得なかったことが理由であった。

　2012 年調査を踏まえ、コミケにおける著作権侵害の割合を推計するにあたって、400 作品を標本とする調査を 2015 年度に行う準備として、キャラの類似性判定に存在する一般的傾向を明らかにすることを目的に、2013 年の調査と同一内容の調査を、さらに多くの回答者に対して行うことにした。

　また、2013 年の調査の中で田中辰夫教授により、回答者がキャラを知っているか否かによって、キャラの類似性に関する評価に影響が及ぶことが指摘されたことを受けて、今回は回答者がキャラの侵害・非侵害についての裁判例について知っている場合に、キャラの類似性に関する評価のどのような影響が及ぶかをあわせて調査することにした。

　すなわち、2013 年調査では、類似性判定の基準についての情報を与えない状態で回答させたわけだが、2014 年の本調査では、事前講義なしでの一回目のアンケートの後、二回目として日本の著作権裁判連での類似性判定の事例について講義や解説を回答者に与えたのちに、一回目とまったく同様の方法で回答させる。それら二つの調査の結果を比較すれば、知識が与える類似性評価基準の変化を見ることができるだろう。

7　調査の手法

　イラスト表については、2013 年前半に作成したものを継続して使用した[25]。また、質問項目についても、回答様式についても、2013 年後半に採用したものと同一とした[26]。これによって、2013 年の 177 標本と、2014 年の 245 標本を組み合わせて処理することができ、合計 422 標本とすることで調査結果の一般性を向上させることができるだろう。

7.1　同一回答者に対する二回の質問

　2014 年調査では、会場に集った回答者に対して、まず 2013 年調査と全く同じように、何らの予備知識もない状態で、「似ている・似ていない」を評価させたのちに、上野達弘教授が作成した「現代企業法」と題された講義用スライドを使用して 30 分ほどの講義を行い、その後に、まったく同じ回答作業を行ってもらった。したがって、2014 年調査では、同一回答者について「一回目」と「二

---

[25] 参照 3.1.
[26] 参照 3.2 以下.

◇第Ⅱ部◇　著作権法における実証と理論

回目」の二種類の回答結果が存在することになる。

　2014年調査の「二回目」の回答結果については、次項で詳説する「現代企業法」の影響による変化のほか、同一内容について同一手順で再び回答することへの、回答者の精神的態度の変化が含まれうることが指摘できる。

7.2　著作権判例に関する講義

　一回目と二回目の間に行われる講義に、報告者の主観、意図、誘導等が入らないよう、講義には次のような方法が用いられた。

　第一に、上野教授の講義用スライドである「現代企業法」をそのまま用いた。今回の調査以前に作成された講義用スライドであるから、今回の調査目的に対して中立な内容であるといってよいだろう。第二に、講義用スライドに記述されている内容の強調部分を読み上げ、その強調部分や結論の根拠となった部分について言及するのにとどめた。取り上げられている裁判例についての付随的な情報提供や、イラストやキャラの類似性に関する著作権法そのものの講義や、関連する条文についての言及は行わなかった。講義時間は約30分間と短かったため、実際にはスライドを次々に切り替えながら「侵害・非侵害」判定結果を示すにとどまったといってよいだろう。

　これによって回答者は、さまざまな種類のイラストまたはキャラについて、裁判所がどの部分に注目して類似・非類似を判断しているのかについて、漠然とした傾向なり基準なりをそれぞれに獲得することになる。著作権法に関する全体的な知識や理解を欠いているため、それは一貫性を欠いた、印象的かつ場当たり的な判断基準であろうが、多くの一般の人々が、こうした裁判例を知ることすら稀であることを考えれば、この回答結果が、著作権法および著作権関連裁判例についての知識を一般の人々が得た場合、その判断がどのように変化するかを推し量る素材として十分であると考える。「現代企業法」に含まれていた裁判例およびその順番は、次の通りである。

1. サザエさん事件（東京地判昭和51年5月26日）類似
2. ノンタン事件（東京高判平成11年11月17日）類似
3. パンシロントリム事件（大阪地判平成11年7月8日）類似
4. 武富士enむすび事件（東京地判平成15年11月12日）類似
5. けろけろけろっぴ事件（東京高判平成13年1月23日）非類似

6. 坂井真紀イラスト事件（東京地裁平成 11 年 7 月 23 日）非侵害
7. タウンページ・キャラクター事件（東京高判平成 12 年 5 月 30 日）非侵害
8. 博士イラスト事件（東京地判平成 20 年 7 月 4 日）非侵害
9. LEC 出る順シリーズ事件（東京地判平成 16 年 6 月 25 日）類似
10. マンション読本事件（大阪地判平成 21 年 3 月 26 日）非侵害
11. CR フィーバー大ヤマト事件（東京地判平成 18 年 12 月 27 日）非侵害
12. ミッフィー事件（アムステルダム地裁 2010 年 11 月 2 日）類似

7.3 質問の実施

標本収集に苦労した 2013 年の反省に基づいて、今年の計画では、十分な広報を行い、100 人程度の回答者を集め、大学に限定しない会場で、報告者の指揮のもとに、4 回調査を行なおう考えていた。しかし実際には、大学以外の会場を確保することが困難であり、また大学生以外の回答者の参加を促すためには、謝金が不十分であったため、2013 年と同様に大学を会場として、もっぱら 20 歳前半の男女学生を対象とすることになった。

2013 年、学生を主とする回答者が集まらなかった理由として、「謝金が少なかったから」という反応があったので、2014 年は謝金を 2013 年の二倍の 1000 円としたが、これでは学生以外の成人を 2 時間ほど拘束するには明らかに不足であるといえる。

・第 1 回　武蔵野美術大学 2014 年 5 月 30 日（小平市）
・第 2 回　武蔵野美術大学 2014 年 6 月 18 日（小平市）
・第 3 回　一橋大学 2014 年 10 月 17 日（国立市）
・第 4 回　法政大学 2014 年 11 月 11 日（町田市相原）
・第 5 回　明治大学 2014 年 1 月 7 日（中野区中野）
・第 6 回　明治大学 2014 年 1 月 15 日（中野区中野）

このように 2013 年の質問状況と同様の問題を抱えた調査となった。とはいえ、MAG を消費する年齢層とおおよそ合致していることから、この標本の偏りは、致命的な問題とはならないと判断する。

8　調査結果

回答者の属性については表 2 を、回答結果については図 3 を参照のこと。

◇第Ⅱ部◇　著作権法における実証と理論

8.1　回答者の属性について

全標本数は 245 であった。男女比は、男性 83、女性 162 であり、約 1：2 となる。女性の数が大きく増えた理由はわからない。年齢分布は、10 歳代（おそらく後半）と 20 歳代（おそらく前半）がほぼ半々である。前回の調査の状況を踏まえ、なんとか 30 歳代以降の標本を増やしたいと努力したが、かなわなかった。

回答者の知的背景となる専攻分野に関する回答では、人文系：美術系：法律系で、おおよそ 12：8：1 となっており、法律系が著しく少ないことがわかる。これは、一橋大学での質問に期待したほど回答者が参加しなかったことが理由である。美術系に分類される回答者は、ほとんどが武蔵野美術大学の学生であり、人文系に分類される回答者は、ほとんどが法政大学と明治大学の学生である。

MAG 関連のイベントに参加した回数については、参加経験なしと、1 回以上の参加経験ありの比率は、3：2 となった。2013 年よりも、イベントに参加したことのない回答者が増加していることがわかる。

過去 1 年に意識的に見たアニメの本数については、1 本から 4 本程度がおおよそ半数で、ここを中心として、分布は山型を成していると思われる。過去 1 年に意識的に読んだマンガの本数についても、同様の傾向がみえる。これは、2013 年調査の状況[27]とほぼ同一であり、回答者の年齢層における一般的傾向だとみてよいと判断する。

調査前に、イラスト表に取り上げたキャラを知っているか否かについては、初音ミク（イラスト表 A）についてはほぼ全員が知っており、設定目的を達したと評価できる。

しかし、あまり知名度がないと判断したレミリア（イラスト表 B）についても、今年も約半数の回答者が知っていたと回答しており、比較対象として設定した目的には適切でなかったかもしれない。

金髪＋赤リボンのキャラ（イラスト表 C）については、20 歳前後の回答者にとって、著名な「セーラービーナス」を原本として選択したため、これについても予想外に多くの回答者が知っていたと回答している。

アイドル・マスター（イラスト表 D）については、5 人のキャラ中 2 人のみ知っていると回答する数が一番多い。これもまた、2013 年の状況とほぼ同一であ

---

[27]　参照 4.1.

◆ 第14章 ◆ マンガ・アニメ・ゲームの人物表現における類似判定に関する調査報告 ［白田秀彰］

る。

「アニメ・マンガ的イラストを自ら描くか」という質問については、33％が「描く」と回答している。自ら描く回答者であれば、キャラを構成している記号的文法について十分に理解しているはずで、類似判定についてその文法において正確に判断するだろうことが予想される。「アニメ・マンガ的イラストを好む家族がいるか」という質問については、34％が「そうである」と回答している。回答者が、そうしたイラストについて親しむべき環境にあるか否かを評価しようとしている。

表2：2014年回答者属性

男性	83	33.9%
女性	162	66.1%
年齢10代	109	44.5%
年齢20代	134	54.7%
年齢30代	1	0.4%
年齢40代	1	0.4%
年齢50代	0	0.0%
人文学	128	52.2%
美術	84	34.3%
法律	8	3.3%
理工学	2	0.8%
その他	23	9.4%
イベント0回	151	61.6%
イベント1-2回	57	23.3%
イベント3-4回	17	6.9%
イベント5-6回	9	3.7%
イベント7回以上	11	4.5%
アニメ0本	41	16.7%
アニメ1-4本	114	46.5%
アニメ5-10本	48	19.6%
アニメ11-20本	21	8.6%
アニメ21本以上	21	8.6%
マンガ0本	34	13.9%
マンガ1-4本	87	35.5%
マンガ5-10本	59	24.1%
マンガ11-20本	34	13.9%
マンガ21本以上	31	12.7%
Aキャラを知ってるか？	237	96.7%
Bキャラを知ってるか？	105	42.9%
Cキャラを知ってるか？	217	88.6%
D何人？1人	33	13.5%
D何人？2人	67	27.3%
D何人？3人	6	2.4%
D何人？4人	0	0.0%
D何人？5人	12	4.9%
自分で書くか	81	33.1%
家族が好きか	83	33.9%

◇第Ⅱ部◇　著作権法における実証と理論

図3：2014年回答結果　※「C」は対照差の値

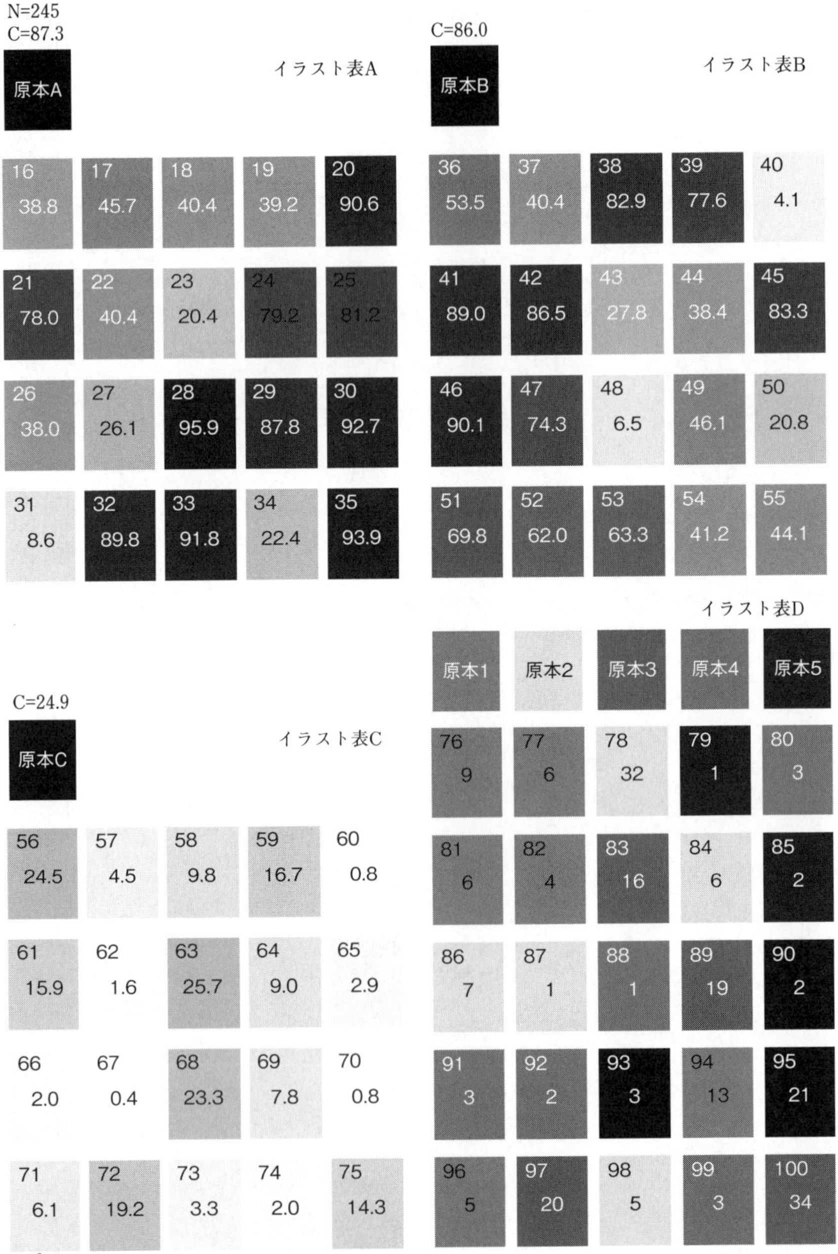

N=245
C=87.3

原本A　　　　　　　　　イラスト表A　　　C=86.0　原本B　　　　　　　　イラスト表B

16	17	18	19	20	36	37	38	39	40
38.8	45.7	40.4	39.2	90.6	53.5	40.4	82.9	77.6	4.1

21	22	23	24	25	41	42	43	44	45
78.0	40.4	20.4	79.2	81.2	89.0	86.5	27.8	38.4	83.3

26	27	28	29	30	46	47	48	49	50
38.0	26.1	95.9	87.8	92.7	90.1	74.3	6.5	46.1	20.8

31	32	33	34	35	51	52	53	54	55
8.6	89.8	91.8	22.4	93.9	69.8	62.0	63.3	41.2	44.1

イラスト表D

原本1　原本2　原本3　原本4　原本5

C=24.9
原本C　　　　　　　　　イラスト表C

76	77	78	79	80
9	6	32	1	3

56	57	58	59	60	81	82	83	84	85
24.5	4.5	9.8	16.7	0.8	6	4	16	6	2

61	62	63	64	65	86	87	88	89	90
15.9	1.6	25.7	9.0	2.9	7	1	1	19	2

66	67	68	69	70	91	92	93	94	95
2.0	0.4	23.3	7.8	0.8	3	2	3	13	21

71	72	73	74	75	96	97	98	99	100
6.1	19.2	3.3	2.0	14.3	5	20	5	3	34

8.2　回　答　一　覧

図4には、四つの回答結果が一組として記載されている。(1)2013年の回答結果、(2)2014年の一回目の回答結果、(3)それらを合算した回答結果、そして、著作権裁判例についての講義を行った後に行った(4)2014年の二回目の回答結果の順番に並んでいる。また、2013年調査で回答者の判定の明瞭さの指標とした「対照差」[28]を示した。

回答結果(1)〜(3)については、イラスト表A、B、C、Dのすべてについて、2013年調査の結果とほぼ同一の結果となったと評価して差し支えないだろう。具体的には、イラスト表Aについては、2014年と2013年の類似判定の百分率の差は-0.8%（「類似」との判定が減少）にとどまった。同様に、イラスト表Bについては、0.21%（「類似」との判定が増加）、イラスト表Cについては、0.18%（「類似」との判定が増加）となっており、いずれの値も誤差と判断してよい水準である。対照差については、いずれのイラスト表でも、2013年と2014年の結果には大きな差は見られなかったといってよいだろう。問題は、著作権裁判例講義を受けた場合の対照差の変化だ。これについては、イラスト表Aについては対照差が増加（87.3→89.3）したが、イラスト表B、Cについては、対照差が減少（B：86.0→74.3/C：25.3→17.1）したことから、著作権裁判例に関する知識で、より明確に類似・非類似を判別できるようになるとは言えない結果となった。

またイラスト表Dについては、それぞれの年のそれぞれのイラストの誤答率の平均をみたところ、2013年が4.6%、2014年が3.6%となった。これは、イラスト表Dのキャラ群における判定では、4%前後の誤りが生じることを示しているといえるだろう。もっとも誤判定の多かったものが、イラスト番号78番の誤答率20.3%である。

2013年と、2014年の回答結果は、標本の母集団として完全に異なったものであり、また、その標本数も異なっている。それにもかかわらずほぼ同一の結果となったということは、回答者の評価基準が著作権法に照らして妥当なものかは別として、20歳前後の回答者には、かなり一貫した類似・非類似を判定する基準が存在することを示している。

2013年と2014年の回答結果がほぼ同一である結果、それらを足し合わせた

---

[28]　参照 4.2.1.

◇第Ⅱ部◇　著作権法における実証と理論

図4：回答一覧と対照表

(1) 2013年回答結果　N＝177　C＝85.3

原本A　　　　　　　　　イラスト表A

16 42.4	17 53.7	18 28.8	19 35.6	20 89.3
21 77.9	22 33.3	23 20.3	24 80.2	25 84.7
26 35.2	27 22.6	28 94.4	29 85.3	30 92.7
31 10.2	32 90.4	33 90.4	34 20.9	35 95.5

(2) 2014年回答結果　N＝245　C＝87.3

原本A　　　　　　　　　イラスト表A

16 38.8	17 45.7	18 40.4	19 39.2	20 90.6
21 78.0	22 40.4	23 20.4	24 79.2	25 81.2
26 38.0	27 26.1	28 95.9	29 87.8	30 92.7
31 8.6	32 89.8	33 91.8	34 22.4	35 93.9

(3) 2013年と2014年の合計　N＝422　C＝86.1

原本A　　　　　　　　　イラスト表A

16 40.3	17 49.1	18 35.5	19 37.7	20 90.0
21 78.0	22 37.4	23 20.4	24 79.6	25 82.7
26 37.2	27 26.6	28 95.3	29 86.7	30 92.7
31 9.2	32 90.0	33 91.2	34 21.8	35 94.5

(4) 2014年　講義後の回答結果　N＝245　C＝89.3

原本A　　　　　　　　　イラスト表A

16 20.0	17 33.1	18 13.1	19 10.2	20 91.4
21 66.1	22 27.3	23 6.1	24 56.7	25 74.7
26 10.2	27 7.3	28 92.2	29 67.3	30 76.3
31 2.9	32 88.6	33 73.5	34 8.6	35 89.4

◆ 第14章 ◆ マンガ・アニメ・ゲームの人物表現における類似判定に関する調査報告 ［白田秀彰］

(1) 2013年回答結果　N＝177　C＝81.9

原本B　　　　　　　　　　イラスト表B

36	37	38	39	40
58.8	41.2	79.7	76.8	6.2
41	42	43	44	45
84.7	83.6	29.9	43.5	84.2
46	47	48	49	50
88.1	71.8	10.2	45.2	24.3
51	52	53	54	55
70.1	62.7	59.9	41.2	44.6

(2) 2014年回答結果　N＝245　C＝86.0

原本B　　　　　　　　　　イラスト表B

36	37	38	39	40
53.5	40.4	82.9	77.6	4.1
41	42	43	44	45
89.0	86.5	27.8	38.4	83.3
46	47	48	49	50
90.1	74.3	6.5	46.1	20.8
51	52	53	54	55
69.8	62.0	63.3	41.2	44.1

(3) 2013年と2014年の合計　N＝422　C＝84.8

原本B　　　　　　　　　　イラスト表B

36	37	38	39	40
55.7	40.8	81.5	77.3	5.0
41	42	43	44	45
87.2	85.3	28.7	40.5	83.6
46	47	48	49	50
89.8	73.2	8.1	45.7	22.3
51	52	53	54	55
70.0	62.3	61.8	41.2	44.3

(4) 2014年　講義後の回答結果　N＝245　C＝74.3

原本B　　　　　　　　　　イラスト表B

36	37	38	39	40
28.6	33.1	63.7	66.1	3.3
41	42	43	44	45
74.3	70.2	22.0	19.6	67.8
46	47	48	49	50
77.6	60.0	3.3	32.7	11.4
51	52	53	54	55
51.0	48.6	45.3	18.8	29.4

◇第Ⅱ部◇　著作権法における実証と理論

(1) 2013年回答結果　N＝177　C＝23.7

原本C　　　　　　　　イラスト表C

56	57	58	59	60
23.7	6.2	10.2	16.4	0.0
61	62	63	64	65
17.5	1.7	23.7	8.5	1.7
66	67	68	69	70
1.1	2.8	22.6	9.6	1.1
71	72	73	74	75
8.5	18.6	3.4	1.7	15.3

(2) 2014年回答結果　N＝245　C＝24.9

原本C　　　　　　　　イラスト表C

56	57	58	59	60
24.5	4.5	9.8	16.7	0.8
61	62	63	64	65
15.9	1.6	25.7	9.0	2.9
66	67	68	69	70
2.0	0.4	23.3	7.8	0.8
71	72	73	74	75
6.1	19.2	3.3	2.0	14.3

(3) 2013年と2014年の合計　N＝422　C＝24.1

原本C　　　　　　　　イラスト表C

56	57	58	59	60
24.2	5.2	10.0	16.6	0.5
61	62	63	64	65
16.6	1.7	24.9	8.8	2.4
66	67	68	69	70
1.7	1.4	23.0	8.5	0.9
71	72	73	74	75
7.1	19.0	3.3	2.0	14.7

(4) 2014年　講義後の回答結果　N＝245　C＝17.1

原本C　　　　　　　　イラスト表C

56	57	58	59	60
17.1	2.9	9.4	6.1	0.4
61	62	63	64	65
7.3	0.4	11.4	4.5	0.4
66	67	68	69	70
0	0.4	17.1	8.2	0.4
71	72	73	74	75
4.1	8.6	2.0	0.8	6.5

◆ 第14章 ◆ マンガ・アニメ・ゲームの人物表現における類似判定に関する調査報告 ［白田秀彰］

(1) 2013年回答結果　N＝177

イラスト表D

原本1	原本2	原本3	原本4	原本5
76 4	77 12	78 36	79 3	80 3
81 3	82 6	83 20	84 10	85 4
86 6	87 4	88 0	89 14	90 0
91 1	92 1	93 1	94 2	95 22
96 6	97 16	98 6	99 1	100´ 19

(2) 2014年回答結果　N＝245

イラスト表D

原本1	原本2	原本3	原本4	原本5
76 9	77 6	78 32	79 1	80 3
81 6	82 4	83 16	84 6	85 2
86 7	87 1	88 1	89 19	90 2
91 3	92 2	93 3	94 13	95 21
96 5	97 20	98 5	99 3	100 34

(3) 2013年と2014年の合計　N＝422

イラスト表D

原本1	原本2	原本3	原本4	原本5
76 13	77 18	78 68	79 4	80 6
81 9	82 10	83 36	84 16	85 6
86 13	87 5	88 1	89 33	90 2
91 4	92 3	93 4	94 15	95 49
96 11	97 36	98 11	99 4	100 53

(4) 2014年　講義後の回答結果　N＝245

イラスト表D

原本1	原本2	原本3	原本4	原本5
76 3	77 6	78 31	79 3	80 5
81 2	82 4	83 13	84 5	85 7
86 5	87 3	88 1	89 11	90 2
91 2	92 3	93 3	94 7	95 21
96 7	97 15	98 5	99 0	100 21

627

◇第Ⅱ部◇　著作権法における実証と理論

標本数 422 の回答結果(3)も、ほぼ同一である。したがって、2013 年と 2014 年の調査結果は、2015 年に行われる調査に携わる調査員を選抜するための「一般的な類似・非類似の判定基準」として用いて構わないと判断する。

以下、それぞれのイラスト表について、個別に特徴的な部分を見たが、先に述べたように、2013 年の結果と 2014 年の結果にほとんど差がないので省略する。

8.3 著作権裁判例講義の影響について

回答結果(4)については、類似・非類似のパターンをほぼ維持したまま、全体的に類似判定が減少していることが示されている。この傾向はイラスト表 A、B、C いずれについても同一である。個々のイラストの減少数は、**グラフ 1** として示した。減少数は、一回目と二回目で「類似」と判定した数がどの程度減少したかを示している。

2013 年、2014 年の調査では、

原本と構図やポーズが似ている場合は「2」をマークしてください。
原本と色合が似ている場合は「3」をマークしてください。
原本と顔が似ている場合は「4」をマークしてください。
原本と服装等の特徴が似ている場合は「5」をマークしてください。

と四つの要素について、いずれの要素について着目して類似性を認めたかを質問しているので、これらの要素の減少数を個別に集計することで、回答者が著作権裁判例講義の後、いずれの要素について著作権法のいう類似性と無関係であると判断したかを把握することができる。ここで、その値を見ると、イラスト表 A、C については、「色」を理由として「似ている」と評価した数が最も減少している。イラスト表 B については「服装等の特徴」を理由として「似ている」と評価した数が最も減少している。

すなわち回答者は、著作権裁判例について知らない段階では、「色」や「服装等の特徴」を手がかりとして「似ている」と判断していたが、講義後には、それらの要素は著作権が類似性をみる要素ではないと判断し、そうした要素を無視して類似性判定を行ったことを示している。

二回目で類似判定がわずかに増加した例が、イラスト番号 20 番と 69 番である。20 番は、原本を左右反転して髪の色を緑から赤に変更したに過ぎない同一

◆ 第14章 ◆ マンガ・アニメ・ゲームの人物表現における類似判定に関する調査報告　[白田秀彰]

グラフ1

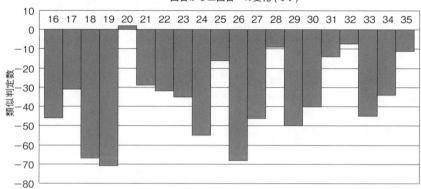

一回目から二回目への変化 (ミク)

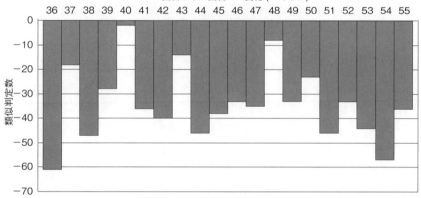

一回目から二回目への変化 (レミリア)

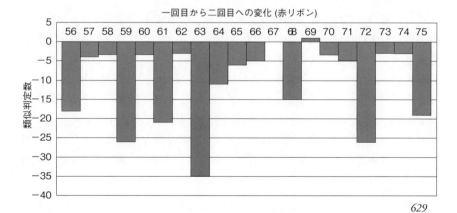

一回目から二回目への変化 (赤リボン)

◇ 第Ⅱ部 ◇　著作権法における実証と理論

図像であり、もっとも類似性が高いと評価されると想定していた図像である。「髪の色の違いがキャラの違い」と認識していた回答者が、色の違いは本質的な違いに該当しないと基準を変更したためかと思われる。69番は、原本と別キャラであるが、図像全体の構図を左右反転すると図像として類似していると評価しうる。すなわち「別キャラと認識できれば、それは別図像である」と認識していた回答者が、作品やキャラが別であることは、類似性判定には無関係であると基準を変更したためかと思われる。

9　結論と2015年度調査計画

　2013年調査と今回の2014年調査の結果から、類似性に関する一般的評価傾向が、かなりの確からしさで明らかになったと判断している。これによって、コミケにおける著作権侵害の割合を推計するにあたって、400作品を標本とする調査を担当する一般的評価傾向に沿った人物を選抜できると判断している。

　選抜の手順については、次のように予定している。2013年＋2014年の回答結果である422標本の母集団の分析から、最も平均的な類似性判定の配列を得て、その平均的な配列にもっとも近い回答をしている回答者を選び出す。先の422標本を分析したところ、平均配列と完全に一致した回答者はいなかった。もっとも一致度が高い集団が約95％であった。これを、2015年度の調査員選抜の母集団として想定している140人にあてはめてみると、140人から一致度95％の調査員は6名程度しか得られないことが予想される。ここで、一致度を94％に緩和すると9〜10人の調査員を得られることが期待される。実際には、一致度の高い人物から順に10人ほど選抜するほかないので、どの程度の一致度が得られるかは、実際に選抜してみないとわからない。

　また、著作権に関する知識が普及することで、類似判定が減少する傾向が示唆された。著作権法理論や実務に関する知識が豊かであれば、より厳密に類似性を判断するので、侵害とされる割合は減少することがうかがわれる。

　同人誌市場について「著作権侵害が横行している」「侵害品ばかりだ」という一般の認識が仮に存在するとすれば、それは、一般に著作権に関する知識が不足しているがゆえに、過度に類似性判定また侵害判定を広くしていることが示されている。著作権教育の普及は、侵害それ自体を減少させるのみならず、ある作品が侵害であると過剰に広く判断してしまう傾向も、減少させる効果があるといえるだろう。

630

◆ 第 14 章 ◆ マンガ・アニメ・ゲームの人物表現における類似判定に関する調査報告 ［白田秀彰］

〈Part Ⅲ〉2015 年調査（選抜）

10　調査の目的

　2014 年調査では、MAG における人物表現について、10 歳代後半から 20 歳代前半に標本が偏っているものの、類似性に関する一般的評価傾向が、かなりの確からしさで明らかとなった。そこで、2015 年度には、コミケにおける著作権侵害の割合を推計するために、400 作品を標本とする調査を実行することにした。このため、調査を担当する一般的評価に沿った調査員を 10 名選抜した（内 1 名は補欠）。本報告は、2015 年 5 月から 6 月に行ったこの選抜調査（以下「選抜調査」と表記）の結果から、120 名の被験者たちに、MAG 的表現における人物表現に対する、どの程度の類似性判定の一貫性があるのかを明らかにする。また、選抜された調査員が、どの程度の一般性をもって評価しているのかを確認する。

11　調査の手法

11.1　調査項目の変更

　類似性判定の調査については、2013 年調査と 2014 年調査で用いたイラスト表[29]を引き続き用いる。

　2014 年までの調査では、1. 単純に「似ている・似ていない」の判定を行った後、2. どういった要素に注目して似ていると判断したのか、を問う二段階での質問となっていた。この 2014 年までの調査手法で、422 の標本が集まり、そこから 2014 年調査で示したように 422 人中何人が「似ている」と解答したかのパターンが明らかになった[30]。

　そこで、「似ている」との評価の割合（%）を次のように置き換えて一般的な評価基準とした。

1. 0～20%まったく似ていない
2. 21～40%あまり似ていない
3. 41～60%どちらともいえない

---

[29] 参照 3.1.
[30] 参照 8.2.

◇第Ⅱ部◇　著作権法における実証と理論

4．61〜80％わりと似ている
5．81〜100％とてもよく似ている

　選抜調査の被験者に、イラスト表に提示されたイラストを上記の五段階で評価し、該当する数字をマークシートの問 16 から問 100 に記入させる。こうして、すでに示した一般的評価に近い回答パターンを示した回答者を、10 名選抜することにした。

　また、これまで用いてきた質問項目[31]に以下の項目を追加した。これは、2014 年までの調査では、回答結果に影響が及ぶことを懸念して除外していたが、今回の調査では、単純に個々人のもつ類似性判定パターンを見るための調査であるため、加えることにした。これによって、アニメ・マンガ系同人誌について、予備知識がない状態の回答者が、どの程度侵害があると認識しているかを知ることができるだろう。

2014 年調査に追加した質問

13．アニメ・マンガ系同人誌は、一般的に著作権侵害だと思いますか？
　1．強くそう思う
　2．そう思う
　3．どちらともいえない
　4．あまりそう思わない
　5．まったくそう思わない
14．他人の作品のアニメ・マンガ系キャラを無断で利用することは、著作権侵害だと思いますか？
　1．強くそう思う
　2．そう思う
　3．どちらともいえない
　4．あまりそう思わない
　5．まったくそう思わない
15．他人の作品のアニメ・マンガ系キャラに、あるキャラが「似ている」場合は、著作権侵害だと思いますか？
　1．強くそう思う

---

[31]　参照 3.2.

2. そう思う
3. どちらともいえない
4. あまりそう思わない
5. まったくそう思わない

11.2　調査の実施

　調査員の属性を多様なものとするため、交通至便な明治大学駿河台キャンパスでの選抜調査を計画・告知・実行した。今回も予算の関係から謝金は一人当たり 1000 円とした。ところが告知に失敗したことや、雨降りという天候のためか、予定数を大幅に下回る人数しか集まらなかった。やむなく、講義中に告知し、法政大学および武蔵野美術大学で追加的に選抜調査を実施した。これでもなお、予定数に満たなかったため、NPO 法人「うぐいすリボン[32]」に告知と会場運営を依頼し、これによって、当初予定 140 人におおよそ近い、120 人の候補者を得ることができた。候補者の属性については後述するが、こうした理由から、今回も調査員候補者は 20 歳前後の男女に偏っているという批判は免れない。

- 第 1 回　明治大学 2015 年 5 月 15 日（神田駿河台）
- 第 2 回　明治大学 2015 年 5 月 16 日（神田駿河台）
- 第 3 回　法政大学 2015 年 5 月 18 日（町田市相原）
- 第 4 回　武蔵野美術大学 2015 年 5 月 20 日（小平市）
- 第 5 回　文京シビックセンター 2015 年 6 月 14 日（文京区春日）

12　調査結果

　回答者の属性については表 3 を、回答状況についてはグラフ 2 を参照のこと。

12.1　回答者の属性について

2014 年調査と選抜調査の母集団の属性の違いについて検討する。
2014 年調査の母集団は 422 標本、今回の母集団は 120 標本であるので、3 割

---

[32] 主としてマンガやライトノベル等のサブカルチャー領域の作品に関する表現の自由の擁護を目的とする特定非営利活動法人。性表現規制問題に長く取り組んでいる。静岡に本拠地を置き、日本全国で活動を展開している。

◇第Ⅱ部◇　著作権法における実証と理論

表3：2015年選抜者属性

	2015	N=120	2013&14	N=422
男性	57	47.5%	183	43.4%
女性	63	52.5%	239	56.6%
年齢10代	25	20.8%	153	36.3%
年齢20代	71	59.2%	261	61.8%
年齢30代	17	14.2%	4	0.9%
年齢40代	6	5.0%	3	0.7%
年齢50代	1	0.8%	1	0.2%
人文学	33	27.5%	240	56.9%
美術	19	15.8%	110	26.1%
法律	10	8.3%	33	7.8%
理工学	14	11.7%	2	0.5%
その他	43	35.8%	37	8.8%
イベント0回	33	27.5%	258	61.1%
イベント1-2回	35	29.2%	102	24.2%
イベント3-4回	26	21.7%	29	6.9%
イベント5-6回	12	10.0%	15	3.6%
イベント7回以上	13	10.8%	18	4.3%
アニメ0本	8	6.7%	71	16.8%
アニメ1-4本	54	45.0%	186	44.1%
アニメ5-10本	26	21.7%	75	17.8%
アニメ11-20本	19	15.8%	46	10.9%
アニメ21本以上	13	10.8%	44	10.4%
マンガ0本	9	7.5%	61	14.5%
マンガ1-4本	38	31.7%	151	35.8%
マンガ5-10本	33	27.5%	100	23.7%
マンガ11-20本	20	16.7%	54	12.8%
マンガ21本以上	20	16.7%	56	13.3%
Aキャラを知ってるか？	117	97.5%	412	97.6%
Bキャラを知ってるか？	75	62.5%	188	44.5%
Cキャラを知ってるか？	102	85.0%	367	87.0%
D何人？1人	16	13.3%	54	12.8%
D何人？2人	34	28.3%	116	27.5%
D何人？3人	17	14.2%	20	4.7%
D何人？4人	3	2.5%	2	0.5%
D何人？5人	15	12.5%	26	6.2%
自分で書くか	40	33.3%	120	28.4%
家族が好きか	49	40.8%	139	32.9%

◆ 第14章 ◆ マンガ・アニメ・ゲームの人物表現における類似判定に関する調査報告［白田秀彰］

グラフ2：回答の状況について

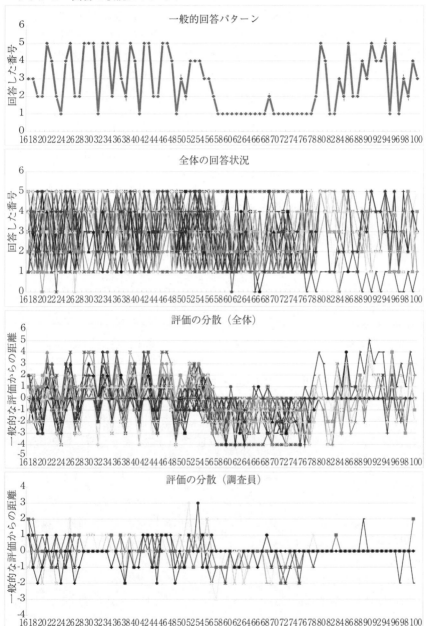

◇第Ⅱ部◇　著作権法における実証と理論

程の大きさであることになる。男女比率については、選抜調査の方がわずかに男性が多くなっている。年齢層についてみると、選抜調査は10歳代が減少し、その比率分30歳代が増加している。自らの専攻分野についての回答は、社会人が増加したためか「その他」が多く選択されている。あまり意味のある違いではないと判断する。イベントへの参加、アニメの視聴本数、マンガの購読本数いずれの数値についても、選抜調査の母集団の方がより積極的であることがわかる。さらに、イラスト表に掲げられているキャラの認知度についても、選抜調査の母集団の方がおおよそ、より高い値を出していると評価できるだろう。

これらのことから、選抜調査の母集団は、2014年調査に比較して、よりMAG文化に対して親和的であると評価できる。

12.2　同人誌市場に対する評価について

選抜調査に新たに追加した質問の結果は次の通り。グラフ3に示す。

「アニメ・漫画系同人誌は、一般的に著作権侵害だと思いますか？」という質問に対して、「強くそう思う」との回答は0％であった。「そう思う」が24％であり、「どちらともいえない」が48％、「あまりそうおもわない」が39％となった。全体として、この母集団は同人誌市場に対して好意的な評価をしているといえる。

「他人の作品のアニメ・マンガ系キャラを無断で利用することは、著作権侵害だと思いますか？」という質問に対しては、「強くそう思う」という回答が14％となっている。「そう思う」の53％を加えて、過半数の67％は、キャラを利用することが著作権侵害であると考えていることを示している。一方、「他人の作品のアニメ・マンガ系キャラに、あるキャラが『似ている』場合は、著作権侵害だと思いますか？」という質問に対しては、「強くそう思う」が2％に減少し、また、「そう思う」も20％に減少し、著作権侵害を肯定する見解は、22％に減少している。

すなわち、回答者らは、二次創作同人誌において表現されているキャラが、「同一である」と評価しうる程度に似ている場合には侵害を強く肯定するが、「同一である」とは評価しえない「似たキャラ」が用いられるのであれば、侵害であるとはあまり考えていない。「似たキャラ」が用いられるのであれば、逆に「あまりそう思わない」43％、「まったくそう思わない」20％を合わせた、63％の回答者は侵害に否定的に回答しているところからも、キャラが似ているか否かは、

◆ 第14章 ◆ マンガ・アニメ・ゲームの人物表現における類似判定に関する調査報告 ［白田秀彰］

二次創作同人誌において、侵害を判断するための重要な要素であるといえる。

グラフ3：2015年選抜者の市場に対する態度グラフ

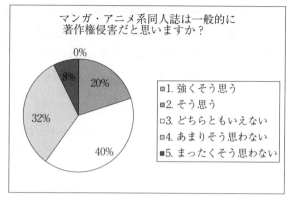

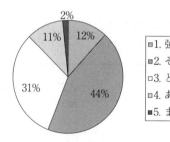

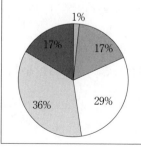

637

◇第Ⅱ部◇　著作権法における実証と理論

12.3 回答の状況について

　一般的評価を 0 と置き、被験者全体の回答がどの程度離れているかを描いたものと、選抜された調査員の回答がどの程度離れているかを描いたものが、グラフ 2 である。参考までに、一般的評価のパターンと被験者全体の回答の状況をグラフ化したものも掲げてある。こちらは、一般的評価を 0 と置き直して整理していないので、その示すところを把握しにくいが、全体の回答傾向の「ばらつき」を概観する意味があると考える。

　回答者は、問 16～問 100 までの 75 問について「似ている・似ていない」を五段階評価した。集計では、それぞれの図像ごとについて一般的評価との差を取り、これを二乗したものを、それぞれの回答者について足し合わせて回答者の得点とし、得点が少ないものから 10 名を調査員として選抜し、そのうち 1 名を補欠とした。選抜された調査員のうち、もっとも得点の少ない回答者は、28 点であり、もっとも得点の大きい回答者は 43 点であった。28 点の意味は、75 問中の 1/3 程について一般的評価と一致する評価をしたことを意味する。

12.4 分散の大きな図像について

　続いて、回答者全体の分散が大きな図像を見ながら、その理由を考えてみる。分散が大きいということは、「似ている・似ていない」の判断が一貫しなかったということを意味する。もっとも分散が大きいのが、69 番（2.94）である。続いて、59 番（2.90）、75 番（2.83）、72 番（2.78）、23 番（2.69）となる。

12.4.1　69 番

　「金髪＋赤リボン」のキャラを集めたイラスト表 D のうち、アニメ『ニセコイ』[33]の「桐崎千棘」を描いた図像である。

　原本と 69 番では、長髪の金髪と赤いリボンという共通の特徴に加えて、セーラー服の上半身の構図、瞳の色も青であり、図像を左右反転すれば、図像としては似ているといえるかもしれない。一方、多くの回答者は、原本が「セーラー・ヴィーナス」であることを知っている。とすれば、69 番が 2014 年当時放映されていた『ニセコイ』の「桐崎千棘」であると知っていれば、「違うキャラである」という認識上の偏向が影響して、回答者は、異なった図像であると回答

---

[33]　古味直志による日本の漫画作品。男子高校生の一条楽を主人公とする、主に高校を舞台としたラブコメディ。『週刊少年ジャンプ』（集英社、2011 年）48 号より連載中。Wikipedia。

12.4.2　59番

イラスト表Dのうち、アニメ『アイカツ』[34]の「星宮いちご」を描いた図像である。

原本と59番では、絵の顔立ちという点では似ているが、原本が右側からみた上半身を描いたものであるのに対して、59番は、首から上を正面から描いたものであって、図像としては似ているとはいいがたい。また特徴として、瞳の色が原本は青、59番は赤であるので、これも異なっている。これらについて「似ている」と評価した回答者が多いということは、図像として異なっていても、「顔立ち」が似ていれば「似ている」と評価すると考えられる。

12.4.3　75番

イラスト表Dのうち、アニメ『アイカツ』の「星宮いちご」を描いた図像である。関係者に問い合わせたところ、公式の図像ではなくファンが描いたものであると判明した。

原本と75番は、上半身を描いている点のみが同一であり、原本では右側からみた上半身像であるのに対して、75番は、ほぼ正面からの上半身像である。原本がセーラー服であるのに対して、75番は、ダブルの紺ブレザー風の服を着ている。また、右手を前に差し出したポーズをとっている。キャラの顔立ちについても、瞳の色が異なっており、顔立ちも似ていると評価される要素はない。このように、図像としては全く異なっており、またキャラも異なることが、回答者にはわかりやすかったはずで、これを「似ている」と評価した回答者が多いことは、説明が難しい。

12.4.4　72番

イラスト表Dのうち、アニメ『アリスSOS』[35]の「アリス」を描いた図像である。

図像として、構図もポーズも衣装も全く異なる。強いて類似しているのは、瞳の色、顔のバランス、リボンの形状くらいだろうか。図像としては「似てい

---

[34] バンダイが発売するトレーディングカードアーケードゲーム筐体・データカードダス（DCD）を使用した日本の女児向けアーケードゲーム。のちにテレビアニメや劇場版アニメも制作された。Wikipedia.

[35] 『天才てれびくん』（NHK）の枠内で放送された日本のテレビアニメ。原作は中原涼のライトノベル『アリス』シリーズ。Wikipedia.

◇第Ⅱ部◇　著作権法における実証と理論

ない」と評価されるのだろうが、おそらく顔立ちに注目して類似性を見ている回答者が多かったものと考えられる。

12.4.5　23番

「初音ミク」を描いた図像である。

原本と異なる構図、ポーズ、衣装であり、初音ミクのもっとも顕著な特徴である髪の色も、原本は緑であるのに対して、23番は桃色と灰色を用いて彩色している。すなわち、図像として、原本と23番は全く異なっている。多くの回答者は、これを初音ミクではないと判断したのではないかと思われる。それでは、なぜ「似ている」と評価する回答者も多かったか。考察するに、23番は図像そのものの巧みさという点で水準が高く、図像を描く技能が高いことを「似ている」ことと近い意味合いで把握する回答者が多かったものと考えられる。

13　結論

本調査の主たる目的は、コミケにおける著作権侵害の割合を推計するための400作品を標本とする調査を担当する調査員を選抜するものであった。また、その調査員たちが一般の回答者たちと比較して、どの程度に一般的評価に近い回答をしているのかを確認するものであった。それゆえ、キャラの図像についての一般の人々の類似性評価がどの程度分散しているのかを明らかにするものではない。

とはいえ、この報告で示された回答者たちの回答のグラフを見る限り、ある人物が「一般的な類似性評価」をする可能性はかなり低いことがわかる。このことは、著作権侵害訴訟において「似ている・似ていない」の判断が、裁判官に任されていることへの批判となりうるだろう。しかしながら、今回と同様に多くの被験者を集めたアンケートを行い、問題となっている表現について「似ている・似ていない」を判断することは、現実的でないだろうし、その結果も、2013年調査と2014年調査から示唆されているように、より類似をひろく認める方向に偏向していることが推測される。

「アクセス＋類似」で侵害ありとする学説の重要な要素である「類似」が、本報告のような状況であることを踏まえた基準作りが望まれる。

◆第 14 章◆　マンガ・アニメ・ゲームの人物表現における類似判定に関する調査報告［白田秀彰］

〈Part Ⅳ〉2015 年調査

14　調査の目的

　本論冒頭 1 で示された目的に沿って、これまでの調査を踏まえつつ、同人誌 400 作品についての侵害可能性の調査を行う。

15　調査の手法

15.1　調査員の判定基準の一般化

　本調査の調査を担当した調査員については、第 12.3 節において、その選抜方法と、選出された調査員たちのキャラの類似性判定についての一般性についての評価が示されている。

　概略を示す。イラスト表 A、B、C、D に掲載された 75 のキャラのイラストについて行った、422 人の類似性判定から、一般的な類似性判定の傾向[36]を導き出し、この一般的な類似性判定の傾向に最も近い人物を、120 人の調査員候補から、10 人（うち 1 人は補欠）を選抜して、9 名を調査員として依頼した[37]。

15.2　対象同人誌の選抜・抽出方法

15.2.1　調査計画時での推定

　まず、「コミックマーケット 87 アフターレポート」で示されている参加サークル数 35,000 を約 2 倍して 70,000 種が出展されていると推定した。これは「マンガ同人誌の保存と利活用に向けて－コミックマーケットの事例[38]」に示されている、「1 団体が約 2 種類販売している」という推計によっている。

　ここから、統計的に有意な標本数として 400 作品の同人誌を無作為に抽出することとした。調査計画の段階では、同人誌における類似性がべき乗分布しているか否か不明であったため、標本数 400 作品が適切であるか否かの判断は難しかった。しかし、調査実施後に検討したところ、抽出された同人誌 400 作品の

---

[36]　参照 8.2.
[37]　参照 12.3.
[38]　里見直紀・安田かほる・筆谷芳行・市川孝一「マンガ同人誌の保存と利活用に向けて──コミックマーケットの事例」カレントアウェアネス No. 297（国立国会図書館、2008 年）、http://current.ndl.go.jp/ca1672

◇第Ⅱ部◇　著作権法における実証と理論

表4：400作品種別リストおよび調査員が知っていた作品のリスト
(出現数が1以下のものは省略した)

抽出した400冊の同人誌での出現頻度	タイトル	作品を知っていた調査員の人数
48	艦隊これくしょん	7
25	刀剣乱舞	5
18	アイドルマスター シンデレラガールズ	3
16	ラブライブ!	5
15	黒子のバスケ	5
14	弱虫ペダル	4
11	うたの☆プリンスさまっ♪	4
11	進撃の巨人	5
9	TIGER&BUNNY	4
9	ダイヤのエース	
8	戦国BASARA	5
7	ハイキュー!!	2
6	グランブルーファンタジー	2
5	アイドルマスター SideM	2
5	プリパラ	2
4	ソードアートオンライン	1
4	テニスの王子様	2
4	マギ	2
4	ラグナロクオンライン	2
4	鬼灯の冷徹	2
4	魔法少女まどか☆マギカ	1
3	Fate stay/night	2
3	PHANTASY STAR ONLINE 2	1
3	アイドルマスター ミリオンライブ!	1
3	ご注文はうさぎですか？	
3	ジョジョの奇妙な冒険	1
3	ディシディア ファイナルファンタジー	1
3	テイルズ オブ ゼスティリア	1
3	英雄伝説 閃の軌跡	
2	Fate/Grand Order	
2	Free!	1
2	Go! プリンセスプリキュア	2
2	NARUTO	
2	アイドルマスター	1
2	ガールフレンド（仮）	1
2	サイボーグ009	2
2	デビルサバイバー2 ブレイクレコード	
2	ペルソナ4	1
2	ワンピース	2
2	宇宙戦艦ヤマト2199	
2	鎧伝サムライトルーパー	
2	干物妹! うまるちゃん	
2	機動戦士ガンダム	1

642

◆ 第 14 章 ◆ マンガ・アニメ・ゲームの人物表現における類似判定に関する調査報告［白田秀彰］

種別がべき乗分布に近いこと（**表 4 左側**）、また、作品を知っていた調査員の数もべき乗分布に類似していること（**表 4 右側**）から、類似性についてもべき乗分布に沿っているものと推定する。

15.2.2　調査実施時の様子

　調査対象となった C88 では、1 日あたり約 342 ブロック存在した[39]。また、参加サークル数は、34,936 サークルであった。

　コミケにおいてサークルは、日、ホール、ブロック、スペースによって場所を指定され、そこで同人誌等を販売する。たとえば、「1 日目、東、A ブロック、1a」といったように記述される。ブロックは、テーブルがまとめられた複数の「島」で構成されている。類似した内容の同人誌等を販売するサークルは、近接した同じテーブルに配置される。したがって、スペース番号によって、そのサークルのおおよその性格を判断することができる。そこで、たとえば、他の作品に基づかない創作系のブロックや、絵がほとんど現れない評論系のブロック、また原著作者が二次的著作を宣言的に容認している「東方 Project」[40] のように、著作権侵害が生じにくいと考えられる種類の作品のブロックである場合は、あらかじめ除外した上で、マイクロソフト Excel のランダム関数を用いて、「日、ホール、ブロック」の組み合わせを 400 個生成した。すなわち、この抽出法では、二次的著作物の割合が増大する方向での偏向がかかっている。従って、コミケ全体における実際の二次的著作物の割合は、本調査結果よりも少ないと考えるべきである。

　調査対象となる同人誌を収蔵している米沢記念図書館では、一つのブロックで提出された見本誌を複数のダンボール箱に収めている。報告者は、先の 400 のブロックを指定した一覧を米沢記念図書館の担当者に渡し、ブロック毎の無作為のダンボール箱から無作為に 1 冊を抜き出してもらった。そして実際に抜き出した同人誌の一覧を作成していただいた。

　この一覧については手元に資料がある。しかし、米沢記念図書館では、同人誌を個人の思想信条にかかる「機微な情報」として扱っている。本調査におい

---

[39] C88 では 1 日目と 3 日目の「B」、3 日目の「サ」が日によって無くなるブロックだった。したがって、115 ブロック × 3 日 − 3 = 342 ブロックとなる。
[40] もともと一連のゲーム群である「東方 Project」から派生した諸作品を指す。原作者が派生作品の存在を容認しているため、コミケにおいて著作権侵害が生じることは考えられない。ジャンルコード 241 東方 Project。

◇ 第Ⅱ部 ◇　著作権法における実証と理論

ても、個々の作品について誌名、サークル名、個人名などが明らかにならない統計的結果のみの公表が認められている。従って、本調査の対象となった同人誌の詳細については公表できないことを申し添えておく。

　このようにして、400作品の同人誌を抽出した。ただし、同人誌は、一冊に複数の作品を収録している場合がある。その場合は、その同人誌の最初の作品をもって、その同人誌の代表として判定を行った。

15.2.3　調査対象から除外された同人誌等

　上記の「著作権侵害が生じにくいと考えられる種類の作品」および、「本調査の対象に含まれえない作品」と「米沢記念図書館が収蔵していない作品」は、以下のように除外された。

1日目
- F（『艦隊これくしょん』の小説[41]）1ブロック
- Y～サ（芸能・実写特撮系[42]）13ブロック
- シ～ユ（東方Project[43]、評論、歴史、メカ、ミリタリー[44]）31ブロック
- に～へ（電源不要ゲーム[45]）8ブロック

2日目
- よ～る（創作JUNE系[46]）4ブロック

3日目
- I～K（コスプレROM[47]）4ブロック

---

[41]　『艦隊これくしょん』は、ゲームを中心としたメディア・ミックス作品として商業提供されている。このブロックは、絵やイラストを含む割合の少ない文字作品であるため除外した。

[42]　今回の調査はMAG系キャラクターモデルを対象とした調査であるため除外した。芸能系同人誌は、肖像権にかかるものがほとんどである。実写特撮系については、著作権侵害を含みうる可能性はありうる。

[43]　「東方Project」については、著作権者が同人創作を明示的に容認しているため除外した。

[44]　「評論、歴史、メカ、ミリタリー」については、MAG系キャラクターモデルを含む可能性が最も低い領域であるため除外した。

[45]　電気的・電子的作用を含まない様々な種類のゲームに関する領域であるため、MAG系キャラクターモデルを含んでいる可能性が低いと判断して除外した。また、米沢記念図書館は冊子形態以外の物品については収蔵していない。

[46]　男性同性愛を主題とした創作小説、創作漫画が大部分を占める領域であるため除外した。

◆第 14 章 ◆ マンガ・アニメ・ゲームの人物表現における類似判定に関する調査報告［白田秀彰］

・О〜Х（同人ソフト、オリジナル雑貨）[48] 10 ブロック
・あ〜れ（創作）[49] 42 ブロック

　このようにして、上記の全 342 ブロックから 113 ブロックが除外されている。さらに、これをサークルに置き換えると、上記全 34,936 サークルから 10,582 サークルが除外されている[50]。すなわち、ブロックとしては、約 33％ が除外され、サークルとしては、約 30％ が除外されていることになる[51]。

　上記のように 70,000 種の同人誌が販売されているとすると、サークルでの除外率を適用して、本調査の対象となった母数は、70,000 ×（1 − 0.3）= 49,000（種）ということになる。これは、本調査において、1％ の侵害が存在するとした場合、490 種が侵害する同人誌となり、これを実際の母数である 70,000 種で割った場合の侵害割合は 0.7％ と換算されることになる。

　このように、本調査で示される集計値は、最後に換算しなおすことになる。

16　類似性に関する基準

16.1　調 査 票

　次のような調査票を準備した。調査者は、指定された同人誌を閲覧しながら、この調査票に必要事項を記入する。

【表題】
□原作名をそのまま掲げている
□原作名に別要素を付け加えている
□原作名の改変をしている

---

[47] 本調査では、コスプレが侵害であるか否かを判断することを目的としていないので除外した。また、ここで販売されているのは CD-ROM 等である。米沢記念図書館は、冊子形態以外の物品を収蔵していない。
[48] 「同人ソフト」「オリジナル雑貨」いずれも独自の作品である割合がとても高い領域である。また、米沢記念図書館は、冊子携帯以外の物品を収蔵していない。
[49] 独自の作品である割合が高い領域であるため除外した。
[50] ブロック数とサークル数の誤差は、一つのブロックに含まれるサークル数が、最少 36 サークルから最大 178 サークルまでと必ずしも一定しないからである。
[51] コミケにおける二次創作について、コミックマーケット準備会「日本の創作を支える二次創作と草の根活動」（2015/11/4）によれば、コミックマーケット全体のうち、約 3/4 が二次創作に該当するとしている。本調査のジャンル分けとはやや異なる分類を採用している。

◇第Ⅱ部◇　著作権法における実証と理論

□原作名が容易にはわからない
□原作とは無関係な誌名を掲げている
【物語】
□原作物語をほぼそのまま利用している
□原作物語の一部を多く引用している
□原作物語の改変をしており、ありきたりな展開である
□原作物語の改変をして（原作継承）おり、独自の展開である
□原作物語の設定を利用しており、独自の展開である
□原作物語の設定を改変しており、独自の展開である
□原作物語とは無関係な、独自作品である
【絵】
□原作絵と判別できないほど類似している
□原作絵と違う描き手によると判断できるが、酷似している
□原作絵と全体的印象が類似している
□原作絵の一部を改変して用いている（トレス疑惑）
□原作絵の要素を用いているキャラクターの要素のみわかる
□原作絵を大幅に改変しているが、原作を判別しうる（理由絵について、なぜわかったのか書いてください）
□原作絵とは類似性はない
【独自性】作品全体からの印象でかまいません。
□完全な独自作品である
□原作と他の作品の融合である他作品名（　　　　　）
【原作の変形】
□独自性のある変形
□ありがちな変形
【原作以外の要素の導入】この項目については「複数マークあり」で処理。
□明確に他の作品からの要素を導入している
□著作権侵害に該当する要素の導入（絵画表現トレース・物語ほぼパクリ）
□著作権侵害に該当しない要素の導入（キャラクター・設定）
以上

16.2　項目に関する解説

　これら調査票の項目の趣旨について解説する。ここで説明する趣旨や基準については文面で調査員に提示し、さらに調査時に判断に困る場面があれば、随時メールにて問い合わせるように指示した。調査を通じて、調査員からの、内容の判別にかかる質問はなかった。これら調査票の項目についての判断は、調

◆第14章◆ マンガ・アニメ・ゲームの人物表現における類似判定に関する調査報告［白田秀彰］

査員の主観に依ることになる。調査員個々人の判断の偏りについては、本稿の「調査結果」につづく「調査員の判定の偏り」(17.7節)で評価する。

16.2.1 表題

原作名が二次的著作物に用いられていることは、二次的著作物が原作に依拠していることを強く示唆している。「別要素を付け加えている」は、原作名が二次的著作物の表題にそのまま表れており、かつ何か別の言葉が付加されているものだ。「改変している」は、駄洒落やパロディとして改変したものだ。「容易にはわからない」は、その作品の内容に依拠したり、暗示的に表現したもので、同人作品の表題からは、容易に原作が判明しないものだ。

16.2.2 物語

著作権の保護対象は「表現」であるので、原作がMAGであるのなら、保護対象は、個々のキャラやキャラクターモデルではなく、それらを含む具体的な「物語」であるはずだ。「原作物語の一部を多く引用」とは、物語全体ではなく、著名な部分や印象的な部分を抜き出して、二次創作しているものを指す。二次創作作品は短編である場合が多く、原作が長編である場合、部分的な引用を行う可能性が高い。「原作物語の改変」と「原作物語の設定の利用/改変」の違いは、前者が、物語の筋を変形しているのに対して、後者が、原作のキャラ設定のみを用いている点だ。またそれら物語のそれぞれについて、同人創作でしばしばみられる「ありきたりな展開」と、独創性のある「独自の展開」を分けている。

「原作物語の設定の利用/改変」は、物語の概要、すなわち表現に至るほどの具体性を持たないプロット＝アイデアに属するもので、表現のみを保護する著作権では、「物語の設定」は保護の対象ではない。したがって、設定のみを利用して独自展開している作品は、原作において保護されている要素を用いていないので、侵害がないことになる。

16.2.3 絵

著作権法にいう絵画の著作物の類似性とは、原作の絵との類似性で測るもので、そこに描かれたキャラとの類似性は、本来保護の対象ではなかったはずだが、内面的形式といった、より抽象化された「表現」概念を創出して、描かれた絵から想起されるキャラクターモデルまで著作権によって保護される表現としている[52]。

---

[52] 描かれた人物の正面から見た絵画があるとする。これをフィギュア等の立体造形表現にする場合、ポーズを変えたり、描かれていない背面の様子や、別角度からの顔立ち等

647

◇第Ⅱ部◇　著作権法における実証と理論

　仮にそうした拡張された「表現」概念を認めるにしても、原作絵から直接的に三次元化できる範囲にとどまるのであって、さらにそこから絵柄を違えたり、デフォルメをした三次元モデルにまで権利が及ぶと考えるのは、不合理に拡張された保護範囲だと報告者は考える。まして、あるキャラの特徴として設定された要素、たとえば「左右二つに分割した長いお下げ髪をしている」等は、アイデアに属するものであり、それらを用いたとしても著作権侵害とはならないと考えるのが適切であると考える。
　このような著作権の保護範囲に関する理解を前提として以下説明する。
　「原作絵と判別できないほど類似している」とは、原作の具体的表現としての絵をそのまま用いており、書き手の模写の能力が高いために、原作者の手による描写であると誤解する程度のものを指している。ただし、著作権法では、作風や画風を保護していないので、ある作家の絵柄と酷似した絵であっても、酷似した絵の元となる絵を原作者が描いていないのであれば、著作権の侵害はない。
　「原作絵と違う描き手によると判断できるが、酷似している」とは、キャラクターモデルを目指して描いており、キャラクターモデルを明瞭に判別できるものの、描き手の「個性」が反映してしまったため、原作者以外の人物が書いていると判断できるものを指している。ここにおいては、原作者との混同の可能性がほとんどない点で、さらに侵害の程度は低くなる。これに対して「原作絵と全体的印象が類似している」とは、描き手の個性が強すぎるか、またはキャラクターモデルを目指していないか、キャラクターモデルを独自に変形した結果、特定の作品の特定のキャラクターモデルを想起させるが、それとは異なった表現になっていることを意味している。
　「原作絵の要素を用いている」とは、原作キャラの「属性」のみを用いているものを指す。あるキャラには、それを特徴づける「属性」が設定されており、原作と明白に異なる描き手の絵柄でキャラクターが描かれていても、その「属性」を手掛かりに、読者は、描かれているキャラがどの原作のどのキャラであるかを判別する。「属性」はキャラを特徴づける記述的な要素であり、それは、

を付加して表現することになる。これは元の絵にはなかった要素なのであるから、立体造形表現者の独自の表現であるはずだが、立体造形物は元の絵画の二次的著作物であるとされる。元の絵画に表現されていないのに、そこから表現が「派生」したという主張には疑問がある。

表現ではなくアイデアに属するものである。したがって、この要素を用いているのみであれば、著作権の侵害はない。

「原作絵を大幅に改変しているが、原作を判別しうる」とは、同人誌の描き手の個性が強すぎるか画力のために、まったく別の絵柄になってしまっており、なおかつ原作絵の要素を用いていないものを指す。たとえば、物語とか表題等から、なんらかの原作をもとにして描いたということが認識しうるが、絵としては完全に別個のものと言ってよいものだ。当然、著作権の侵害はない。

16.2.4 独自性

この項目は、表題・物語・絵柄という要素を除いて、作品全体の評価について検討する項目だ。この項目については、必ず記入しなければならない項目ではなく、その要素があると判断した場合にのみ記入するように指示した。

「完全な独立作品である」は、全体としてそのような印象を持てば記入してもらうことになる。すなわち、調査員の主観としては全体として「類似していない」という趣旨である。

「原作と他の作品の融合である」は、二次創作にしばしば見られる、複数の作品を混合して別個の作品にしている種の作品の場合に記入してもらうことにした。この場合、導入されている他の作品が判明すれば、記述するように指示した。

16.2.5 原作の変形

二次創作であるならば、何らかの形で原作と違っているはずである。その変形具合が、読者にとって何らかの創作性や新規性を感じさせるものであるか、あるいは、しばしばよく見られるような凡庸なものであるのかを記入してもらった。仮に二次的著作物において、現著作物に対して「創作的な表現」を付与できていないのであれば、理論的には、それは独立した著作物になりえないからである。

16.2.6 原作以外の要素の導入

同人誌の表現形態として、複数の作品を融合する場合がある。そこで、ある原作に基づいていても、さらに別の作品の要素を導入している場合であり、かつその導入された作品を調査者が判別できる場合には指摘してもらった。

これは参考として掲げる補助的な項目であり、導入された作品について、その要素が著作権侵害にあたると考えられるかそうでないかを調査者の主観で評価してもらった。

◇第Ⅱ部◇　著作権法における実証と理論

17　調査結果

17.1　表題

「原作名をそのまま掲げている」は、グラフ上では0％となっているが、一件だけ、該当するものがある。これを直接参照したところ、原作表題に「四コマ」と追加されているもので、正確には「原作名に別要素を付け加えている」に該当するものであった。しかし、調査員の判断を尊重してそのまま集計している。

表題については、「原作名が容易にはわからない」と「原作とは無関係な誌名を掲げている」で、94％を占めており、表題から、原作を直接推測することは難しい状況であることがわかる。したがって、類似性の評価において、原作表題が影響する割合は無視してもよいと評価する。

ただし、本調査において調査員は、閲覧中の同人誌の原作が何であるかを知らされた状態で評価していることに注意してほしい。

表題の類似性

- 1原作名そのまま：0％
- 2原作名＋別要素：3％
- 3原作名改変：3％
- 4原作名推測困難：24％
- （70％）

17.2　物語

本調査において調査員は、すべての原作の内容について予め知ったうえで調査対象同人誌の物語の類似性を評価したわけではなく、事前段階で、表4の作品について内容を知っていたのみであり、内容を知らない作品についてはWikipediaや公式サイトなどを参照し、物語の概要を把握したうえで、対象となる同人誌を評価していることに注意してほしい。

また、「調査員の判定の偏りについて」（17.7節）で評価されているように、調査員の間でもばらつきが大きいことに注意しなければならない。最もよく作品についての事前知

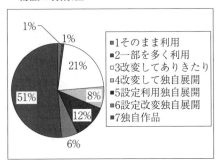

物語の類似性

- 1そのまま利用：1％
- 2一部を多く利用：1％
- 3改変してありきたり：21％
- 4改変して独自展開：8％
- 5設定利用独自展開：12％
- 6設定改変独自展開：6％
- 7独自作品：51％

650

◆ 第14章 ◆ マンガ・アニメ・ゲームの人物表現における類似判定に関する調査報告 ［白田秀彰］

識を持っていた調査員で、担当した作品の8割を知っていたのに対して、最も事前知識を持っていなかった調査員は、担当した作品の1割についての知識を持っていたのにとどまっている。

「原作物語をほぼそのまま利用している」が2%（6作品）、「原作物語の一部を多く引用している」が1%（3作品）、報告された。これは、やや意外な結果である。というのは、原作で展開されなかった物語を描きたくて二次創作作品を作るのが、創作の動機として考えられるので、原作に近い物語の作品が制作されることはほとんどないと考えられるからだ。

「原作物語をほぼそのまま利用している」とされた6作品については、報告者が改めて当該同人誌を閲読し確認した[53]。その結果、以下のように判断した。

1. 原作『PHANTASY STAR ONLINE 2』A4サイズ20頁冊子。絵は上手いといいうるが素人のものであると判断できる。物語は四コママンガとごく短い短編マンガが二つ。内容を見て、原作とは全く異なることを直ちに判断できた。
2. 原作『ポケットモンスター』A5サイズ110頁冊子。厚みもあり、装丁の質が高い。複数掲載されている作品のうち最初の作品を含むいくつかの作品は画力が高いと評価しうるが、中ほどの作品には、明らかに素人のものであると判断できるものが多かった。物語はいずれも「原作物語の設定を利用しており、独自の展開である」と評価するのが適切なものであった。
3. 原作『神様はじめました』A5サイズ12頁簡易冊子。表紙の絵柄から原作と全く異なった絵柄であることがわかる。冊子としても、カラープリンタから出力したものをホチキスで留めたものであった。物語としてもよくある日常の会話を中心としたもので、原作と全く異なることが判断できる。
4. 原作『ガンダムGのレコンギスタ』B7サイズ8頁簡易冊子。プリンタから出力した一枚を折りたたんで冊子にしたもので、とくに物語と呼べるような筋はない、イラスト集に近いものである。絵は描きなれていることがわかるが、原作とは全く異なることが直ちに判断できる。

---

[53] 米沢嘉博記念図書館にて2015年10月31日。

◇第Ⅱ部◇　著作権法における実証と理論

5. 原作『終わりのセラフ』A5 サイズ 20 頁冊子。絵は上手いといいうるが素人のものであると判断できる。物語も原作とは全く無関係で誤解の余地はない。
6. 原作『プリパラ』B5 サイズ 16 頁冊子。絵はかなり慣れており、絵を描く職業でないかと思われる。ただし、マンガでいうところの「ラフにペン入れ」した段階のものであり、原作と混同する余地はない。また、絵柄も原作のものとは著しく異なっている。物語もとくに筋があるものではなくビデオ作品であれば「イメージビデオ」に該当するものである。

　このように、報告者が実際に確認してみると、いずれも「原作物語をほぼそのまま利用している」とは言い難いものであった。この 6 作品のうち、3 作品については調査員 I が担当したものである。このことから、調査員 I は物語について原作との類似性を強く推測する傾向があると考えられる。

　さて、このように独立した作品について、「原作物語をほぼそのまま利用している」という調査報告がされていることについてどのように考えるべきだろうか。報告者は、物語という点について、調査員が無作為抽出に近い状況になっていることを考慮して、一般の人々の中にも、調査員 I と同様の緩やかな基準で物語の類似性を評価をする人々が一定割合いると判断する。それゆえ、本調査の目的から判断して、これらの 6 作品についての数字をそのまま残すことにした。ただし先に述べたように実際には、いずれも「原作物語をほぼそのまま利用している」とは言えないことを強調しておきたい。

　さて、上記の「原作物語をほぼそのまま利用している」と、「原作物語の一部を多く引用している」とを合わせて 3%、「原作物語の改変をしており、ありきたりな展開である」と「原作物語の改変をして（原作継承）おり、独自の展開である」を合わせて 29%、「原作物語の設定を利用しており、独自の展開である」と「原作物語の設定を改変しており、独自の展開である」を合わせて 18% となった。これらの結果を、「独自性（創作性）がみられるか」という基準で見た場合、創作性を欠き翻案にとどまると評価しうるものは、23% ということになる。さらに、「原作に依拠している」という基準で見た場合、おおよそ 50% が原作を想起させうる物語を用いていると評価しうることになる。とはいえ、もっとも類似していると評価された上記の 6 作品が、実際には全く独自の作品であったことを考えれば、侵害といいうるような類似した物語は存在しないと推測して

◆第 14 章 ◆ マンガ・アニメ・ゲームの人物表現における類似判定に関する調査報告 ［白田秀彰］

も構わないと報告者は判断する。

そして、残りの 50% は、「原作物語とは無関係な、独自作品である」と評価された。これらについては、「絵」において画力が高く翻案と評価しうるほどでなければ、とうてい侵害にはなりえない。

17.3 絵

「原作絵と判別できないほど類似している」が 6% であった。これを「原作絵と違う描き手によると判断できるが、酷似している」の 17% と「原作絵と全体的印象が類似している」の 29% と合わせると 52% の作品が原作を想起させうる水準の絵を用いていると考えることができる。

ただし、本調査においては、422 標本から導き出した「一般の人々の類似性判定」に沿った調査員を 120 人から 9 人選抜したのであることを再度確認しておきたい。すなわち、これは、一般的な人々の評価としては、おおよそ半分の作品が「翻案である」と考えられることを示しているのであり、これが直ちに著作権法上の「翻案」に該当することを示すものではない。すでに 8.3 節で示したように、著作権法の知識が増加した場合に、「類似している」という評価は低下することが示されている。また、この約半分の同人誌が「翻案」に該当しうるという評価は、同人誌市場に詳しい知人たちの感覚としては納得しうるものだ、という見解も聞いている。

「原作絵の一部を改変して用いている」の選択肢については、すべての調査員が採用しなかった。したがって選択肢の設計として失敗であったと反省する。

残りの「原作絵の要素を用いているキャラクターの要素のみわかる」の 30%、「原作絵を大幅に改変しているが、原作を判別しうる」の 9%、「原作絵とは類似性はない」の 9% を合わせた、48% が、「絵」について「翻案である」とは考えにくい作品だと評価することができるだろう。

調査員に、追加として記入してもらった、「絵について、なぜわかったのか書いてください」の項目については、詳細に記入してくれた調査員と、まったくの空欄であった調査員

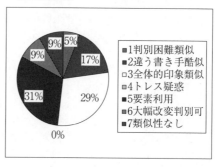

絵の類似性

653

◇ 第Ⅱ部 ◇　著作権法における実証と理論

表5：調査員が判定の手がかりとした要素リスト

絵が判別できた理由	服、髪型が同じ	眼帯
髪型	服、髪型が同じ	前髪の形
髪型、アイマスクのデザインが同じ	服、髪型が同じ	前髪の形
髪型、色が同じ	服、髪型が同じ	全体の雰囲気、目の描き方
髪型、装備品が同じ	服、髪型が同じ	髪型
髪型、服、目の感じが一致	服、髪型が同じ	髪型
髪型、服が同じ	服、髪型が同じ	髪型
髪型が同じ	服、髪型が同じ	髪型
髪型が同じ	服、髪型が同じ	髪型、おでこの飾り
髪型が同じ	服、髪型が同じ	髪型、パーツの雰囲気
髪型が同じ	服、髪型が同じ	髪型、メガネ
髪型が同じ	服、髪型が同じ	髪型、メガネ
髪型が同じ	服、髪型が同じ	髪型、メガネ、絵柄の雰囲気
髪型が同じ	服、髪型が同じ	髪型、メガネが似ている
髪型が同じ	服、髪型が同じ	髪型、絵柄の雰囲気
髪型が同じ	服、髪型が同じ	髪型、絵柄の雰囲気
髪型と髪色、タイトルにキャラ名	服、髪型が同じ	髪型、顔の傷
	服、髪型が同じ	髪型、服装
髪型や顔の傷が同じ	服、髪型が同じ	髪型、服装
キャラが全体的に似ている	服、髪型が同じ	髪型、服装、雰囲気
	服、髪型が同じ	髪型、目の周りの特徴
キャラの内一人の髪型と眼帯から作品特定、残りのキャラは髪型	服が同じ	髪型、目の雰囲気
	服や装備品、そばかすが同じ	髪型の雰囲気
キャラ設定を改変しすぎているが、髪色・髪型・服装でかろうじて分かる	前書きから判断	服、耳
	ロボットのデザイン	服装
	ロボットのデザイン	服装
サブキャラの髪型	ロボットのデザイン	服装、髪の色
着用している武具のデザインが同じ	ロボットのデザイン、髪型	服装、髪型
	衣装、目の雰囲気	服装、髪型
表紙の衣服	絵のタッチ、キャラの雰囲気	服装、髪型
表紙の衣服と髪服、髪型、ピアスが同じ		雰囲気、顔のパーツ
	絵のタッチ、目の描き方	雰囲気、髪型

654

が混在しているので、あくまでも参考にしかならないが、表5にみられるように、髪型による判定が圧倒的に多く、ついで服装であった。ということは、キャラクターモデルの「本質的特徴」とは、髪型と服装であることになるだろう。

17.4 独自性

この項目では、「作品全体からの印象でかまいません」と付記して、調査員の全体的な総合判断から「完全な独自作品である」かを評価してもらい、さらに、「原作と他の作品の融合である」かを評価し、可能であれば他の作品がなんであるかを指摘してもらおうと考えた。

これらの項目については、独立した項目として「印象」水準での評価を見るために導入したのだが、その結果をみると調査員の大部分は、これらの二者について排他的な選択肢として把握したようだ。このため、この項目の結果の信頼性には疑問が出るだろう。とはいえ、97％が「完全な独自作品である」と評価したことは参考にはなるのではないか。

また、原作と融合されている「他の作品」については、いくつか記述があったが、その数は少なく、参考になる傾向などが示されるようなものではなかった。

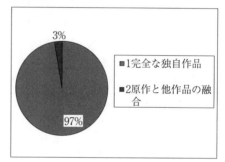

17.5 原作の変形

原作の変形の水準が、独自性を感じさせる水準に達しているか否かを評価してもらった。「独自性のある変形」と評価されたものが20％、「ありがちな変形」と評価されたものが80％であった。二次創作の多くは、原作の愛好者による「遊び」または「戯れ」として制作されるのであるから、この結果は首肯しうるものであると考える。

17.6 原作以外の要素の導入

この項目では、「この項目については『複数マークあり』で処理」と付記して、1.「明確に他の作品からの要素を導入している」、2.「著作権侵害に該当する

◇第Ⅱ部◇　著作権法における実証と理論

要素の導入（絵画表現トレース・物語ほぼパクリ）」、3.「著作権侵害に該当しない要素の導入（キャラクター・設定）」について評価してもらった。事前説明では、とくに気が付いた点があれば、その場合にのみ記入する項目として指示しておいた。

　ところが、これは質問項目の設計の失敗であって、1. については「独自性について」の質問と重複し、3. については二次創作である以上、ほとんどの作品が該当するものであるため、調査員の大半は、この項目については空欄のままとし、わずかな調査員が律儀に「著作権侵害に該当しない要素の導入（キャラクター・設定）」があると、自ら担当したすべての作品について記入するという回答状況であった。ゆえに、本調査では、この項目については検討しないこととする。

　ちなみに、「著作権侵害に該当する要素の導入（絵画表現トレース・物語ほぼパクリ）」と評価された作品数は三つであり、それら作品の「表題」「物語」「絵」についての評価をみたところ、二作品については、同一の調査員Gの担当であり、いずれについても似ていないという評価がされていたので、この二作品については、調査員が趣旨をあまり理解せず、そのように評価したのだと推測する。残る一作品については、別の調査員Hから「表題」「物語」においてきわめてよく類似していると評価されているので、この作品について調査員は「著作権侵害あり」と判断したものと思われる。

17.7　調査員の判定の偏り

　ここでは「調査員の判定がどの程度偏っていたか」について検討しておきたい。このとき、一人ひとりの調査員の判定の偏りが、この調査員の個性に依存したものか、あるいは、たまたま調査員に割り当てられた同人誌の性格に依るものかを区別して判断することは困難である。すでに述べたように、絵の判定基準については、一般化するよう配慮して選抜した調査員であるため、絵に関する判定の偏りについては、同人誌の内容に依存したものであると考えてもよいだろう。しかし物語の判定基準については、とくに一般化の操作を行っていないため、調査結果から、その偏りについて推定することになる。

17.7.1　表　題

　グラフ4を参照のこと。判断基準に主観的な判断を必要とする要素がなかったためか、かなりそろっており、この項目については、調査員の評価の偏りを

◆第14章◆ マンガ・アニメ・ゲームの人物表現における類似判定に関する調査報告 ［白田秀彰］

考慮する必要はないと判断する。

グラフ4：表題の類似性

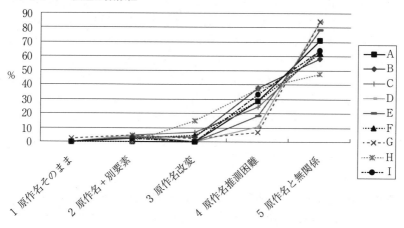

17.7.2 物　語

グラフ5を参照のこと。「改変してありきたり」の評価と「独自作品」との評価で、調査員間の違いが大きくなっている。グラフをよく見ると「改変してあ

グラフ5：物語の類似性

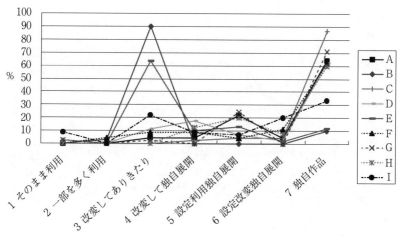

◇第Ⅱ部◇　著作権法における実証と理論

りきたり」を多く選んでいる調査員は「独自作品」との評価が少なく、逆も成立している。それゆえ、物語を「よくある話」であると判断するかどうかが、この偏りの理由となっていると考えられる。それはすなわち、調査員がこの種の同人誌をたくさん読んだ経験があるか否かに依存しているかもしれない。

調査員Ｂと調査員Ｅが「ありきたり」と多く評価している。それぞれ過去一年での「イベント参加」「アニメ視聴本数」「マンガ購読本数」についてデータを見ると、調査員Ｂは、イベントについて「7回以上」「1～4本」「11～20本」と回答し、調査員中ではMAGについて詳しい様子がうかがわれたが、調査員Ｅは、それぞれ「0回」「1～4本」「5～10本」と回答し、全体の状況からみてMAGにそれほど親しんでいないことがわかる。すると、これは調査員個人の偏りであると判断することが妥当かと思われる。

17.7.3　絵

グラフ6を参照のこと。慎重に調査員を選抜したにも関わらず、ばらつきが大きい。「トレス疑惑」の項目については全員が「なし」と答えている点が揃っている程度で、その他の評価については、特に目立った点がなく分散している。このことから、割り当てられた同人誌の性格によって、結果にばらつきが現れたものと考えてよいと判断する。

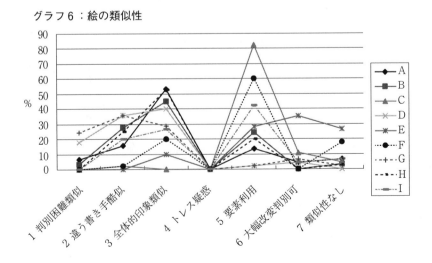

グラフ6：絵の類似性

◆第14章◆ マンガ・アニメ・ゲームの人物表現における類似判定に関する調査報告［白田秀彰］

17.7.4 独立性

グラフ7を参照のこと。調査員の偏りについてとくに言及するところはないと判断する。

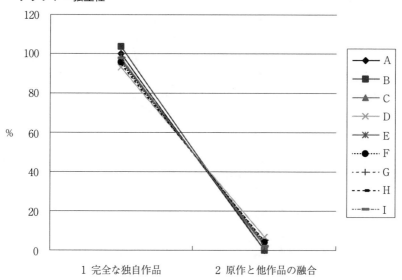

グラフ7：独立性

17.7.5 原作の変形

グラフ8を参照のこと。ほかの調査員に対して、明らかに違う傾向を示しているのが、調査員Gである。この調査員は、作品の変形について強く「独自性」をみる傾向がある。この調査員Gについてみると、それぞれ過去一年での「イベント参加」「アニメ視聴本数」「マンガ購読本数」について「1～2回」「1～4本」「1～4本」とそれほどMAGに親しんでいないことがわかる。また、担当した同人誌のうち、この調査員が知っていた作品は、一割程度にとどまる。これについても、調査員個人の偏りであると判断することが妥当かと思われる。

以上のような調査員の個人的な性質による評価の偏りを考慮して、本調査の結果に反映する必要はあるだろうか。報告者は、その必要はないと判断する。応募者120人から、「絵」に対する評価の一般性に着目しながら9人を選抜したのであるから、その他の評価基準については、無作為に選抜した状態になっていると判断してよいと考える。すなわち、上記のような調査員の評価基準の偏

659

りは、読者の母集団全体においても存在するものであり、これを何らかの操作で一般化することが、調査結果の一般性を高めることにはならないと考えるからである。

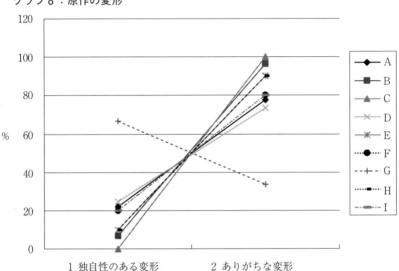

グラフ8：原作の変形

18 結 論

　以上の調査結果を整理すると、一般的な感性をもつ人々にとって、コミケで販売される同人誌は、

- ・表題からは原作を推測できない。
- ・物語としては、1/2 程度の作品が原作を彷彿とさせるが、似ているといいうるのは 1/4 程度。
- ・絵としては、9 割の作品が原作を彷彿とさせるが、似ているといいうるのは、1/2 程度。
- ・全体としての印象では、ほとんどの作品は、原作と異なる独立した作品であるとわかる。

ということになるだろう。これは、今回の調査以前から、コミケに関係して

◆ 第14章 ◆ マンガ・アニメ・ゲームの人物表現における類似判定に関する調査報告［白田秀彰］

いる人物の印象として語られていた評価と、ほとんど同一であるといってよい。

しかし、こうした評価があるから、多くのコミケ出展作品が著作権侵害であるとは決して言えないことは、読者には明らかだろう。先の検討から、物語については著作権侵害に該当する程度の類似性を持つものは無いと評価してよい。また、絵についても、それは描かれているキャラクターの髪型や服装[54]が原作のそれと類似している点を指して「似ている」と調査員たちが評価しているのであって、1/2程度の作品については、「アイデア」に過ぎない属性や、MAGにおけるキャラクターに頻繁にみられる「ありきたりな設定」が用いられているにとどまるため「翻案」にすら該当しない。残りの1/4程度の作品についても、「翻案」に該当するか否か判断に苦しむ「全体的な印象が類似している」段階にとどまり、ようやく1/4程度の作品について、侵害を懸念しうる水準にあるにとどまる。ここで、本調査が「侵害の可能性が低い3割の作品群を除外し、侵害の可能性が高い7割の作品について行われた」という前提条件（15.2.3節）を適用するならば、その侵害の懸念は、さらに17％に低下することになる。

そして、ある作品が、他の作品の著作権を侵害しているといいうるためには、作品全体での類似性で判断せねばならず、ある特定の部分に侵害が発見されたことをもって、直ちに侵害ということができないため、コミケの同人誌のほとんどすべてについて、著作権侵害を見出すことはできないものと考える。

8.3節で示されたように、著作権に関する知識の乏しい場合、人々は過剰に広く侵害をみる傾向にあることが示され、逆に著作権の知識がある場合、人々は、侵害を見るのに慎重になる傾向がある。「コミケに出展される二次創作同人誌の大半が著作権を侵害している」という一般の評価は誤りであり、きわめて稀な例外を除いて「ほとんどすべての作品は著作権を侵害しているとは言えない」と、報告者は結論する。

---

[54] 服装については、作者の独自性を表現する多様性の幅は広いかもしれない。しかし、髪型について、多様性の幅は広いといえるだろうか。仮に人間の髪型についての多様性の幅が十分に広いと言えないのであれば、それは「ありきたりの表現」または「アイデア」に属するものであり、著作権法の保護の対象にはなりえないと考える。

第15章 マンガ・アニメ・ゲームにおけるキャラクターの本質的特徴について

白田秀彰

I　はじめに

　一般に、キャラクターは、著作権法によって保護されていると考えられているようだ。また、キャラクタービジネスが成立しており、そこでは当然のようにキャラクターの利用許諾契約が運用されている。一方、法学界ではキャラクターの保護について否定的であり、一時期キャラクターに著作権法による保護を容認してきた裁判所も、現在では否定的な解釈を採用している。既存作品のキャラクターと見えるキャラクターを利用して制作されたマンガ作品について、ときおり著作権侵害訴訟が提起されたという報道を見るが、それらが判決に至らず、和解等で解決しているのは、侵害の対象であるキャラクターの法的位置づけが不明瞭であることに、原因があるのではないかと推測する。

　本論は、キャラクターの中でも、マンガ・アニメ・ゲーム（以下、MAGと表記）分野に多く見られるキャラクターに対象を絞り、キャラクターそのもの、あるいはキャラクターによって提示される物語作品そのものにおける「思想または感情の創作的表現を直接感得させる本質的特徴」について考察することを目的とする。

　本論での考察で、高度に独創的で特徴的なキャラクターを除いて、キャラクターに「本質的特徴」と呼べるようなものを見出すことは困難であり、最高裁が判示するように、物語作品を前提として、あるいはそれと一体としてキャラクターの法的保護をすすめていくほかないと結論する。

II　キャラクターの法的位置づけ

　もっとも広い意味でのキャラクターに関する考察として、小田切博『キャラクターとは何か』[1]が、本論の背景となる状況を手際よく整理している。とく

---

[1] 小田切博『キャラクターとは何か』（ちくま新書、2010年）。社会現象としてのキャラクターについての論考を展開している。

◇第Ⅱ部◇　著作権法における実証と理論

に、108頁以下でキャラクターの定義と歴史について解説し、キャラクターの三要素を「意味」「内面」「図像」と整理し、そのうち二つの要素が同一であれば、同一性を維持しうることを指摘した点が[2]、キャラクターの法的位置づけを検討するうえでも示唆的である。また、マーク・スタインバーグ『なぜ日本は〈メディアミックスする国〉なのか』[3]もまた、キャラクターが実際に利用されている状況を整理して提示している。中村稔「キャラクターの保護について」[4]では、165頁および註1で、国語辞書におけるキャラクターの定義を列挙し、キャラクターの一般的な定義を紹介している。

知的財産権の文脈でキャラクターについて語るとき、一般に

・ファンシフル・キャラクター／漫画やアニメ等の視覚的表現を伴う著作物の登場人物
・オリジナル・キャラクター／商品化等の目的で単体で創作され視覚的に表現されたもの
・フィクショナル（文学的）・キャラクター／小説等の言語の著作物の登場人物
・実在の人物／俳優、歌手、スポーツ選手等の
・その他の動物、建築物等の実在の物体

と分類して、それぞれについて語ることが多い[5]。

本論では、そのうちでもファンシフル・キャラクターのさらに一部に焦点を当てて検討する。それゆえ、小林俊夫「キャラクター商品の法的保護（上）」[6]で示された

> キャラクター（Character）とは、映画・漫画・小説等に視覚的な形で登場する創作的な人物・動物・ロボット等であって、特定のイメージを我々に喚起することによって、その同一性を認識できるものをいう。

---

(2) 小田切・前掲注(1)125頁。
(3) Marc Steinberg、中川譲訳『なぜ日本は〈メディアミックスする国〉なのか』（角川Epub選書、2015年）。
(4) 中村稔「キャラクターの保護について」著作権研究39号（2012年）。
(5) たとえば、牛木理一、『デザイン、キャラクター、パブリシティの保護』（悠々社、2005年）368頁。君嶋祐子、「キャラクターの侵害」斉藤博＝牧野利秋編『知的財産関係訴訟法』裁判実務大系27号（青林書院、1997年）378頁。
(6) 小林俊夫「キャラクター商品の法的保護（上）」NBL329号（1985年）8頁。

◆第 15 章◆ マンガ・アニメ・ゲームにおけるキャラクターの本質的特徴について［白田秀彰］

という定義がもっとも近いものとなろう。

キャラクターに対する法的保護は、著作権法上の問題であるという認識が一般化しつつある実務状況に至っているという[7]。また、アメリカ法においては、キャラクターに著作物性を認める判例法理が存在している[8]。知的財産権法一般がそもそも競業規制法だったアメリカ法において、商取引の過程全体からみて、他者の営業努力にただ乗り（フリーライド）することを不法行為とみる傾向が強いのは、自然なことであると考える。知的財産権法の解釈の限界を超えて保護を及ぼす傾向があるとしても、判例法の国であれば、キャラクターについての保護法理が成長途中であるゆえと理解されうる。ただアメリカ法の場合であっても、登場人物における実質的類似性（substantial similarity）の証明が要求され、それは元の著作物の著作権で保護される部分に存在していなければならない[9]。白田報告書[10]で行われた類似性に関する調査は、この実質的類似性を検討するにあたって何らかの貢献ができるものと考える。

2.1 一般の認識

一般に、キャラクターは、著作権法によって保護されていると考えられているようだ。前掲の『キャラクターとは何か』（以下、「小田切」と表記）や『なぜ日本は〈メディアミックスする国〉なのか』でも、そのように記述されている。産業財産権では、権利の獲得に審査や登録が必要であるし、不正競争防止法では、その作品なりキャラクターなりが、市場において著名である状況が成立していないと保護を受けられないことから、著作権による保護を前提にするほかない。

また、標本数が120と少ないが、白田報告書でも次のように示されている。

---

[7] 堀江亜以子「フィクショナル・キャラクターの保護の法理」『知的財産権法の現代的課題 ── 紋谷暢男教授還暦記念』（発明協会、1998年）801頁。

[8] キャラクターの保護に関するアメリカの状況については、新井みゆき、「商品化された著名なキャラクターの法的保護」同志社法学51巻2号（1999年）156頁以下。また、堀江・前掲注[7] 802-803頁。

[9] 新井・前掲注[8] 157頁以下。(1) キャラクターがオリジナルに考えられたものであり、著作権による保護を要求しうるほどに十分に発展した（sufficiently developed）ものであるかどうか、(2) 侵害者とされるものは、そのような発展したものをコピーしたのであり、単に大まかな性質に過ぎないものをコピーをしたものではないかどうか、という基準で判断されている。

[10] 本書595頁。

◇第Ⅱ部◇　著作権法における実証と理論

　「他人の作品のアニメ・マンガ系キャラを無断で利用することは、著作権侵害だと思いますか？」という質問に対しては、「強くそう思う」という回答が 14％となっている。「そう思う」の 53％を加えて、過半数の 67％は、キャラを利用することが著作権侵害であると考えていることを示している[11]。

　先般の TPP の大筋合意を受けて行われたヒアリングに提出されたコミックマーケット準備会の説明資料でも、二次創作同人誌における既存キャラクターの無許諾利用が著作権の問題として取り扱われていたことから見ても[12]、著作権法が最も関連の深い法として認識されていると考えてよいだろう。

2　実務の認識

　業界慣習が一般の認識に影響したとも考えられるが、一般と同じように、業界でも著作権による保護を前提として作品もしくはキャラクター、またはそれらを全体として利用許諾する商慣習が成立している。この商慣習は、ライセンス・ビジネス、キャラクター・ビジネス、キャラクター・マーチャンダイジング等と呼ばれている[13]。本論では、キャラクターに法的保護に限定して検討するため、キャラクターの商用利用である商品化権を念頭に検討する。

　そもそも MAG 市場の成立が、漠然としたキャラクターの利用権であるところの「商品化権」に依存していた[14]。このため、商品化権についての許諾契約を締結すれば、何らかの法律上の保護を受けられるというの理解が実務において存在する。商品化権という用語は、日本において merchandising right の訳語として 1960 年代初め頃から使用され始めたものであるとされる[15]。戦後の物

---

[11]　本書 636 頁。
[12]　MANGA マンガ・アニメ・ゲームに関する議員連盟「TPP・著作権侵害罪の非親告罪化に関するヒアリング議事要旨」（2015 年 10 月 22 日）。
[13]　産業全体の状況については、出口弘・田中秀幸・小山友介『コンテンツ産業論』（東京大学出版会、2009 年）。ビジネスの観点からは、道垣内正人・森下哲朗『エンタテインメント法への招待』（ミネルヴァ書房、2011 年）や草間文彦『ライセンスビジネスの戦略と実務』（白桃書房、2015 年）等。より、法律学よりの解説として、牛木理一『キャラクター戦略と商品化権』（発明協会、2000 年）、牛木理一・前掲注(5)等。
[14]　「キャラクターを中心とした商品販売戦略は、アニメシステムの根幹であり、そのことに疑いの余地はない。」Steinberg・前掲注(3)69 頁。
[15]　「キャラクターの利用許諾のために虫プロダクションが用いてきた法的な契約書類は、ディズニーの日本法人が用いていたものの簡略版である。そもそも日本語における「キャラクター」という言葉自体も、1950 年代のディズニーが、ライセンス契約のために用

◆第 15 章◆ マンガ・アニメ・ゲームにおけるキャラクターの本質的特徴について［白田秀彰］

資不足はすでに解消され、消費財が十分に家庭に普及した状況が達成され、同性能・同機能の商品について、何らかの方法による差別化が必要になり始めた時期にあたる。こうした商品差別化の材料として、キャラクターが持つ顧客吸引力や商標類似の機能が重視されるようになったのである。

　商品化権の内容は、著作権、意匠権、商標権等の利用許諾を内容とする混合契約であると理解されている(16)。したがって、商品化権と呼ばれるものの、ある作品全体あるいはその一部を、特定の目的や様態で利用許諾する契約にほかならない。契約の根拠となる権利が不明瞭であるため、著作権を基礎として考えることになる。キャラクターの商業的利用は、この作品全体についての契約で曖昧かつ柔軟に許諾されていた。あるいは、特定のキャラクターを作品中から抜き出して、商業的利用の許諾をするような場合もあっただろうが、その場合に、キャラクターを厳密に特定する必要は感じられていなかったのだろう。小田切は、この漠然とした権利の雲のようなものを次のように説明している。

> このように「キャラクタービジネス」をとらえなおしていった場合、おそらくキーになるのは「コンテンツ」ではなく「プロパティー」という概念である。プロパティーとはアメリカの法律用語で「所有権、使用権」を意味する言葉だ。たとえば『ポケットモンスター』はまずビデオゲームがあって、そこからアニメやマンガやカードゲームといった複数のメディアへの商品展開をしている。それら個別のプロダクト（モノ）の内容が要するに「コンテンツ」なわけだが、それら個々のコンテンツ、プロダクトの製造や販売の許認可を行うための「総体としてのポケモン」を指す概念がプロパティーである(17)。

　　いた「ファンシフル・キャラクター」という用語によって輸入されたものだ。」Steinberg・前掲注(3) 79 頁。また同 142 頁。
(16)　小林俊夫「キャラクター商品の法的保護（下）」NBL333 号（商事法務研究会、1985 年）36 頁。また、鈴木香織、「キャラクターの著作権法による保護についての考察」『日本大学大学院法学研究年報』38 号（2008 年）207 頁。商品化権がどのように導入され定着し、現在どのように機能しているかについては、小田切・前掲注(1)第一章に詳しい。「「キャラクターマーチャンダイジング」という場合は主にキャラクターの出版権や商品化権を売買するビジネスを指す。この言葉は 1978 年に日本公開された映画『スター・ウォーズ』の熱狂的なブームとともに輸入され広がっていたもので、当時の日本の映画界とこの映画を取り巻く環境を含めて考えないとこの辺の事情はわかりづらい。」小田切・前掲注(1) 41 頁。小田切は、1970 年代まで、キャラクタービジネスは「マンガ商法」とも呼ばれ、子供向け市場に限定されていたと指摘する。

◇第Ⅱ部◇　著作権法における実証と理論

　こうした商品化権の曖昧な法的位置づけを受けてか、キャラクターの利用をめぐって世間の耳目を引く事件が生じても、判決にまでいたらないことが多い[18]。和解によって解決することは個々の事件の当事者にとっては望ましいことだろうが、どのような法的根拠でどのような解決に至ったかの記録が蓄積がなされないことは、この分野における法の成長と確定を困難にする弊害がある。

3　法学界の認識

　一方、法学界ではキャラクターの保護について否定的である。一般論としては、著作権法によるキャラクターの保護は困難であるが、たとえば、個別具体的事件におけるキャラクター利用の様態によっては、キャラクターそのものが作品の「思想または感情の創作的表現」を直接感得させうるといった理由で、保護を容認する見解もある[19]、一時期キャラクターに著作権法による保護を容

---

[17]　小田切・前掲注(1)93頁。

[18]　「ピカチュウＨな変身はダメ」朝日新聞朝刊、1999年1月14日13頁。「しまじろう事件」事件詳細は不明。火塚たつや「エンドユーザーの著作物使用から見える近代著作権法の問題点――利用権中心主義の提言」、http://tatuya.niu.ne.jp/master/enduser.html（2000年、最終確認日2015年1月8日）に「しまじろう事件」についての言及あり。「ドラえもん」無断最終話同人誌販売の男性謝罪「本物と誤解した人も」読売新聞東京朝刊、2007年6月5日19頁。一方、1997年の「ときめきメモリアル・アダルトアニメ映画化事件」東京地判平成11年8月30日では、同作品のキャラクターである「藤崎詩織」の絵柄の特徴について詳細に指摘し、特徴が共通していることを理由に「本件藤崎の図柄と実質的に同一のものであり、本件藤崎の図柄を複製ないし翻案したものと認められる――本件ゲームソフトにおける本件藤崎の図柄にかかる原告の著作権を侵害する」と判示している。作花文雄「ゲーム登場人物の図柄のアニメ利用――ときめきメモリアル・アダルトアニメ映画化事件」『著作権判例百選（第3版）』（有斐閣、2001年）154-155頁。

[19]　半田正夫『著作権法概説（第16版）』（法学書院、2015年）89頁以下。中山信弘『著作権法（第2版）』（有斐閣、2014年）174頁以下。高林龍『標準著作権法（第2版）』（有斐閣、2013年）99頁以下。作花文雄『詳解著作権法（第4版）』（ぎょうせい、2010年）149頁以下。田村善之『著作権法概説（第2版）』（有斐閣、2001年）52頁以下また71頁。

　また、論文として前掲のものを除いて、金子敏哉「キャラクターの保護――商標法・不正競争防止法・著作権法を巡る書論点」パテント67巻4号（2014年）53頁以下。吉村公一「キャラクター商品の法的保護について」パテント62巻6号（2009年）63頁以下。作花文雄「キャラクターの保護と著作権制度」コピライト458号（1999年）48頁以下。渡邉修「キャラクター（文学的キャラクター）の侵害」斎藤＝牧野編・前掲注(5)149頁以下。龍村全「キャラクター（漫画的キャラクター）の侵害」斎藤＝牧野編・前掲注(5)159頁以下。吉田大輔「漫画キャラクターの保償期間は永遠か」コピライト437号（1997年）22頁以下。

◆第 15 章◆ マンガ・アニメ・ゲームにおけるキャラクターの本質的特徴について［白田秀彰］

認してきた裁判所も、否定的な解釈を採用している[20]。一方、キャラクターの著作権保護に積極的な見解もある[21]。

III　キャラの本質的特徴

仮にキャラクターに著作権による保護を適用するのであれば、その保護の中核となるキャラクターそのもの、あるいはキャラクターによって提示される物語作品そのものにおける「思想または内容を直接感得させる本質的特徴」について考察する必要があるだろう。

1　キャラについて

先に述べたように、本論は広義のキャラクター一般について検討するわけではない。また、ファンシフル・キャラクターと呼ばれる、図像を伴うキャラクター一般を検討するわけでもないし、オリジナル・キャラクターと呼ばれる、商品に用いることを目的に創作されたキャラクターについて検討するわけでもない[22]。2015 年現在の、MAG 市場においてみられるキャラクターについての

---

[20] 漫画サザエさん事件、東京地判昭和 51 年 5 月 26 日以降、著作権を理由として、キャラクターの利用について保護を与えた事例がみられたが、ポパイ・ネクタイ事件最高裁判決、最判平成 9 年 7 月 17 日によってキャラクターに直接には著作権の保護が及ばないという解釈が確定すると、それ以降の事件では、キャラクターにおいて「思想または感情の創作的な表現」が「直接感得」されうるかを厳密に評価し、キャラクターに著作物性を認めない傾向へと変化した。

[21] 中村・前掲注(4)164 頁以下。同、176 頁「私は、一輪完結型の連載漫画や長編連載漫画のキャラクターについて著作権法上の権利を認めるべきであると考える。その理由は、漫画において一定の名称、容貌、役割等の特徴を有する者として描かれているキャラクターといわれるもの——このような特徴をもつキャラクターは、思想、感情の創作的な表現であり」とする。滝井朋子「著作物上のキャラクターの法的性質と保護範囲」、牧野利秋他編『知的財産法の理論と実務　第 4 巻——著作権法・意匠法』（新日本法規出版、2007 年）206 頁以下。辰巳直彦「連載漫画は原作原稿の二次的著作物であるとした事例」民商法雑誌 127 巻 1 号（2002 年）115 頁以下。

[22] たとえば「ゆるキャラ」等がこれに該当すると考える。これについて、小林俊夫「キャラクター商品の法的保護　下」NBL333 号（1985 年）42 頁注 3 において、「制作意図および製作者により判断し、大量生産を最初から意図して創作されたデザインは応用美術であるとされる。このような説によれば、いわゆるオリジナル・キャラクターは、最初から商品に応用されることを意図して図案家により製作されるものであるから、応用美術であって著作権法の保護を受けないといわざるえないのではなかろうか」とする。こうした、「商品のためのキャラクター」について、同旨として堀江・前掲注(7)806 頁。と

669

◇第Ⅱ部◇　著作権法における実証と理論

検討のみを行う。このMAG市場に広く見られるキャラクターを、以下「キャラ」[23]と表記し、これについてのみ検討を行う。それは、ファンシフル・キャラクター範疇の部分となっているものと考える。

　マンガやアニメが多様化していく中で、たとえばミッキーマウスやポパイに代表されるような、独創的かつ特徴的にデフォルメされたキャラクターと、現在の日本のMAG市場に広く見られる、受け手（市場）での好評価を獲得するために様式化され画一化されたキャラクターを同一視し、分析や検討の対象とすることは適切ではないだろう。前者は、他と異なって目立つことを目的にデザインされているのに対して、後者は、受け手の嗜好に向かって収斂していく方向と、他の類似キャラクターから差別化していく方向の緊張ある均衡の上に成立している。それゆえ前者については容易に「表現の本質的特徴」を特定しうるのに対して、後者については、おそらくその特徴を欠いているか、そのキャラクターの造形や性格付けだけでは、本質的特徴を発見できないと考えられるからである[24]。

　また、商品の美観や顧客吸引力や差別化のためにも、キャラはひろく用いられている。商品の美観や顧客吸引力を目的として制作されたオリジナル・キャラクターは、一般に目を引く表現上の特徴を備えて他と異なることを目的としている。それゆえ容易に「表現の本質的特徴」を特定することができるだろう。ところが、物語のなかの登場人物等として描かれたキャラは、それら物語作品の魅力を顧客吸引力や差別化の源泉としており、キャラそれ自身は、それが掲げられている商品がそれら物語作品と関連していることを示す標章として機能している面が強い。というのは、商品の外観表面に現れた美観という点でのみ評価するのであれば、あるキャラと、別のキャラとを区別することが困難な場合も多いからだ[25]。こうしたことから、商品に掲げられたキャラには、そのキ

　　　はいえ、そうした目的で制作されたキャラについても美的創作性があると判定されれば、著作権法による保護が与えられうる。仏壇彫刻事件、神戸地姫路支部判昭和54年7月9日。
(23)　伊藤剛『テヅカ・イズ・デッド──ひらかれた漫画表現論へ』（NTT出版、2005年）での用語法。
(24)　特徴的部分については、君島・前掲注(5)382頁も参照。
(25)　ありふれた一般的な表現には、著作権が生じないことについては、たとえば、ケロケロケロッピ事件東高判平成13年1月23日において、「擬人化されたカエルの顔の輪郭を横長の楕円形という形状にすること、その胴体を短くし、これに短い手足をつけるこ

◆第15章◆ マンガ・アニメ・ゲームにおけるキャラクターの本質的特徴について［白田秀彰］

ャラを特定する手がかりとして、特徴的なタイポグラフィで飾られた表題が添えられることが多い。このことは、キャラそのものでは、自他識別力が不足していることを示している。

2 キャラクターと物語作品の一体論について

　文学上のキャラクターと違って、図像によって表現されるキャラには、具体的な表現ともいえる程度の一貫した像が受け手の側に存在することが、白田報告書からもうかがわれる。そこでここでは、キャラに本質的特徴があり得るかについて検討する。判例が示すように、キャラから、なんらかの「本質的特徴を直接感得しうる」というのであれば、「本質的特徴とはなにか」を明らかにする必要があるだろう。仮に、本質的特徴が存在しないのであれば、それは著作権法で保護される対象にはなりえないことになる。

　キャラには、他の種類のキャラクターと異なった困難な問題が存在する。それは、描かれるキャラクターの姿態が一定しないことだ[26]。そこで、ポパイ・ネクタイ事件最高裁判決で示される、以下のような柔軟性のある複製概念を適用することで、キャラの図像における姿態の変化を複製概念の枠内に収めているのが実際である。

> 原著作物と複製物との間に必ずしも完全な同一性のあることは要しない。一見して、著作物を構成する本質的な部分、ここでは、現著作物中に登場する人物の容貌、姿態、性格等の本質的特徴が再製されていると認められれば、それは原著作物の複製となる。その際、本質的な特徴が表現されているとの判断には、美術の専門家による吟味までは要せず、素人の第一印象を以て足りる。素人が一見してそれと分かるからこそ、キャラクターの商品化がなされることを合わせ考えるとき、本件に限らず、広くキャラクターの無断使用は原著作物の著作者の有する

とは、擬人化する際のものとして通常予想される範囲のありふれた表現というべきであり、目玉が丸く顔の輪郭から飛び出していることについては、我が国においてカエルの最も特徴的な部分とされていることの一つに関するものであって、これまた普通に行われる範囲内の表現であるというべきである」として、「著作者の思想または感情が創作的に表れているとはいえない」としている。同様の事件として、ハローページ事件東京地判平成11年12月21日。

[26] 「キャラクターは、その本質上、変形された形で使用されることが常に予想されている。それらの変形されたキャラクターを完全にカバーする形で許諾キャラクターを特定することは実際上不可能である。」小林・前掲注(16)38頁。

◇第Ⅱ部◇　著作権法における実証と理論

複製権を侵害するものということができる。

このように理解すれば、特定の画面に描かれた登場人物の絵と細部まで一致する必要はないことになり、作品全体から把握されるキャラクターの印象が共通していれば複製となり得るため、キャラクターそのものを著作物として認める実益はないこととなる[27]。とはいえ本論で扱うキャラについていえば、素人である一般の人々は、「髪型」や「髪の色」の類似を手がかりとして漠然と類似と判断する一方[28]、キャラ表現の様式化が進んでおり、別の作品から個々のキャラを抽出して比較した場合、それぞれが互いに似通っているという状況が存在する[29]。すなわち、キャラの「本質的特徴」を漠然と広くとらえれば、それだけ「ありふれた表現」あるいは「アイデア」に接近し、そもそもキャラそれ自体の著作権による保護がありえないということになる。

同一キャラの「姿態の多様性」に加えて、「描画の様式の多様性」もまた存在する。設定上同一のキャラであったとしても、1.表紙やポスターに描かれる緻密な表現、2.通常の物語進行で描かれるやや簡略化された表現、3.心理表現や場面の雰囲気に応じて二頭身三頭身などに変形する表現（SD化）、4.特に目の表現にみられる完全に記号的な表現、5.物語の設定上描かれる変身や性別の転換など外観の完全な変化があり、どの範囲を同一のキャラとして認識すべきかについての基準が存在しないと思われる[30]。仮に、1〜5の全要素につい

---

[27] 吉田・前掲注(19)26頁。龍村・前掲注(19)165頁。

[28] 本書614-615頁。

[29] 分業によって制作されるアニメやゲームの場合、キャラの設定や造形の専門家が存在し、同一の人物が多くの作品のキャラの設定や造形を行う結果、その専門家の画風が複数の別の作品に現れることになる。さらに、そうした設定や造形は、多くの動画を必要とする制作過程のため、描きやすいような簡略化や様式化が行われる。これによってさらに類似したキャラが現れることになる。

[30] 牛木・前掲注(5)356頁以下また389頁以下では、著作物について、外面的かつ具体的に表現された「創作性として把握することのできる範囲のもの」を「創作体」と置いて、これを著作物の「本質的特徴」と把握していると解される。キャラクターに応用すれば、高い抽象度で保護を与えることになるだろう。キャンディ・キャンディ刑事事件判決大阪地判昭和54年8月14日では、同一のキャラクターについて、漫画に描かれた比較的緻密に描写された姿と、アニメに描かれた簡略化されて描写された姿のそれぞれに独自の創作性があると判断した。一方、CRフィーバー・大ヤマト事件東京地判平成18年12月27日では、全体としての印象が類似しているキャラクターについて、細部の描写上の相違点について指摘し、「上記両映像中に描かれている男性には、上記(ア)のとおりの相

◆ 第 15 章 ◆ マンガ・アニメ・ゲームにおけるキャラクターの本質的特徴について［白田秀彰］

て、同一のキャラであるとして扱うのなら、キャラには「表現の本質的特徴」は存在しないと考えざる得ない。

　商品化権が、小田切の指摘するように、作品に関連する諸要素の総体をプロパティとして把握し、これについて利用許諾を与えていくラスセンス・ビジネスの考え方からすれば[31]、実際には、先の5の類型のキャラについても、同一のキャラクターとしての取扱いがされているものと考えられる。それゆえ、図像として描かれた特定のキャラが、作品を離れてなんらかの「本質的特徴」を備えているとは考えられない。

　とはいえ、キャラと作品を一体不可分のものとして把握するあまり、キャラのみを用いるような利用方法について、「そのキャラから作品全体の本質的特徴を直接感得しうるゆえに、キャラの利用は作品について成立している著作権を侵害する」といった論法は、たとえば、「原作たるアニメを見ないまま、登場するキャラが用いられた商品を購入する消費者が、キャラを通じて、その原作アニメの内容を把握している」と考えることが不自然な程度に、不自然であるといえるだろう。

3　白田報告書から

　ここで白田報告書によれば、素人がキャラを判別するときの基準が「髪型」と「髪の色」であることが示されている。

　20歳前後の人々には、キャラについての「似ている・似ていない」の評価について、かなり一貫した基準があると考えられる[32]。こうした判断ができていることは、キャラになんらかの「本質的特徴」があることを示していると考える。ただし、類似性に関する一貫した基準は、個々人について見れば、かなり分散しているらしいことが示されている[33]。すなわち、ある一定の集団になっ

　違点があるところ、〈中略〉アニメーション映画の登場人物としては、このような相違点があれば、別人として認識されると解される」とした。
(31) 細分化した一部の譲渡、移転の社会的必要性に乏しく、権利関係の不明確化、複雑化等の社会的不利益が著しいことから、一個のストーリーの最初から終わりまでのマンガの著作物中、特定の絵画についてのみの一部の複製権の譲渡移転は許されず、その一部の時効取得も認められないとされた。ポパイ・ベルト事件東京地判平成6年10月17日。同判決は、漫画の著作物の絵画的側面と言語的側面が不可分一体の有機的結合関係にある点を強調することで、両者を別個独立のものとしてそれぞれを個別に考察することを否定する。
(32) 本書 624-627 頁。

◇第Ⅱ部◇　著作権法における実証と理論

たときに、一貫した基準が明確になってくる。このことから、その基準の一般的性質が示されている[34]。

その基準が著作権法での「類似概念」と異なってることは、イラストに関する著作権関連裁判例についての講義後に、同一のキャラについて「類似」を見出す人々の数が減少することに示されている[35]。そして、一般の人々の類似性判定は、著作権法が問題とする類似よりも、かなり広いということが示されている。

キャラの類似性は「髪型」と「髪の色」、そして「服装」と「持ち物」によって判断されている。髪型を手がかりとしてキャラの判別を行っている被験者は、8割以上である[36]。また図像として類似しているか否かは、ほとんど影響していない。ポーズや構図が異なっていても、それが原本から時間的に連続したポーズや構図であると把握され得る場合には、より類似しているという評価を得やすい[37]。キャラの顔だちも類似性について影響していない[38]。画風や、絵画としてみた場合に巧みであるか否かという点は、「髪型」「髪の色」「服装」「持ち物」といった特徴に比較すると、強い影響を与えていないが[39]、絵画としてみた場合に巧みであるほうが類似しているという評価を得やすい[40]。

すると、キャラの「本質的特徴」とは「髪型」と「髪の色」であると結論せざる得ないが、現実には類似した髪型のキャラが多数存在することから考えれば、図像のみで、あるキャラを別のキャラと画然と判別することはできない、ということになる[41]。

4　特徴を打ち消す要素

上記のように、受け手は、あるキャラの一貫した特徴を「髪型」と「髪の色」の組み合わせにみている。髪型は、そのキャラの動作によって髪型としての変形の範囲で変形しうる。また、髪型であるから、作品中で別の形に変形される

---

(33) 本書635、640頁。
(34) 本書624-627頁。
(35) 本書629頁。
(36) 本書613-614頁。
(37) 本書612頁。
(38) 本書609頁。
(39) 本書614-615頁。
(40) 本書609頁。
(41) 本書670-671頁。

◆ 第15章 ◆ マンガ・アニメ・ゲームにおけるキャラクターの本質的特徴について ［白田秀彰］

場合もある。しかし、それは、ある作品中でのキャラであると特定されている限りにおいて、キャラの同一性を維持することができる[42]。たとえば、作品が数十年間を描くようなものである場合、キャラは、成長しあるいは老いていく[43]。幼少期のキャラと老年期のキャラが同一であると認識されうるのは、物語が存在するからである。たとえば、アニメ『物語シリーズ』[44]の諸作品に登場する女性キャラの幾人かは、作品の中で何度か髪型を変更している。また、姿態が幼女から成人女性まで変化する設定のキャラも登場する。

「髪型」および「髪の色」以外の特徴としては、持ち物や服装があげられるが、そのキャラが人間として設定されている場合、物語の進行に応じて持ち物も服装も変化していく。したがってそれらの要素を本質的だととらえにくいだろう。たとえば、白田報告書でも取り上げられた「初音ミク」についていえば、その特徴的な緑色の長いツインテールの髪型が変更されてしまったキャラ、たとえば桃色の長いツインテールや、青白いロングヘアについても「初音ミク」の翻案の一種だと主張されたりする。それを受け入れるのならば、図像としての「初音ミク」の本質を挙げることは不可能になるだろう。

このように、あくまでも特定の作品あるいは物語の中での役割と結びついてのみ、キャラの特定が可能となる。この意味で、キャラクターそのものの著作物性を否定したとされるポパイ・ネクタイ事件最高裁判決の「キャラクターといわれるものは、漫画の具体的表現から昇華した登場人物の人格といもいうべき抽象的概念であって、具体的表現そのものではなく、それ自体が思想又は感情を創作的に表現したものということができないからである」という見解は至

---

[42] 小田切・前掲注(1)125頁。小田切・前掲注(1)125頁。「初期のサザエさんと、現在のサザエさんの視覚的表現にはかなりの差異があるが、これは連載されていく過程で次第に変更されてきたものであり、名前を含んだ言語表現において構成されたイメージの影響もあって、両方のサザエさんの視覚的表現が著作者の翻案の範囲内にあるものと認識できることになる。」高林・前掲注(19)。

[43] 「キャラクター自体も変化しあるいは成長していくといった面があることも考慮すると、右の『逐次刊行物』ととらえる見解は一つの解決であろう。」龍村・前掲注(19)164頁。

[44] 西尾維新による長編ライトノベル『〈物語〉シリーズ』を2009年からアニメ化したもの。作者の西尾は「メディアミックス不可能な小説」というコンセプトで執筆していたが、実際にはアニメ化等のメディアミックス展開が行われている。推測するに、その狙いによって、アニメでは通常行われない、主要キャラの髪型や髪色が次々に変化する設定・描写が採用されているものと思われる。

◇第Ⅱ部◇　著作権法における実証と理論

当であるというほかない。

　また、「髪型」や「髪の色」が同一であっても、それぞれの作者の画風によってキャラの特定が可能になり得る場合も多い。しかしこの場合、著作権によって保護されないとする「画風」とキャラクターの造形が結びついているため[45]、仮にキャラの著作権的保護を必要とするのであれば、必然的に「画風」の保護をも同時に検討する必要が出てくるものと考える[46]。

　さらに問題をむずかしくしているのが、手塚治虫作品等にみられるマンガにおける「スターシステム」である。ある作者の複数の作品に、それら作品を越えて登場する、共通の特徴を備えているとみられるキャラが用いられる手法を指す。こうなると、キャラの本質を「作品中の役割」としてみる見解も揺らぐことになる。当然、あるキャラが、特定の作品全体の「本質的特徴」を体現することもあり得ないことになる。

　スターシステムが成り立ちうると考えると、ポパイ・ネクタイ事件最高裁判決で示されたように、キャラクターが共通していることを理由として、先行する作品と、物語の異なる続く作品が、原作と二次的著作物の関係に立つとする見解が、不自然な結果をもたらすことになる。というのは、異なった物語と異なった世界観で表現された作品が、おなじ主要キャラが登場することと作品の前後関係によって、原作と二次的著作物と評価されてしまうことになりうるからだ[47]。別個の作品として評価しうるものを、原作と二次的著作物の関係とす

[45]　作花・前掲注(19)149頁で、「キャラクターの保護が作風・画風の保護に近接する」と指摘している。たとえば、あだち充氏のマンガ作品である『タッチ』のキャラは、ごく普通の高校生男女として描かれており、髪型も一般的なものであり、髪の色も黒く表現されている。するとそれが『タッチ』のキャラであることを判別するための手がかりは、第一にそれがあだち充氏の画風であることに依存せざる得ない。

　また、キャンディキャンディ事件（最判平成13年10月25日第一小法廷）において、主人公のキャラは、原作である物語の二次的著作物とされているが、原作物語で指示されたという「明るく優しいキュートな感じの女の子で、丸顔、髪はブロンド、目は大きく星が輝いていて、中肉中背」といった主人公の要素は、主人公キャラを他の類似作品から区別する特徴としては確定的でなく、同作品の主人公キャラだと判別しうる特徴は、キャラの図像を描いたいがらしゆみこ氏の画風に依存していると評価せざる得ないと考える。

[46]　君島・前掲注(5)381頁。ある作家による「多数の人物イラストに共通して表現されている視覚的特徴は、特定の人物イラストから離れた抽象的概念ないし画風というべきものであって、具体的表現そのものではなく、それ自体が思想または感情を創作的に表現したものということができないから」それ自体は著作物して保護されない。

◆第15章◆ マンガ・アニメ・ゲームにおけるキャラクターの本質的特徴について［白田秀彰］

る不合理を避けるためには、キャラクターについて独立した著作権的保護を与えるべきでない、という見解を支持することになるだろう[48]。

5 二次創作におけるキャラについて

二次創作において、キャラやそれに類似したキャラが多く描かれている。それらは特定のキャラに類似していると言いうるのか。すなわち、原本たるキャラひいては原作品の「本質的特徴を直接感得しうる」と言いうるのか。

先に整理したように、学界の定説では、キャラクターそのものには著作権の保護が及ばないとする。ところが、白田報告書では、一般の人々は、既存のキャラに類似したキャラが描かれていれば、著作権侵害であると認識する傾向にあることが示されている。また同一の調査対象について、キャラクターに関連した著作権関連裁判例についての簡易な講義を行った後には、著作権侵害であると認識する傾向が減少することが報告されている[49]。このことから、著作権教育が十分に行われていない現状において、一般の人々は、二次創作作品に対して、かなり広くかつ過剰に著作権侵害を認める状況になっていると推測できるだろう[50]。

しかし、白田報告書の結果を見るならば、二次創作同人誌は、キャラの「本質的特徴を直接感得しうる」状況にあるとは言えないことが示されている[51]。二次創作作品では、作品に配置された象徴の組み合わせで、いずれの作品の二次創作であるのかが暗示されているにすぎない。それを受け手は文脈として読み取って、二次創作であることを了解し、原作での表現や設定を想起しながら二次創作同人誌を楽しんでいると考えられる。原作との類似性が高い、複製あるいは翻案と評価しうる二次創作である場合は別論として、多くの二次創作に

---

(47) 中村・前掲注(4)180頁で指摘されている。
(48) 中村・前掲注(4)181頁では、キャラクターに著作物性を認めることで、この不合理を避けることができると主張されている。
(49) 本書 614-615 頁。
(50) 商品化権を、作品の総体への支配権である「プロパティ」から説明する小田切・前掲注(1)の状況であれば、これは当然の結果であるだろう。「世間においては、往々にして、キャラクターには当然に著作権が発生し、これをもって常に十分な保護が受けられるかのように理解されている。」小林・前掲注(20)37頁。
(51) 中村・前掲注(4)166頁以下でも、ポパイ・ネクタイ事件最高裁判決の「特徴から当該登場人物を描いたものと知り得れば足りる」とする基準を、「内容・形式の知覚」や「類似性」といった従来の考え方からの飛躍であると批判している。

◇第Ⅱ部◇　著作権法における実証と理論

ついては、原作との関連は受け手の側で構成されているのだから、これを何らかの侵害行為として法的に禁止することは不可能ではないか[52]。受け手があるキャラを想起しながら二次創作同人誌を読んでいることそれ自体で、原作に対して、ただ乗り（フリーライド）や、何らかの知的財産権の侵害が行われていると評価することは困難だろう。というのは、ある作品を享受することで、受け手の内心にどのような印象が生じるのかを外部から評価し、その評価に基づいて、何らかの法的責任を負わせることは、精神的自由権の侵害に当たるものと考えるからである。受け手の内心を外部から評価するなど不可能であろうし、またその評価の正当性を検証不能であるから、法的評価の基礎とすることは不当である[53]。

とはいえ、業界慣習のようにキャラの類似性をかなり広くみる立場であれば、原作のキャラと結びつけて把握可能なキャラを他者が自由に利用することについて、原作の創作者が不快に思う場面があることもまた理解できる。

Ⅳ　キャラを独立して保護可能か

物語を中心とする法学界の把握と異なり、キャラクターを中心として把握する考え方も根強い。物語ではなくキャラクターを中心として物語を紡ぎだす技法もまた一般であり、広くキャラクター先行での物語作りが行われており、物語の骨組み（プロット）を決定する前に、キャラクターに関する様々な設定を詳細に決定しておく方法が具体的に指南されている[54]。

---

[52] 田村・前掲注(19)71頁では、文字によって表現された文学的キャラクターについて、「読み手が想起するイメージは読み手自身が心の中で創作したものでしかなく、著作者が創作した表現とはいいがたい」とする。また、小林・前掲注(6)8頁「これらの人物は極めて個性的なものとして描かれており、読者はそのイメージを容易に想像することができるので、各人の抱いたイメージが、大きくかけはなれていることはおそらくないであろう。しかしながら、これらの文学的キャラクターは、視覚的に固定されたものして表現されていないので、視覚的なキャラクターと同様の保護を受けることはない」とする。

　これに対して、中村・前掲注(4)208頁は、文学的キャラクターについても「きちんと描かれたキャラクターは、読者にとって、若干の微差はあっても、ほぼ同様にイメージされる」とする。抽象度の高い水準でキャラクターを把握しているものと考えられる。

[53] 原作キャラと同一視しうるほど類似したキャラを用いて、原作の評価を貶めたり、原作者の人格的利益を損なうことを目的とするような表現がされている場合、著作権法とは別に、たとえば名誉棄損を根拠として不法行為責任を問うことができよう。

◆ 第15章 ◆ マンガ・アニメ・ゲームにおけるキャラクターの本質的特徴について［白田秀彰］

　MAG作品の中には、「日常系」と呼ばれる、展開するような種類の物語を欠いている作品群がある。この作品群では、キャラが主体となってありふれた日常的物語が進行する。すなわち、物語を主とした上での役割としてキャラを位置づけることが適切なのか疑問がある。サザエさん事件判決でも示されたように、この連続する一連の作品の同一性を維持しめているのは、物語ではなくキャラそのものだといいうるからだ[55]。ただし、この場合でも、キャラの性格は先行する物語において説明され展開していくのだとすれば、ポパイ・ネクタイ事件最高裁判決で示されたように、「後続の漫画は、先行する漫画を翻案したものということができる」ということもできよう。一連の作品の同一性となる一貫した部分が、同じ容貌や性格等の特徴を有する人物が、具体的な表現として描かれたキャラでなければならないという主張は、説得的だ[56]。

1　キャラクター・モデルの検討

　白田報告書で用いたキャラクター・モデルという概念を検討する[57]。これは、元来二次元の図像として描かれたキャラについて、物語の進行に応じて、様々な角度から描かれ、また様々な表情や姿態として描かれた結果、受け手の内心に三次元的に構築された、キャラクターの形態を指すものとする。それは二次元の図像を彫刻的な存在として変形したものといえるが、具体的な形となっていないアイデアである。加えて、たとえばそれが人物や動物のキャラクターであれば、その身体部位の活動可能範囲内で変形する存在であるとする[58]。しか

---

[54] たとえば、大塚英志『キャラクター小説の作り方』（角川文庫、2006年）やライトノベル創作クラブ『(新)ライトノベルを書きたい人の本』（成美堂出版、2013年）など。

[55] 「長期間にわたって連載される漫画の登場人物は、話題ないし筋の単なる説明者というより、むしろ話題ないし筋のほうこそそこに登場する人物にふさわしいものとして選択され表現されることの方が多いものと解される。」サザエさん事件東京地判昭和51年5月26日。

[56] 中村・前掲注(4)169頁。

[57] 本書597頁。

[58] ポパイ・ネクタイ事件控訴審判決東京高判平成4年5月14日では、「キャラクターは、本件漫画が長期間連載される間に描かれた多数の絵を通じて一貫性をもって描かれているポパイの姿態、容貌、性格等をいうものである…から、個々の具体的なマンガそれ自体とは異なる別個のものである。」「ポパイのキャラクターは、本件漫画の主人公であるポパイに作者が一貫して付与し、また、作者の創作意図が個々の具体的なマンガを通して読者に与えるところのポパイの個々具体的なマンガを越えたいわばポパイ像とでもいうべきもの」とする。この、「ポパイ像」と呼ばれた概念が、本論でいうキャラクターモ

679

◇第Ⅱ部◇　著作権法における実証と理論

しながら物語の設定等によって、たとえば現実の人間にはありえない方向に手足が曲がる等の変形をする表現も可能ではある。

　MAGにおけるキャラについては、物語に関連してさまざまな設定がされることがあり、その中には全身像を、前後左右上下といった各方向から見た平面図像が提示されることがある。また、表情の変化や体の各部の動作について、その部分について図説することで描画の指示がされている場合もある。とくにアニメについては、原画をもとに膨大な量の動画を作画するのに必要であるため、事前に準備されることが通常である。そうならば、キャラの設定図面を一種の設計図であるとみることもできるかもしれない。また、現在のキャラは、コンピュータ・グラフィク技術の発展により、三次元モデルへと変貌しつつあり、プログラムやデータによって確定的に表現することができる。以下、設定図面と三次元モデルを記述したプログラムやデータをまとめて「設定図面」と記述する。

　牽強付会だが、ここで建築の著作物と設計図の関係を、キャラクターモデルと設定図面の関係に類推してみる。著作権法第2条15号では「複製」について定義し、その(ロ)では、とくに建築の著作物について「建築に関する図面に従つて建築物を完成すること」が規定されている。これは、建築という特殊な著作物について、原本たる建築そのものが存在していなくても、設計図面に具体的に「表現」されていれば、著作権の保護対象として扱うという趣旨だと理解する[59]。すなわち、原本が現実に存在していなくてもその複製に当たることになる。すると、キャラについても、設定図面を参照して無断で三次元のフィギュアを制作したり、あるいは他の姿態の図像を描いたりすることは、キャラクターの無断利用であるということが可能かもしれない[60]。

　　デルに該当する。これについて同判決は、「しかしながら、著作物というためには、『思想又は感情』が単なる内心に止まるものでは足りず、外面的な表現形式をとっていることが必要である」として、著作権の保護対象となることを否定している。
　　　二次元の図像を三次元の物体として表現した場合に、変形権の侵害を認めた事件としてたいやきくん事件東京地判昭52年3月30日がある。
[59]　加戸守行『著作権法逐条講義(6訂新版)』(著作権情報センター、2013年)55頁。中山・前掲注(19)91頁以下。田村・前掲注(19)121頁以下。
[60]　ガレージキット事件大阪高判平成10年7月31日では、原作たる絵画の著作物に依拠して製作された彫刻の著作物について、「同一の原画を立体化したものでありながら、他社製の模型原型と比較して独自の解釈や表現を有している」「漫画の原画を忠実に再現した複製というに止まらず、原告の造形としての感性や解釈に基づく独自の創作作用、

◆ 第15章 ◆ マンガ・アニメ・ゲームにおけるキャラクターの本質的特徴について ［白田秀彰］

　もちろん、このような設定図面がないキャラも多く存在する。その場合には、描かれていない部分については、利用者によって、想像等によって補われることになる。翻案権や同一性保持権が問題となるだろう[61]。

2　キャラクター・モデルの欠点

　キャラが、そのキャラに関心を持つ人に対しては、それなりの自他識別力をもち、意匠のように顧客吸引力をもち、商品の品質保証機能はないにしても、品質についての一定の期待を与えて、商標的に機能していることを考えると、キャラの登録制度のようなものが構想されうるかもしれない。顕著な特徴や個性のあるオリジナルキャラクターや、ファンシフル・キャラクターであれば、特徴点を挙げながら記述するなどの方法で保護対象を明確化しすることで、権利範囲を狭く確定することで、過度に広い保護がされてしまう弊害を避けられるかもしれない。

　一方、この仕組みで何らかの権利性を獲得しうるキャラは、かなりの程度顕著な特徴を備えなければならず、本論が検討している物語の登場人物としてのキャラには、法に基づいた権利が与えられないことが明らかになる可能性が高い。すでに述べてきたように、キャラは、様式化が進み新規性を盛り込むことが難しくなっている[62]。仮に新規性を緩やかに評価して権利付与すると、先んじた申請者が、物語に必要とされる要素的なキャラの諸様式を、おおよそ押さえてしまうことが可能だろう。この結果、新規参入してくる創作者は、作品を作ることが著しく困難になるだろう[63]。

　　すなわち、思想・感情の創作的表現としての一面を有する造形物というべきであって、二次的著作物に当たる」とした。また、フィギュアの原型の著作物性に関しては、チェコエッグ事件大阪高判平成17年7月28日も参照。動物を写実的に立体化したものについて、またテニエルの「アリス」の挿絵を忠実に立体化したフィギュアについて、製作者独自の感性や解釈が、製作されたフィギュアに表現されていないことを理由に、著作物性を否定した。これについて鈴木・前掲注(16)211頁以下参照。

(61)　堀江・前掲注(7)813頁以下にて、コンピュータ・グラフィックによるキャラクターの応用をどのように法的に考察するのかが検討されている。

(62)　中村・前掲注(4)168頁でも、ポパイのキャラ造形、すなわち「船乗り」という配役を特徴づける、水兵帽、水兵服、マドロスパイプ等について「きわめてありふれた人物像で、独創性、創作性はない。」「それ故、このような要素が共通しているからといって、翻案ということもできない。」と評価している。

(63)　作花・前掲注(19)149頁も、キャラクターの保護によって、「新しい創造活動に対して不当な制約を課する虞も生じる」と指摘している。

◇第Ⅱ部◇　著作権法における実証と理論

　このように考えれば、キャラが表現であることを受け入れることと、それに排他的独占権を与えて保護するべきであることは、切り離して考えるべきだろう。様々な作品の積み重ねによって典型化してきたキャラを、自由に使うことのできる物語の要素としてひろく共有することでこそ、物語水準での創作活動を容易にし、作品数を増加させ、著作権法が目的とする文化の発展につながると考える。

Ⅴ　結　論

　本論での考察で、高度に独創的で特徴的なキャラクターを除いて、キャラクターに「本質的特徴」と呼べるようなものを見出すことは困難であり、最高裁が判示するように、物語作品を前提として、あるいはそれと一体としてキャラクターの法的保護をすすめていくほかないと結論する。とくに、マンガ・アニメ・ゲームにおいて描かれる人物表現としてのキャラについては、すでに「ありふれた表現」にきわめて接近している事実を踏まえて、法的保護すなわち排他的権利付与を行わない方が、新規作品数の増大や作品の多様性の増大に有利であろう。

第16章 模倣の社会的意義を見極める方法を考える

寺本 振透

I オマージュ？ パロディ？ あるいは凡庸な模倣？

私のてもとに、魔夜峰央『パタリロ！ 選集50 マリネラの吸血鬼の巻』（白泉社文庫、2014年）のデジタル版（ebookjapan.jp によるディストリビューション）がある。その7頁から始まる「マリネラの吸血鬼」を見ると、冒頭に、次のようなエピソードが紹介されている。

> 魔夜峰央氏は、Agatha Christie の作品へのオマージュのつもりで「マリネラの吸血鬼」を描いて発表した。この漫画作品は、当初、「パタリロ！」単行本第4巻に収録されていた。ところが、ある大学のミステリー研究会から「盗作だ、クリスティー財団に訴える」といって非難されたので、いったん、この作品を第4巻からはずすことにした。しかし、あとでクリスティー社にお伺いをたてたところ承諾が得られたので、あらためて、この作品を文庫版50巻に載せることにした。

そして、この巻では、'「マリネラの吸血鬼」Based on "WIRELESS" from The Hound of Death and other stories by Agatha Christie, Copyright (C) 1933 by Agatha Christie, Permission arranged with Agatha Christie Ltd.' というクレジットが付けられている。作家がオマージュのつもりであったとしても、世間からは盗用だといって非難されることがあるという例である。

東京都世田谷区砧に、隈研吾氏の設計による M2 ビルという建物がある（図表1）。この建物の外観は、古代ギリシア建築のイオニア式へのオマージュか、パロディか、よく知られた装飾様式の特に珍しくもない模倣か、あるいは、古代ギリ

図表1 M2 ビル

『しなやかな著作権制度に向けて』（信山社、2017年3月） 683

◇第Ⅱ部◇　著作権法における実証と理論

シア建築へのあこがれの暴走か？設計者が有名な建築家（隈研吾氏）だと知ると、きっとオマージュかパロディか機能的に過ぎる現代の建築への反逆か、ともかくもそれなりに高尚な意味があるのだろうと想像したくなる。だが、そうと知らなかったら、違う感じ方をするかもしれない。

　過去の作品の表現が新しい作品の表現として利用されたとき（以下、無意識の利用や、換骨奪胎的な利用も含めて、便宜的に「模倣」と呼ぶ）、そこに何か新しい意味を見出すかどうかというのも、相当に主観的な問題であるかもしれない。「新しい作品の作者は、どういうつもりで、過去の作品を模倣したのだろうか？」といった内心の問題は、観察者にはよくわからない。一般の観察者の感じ方も、先入観からは自由であり得ないし、そもそも、先入観にとらわれているからこそ人間らしい観察者であるのかもしれない。きっと、専門家も、「私は専門家なのだから、先入観に縛られていると他人から思われるような感じ方をしてはならない」という先入観に縛られているにちがいない。その意味では、"The more transformative the new work, the less will be the significance of other factors, like commercialism, that may weigh against a finding of fair use."（下線は筆者）とした *Campbell v. Acuff-Rose Music*, 510 U.S. 569 (1994) の判断も、その事件ではなんとか巧みに結論を引き出せたように見えるけれども、他の件でもそう巧くいくだろうか、という疑問を免れない。なぜなら、新しい作品が "transformative" なのかどうかという判断自体、とても主観的であるに違いないのだから。主観的な判断を忌避するのは、いかにも法律家らしい態度のようにも見える。だが、法律は、現実の社会を前提としてそこに介入しようとするものである。法律家自身も含めて、私たちのすべてが先入観にとらわれ、主観的であることを受け入れたうえで、どうすれば、先入観から逃れることのできない、主観的であるほかない私たちの間の摩擦を緩和できるだろうか、と考えるべきだろう[1]。

---

(1) どれほど私たちが先入観にとらわれているかをわかりやすく説明してくれる書物として、例えば、Kahneman (2012) がある。また、主観的であるほかない私たちが構成員である社会に対して法律をどのように作用させるかについて導きを与えてくれる書物として、例えば、Thaler & Sunstein (2009) がある。

II　技術分野のプラクティスと非技術分野の雰囲気の違い

1　技術分野のプラクティス

　先行業績の利用あるいは模倣が、創造的な活動のほとんど不可欠な一部をなすことは、おそらく、技術分野に関しては、強く認識されているように思われる。もちろん、模倣者に対して先行者が排他的権利を行使するかもしれないことは、予定されている。それでも、先行業績を利用することが日常のこと、という前提で、法律が設計され、取引が設計されているようである。

　例えば、*Scotchmer (2004)*は "Standing on the Shoulders of Giants: Protecting Cumulative Innovators" と題する章を置く。特許法は、特許出願される発明に先行技術があることを前提とした建付けを持つ（例えば、我が国の特許法29条は、先行技術に照らして、発明の特許要件としての新規性と進歩性が判断されることを明らかにしている。また、先行技術の開示を出願人に対して求める同法36条4項2号、先行技術に対する特許権とそれを利用する新しい特許発明の権利者の調整を用意する同法92条等）。また、パテント・プール、クロス・ライセンス、互いのプロダクトを利用し合いながらインクリメンタルに進歩するコンピュータ・プログラム開発の実情に適した GNU General Public License に代表されるオープンソース方式のソフトウェア・ライセンス等が広く利用されている。

2　非技術分野の雰囲気

　文芸、アート等の非技術分野[2]では、技術分野に比べて、創作活動における先行作品の利用が、先行作品の作者又は公衆に嫌悪される例が目立つようにも思われる[3]。

---

[2]　建築や工芸などのように、技術を利用する分野も含まれるが、しかし、ここで問題にするのは、できあがったものの外観である。技術的な要因が外観の自由度を制約することはあるものの、もっぱら人為的な創作として外観がかたちづくられるだろうと推測する。

[3]　このことについて、確たる統計上の根拠を持っているわけではない。筆者の思い過ごしであるかもしれない。検索技術の進歩と普及、並びに、SNS (Social Network Service) の普及等による急速な情報拡散によって、そのような例が目立つだけなのかもしれない。もっとも、長崎地佐世保支判昭和48年2月7日　無体集5巻1号18頁（博多人形赤とんぼ）、神戸地姫路支昭和54年7月9日　無体集11巻2号371頁（仏壇装飾）、大阪地判平成25年8月22日　裁判所ウェブサイト（亀甲墓屋根）、知財高判平成27年4月14日　裁判所ウェブサイト（平成26年（ネ）第10063号）（幼児用椅子）等のように工芸

図表2　三つ巴、左三つ藤巴、三つ割り銀杏

図表3　丸に花菱、丸に梅鉢、丸に剣片喰

　とはいえ、後行の作品が先行の作品を模倣することが珍しくない分野もある。また、模倣をする際の作法めいたものが示される例もある。例えば、家紋のデザインでは、同じようなモチーフを使いながらたくさんの派生系が作られてきたようである。三つの同じ形を一定の回転方向に組み合わせたものでも、おそらくは基本型だろうと思われる三つ巴に加えて、左三つ藤巴、三つ割り銀杏その他無数の家紋がある（図表2）。植物の葉や花弁を並べて上から見たような図形を丸で囲んだ家紋も、丸に花菱、丸に梅鉢、丸に剣片喰（けんかたばみ）その他無数にある（図表3）。また、和歌の世界では、本歌取りがなされたり、同一または類似の表現がしばしば用いられることが、よく知られている。例えば、小倉百人一首の「きりぎりす鳴くや霜夜のさむしろに衣かたしきひとりかも寝む」（91番　後京極摂政前太政大臣、『新古今和歌集』秋518番）は、「あしひきの山鳥のをのしだり尾のながながし夜をひとりかも寝む」（柿本人麻呂、百人一首3番、拾遺和歌集　恋三）と「さむしろに衣かたしき今宵（こよひ）もや我を松覧（まつらむ）宇治の橋姫」（古今集　巻十四　恋四　よみ人しらず）を本歌としているとされる[4]。また、尾崎雅嘉『百人一首一夕話』（江戸後期）には、「しかるに万葉の歌に、　我が恋ふる妹に逢はさず玉の浦に衣片敷き独りかも寝む　とあり。下の句全く同じ事なり。契冲はこの歌を引いて万葉は広きものなれば、下句この全句なる事を覚え給はざりけるなるべしといへり。真淵は万葉の句を用ひられしといへり。いづれにしても、この歌の難とすべきにはあらざるなり。」とある[5]。そして、藤原定家によるとされる『毎月抄』に「また、本歌とり侍るやうは、さきにもしるし申し候ひし花の歌を、やがて花によみ、月のうたを、やがて月にてよむ事は、達者のわざなるべし。春の歌をば、秋冬などによみかへ、

や産業デザインの分野における先行作品の模倣が疑われて法的紛争に発展する例が少なからず存在してきたことは確かである。

(4)　例えば、有吉保全訳注『百人一首』（講談社学術文庫、1983年）377頁。
(5)　古川久校訂、岩波文庫版（1973年）193-194頁。

◈ 第16章 ◈ 模倣の社会的意義を見極める方法を考える ［寺本振透］

戀の歌などを雜や季の歌などにて、しかもその歌をとれるよと、きこゆるやうによみなすべきにて候。本歌の詞をあまりに多く取る事はあるまじきにて候ふ」とある（あたかも、先行作品を利用するときは *transformative* であれ、といっているかのようである）ように、本歌取りの仕方について一定の作法あるいはスマートな本歌取りの仕方が示されていると思しき例がある。

このように、非技術分野における模倣に対する人々の態度は、歴史的にも、現代においても、肯定的な態度と否定的な態度との両様（あるいは、これらの間のスペクトラム）を示す。しかし、例えば、著作権法は、模倣が創作行為の一部をなすであろうことを正面から肯定的に想定する条文を用意しているわけではない[6]。

Ⅲ　模倣に対して否定的な態度が引き起こす社会的な負担

法制度を議論する私たちは、模倣に対して否定的な態度をとることについて、その道徳的な良し悪しを評する立場にはない。しかし、そのような態度が原因となって生ずる社会的な負担がときとして重すぎないかどうかについて議論することは、私たちの仕事である[7]。

---

[6] 確かに、いくつかの裁判例は、先行作品を利用した創作が先行作品に対する著作権侵害にならないという結論を示す。しかし、それらは、通常、利用されたのがアイディアであるから著作権で保護される表現にはあたらないとか、利用されたのが慣用的な表現であるから著作権では保護されないといった理由に基づく（例えば、知財高判平成26年2月19日・平成25年（ネ）第10070号裁判所ウェブサイト、東京地判平成24年2月28日・平成20年（ワ）第9300号裁判所ウェブサイト、知財高判平成21年9月16日・平成21年（ネ）第10030号裁判所ウェブサイト、東京地判平成19年7月25日・平成19年（ワ）第7324号裁判所ウェブサイト、東京地判平成17年12月26日・平成17年（ワ）第10125号裁判所ウェブサイト等）。とりわけ、著作権法が技術分野に適用される例ともいえるコンピュータ・プログラムの著作物については、原告のプログラムと被告のプログラムに共通する部分に表現上の創作性が認められないから著作権侵害にはあたらない、といった筋立ては珍しくない（例えば、知財高判平成26年3月12日・平成25年（ネ）第10008号裁判所ウェブサイト、知財高判平成23年2月28日・平成22年（ネ）第10051号裁判所ウェブサイト等）。だが、非技術分野においてまだ「枯れていない」表現を利用して創作することについては、なかなか、著作権法の文脈では、正面から肯定することが難しそうではある。

[7] 「社会的な負担が重すぎないか」という、曖昧、迂遠あるいは責任感に欠ける表現について、弁解をしておく。それが、経済学におけるどの種類の「費用」にあたるのか、また、金銭で評価できるのかどうか、あるいは、社会ネットワークにおける node（頂点）

◇第Ⅱ部◇　著作権法における実証と理論

1　社会的な摩擦が引きおこす負担

　模倣は社会に遍在する。だから、模倣に対して否定的な態度を持つ者が多く存在することで、彼らと、模倣者あるいは模倣者の作品を利用したり楽しんだりする者との間で等、社会のあちらこちらで摩擦を生むことになる[8]。模倣者とそれを非難する者それぞれに応援団がついて摩擦をどんどん大きくすることも、それぞれの側に属する者の負担は増加する（本人は、好き好んでそのような行為をしているのかもしれないが）。

　もっとも、これらの負担の増加をもって、直ちに、社会的な負担が「重すぎる」というわけにはいかないかもしれない。このような負担の増加があるからこそ成立するビジネス、職業、エンターテインメント[9]もあるのだから。

2　発生した摩擦を解消しようとする努力が引きおこす負担

　模倣に対して否定的な態度を持つ者との摩擦が引きおこす負担が耐え難いと感じた[10]とき、模倣者、模倣者の作品を利用する者、模倣者の作品を利用しよう

　　同士の distance（距離）を短縮することの妨げになっているのかどうか、など様々な不都合を区分せずに粗っぽく議論するために「負担」という曖昧な表現を用いた。また、模倣に対して否定的な態度を示す者と直接に取引する者の負担も、そのような態度を示す者との取引関係が無い者（というよりは、その者からのいくつもの取引関係を経て間接的につながる者）も、すべて含める意味で「社会的な」という表現を用いた。取引に関わる者がどんな態度をとろうとも、その態度が何らかの負担を生むことになるはずだから、負担の発生自体を非難するわけにはいかない。そこで「重すぎないか」という表現を用いた。もっとも、負担が過度であるかどうかを判断する方法はおろか、負担の重さを測る方法の提案にすら、私は到達していない。さらに、模倣に対して否定的な態度が有害なことも有益なこともあると思われるから、「ときとして」という限定を付けた。
(8)　これ自体は、とりたてて特別な出来事ではなさそうである。新しいことが忌み嫌われた時代ならば、こうも言えただろう。創作は社会に偏在する。だから、創作に対して否定的な態度を持つ者が多く存在することで、社会のあちらこちらで摩擦を生むことになる、と。
(9)　2020 年に東京で開催される予定のオリンピックのロゴとそのデザイナーに関する、先行作品を模倣しているのではないか、という疑いに発した摩擦は、まさに、国民的エンターテインメントとも言うべき盛り上がりをみせた。例えば、http://www.asahi.com/special/timeline/tokyo2020emblem/ を参照。おそらくは、このような騒動にも、それなりの経済効果があっただろうと思われる。
(10)　心理的な問題を抜きにして考えるならば、そのような摩擦を続ける方が、摩擦を解消するよりも、負担が小さいことも、十分にあり得る。しかし、現実の人間や、人間によって構成されている企業、政府機関、団体等の動き方には、心理的な問題が強く関わる（例えば、*Kahneman* (2012) 参照）。このような現実を強調するために、「考えた」では

◆ 第 16 章 ◆ 模倣の社会的意義を見極める方法を考える ［寺本振透］

としていた者等は、その摩擦を解消ないしは解決しようとする。そのために、摩擦を法的な紛争として再構成したり、裁判にしたり、あるいは裁判外で処理したりするのにも、当事者のみならず、代理人や紛争処理機関の負担を増加させることになる。また、模倣者ならば創作のやり直し、利用者ならば利用する作品の探索と調達のやり直し等によって負担が増加することになる。

しかし、ここでも、これらの負担の増加をもって、直ちに、社会的な負担が「重すぎる」というわけにはいかない。このような負担の増加は、一方では、いくつものビジネスや職業の収入源となるのだから。また、利用者が利用する作品の探索と調達をやり直すことは、新たな創作者に世に出る機会を与える可能性があるのだから、悪いことばかりでもない。

3 摩擦を事前に回避しようとする努力がひきおこす負担

事業を行う人々は、模倣に対して否定的な態度を持つ者との摩擦を事前に回避するために、先行する作品を調査したり、先行作品とは異なる特徴をもつ作品を意識的にデザインしたりするかもしれない。これらのことは、彼らの負担を増加させるであろう。

しかし、やはり、これらの負担の増加をもって、直ちに、社会的な負担が「重すぎる」というわけにはいかない。先行作品を調査したり、先行作品と後行作品の類似または相違を評価したりすることは、いくつかのビジネスや職業の収入源となる。また、意図的に先行作品から離れようとすることは、世の中に拡散する作品の多様性を高めるかもしれない。

4 模倣の不足がひきおこす負担

発生した摩擦を事後に回避しようとする努力も、摩擦を事前に回避しようとする努力も、世の中に出回る模倣の数が減ったり、模倣の拡散が抑制されたりすることにつながると思われる[11]。

しかしながら、現時点で主流をなす表現様式に、新しい表現様式がとってかわるためには、誰かが新しい表現様式を世に出した後、それを模倣した表現様式を発信する者がなるべく多く現れることが必要であるか、あるいは、少なく

なく、「感じた」という表現を用いた。
[11] 確かに、先行作品について権利を持つものから許諾が得られる場合もあるだろうが、模倣の数を維持したり、模倣の拡散を促進するほどには多くの許諾がなされるわけではないだろうと推測する。しかし、推測だから間違っているかもしれない。

◇第Ⅱ部◇　著作権法における実証と理論

図表4　モデルにおける社会の構成員の役割と、対応する色の設定

	古くからの表現様式の発信者になれる	古くからの表現様式を発信して他のactorに受信された後の色	古くからの表現様式の受信者になれる	古くからの表現様式を受信した後の色	新しい表現様式の発信者になれる	新しい表現様式を発信した他のactorに受信された後の色	新しい表現様式の受信者になれる	新しい表現様式を受信した後の色
黒色	● YES	黒色	YES	黒色	NO	N/A	YES	薄い灰色
濃い灰色	● YES	黒色	YES	濃い灰色	NO	N/A	YES	薄い灰色
薄い灰色	● NO	N/A	YES	濃い灰色	YES	白色	YES	薄い灰色
白色	○ NO	N/A	YES	濃い灰色	YES	白色	YES	白色
ユニークな創作者とその模倣者	○ △ NO	N/A	NO	N/A	YES	白色	YES	白色

とも有効だろうと思われる。この予想にある程度のもっともらしさがあることを示唆するネットワーク・モデルを試みに用意してみた[12]。このモデルは、古い表現様式が支配的である社会（モデルでは、構成員の数が64）において、ユニークな創作者が一人だけで新しい表現様式を発信するとき、模倣して新しい表現様式を発信する者が三人、六人または九人のときで、新しい表現様式の拡散の程度の違いを、社会ネットワーク分析[13]で利用される社会ネットワーク図（sociographまたはsociogram）の様式で示すことを目的とする。モデルでは、古い表現様式を受入れている者（発信はしていない）が「濃い灰色」の点で、古い表現様式を発信している者が「黒色」の点で、新しい表現様式を受入れている者（発信はしていない）が「薄い灰色」の点で、新しい表現様式を発信している者が「白色」の点で示されるようにした。新しい表現様式を発信するユニークな創作者は「白色」の丸で示され、その模倣者は「白色」の三角で示されるようにした。そして、「薄い灰色」または「白色」の点が増える（あるいは、なかなか増えない）状況を示すことができるようにしてみた（図表4）。このモデルは、模倣者（つまり、「白色」の三角）の数が多いほど、「薄い灰色」または「白色」

---

(12) このモデルは、JSPS科研費25285032（平成25年度（2013年度）基盤研究（B）「クラウド・コンピューティング時代の情報群の法的保護と管理の探求」）の助成を得て準備したものの1つである。モデルを作るためのコードは、本稿末尾に示す。本書の読者の関心外と思われるから、本文ではモデルの詳しい説明は省くが、コードのコメント行にはモデルの説明を示してある。

(13) 社会ネットワーク分析（Social Network Analysis）と、そこで使われるツールについては、Freeman（2004）、Scott（2013）、Prell（2012）、鈴木（2009）等を参照。

◆ 第16章 ◆ 模倣の社会的意義を見極める方法を考える ［寺本振透］

図表 5　模倣者の数を 0 としたモデル

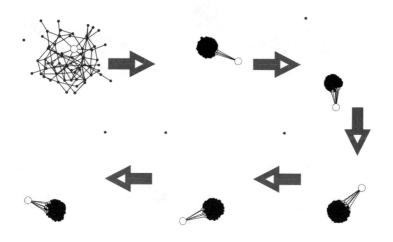

図表 6　模倣者の数を 3 としたモデル

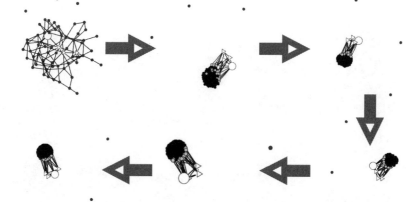

◇第Ⅱ部◇　著作権法における実証と理論

図表7　模倣者の数を6としたモデル

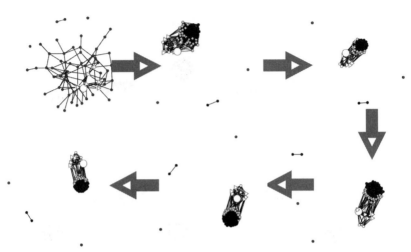

図表8　模倣者の数を9としたモデル

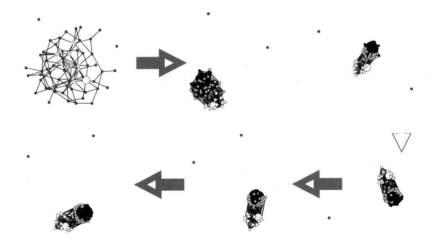

◆ 第16章 ◆ 模倣の社会的意義を見極める方法を考える［寺本振透］

の点が着実に増えていくのではないか、という想像を可視化している（図表5、6、7、8）。なお、モデルはモデルでしかない、つまり、現実そのものの反映ではなく、むしろ、現実を観察するときの視点（ここでは、社会に模倣を流通させる発信者の数や発信力[14]が、新しい表現様式の普及に影響するのではないだろうか、という視点）に見当をつけるための道具である。

　模倣が社会的摩擦を引き起こすことが、社会にとって好ましくないことなのかどうかについては、よくわからない。しかし、少なくとも、新しい表現形式を社会に拡散して新しいトレンドが生まれることが好ましいことだ、と前提するならば（この前提がいったいどれくらいの割合の人々に受けいれられるのかはよくわからないものの、多くの人々の生活とビジネスがトレンドの変遷に依存して行われているようにも見える）、模倣が引き起こす社会的摩擦をある程度緩和する方法を考えることは、有意義であるように思われる。そして、模倣が引き起こす社会的摩擦が耐え難いと感じられるときに創作者及び企業が模倣を回避すると仮定するならば（なお、そのような例がしばしば発生するという認識は広くシェアされていると思われるが、社会に大きな影響を与えるほどに、そのような回避がなされているかどうかについては、調査できていないし、影響の大小を推し測る方法も開発できていない。だから、ここも、仮定に仮定、あるいは、憶測に憶測を重ねるものではある）、模倣の回避によって新しい表現形式の拡散が妨げられることがある程度は予想されるからだ。

Ⅳ　模倣の社会的意義を見極めるために、何を観察するか？

　模倣が社会的摩擦を引き起こし、それが緩和されていくプロセス[15]を観察することによって、模倣の社会的意義を見極めることができるかもしれない。

1　社会的摩擦が緩和されるプロセスから見えるもの

　模倣について肯定的な態度と否定的な態度（そして、それらの間の無限のスペクトラム）が存在すること、そして模倣が社会的摩擦を引き起こす例がしばし

---

(14)　発信力の強弱は、例えば、便宜的に、eigenvector centrality を使って示すことができる。eigenvector centrality については、例えば、Bonacich（1987）、鈴木（2009）p. 48 等を参照。

(15)　欲をいえば、さらに、特に摩擦を引き起こしていなかった模倣が、何かのきっかけで摩擦を引きおこすようになるプロセスが前段階にある可能性もあるから、これも観察の対象に組み込むと興味深いかもしれない。

◇第Ⅱ部◇　著作権法における実証と理論

ば見られることは確かである。一方で、もし、社会の多くの人々が模倣の社会的意義を認めていないとすれば、そのような社会的摩擦は、模倣を社会から消し去ることで（あるいは、そこまで極端でないにしても、模倣の社会的な影響を極めて小さくしまうことで）解消されるのではないか、とも思われる。しかし、現実には、しばしば、いつの間にか、模倣が社会に受け容れられていくことで、社会的摩擦が緩和されていくこと（あるいは、逆かもしれない。社会的摩擦が緩和されることで、模倣が社会に受け容れられていくのだろうか？）が多くあるようにも思われる。でなければ、トレンドとか、ファッションとかいったものは成り立たないだろう。

　だとすると、模倣によって社会的摩擦が引き起こされ、その後、それが徐々に緩和されていくプロセスを観察することによって、社会を構成する人々が、模倣の社会的意義[16]をどのように理解し、また、どのように発見していくのかを、知ることができそうである。

　また、これらのことを知ることができれば、法制度の設計という観点からは、個々の模倣の社会的意義が発見されることを促進することによって、社会的摩擦が緩和されることを促進するような仕組みを用意できるかもしれない、という期待も持てる。

2　観察の方法

　同時代的な事実を観察して記述しようとしても、今まさに動いている事実に対する私たち観察者自身の先入観によって、それは、相当に歪められたものとなるかもしれない。一方、歴史的な事実を観察して記述するときは、観察者がより客観的でいることができそうではあるものの、現代において重要と思われるような要素が抜け落ちるかもしれない。おそらくは、歴史的な事実と同時代的な事実の双方を観察すべきなのだろう。

　また、漫然と事実を観察しても何も見えてこない（見ようとしたことしか見えない）だろうとは思われる。社会的摩擦が生まれ、それが緩和されていくメカニズムについて、何らかの仮説を持ったうえで、事実を観察することが、おそ

---

[16] 社会が、自分が合理的であるかのごとく振る舞おうとはしない人々と、合理的であることを装おうべく日々努力してはいるものの実はまったく合理的ではない（この本を書いたり読んだりしている）私たちからなりたっているとすれば、社会的意義といっても、合理的な説明に基づく社会的意義であるとは限らない。私たちにとって社会的意義がありそうに見えるかどうかの問題であるにちがいない。

らくは、生産的だろう。もちろん、常に、柔軟に仮説を修正する準備が必要である。

さらに、社会における私たちの集団的な動きについては、社会実験をすることが難しいという制約があることにも留意しなければならない。

そうしてみると、「とりあえずの仮説→実態調査→実態を単純化したモデルによる検討→より改善された仮説の提示→さらなる実態調査……」というサイクルで社会的な事実の観察、記述と分析を行うことが現実的であるように思われる。そのうえで、次のようなことが発見できれば、それなりの成果を得たといえるかもしれない。

(1) 模倣が深刻な社会的摩擦を引き起こしたいくつもの事例に共通する要素は何か？
(2) 模倣が深刻な社会的摩擦を引き起こさなかったいくつもの事例に共通して、当該要素は確かに、まったく又はほとんど、発見されないか？
(3) 模倣が引き起こした深刻な社会的摩擦が緩和されたとき、当該要素は確かに、まったく又はほとんど見られなくなっているか？

もっとも、これらの作業が首尾よくなされたとしても、当該要素を弱める試みによって、摩擦も軽減されるだろう、とは断言できない。なぜなら、当該要素と摩擦のどちらが原因でどちらが結果なのか、あるいは、別の原因によって同時にその要素と摩擦とが引き起こされたのかは、よくわからないからだ。それでも、模倣に起因する社会的摩擦と相関関係を持つ要素の目星がつくだけでも、一歩前進とは言えるだろう。

3　とりあえずの仮説

現時点では、そもそも、仮説らしい仮説を提案するほどの調査を、私は、始めていない。あるのは、ただただ運と人脈によって得られた、元実務家としての限られた経験だけである。その経験から、粗っぽい直感によって、とりあえず、次のような仮説をたててみる。

(1) 表現の「模倣」は、模倣者(R)による模倣と、模倣された表現の更なる伝播によって新たな価値が付加されることが、当初の情報発信者(O)によって認識されないときに、O・R間の摩擦を、しばしば引き起こす。
(2) そのような付加価値の存在について認識が共有されると、O・R間の摩擦が解消されやすい。

◇第Ⅱ部◇　著作権法における実証と理論

(3) 表現の「模倣」は、模倣者(R)による模倣と、模倣された表現の更なる伝播によって新たな価値が付加されることが、公衆[17]によって認識されないときに、公衆のRに対する強い非難を、しばしば引き起こす。
(4) そのような付加価値の存在を公衆が認識すると、非難が収束しやすい。
(5) 上記の付加価値は、新しい情報の付加の他に、Oが想定していなかった集団への情報伝播、新しい世代への情報の継承等、受益者の拡大が含まれる。
(6) 紛争、集中的な非難等の社会的摩擦を予防又は緩和するために、上記(2)及び(4)に示す認識共有を促進する仕組みが有効である。
(7) 引き起こされた紛争、集中的な非難等の摩擦を効率的に収束するために、上記(2)及び(4)に示す認識共有を促進する仕組みが有効である。

4　観察の場の候補

散発的な紛争事例の研究ではなく[18]、分野横断的に、歴史的視座を導入し、現在進行形の実務も視野に入れ、表現の「模倣」の効用と同時にそれが引起こす社会的摩擦さらには摩擦の解消を観察する場として、例えば、つぎのようなものが現実的な候補となるかもしれない。

(1) 現代の事象の調査

(a)　例えば、ソーシャル・キュレーション・サイト（Social Curation Site または SCS）[19]のように、もとの情報へのリンク、もとの情報のコピー若しくは要約などによって成り立つウェブサイトを素材として、(i) 模倣がつくりだす付加価値、(ii) 模倣に関わる社会的摩擦が発生する状況、及び(iii) 模倣に関わる社会的摩擦が緩和されていく状況を観察すること。SCSに示される情報のほとんどが、どこかから持ってきたものだと思われるから、模倣に関わる社会現象が

---

[17] 社会をネットワークで表現すると、公衆は、多くのnodeが互いにつながった関係性によって示されることになる。だから、観察可能なのは、公衆全体としての認識ではなく（そのようなものは、仮想的にしか存在しない）、公衆に含まれるであろう個々のnode（需要者、供給者、傍観者など様々な立場の人々が含まれる）の認識だということになる。当然、それぞれのnodeが付加価値を感ずる文脈は異なってくる。例えば、供給者は、模倣の拡散によって「本物」に対する需要が顕在化することをもって付加価値と認識するかもしれない。また、例えば、需要者は、みんなが模倣をすることによる安心感を付加価値と認識するかもしれない。
[18] 散発的な紛争事例ならば、実務経験、裁判例、ニュースなどで情報が入ってくる。
[19] 例えば、digg.com や matome.naver.jp がその典型である。pinterest.com は画像に特化したものとして有名である。

◆第16章◆　模倣の社会的意義を見極める方法を考える［寺本振透］

頻繁に起こることが観察できるのではないかと予想する。とりわけ、料理、旅行、健康等に関わる記事は、よく似た記事が同時に大量に出回っているように思われる。そうだとすれば、模倣の経路と、模倣に関する周囲の反応などを追っていきやすいのではないかと思われる。また、こうした場面での模倣については、社会的摩擦が生じている事例と、そうでない事例とがみられ、また、摩擦が生ずるにしても、深刻な場合から軽微な場合まであるだろうと思われる。

　(b)　一方では、明らかに先行事例の模倣が習慣的に行われているのに、摩擦が事実上存在していないように見えるのが、有価証券報告書におけるリスク・ファクターの書き方や、ベンチャーの資金獲得のための事業計画書である。ここでは、模倣がつくりだす付加価値の認識が関係する人々によってシェアされている状況を観察できそうに思われる。

(2) 歴史的な事象の調査

　先に例を挙げた和歌や家紋の他、近代の日本やイギリス[20]における外国語やラテン語の翻訳に由来する様々な表現の流布は、比較的トレースがしやすい模倣の展開の例を私たちに提供してくれるかもしれない。

V　私（たち）は、まだ、何も、わかってはいない。

　事実——それも、私たちが模倣をどう受けとめているのか、ということについての事実——を観察して記述することなしに、法律が模倣をどう扱うのか、という議論をすることは、私には、急ぎすぎであるようにも思われる。まずは、事実を観察して記述するという、法律家にとっては不慣れな作業（法学部や法科大学院は、学生に対して、事実を観察して記述する方法をあまり教えない。法律実務家は、それをOJTで学ぶが、純粋な法学研究者のほとんどは、生涯、それを学ばないままに終わる）をする必要があるのではないだろうか。

　もっとも、法律実務家や法学研究者が、法律が模倣をどう扱うかについて議論することが、無駄というわけでもない。それぞれの発言は、「私たちが模倣をどう受けとめているのか」について観察可能な事例のひとつとしてカウントされることになるだろう。

---

[20]　Otto Jespersen, Growth and Structure of the English Language, 10th ed., Chicago University of Chicago Press, 1982 等参照。

◇第Ⅱ部◇　著作権法における実証と理論

（付）モデルを用意するためのコード（Rによる）〔各ページ、左下から右上へ〕

```
# use sna and igraph
# default <-c(size, TP, ritsuko, viralNumber, τ, nInstance, echo)
# without imitators
# default <-c(64, 0.05, 1, 0, 1, 50, 2)
# with 3 imitators
# default <-c(64, 0.05, 1, 3, 1, 50, 2)
# with 6 imitators
# default <-c(64, 0.05, 1, 6, 1, 50, 2)
# with 9 imitators
# default <-c(64, 0.05, 1, 9, 1, 50, 2)
# the number of nodes
size <-default[1]
# the probability that a tie (bi-directional) exists between a pair of actors.
TP <-default[2]
# societyS as a random network.
societyS <-rgraph(size, tprob=TP, mode="graph")
tiff(file="default.tiff")
gplot(societyS, gmode="dgraph", label. lty=0)
dev.off()
societySg <-graph.adjacency(societyS, mode="undirected")
evcS <-evcent(societySg)$vector
evcSS <-evcS
aMelchior <-which.max(evcSS)
evcSS[aMelchior] <-0
aBalthasar <-which.max(evcSS)
evcSS[aBalthasar] <-0
aCasper <-which.max(evcSS)
evcSS[aCasper] <-0
bMelchior <-which.max(evcSS)
evcSS[bMelchior] <-0
bBalthasar <-which.max(evcSS)
evcSS[bBalthasar] <-0
bCasper <-which.max(evcSS)
evcSS[bCasper] <-0
cMelchior <-which.max(evcSS)
evcSS[cMelchior] <-0
cBalthasar <-which.max(evcSS)
evcSS[cBalthasar] <-0
cCasper <-which.max(evcSS)
evcSS[cCasper] <-0
ritsuko <-which.max(evcSS)
fashionable <-c(rep(1,size))
fashionable[ritsuko] <-0
if (default[4] >=3){
fashionable[aMelchior] <-0
fashionable[aBalthasar] <-0
fashionable[aCasper] <-0}
if (default[4] >=6){
fashionable[bMelchior] <-0
fashionable[bBalthasar] <-0
fashionable[bCasper] <-0}
if (default[4] >=9){
fashionable[cMelchior] <-0
fashionable[cBalthasar] <-0
fashionable[cCasper] <-0}
# the vector of fashionably sanitized nodes
sanitized <-c(rep(0,size))
for (i in 1:size){
if (fashionable[i]==0){
sanitized[i] <-1}}
# the vector of possible sanitizer nodes
pSanitizer <-sanitized
# the vector of echoSanitizer
echoSanitizer <-pSanitizer
# the vector of conservatively infected nodes
infected <-c(rep(1,size))
for (i in 1:size){
infected[i] <-infected[i]*fashionable[i]}
# the vector of possible infector nodes
pInfector <-infected
# the vector of echoInfector
echoInfector <-c(rep(0,size))
# the network which denotes the diffusion of old style of expression
nwi <-societyS
# the network which denotes the diffusion of new style of expression which is "newly" transmitted by *ritsuko*.
# the beginning condition of this network is also denoted by a square matrix having *size* row and *size* column, all elements of which are zero.
nwr <-matrix(0,size,size)
# the information transmitting capability
```

◆ 第16章 ◆ 模倣の社会的意義を見極める方法を考える ［寺本振透］

of each node
assume that every node has the same degree of capability if the distance between the relevant pair of actors is fixed.
The capability of respective nodes is already denoted by their respective centrality.
τ is the variable to generate the probability that a node successfully receives an arc from another node.
the said probability gradually decreases as the distance between the possible information transmitter (the receiver of an arc) and the possible recipient (the sender of an arc) increases.
τ 〈-default[5]
a vector preparing a binary that is used to decide whether an arc sent by a possible recipient of information reaches a possible transmitter of information.
bi 〈-c(1,0)
define the number of instances ("nInstance")
nInstance 〈-default[6]
define the impact of echo
echo 〈-default[7]
a vector which decides the color of each node.
vcol 〈-c(rep(gray(0.4), size))
for (i in 1:size){
if (fashionable[i]==0){
vcol[i] 〈-"white"}}
the size of each node in the graph.
vsize 〈-c(rep(1,size))
for (i in 1:size){
if (fashionable[i]==0){
vsize[i] 〈-2}}
vsize[ritsuko] 〈-3
the number of sides of each node in the graph
vsides 〈-c(rep(50,size))
for (i in 1:size){
if (fashionable[i]==0){
vsides[i] 〈-3}}
vsides[ritsuko] 〈-50
nw 〈-nwi + nwr
tiff(file="000.tiff")
gplot(nw, gmode="graph", vertex.col=vcol, vertex.cex=vsize, vertex.sides=vsides,
label.lty=0)
dev.off()
# the degree of sanitization by *ritsuko* by calculating the density of nwr.
cat(gden(nwr), "\n", file="ritsukodensity.csv", append=TRUE)
# 001 and following instances
# name of the files to record graph images
for (q in 1:nInstance){
p 〈-q*10
file0.name 〈-sprintf("%03d.tiff", p)
s 〈-p + 1
file1.name 〈-sprintf("%03d.tiff", s)
ritsuko diffuses new style of expression
prepare the distance matrix of the network which can be used by *ritsuko* and pSanitizer.
the network is the total of societyS and nwr
nwforR 〈-societyS + nwr
# generate the adjacency matrix of nwforR
for (i in 1:size){
for (j in 1:size){
if(nwforR[i,j]〉1)
nwforR[i,j] 〈-1}}
generate the distance matrix of nwforR.
nwforRd 〈-geodist(nwforR)$gdist
# each node sends arcs to pSanitizer at the probability determined by τ and distance
for (i in 1:size){
iarcsV 〈-c(rep(0, size))
coli 〈-nwforRd[cbind(1:size), i]
iprobV 〈-c(rep(0,size))
for (j in 1:size){
iprobV[j] 〈-exp(-coli[j]/τ)
# the probability increased when node j is an echoSanitizer
if (echoSanitizer[j]==1){
iprobV[j] 〈-exp(-coli[j]/(τ *echo))}
p 〈-c(iprobV[j], 1-iprobV[j])
iarcsV[j] 〈-sample(bi, 1, prob=p)*pSanitizer[i]
iarcsV[i] 〈-0
nwr[j,i] 〈-nwr[j,i]+ iarcsV[j]}}
renew the vector of sanitized nodes
sanitized nodes are no more pInfectors nor echoInfectors
rowR 〈-rowSums(nwr)
for (i in 1:size){

699

◇第Ⅱ部◇　著作権法における実証と理論

```
if (rowR[i]〉=1){
sanitized[i] 〈-1
pSanitizer[i] 〈-1
pInfector[i] 〈-0
echoInfector[i] 〈-0
if (vcol[i]!="white"){
vcol[i] 〈-gray(0.9)}}}
# renew the vector of echoSanitizer
colr 〈-colSums(nwr)
for (i in 1:size){
if (colr[i]〉=1){
sanitized[i] 〈-1
pSanitizer[i] 〈-1
echoSanitizer[i] 〈-1
infected[i] 〈-0
pInfector[i] 〈-0
echoInfector[i] 〈-0
vcol[i] 〈-"white"}}
# echoSanitizers cuts off the arcs received by them in nwi
for (i in 1:size){
for (j in 1:size){
if (echoSanitizer[i]==1){
nwi[j, i] 〈-0
nwi[i,j] 〈-0}}}
for (i in 1:size){
if (fashionable[i]==0){
vcol[i] 〈-"white"
sanitized[i] 〈-1
pSanitizer[i] 〈-1
echoSanitizer[i] 〈-1
infected[i] 〈-0
pInfector[i] 〈-0
echoInfector[i] 〈-0}}
# the conditions of the society.
nw 〈-nwi + nwr
nwg 〈-nw
for(i in 1:size){
for(j in 1:size){
if (nwg[i,j]〉1)
nwg[i,j] 〈-1}}
tiff(file=file0.name)
gplot (nwg, gmode="graph", vertex.col=vcol, vertex.cex=vsize, vertex.sides=vsides, label.lty=0)
dev.off()
# the degree of sanitation by *ritsuko* by calculating the density of nwr.
for (i in 1:size){
for (j in 1:size){
if (nwr[i,j]〉1)
nwr[i,j] 〈-1}}
cat (gden (nwr), "\n", file="ritsukodensity.csv", append=TRUE)
# old style of expression revives
# the distance matrix of the network which can be used by *pInfector*.
# a network which is the combination of societyS and nwi
nwfori 〈-societyS + nwi
# generate the adjacency matrix of nwfori.
for (i in 1:size){
for(j in 1:size){
if(nwfori[i,j]〉1)
nwfori[i,j] 〈-1}}
# the distance matrix of nwfori.
nwforid 〈-geodist(nwfori)$gdist
for (i in 1:size){
iarcsV 〈-c(rep(0, size))
coli 〈-nwforid[cbind(1:size), i]
iprobV 〈-c(rep(0,size))
for(j in 1:size){
iprobV[j] 〈-exp(-coli[j]/τ)
if (echoInfector[j]==1){
iprobV[j] 〈-exp(-coli[j]/(τ*echo))}
p 〈-c(iprobV[j], 1-iprobV[j])
iarcsV[j] 〈-sample(bi, 1, prob=p)*pInfector[i]*fashionable[i]*fashionable[j]}
iarcsV[i] 〈-0
nwi[j,i] 〈-nwi[j,i] + iarcsV[j]
}
}
#
rowi 〈-rowSums(nwi)
for (i in 1:size){
if (rowi[i]〉=1){
infected[i] 〈-1
pInfector[i] 〈-1
pSanitizer[i] 〈-0
echoSanitizer[i] 〈-0
if (vcol[i]!="black"){
vcol[i] 〈-gray(0.4)
}
}
}
#
coli 〈-colSums(nwi)
for (i in 1:size){
```

◆ 第16章 ◆ 模倣の社会的意義を見極める方法を考える ［寺本振透］

```
if (coli[i]〉=1){
infected[i] 〈-1
pInfector[i] 〈-1
echoInfector[i] 〈-1
sanitized[i] 〈-0
pSanitizer[i] 〈-0
echoSanitizer[i] 〈-0
vcol[i] 〈-"black"
}
}
#
for (i in 1:size){
for (j in 1:size){
if (echoInfector[i]==1){
nwr[j, i] 〈-0
nwr[i, j] 〈-0
}
}
}
#
for (i in 1:size){
if (fashionable[i]==0){
vcol[i] 〈-"white"
sanitized[i] 〈-1
pSanitizer[i] 〈-1
echoSanitizer[i] 〈-1
infected[i] 〈-0
pInfector[i] 〈-0
echoInfector[i] 〈-0
}
}
# plot the conditions of the society
nw 〈-nwi + nwr
nwg 〈-nw
for (i in 1:size){
for (j in 1:size){
if (nwg[i,j]〉1)
nwg[i,j] 〈-1
}
}
#
tiff(file=file1.name)
gplot (nwg, gmode=" graph", vertex.col=vcol, vertex. cex=vsize, vertex.sides=vsides, label.lty=0)
dev.off()
#
}
# end of the code
```

〈参考文献〉

Bonacich, P. Power and Centrality: A Family of Measures, *American Journal of Sociology*, vol. 92, No. 5 (1987) 1170-1182

Freeman, L. 2004, *The development of social network analysis-A study in the sociology of science*, Empirical Press, Vancouver, Canada

Kahneman, D. 2012, *Thinking, fast and slow*, Penguin, London, United Kingdom

Prell, C. 2012, *Social network analysis: history, theory & methodology*, SAGE, Los Angeles, United States science, Empirical Press, Vancouver, Canada

Scotchmer, S. *Innovation and incentives*, MIT Press 2004, Cambridge, Mass., United States

Scott, J. 2013, *Social network analysis*, 3rd edn, SAGE, London, United Kingdom

Thaler, R. H. & Sunstein, C. R. 2009, *Nudge: improving decisions about health, wealth, and happiness*, Yale University Press, New Haven, United States

鈴木努『Rで学ぶデータサイエンス8 ネットワーク分析』（共立出版、2009年）

第17章 著作権法におけるルールとスタンダード・再論
── フェアユース規定の導入に向けて ──

島並　良

I　はじめに

　書籍出版業組合の印刷特権から出発し、その後も長らく出版、レコード、放送、映画など限られた業界内にのみ関係していた著作権法制度は、複製と流通の両面における技術の進展と共に、いまや幅広いビジネスや市民生活に深く関わるようになった。「しなやか」な著作権制度を模索する本書は、このような適用範囲の著しい拡大を前提に、多様化・複雑化した関係人の利害を適切に調整するためには、現行著作権法が提供する規範が硬直的に過ぎるのではないかという共通した問題意識を踏まえている。

　現在の著作権法制度が硬直的であるとされる局面にはいくつかあるが、最も激しくその当否や内容が論じられているのは、著作権の制限規定のあり方であろう。すなわち、著作権侵害の成立を阻却する著作権の制限規定が、現行法ではあまりにも個別的・具体的であるために、本来であれば等しく扱われるべき2つのケースが些細な相違を理由に適否が分かれたり、あるいは、立法時には想定されていなかった著作物の新たな利用態様について関係人の利害を調整して事案に適した法的判断を下すための手がかりが十分でなかったりするというわけである。この批判は、権利制限の一般条項（いわゆる日本版フェアユース規定、以下、単にフェアユース規定という）を新たに導入することにより、あるいは既存の個別的権利制限の成立要件の一部を規範的要件にすることで、諸事情を総合考慮して柔軟に侵害の成否を決する契機を増やそうという企図をもって主張されている。

　ここで問題となる権利制限規定のあり方について、筆者はこれまですでに、法と経済学の文脈で米国において議論されてきた「ルール／スタンダード二分論」を著作権法に適用する基礎研究を進めてきた[1]。その成果を、権利制限を

---

[1]　島並良「権利制限の立法形式」著作権研究35号〔2008年度版〕（2008年）90頁、同「著作権制限の一般規定」『知的財産権侵害の今日的課題　村林隆一先生傘寿記念』（青林書院、

◇第Ⅱ部◇　著作権法における実証と理論

統一テーマとした著作権法学会シンポジウム（2008年）で報告[2]して以来、我が国においても権利制限規定の柔軟化が論じられる際に、ルール／スタンダード二分論という強力な道具立てへの言及が増えたことは喜ばしい。もっとも、残念なことに、この二分論への理解はなお十分でないため、筆者から見ると必ずしも正当とは言えない理由で、権利制限におけるフェアユース規定の導入や、さらには既存の権利制限規定の部分的な規範的要件化にすら反対する向きがあるように思われる。

　そこで本稿では、フェアユース規定の導入に賛成する立場から、再度このルール／スタンダード二分論を取り上げることにしたい。もっとも、この二分論の骨子についてはすでに公表した2つの拙稿を参照頂くこととした上で、本稿では、ルール型の個別的権利制限規定と比べた場合にスタンダード型のフェアユース規定が持つ一番重要な特質と考えられる点──利用目的の「開放性」──に着目する（Ⅱ）。その上で、開放性というフェアユース規定の特質に照らして、その導入が社会に対していかなるメリットをもたらすのかについて検討する（Ⅲ）。そしてさらに、スタンダード型のフェアユース規定導入に対してこれまで表明された懸念（デメリット）がいずれも必ずしも説得的ではないことを明らかにし（Ⅳ）、最後に結論を述べることにする（Ⅴ）。

Ⅱ　スタンダードの特質

　フェアユース規定、すなわち諸事情を総合考慮して「公正」な著作物利用を適法と位置づける著作権の制限規定のように、具体性の低い規範的要件からなる立法形式は、スタンダードと呼ばれる。これに対して、私的使用のための複製について複製権を制限する規定（著作権法30条1項柱書）のように、具体性の高い要件からなる立法形式を、ルールと呼ぶ。もちろん、要件の具体性には段階的な差異を観念できるから、このルールとスタンダードの二分論はひとえに相対的なものであるが、なお両者は、《当該規範が適用される名宛人の行為時を基準として、その前後いずれに（どの程度）規範内容が形成されるのか》という点で区別をすることができる。すなわち、具体的ルール（たとえば、時速50キロメートル以上での走行禁止規範）においては、法の定立者（典型的には国会）により明確な要件が示された時点、つまり当該規範が適用される名宛人の行為（た

　　2011年）482頁。
(2)　その記録が、前掲注(1)「権利制限の立法形式」である。

◆ 第17章 ◆ 著作権法におけるルールとスタンダード・再論 ［島並　良］

とえば、自動車の走行）よりも前に規範内容が明確に形成されている。これに対して、スタンダード（たとえば、危険走行の禁止規範）では、諸事情（走行者の健康状態や経験、走行時の時刻、天候、道路幅、人通りの多寡等）を総合的に考慮して、法の適用者（典型的には裁判所）が判断を下すに至って初めて、つまり名宛人の行為よりも後に規範内容が形成されることになる[3]。

　このように、法の解釈と適用を通じて事後的に規範が形成されるスタンダードについては、一般に、柔軟性（flexibility）がその特徴として挙げられることが多い。フェアユース規定の導入論議においても、どこまで柔軟性の高い規定を著作権法に置くべきかが主題とされている。そして、立法時（事前）に設定された硬直的な要件のみにとらわれることなく、法適用時（事後）の回顧的視点から、実際に現れた諸事情を総合考慮して、当該事案に適したきめ細かな判断を下すことができることこそがスタンダードの特質であるとされる。

　しかし、スタンダードがルールよりも常に柔軟な制度であるとは限らない。なぜなら、規範的要件の充足性は、その評価を基礎づける考慮事実（いわゆる評価根拠事実、評価障害事実）をどれだけ幅広く収集し、またそれらのうちいずれをどの程度重視するのかに依存するからである。たとえば、著作物の公正な利用を適法とする規定を置いたとしても、仮に「非営利的な著作物利用は必ず公正であり、営利的な著作物利用は必ず不公正である」との解釈、つまり営利性という単一の事実を決定打として常に重視する運用がなされるならば、それは柔軟な制度であるとはいえまい。もちろん、法形式上、諸要素の総合考慮を許すスタンダードの運用が柔軟になされる可能性は（それを許さないルールに比して相対的に）高いが、それは実際の運用に左右されるものである以上、規範的要件に常に随伴する特質ではない。

　そうではなく、スタンダードという立法形式を採ることの最大の意味は、その適用範囲の開放性（openness）にあると考えられる。たとえば、規範的要件の代表格である信義則の「誠実」性（民法1条2項）や、不法行為の「過失」（同709条）は、それぞれあらゆる法律行為、不法行為を通じて妥当する要件である。売買契約に限って誠実性が求められるわけでも、交通事故のみに過失が問われるわけでもない。つまり、規範的要件そのものは、適用範囲を限定する機能を有しないのである[4]。むしろ、さまざまなケースごとに誠実性や過失の具体

---

(3) 本段落の内容については、前掲注(1)に掲げた2つの拙稿に詳述した。
(4) ここで、規範的要件を含む条項が、他の具体的要件によってその適用範囲に制約を受

705

内容が異なり得るために、それを事前の立法段階で特定することができないからこそ、規範内容の形成を事後的な評価に委ねるスタンダードという立法形式が採られていると言えよう。

これをフェアユース規定についてみると、著作物の公正な利用を広く許す典型的な一般条項（いわゆる大一般条項）であれば、他の具体的要件による適用範囲の制約すら全く受けないことになる。私的使用や引用や教育や報道といった限られた目的・場面のために著作物の利用を許す既存の個別的権利制限規定とは異なり、許される著作物利用の目的・場面が限定されない点、すなわちその適用範囲の開放性にこそ、フェアユース規定の最大の特質があると考えられる。

そうであるならば、フェアユース規定導入の是非は、その柔軟性というよりも、そうした射程の広い開放的規定を著作権法に置くことの得失から判断されるべきだということになる。節を改めて、その利点と欠点を順にみてみよう。

Ⅲ　フェアユース規定の利点

1　イノベーションの促進

適用範囲の開放性を持つフェアユース規定を導入すると、社会にとってどのようなメリットがあるのだろうか。その第一は、イノベーションの促進と、それに伴う産業の発達であると考えられる。すなわち、権利制限条項の立法時には想定されなかったような著作物の新たな利用目的・場面についても、事後の裁判で適法と位置づけられる余地を予め確保することで、時機を失することなく、また立法コストを掛けずに、イノベーティブな著作物利用産業（製品、サービス）が創出されることが期待される。

米国においてフェアユースが認められた例は多数あるが、そのうち、著作物の新たな利用目的・場面の適法性が確保された結果、製品やサービスのイノベーションが促進されたと考えられる実例が、少なくとも4つある。すなわち、①テレビ番組の録画に供される家庭用ビデオテープレコーダー[5]、②他社の開

け得ることは別論である。たとえば、引用に関する権利制限（著作権法32条1項）は、「公正」な慣行や「正当」な範囲といった規範的要件を含む条項であるが、「引用」という具体的要件によりその適用場面は限定されている。しかしその制約の中で、何が公正・正当かについて限定はなく、したがっていかなる引用について権利が制限されるかは開かれているわけである。

(5) Sony Corp. of America v. Universal City Studios, Inc., 464 U.S. 417 (1984)では、ソニー

◆第 17 章◆ 著作権法におけるルールとスタンダード・再論［島並　良］

発した工業製品から技術情報等を抽出するリバースエンジニアリング[6]、③データやソフトウェアをネットワーク経由で利用者に提供するクラウドサービス[7]、そして④インターネット上に巨大なデータベース（ビッグデータ）を構築しそこから有用な情報を抽出するデータ／テキスト・マイニング[8]である。

いずれも製品の使用やサービスの提供・利用に際して著作物の複製等が介在するが、米国著作権法にはこれらの行為の登場時にそれらを適法と位置づける

　　　社による家庭用ビデオテープレコーダー（ベータマックス）の製造販売が、映画会社ユニバーサル・スタジオの著作権の寄与侵害にあたるかが争われ、ユーザーによる家庭内におけるテレビ番組の異時視聴（タイムシフティング）用録画はフェアユースにあたるとされた。

[6]　Sega Enterprises Ltd. v. Accolade, Inc., 977 F.2d 1510 (9th Cir. 1992)では、セガ社のゲーム機と互換性のあるゲームソフトを製造販売するために、正規ゲームカートリッジに格納されたオブジェクトコードをアコレード社がソースコードに変換（逆アセンブリ／逆コンパイル）した際に行った中間的コピーが、フェアユースにあたるとされた。

[7]　Cartoon Network, LP v. CSC Holdings, Inc., 536 F.3d 121 (2d Cir. 2008)では、ケーブルビジョン社が提供する、リモート方式のネットワーク型録画装置（RS-DVR）を用いたテレビ番組録画提供サービス（ケーブルテレビ事業者の局舎内に設置したハードディスクドライブを顧客がネット経由で操作することで、異時視聴を可能とするサービス）について、著作権侵害の成否が争われた。ソニー事件判決（前掲注[5]）を考慮したためか、本件では原告（20世紀フォックス社等の複数の著作権者）が寄与侵害の主張を放棄し、他方で被告は顧客の行為についてフェアユースの抗弁を主張しないことに同意したため、判決では同抗弁の成否は判断されていない。しかし米国では、このことで逆説的に、顧客によるクラウドサービスの利用がフェアユースにあたる旨を両当事者が前提としたと捉えられている。

　　　なお、同判決では直接侵害の成立も否定され、結局被告のテレビ番組録画提供サービスは適法とされた。その後、連邦最高裁が裁量上訴の申立てを受理しなかったことから、この第2巡回区控訴裁判所の判決は確定している。同判決について詳しくは、奥邨弘司「ネットワーク型 DVR システムの運営者が直接侵害責任を負うか否かが問われた米国事例」SOFTIC LAW NEWS 117号1頁（2008年）、矢野敏樹「米国著作権法上の「複製」と「公の実演」が問題になった事例」パテント62巻9号（2009年）84頁。

[8]　大学等の図書館の膨大な蔵書をデジタル化し検索可能にすることの当否が争われた2つの訴訟（いわゆるグーグルブックス訴訟）において、第2巡回区控訴裁判所は、グーグル社による書籍データベースの作成や、ハーティトラストによる検索結果の情報提供サービスについて、いずれもフェアユースの抗弁を認めた（Authors' Guild v. HathiTrust, 755 F.3d 87 (2d Cir. 2014)および Authors Guild, Inc. v. Google, Inc., 804 F.3d 202 (2d Cir. 2015)）。その後、連邦最高裁が裁量上訴の申立てを受理しなかったため、両判決は確定している。グーグルブックス訴訟について詳しくは、参照、松田政行・増田雅史『Google Books 裁判資料の分析とその評価』（商事法務、2016年）。

707

◇第Ⅱ部◇　著作権法における実証と理論

個別的な権利制限規定が置かれていなかったから、仮にフェアユース規定がなければ他国に先駆けて米国でこれらのイノベーションが創出・展開されることはなかったであろう[9]。今後さらに著作物の利用を伴う新たな製品・サービスが開発された場合にも、そしてそれが事前には具体的に予測できないからこそ、フェアユース規定はイノベーションの孵卵器として働くことが予想される[10]。

　こうしたフェアユース規定のイノベーション促進効果に関しては、経済学的な実証研究もある。たとえば、2006年にフェアユース規定を導入したシンガポールについて、導入の前後における変化を検証した研究[11]によれば、フェアユース規定の導入は、これにより幅広く適法と位置づけられることとなった《個人的複製に依存する産業》、すなわち録音・録画に供される機器・媒体の製造と販売を担う産業の高い成長をもたらし、その割合は、《著作権に依存する産業》、

---

(9)　たとえば、ケーブルビジョン社によるテレビ番組録画提供サービスを適法とした第2巡回区控訴裁判所の判決（前掲注(7)）を契機に、米国ではクラウドサービスへの投資が劇的に増加した。Josh Lerner and Greg Rafert, Lost in the Clouds: The Impact of Changing Property Rights on Investment in Cloud Computing Ventures, Harvard Business School Working Paper 15-082（2015）によると、同判決の前後2年間ずつで、米国内のクラウドコンピューティング企業へのベンチャーキャピタル投資が13.097億ドルから18.471億ドルに増加したが、その最大の要因は同判決だという。

　　また、欧州委員会の専門家報告書（Ian Hargreaves et al., European Commission Expert Group, Standardisation in the Area of Innovation and Technological Development Notably in the Field of Text and Data Mining（2015））は、データ／テキスト・マイニングは、著作権法にそれを適法と位置づける権利制限条項、とりわけフェアユース規定を整備している国々において盛んであり、著作権法のあり方が関連産業や大学等での調査研究の進展に強い影響を及ぼしていることを指摘する（もっとも、欧州諸国の対応の遅れを指摘する中で、個別的制限規定である著作権法47条の7を置く日本は、肯定的に位置づけられている。）。

(10)　もっとも、フェアユース規定が社会にもたらすメリットは、このような科学技術上のイノベーションのような経済的側面に限定されるものではない。たとえば、フェアユース規定の適用によって、教育目的での著作物利用が（個別の権利制限が認めるよりも）広く許されたとしよう。それは短期的には利用者自身に経済的便益をもたらすとともに、教育を受けた学生・生徒が文化面での正の外部性を及ぼすことによって、中長期的には社会全体の非経済的便益にもなり得る。こうしたフェアユース規定のスピルオーバー効果については、後の検討に委ねたい。

(11)　Roya Ghafele and Benjamin Gibert, The Economic Value of Fair Use in Copyright Law: Counterfactual Impact of Analysis of Fair Use Policy on Private Copying Technology and Copyright Markets in Singapore, MPRA Paper No. 41664（2012）, available on https://mpra.ub.uni-muenchen.de/41664/.

◆第17章◆ 著作権法におけるルールとスタンダード・再論［島並　良］

すなわち映画、音楽、書籍等の著作物の生産と流通を担う産業の成長を上回るものだったとされる。そのため、フェアユース規定の導入は、シンガポール経済の全体に対してポジティブな影響を与えたと結論づけられている。

また、すでにフェアユース規定を持つ7カ国（米国、フィリピン、シンガポール、イスラエル、台湾、マレーシア、韓国）と、それを持たない他の国々について比較したアメリカン大学の調査[12]によれば、売上げと利益、資産、雇用のいずれにおいても、《フェアユース規定に依存する産業》、すなわちインターネットサービス、コンピュータ・ハードウェア、同ソフトウェア等はもちろん、《著作権保護に依存する産業》、すなわち出版、エンターテイメント、放送等に対してすら、フェアユース規定はポジティブな影響を与えているという。

2　市場の失敗の治癒

著作物の公正な利用について、適法と位置づける余地を予め確保することの第二のメリットは、いわゆる市場の失敗が治癒されるという点に認められる[13]。

その公正性ゆえに、権利者自身は著作物の利用を無償で許したいと考えていても、仮に権利制限規定が適用されなければ、利用希望者は権利者から許諾を得なければならない。なぜなら、そもそも権利者が無償利用を許してくれるかどうかは権利者の内面的な意向に依存するために、それをライセンス交渉前に外部から観察することは困難だからである。また、たとえ無償ライセンスを合理的に期待できる（通常の権利者であればライセンスに向けた内面的な意向が推察できる）ようなケースであっても、たとえば権利者を探索したり交渉したりするために過大な取引費用を要する場合もある[14]。このような環境下では、市場に委ねていては、著作物の利用希望者がその費用に鑑みて利用を諦めてしまうかもしれないために、社会的に望ましい量のライセンス（ひいては著作物の利用）がなされない可能性があるわけである。

他方で、フェアユース環境下では、ライセンスなしに無償での利用が（権利者の意思に関わりなく）許されるから、こうした「市場の失敗」のおそれはない。

---

[12]　Michael Palmedo, Firm Performance in Countries With & Without Open Copyright Exceptions (2015), available on http://infojustice.org/archives/34386.

[13]　Wendy J. Gordon, Fair Use as Market Failure: A Structural and Economic Analysis of the Betamax Case and its Predecessors, 82 Colum. L. Rev. 1600, 1601 (1982).

[14]　いわゆる孤児著作物や、（職務著作制度が適用されるかどうかが外部からは不明な）企業内著作物の問題はその典型である。

◇第Ⅱ部◇　著作権法における実証と理論

ここで重要なことは、フェアユース規定によって初めて生じる著作物の利用[15]は、利用者にとっての利益となるだけでなく、当初から無償でライセンスするつもりの権利者にとっても何ら不利益をもたらさないという点である。換言すれば、フェアユース規定は、市場の失敗がもたらす死重損失を解消し、社会全体の厚生を増大させる。

そして、ライセンス環境下では生じない著作物利用が促進され、社会的厚生が増大するという現象は、著作物の利用目的・場面を問わず妥当するから、適用範囲が解放されたフェアユース規定を置くことで、社会のより幅広い局面で惹起されることが望ましいと考えられるのである。

Ⅳ　フェアユース規定の欠点

1　保護水準の低下

フェアユース規定の導入に対する懸念の最たるものは、それが権利者にとって保護水準の低下（権利の切下げ）、ひいては経済的損失に繋がるというものである[16]。

ではそもそも、フェアユース規定の導入によって、著作権の保護水準は必ず低下するのだろうか。私見によれば、権利制限に関するルールとスタンダードとを比較して、後者の方が権利制限の程度が常に強い（著作権が弱くなる）という理解は、次の理由で相当ではない。

まず、著作権の制限という効果Rを発生させる個別条項として、具体的な事実a＋b＋cを要件とするPを、そして同じ効果を発生させる一般条項として、抽象的な概念Nを規範的要件とするQを、それぞれ想定してみよう。

---

[15] フェアユース規定がなくても、本来であれば個別的権利制限規定によって生じるはずであった利用については、後述（Ⅳ1）を参照。

[16] 著作権制度は、著作物の保護と利用のバランスの下で、創作者（権利者）、利用者、そしてその背後にいる享受者（一般消費者等）も含めた社会全体の厚生を増大させるためにある。したがって、ある特定の局面において著作権者の保護水準が低下すること自体は、利用者や享受者の対抗利益を保護すべき十分な理由があれば権利者も受容しなければならないし、実際にこれまでの立法過程では、権利制限の個別条項が追加されることによって権利の切下げは行われてきた。そのため、ただ単に保護水準が低下するというだけでは、著作権者による自己利益の擁護にはなり得ても、より広い社会全体の視点からフェアユース規定の導入に反対する論拠とはならないはずであるが、この点を仮に措くとしても、保護水準低下論には以下に述べるような問題がある。

◆第17章◆ 著作権法におけるルールとスタンダード・再論［島並　良］

> 個別条項P：　具体的事実a＋b＋c　→　効果R（権利制限）
> 一般条項Q：　抽象的概念N　→　効果R（権利制限）

　この場合に、PとQのいずれが効果Rを発生させる（権利を制限する）可能性が高いかは、一概には言えない。なぜなら、抽象的概念Nからなる一般条項Qは、（ア）a＋bという2つの評価根拠事実だけで充足すると評価されることもあれば、（イ）a＋b＋cという3つの評価根拠事実が存在するにもかかわらず、さらにdという評価障害事実が加わることによって、充足しないと評価されることもあり得るからである。（ア）の場合には、Pにおけるa＋b＋cよりも少ない事実a＋bだけで権利制限の効果Rが発生するので、Qは権利制限のハードルが低い（著作権保護の水準が低い）規範であるが、（イ）の場合には、Pと同じ事実a＋b＋cが存在してもなお追加的にdを考慮することでRを発生させないので、Qは権利制限のハードルが高い（著作権保護の水準が高い）規範であるということになる。

　結局、ある規範をルールとスタンダードのいずれで定めるのかだけで、要件の充足性、すなわち効果発生の難易が変わるわけではない。それは、一般条項をいかに評価するのか、すなわち、考慮する諸要素の種類とそれらへの軽重の付け方に依存するのである[17]。

　それにもかかわらず、フェアユース規定の導入によって保護水準の低下（権利の切下げ）を憂慮する見解は、既存の個別規定に加えてフェアユース規定が設けられることによって、権利制限条項の個数が増え、結果として権利制限が適用される局面が増加することを問題視しているのだろう。しかし、これは「個別規定では権利が制限されない著作物の利用について、フェアユース規定ならば権利が新たに制限される」という（論者にとって）望ましくない結論を先取りした上で、それを批判するものに過ぎない。すなわち、裁判官がフェアであると考える著作物の利用は、もし立法コストを顧慮しないのであれば、個別規定

---

[17] この理は、「時速50kmでの走行を禁止する規範」と、「危険走行を禁止する規範」を比較すれば、容易に理解できるだろう。両規範のどちらが厳しいかは、後者における「危険」要件の評価次第であって、たとえば時速45km走行でも人通りの多い雨の夜中では危険と評価される（禁止される）場合もあれば、時速55km走行でも人通りの少ない晴れた昼間では危険でないと評価される（禁止されない）場合もある。

◇第Ⅱ部◇　著作権法における実証と理論

によっても同じように適法と位置づけられるべきものである[18]。

　もちろん、現実には、立法には情報（立法事実）の収集コストを要し、その極大化した状況（たとえば、未だ存在しない技術を用いた著作物の利用など）では、事前に立法することはおよそ不可能である。しかし、長期的には立法と司法とで「公正」な著作物利用の捉え方に相違はないはずであり、短期的立法コストがもたらす個別規定の不存在を奇貨とした著作権の行使を許すことは、妥当ではあるまい。そうであれば、「個別規定では権利が制限されない著作物の利用について、フェアユース規定ならば権利が新たに制限される」という事態は、そもそも想定してはならない状況であるはずである。いわば、フェアユース規定が発動することで切り下げられる著作権者の利益は、本来であれば、個別規定によってでも切下げられるべき利益であったというべきだろう。

2　当事者負担の増加

　フェアユース規定に対する批判の第二は、権利者、利用者の双方について、主張立証の負担が増大するというものである。これはつまり、著作物の利用者にとっては、権利制限の効果を発動させるために規範的要件の評価根拠事実を多く主張立証しなければならず、他方で著作権者にとっては、その評価障害事実を多く主張立証しなければならないということであろう。しかし、この批判もまた正当ではないと思われる。

　まず、法の解釈と当てはめは、裁判官の職責であって、当事者はその任を負わない。たしかに一般条項では、個別条項に比してマクロ正当化のステップ（法的三段論法における大前提を一般命題として提示するための作業）が増える[19]。しかしそのステップは、マクロ正当化一般について妥当するのと同じく、当事者ではなく裁判官が担うべきものである。たとえば著作物の公正な利用が適法である旨の一般条項が置かれた場合であっても、何をもって公正と評価するか、

---

[18]　実際に、これまでの裁判例において、個別規定の無理な解釈によってそのような「妥当な」結論が図られてきたことについて、参照、上野達弘「著作権法における権利制限規定の再検討――日本版フェア・ユースの可能性」コピライト560号（2007年）2頁。

[19]　法解釈におけるマクロ正当化とミクロ正当化の区別、およびマクロ正当化の多層的構造については、平井宜雄「法律学基礎論覚書」ジュリスト916、918、919、921-923、926-928号（1988-1989年）（同『法律学基礎論の研究』（有斐閣、2010年）41頁以下に再録）のほか、さしあたり、瀬川信久「ミニ・シンポジウム：法解釈論と法学教育」ジュリスト940号（1989年）14頁、43頁を参照。

◆ 第 17 章 ◆ 著作権法におけるルールとスタンダード・再論［島並　良］

そしてどのような事実を前提に公正性を判断するのかについて、当事者が主張立証する必要はない。

したがって、スタンダードに関する当事者の役割は、規範的要件の評価を支える評価根拠事実と評価障害事実、フェアユース規定であれば著作物利用の目的やそれを取り巻く具体的状況、権利者に与える影響等の主張と立証に限られるが、その負担が個別条項と比べて増加するかどうかも、一概には言えない。なぜなら、それは、個別条項の具体的要件の密度と、一般条項の（抽象的要件を支える）評価事実の密度の、相対的な程度に依存するからである。すなわち、個別条項であっても、効果が発生するための要件を多数置いていたり、それぞれの事実を立証するための証拠が著作物の利用者の手元になかったりする場合（たとえば、著作権者の具体的な損害の不発生が権利制限の要件とされている場合）には、著作物の利用者にとって自己の行為が適法であることを主張立証する負担はそれだけ大きくなる。

これに対して、一般条項であっても、著作物利用の公正性を支える決定打となる事実について社会的な合意があり、その証拠が利用者の手元にあれば、主張立証負担はそれだけ小さくなる。たとえば、幼児が絵画展に出品するためにアニメ等のキャラクターを真似た絵を描くことは、現行法では（私的使用のための複製等によって複製権が制限されない結果）違法と解さざるを得ないが、仮に社会において「幼児の創作活動に伴う著作物の利用は公正として許容する」旨の合意が形成されている（マクロ正当化が社会に受け入れられている）のであれば、自己の年齢の立証は容易であるから、一般条項の適用を求めることについて利用者にとっての負担は少ないわけである。

3　予測可能性の減少

フェアユース規定に対する批判の第三は、規範的要件はその評価基準があいまいなために、明確な要件と比べて結果の予測可能性が低下する（法的安定性が害される）というものである。たしかに、予測可能性はそれとして重要な価値であるが、それは具体的妥当性とのトレードオフによって維持される価値であるから、単に予測が困難になるというだけでは批判として成立しない。では、フェアユース規定の導入によって、具体的妥当性の増加という便益を超えた不都合がもたらされるのだろうか。ここで重要なのは、誰のための、どのタイミングでの予測可能性か、という視点である[20]。

◇第Ⅱ部◇　著作権法における実証と理論

　まず、創作前の段階、つまり創作者が創作に向けた投資決定をする段階では、何について誰に権利が帰属し（権利の客体と主体）、それによって原則としてどのような範囲を独占できるのか（創作がもたらす利得）が、創作者にとって予測できる必要がある。したがって、たとえば著作物に関する創作性要件が「創作者の個性が反映していること」とされていたり、創作者に著作権が帰属する旨の創作者主義の原則が採られていたりすることは、いずれも（具体的妥当性に加えて）創作者にとっての予測可能性を高めるという観点からも望ましいということになる。また、著作権侵害成立のための依拠性要件や法定利用行為が明確に定められており、個別事情にほぼ左右されない安定的な要件として運用されていることも同様である。

　それに対して、創作後かつ利用前の段階、つまり利用希望者が利用の有無を決定する段階では、自己の利用行為が著作権者の権利範囲に入っているかどうかが、利用者にとって予測できることが望ましい一方で、すでに創作を終えもはや行動を変化させない創作者にとっての予測可能性は考慮する必要がない。ここで、権利範囲を決する際にもっとも重要な事項は、両作品の類似性と、例外としての権利制限の成否である。そして、利用者は著作権者の作品と自己の利用しようとしてる作品の両者についての情報を十分に有しているから、類似性判断にあたって、表現アイデア二分論や本質的特徴感得論といったスタンダードが採られていても、利用者の予測可能性を（事案に即した結論による具体的妥当性の増加を超えて）不当に減少させることはないだろう。また、同じく利用者は、自己の著作物利用の目的やそれをとりまく状況を最も知る立場にあり、そしてそれが著作権者に与える経済的影響についてもある程度の情報を有しているから、権利制限規定がこれらの事情を総合的に考慮するスタンダードであっても、やはり利用者の予測可能性を（上記と同じく具体的妥当性の増加を超えて）不当に害することはないように思われる[21]。

　逆に言えば、著作物の（創作ではなく）利用の当否を決する段階については、

---

[20]　See, Thomas B. Nachbar, Rules and Standards in Copyright, 52 Hous. L. Rev. 583, 596-601 (2014).
[21]　このことは、既存の個別的な権利制限規定を存続させたまま、さらに受皿としてフェアユース規定を新設し、具体的妥当性を確保すべしとの立場からは、より明白であろう。利用者にとっては、たとえ予測可能性の低い規定であっても、自己の著作物利用が（「正当」にも）適法とされる手がかりが増えることに繋がるからである。

◆第 17 章◆ 著作権法におけるルールとスタンダード・再論［島並　良］

すでに表現アイデア二分論や本質的特徴感得論といったさまざまなスタンダードが採られている中で、権利制限についてのみスタンダードを頑なに排除しルールに固執することは、理論的に正当化することが困難ではなかろうか。

V　おわりに

　以上をまとめると次のとおりである。まず、フェアユース規定を導入することの最大の意味は、その柔軟性というよりも、適用範囲の開放性、すなわちその目的や場面を限定することなく、公正な著作物利用を適法と位置づけることができる点にある。

　また、公正性という規範的要件（スタンダード）によって権利制限の成否を判断することには、立法時には予測できないイノベーティブな製品やサービスの創出を促し、権利者を害しない利用を促進する（市場の失敗を治癒する）という利点がある。

　他方で、その欠点として指摘されてきた保護水準の低下が起きるとは限らず、また当事者の主張立証負担は増加しないし、さらに予測可能性の低下も深刻な影響を及ぼすものではない。

　これらの利点と欠点に鑑みると、結論として私は、著作権法に権利制限の一般規定、すなわち公正な著作物利用を適法と位置づけるフェアユース規定を導入すべきであると考える。

〈編　集〉

中山信弘（なかやま　のぶひろ）
　　　元明治大学特任教授・東京大学名誉教授

金子敏哉（かねこ　としや）
　　　明治大学法学部准教授

しなやかな著作権制度に向けて
——コンテンツと著作権法の役割——

2017（平成29）年3月30日　第1版第1刷発行

編集　中山信弘
　　　金子敏哉
発行者　今井　貴
発行所　株式会社信山社

〒113-0033 東京都文京区本郷6-2-9-102
Tel 03-3818-1019 Fax 03-3818-0344
info@shinzansha.co.jp

笠間才木支店　〒309-1611 茨城県笠間市笠間515-3
Tel0296-71-9081　Fax0296-71-9082
出版契約No. 3234-6-01011　Printed in Japan

©編著者, 2017　印刷・製本／亜細亜印刷・渋谷文泉閣
ISBN978-4-7972-3234-6 C3332 ¥7800E 分類 328.510-a010
3234-01011：p738 012-060-010〈禁無断複写〉

JCOPY〈(社)出版者著作権管理機構　委託出版物〉
本書の無断複写は著作権法上での例外を除き禁じられています。複写される場合は、
そのつど事前に、(社)出版者著作権管理機構（電話 03-3513-6969, FAX03-3513-6979,
e-mail info@jcopy.or.jp）の許諾を得てください。

知的財産法と現代社会　牧野利秋判事退官記念論文集　中山信弘 編

ブラジル知的財産法概説　ヒサオ・アリタ＝二宮正人〔序文〕中山信弘

営業秘密の保護(増補)　小野昌延

不法行為法Ⅰ・Ⅱ(第2版)　潮見佳男

機能的知的財産法の理論　田村善之

ロジスティクス知的財産法Ⅰ 特許法／Ⅱ 著作権法
　Ⅰ　田村善之・時井真　／Ⅱ　田村善之・高瀬亜富・平澤卓人

コピーライトの史的展開　白田秀彰

データベース保護制度論　蘆立順美

米国著作権法詳解 上・下(原著 第6版)　R・ゴーマン＝J・ギンズバーグ 編／内藤篤 訳

アメリカ著作権法入門　白鳥綱重

信山社